走遍全球 GLOBE-TROTTER TRA

巴西

委内瑞拉

Brasil Venezuela

日本《走遍全球》编辑室 编著

中国旅游出版社

古巴
海地
多米尼加
波多黎各（美）
牙买加
墨西哥
伯利兹
危地马拉
洪都拉斯
萨尔瓦多
尼加拉瓜
哥斯达黎加
巴拿马
加勒比海
Caribbean Sea
安提瓜和巴布达
多米尼克
圣卢西亚
巴巴多斯
圣文森特和格林纳丁斯
格林纳达
特立尼达和多巴哥
荷属安的列斯群岛
Barranquilla
Cartagena
Maracaibo
加拉加斯
Caracas
Puerto la Cruz
Mérida
Ciudad Bolívar
委内瑞拉
VENEZUELA
乔治敦
Georgetown
圭亚那
GUYANA
帕拉马里博
Paramaribo
苏里南
SURINAME
法属圭亚那
F.GUYANE
卡宴
Cayenne
圭亚那高原
Boa Vista
Medellín
波哥大
Bogotá
哥伦比亚
COLOMBIA
Cali
San Agustín
Esmeraldas
基多
Quito
厄瓜多尔
ECUADOR
Riobamba
Guayaquil
Cuenca
Tumbes
Piura
Chiclayo
Trujillo
Chimbote
Chachapoyas
Cajamarca
瓦斯卡兰雪山
6768
Huaraz
科隆群岛（厄瓜多尔）
赤道
Iquitos
Leticia
Tefé
Manaus
Santarém
Macapá
Belém
São Luís
Fortaleza
Natal
Olinda
Recife
Maceió
Salvador
Porto Seguro
Marabá
巴西
BRASIL
巴西高原
Porto Velho
Rio Branco
Cobija
秘鲁
PERÚ
Callao
利马
Lima
Ayacucho
Ica
Nasca
Machu Pichu
Cusco
Puno
Arequipa
Tacna
Arica
Iquique
拉巴斯
La Paz
玻利维亚
BOLIVIA
Trinidad
Cochabamba
Oruro
Sucre
Santa Cruz
Uyuni
Potosí
Cuiabá
马托格罗索高原
潘塔纳尔湿地
Campo Grande
巴西利亚
Brasília
Goiânia
Belo Horizonte
亚马孙河
内格罗河
奥里诺科河
马拉开波湖
W90°
80°
70°
60°
50°
40°
20°
N10°
0°
S10°

南美大陆
SUDAMÉRICA
太平洋
Océano pacífica
大西洋
Océano Atlántico
南回归线
德斯文图拉多斯群岛
（智利）
← 至复活节岛
（智利）
胡安·费尔南德斯群岛
（智利）
智利
CHILE
阿根廷
ARGENTINA
巴拉圭
PARAGUAY
乌拉圭
URUGUAY
阿塔卡马沙漠
安第斯山脉
阿空加瓜峰
6960
Antofagasta
Calama
La Quiaca
San Salvador deJujuy
Salta
Tucumán
亚松森
Asunción
Ciudad del Este
Foz do Iguaçu
Puerto Iguazú
圣保罗
São Paulo
Santos
里约热内卢
Rio de Janeiro
Curitiba
Florianópolis
Porto Alegre
La Serena
Córdoba
Paraná
Rosario
Viña del Mar
Valparaíso
圣地亚哥
Santiago
Mendoza
S. Rafael
布宜诺斯艾利斯
Buenos Aires
蒙得维的亚
Montevideo
Punta del Este
Mar del Plata
Bahía Blanca
Temuco
Valdivia
San Carlos de Bariloche
Viedma
Puerto Montt
Puerto Madryn
瓦尔德斯半岛
Península Valdés
Trelew
奇洛埃岛
巴塔哥尼亚
Puerto Aysén
Comodoro Rivadavia
Puerto Deseado
马尔维纳斯群岛
英称福克兰群岛
（阿根、英争议）
El Calafate
Puerto Natales
Río Gallegos
麦哲伦海峡
Punta Arenas
Porvenir
火地岛
Río Grande
Ushuaia
合恩角
德雷克海峡
南乔治亚岛
（阿根、英争议）
首都
国境线
主干道
铁路
N
0
500
1000
1500km

波哥大
Bogotá
委内瑞拉
VENEZUELA
罗赖马山（委内瑞拉）2723m
罗赖马山（巴西）2810m
圭亚那高原
Pedra Pintada
乔治敦
Georgetown
哥伦比亚
COLOMBIA
Cali
博阿维斯塔
Boa Vista
罗赖马州
RORAIMA
圭亚那
GUYANA
赤道
内格罗河
基多
Quito
厄瓜多尔
ECUADOR
Guayaquil
Cuenca
Tumbes
Iquitos
玛瑙斯
Manaus
亚马孙河
Parintins
泰菲
Tefé
亚马孙州
AMAZONAS
马拉尼翁河
Piura
马德拉河
亚马孙横贯公路
Trans-Amazonian Highway
Chiclayo
Cajamarca
阿克里州
ACRE
韦柳港
Porto Velho
Trujillo
瓦斯卡兰雪山
6768m
Huaraz
Chimbote
里奥布朗库
Rio Branco
朗多尼亚州
RONDÔNIA
Cobija
秘鲁
PERÚ
Callao
利马
Lima
Machu Pichu
Ayacucho
Cuzco
Ica
Nasca
Trinidad
的的喀喀湖
拉巴斯
La Paz
玻利维亚
BOLIVIA
Arequipa
Cochabamba
太平洋
PACIFIC OCEAN
Tacuna
Arica
Oruro
Santa Cruz
Puerto Suárez
Sucre
科伦巴
Corumbá
Iquique
博尼图
Bonito
巴拉圭
PARAGUAY
Concepción
Antofagasta
亚松森
Asunción
南回归线
Salta
阿塔卡马沙漠
安第斯山脉
德斯文图拉多斯群岛
（智利）
智利
CHILE
阿根廷
ARGENTINA
巴拉那河
Urguaiana
La Serena
Córdova
乌
URU
胡安·费尔南德斯群岛
（智利）
Rosario
Mendoza
圣地亚哥
Santiago
布宜诺斯艾利斯
Buenos Aires
蒙得维的亚
Montevideo
W80°
70°
60°
0°
S10°
20°
30°

巴 西
N
0
500
1000km
帕拉马里博
Paramaribo
法属
圭亚那
F.GUYANE
卡宴
Cayenne
苏里南
SURINAME
Oiapoque
阿马帕州
Amapa
AMAPÁ
马卡帕
Macapá
雅里河
亚马孙河
莫斯凯鲁岛
Ilha do Mosqueiro
阿哥多奥岛
Ilha do Algodoal
马拉若岛
Ilha do Marajó
Jari
Óbidos
Monte Alegre
贝伦
Belém
圣塔伦
Santarém
圣路易斯
São Luís
赤道
0°
杰里科科拉
Jericoacoara
托姆阿苏
Tomé-Açu
巴雷林哈斯
Barreirinhas
福塔雷萨
Fortaleza
帕拉州
PARÁ
卡姆布库
Cumbuco
卡诺格布拉达
Canoa Quebrada
费尔南多-迪
诺罗尼亚群岛
Maraba
马拉尼昂州
MARANHÃO
Aracati
特雷西纳
Teresina
塞阿拉州
CEARÁ
托鲁斯
Touros
北里奥格兰德州
RIO GRANDE DO NORTE
纳塔尔
Natal
南蒂包
Tibau do Sul
巴 西
BRASIL
皮奥伊州
PIAUÍ
帕拉伊巴州
PARAÍBA
若昂佩索阿
João Pessoa
伯南布哥州
PERNAMBUCO
累西腓
Recife
奥林达
Olinda
阿拉瓜亚河
托坎廷斯河
帕尔马斯
Palmas
卡皮瓦拉山
国家公园
马塞约
Maceió
欣古河
圣弗朗西斯科河
塞尔希培州
SERGIPE
阿拉戈斯州
ALAGOAS
托坎廷斯州
TOCANTINS
巴西高原
巴伊亚州
BAHIA
阿拉卡茹
Aracaju
塞拉多保护区
马托格罗索州
MATO GROSSO
S10°
萨尔瓦多
Salvador
马托格罗索高原
戈亚斯州
GOIÁS
巴西利亚
Brasília
库亚巴
Cuiabá
Goiás
巴西利亚联邦区
BRASILIA
泛美公路
Cristalina
戈亚尼亚
Goiânia
塞古鲁港
Porto Seguro
潘塔纳尔湿地
米纳斯吉拉斯州
MINAS GERAIS
米纳达帕萨任
Minas da Passagem
贝洛奥里藏特
Belo Horizonte
南马托格罗索州
MATO GROSSO DO SUL
圣埃斯皮里图州
ESPÍRITO SANTO
大坎普
Campo Grande
孔戈尼亚斯
Congonhas
马里亚纳
Mariana
维多利亚
Vitória
大 西 洋
ATLANTIC OCEAN
圣若昂-德尔雷伊
São João del Rei
欧鲁普雷图
Ouro Preto
圣保罗州
SÃO PAULO
蒂拉登特斯
Tiradentes
里约热内卢州
RIO DE JANEIRO
伊泰普水电站
Itaipu Binacional
Londrina
圣保罗
São Paulo
20°
福斯多伊瓜苏
Foz do Iguaçu
里约热内卢
Rio de Janeiro
Ciudad
del Este
巴拉那州
PARANÁ
Ponta
Grossa
库里蒂巴
Curitiba
桑托斯
Santos
帕拉蒂
Paraty
伊瓜苏瀑布
梅尔岛
巴拉那瓜
Paranaguá
阿帕雷西达
Aparecida
南回归线
伊瓜苏港
Puerto Iguazú
布鲁梅瑙
Blumenau
茹罗维尔
Joinville
Encarnación
圣卡塔琳娜州
SANTA CATARINA
圣卡塔琳娜岛
弗洛里亚诺波利斯
Florianópolis
南里奥格兰德州
RIO GRANDE DO SUL
阿雷格里港
Porto Alegre
首都
国境线
州边境
主干道
铁路
拉圭
GUAY
Rio Grande
50°
40°
30°
30°

使用本书之前

本书中使用的记号、缩略符号

本书正文及地图所用的记号中，ⓘ 表示旅游咨询处。其他符号及含义见下文。

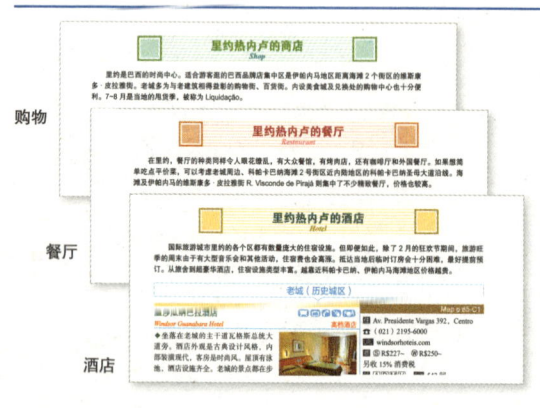

★ 指所介绍地区所在的位置。

所介绍地区的长途区号。

截至 2018 年 12 月的外汇牌价。

- ⓘ 旅游咨询处
- **MAP** 地图上的位置
- **住** 地址
- ☎ 电话号码（括号内为长途区号）
- **Free** 免费通话的电话号码
- **FAX** 传真号码
- **URL** 网站地址（省略 http://）
- **开** 开门时间
- **营** 营业时间
- **运** 运行时间
- **举** 举办日期、时间
- **休** 关门时间、歇业时间
- **费** 门票、入场费

巴西南部
里约热内卢 Rio de Janeiro

MAP▶p.55-C3

长途区号 ▶ **021**（电话的拨打方法→p.42）

US$1 ≒ **R$3.88** ≒ 6.84 元人民币

里约热内卢的名称由来
"里约"是英语音译，葡萄牙语称为"希奥吉内卢"。

关于兑换
里约作为一个观光城市，在这里游客几乎不会为兑换外币发愁。加利昂·安东尼奥·卡洛斯·若比姆国际机场抵达大厅有 24 小时兑换处，城区的银行和有信用卡提供兑换服务。
需保有存信用卡的国际现金银行卡，可以在城区、车站、机场、商场内的 ATM 上取现，手续费低廉，快捷方便。

里约的治安
里约是巴西治安较差的城市，地对不要靠近贫民窟（→p.73）。白天也要注意安全，行走时尽量不要带多余现金，手中也不要拿着手机、相机等显眼物件。遇到抢必要完全交出所有财物，以免造成身体伤害。尽量选择出租车。一旦遇上歹徒，不要慌张，一定要按照对方说的做，千万不要抵抗。

里约热内卢这个地名的由来背后有一则逸事。1502 年 1 月，葡萄牙探险队发现了瓜纳巴拉湾，并称这处为 Rio de Janeiro，当时他们认为海湾实际是河口。Rio 在葡萄牙语中意为"河"，Janeiro 是"一月"的意思。16 世纪中期，法国人为获取染料的原材料巴西红木入侵巴西，葡萄牙于 1567 年 1 月 20 日成功将法国人驱逐出境。这天恰巧是天主教烈士圣塞巴斯蒂安的忌日，于是葡萄牙国王塞巴斯蒂安命名里、热内卢，此后，圣塞巴斯蒂安成为里约热内卢的守护者，而 1 月 20 日也成为里约的法定假日。
在里约的 17 世纪末年开始出口这片肥沃的土壤出产的农产品，严于米纳斯吉拉斯州的金矿和钻石后，其作为港口的意义大大增加，1763 年，总督府迁往巴西利亚之前这里，从 1822 年巴西从葡萄牙独立到 1960 年新都迁往巴西利亚，里约一直是巴西的首都。
现在，里约热内卢的常住人口超过 600 万，是仅次于圣保罗的巴西第二大城市。华丽的狂欢节、沙滩度假村、以及贵为世界三大天然良港之一的瓜纳巴拉湾的天然景观等，这座观光城市集天下美景于一身，并于 2012 年被列入《世界遗产名录》。随着 2014 年里约世界杯和 2016 年夏季奥运会的举办，这座城市开启了更加瞩目的城市开发计划。充满活力的里约正以热情的微笑迎接来自全球的客人。

前往里约热内卢的交通方式

飞机
里约热内卢有里约国际机场（也称加利昂国际机场）Aeroporto Internacional do Rio de Janeiro ／ Galeão-Antônio Carlos Jobin (GIG) 与国内航线专用的桑托斯·杜蒙特机场 Aeroporto Santos Dumont (SDU) 两座机场。关于巴西各地与里约热内卢间的航班请参考→ p.52。
● **从里约国际机场到市区**
国内线、国际线一般都会选择里约国际机场。机场位于市区以北约 15 公里处，是一座形如新月的现代化机场。有 1、2 号共两座航站楼，1

里约的国际机场
住 p.58-A1
☎ (021) 3004-6050
里约国际机场的航空公司办事处所在航站楼

1 号航站楼
戈尔航空、阿苏尔航空、阿根廷航空、法国航空、哥伦比亚航空

购物
里约热内卢的商店 Shop
里约是巴西的时尚中心，适合游客前的这些品集中在市区里约中心马海区附奥海滩 2 个街区的都聚集多。皮衣专营，类似于老建筑相得益彰的时尚餐、百货等。不论是黄金城区又换的购物中心亦十分集齐，7~8 月是当地的尽清时，被称为 Liquidação。

里约热内卢的餐厅 Restaurant
在里约，餐厅的种类同样令人眼花缭乱。有大众餐厅、有有肉店、还有着国际范的外国餐厅。如果想简单吃点午茶，可以考虑咖啡店、三明治店。科帕卡巴纳海滩 2 号街区内海地区的科帕十日集大量店铺酒，海滨及伊帕内马的伯爵家庭·皮拉派尼街 R. Visconde de Pirajá 附近中下多精致餐厅，价格也很高。

里约热内卢的酒店 Hotel
国际游客城市里约的各个区都有数量庞大的住宿设施。即便是如此，除了 2 月的狂欢节期间，旅游旺季的周末必与大型型音乐会和机场期间，住宿费也全高。既让当地温条件对你很苛刻，最好理有饭店好付。从原会馆到顶级公寓，住宿设施类型多样。科帕卡巴纳、伊帕内马海滩地区价格较高。

Windsor Guanabara Hotel
老城（历史区域）
住 Av. Presidente Vargas 392, Centro
☎ (021) 2195-6000
URL windsorhoteis.com
费 R$275~
含早餐
15% 的费用

● 位居在老城的于工商汇勒斯品级大通店，酒店外观是拉利亚特式风格。内部豪华典，酒店内有高标档商店、美式、加勒比等多国料理。露台设有泳池、老城的景点距近。

酒店的设备

客房内有的设备基本都会以小图标标示。部分客房的设备可能存在无法使用的情况，入住时请自行确认。

- 🛁 带浴缸
- 📺 带电视
- 📞 带电话
- 💻 可上网
- 🍳 含早餐

※ 关于酒店的房费
在无特殊标注的情况下，Ⓢ 表示单人入住，Ⓦ 表示两人住一间标准间每晚的最低房费。一般来说，税费和服务费另计。

地图

- 🛈 旅游咨询处
- ✉ 邮局
- 🅟 教堂、大圣堂
- 🅟 巴士车站、巴士站台
- 🅗 酒店
- 🅡 餐厅
- 🅢 商店
- 🅝 夜店

读者来信

读者对已介绍地区的评价。

※ 关于关门时间、歇业时间
本书记录了各国法定的节假日、年末年初、圣诞节、复活节以外的关门、歇业时间。节假日有不少场所不营业，请提前确认。

※ R.（=Rua）和 Av.（Avenida）等表示路名和地名时，只用缩写，请读者周知。

酒店、餐厅等场所的相关信息标记

- MAP 地图上的位置
- 住 地址
- ☎ 电话号码（括号内为长途区号）
- Free 免费电话的电话号码
- FAX 传真号码
- URL 网站地址（省略 http://）
- 营 营业时间
- 休 定期休息日
- 费 费用
- Ⓢ 表示单人入住，Ⓦ 表示两人入住
- CC 可使用的信用卡类型
  - Ⓐ AMEX　Ⓓ Diners　Ⓙ JCB
  - Ⓜ MasterCard　Ⓥ VISA

■本书的特点

本书预设的读者为有意赴巴西、委内瑞拉旅行的个人游客，为游客全方位介绍当地城市的交通、酒店、餐厅等信息。

■利用本书所载信息时的注意事项

本书编辑部力求尽最大能力获得最新、最准确的信息，然而由于受当地法规及手续等频繁变动，以及读者在解读信息时产生的出入等原因，在本社无重大过失的情况下，读者利用本书时在旅途中产生的损失及不便，本社不予负责，敬请了解。因此，在参照本书的信息或建议时，游客应根据自身实际情况妥善应对，并对自己的行为全权负责。

■关于数据采集及调查

本书追踪调查一直持续到2018年。然而不可否认的是，随着时间的推移，部分数据可能会发生变动，尤其是酒店、餐厅等场所的费用，经常在游客抵达目的地时产生变化。因此，本书所载数据仅可作为参考之用，到达旅行目的地后，应尽快前往当地的旅游咨询处获取最新的信息。

关于读者来信

读者来信尽管带有一些主观色彩，但为了使读者更真切地感受到其他游客的真情实感，我们会尽量刊登读者来信的原文内容，不过在此基础上，我们会对数据进行追踪调查。读者来信中，如果我们对其中的酒店等场所的费用，在追踪调查后进行了修正，那么会在原数据的后面写上追踪调查的年份，例如 "'17" 等。

走遍全球 GLOBE-TROTTER TRAVEL GUIDEBOOK

巴西 委内瑞拉
Contents

7 特辑1
巴西＆委内瑞拉
在五大震撼自然景观畅游！
- 伊瓜苏瀑布 ……………………………………… 8
- 亚马孙河 ………………………………………… 12
- 潘塔纳尔湿地 …………………………………… 16
- 拉克伊斯·马拉赫塞斯国家公园 ……………… 18
- 圭亚那高原 ……………………………………… 19

20 特辑2
巴西
世界遗产城市巡礼
- 巴西利亚 ………………………………………… 21
- 里约热内卢 ……………………………………… 22
- 萨尔瓦多 ………………………………………… 24
- 奥林达 …………………………………………… 25
- 圣路易斯 ………………………………………… 25
- 欧鲁普雷图 ……………………………………… 25

26 特辑3
巴西文化
- 现场观看足球比赛 ……………………………… 26
- 情迷里约热内卢狂欢节！ ……………………… 28

30 特辑4
巴西美食
- 在巴西享用饕餮肉食 …………………………… 30
- 巴西乡土美食推荐 ……………………………… 32

35 特辑5
巴西特产研究所
- 天然美妆用品荟萃 ……………………………… 35
- 将巴西品牌带回国 ……………………………… 36
- 礼品推荐 ………………………………………… 38

基本信息

- 巴西 / 委内瑞拉主要景点 & 景点指南 …… 2
- 巴西与委内瑞拉的世界遗产 …… 4
- 巴西的基本信息 …… 42
- 委内瑞拉的基本信息 …… 326

巴西 BRASIL 39

- 巴西全图 …… 40
- 巴西概况 …… 41
- 巴西的基本信息 …… 42
- 巴西国内主要巴士线路 …… 48
- 巴西的基础知识 …… 50
- 巴西南部 / 中部地图 …… 55
- 里约热内卢 …… 56
- 圣保罗 …… 91
- 桑托斯 …… 120
- 帕拉蒂 …… 124
- 贝洛奥里藏特 …… 128
  - 潘普利亚 / 潘普利亚建筑群 / 孔戈尼亚斯
- 欧鲁普雷图 …… 133
  - 米纳斯达帕萨任 / 马里亚纳
- 圣若昂 - 德尔雷伊 …… 141
- 蒂拉登特斯 …… 145
- 伊瓜苏瀑布 …… 147
- 库里蒂巴 …… 160
  - 老镇州立公园 / 莫雷蒂斯
- 巴拉那瓜 …… 168
  - 梅尔岛
- 布鲁梅瑙 …… 171
  - 茹安维尔
- 弗洛里亚诺波利斯 …… 175
- 阿雷格里港 …… 180
- 巴西利亚 …… 187
- 潘塔纳尔湿地 …… 197
  - 潘塔纳尔湿地的动物们
- 北潘塔纳尔 …… 206
  - 吉马良斯高原
- 库亚巴 …… 209
- 南潘塔纳尔 …… 213
- 博尼图 …… 215
- 大坎普 …… 218
- 科伦巴 …… 222
- 萨尔瓦多 …… 224
  - 迪亚曼蒂纳高原
- 塞古鲁港 …… 240
  - 阿拉亚尔达茹达 / 特兰科苏
- 马塞约 …… 246
- 累西腓 / 奥林达 …… 251

出发前必读！旅行中的突发问题及安全对策 …… p.382

纳塔尔 ………………………………… 262
　费尔南多－迪诺罗尼亚群岛
福塔雷萨 ……………………………… 266
　卡诺格布拉达
圣路易斯 ……………………………… 273
　阿尔坎塔拉
巴雷林哈斯 …………………………… 282
亚马孙 ………………………………… 286

玛瑙斯 ………………………………… 291
　两河交汇点
贝伦 …………………………………… 305
　伊科拉西/马拉若岛/阿哥多奥岛/
　莫斯凯鲁岛
博阿维斯塔 …………………………… 319
　罗赖马山/佩德拉品塔达

MAP

巴西全图 ………………… 40	蒂拉登特斯 ……………… 145	马塞约 …………………… 248
巴西各州及首府、时差 …… 53	伊瓜苏瀑布周边 ………… 148	累西腓/奥林达 …………… 253
巴西南部/中部 …………… 55	伊瓜苏瀑布 ……………… 150	累西腓市中心 …………… 254
里约热内卢全图 …………… 58	福斯多伊瓜苏（巴西） … 155	奥林达 …………………… 258
里约热内卢地铁线路图 …… 60	伊瓜苏港（阿根廷） …… 156	纳塔尔 …………………… 264
里约热内卢广域图 ………… 62	库里蒂巴 ………………… 161	福塔雷萨 ………………… 268
里约热内卢老城（历史城区） 64	库里蒂巴市中心 ………… 162	圣路易斯 ………………… 275
弗拉门戈海滩~面包山 …… 72	巴拉那瓜 ………………… 169	圣路易斯历史城区 ……… 277
科帕卡巴纳海滩~	布鲁梅瑙 ………………… 172	拉克伊斯·马拉赫塞斯
伊帕内马海滩 …………… 74	茹安维尔 ………………… 173	国家公园 ……………… 282
圣保罗广域图 ……………… 93	弗洛里亚诺波利斯 ……… 176	巴雷林哈斯 ……………… 283
圣保罗市中心 ……………… 97	弗洛里亚诺波利斯市中心 … 177	玛瑙斯广域图 …………… 292
圣保罗地铁&近郊火车	阿雷格里港 ……………… 181	玛瑙斯 …………………… 293
线路图 …………………… 99	阿雷格里港市中心 ……… 182	阿德里亚诺波利斯 ……… 296
老城周边 ………………… 101	巴西利亚 ………………… 188	贝伦 ……………………… 308
伊比拉普埃拉公园 ……… 105	潘塔纳尔 ………………… 202	贝伦市中心 ……………… 309
皮涅罗斯区 ……………… 107	库亚巴 …………………… 210	圣塔伦 …………………… 318
桑托斯 …………………… 121	博尼图周边 ……………… 216	博阿维斯塔 ……………… 320
帕拉蒂 …………………… 125	大坎普 …………………… 219	委内瑞拉全图 …………… 324
贝洛奥里藏特 …………… 129	科伦巴 …………………… 222	卡奈马国家公园 ………… 334
潘普利亚 ………………… 130	萨尔瓦多 ………………… 227	卡奈马 …………………… 339
欧鲁普雷图 ……………… 134	萨尔瓦多滨海区 ………… 229	圣埃伦娜德瓦伊伦 ……… 342
欧鲁普雷图市中心 ……… 135	萨尔瓦多老城（市中心） … 230	圭亚那、苏里南、法属圭亚那
圣若昂-德尔雷伊 ……… 142	塞古鲁港 ………………… 242	全图 …………………… 348

委内瑞拉
VENEZUELA 323

- 委内瑞拉全图 324
- 委内瑞拉概况 325
- 委内瑞拉的基本信息 326
- 委内瑞拉的基本知识 330
- 圭亚那高原（马西索·圭亚那）...... 333
- 卡奈马 338
- 圣埃伦娜德瓦伊伦 341

圭亚那、苏里南、法属圭亚那
GUYANA、SURINAME、F.GUYANE 347

- 圭亚那、苏里南、法属圭亚那全图 348
- 圭亚那 349
- 苏里南 351
- 法属圭亚那 353

旅行的准备和技巧
TRAVEL TIPS 355

旅行的准备
- 旅行信息收集 356
- 旅行的预算与资金 357
- 出发前的相关手续 359
- 南美旅行的基础知识 363
- 经典旅行线路 365
- 交通方式 368
- 旅行的装备 373

旅行的技巧
- 出入境手续 374
- 关于酒店 378
- 关于打电话 379
- 网络 381
- 旅行中的突发问题及安全对策 382
- 生病及受伤 385
- 旅行实用葡萄牙语 387
- 旅行实用西班牙语 396

Column

里约的贫民窟…………………………73	观赏巴西战舞——卡波耶拉舞……………231
里约热内卢空中漫步………………………77	品尝当地著名特产油炸薄饼……………232
全年不断的桑巴舞表演……………………80	托多苏斯桑托斯湾上的观光游船…………233
巴西音乐之我见……………………………90	如何在萨尔瓦多欣赏音乐…………………234
铁特长途巴士总站使用指南………………94	非裔巴西人的宗教——坝东布雷…………239
游逛圣保罗周日露天市场…………………107	塞古鲁港的迪斯科…………………………245
祭奠"褐色圣母"的朝圣地阿帕雷西达…109	马塞约的大众美食——木薯粉煎饼………247
在市营市场上享用午餐……………………115	祭牛狂欢节…………………………………280
圣保罗的夜生活……………………………119	亚马孙的热带水果…………………………297
纵享巴西国酒的"卡莎萨嘉年华"………126	与粉色河豚共游亚马孙……………………298
不要随意给长吻浣熊投食！………………149	亚马孙的力量源泉"巴西莓Açaí"………302
布鲁梅瑙啤酒节……………………………173	能量饮料"瓜拉那"………………………303
弗洛里亚诺波利斯的海岸…………………178	马米拉瓦自然保护区所在地泰菲…………304
阿雷格里港的足球运动……………………183	巴西三大节日之——拿撒勒圣像节　……312
营养丰富！冬日限定的内脏汤……………186	一定要体验一次的亚马孙游船之旅………315
巡访奥斯卡·尼迈耶设计的特色建筑……191	亚马孙的水上交通枢纽——圣塔伦………318
巴西利亚的夜生活…………………………194	卡奈马的酒店………………………………340
标志性的巨鸟纪念碑………………………220	委内瑞拉的首都——加拉加斯……………345
在大坎普品尝日式荞麦面…………………221	委内瑞拉的民族英雄——西蒙·玻利瓦尔…346
萨尔瓦多的庆典活动………………………225	巴西的郊外茶品……………………………393
市区内漫步的注意事项……………………228	

Rio Amazonas

主要景点 & 景点指南

巴西　　委内瑞拉
Brasil　×　Venezuela

这两个国家最著名的风景都是气吞山河的自然景观。
葡萄牙殖民时期建造的美丽城镇和碧波荡漾的沙滩度假村也类型多样。

Brasil 巴西 → p.39

巴西是全球国土面积第五大的国家，也是南美洲最大的国家。巴西的城市特色鲜明，例如世界三大天然良港之一里约热内卢港及南美洲最大的城市圣保罗。不同的人种与文化形态在这里交融生息，繁衍出巴西独具魅力的国家特质。北部有亚马孙河，中部是潘塔纳尔湿地，南部镶嵌着伊瓜苏瀑布……这片热土到处充满了自然的野性魅力。

南部

❶ 里约热内卢 → p.22、56
拥有豪华的海滩度假村。里约是桑巴舞与"博萨诺瓦"的故乡。每年 2 月左右举办的里约热内卢狂欢节全球闻名。

❷ 圣保罗 → p.91
南美最大的城市，人口有 1125 万。

❸ 伊瓜苏瀑布 → p.8、147
位于巴西、阿根廷交界处，是世界三大瀑布之一，也是巴西最著名的景点之一。

中部

❹ 潘塔纳尔湿地 → p.16、197
总面积 23 万平方公里，比我国广西壮族自治区面积还略大。湿地内动物种类丰富。

❺ 巴西利亚 → p.21、187
奥斯卡·尼迈耶设计的现代化城市。巴西的首都。

东部

❻ 萨尔瓦多 → p.24、224
巴西历史上第一座首都。以华丽的民族服饰闻名。

❼ 累西腓 / 奥林达 → p.25、251
奥林达是世界遗产地，累西腓则是前往奥林达的必经之路和停靠点。

Venezuela → p.323

委内瑞拉

加拉加斯是一座高楼林立的大都市。同时，这里还保留有列为世界自然遗产的圭亚那高原，是一块原始自然的秘境。

⑬ **加拉加斯**
委内瑞拉的首都，城内现代化高楼密布。近年来治安状况堪忧。

⑭ **圭亚那高原**
→ p.19、333
地处圭亚那高原的卡奈马国家公园密林之中，屹立着南美首屈一指的仙境之地——桌山。

北部

⑧ **圣路易斯** → p.25、273
法国人建造的缤纷小城。

⑨ **拉克伊斯·马拉赫塞斯国家公园** → p.18、284
大本营是圣路易斯和巴雷林哈斯（→ p.282），城郊有壮观的沙丘湖景观。

⑩ **亚马孙河** → p.12、286
世界上流域面积最大的河流。游览亚马孙河一般在河流中游的玛瑙斯和河口的贝伦做休整。

⑪ **玛瑙斯** → p.291

⑫ **贝伦** → p.305

3

共 24 处
（本书调查时）

巴西与委内瑞拉的
世界遗产

在世界遗产的分布上，巴西有 21 处，委内瑞拉有 3 处。这里的自然、文化遗产均以雄奇、壮阔著称。

自然遗产

❶ 伊瓜苏国家公园
Iguaçu National Park
入选时间：1986 年 → p.8、147
跨越阿根廷和巴西国界的大瀑布。

❷ 潘塔纳尔保护区
Pantanal Conservation Area
入选时间：2000 年 → p.16、197
世界最大的湿地，面积达 23 万平方公里。

❸ 亚马孙中心综合保护区
Central Amazon Conservation Complex
入选时间：2000 年 → p.12、286
分布在世界流域面积最大的亚马孙河两岸的热带雨林。

❹ "发现海岸"大西洋森林保护区
Discovery Coast Atlantic Forest Reserves
入选时间：1999 年 MAP p.40-C3
位于巴西巴伊亚州至圣埃斯皮里多州一带的森林。

❺ 大西洋东南海岸森林保护区
Atlantic Forest South-East Reserves
入选时间：1999 年 MAP p.55-B3
保护巴拉那州靠近大西洋沿岸的森林与珍稀动物。

❻ 塞拉多保护区
Cerrado Protected Areas
入选时间：2001 年 MAP p.55-B1
由两块保护区组成，域内动植物物种丰富。

❼ 巴西大西洋群岛
Brazilian Atlantic Islands
入选时间：2001 年 → p.265
欣赏大西洋海面上的费尔南多 - 迪诺罗尼亚群岛的自然风光。

❽ 卡奈马国家公园
Canaima National Park
1994 年 → p.19（圭亚那高原）、p.333
看点是平顶山地形以及生活其中的独特植物群。

4

文化遗产

❾ 里约热内卢：山海之间的卡里奥卡景观
Rio de Janeiro : Carioca Landscapes between the Mountain and the Sea
入选时间：2012 年　→ p.22、56
山、海的壮美自然与城市建筑群的完美融合。

❿ 巴西利亚 Brasilia
入选时间：1987 年　→ p.21、187
在乌托邦思想下建设的巴西首都。

⓫ 巴伊亚州萨尔瓦多历史名城
Historic Centre of Salvador de Bahia
入选时间：1985 年　→ p.24、224
向世人讲述巴西首个首都繁荣的往昔。

⓬ 奥林达历史城区
Historic Centre of the Town of Olinda
入选时间：1982 年　→ p.25、251
蔗糖生产拉动城市发展，城内有众多华丽的教堂。

⓭ 圣路易斯历史城区
Historic Centre of São Luís
入选时间：1997 年　→ p.25、273
17 世纪末建造的小城，建筑风格受到法国与葡萄牙双重影响。

⓮ 欧鲁普雷图
Historic Town of Ouro Preto
入选时间：1980 年　→ p.25、133
当年推动城市发展的动力"淘金热"至今仍然留有痕迹。

⓯ 孔戈尼亚斯的仁慈耶稣圣殿
Sanctuary of Bom Jesus do Congonhas
入选时间：1985 年　→ p.131
欣赏巴西著名画家亚历昂德里诺 (Aleijadinho) 的作品及宗教建筑群。

⓰ 潘普利亚现代建筑
Pampulha Modern Ensemble
入选时间：2016 年　→ p.130
人工湖周围矗立着奥斯卡·尼迈耶设计的建筑群。

⓱ 瓜拉尼人聚居地的耶稣会传教区
Jesuit Missions of the Guaranis
入选时间：1983 年　MAP p.55-A3
分布在阿根廷境内的耶稣会使命保留物。涵盖巴西境内的圣米格尔·杜斯米索纳斯遗迹。

⓲ 卡皮瓦拉山国家公园
Serra da Capivara National Park
入选时间：1991 年　MAP p.55-C1
卡皮瓦拉山的洞穴内有 2.5 万年前绘制的岩石壁画。

⓳ 迪亚曼蒂纳城
Historic Centre of the Town of Diamantina
入选时间：1999 年　MAP p.55-C2
仿佛 18 世纪钻石开采冒险的"图说"的殖民地村落。

⓴ 戈亚斯城
Historic Centre of the Town of Goiás
入选时间：2001 年　MAP p.55-B2
因巴西中央公园中部的矿山而繁荣的古城。

㉑ 圣克里斯托弗的圣弗兰西斯科广场
São Francisco Square in the Town of São Cristóvão
入选时间：2010 年　MAP p.40-C2
广场周边建有 18～19 世纪的教堂和民居。

㉒ 瓦隆古码头考古遗址
Valongo Wharf Archaeological Site
入选时间：2017 年　→ MAP p.64-B1
古码头建于 1811 年，从非洲运来的奴隶从此上岸。

㉓ 加拉加斯大学城
Ciudad Universitaria de Caracas
入选时间：2000 年　MAP p.324-B2
围绕委内瑞拉中央大学所建的大学城。

㉔ 科罗及其港口 Coro and its Port
入选时间：1993 年（世界濒危文化遗产）
MAP p.324-A1
濒临加勒比海的科罗城区内保存着大量风格独特的西班牙、荷兰式历史建筑。

5

本系列已出版丛书
涵盖世界70个国家和地区
走遍全球
希腊&爱琴海诸岛 塞浦路斯
新加坡
南非
法国
巴厘岛
普吉岛 苏梅岛 皮皮岛
帕劳岛
马尔代夫
美国
英国
美国西海岸
新西兰 New Zealand
越南 Vietnam
德国 Deutschland
北欧 Scandinavia
捷克 波兰 斯洛伐克
美国国家公园
匈牙利 Hungary
加拿大 Canada
西班牙 Spain
斯里兰卡 Sri Lanka
泰国 Thailand
美国自驾游 America Fly & Drive
缅甸 Myanmar (Burma)
墨西哥 Mexico
意大利 Italia
葡萄牙 Portugal
澳大利亚 Australia
塞班 罗塔岛&天宁岛 Saipan Rota&Tinian
荷兰 比利时 卢森堡 Benelux
美国西海岸 West Coast U.S.A.
柬埔寨和吴哥寺 Cambodia & Angkor Wat
英国 United Kingdom
巴西 委内瑞拉 Brasil Venezuela
中美洲 Central America

巴西 & 委内瑞拉
Brasil & Venezuela

在五大震撼自然景观
畅游！

巴西拥有世界上最大的瀑布、最长的河流，也是南美最大的国家。巴西的大自然气势磅礴。如此美景，只是看看未免不够尽兴。要是能深度体验，旅行的乐趣一定成倍增加！

05 圭亚那高原 →p.19
在密林下的河流中荡舟漂流，做一次真正的探险家！

04 拉克伊斯·马拉赫塞斯国家公园 →p.18
中午和傍晚这两个时段最适合以雄奇自然为背景拍摄纪念照！

02 亚马孙河 →p.12
在亚马孙河疗养！热带雨林中度过清闲一天

03 潘塔纳尔湿地 →p.16
骑马、开吉普车、徒步……探秘湿地动物，开启探险之旅！

01 伊瓜苏瀑布 →p.8
从飞机、船和桥上用相机全方位记录壮美自然！

委内瑞拉

巴西

里约热内卢
圣保罗

01 伊瓜苏瀑布
Cataratas do IGUAÇU

跨越阿根廷和巴西国界的世界最大的瀑布。瀑布的名称来源于该地的印第安原住民瓜拉尼人的语言中的"Y Guazu（伟大的瀑布）"一词。瀑布周边是伊瓜苏国家公园，园内栖息着近 80 种哺乳动物及 450 余种鸟类。

恶魔之喉 Chack!
275 段瀑布中，"恶魔之喉"规模最大。此段的瞭望台在巴西和阿根廷两侧皆有。从巴西境内是仰视，从阿根廷境内则是俯视。

从巴西境内观赏 Chack!
巴西境内的国家公园的面积为 18.5 万公顷，接近阿根廷一侧的 3 倍。可通过散步道走向瞭望台。

巴西 & 委内瑞拉
5大震撼美景

从飞机、船和桥上用相机
全方位记录壮美自然！

从阿根廷境内观赏 Chack!
80%的瀑布位于阿根廷一侧。可从瞭望台和散步道上多角度观赏大瀑布。

巴西一侧的瞭望台，飞溅的水珠会让你浑身湿透!

从阿根廷一侧乘坐快艇观赏，在瀑布漆附近近距离感受

可以看到大嘴鸟等热带雨林特有的鸟类

只要天气晴好，从哪个角度都能看到彩虹

巴西 & 委内瑞拉
5大震撼美景

Travel MEMO

☑ **大本营**
巴西境内游客在福斯多伊瓜苏，阿根廷境内游客在伊瓜苏港集合。从这两地均可直接乘坐巴士前往参观瀑布。

☑ **最佳季节**
雨季的10月~次年2月左右。此时，水量上涨，瀑布更加雄壮！旱季水量有所减少，但是天气大都晴好，水也更加清澈。

☑ **日程**
巴西、阿根廷境内均至少要留出一天来观赏瀑布。再考虑到需要一大早出门，因此最好安排2晚3天。

☑ **巴西、阿根廷之间的交通**
通过巴西~阿根廷的边境口岸时通常乘坐巴士。这种方式耗时较长，为节约时间，建议选择出租车。

从巴西出发 1晚2天的经典线路

DAY 1 巴西境内

9:30 从福斯多伊瓜苏出发
在短途巴士车站乘坐当地的巴士前往瀑布。约需40分钟。

10:00 抵达国家公园。继续换乘巴士
抵达游客服务中心。换乘巴士，在达斯瀑布贝尔蒙德酒店前下车。

10:45 穿过散步道走向"恶魔之喉"
前往"恶魔之喉"。在眺望桥和途中的眺望台都可以拍纪念照。☆

12:00 在伊瓜苏河畔吃午餐
乘坐瀑布旁边的电梯到达伊瓜苏河河面上。在卡诺阿斯港餐厅享用午餐。

14:00 在直升机上俯瞰瀑布！
出国家公园，参加直升机旅行。从空中俯观瀑布。

16:00 返回福斯多伊瓜苏
乘坐前往福斯多伊瓜苏的巴士。也可以去伊瓜苏港。

DAY 2 阿根廷境内

7:30 前往伊瓜苏港
从伊瓜苏港换乘巴士前往瀑布。约需1小时30分钟，出租车仅需30分钟~。

9:00 抵达国家公园。换乘火车
阿根廷境内瀑布面积更大，要换乘火车。为避免人多拥挤，应尽早上车。

9:30 从瞭望桥上观赏"恶魔之喉"
穿过约1公里长的瞭望桥，抵达"恶魔之喉"瞭望台。壮阔的人自然震撼人心！

10:30 在散步道上漫步
乘坐火车，前往散步道。尝试从瀑布的上、下两个角度进行观赏。

15:00 参加游船之旅
参加"诺蒂卡冒险"游船之旅，抵达瀑布潭近距离观赏。

17:00 返回伊瓜苏港
乘坐巴士返回伊瓜苏港。也可前往福斯多伊瓜苏。

11

02 亚马孙河
Rio AMAZONAS

亚马孙河流经秘鲁、哥伦比亚、巴西等国，全长近6500公里。亚马孙河支流众多，是世界上流域面积最大的河流。我们不妨住进热带雨林中的木屋，感受纯美的大自然。

巴西 & 委内瑞拉
5大震撼美景

在亚马孙河疗养！
热带雨林中度过清闲一天

SUNRISE

轻柔的阳光抚摸周遭的一切，为清晨的亚马孙披上一件金黄的外衣。密林初醒，动物们也睁开了眼睛，雨林的一天，就这样开始了……

DAY TIME

摇曳阳光的雨林白昼。可步行穿越，探秘亚马孙独有的动植物。

还有探访亚马孙原住民村落及其他乡村的旅行团

和这货气好，还能遇见树懒和蜥蜴

与粉色河豚的亲密互动是最有人气的旅行项目

坐上小船去小支流探险，这么轻易就上钩了，让人大呼意外

Tour INFO

下面介绍几种主要的亚马孙旅行团。不同的团入住不同的小屋，预约时要确认清楚。另外，参加原住民民族文化体验时，只有住 4 晚以上才能入住森林酒店（Evolução Ecolodge）。有些小屋旅行团不含粉色河豚互动项目。

☆ 雨林穿越　　　　　　☆ 日出/日落旅行团
☆ 粉色河豚旅行团　　　☆ 原住民民族文化体验
☆ 鳄鱼观赏旅行团　　　☆ 钓食人鱼，等等

巴西 & 委内瑞拉
5大震撼美景

SUNSET
在一片绯红中，太阳渐渐沉入雨林。火烧般的天空倒映在平静的河面，美轮美奂。

NIGHT TIME
夜间的主角，是蠢蠢欲动的动物们。此时最适合观察白天潜伏于河中的鳄鱼。

亚马孙河中有两种鳄鱼呢~

LODGE TIME
一个旅行团结束后，在参加下个旅行团前，可以在小屋稍作休息。雨林中有你意想不到的舒适体验。

Travel MEMO

☑ **大本营**
主要是位于河流中游的玛瑙斯和流域内的贝伦。特别是在玛瑙斯周围，分布着大量树林小屋，亚马孙游船之旅的起点也在这里。

☑ **日程**
建议在树林小屋住3天2晚。游船之旅时间更长，至少是4天3晚起。此外，还要在玛瑙斯逗留一天。

☑ **最佳季节**
全年高温潮湿，分12月~次年5月的雨季和6~11月的旱季。雨、旱季水量有天壤之别，建议在3~7月的高水位期前往。

☑ **什么是树林小屋**
一种雨林中的住宿设施。从高档度假村风格的小屋到面向背包客的简易旅馆等，类型丰富，请酌情选择。

住在小屋？还是参加游船旅行？
除了树林小屋，玛瑙斯的亚马孙游船之旅同样人气居高不下。两种方式都能充分体验雨林的魅力，只是在小屋中只能待在一个地方，而参加游船旅行是在河面上移动，每天都能欣赏到不同的风景。

1 森林酒店的客房，整洁程度让人觉得好像不是在森林里。另外，还能用Wi-Fi！
2 除了巴西菜，还有用大盖巨脂鲤、巨滑舌鱼和食人鱼等亚马孙河鱼类烹饪的风味菜肴
3 24小时欣赏河川美景

15

骑马、开吉普车、徒步……
探秘湿地动物，开启探险
之旅！

水豚 Chack!
世界上最大的啮齿动物。栖息于沼泽地中，喜群居生活。

栖息在潘塔纳尔湿地的哺乳动物种类接近 130 种，其中很多都是诸如水豚的南美洲特有物种。

03 PANTANAL
潘塔纳尔湿地

潘塔纳尔湿地位于南美大陆的正中央，总面积近 23 万平方公里，略大于我国广西壮族自治区的面积。
潘塔纳尔在每个雨季到来时几乎都会泛滥，到处都被水淹没，形成世界上最大的湿地沼泽。栖息在这里的都是些独一无二的物种。

裸颈鹳 Chack!
鹳的一种。通常将巢筑在高高的树上，雌雄裸颈鹳共同哺育后代。

鸟类约有 460 种，裸颈鹳是潘塔纳尔湿地的标志性动物。

16

巴西 & 委内瑞拉
5 大震撼美景

Tour INFO

在潘塔纳尔可以在入住小屋的同时，参加旅行团。任一旅行团都能观赏野生动物。与亚马孙一样，不同的团入住不同的小屋，预约时要确认清楚。

☆ 坐在狩猎车上欣赏自然风光
☆ 夜间狩猎
☆ 骑马旅行
☆ 河流游船之旅
☆ 湿地步行，等等

这里地势平坦，没有注入的河流。

骑马旅行最受欢迎，雨季需要涉水前进。

紫蓝金刚鹦鹉是世界上最大的鹦鹉，体长超过1米。通常成对出现

大食蚁兽通过细长的嘴舌捕食蚂蚁。在巴西，这是较常遇到的哺乳动物

Travel MEMO

✅ 大本营
前往湿地的门户是大坎普和库亚巴。当天往返是不可能的，因此需要参加旅行团，住在湿地旁的自然小屋里。从大坎普到自然小屋乘车需3小时~。

✅ 日程
通常选择住在自然小屋的3天2晚旅行。有些小屋光路上就要花费一天时间，此时需要给自己多留出一天。

✅ 最佳季节
旱季的7~10月。雨季结束后，为数不多的低洼水坑聚满了动物。这里虽然年平均气温高达25℃，但是早晚温差大，要留意天气变化。

✅ 潘塔纳尔的自然小屋
自然小屋费用包含旅行期间的餐饮和旅行团费用。从高档度假村风格的小屋，到面向背包客的简易旅馆等，自然小屋类型丰富，预约时记得咨询前往小屋的交通方式。

17

04 拉克伊斯·马拉赫塞斯国家公园

Parque Nacional dos LENÇÓIS MARANHENSES

巴西东北部的沙丘带。旱季的景象与沙漠无异，雨季则是另一幅光景。起伏不平的连绵沙丘低洼处湖泽密布，白、蓝两色的对比构筑了眼前这一望无垠的美景。

Chack!
无数的小湖分布其间，有些湖内还有鱼类生活。

中午和傍晚这两个时段最适合以雄奇自然为背景拍摄纪念照！

从高空俯拍的拉克伊斯·马拉赫塞斯国家公园

Travel MEMO

☑ 大本营
最近的城市是巴雷林哈斯。一般从这里出发，参加当天往返的旅行团。另外，从圣路易斯出发还有2天1晚的旅行团。

☑ 日程
如果只去国家公园，2天1晚就够了。但是圣路易斯本身也是个世界遗产城市，建议逗留时间设为4天3晚。

☑ 最佳季节
有小湖的季节是雨季开始后不久的5月~。6~8月是最佳旅行季。旱季无水，只能看到连片的沙丘。

驾驶四驱吉普车在沙丘上飞驰

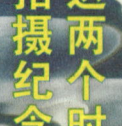

夕阳时分的拉克伊斯·马拉赫塞斯国家公园 白色的沙丘也被染成了黄橙色

05 Macizo GUAYANÉS
圭亚那高原

巴西 & 委内瑞拉 5大震撼美景

圭亚那高原以特普伊山（tepui）这种桌形山质景观著称。从耸入云端的山顶，无数瀑布倾泻而下，其中的一条便是世界上落差第一大的瀑布——安赫尔瀑布。瀑布宽达1公里，水落下后，穿过密林，注入卡奈湖。

在密林下的河流中荡舟漂流，做一次真正的探险家！

Chack! 参加空中旅行，从飞机上欣赏安赫尔瀑布

坐上小船顺河而下，1小时后再步行，即可到达瀑布

沿着流向卡奈马湖的河流寻找瀑布。河水呈黑色是因为两岸的植物含有大量丹宁成分

Travel MEMO

☑ 大本营

圭亚那高原的大本营是卡奈马。近些年，委内瑞拉的治安状况日趋恶化，如果走陆路，建议先从巴西的博阿维斯塔去委内瑞拉的圣埃伦娜德瓦伊伦，再从那里乘坐Cessna小型飞机前往卡奈马。

☑ 日程

旅行团安排的主要是从圣埃伦娜德瓦伊伦出发的3天2晚行程。前往卡奈马的Cessna小型飞机及安赫尔瀑布游船旅行也包含在内。安赫尔瀑布空中观赏为自选服务，也可加入日程中。

☑ 最佳季节

这里是热带气候，年均降水量超过4000毫米。12月～次年4月是旱季，5～11月为雨季。参观安赫尔瀑布最好是选在雨季最盛时的8～9月。

Brasil
巴西
世界遗产城市巡礼

截至本书完稿时，巴西共有 6 座世界遗产城市。
从建筑大师设计的现代化都市，到沿自然地形建造的港湾城市，
还有殖民地时期遗留下来的历史古城，它们特色鲜明，充满魅力。
走在这些世界遗产城市，思绪早已飞回了古代巴西。

地图标注：圣路易斯、巴西、奥林达、萨尔瓦多、巴西利亚、欧鲁普雷图、里约热内卢

What's 奥斯卡·尼迈耶

出生于里约热内卢的世界著名建筑大师。
他因擅用自由曲线而为人称道。
参加了巴西新都巴西利亚的城市设计和建设工作。

巴西利亚
Brasilia

巴西联邦共和国首都，由巴西著名建筑师奥斯卡·尼迈耶设计、建造的这座城市，素有"世界建筑艺术博物馆"的美称。

→p.187

巴西利亚的景观仿佛只能在科幻电影中看到。图中为国会大厦、最高法院和总统府所在的三权广场

里约热内卢
Rio de Janeiro

巴西独立后，最初定都的城市是里约热内卢。曲折环绕的海岸线与高低起伏的山脊线共同诠释了这座世界三大良港之一的美。

➔p.56

矗立着基督像的基督山与里约市旁边的山形相貌面包，唤作面包山。

What's
巴西独立
巴西于1822年获得独立，成立巴西帝国，但是葡萄牙贵族势力未受影响。直到1889年才通过和平政变的方式推翻帝制，成立巴西合众国。

从基督山对面的面包山看到的景色，山麓上亮光的地方全是贫民窟。

1	2	3
4	5	6

❶ 巴西利亚大教堂
❷ 如同深海一般的圣博斯克大教堂。走到外面，世界的色彩都会随之改变
❸ 巴西利亚大教堂的穹顶
❹ 里约的标志——基督山上的基督雕像，护佑着这座容得下真与假、贫与富的城市
❺ 扎进科帕卡巴纳、伊帕内马等海滩畅游吧
❻ 色彩斑斓的塞勒隆台阶

诞生在一片荒野上的新首都

巴士驶出巴西利亚的机场后，在市中心穿梭，抵达各大酒店。渐次映入车窗的，全是些造型奇特的白色、银色建筑。仿佛误入梦境，眼前的一切活脱脱就是一部科幻电影。

1960年，巴西迁都巴西利亚。在那之前，里约热内卢一直是巴西的首都，为缩小沿海地区与内地的经济差距，进一步开发内地，第21任巴西总统库比契克于1956年决定迁都内地。新首都选址巴西中部的高原地区。建都之前，这里一片荒芜，没有任何建筑。

担任城市规划的是相关领域专家卢西奥·科斯塔。新城建筑平面布局像一架喷气式飞机，机身是政府各部办公大楼，展开的机翼部分是住宅和商业区。负责各政府大楼设计的是巴西著名的现代建筑师奥斯卡·尼迈耶。库比契克下令在其任期内（5年），以最快的速度推进城市建设，事实上，开工后仅仅过去41个月，这座新城便拔地而起。就这样，一座举世罕见的崭新城市在荒野上迎来了它的新生。

热情的里约是巴西的缩影

在迁都巴西利亚前，里约热内卢（以下简称里约）一直是巴西的首都。1763年，里约被定为葡萄牙巴西殖民地的首府。1822年，巴西独立，该城又顺理成章地成了巴西帝国的首都。

今天的里约，以狂欢节招待全球的嘉宾。2016年还举办了奥运会，是一座名副其实的国际大都市。市境内的瓜纳巴拉湾是世界三大天然良港之一，城区位于海湾南侧，历史古城（旧城区）以南则是成片绵延的优美海滩。

科帕卡巴纳、伊帕内马等都是里约的著名海滩，也是里约人的天堂。他们清早跑步，白天玩沙滩排球和足球，夜间在沙滩酒吧的音乐声中舒缓身心。只要有阳光，沙滩就是里约人娱乐的舞台。

美景、娱乐、音乐，还有贫民窟……热情的里约，一半光明，一半阴暗，这座城市同时也是巴西的缩影。

萨尔瓦多
Salvador

历史上的宗主国葡萄牙曾将萨尔瓦多定为巴西首都。萨尔瓦多曾是黑人奴隶贸易的中心,大量奴隶带来的巴伊亚文化一直延续到现在。 ▶p.224

What's 巴伊亚文化
以萨尔瓦多为首府的巴伊亚州诞生的独特的文化类型。以桑巴音乐和非裔巴西人的宗教坎东布雷(Candomblé)等为主要表现形式。

为非裔巴西人建造的非裔玫瑰圣母教堂所在的佩洛尼奥广场

巴西的所有文化均源于此

在迁都里约热内卢之前,宗主国葡萄牙将巴伊亚州的萨尔瓦多定为巴西首都(总督府所在地)。这里最初由一个巴西红木染料出口港发展起来,随后又借蔗糖产业扩大了城市规模。彼时,从非洲运来的大量黑奴充当着蔗糖农场的劳动力。

与黑奴们一起到来的还有他们的文化,这些文化迅速传播到巴西全境,形成了桑巴舞、卡波耶拉、坎东布雷等一批具有代表性的巴伊亚文化。今天,萨尔瓦多的大多数居民是当年黑奴的后裔,是里约的缩小版,但比里约拥有更深厚的巴伊亚文化根基。如果你不满足于浅尝辄止地观赏娱乐表演,而想深入体验已经融入当地人生活的巴伊亚文化,那么萨尔瓦多是你不二的选择。

穿着鲜艳巴伊亚服饰的黑人女性

城内全年365天音乐不间断,特别是每年2月狂欢节前夕的气氛更是无与伦比!

奥林达
Olinda

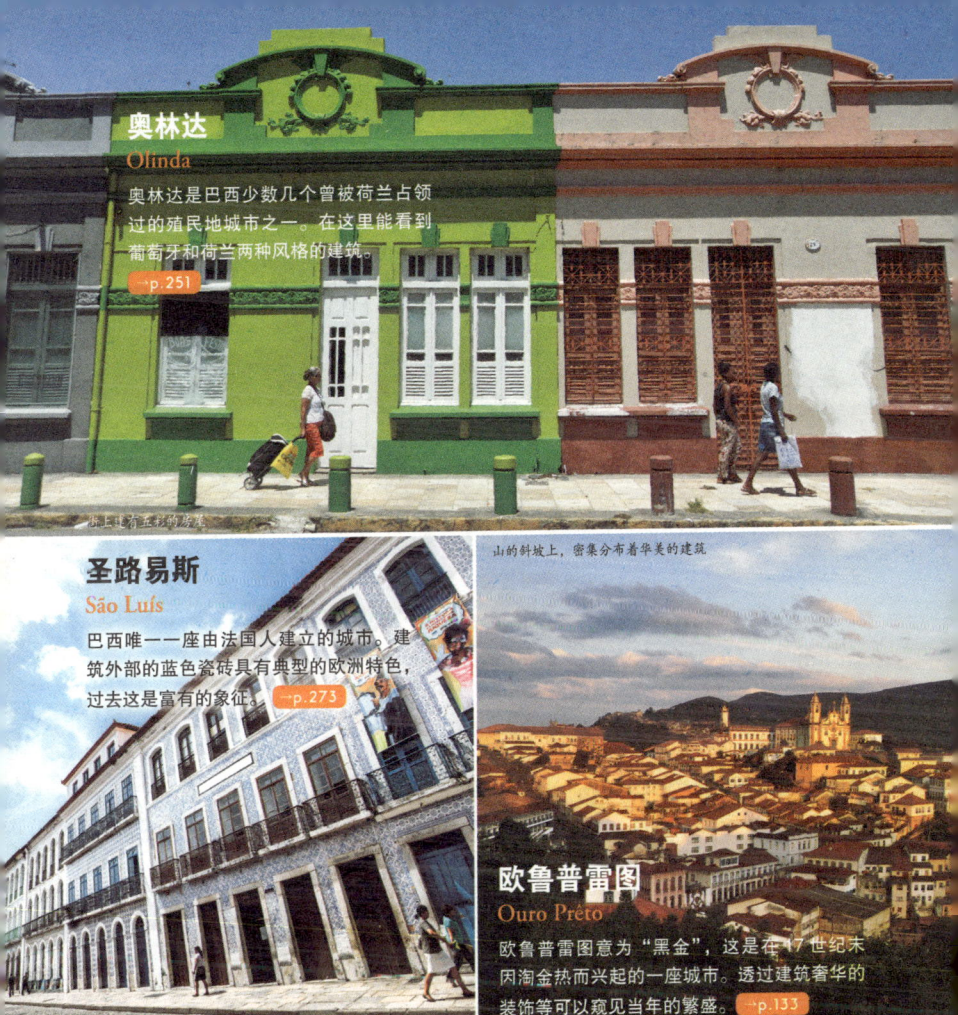

奥林达是巴西少数几个曾被荷兰占领过的殖民地城市之一。在这里能看到葡萄牙和荷兰两种风格的建筑。

→p.251

路上铺有五彩的砖瓦

圣路易斯
São Luís

巴西唯一一座由法国人建立的城市。建筑外部的蓝色瓷砖具有典型的欧洲特色，过去这是富有的象征。

→p.273

山的斜坡上，密集分布着华美的建筑

欧鲁普雷图
Ouro Prêto

欧鲁普雷图意为"黑金"，这是在17世纪末因淘金热而兴起的一座城市。透过建筑奢华的装饰等可以窥见当年的繁盛。

→p.133

五彩缤纷的瓷砖为街区增添了色彩

殖民地城市与淘金热

葡萄牙在16世纪中期左右将巴西据为自己的殖民地，之后，又与荷兰、法国在巴西发动了殖民地战争。争夺最激烈的是靠近欧洲的巴西东北部区域。荷兰建设了奥林达，法国则发展了圣路易斯，这两个国家的文化与葡萄牙文化共同融入了这些城市，并形成了独特的城市风貌。

到了17世纪末，内陆地区的米纳斯吉拉斯州发现金矿，"淘金热"由此拉开序幕。怀揣一夜暴富的梦想，大量淘金者涌入该地，建起了豪华的建筑。然而，风靡一时的淘金热并未持续多久，到了18世纪末，金矿面临枯竭，巴西的经济中心也随之转移到了沿海地区的里约等城市。

What's 殖民地战争

最先入侵巴西的是葡萄牙人。他们在16世纪中期正式入主巴西，1549年，葡萄牙将萨尔瓦多定为首都，建立总督府。法国也几乎在同一时期企图入侵巴西，但是由于没有得到本土的支援，悻悻而退，圣路易斯也成为唯一由法国人建设的巴西城市。在晚于葡萄牙约100年后，荷兰殖民者同样觊觎巴西，不过他们只占领了奥林达等部分东北部区域后，就被葡萄牙击退了。

荷兰风格的教堂只有一座钟楼，而葡萄牙风格的有两座钟楼

25

BRASIL CULTURE 01
巴西文化

在"足球王国"巴西现场观看足球比赛

在世界历史上冠绝冠军榜的五星巴西堪称足球圣地！巴西国内有多家俱乐部，白天、晚上都有比赛激情上演。看似危机四伏的现场，其实只要做到了该注意的细节，就会变得安全又简单。巴西人将足球称为"Futebol"。

FUTEBOL

巴西的国内俱乐部

巴西国内几乎全年都有足球赛事，职业赛事包括巴西足球全国联赛、州联赛、巴西杯赛三种。此外，还参加南美解放者杯赛事。

巴西全国足球联赛 ◆ Campeonato Brasileiro
巴西最高等级职业足球联赛，决出全国冠军。在巴西国内人气最高。尤其到了决胜时刻的 11 月，场场爆满，街上狂欢的球迷举杯同庆，整个城市一片欢腾。

巴西足球州联赛 ◆ Campeonatos Estaduais
全国 27 个州各自决出冠军的地方联赛。有圣保罗州足球联赛（Campeonato Paulista）和里约州足球联赛（Campeonato Carioca）等。

巴西杯 ◆ Copa do Brasil
采用前一年度州联赛冠军与亚军等 64 支球队进行比赛的淘汰制。与全国联赛相比，观众热情没那么高。

南美解放者杯 ◆ Copa Libertadores
一项由南美洲各支顶级球队之间竞争最高荣誉的国际足球赛事，由南美洲足球协会负责举办。参赛球队包括南美各国联赛的冠亚军球队及杯赛的冠军球队等，共 32 支队伍角逐。最后的冠军有资格参加国际足联在每年 12 月举办的世俱杯（FIFA Club World Cup）。另外还有一项南美杯赛事。

购票

购票方式包括在足球比赛场地外的售票窗口购买，也可通过网络购票。各俱乐部的官网均有购票通道，但是只有葡萄牙语一种语言，对游客而言相对较难。在线服务商 Futebol Card 的官网（URL www.futebolcard.com）有英语版，球迷可在此购票。座位可选，请购票时在网上选好。

最简单的购票方法是参加当地旅行社主办的观赛团。观赛团包含酒店接送服务，可放心观赛。预约观赛团可通过旅行社及酒店前台两种方式。

热门场次的比赛当天的票几乎都会售罄，最好至少提前一天去窗口购买。

选座方法

尽量避开死忠粉聚集的廉价票看台（站票看台）和远看台，建议选择正面看台后方的座位。圣保罗莫隆比场和里约马拉卡纳球场均设有游客专用看台。

前往球场的交通方式

观赛团有巴士到酒店接送，十分轻松。如果是个人观赛，则需要自行前往。一般会乘坐公共交通工具，如果太晚，建议选择出租车。

足球赛开赛日期
比赛的时间主要是周一、周三、周末。12 月上旬～1 月下旬为休赛期。

1	2	3	4	5	6	7	8	9	10	11	12

- 5 月～12 月上旬（巴西全国足球联赛）
- 1 月下旬～5 月上旬（巴西足球州联赛）
- 2-9 月（巴西杯赛）
- 3～11 月（南美解放者杯）
- 3～12 月上旬（南美杯）

巴西主要足球俱乐部

巴西各州以及联邦直辖地区共有超过120支足球俱乐部，其中尤以圣保罗州的球队最具盛名。巴西国内的人气足球俱乐部如下。

弗拉门戈足球俱乐部 Flamengo
创建 1895 年　所在城市 里约热内卢
主场 马拉卡纳球场 Estádio do Maracanã
俱乐部主色调 红·黑
URL www.flamengo.com.br/site/

弗鲁米嫩塞 FC 足球俱乐部
Fluminense Football Club
创建 1902 年　所在城市 里约热内卢
主场 马拉卡纳球场 Estádio do Maracanã
俱乐部主色调 红·白·绿
URL www.fluminense.com.br

科林蒂安足球俱乐部 Corinthians
创建 1910 年　所在城市 圣保罗
主场 科林蒂安球场 Arena Corinthians
俱乐部主色调 黑·白
URL www.corinthians.com.br

圣保罗 FC 足球俱乐部
São Paulo Futebol Clube
创建 1935 年　所在城市 圣保罗
主场 莫隆比球场 Estádio do Morumbi
俱乐部主色调 红·黑·白
URL www.saopaulofc.net

帕尔梅拉斯足球俱乐部 Palmeiras
创建 1914 年　所在城市 圣保罗
主场 安联公园球场 Allianz Parque
俱乐部主色调 绿
URL www.palmeiras.com.br

桑托斯 FC 足球俱乐部
Santos Futebol Clube
创建 1912 年　所在城市 桑托斯
主场 维拉贝尔米罗球场 Vila Belmiro
俱乐部主色调 黑·白
URL www.santosfc.com

米内罗竞技足球俱乐部 Atlético Mineiro
创建 1908 年　所在城市 贝洛奥里藏特
主场 独立球场 Estádio da Independência
俱乐部主色调 白·黑
URL www.atletico.com.br

克鲁赛罗足球俱乐部 Cruzeiro
创建 1921 年　所在城市 贝洛奥里藏特
主场 米内罗球场 Mineirão
俱乐部主色调 蓝·白
URL www.cruzeiro.com.br

巴西国际足球俱乐部 Internacional
创建 1909 年　所在城市 阿雷格里港
主场 比拉里奥球场 Beira-Rio
俱乐部主色调 红·白
URL www.internacional.com.br

格雷米奥足球俱乐部 Grêmio
创建 1903 年　所在城市 阿雷格里港
主场 格雷米奥球场 Arena do Grêmio
俱乐部主色调 浅蓝·黑·白
URL www.gremio.net

---

1 圣保罗莫隆比球场内进行的圣保罗足球队的比赛　2 2014 年巴西世界杯决赛场地——里约的马拉卡纳球场　3 城内也有足球纪念品商店　4 比赛前后，场馆周边遍布了球迷

⚠ 观赛时的注意事项

- 不要穿任一俱乐部颜色的服装
- 瓶、罐会被没收
- 务必留意扒手
- 不同的看台，入口也不同
- 中场休息时再吃东西

去足球博物馆逛逛吧！

圣保罗和里约热内卢都有足球主题博物馆。博物馆采用多种互动设备展示巴西足球的历史，还有模型等，让游客全身心感受足球的魅力。

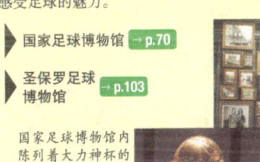

▶ 国家足球博物馆 → p.70
▶ 圣保罗足球博物馆 → p.103

国家足球博物馆内陈列着大力神杯的复制品

圣保罗的足球博物馆

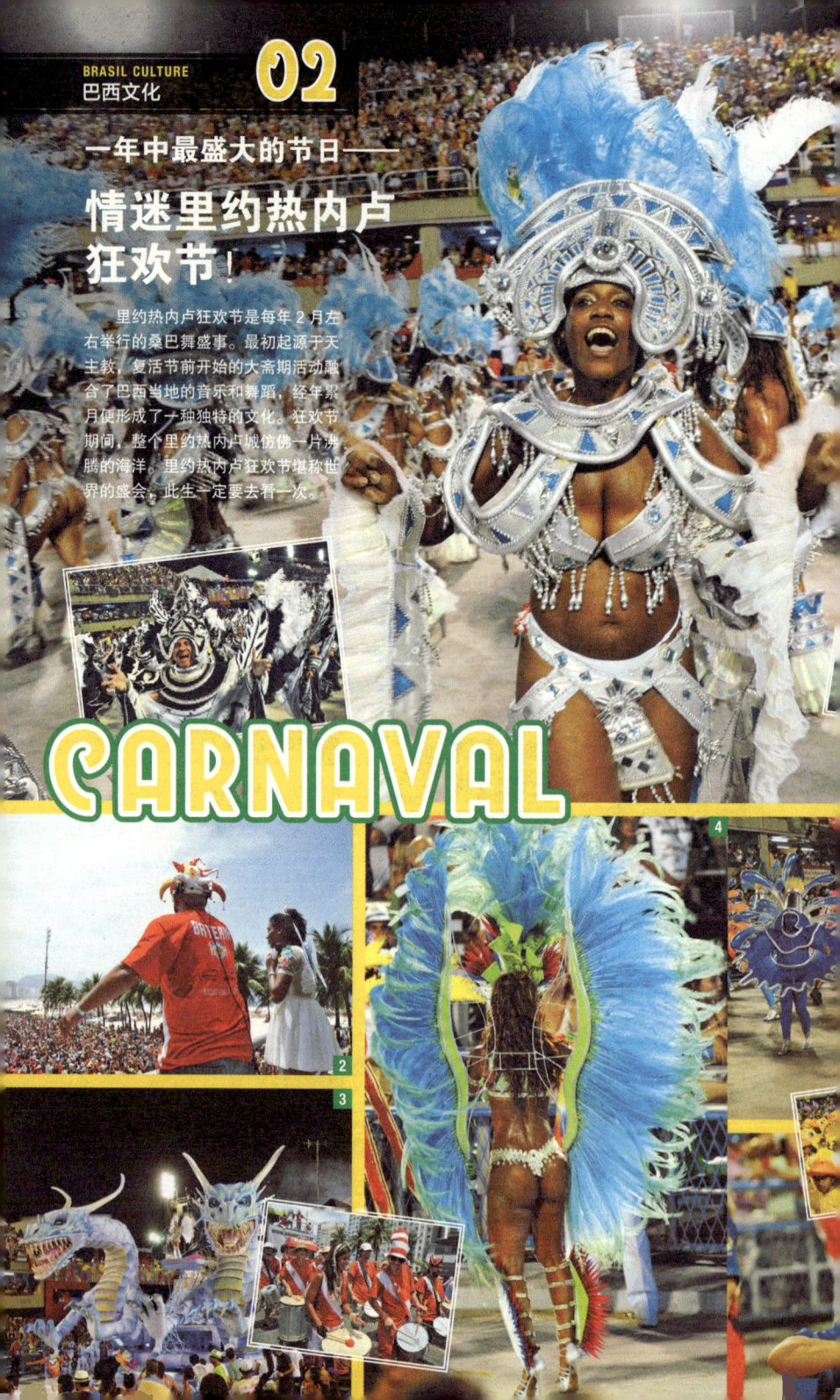

BRASIL CULTURE
巴西文化

02

一年中最盛大的节日——
情迷里约热内卢狂欢节！

里约热内卢狂欢节是每年2月左右举行的桑巴舞盛事。最初起源于天主教，复活节前开始的大斋期活动融合了巴西当地的音乐和舞蹈，经年累月便形成了一种独特的文化。狂欢节期间，整个里约热内卢城仿佛一片沸腾的海洋。里约热内卢狂欢节堪称世界的盛会，此生一定要去看一次。

CARNAVAL

狂欢节（大斋期）的历史

大斋期，亦称四旬期，是指复活节前46天由大斋首日（圣灰周三／涂灰日）开始至复活节前日止的基督教节日。除欧洲外，世界其他地区也举办狂欢节纪念这一节日，其中规模最大的就是里约热内卢狂欢节。

里约的狂欢节据传始于18世纪末，到19世纪初的时候，里约的贫民窟还增加了桑巴舞街头表演，由此规模逐渐扩大。

最初只有被称为Bloco的小团体在大斋期唱歌，后来演变出Bloco相互之间比拼音乐、服装和舞蹈的舞台。随着参加者逐渐增多，多个Bloco团体开始组合，形成一个更大的组织，即桑巴舞学校。在音乐上吸收了非洲鼓的旋律和舞蹈，同时融合了原住民的文化等，最终形成具有独特巴西风格的节日庆典，其场面之宏大，世界闻名。

狂欢节也是一场角逐

即使传承到今天，桑巴舞学校在比拼音乐、服装和舞蹈这一点上依然没有改变。只是换了一个形式——由政府观光部分主导这场角逐。桑巴舞学校被分成若干个级别，其中Grupo Especial是最高级别的总决赛，它下面还设有A级、B级及更低的级别。比赛时，以桑巴舞学校为单位分别展演，大的桑巴舞学校的演出规模可达到4000人。

虽然场面华丽，但是对比赛的演员来说，这就是一场胜负的较量。在气温接近40℃的酷暑下，或引吭高歌，或热情起舞。等所有的狂欢节活动结束后，评委会评出当年的总冠军及其他各个奖项的归属。

狂欢节结束的那个周末，还有一场表现优异者的冠军汇报演出。这期间，由于有空的人更多，甚至能获得比狂欢节本身更高的人气。

狂欢节现场

狂欢节期间，很多地方都有巡演，而比赛的主会场是一个叫桑巴大道Sambódromo（MAP p.64-A3）的专用场馆。场馆全长近700米，能容纳约8万人。场馆分为高层的站立区、可从侧面近距离观看的指定座位等，有多种看台。不同的日期门票也不同，最贵的是总决赛当天的门票。

巴西3大狂欢节

巴西不只有里约狂欢节，圣保罗的狂欢节在气氛上也不遑多让。里约狂欢节与萨尔瓦多狂欢节、累西腓／奥林达狂欢节并称为"巴西三大狂欢节"。不同于里约的地方舞蹈、音乐，要共同欣赏才更有魅力。另外，狂欢节期间正值雨季，要提防突降大雨。

参加狂欢节的注意事项

狂欢节期间，个人游客无论在交通还是住宿上，都会遇到不小的麻烦。此时全球的游客云集巴西，旅行社在航班、酒店预订上已然忙得不可开交。最好的办法是，参加旅行社组织的旅行团。如果是个人前往，尽量提前购买预售票。预售票可通过狂欢节官方网站预订、购买。

如果买不到总决赛的门票，那就去看看低级别桑巴舞学校的比赛吧。这些比赛不用提前预订，只需要当天早些到场就能确保有座位，同时还能近距离欣赏。

里约以外的巴西三大狂欢节

巴西三大狂欢节的另外两个是萨尔瓦多狂欢节、累西腓／奥林达狂欢节。它们的举办日期与里约相同。

萨尔瓦多

萨尔瓦多狂欢节据悉有近200万人参加，众多乐队（Bloco）在街上游行巡演。不用买票，只需一件T恤就能加入到你喜欢的游行队伍中。
URL carnavalsalvadorbahia.com.br

累西腓／奥林达

相邻的两个城市共同举办的狂欢节，白天的地点主要在奥林达，晚上改在累西腓。以弗雷沃（Frevo）这种独特的音乐闻名。最后一天有100多位身高在3米以上的巨型人偶在街上巡游。
URL www.programacaocarnavalrecife.com.br

1 舞蹈演员们身着绚丽的服装 2 多个地方白天也举办庆祝活动 3 彩车一般的巨型舞台通过桑巴大道 4 性感的臀部吸引众人关注 5 身着华丽服装的舞蹈演员就像一件编舞艺术品 6 跟着他们一起狂欢吧！

里约的狂欢节
Carnaval do Rio de Janeiro
URL www.rio-carnival.net
举 2/21-25（2020）周六开始巡演，总决赛巡演定在周日和周一。整个城市从周五开始就陷入狂欢的氛围中。

29

BRASIL GOURMET 01
巴西美食

南美首屈一指！
在巴西享用饕餮肉食

南美洲是全球食肉量最大的地区。巴西也不例外，炖肉、肉干等，在这里你能品尝到各种做法的肉。

牛腹肉
牛外腹横膈肌部分的肉，俗称"小尿布"，特点是多汁鲜嫩。

CHURRASCO
巴西烤肉

在肉块上撒上岩盐，慢火细烤成巴西风味烤肉。烤肉店也被称为巴西窑烤店 (Churrascaria)，店员端着肉串来回走动，如果你想吃的，直接告诉店员，请他切下即可。肉类有牛肉、猪肉、鸡肉、羊肉等。

后背里脊
也叫肉眼，主要特点是多汁，瘦肉较多，同时含一定脂肪。

后臀尖
从腰到臀部的肉，是巴西人的最爱。肉味浓郁，柔嫩鲜香。

排骨
带骨五花肉。脂肪多，回味无穷。

羊肉 Cordeiro
主要是羔羊肉，脂肪少，有养生功效。有时也烤成年羊肉。

巴西烤肉经常用到的牛肉部位

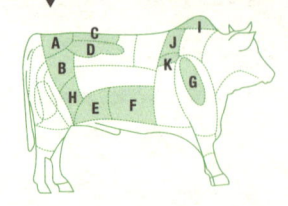

- A 皮卡亚 Picanha（后臀尖）
- B 阿尔卡托拉 Alcatra（牛臀肉）
- C 安卓 Ancho（牛背肉）
- D 菲力 File（里脊、牛腰肉）
- E 弗拉迪哈 Fraldinha（牛腹肉）
- F 盆达·得·阿古哈 Ponta de Agulha（无骨牛腩）
- G 肩胛牛排 Shoulder Steak
- H 马米亚 Maminha（牛乳内）
- I 库披 Cupim（牛肩峰肉）
- J 考斯特拉 Costela（牛排骨）
- K 阿萨名·得·提拉 Assado de Tira（牛排尖）

牛肉肥嫩叫牛肩峰肉，可以慈烤食用。

MANNERS
吃巴西烤肉的要领

配沙拉自助餐
进店后，前往自助区。自取沙拉、海鲜、寿司等。注意不要取用过多。
价格包含在自助餐内

用托盘点餐
将座位上的托盘反个面，就表示你要点餐，肉会源源不断地送来。也可以点不同部位的肉。
红色托盘表示不再点餐，绿色表示开始点餐

取肉时的注意事项
喜欢吃的部位端上来之后，直接请服务员切肉，然后用餐夹夹起。请服务员切下所有的肉。也可以让他切别的部位。

在这里可以吃到！（圣保罗）

福戈烤肉 Fogo de Chão

MAP p.96-A2
住 R. Augusto 2077
☎ (011) 3062-2223
URL fogodechao.com
营 周一～周六 12:00～24:00 周日 12:00～22:30
休 无休　CC ADMV

圣保罗地区著名的巴西传统烤肉店。选用产自巴西、经过1～10天熟成的顶级牛肉，炭火烤制的肉鲜美爽嫩。费用 R$138。

30

FEIJOADA

黑豆饭

这道菜的起源是非洲黑奴做的猪杂肉菜，将盐渍的牛肉干、牛肋肉、猪骨肉和猪肉、猪蹄等部位与黑豆一同炖煮而成，现在已成为巴西"国菜"。巴西人习惯在周三与周六的白天吃这道菜。

配菜有木薯粉、青菜、橙子和米粉

与配菜一同盛入盘中，拌在一起后就可以大口品尝了

- 猪耳
- 猪蹄
- 猪肋排
- 猪肉
- 火腿
- 肉干
- 火腿

黑豆饭的材料
原来是奴隶的饭食，因此以易保存的食品和猪杂为主

在这里可以吃到！（圣保罗）

格莱卡·米内拉 Graça Mineira

- MAP p.93-B2
- 住 R. Machado Bitencourt 75
- ☎ (011) 5579-9686
- URL www.gracamineira.com.br
- 营 周二～周四 11:30～23:00
  周五、周六 11:30～23:30，周日 11:30～16:00
- 休 周一 CC A D M V

主要供应米纳斯菜等巴西乡土美食。招牌菜有每天提供的黑豆饭（R$94.9，两人份）。草莓和猕猴桃等口味的凯匹林纳鸡尾酒（Caipirinha）同样是热销品。

CARNE DE PORCO

猪肉美食

巴西人对于猪肉，连肉带皮、猪蹄、猪耳全都不会浪费。最近圣保罗猪肉美食专卖店非常火爆。巴西的乡土美食就不用说了，寿司等多国菜看也可以用猪肉做成创意美食。

在这里可以吃到！（圣保罗）

卡萨波科酒吧
A Casa do Porco Bar

- MAP p.101
- 住 R. Araújo 124, Centro
- ☎ (011) 3258-2578
- 营 周二～周六 12:00～24:00
  周日 12:00～17:00
- 休 周一 CC A D M V

排长龙等待就餐的人气餐厅。从合同农户直采的猪肉被运用多种方法烹饪。糕点师曾拿过南美冠军。

使用从农户直采的猪肉

3种肉类熟食的拼盘 R$23。在低温环境下精心处理过，提升口感

不像热狗的热狗 R$24。将热狗放在一个仿真小车餐具上

烤猪肉 R$48。焦脆的肉皮喷香鲜美，与菜椒的肉完美搭配

猪腿肉寿司 R$29。木薯制作的杜古比酱（tucupi），酱油是这道菜的关键

干炸猪肋排 R$31。与番石榴酱和韩式苦椒酱的混合酱料一同食用

甜品

甜点师制作的甜品美味可口。图片为用奶酪与3种番石榴共同制作的"罗密欧与朱丽叶" R$28

31

BRASIL GOURMET 02
巴西美食

有鱼有肉，还有小吃和甜品！
巴西乡土美食推荐

巴西食品以肉为主，沿海地区也流行吃海鲜。在亚马孙地区，亚马孙河鱼也是餐桌上的常客。接下来，一起进入巴西的乡土美食世界吧！

Bife de Carne 牛排
简单的美味牛排。巴西烤肉店中后臀尖最受欢迎。

Galeto 烤鸡
露天环境下烤的整只仔鸡。外焦里嫩。

CARNE 肉
巴西最普遍的菜。有牛肉、猪肉、鸡肉、羊肉等。

Pato no Tucupi 酱鸭子
亚马孙的名菜。用调料炖鸭肉，配菖蒲叶。

Rabada 炖牛尾
文火慢炖，口感浓郁鲜香。

Moqueca 海鲜杂烩汤
巴伊亚州的名菜。将海鲜与棕榈油、椰子一起炖煮制作的汤。

PEIXES 海鲜
沿海地区可以吃到海鲜，亚马孙地区以亚马孙河鱼为主。

Tambaqui 烤大盖巨脂鲤
大盖巨脂鲤是一种亚马孙河的可食用鱼，肉质清淡，鱼个头大，回味无穷。

Bacalhau 鳕鱼
西红柿、蔬菜炖鳕鱼，是一道家常菜，很合中国人的口味。

Oyster 牡蛎
采用福塔雷萨产新鲜海鲜。中国游客最喜欢这里的牡蛎。

巴西美食之 ABC

餐厅的种类
囊括了从平民餐馆到高档餐厅的多个类型。人均消费合600元人民币以上的餐厅少之又少，巴西烤肉店放开吃也就200元～。称重计费的"公斤餐厅"可谓巴西独创。

主食是米饭
巴西人一般吃米饭配肉。有花椰菜米饭、肉干米饭、菜肉烩饭等，菜单丰富。与木薯粉、豆子制作的烩豆（Feijão）一起食用。

品种多样的什锦
如前所述，米饭一定会搭配以木薯粉、豆子为原料的烩豆食用。有时候也会加一些蔬菜粒或蒸木薯。为了调味，最普遍的做法是添加辣酱。

32

SALGADO
小吃类
在小吃摊和咖啡店能吃到多种街边美味。是早、午餐的最佳选择！

Pão de Queijo 奶酪小面包
奶酪与木薯粉制成的奶酪面包。发源于米纳斯吉拉斯州。

Bolinha de Bacalhau 炸鳕鱼条
一种炸干鳕鱼。最佳搭档是啤酒。经常作为前菜会。

Acarajé 油炸小薄饼
豌豆种子捣碎后做成薄饼，放进棕榈油中炸。以萨尔瓦多的炸薄饼最出名。

Pastel 炸饺子
巴西风味的饺子。在面粉中裹入馅儿制成。馅料有肉和奶酪等。

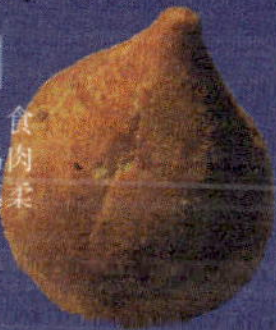

Coxinha 鸡肉馅面团
巴西风味干炸食品。馅料包含鸡肉和土豆等。口感柔软，有劲道。

Pernil 烤猪肉
猪腿三明治。小吃摊现场大块切下猪腿肉，看得人垂涎三尺。

Tapioca 木薯煎饼
木薯粉制作的饼在煎过之后加入馅料。味甘甜。

SOBREMESA
甜品
巴西人钟爱甜食。这里的甜食比中国的更甜，个头也更大。

Açaí 巴西莓
一种原产于亚马孙的植物。果实形如草莓，与冰和果汁一同食用。

Crème de Papaya 木瓜果昔
木瓜与冰、奶混合后，从上面浇一层黑加仑奶油。

BEBIDA
饮品
多喝果汁或酒精类饮料。餐厅和超市都能买到。

Cachaça（Pinga）卡莎萨（品加）
甘蔗蒸馏酒。其中，用砂糖和朗姆酒调制而成的卡皮利涅 Caipirinha 最出名。

Guaraná 瓜拉那汽水
以亚马孙地区的植物瓜拉那为原料制作的碳酸饮料。具有滋补强身的效果。

Cerveja 啤酒
最常见的啤酒是右图中的三种。生啤也被称为乔普 Chopp。

什么是"公斤餐厅"？

一种遍布巴西的餐厅运营方式。客人自助取餐入盘，称重确定最后的金额。有些餐厅根据菜品的种类分别计算每克的单价。在这种餐厅就餐的方法如下：

01. 从自助餐台旁取餐盘
02. 自助选取喜欢的食物
03. 在账台称重，计算金额，领取收据
04. 用餐完毕后，凭着收据前往账台结账

在一个盘里盛下自己喜欢的食物 　　按重量计费

33

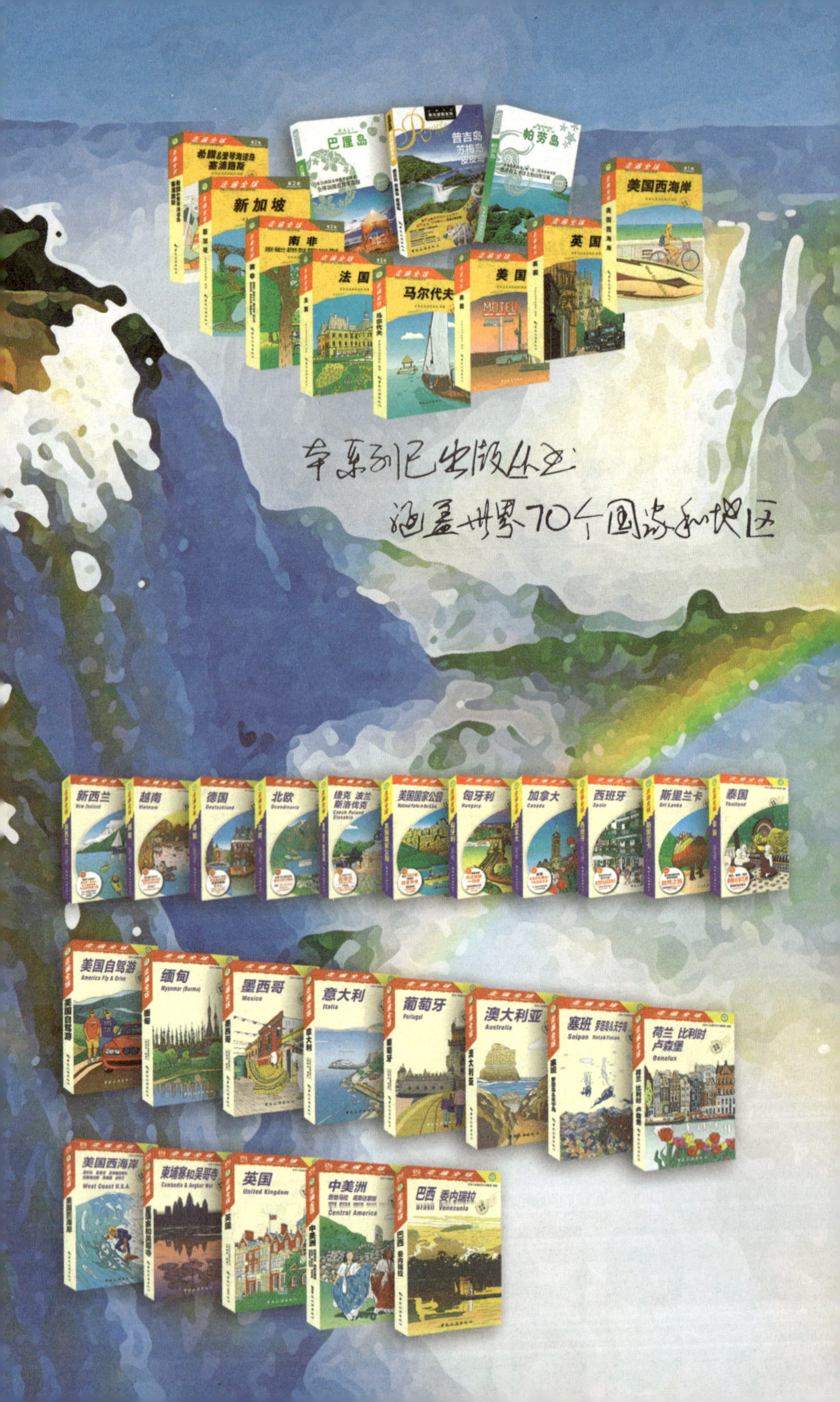

01 BRASIL SOUVENIR
巴西特产研究所

生生不息的自然之美
天然美妆用品荟萃

事实上，巴西是一个人尽皆知的美妆用品大国。采用巴西产的原料制作的美妆产品无一不多彩华丽，芳香馥郁。并且价格公道，买作纪念品也十分合适。

GRANADO
格拉纳多

创立于1870年的一家药店，后发展成美妆品牌。主营以巴西莓等巴西本土植物为原料制作的香皂、各类乳霜等普通化妆品。洗手皂物美价廉，是作为纪念品分发亲友的好选择。

位于里约老城区的总店

手工香皂。有巴西莓、薰衣草、花、巴西栗等7种

巴西栗（巴西坚果）护手霜与按摩油

散发着里约传统芳香的里约原住民系列芳香剂

这里可以买到！
里约热内卢 → p.86

奥林达系列的液体香皂

还有实惠的套装

经典的护手霜也带有巴西独特的香味

L'OCCITANE AU BRÉSIL
巴西欧舒丹

全球著名品牌"欧舒丹"在巴西设立的子品牌，经营以热带花卉和水果为原料的商品。奥林达等城市系列香氛用品采用了该城市的代表颜色。圣保罗机场有售。

这些商品足以让你在朋友面前感到自豪

这里可以买到！
圣保罗 → p.116

还有更多！巴西的美妆品牌

PHEBO
菲博
诞生于贝伦的一个天然香皂品牌，已被格拉纳多收购，但是品牌产品依旧保持了下来。菲博的产品大多在格拉纳多店面销售。

AVATIM
阿瓦提慕
巴伊亚州的美妆品牌，以普通化妆品为主，兼营香氛用品。推荐的商品有巴西樱桃制作的系列产品。香气清甜，沁人肺腑。

NATURA
纳图拉
巴西最知名的半化妆品品牌。热销产品包括以巴西果（百香果）和酸渣树等巴西特色植物为原料的精华系列。机场等地的免税店有售。

O BOTICÁRIO
欧博蒂卡里奥
1977年创立于圣保罗。是巴西国内规模最大的化妆品品牌，经营范围包括常用化妆品、彩妆用品等各个门类。在各大购物中心几乎都有店铺。

35

BRASIL SOUVENIR
巴西特产研究所

02

有很多在国内看不到的设计款式

为送给自己和身边重要的人
将巴西品牌带回国

在里约和圣保罗等城市，可以买到全球著名的巴西品牌。从沙滩单品到包、鞋、饰品等，货品之多，令人眼花缭乱。

HAVAIANAS
哈瓦那

从日本的草鞋中获得灵感后，于1962年在圣保罗奥斯卡菲尔大街创办的哈瓦那沙滩拖鞋品牌，是好莱坞明星、社会名流钟爱的著名品牌。兼营浴巾、泳装、包等多种沙滩相关产品。

沙滩人字拖

位于圣保罗的总店内颜色选择更多

还有布面藤底鞋等适合在城区穿的鞋子

这里可以买到！
里约热内卢 →p.87　圣保罗 →p.116

女神范的拖鞋

畅销的橡胶质轻便女鞋

橡胶鞋

MELISSA
梅丽莎

这个品牌的网眼橡胶鞋行销全球。拥有丰富的色彩选择、精致的设计、易上脚的舒适度及防水等特性，适合在沙滩穿着。与薇薇安·威斯特伍德合作打造的鞋俘获不少粉丝。

这里可以买到！
里约热内卢 →p.86　圣保罗 →p.118

IT BEACH
伊特·毕奇

现在发展最迅速的鞋类品牌。配有串珠的轻便女鞋和拖鞋设计时尚。鞋采用橡胶材质，也可当休闲鞋穿。鞋底有气泡，上脚舒服。

休闲、正式场合均适用的设计

橡胶鞋

镶着人造钻石的沙滩拖鞋

36

包

GILSON MARTINS
吉尔森·马丁斯

诞生于里约热内卢的箱包品牌。五彩的包包既适合在沙滩上背，也是街头潮人的宠儿。有些是基督像和面包山等里约地标景观造型，价格不贵。

伊帕内马店的工坊对外开放

洋溢着海洋气息的蓝色女用手提包

这个背包也以基督山为设计主题

画有基督山的小包

这里可以买到！
里约热内卢 →p.84

饰品

SOBRAL
索布拉尔

在里约的一条街道上创立的饰品品牌。店铺网络遍及巴黎和纽约等全球大都市。设计大胆的戒指、项链只要戴上身就会觉得精神焕发。制作原料为聚酯树脂。

不规整的串珠制作的手串，件件都有自己的韵味

沙滩人字拖等里约独特造型的项链

基督像装饰品是其标志性产品

在里约老城和伊帕内马设有店铺

这里可以买到！
里约热内卢 →p.86

比基尼

SALINAS
萨莱纳斯

说起巴西的泳装品牌，首先会想到萨莱纳斯。其鲜艳、前沿的设计近年来开始席卷中国。商品包括性感的巴西风比基尼和沙滩短裤、连衣裙、连体泳装等多个门类。

这里可以买到！
里约热内卢 →p.85

大胆的设计使你成为沙滩上的焦点

比基尼可试穿

沙滩用品

FARM
法姆

里约热内卢创立的超人气时尚品牌。采用青春系列面料制作的连衣裙、T恤、泳装是在里约沙滩上游乐时的最佳选择！与其他品牌联合开发的时尚单品也同样备受欢迎。

里约的伊帕内马店

商品图案多为花绘或部落花纹

这里可以买到！
里约热内卢 →p.85

37

BRASIL SOUVENIR
巴西特产研究所 03

在巴西各地 Get!
礼品推荐

现实旅途中发现的纪念品全公开！
对于不确定是否符合自己气质的，
还能通过微信朋友圈晒一晒，请亲友帮你选。

用麻绳等材料编织的彩色流苏手链。据说将它戴在手腕或脚腕上，等它自然断了的时候，许下的愿望就会实现。

托坎廷斯州的植物 CapimDourado 直译为"黄金草"。这种草编织的金色饰品和小物件很受欢迎。

饰品 ACCESSORIES

足球与音乐 SOCCER & MUSIC

巴西不愧是足球王国，足球周边产品十分丰富。各城市主场球队的球衣也有多个款式。

博萨诺瓦、Choro、桑巴等的 CD 唱片是热销产品。即使不懂歌词，听着这些音乐也能立即感受到浓烈的巴西氛围！

树木果实和鸟的羽毛做的饰品是亚马孙的特色纪念品。轻便易携带，建议多个重叠起来。

这些也是亚马孙的特色纪念品。用鸟的五彩羽毛做成的面具很有震撼力。也可以只拍照。

民间工艺品 FOLK ART

萨尔瓦多看到的巴伊亚女性陶俑。邦芬教堂 →p.233 内销售缠着彩带的人偶。

在萨尔瓦多的老城，有很多卖绘画作品的店铺，小件作品 R$5~，价格不贵。

时尚用品 & 艺术品 FASHION & ART

原意为"大块的布"的"肯加"是萨尔瓦多特产。可以像沙滩巾一样从泳装的上面往下缠绕，也可以用作沙滩垫。

在巴西的超市找特产

当地的超市是实惠、美味特产的宝库！将这些巴西美食带回家吧。

原产于巴西的水果阿萨伊风味糕点种类多样。图中为爆米花。

巴西有不少以热带水果为原料的糕点。图中为百香果凤梨威化饼干。

超市里的巴西咖啡价格不贵。去找找有没有包装更精美的咖啡！

低热量 & 低糖的糕点十分受欢迎。使用甜菊，而不是白糖的 99% 可可豆巧克力。

以甘蔗为原料的蒸馏酒卡莎萨。小瓶装方便携带回国。推荐对比试饮。

SUPERMARKET

38

巴 西

Brasil

★里约热内卢……56	库亚巴……209
★圣保罗……91	★南潘塔纳尔……213
★桑托斯……120	博尼图……215
★帕拉蒂……124	大坎普……218
贝洛奥里藏特……128	科伦巴……222
欧鲁普雷图……133	★萨尔瓦多……224
★圣若昂-德尔雷伊……141	塞古鲁港……240
蒂拉登特斯……145	马塞约……246
★伊瓜苏瀑布……147	累西腓/奥林达……251
★库里蒂巴……160	纳塔尔……262
★巴拉那瓜……168	福塔雷萨……266
★布鲁梅瑙……171	圣路易斯……273
★弗洛里亚诺波利斯……175	巴雷林哈斯……282
★阿雷格里港……180	★亚马孙……286
★巴西利亚……187	玛瑙斯……291
潘塔纳尔湿地……197	贝伦……305
潘塔纳尔湿地的动物们……203	博阿维斯塔……319
★北潘塔纳尔……206	

圣博斯克教堂（→ p.193）

巴西全图
N
0
500
1000km
A
B
C
1
2
3
4
海地
多米尼加
波多黎各 (美)
安提瓜和巴布达
多米尼克
圣卢西亚
巴巴多斯
圣文森特和格林纳丁斯
格林纳达
特立尼达和多巴哥
加勒比海
Caribbean Sea
Maracaibo
马拉开波湖
加拉加斯
Caracas
Puerto la Cruz
Mérida
Ciudad Bolívar
奥里诺科河
委内瑞拉
VENEZUELA
乔治敦
Georgetown
圭亚那
GUYANA
帕拉马里博
Paramaribo
苏里南
SURINAME
法属圭亚那
F.GUYANE
卡宴
Cayenne
Oiapoque
圭亚那地盾
罗赖马山
Monte Roraima
2810m
帕卡赖马
Pacaraima
佩德拉品塔达
Pedra Pintada
波哥大
Bogotá
哥伦比亚
COLOMBIA
博阿维斯塔
Boa Vista
宝芬
Bomfin
Amapa
马卡帕
Macapá
雅里
Jari
阿尔特杜尚
Alter da Chão
蒙蒂阿莱格里
Monte Alegre
内格罗河
波萨达乌阿卡里
泰菲
Tefé
玛瑙斯
Manaus
帕林廷斯
Parintins
亚马孙河
圣塔伦
Santarém
巴卡雷纳
Barcarena
贝伦
Belém
马拉若岛
Ilha do Marajó
伊科拉西
Icoaraci
莫斯凯鲁岛
Ilha do Mosqueiro
阿哥多奥岛
Ilha do Algodoal
费尔南多-迪诺罗尼亚群岛
Fernando de Noronha
赤道
圣路易斯
São Luís
巴雷林哈斯
Barreirinhas
杰里科科拉
卡姆布库
福塔雷萨
Fortaleza
托姆阿苏
Tomé-Açu
Maraba
卡诺格布拉达
Canoa Quebrada
Aracati
纳塔尔
Natal
Iquitos
亚马孙横贯公路
Trans-Amazonian Highway
巴西
BRASIL
Porto Velho
Rio Branco
p.55有放大图
João Pessoa
奥林达
Olinda
累西腓
Recife
马塞约
Maceió
秘鲁
PERÚ
Cobija
巴西高原
塞拉多保护区
卡皮瓦拉山国家公园
圣克里斯托弗
Aracaju
Ayacucho
Cuzco
迪亚曼蒂纳高原
Chapada Diamantina
萨尔瓦多
Salvador
Trinidad
的的喀喀湖
玻利维亚
BOLIVIA
库亚巴
马托格罗索高原
巴西利亚
Arequipa
拉巴斯
La Paz
Cochabamba
潘塔纳尔湿地
戈亚斯
塞古鲁港
Porto Seguro
Tacna
Arica
Oruro
Sucre
Santa Cruz
科伦巴
迪亚曼蒂纳
"发现海岸"大西洋森林保护区
Iquique
博尼图
大坎普
贝洛奥里藏特
Vitória
欧鲁普雷图
巴拉圭
PARAGUAY
圣若昂-德尔雷伊
蒂拉登特斯
孔戈尼亚斯
Antofagasta
圣保罗
伊泰普水电站
亚松森
Salta
里约热内卢
库里蒂巴
桑托斯
帕拉蒂
太平洋
Oceano Pacífica
阿塔卡马沙漠
福斯多伊瓜苏
Foz do Iguaçu
伊瓜苏瀑布
阿帕雷西达
大西洋东南海岸森林保护区
布鲁梅瑙
梅尔岛
巴拉那瓜
弗洛里亚诺波利斯
圣卡塔琳娜岛
智利
CHILE
安第斯山脉
La Serena
Córdova
阿雷格里港
乌拉圭
URUGUAY
大西洋
Oceano Atlâutico
圣地亚哥
Santiago
Mendoza
Rosario
布宜诺斯艾利斯
蒙得维的亚
拉普拉塔河
阿根廷
ARGENTINA
Mar del Plata
Bahía Blanca
Puerto Montt
Trelew
巴塔哥尼亚
Puerto Aysén
Comodoro Rivadavia
首都
国境线
主干道
铁路

巴西

概况

巴西国土总面积约占南美洲的一半，位于俄罗斯、加拿大、中国、美国之后，居世界第五。广袤的国土主要位于赤道以南，呈东西走向。各大城市之间至今仍有无人区。

单说气候的话，南、北部也迥然不同。中南部多平地，分布着潘塔纳尔湿地和大草原，东南部是山区。北部则由亚马孙河流域与巴西高原组成，有不少地区覆盖着热带雨林，人迹罕至。

人口中据悉白种人占48%，黑白混血种人占43%，黑种人占8%，黄种人占1%，具体情况不得而知。巴西自古以来为原住民与白种人，黑种人混血杂居，同时接受葡萄牙、意大利、德国、日本、阿拉伯等国家和地区的移民，因此人种多样，复杂难辨，调查人口构成也就变成了一件无从下手的事了。

市民与游客比肩接踵的里约海滩

不过纵览各地区，仍能发现人口分布有一定的规律。其中有趣的一点是，各国的移民倾向于居住在与祖国同一纬度的地区。例如黄种人多居住在圣保罗地区，德国后裔和黑种人分别居住在南部和北部。人口民族的构成差异与气候、地形差异赋予了巴西各地鲜明的地域特征，并形成具有"乐观的进取派""感性的虚无者"等性格特点的新人种。这种社会的多样性正是巴西的一大特色。

很难用某一个概念来定义巴西是个什么样的国家。亚马孙热带雨林中的居民几乎与现代绝缘，而巴西利亚又是一座具有后现代风格的人工都市。此外还有萨尔瓦多的黑人文化、里约的狂欢节、科帕卡巴纳海滩的美女，及商业城市圣保罗，伊瓜苏瀑布、阿雷格里港的表演……关于巴西这个国家所有的脾性、样貌，都需要你亲眼看、亲自走才能真正体会。

仰望基督山与贫民窟

41

巴西的基本信息
General Information

国旗

绿色象征森林，黄色象征矿藏和资源，深蓝色圆形代表天空。天空中的 27 颗星象征 26 个州与首都巴西利亚，而且那些星星的位置是 1889 年 11 月 15 日通过和平政变成立新政府当天，里约热内卢星星排列的位置。圆形中间书以葡萄牙文"秩序与进步"。

正式国名

巴西联邦共和国
República Federativa do Brasil

国歌

《听，伊匹兰加的呼声》
《Hino Nacional Brasileiro》

面积

约 851.2 万平方公里

人口

2.12 亿（2018 年）

首都

巴西利亚 Brasília

元首

雅伊尔·博尔索纳罗
Jair Messias Bolsonaro
（2018 年 10 月就任，任期 4 年）

政体

以总统为国家元首的联邦共和国制。巴西由 26 个州和一个联邦区（首都巴西利亚）组成，国土分为 Norte（北）、Nordeste（东北）、Centro-Oeste（中西）、Sudeste（东南）、Sul（南）5 个地区。

民族构成

欧洲后裔 48%，混血人种 43%，非洲后裔 8%，亚洲后裔和原住民等 1%。

宗教

大部分国民信仰罗马天主教。部分国民信仰新教和犹太教等。

语言

官方语言是葡萄牙语。部分地区使用原住民语言。
旅行实用葡萄牙语→ p.387

主要节假日

里约狂欢节的举办日期是复活节前的 40 天左右。圣保罗、萨尔瓦多、累西腓 / 奥林达也会举办狂欢节，各有千秋。另外，除了全国性节假日外，各地区还有很多自己的节日和活动。

不同年份节日日期不同（标 ※），请注意

1 月 1 日	元旦
2 月 21~25 日前后（'20）	※ 狂欢节（大斋期）
4 月 12 日（'20）	※ 复活节（圣周五）
4 月 21 日	巴西民族独立运动先驱蒂拉登特斯纪念日
5 月 1 日	劳动节
6 月 11 日（'20）	※ 基督圣体节
9 月 7 日	独立纪念日
10 月 12 日	巴西守护使阿帕雷西达圣母节
11 月 2 日	万灵节
11 月 15 日	共和制宣言纪念日
11 月 20 日	黑人意识日
12 月 25 日	圣诞节

电话的拨打方法

【在巴西拨打电话的方法】

巴西有很多电话公司，拨打国际长途或国内长途时，必须牢记电话公司的编号。从酒店打电话也不例外。

另外，部分电话公司只覆盖小部

酒店电话。打电话回国需要先接通外线

从中国往巴西拨打电话的方法

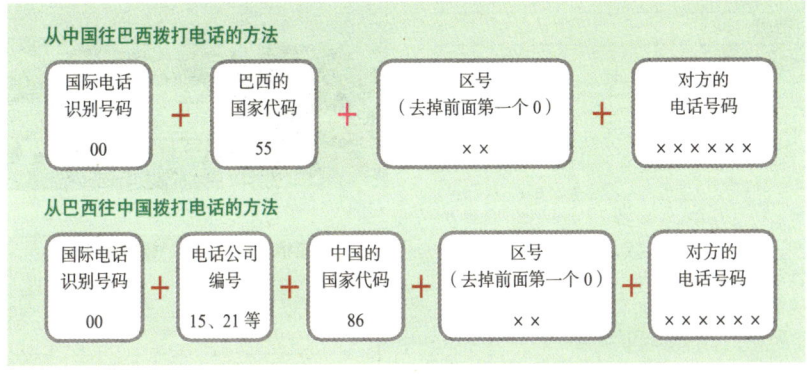

| 国际电话识别号码 00 | + | 巴西的国家代码 55 | + | 区号（去掉前面第一个0）×× | + | 对方的电话号码 ×××××× |

从巴西往中国拨打电话的方法

| 国际电话识别号码 00 | + | 电话公司编号 15、21 等 | + | 中国的国家代码 86 | + | 区号（去掉前面第一个0）×× | + | 对方的电话号码 ×××××× |

分区域，尽量选用 Embratel 等覆盖巴西全境的公司。

【国际长途的拨打方法】

先拨国际电话识别码 00，再拨电话公司的编号（Telefónica 公司 15、Embratel 公司 21，等等），再拨打中国的国家代码（中国为 86）、去掉 0 的长途区号和对方号码。

【电话商店和国际长途电话卡】

如果在国际电话商店等地打电话，国家代码和之后的号码可以抄写给店员看，拜托店员帮忙通话。

使用公用电话等适用国际长途电话卡的设备拨打电话时，先拨卡上的密码，之后按国家代码、去掉 0 的长途区号、对方号码的顺序拨打即可。

设计新颖的公用电话

关于打电话→p.379

货币与汇率

巴西货币单位为雷亚尔 Real（葡萄牙语音译为"黑奥"，复数形式为 Reais），缩写为 R$。雷亚尔的辅助单位是分 Centavo（复数形式为 Centavos，缩写为 ¢。2018 年 12 月的最新汇率为 R$1 = 1.76 元人民币。US$1 = 6.89 元人民币。

纸币和硬币均有新旧两种版本。另外，¢1、¢5 的硬币几乎不流通，因此购物时找零的尾数会用四舍五入的方法计算。

携带资金小谈→p.358

R$2　R$5　R$10

R$20　R$50　R$100

¢1　¢5　¢5　¢10　¢10

¢25　¢25　¢50　¢50　R$1

汇兑

银行 Banco、兑换处 Casa de Câmbio、高档酒店和部分旅行社均开展兑换业务。部分场所接受人民币兑换成雷亚尔，不过汇率不划算，并且地方城市大多无法兑换，因此最好提前预备美元。

此外，ATM 在巴西很普遍，城区和机场等各地均能见到。国际现金卡和主流信用卡都能使用。取现会产生一定的手续费和利息，也可每次随用随取。

机场的 ATM

43

气候

巴西地处南半球，11月~次年4月是夏季，5~7月是冬季。北部的贝伦和玛瑙斯等热带地区年平均气温高达25~35℃，全年湿热。南部的里约等亚热带地区1~2月最热，此时雨量也最大。圣保罗以南是具有温带特征的亚热带地区，气温较里约年均低3~5℃，冬季有霜，间或有冰雹。巴西利亚和潘塔纳尔等中部内陆地区分雨季和旱季，旱季湿度不足10%，气候干燥。白天气温高，早晚较凉。与北冷南热的中国不同，巴西是越往北越热，越往南越凉。至于最佳观光季节，北部是暑气消退的冬季，南部则是温暖的春、秋季节。

除了冬季的5~8月，其他时间在巴西均可穿夏季服装。但是需要注意的是，不管冬、夏，一旦连续下3天雨，气温会骤降。尤其内陆地区的夜晚和南部的冬季，冷意十足。圣保罗以南接近温带地区，如果冬季前往需要备足厚衣服。

地理环境与风土人情 → p.50

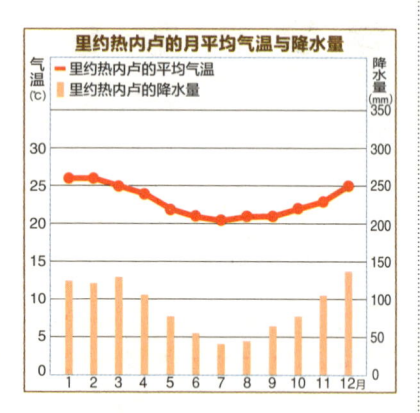

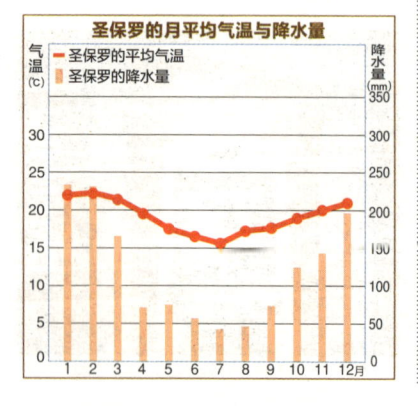

里约热内卢全年高温

巴西利亚的旱季湿度在10%以下

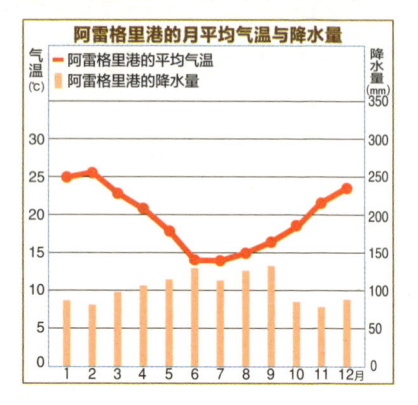

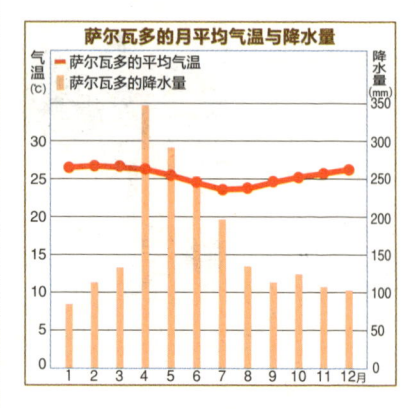

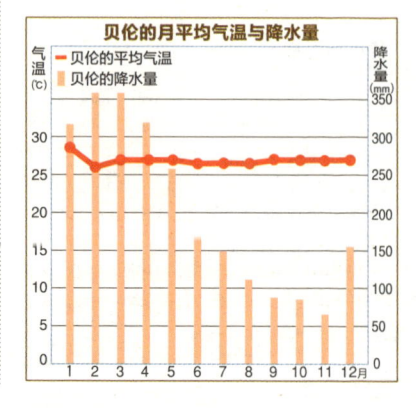

阿雷格里港的月平均气温与降水量

里约热内卢的月平均气温与降水量

萨尔瓦多的月平均气温与降水量

圣保罗的月平均气温与降水量

贝伦的月平均气温与降水量

度量衡

和中国相同，长度单位为米，重量单位为克、千克，液体单位为升。

处罚条例

乘坐机动车时，前排乘客必须系上安全带。违者将被罚款。

从中国飞往巴西

中国到巴西没有直航，需要转机。先从北京、上海、广州、香港飞到纽约、巴黎、迪拜等中转。转机时，需要办理转机的第三国签证。巴西的空中门户为圣保罗和里约热内卢等。

从首都国际机场飞往圣保罗，在达拉斯、亚的斯亚贝巴、华盛顿、多哈等地中转的前提下总共需要约 26 个小时，从巴黎、伊斯坦布尔等城市中转需要近 27 个小时。中国国航有一趟在法兰克福中转的飞机仅需 25 小时。

中国国航执飞前往巴西的航班有**两班**，起飞时间均为 13:55，在法兰克福中转后，于次日 4:50、6:55 抵达圣保罗瓜鲁尔霍斯国际机场。

交通方式 → p.368

小费

巴西几乎所有费用中都包含了服务费，所以要不要给小费也就不那么严格了。

【餐厅】
快餐和公斤餐厅（称重计费）等自助餐厅不用给小费。通常，最终结账时店方会在收费小票上注明加收实际消费的 10% 作为服务费。如果对服务不满意，可拒绝支付服务费。如果没有在小票上注明，可以多支付 10%，或者将找零作为服务费。

【酒店】
酒店的门童收 R$1~2 的小费。

【出租车】
一般让出租车司机帮忙的时候才需要支付小额小费。

营业时间

以下为一般情况下的大致营业时间。

【银行】
10:00~16:00（地方的小城市有些 11:00~），周六·周日歇业。

【商店】
周一~周六 8:00~18:00。周日关门。

【餐厅】
周一~周五 11:30~15:00、18:00~23:00，周六·周日 11:30~23:00。

洗手间

用过的厕纸一般要丢进坐便器旁边的垃圾桶内。洗手间内安置的小型淋浴喷头可正常使用。公共厕所几乎都是免费的，有些也收一定费用（R$0.5 左右）。

饮用水

从水龙头放出的水仅能用来漱口，不可直接饮用。超市和杂货店有饮用水出售，矿泉水分为碳酸水（com gas 或 gasosa）和非碳酸水（sem gas）。

绿盖为碳酸水，蓝盖为普通矿泉水

邮政

寄国际信件至中国，一般明信片和重量 20 克以内的信件为 R$2.2~，20~50 克的信件 R$4.55~，50~100 克为 R$7.6~。2~3 周后抵达。以上费用为信件规格在 25 厘米 ×35.3 厘米以内的情况下的金额。实际金额根据所寄物品、规格和寄送时间等因素确定。除普通信件外，还有一种叫塞德克斯（SEDEX）的挂号件，重要物品和急件建议用这种方式邮寄。当地邮局称为 Correio，特点是有个黄色的招牌。也有邮筒，但是数量稀少。邮局的营业时间为周一~周五 9:00~17:00、周六 9:00~13:00，周日休息（有些地方周六也休息）。

邮筒为黄或蓝等比较醒目的颜色

机场、火车站和巴士车站内也有邮局

出入境

【签证】
巴西政府为增加来巴西旅游的游客数量，从 2017 年 10 月 1 日开始简化办理签证的手续。其中旅游签证发给以休闲、观光、探亲为目的、

45

且无移民倾向、无意在巴西从事有偿活动的申请人。签证有效期最长5年，多次入境，每次停留期不得超过90天。在停留期届满前，可延期一次，但全年在巴西停留总时间不得超过180天。办理签证所需材料包括护照原件、照片、身份证复印件，此外还有财产证明（银行存款5万以上银行证明）等材料，请提前准备。

【护照】
　　至少两张空白页。

【出入境】
　　在抵达巴西前，需要在飞机上将相应信息填入出入境卡。无海关申报单。携带折合超过1万巴币的现金或旅行支票，事先须通过互联网进行申报，并到口岸海关接受检查。另外，出入境卡可从巴西联邦警察局官网下载。

落地后，将填好的出入境卡和护照交给入境审查官，接受入境审查。结束后入境审查官会将出境用的右半部分撕下返还给本人。请妥善保管，直至出境。

出境时，在各航空公司的柜台办理值机，托运行李，取机票。找到登机口，接受完安全检查后，再接受出境检查。此时还要提交出入境卡。从值机到办理出入境手续要花费一定的时间，请至少在起飞前3小时到达机场。

巴西联邦警察局出入境卡下载链接
URL www.pf.gov.br/servicos-pf/estrangeiro/cartao-de-entrada-e-saida/cartao-de-entrada-e-saida

※ 不同航空公司的出入境卡格式不一，但是所填内容大同小异。

【巴西出入境卡】

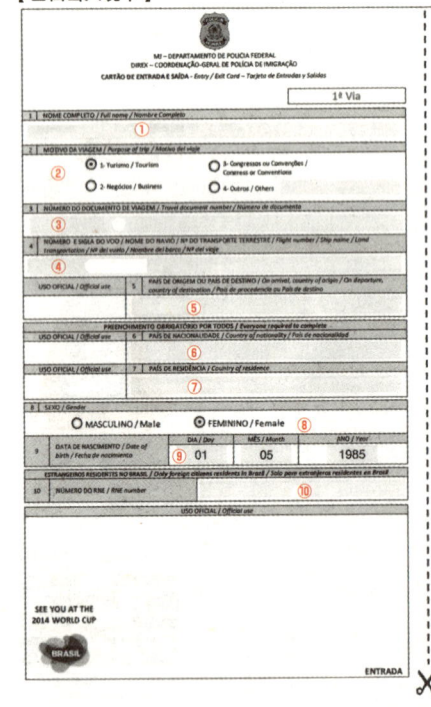

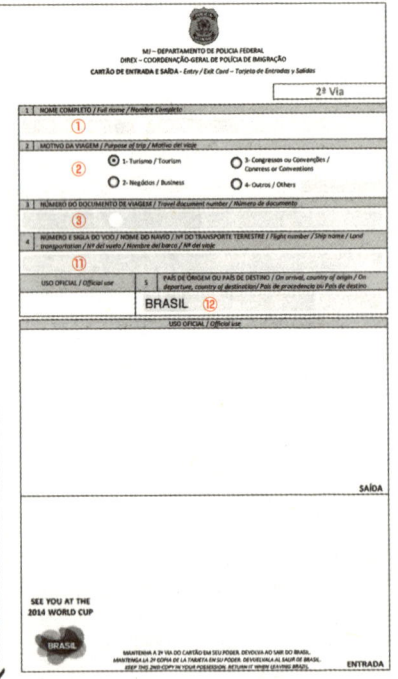

【巴西出入境卡模板】

① 姓名
② 旅行目的
　　1=旅行 2=工作
　　3=会议或学术 4 其他
③ 护照编号
④ 抵达航班名
⑤ 出发地与到达地
　　（已到达者写出发地）
⑥ 国籍
⑦ 居住地
（例如中国国航 CA931次航班）
⑧ 性别
　　MASCULINO＝男性
　　FEMININO＝女性
⑨ 出生年月日
　　（按日/月/年的顺序）
⑩ 巴西常住居民身份
证号码
（无须填写）
⑪ 出发航班名
⑫ 出发地与到达地
　　（将要出发者写出发地）

时差与夏令时

幅员辽阔的巴西东西向有2个小时的时差，分为3个时区。即使是来往于巴国国内，也要确认好时间。里约热内卢、圣保罗、贝伦等城市比中国晚11个小时，西北部的玛瑙斯晚12个小时，里奥布兰卡晚13个小时。巴西有些州执行夏令时，有些州不执行。巴西利亚、圣保罗、里约热内卢州等地的10月第二个周日开始到次年2月第三个周日为夏令时，时间向前推1小时（与中国的时差变成10小时）。玛瑙斯所在的亚马孙州、贝伦所在的帕拉州不用夏令时。各州的时差请参考下表和p.53。

【时差早知道】

北京时间	时差 -11 小时	时差 -12 小时	时差 -13 小时
6:00	19:00	18:00	17:00
7:00	20:00	19:00	18:00
8:00	21:00	20:00	19:00
9:00	22:00	21:00	20:00
10:00	23:00	22:00	21:00
11:00	0:00	23:00	22:00
12:00	1:00	0:00	23:00
13:00	2:00	1:00	0:00
14:00	3:00	2:00	1:00
15:00	4:00	3:00	2:00
16:00	5:00	4:00	3:00
17:00	6:00	5:00	4:00

【中国与巴西各州的时差】

时差	州名	州首府
时差 -11 小时	帕拉	贝伦
	阿马帕	马卡帕
	马拉尼昂	圣路易斯
	皮奥伊	特雷西纳
	托坎廷斯	帕尔马斯
	塞阿拉	福塔雷萨
	北里奥格兰德	纳塔尔
	帕拉伊巴	若昂佩索阿
	伯南布哥	累西腓
	阿拉戈斯	马塞约
	塞尔希培	阿拉卡茹
	巴伊亚	萨尔瓦多
	巴西利亚联邦区	巴西利亚
	戈亚斯	戈亚尼亚
	米纳斯吉拉斯	贝洛奥里藏特
	圣埃斯皮里图	维多利亚
	里约热内卢	里约热内卢
	圣保罗	圣保罗
	巴拉那	库里蒂巴
	圣卡塔琳娜	弗洛里亚诺波利斯
	南里奥格兰德	阿雷格里港
时差 -12 小时	罗赖马	博阿维斯塔
	亚马孙	玛瑙斯
	朗多尼亚	韦柳港
	马托格罗索	库亚巴
	南马托格罗索	大坎普
时差 -13 小时	阿克里	里奥布朗库

用电及视频制式

【电压与插头】

各地的电压不同，里约和圣保罗为110V，萨尔瓦多和玛瑙斯是127V。累西腓、巴西利亚等地为220V。电波频率全为60赫兹（Hz）。在100~220V环境下使用的智能手机、电脑的充电器等设备可在巴西正常使用（最好确认一下）。吹风机、卷发棒等需要携带在当地能用的规格，或者带一个变压器。

关于插头，巴西以C型插头为主，需要携带转换器。偶尔能见到A型插头，少数酒店甚至有A、C两型插头。

【视频制式】

中国大陆使用的视频制式是PAL-D，巴西采用PAL-M。市场上销售的影像商品中，也有与日本、美国相同的NTSC制式，购买时请认准。

巴西的区域码是4，中国大陆为6，普通的家用DVD光碟无法直接观看。

基本上是C型圆头插头

安全及突发问题处理

与中国相比，巴西的盗窃、抢劫犯罪均较高，各地也发生过多起针对游客和当地外国人的刑事案件。人少的地方及夜晚尽量避免外出，白天也要时时小心。尤其是临近岁末或大型节日举行期间，往往是偷盗、抢劫案件的高发时期，游客要增强安全意识，提高警惕，采取措施，加强防范，确保人身和财产安全。一旦发生案件，要及时报案，并配合警方调查，争取尽快破案。

紧急联系方式
警察 190
救护车 192
消防 193

旅行中的突发问题及安全对策→ p.382

年龄限制

年满18周岁被视为成年，可考驾照。18周岁以上者才能饮酒、吸烟。不满18周岁者不得购买烟、酒。

巴西国内主要巴士线路

巴西的长途巴士连接了各大城市，线网十分发达。走陆路相对花时间，但是可以欣赏车窗外的风景，也不失为愉快的旅程。车内大多冷气足，请备好外套和厚衣服。

巴士的订票方法

在当地的长途巴士车站购票

直接在各城市的长途巴士车站的售票窗口购票。先到先买，建议尽量提前购票。部分车票上标有姓名、护照号等信息。

各巴士公司分设售票窗口的圣保罗雅比夸拉巴士总站

网络购票

确定日程的情况下，也可以提前通过网络购票。在下列网站输入上车地点和目的地、乘车日期后就会显示符合条件的车次，随后跳转进入购票中心主页。票价受上车时间、直达或中转、车座等级等影响。购票流程请参考右述。（URL www.buscaonibus.com.br）

网络购票流程

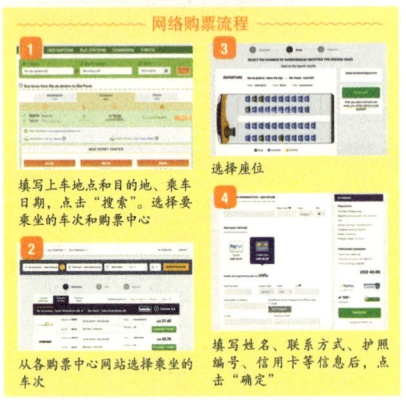

1 填写上车地点和目的地、乘车日期，点击"搜索"。选择要乘坐的车次和购票中心
2 从各购票中心网站选择乘坐的车次
3 选择座位
4 填写姓名、联系方式、护照编号、信用卡等信息后，点击"确认"

长途巴士的座位等级

乘客可根据宽敞程度及是否具有自动调节功能等舒适性指标，选择座位的等级。价格从高到低包括豪华巴士 Leito、高级巴士 Executivo、普通巴士 Regular（也被称为 Convencional、Normal、Semi-Leito）等。

🔍 主要的搜索网站　　URL www.buscaonibus.com.br　　URL www.busbud.com

长途巴士信息

在同一条连接大城市的线路上可能有多家巴士公司运营巴士。座位较宽敞的是 Cometa 和 Itapemirim 等大公司的巴士。

■ 从里约热内卢出发　Rio de Janeiro

目的地	巴士公司	运营班次	所需时间（大致）	票价
圣保罗	Kaissara / Expresso do Sul / Expresso Brasileiro 及其他	从清晨到深夜，每天每隔15～30分钟1班车	6小时	R$100.65～
帕拉蒂	Costa Verde	每天8～12班	4小时30分钟	R$83.45～
贝洛奥里藏特	Cometa / Viação Util	每天22～30班	7小时	R$52～
圣若昂-德尔雷伊	Paraibuna	每天2～4班	5小时30分钟	R$79.51～
库里蒂巴	Kaissara / Penha	每天3～5班	13～15小时	R$195.07～
弗洛里亚诺波利斯	Kaissara	每天1班	18小时30分钟	R$249.5～
欧鲁普雷图	Viação Util	每天2班	6小时30分钟	R$97.56～
塞古鲁港	Gontijo	每天1班	19小时30分钟	R$250.14～
巴西利亚	Kaissara / Viação Util	每天2～5班	18小时	R$159.97～

■ 从萨尔瓦多出发　Salvador

目的地	巴士公司	运营班次	所需时间（大致）	票价
塞古鲁港	Águia Branca	每天1班	11小时30分钟	R$144.05～
累西腓	Kaissara / Expresso Guanabara	每天2～4班	14小时	R$135～
马塞约	Rota Transportes / Águia Branca	每天4～6班	11小时30分钟	R$125.35～

■ 从圣保罗出发　São Paulo

目的地	巴士公司	运营班次	所需时间（大致）	票价
里约热内卢	Expresso do Sul / Kaissara 及其他	从清晨到深夜，每天每隔15～30分钟1班车	6小时	R$92.45～
库里蒂巴	Kaissara / Cometa	从清晨到深夜，每天每隔15分钟～1小时1班车	6小时	R$88.28～
帕拉蒂	Reunidas Paulista	每天3班	6小时	R$78.62～
桑托斯（从雅比夸拉巴士总站发车）	Expresso Luxo / Viação Ultra / Cometa 及其他	从清晨到深夜，每天每隔15分钟左右1班车	1小时	R$26.65～
贝洛奥里藏特	Gontijo / Cometa	每天25～33班	8小时40分钟	R$121.8～
欧鲁普雷图	Viação Util	每天1班	11小时30分钟	R$166.15～
圣若昂-德尔雷伊	Viação Util	每天3～4班	8小时	R$98.37～
弗洛里亚诺波利斯	Catarinense / Eucatur 及其他	每天14班	11小时	R$118.48～
阿雷格里港	Kaissara / Penha	每天5班	17小时	R$226.65～
大坎普（从巴拉芬达巴士总站发车）	Andorinha / Motta	每天9班	13小时	R$214.94～

布鲁梅瑙	Catarinense	每天 1~3 班	10 小时 30 分钟	R$130.44 ~
茹安维尔	Catarinense / Eucatur 及其他	每天 25~29 班	8 小时	R$90 ~
巴西利亚	Rápid Expresso / Real Expresso 及其他	每天 6~8 班	15 小时 30 分钟	R$202 ~
福斯多伊瓜苏（从巴拉芬达巴士总站发车）	Catarinense / Pluma	每天 4~5 班	17 小时	R$214.82 ~

■ 从累西腓出发　Recife

目的地	巴士公司	运营班次	所需时间（大致）	票价
萨尔瓦多	Catedral Turismo / Kaissara 及其他	每天 3~4 班	13 小时	R$135.45 ~
马塞约	Catedral Turismo / Real Alagoas	每天 7~9 班	5 小时	R$50.47 ~
福塔雷萨	Expresso Guanabara / Catedral Turismo	每天 7~9 班	13 小时	R$171.51 ~

■ 从大坎普出发　Campo Grande

目的地	巴士公司	运营班次	所需时间（大致）	票价
圣保罗	Motta / Andorinha	每天 8 班	13 小时	R$228.09 ~

■ 从福斯多伊瓜苏出发　Foz do Iguaçu

目的地	巴士公司	运营班次	所需时间（大致）	票价
圣保罗	Pluma / Catarinense	每天 6~7 班	18 小时	R$214 ~
库里蒂巴	Catarinense	每天 12~13 班	10 小时	R$183.54 ~
布鲁梅瑙	Catarinense	每天 5 班	14 小时 30 分钟	R$177.8 ~
弗洛里亚诺波利斯	Catarinense	每天 5~6 班	15 小时 30 分钟	R$203.13 ~
茹安维尔	Catarinense	每天 5 班	12 小时 20 分钟	R$170.84 ~

■ 从圣路易斯出发　São Luís

目的地	巴士公司	运营班次	所需时间（大致）	票价
福塔雷萨	Expresso Guanabara	每天 4 班	19 小时	R$195.26 ~
贝伦	Boa Esperança / Rápido Marajó 及其他	每天 4 班	13 小时	R$138 ~

■ 从巴西利亚出发　Brasília

目的地	巴士公司	运营班次	所需时间（大致）	票价
里约热内卢	Viação Útil / Kaissara	每天 4~5 班	18 小时	R$201.14 ~
圣保罗	Real Expresso / Rápido Federal 及其他	每天 7 班	16 小时	R$192.27 ~
贝洛奥里藏特	Kaissara / Expresso União	每天 4~7 班	11 小时	R$154.74 ~
库亚巴	Expresso São Luiz / Eucatur 及其他	每天 5 班	20 小时	R$227.02 ~

■ 从库里蒂巴出发　Curitiba

目的地	巴士公司	运营班次	所需时间（大致）	票价
里约热内卢	Penha / Kaissara	每天 2~3 班	14 小时	R$172.71 ~
圣保罗	Kaissara / Cometa	每天 36~42 班	6 小时 30 分钟	R$87 ~
福斯多伊瓜苏	Catarinense	每天 12~13 班	9 小时	R$184.46 ~
巴拉那瓜	Viação Graciosa / Princesa dos Campos	每天 13~15 班	1 小时 30 分钟	R$31.93 ~
大坎普	Eucatur	每天 3~4 班	15 小时	R$214.82 ~
桑托斯	Catarinense	每天 3~7 班	6 小时	R$87.61 ~
茹安维尔	Catarinense / Eucatur	从清晨到深夜，每天每隔 10 分钟~2 小时 1 班车	2 小时	R$26.1 ~
弗洛里亚诺波利斯	Catarinense / Eucatur / Expresso do Sul 及其他	从清晨到深夜，每天每隔 10 分钟~2 小时 1 班车	5 小时	R$52.87 ~
阿雷格里港	Penha / Catarinense	每天 7~9 班	12 小时	R$145.02 ~

■ 从贝伦出发　Belém

目的地	巴士公司	运营班次	所需时间（大致）	票价
圣路易斯	Rápido Marajó / Boa Esperança	每天 4 班	13 小时	R$159.40 ~

■ 从弗洛里亚诺波利斯出发　Florianópolis

目的地	巴士公司	运营班次	所需时间（大致）	票价
圣保罗	Catarinense / Eucatur 及其他	每天 18~32 班	12 小时	R$106.93 ~
库里蒂巴	Catarinense / Eucatur 及其他	每天 28~40 班	5 小时	R$50.89 ~
福斯多伊瓜苏	Catarinense	每天 5 班	14 小时 30 分钟	R$202.54 ~
茹安维尔	Catarinense	每天 11~12 班	3 小时	R$60.48 ~
布鲁梅瑙	Catarinense / Reunidas	每天 14~22 班	2 小时 20 分钟	R$44.35
阿雷格里港	Eucatur / Santo Anjo	每天 21~29 班	6 小时	R$93.71 ~

需要花 20 小时以上的长途巴士线路

有多条运行时间超过 20 小时的长途巴士线路。主要的线路名和所需时间如下：

上车	目的地	所需时间						
里约热内卢	累西腓	37 小时 30 分钟	累西腓	里约热内卢	38 小时	圣路易斯	累西腓	27 小时
	萨尔瓦多	28 小时		圣保罗	45 小时		巴西利亚	36 小时
	福斯多伊瓜苏	49 小时		巴西利亚	37 小时	巴西利亚	萨尔瓦多	23 小时
		22 小时		巴西蒂巴	39 小时		库里蒂巴	37 小时
萨尔瓦多	里约热内卢	29 小时		库里蒂巴	55 小时		23 小时 30 分钟
	圣保罗	44 小时	大坎普	里约热内卢	24 小时	弗洛里亚诺波利斯	23 小时
	福斯多伊瓜苏	50 小时		圣保罗	25 小时	库里蒂巴	里约热内卢	52 小时
	贝伦	34 小时		福斯多伊瓜苏	51 小时		圣保罗	48 小时
	巴西利亚	24 小时	圣路易斯	圣保罗	51 小时		累西腓	36 小时 30 分钟
圣保罗	累西腓	44 小时		贝伦	48 小时	贝伦	巴西利亚	29 小时
	萨尔瓦多	42 小时			50 小时			

Travel Tips

▶巴西的基础知识

> Brasil

地理环境与风土人情

●**北部地区**

贝伦、玛瑙斯所在的北部地区由亚马孙河流域与巴西高原组成。亚马孙河流域除坐拥巴西最高峰内布利纳峰 Pico da Neblina（3014 米）的圭亚那高原外，全是海拔在 200 米以下的平原。平原中部是众多支流簇拥下的世界流域面积（650 万平方公里）最大的亚马孙河。这片地区每年有

潘塔纳尔平原上零落的椰子树

不同目的地旅行的最佳季节

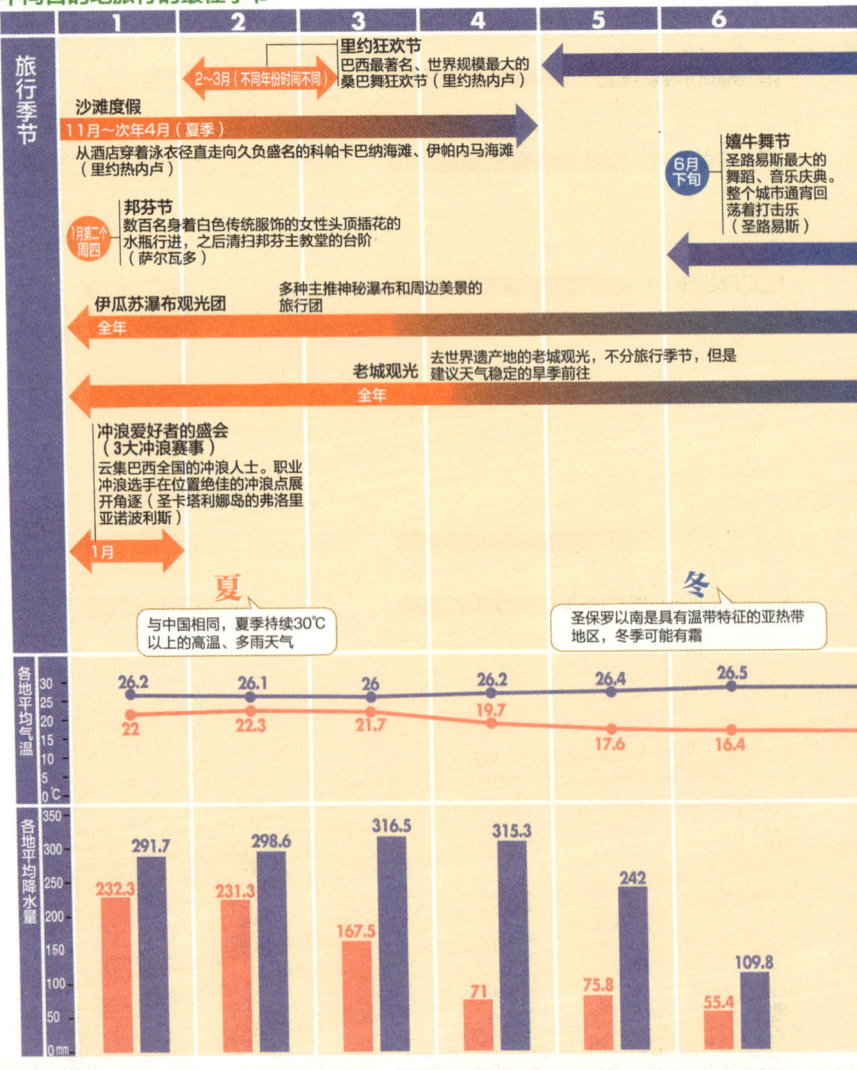

旅行季节	1	2	3	4	5	6

里约狂欢节（2～3月，不同年份时间不同）
巴西最著名、世界规模最大的桑巴舞狂欢节（里约热内卢）

沙滩度假（11月～次年4月，夏季）
从酒店穿着泳衣径直走向久负盛名的科帕卡巴纳海滩、伊帕内马海滩（里约热内卢）

嬉牛舞节（6月下旬）
圣路易斯最大的舞蹈、音乐庆典。整个城市通宵回荡着打击乐（圣路易斯）

邦芬节（1月第二个周四）
数百名身着白色传统服饰的女性头顶插花的水瓶排行进，之后清扫邦芬主教堂的台阶（萨尔瓦多）

伊瓜苏瀑布观光团
多种主推神秘瀑布和周边美景的旅行团
全年

老城观光
去世界遗产地的老城观光，不分旅行季节，但是建议天气稳定的旱季前往
全年

冲浪爱好者的盛会（3大冲浪赛事）
云集巴西全国的冲浪人士。职业冲浪选手在位置绝佳的冲浪点展开角逐（圣卡塔利娜岛的弗洛里亚诺波利斯）
1月

夏
与中国相同，夏季持续30℃以上的高温、多雨天气

冬
圣保罗以南是具有温带特征的亚热带地区，冬季可能有霜

各地平均气温（℃）

月	1	2	3	4	5	6
—	26.2	26.1	26	26.2	26.4	26.5
—	22	22.3	21.7	19.7	17.6	16.4

各地平均降水量（mm）

月	1	2	3	4	5	6
—	291.7	298.6	316.5	315.3	242	109.8
—	232.3	231.3	167.5	71	75.8	55.4

1~2个月（8~9月）的少雨季节，不过全年整体高温多雨。因此，亚马孙河流域有大片茂密的常绿乔木林（热带雨林）。

● 中部地区

巴西高原的中部长年高温，年降水量少，5~9月的旱季具有热带草原气候特点。草原上散布着低矮的灌木（稀树草原）。同时，巴西高原的东北部广布卡廷加植物区，这里旱季生长着仙人掌与多刺的低矮树木。

与巴拉圭、玻利维亚接壤的内地区域分布着潘塔纳尔湿地。一到雨季，那里就变成一片汪洋泽国，因此，也是一个被称为"生命乐园"的野生动物宝库。

● 南部地区

南部地区包括巴西高原东南部与拉普拉塔河流域的平原（内陆区）。东南部是巴西高原海拔最高的地区，耸立着班地拉山（2890米）等数座险峻的山峰。那里的气候北部长年高温，分明显旱季和湿季；南部是凉爽、湿润的温带气候，无旱季。

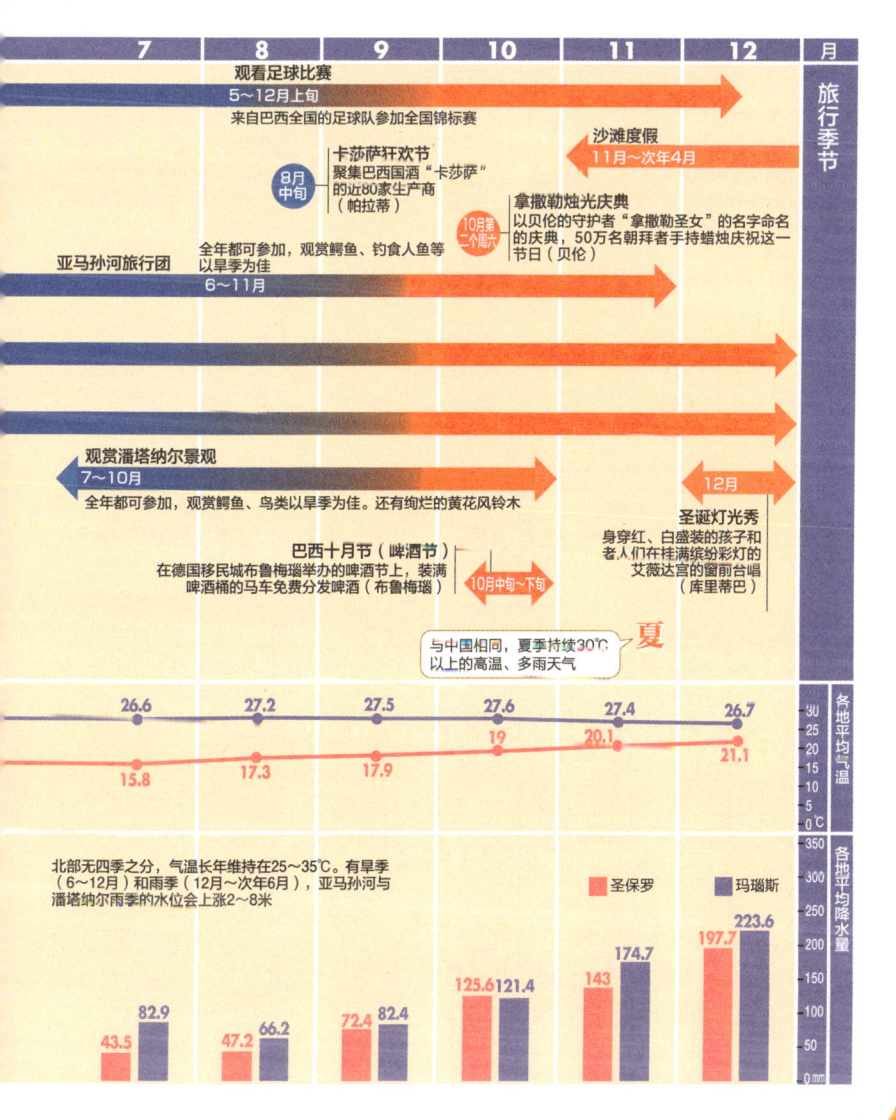

月	7	8	9	10	11	12
旅行季节						

观看足球比赛 5~12月上旬 来自巴西全国的足球队参加全国锦标赛

沙滩度假 11月~次年4月

卡莎萨狂欢节 8月中旬 聚集巴西国酒"卡莎萨"的近80家生产商（帕拉蒂）

拿撒勒烛光庆典 10月第二个周六 以贝伦的守护者"拿撒勒圣女"的名字命名的庆典，50万名朝拜者手持蜡烛庆祝这一节日（贝伦）

亚马孙河旅行团 6~11月 全年都可参加，观赏鳄鱼、钓食人鱼等以旱季为佳

观赏潘塔纳尔景观 7~10月 全年都可参加，观赏鳄鱼、鸟类以旱季为佳。还有绚烂的黄花风铃木

巴西十月节（啤酒节） 10月中旬~下旬 在德国移民城布鲁梅瑙举办的啤酒节上，装满啤酒桶的马车免费分发啤酒（布鲁梅瑙）

圣诞灯光秀 12月 身穿红、白盛装的孩子和老人们在挂满缤纷彩灯的艾薇达宫的窗前合唱（库里蒂巴）

与中国相同，夏季持续30℃以上的高温、多雨天气

夏

各地平均气温：
- 26.6 / 27.2 / 27.5 / 27.6 / 27.4 / 26.7
- 15.8 / 17.3 / 17.9 / 19 / 20.1 / 21.1

北部无四季之分，气温长年维持在25~35℃。有旱季（6~12月）和雨季（12月~次年6月），亚马孙河与潘塔纳尔雨季的水位会上涨2~8米

各地平均降水量（圣保罗 / 玛瑙斯）：
- 43.5 / 82.9
- 47.2 / 66.2
- 72.4 / 82.4
- 125.6 / 121.4
- 143 / 174.7
- 197.7 / 223.6

51

国内交通

● 飞机

巴西幅员辽阔，穿梭于各城市之间最便捷的交通工具是飞机。巴西国内有南美航空（LA）、戈尔航空（G3）、阿苏尔航空（AD）、哥伦比亚航空（AV）等多家航空公司。从圣保罗、里约热内卢、巴西利亚前往国内各地的直达航班数及飞行时间如下表所示。

乘坐飞机时，临时买各区间的机票会非常贵。阿苏尔航空针对由北美、欧洲等地飞往南美（包括巴西）的乘客，推出一种"南美通票"的区间打折机票。这种票不仅适用于巴西国内，前往南美各国的机票都有折扣。

南美航空 LATAM URL www.latam.com
戈尔航空 GOL URL www.voegol.com.br
阿苏尔航空 Azul
URL viajemais.voeazul.com.br
哥伦比亚航空 Avianca
URL www.avianca.com.br

● 长途巴士

长途巴士的始发站是各城市的巴士总站 Rodoviária。主要城市的长途巴士总站内均设有餐厅、洗手间和淋浴室。在售票处，多家公司同时销售同一线路的车票，Cometa 公司和 Itapemirim 公司等几家较大的公司的巴士座位更宽敞。

长途巴士根据座位等级与是否为直达车，分为 Regular（也被称为 Convencional、Normal、Semi-Leito）、Executivo、Leito 等多个类型。Leito 是豪华巴士，座位放倒后乘客可平躺。车票大概是普通巴士的 2 倍，但是舒适性很高，客人多为中产阶层以上人士。乘车过程中也不用过于担心行李被盗。

车票可通过车站售票窗口和预订网站购买。狂欢节和圣诞节前后十分拥挤，并且基本上不会增开班次，应尽早预订。

巴士预订网站
Busca Pnibus URL www.buscaonibus.com.br

● 从邻国前往巴西

从南美各国的首都均有直达航班飞往圣保罗。从布宜诺斯艾利斯（阿根廷）、圣地亚哥（智利）、利马（秘鲁）、蒙得维的亚（乌拉圭）、亚松森（巴拉圭）、加拉加斯（委内瑞拉）出发，除了阿苏尔航空、戈尔航空有执飞航线外，该国本身也有航空公司执飞。前往里约热内卢的直达航班只有布宜诺斯艾利斯、圣地亚哥、蒙得维的亚和利马有，其他城市前往里约只能在圣保罗中转。
→ p.372 代表性的国境穿越线路

饮食

广阔的国土与多样化的人种、民族构成，使巴西成为各种食材的聚集地，巴西也因此成为南

巴西国内前往各地的航班（直达）
※ 每天的航班数

城市	圣保罗 航班数	圣保罗 飞行时间（大致）	里约热内卢 航班数	里约热内卢 飞行时间（大致）	巴西利亚 航班数	巴西利亚 飞行时间（大致）
圣保罗	—	—	68~97 班	50 分钟~1 小时 15 分钟	21~41 班	1 小时 45 分钟
里约热内卢	67~98 班	50 分钟~1 小时 20 分钟	—	—	16~25 班	1 小时 40~55 分钟
贝洛奥里藏特	27~42 班	55 分钟~1 小时 25 分钟	12~18 班	55 分钟~1 小时 20 分钟	6~13 班	1 小时 25 分钟
塞古鲁港	4 班	1 小时 50 分钟	每周 3 班	1 小时 35 分钟	1~2 班	1 小时 45 分钟
萨尔瓦多	22~28 班	1 小时 35 分钟~4 小时 5 分钟	11 班	2 小时 15 分钟	5~8 班	1 小时 50-2 小时 10 分钟
马塞约	6~11 班	3 小时	2~3 班	2 小时 40~3 小时 15 分钟	3~4 班	2 小时 25 分钟
累西腓	18~23 班	3 小时 5~30 分钟	8~11 班	2 小时 50~3 小时 10 分钟	5~7 班	2 小时 40 分钟
纳塔尔	7~8 班	3 小时 30 分钟	3~4 班	3 小时 10 分钟	2~4 班	2 小时 50 分钟
福塔雷萨	12~16 班	3 小时 25~40 分钟	3~4 班	3 小时 30 分钟	3~5 班	2 小时 40 分钟
圣路易斯	2~4 班	3 小时 40 分钟	1~2 班	3 小时 20 分钟	3~4 班	2 小时 30 分钟
贝伦	3~6 班	3 小时 30~45 分钟	2~3 班	3 小时 30~45 分钟	4~7 班	1 小时 35 分钟
玛瑙斯	4~5 班	4 小时	1~3 班	4 小时 10 分钟	3~5 班	3 小时
巴西利亚	26~41 班	1 小时 40 分钟~2 小时	15~21 班	1 小时 40 分钟~2 小时	—	—
福斯多伊瓜苏	9~11 班	1 小时 25~55 分钟	5~6 班	2 小时	每周 1 班	2 小时 10 分钟
阿雷格里港	29~45 班	1 小时 25~45 分钟	10~16 班	1 小时 45~55 分钟	4~7 班	2 小时 30 分钟
弗洛里亚诺波利斯	21~23 班	1 小时~1 小时 20 分钟	4~5 班	1 小时 30 分钟	1~2 班	2 小时 15 分钟

美饮食文化最丰富的国家之一。巴西有巴伊亚菜系、亚马孙菜系、米纳斯菜系等多个菜系,各地均有属于自己的风味。

巴西烤肉
将牛肉、鸡肉等大块地串在一起烧烤的烤肉。烤肉店也被称为巴西窑烤店,肉和沙拉自助品尝。

黑豆饭
肉与黑豆一同烹煮的美食。食用时在米饭上浇一层木薯粉。

海鲜杂烩
巴伊亚的著名美食,是一种用椰奶与椰子油炖海鲜的土锅美味。

波岚达
玉米粉做的粥,吃正餐时的速食。

鸡肉馅面团
圆锥形的炸牛肉薯饼。在小麦粉中加入浓汤,再入油锅炸,口感焦酥。馅里有肉和奶酪等。

奶酪小面包
巴西的国民面包。木薯粉中揉入奶酪后制成。咬上一口,满嘴香脆。

产业
咖啡世界总产量的近三成产自巴西。此外,巴西还生产农产品、铁矿石、白糖、工业产品等。向中国出口的产品主要有大豆、铁矿石、石油、纤维素和牛肉等,从中国进口的商品主要为纺织服装、箱包、塑料制品等传统劳动密集型产品以及钢材、机电产品等工业制成品。

特产
巴西最著名的特产是咖啡。食品门类中常见的特产还包括巧克力、椰子、木薯类糕点、甘蔗

巴西各州及首府、时差

※有些地区不采用夏令时,因此存在一定误差。

酒卡莎萨（部分地区称为"品加"）等。宝石店数量多，采用当地盛产的水晶等矿物质制作的饰品、鸟兽造型储物箱等各地均有售。另外，皮革制品、原住民挂饰、足球服等也算得上是巴西特色。

巴西的历史

历史上，巴西全境都生活着原住民印第安人。1500年，葡萄牙航海家佩德罗·卡布拉尔抵达现在的塞古鲁港附近地区，宣布那里为葡萄牙的领地，由此掀起了巴西历史的新篇章。最初，巴西境内并未发现金矿，而国名"巴西"来源于当地出产的一种染料——巴西红木Brasil，正因此，人们并未过于在意是否是葡萄牙的属国。然而，为了阻止觊觎巴西红木的法国进军巴西，葡萄牙自16世纪30年代正式开始了殖民活动，同期迁入了大量葡萄牙人。1549年，在萨尔瓦多设置了直接听命于葡萄牙国王的总督府。当时巴伊亚州与伯南布哥州兴起了大规模的甘蔗种植业，为了补充劳动力，葡萄牙从非洲掠来大批黑奴。1888年废除奴隶制度后，移民活动变得频繁起来，取代之前的奴隶成为新的劳动力。

17世纪末，内陆的米纳斯吉拉斯州发现了金矿，随后又探明了钻石矿脉。从那以后，巴西掀起一股淘金热，不少梦想一夜暴富的人从东北部和葡萄牙纷纷涌向米纳斯州，人们开始在巴西腹地淘金。另外，为了运送金矿，总督府在1763年由萨尔瓦多迁往离米纳斯更近的里约热内卢。

1807年，欧洲大地上爆发战事，拿破仑入侵葡萄牙，葡萄牙王室暂避法国。后来，拿破仑战败，国王若昂六世回国，不过他仍然把自己的儿子佩德罗留在了巴西。1822年9月7日，巴西宣告独立，建立巴西帝国。佩德罗一世加冕称帝，成为巴西帝国首位帝王。巴西帝国的帝制存续了约70年，1889年11月15日，陆军发动和平政变，推翻帝制，成立巴西合众国。

巴西政府自20世纪末开始着重通过发展重工业带动国民经济，巴西经济开始腾飞。然而，经济发展的同时，国内的通货膨胀率一直居高不下，国际债务一度高达1128亿美元，成为全球最大的债务国之一。1988年和1989年经历了通胀率分别飙升到1000%、2800%的经济悲剧后，1990年3月，巴西举行了第一次全民直接选举，费尔南多·科洛尔当选总统。当选之初，科洛尔致力于抑制通胀，平稳经济。可就是这样一位被国民寄予厚望的总统，在1992年的甲约热内卢环境会以后不久被发现涉嫌受贿，仅上任半年便匆匆宣布辞职，副总统伊塔马尔·佛朗哥接任总统。

1995年，费尔南多·恩里克·卡多佐就任巴西总统，成功地遏制住了通货膨胀。2003年1月1日，路易斯·伊纳西奥·卢拉·达席尔瓦出任巴西总统，连任两届后，任满离职。之后，曾担任有"首席部长"之称的总统府民政办公室主任的迪尔玛·罗塞夫在2011年1月正式就职，成为巴西历史上首位女总统。罗塞夫在2014年的总统选举中蝉联总统宝座，可是2015年她被发现涉嫌操纵国家财政，示威者走上街头抗议这位女总统。巴西参议院通过了针对总统罗塞夫的弹劾案，罗塞夫被强制离职长达180天，在此期间副总统特梅尔出任代总统。2016年8月，巴西参议院最终表决通过总统弹劾案，罗塞夫总统被罢免职务，代总统特梅尔正式出任第37任总统。2018年10月，巴西举行总统大选，社会自由党候选人博索纳罗当选新任总统，于2019年1月1日正式就职。

中国驻巴西的使领馆

● **中国驻巴西大使馆**
住 SES Av. das Nações, Quadra 811, Lote 39, 70425-900, Brasília
☎ 005561-21958200
FAX 005561-33463299

● **中国驻圣保罗总领事馆**
住 R.Estados Unidos 1071, Jardim America, Sao Paulo-SP. CEP: 01427-001 Brasil
☎ 0055-11-30699877
FAX 0055-11-30699896
签证 ☎ 0055-11-30699895
总领馆领保24小时热线
0055-11-30610800

● **中国驻里约热内卢总领事馆**
住 Consulado Geral da República Popular da China no Rio de Janeiro Rua Muniz Barreto, Nº715, Botafogo, Rio de Janeiro, RJ
☎ 0055-21-22746005
FAX 0055-21-32376640

● **中国驻累西腓总领事馆**
住 Estrada do Arraial 3139（Esquina Rua Ferreira Lopes）, Casa Amarela, Recife/Pernambuco, CEP:52051-380
☎ 0055-81-30499500
FAX 0055-81-33148030

巴西南部/中部

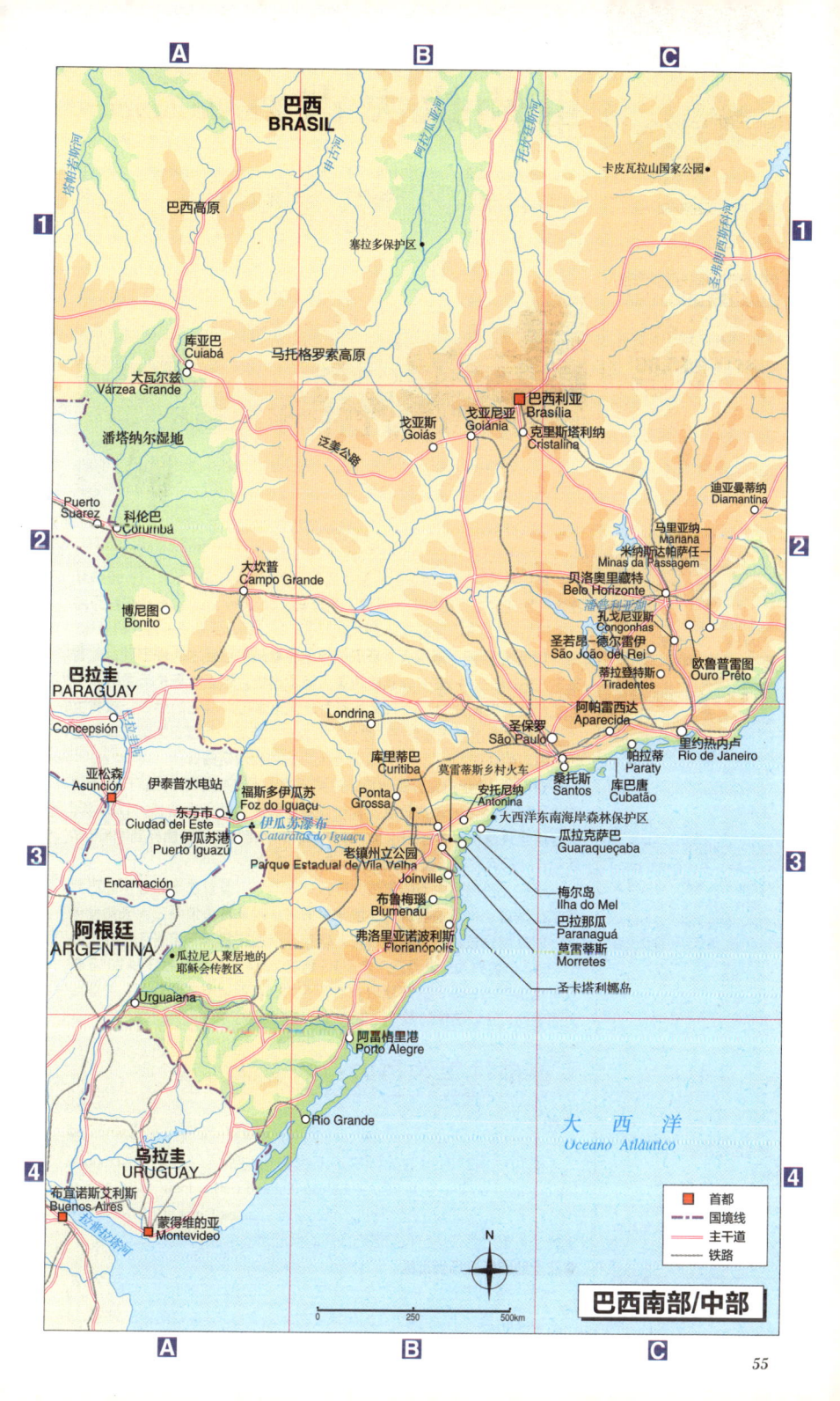

Brasil

巴西南部

里约热内卢 *Rio de Janeiro*

巴西利亚
里约热内卢

MAP ▶ p.55-C3
长途区号 ▶ **021**
（电话的拨打方法→p.42）
US$1 ≈ **R$3.88**
≈ 6.84 元人民币

里约热内卢的名称由来
"里约"是英语音译，葡萄牙语称为"希奥吉热内卢"。

关于兑换
里约作为一个观光城市，在这里游客几乎不会为兑换外币发愁。加利昂·安东尼奥·卡洛斯·若比姆国际机场的抵达大厅有24小时兑换处，城区的银行和商场、中档以上酒店、旅行社也提供兑换服务。

如果你持有信用卡和国际现金银行卡，可以在城区、车站、机场、商场内的ATM上取现，手续费低廉，快捷方便。

里约的治安
里约是巴西治安较差的城市，绝对不要靠近贫民窟（→p.73）。白天也频发盗窃、抢劫的刑事案件，市区的枪击案件同样不在少数。要时刻保持警惕，密切留意周围的情况。遇到迫不得已要走人少的路或夜路时，尽量选择出租车。一旦遇上歹徒，不要惊慌，一定要按照对方说的做，千万不要抵抗。

里约国际机场
MAP p.58-A1
☎ (021) 3004-6050
URL www.riogaleao.com

里约国际机场的航空公司办事处所在航站楼
1号航站楼
戈尔航空、阿苏尔航空、阿根廷航空、法国航空、荷兰皇家航空等

博萨诺瓦名曲《来自伊帕内玛的姑娘》的诞生地伊帕内玛海滩

里约热内卢这个地名的由来背后有一则逸事。1502年1月，葡萄牙探险队发现了瓜纳巴拉湾，并称该处为Rio de Janeiro，当时他们认为海湾实际是河口。Rio在葡萄牙语中意为"河"，Janeiro是"一月"的意思。

16世纪中期，法国人为获取染料的原材料巴西红木入侵巴西，葡萄牙于1567年1月20日成功将法国人驱逐出境。这天恰巧是天主教烈士圣塞巴斯蒂安的忌日，同时又是葡萄牙国王塞巴斯蒂安的生日，故将里约正式命名为圣塞巴斯蒂安·里约·热内卢。此后，圣塞巴斯蒂安成为里约热内卢的守护者，而1月20日也成为里约的法定假日。

自里约17世纪末开始出口这片肥沃的土壤出产的农产品、产于米纳斯吉拉斯州的金矿和钻石后，其作为港口的重要性大大增加，1763年，总督府也从萨尔瓦多迁到这里。从1822年巴西从葡萄牙独立到1960年新都迁往巴西利亚，里约一直是巴西的首都。

现在，里约热内卢的常住人口超过600万，是仅次于圣保罗的巴西第二大城市。华丽的狂欢节、沙滩度假村，以及贵为世界三大天然良港之一的瓜纳巴拉湾的天然景观等，这座观光城市集天下美景于一身，并于2012年被列入《世界遗产名录》。随着2014年里约世界杯和2016年夏季奥运会的举办，这座城市开启了更加瞩目的城市开发计划。充满活力的里约人正以热情的微笑迎接来自全球的宾客。

◎ 前往里约热内卢的交通方式

飞机
里约热内卢有里约国际机场（也称加利昂国际机场）Aeroporto Internacional do Rio de Janeiro／Galeão-Antônio Carlos Jobin（GIG）与国内航线专用的桑托斯·杜蒙特机场 Aeroporto Santos Dumont（SDU）两座机场。关于巴西各地与里约热内卢间的航班请参考→p.52。

● **从里约国际机场到市区**
国内线、国际线一般都会选择里约国际机场。机场位于市区以北约15公里处，是一座形如新月的现代化机场。有1、2号共两座航站楼，1

号航站楼共 4 层，2 号航站楼有 3 层。每座航站楼内都有银行、商店、餐厅等，3 层互相连通。

每座航站楼均设有旅游咨询处 Riotur，抵达后可在那里领取市区地图。

机场巴士（Frescão）

被称为 Frescão 的带空调机场巴士作为连接机场与市区的交通工具，不仅便宜而且安全。有多条线路，游客经常乘坐的是里约国际机场至老城、桑托斯·杜蒙特机场的 2145 路和绕行格洛里亚、弗拉门戈、博塔弗戈、科帕卡巴纳、伊帕内马和莱布隆海滩的 2018 路。车前方标有线路名称。巴士经停各地区的主要酒店和道路。仅支持现金支付，上车时付钱给司机，告诉司机目的地后，车会在目的地附近停下。到老城约需 40 分钟，到科帕卡巴纳、伊帕内马地区需要 1 小时~1 小时 30 分钟。

机场穿梭车

机场穿梭车 Shuttle Rio 是连接里约国际机场和海滩地区酒店的摆渡车。穿梭车送游客到指定的酒店，十分便捷，但是需要提前通过电话或网络预约。

出租车

从机场到市区的出租车是固定票价，机场的柜台上前往各地的出租车明码标价。出租车是黄色车身配蓝色线条。

机场专用包租汽车

Transcoopass 和 Cootramo 等公司在抵达大厅设有服务台，可以在那里购票后乘车。因为其高安全性和便捷性，受到不少酒店和旅行社的力荐。到老城 R$105，到伊帕内马海滩、科帕卡巴纳海滩 R$130。

BRT（快速巴士）

Bus Rapid Transport（通称 BRT）是一种快速巴士，是为满足里约奥运会承办需求增设的连接各体育场馆的交通工具。这种巴士走专用通道，可避开拥堵，快速到达市中心。线路分为蓝、绿、橙三种颜色，分为各

里约国际机场的 BRT 乘车处

---

2 号航站楼
阿苏尔航空、美国航空、阿联酋航空、德国汉莎航空等。

里约国际机场的旅客大厅

桑托斯·杜蒙特机场
MAP p.58-B2
☎ (021) 3814-7070
位于老城东侧，建在一块填海形成的土地上，是国内线专用机场。可乘坐出租车、机场巴士，被称为 VLT 的有轨电车前往市区。

机场巴士 Frescão
2145 路（开往老城）
运 5:30~21:30，每 20 分钟一趟
费 R$14
2018 路（开往海滩）
运 5:40~22:30，每 20~30 分钟一趟
费 R$16

车体呈深蓝色的机场巴士

机场穿梭车
☎ (021) 2524-7730
URL shuttlerio.com.br
费 从里约国际机场出发 R$25~
从桑托斯·杜蒙特机场出发 R$18~

从机场出发的出租车票价
费 老城 R$56~63
科帕卡巴纳海滩 R$74~88
伊帕内马海滩 R$68~81
不同时间段票价不同，带行李时加收 R$2.3。

BRT
运 7:00~24:00，每 20 分钟一趟
费 R$3.6
乘车处有自动售票机，购买个人卡后方能乘车。前往老城或海滩需要换乘地铁或当地巴士，对游客而言稍显不便。

站均停的慢车和只在主要站台停车的快车 Expresso。从里约国际机场出发的线路（橙色）途经地铁 2 号线维森特迪卡瓦略站 Vicente de Carvalho，终抵里约市区以西的 BRT 阿尔沃拉达总站 Terminal Alvorada。里约国际机场的乘车点位于 2 号航站楼的抵达层 D 出口外。

长途巴士

Kaissara 等公司从清晨到深夜运营从圣保罗出发前往里约的长途巴士，每天每隔 15~30 分钟 1 班车，约需开行 6 小时。Viação Util 等公司运营从巴西利亚出发的长途巴士，每天 4~5 班车，约需开行 18 小时。从福斯多伊瓜苏出发每天 3~4 班车，约需 25 小时。

长途巴士总站
MAP p.62-A1
Av. Francisco Bicalho 1
(021) 3213-1800
URL www.novorio.com.br

进入巴士站台需要出示车票

二层是售票处。长途巴士乘车处在里面，市区的当地巴士乘车点在外面

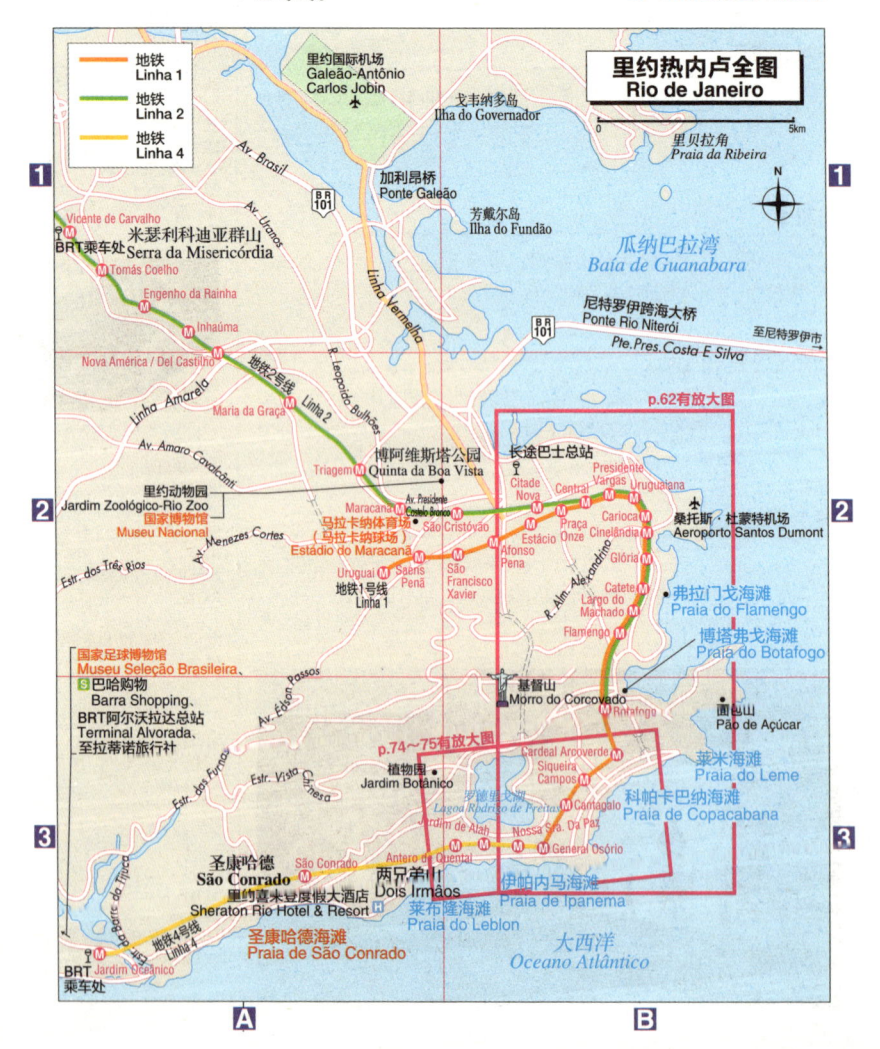

● 从长途巴士总站到市区

里约的长途巴士总站 Rodoviária Novo Rio 位于老城北侧，驱车约20分钟。前往市区的游客乘坐开往老城方向的 VLT 较为方便，上车点在总站旁边的 VLT 乘车处。从里约国际机场驶出的巴士也途经长途巴士总站。前往市区的当地巴士的乘车处毫无标识地散布在道路两侧，乘坐前最好在站内咨询清楚。

市内交通

地铁 Metrô

地铁有1~4号共3条线路（无3号线），目前仍在实施线路延长和新线施工工程。1号线 Linha1 连接市中心西侧的乌鲁瓜伊站 Uruguai 和伊帕内马海滩附近的奥索里欧将军站 General Osório。2号线 Linha2 由市区西北面的帕古纳站 Pavuna 始发，经过圣克里斯托弗站 São Cristóvão，从中央站 Central 开始，与1号线并行，直至终点博塔弗戈站 Botafogo。中央站~博塔弗戈站之间的各站点可换乘1号线。4号线 Linha4 起点是1号线的终点奥索里欧将军站，向西一直延伸至海洋花园站 Jardim Oceânico。另外，中央站还是郊区列车 Super Via 的换乘车站。地铁票可在站内的售票处或自动售票机购买。将内置芯片的塑料制车票插入检票闸机后，门自动打开。通常情况下，单程票 Unitário 当场就会被闸机回收。个人卡 Pré-Pago 可充值，在闸机上接触感应器后闸门打开。

地铁在各站自动开关门。1、2号线的卡里奥卡 Carioca 等站上下车乘客较多，上车门与下车门不同，从上车一侧下车后会找不到出口，需要特别留意。地铁运营至深夜，不过出于安全方面的考虑，夜间尽量不要乘坐地铁。

VLT（有轨电车）

被称为 Veículo Leve sobre Trilhos（通称 VLT）的有轨电车从桑托斯·杜蒙特机场出发，连接老城、奥林匹克大道、长途巴士总站，终点是市中心的 Parada dos Muscus 站，将机场和海滨区域相连接。VLT 目前有3条线路，分别用蓝色、粉色和绿色表示。乘车需要个人卡，可在乘车处的自动售票机上购买。不用检票，上车后，在车内黄色的读卡机上刷一下卡即可。

当地巴士 Ônibus

作为里约市区的交通工具，如果你习惯的话，当地巴士无疑最实惠、便利。但是这种巴士的车站比较难找，有些车站甚至不标线路名称，因此游客乘坐有一定难度。终点站和线路名都写在巴士车体的前面，在车站伸出食

地铁
- Free 0800-595-1111
- URL www.metrorio.com.br
- 运 周一~周六 5:00~24:00
- 周日 7:00~23:00
- 费 单程票 R$4.3
- 个人卡 R$5
- （首次充值时的最低金额）

售票机前在早晚高峰期会出现排队情况。如果要多次乘车，建议购买个人卡。

高峰期有女性专用车

VLT
- 运 6:00~24:00
- 费 R$3.8

包括换乘，乘车时间在1小时以内的，票价只计算1次乘车的费用。在售票机上购买个人卡或充值时只接受现金或借记卡支付。

举办奥运会时开通的线路

当地巴士
- 费 R$3.6

票价受日的地、是否带空调等因素影响，有不同。

机场巴士 Frescão

里约国际机场~老城~弗拉门戈~博塔弗戈~科帕卡巴纳~伊帕内马~莱布隆海滩（2018路）
- 运 5:30~24:00，每30~40分钟一趟
- 费 R$16

里约国际机场~老城~桑托斯·杜蒙特机场（2145路）
- 运 5:30~21:30，每25~35分钟一趟
- 费 R$7

即使在车站等，如果不招手示意，车是不会停下来的

打表制出租车的票价

首次乘坐 R$5.4，以后每增加 1 公里加收 R$2.3。深夜（21:00～次日 6:00）及周日、节假日每公里加收 R$2.76。一般以价格分类 1（计价器上显示 Bandeira 1），深夜和周日为价格分类 2（计价器上显示 Bandeira 2）。

主要的出租车公司
Central Taxi
☎（021）2195-1000
Cootramo（Radio Taxi）
☎（021）3976-9944

奥林匹克大道
Boulevard Olímpico
老城以北、瓜纳巴拉湾对面的地区过去曾是仓库区，闲静寥落。借助 2016 年里约举办奥运会的契机，这里得到了开发，现在是一个文化氛围浓厚的新型观光区，并更名为奥林匹克大道，受到多方瞩目。

周围的仓库街经常承担举办各类活动

其他地区
老城与海滩地区以外的景点包括老城以西 4 公里的博阿维斯塔公园 Quinta da Boa Vista 内的国家博物馆与里约动物园、老城南面的马

指示意一下，车就会停下来。
前门上车，中门下车。上车后就能看到乘务员，用现金向乘务员购买车票。要下车时，拉一下车顶的绳子，或者按一下按钮，告诉司机要下车。可以将自己的目的地写在纸上递给乘务员看，让他到时提醒你下车。

机场巴士 Frescão

机场巴士 Frescão 不仅是机场到市区的交通工具，往来市区同样用得到。共有 9 条线路，每条线路都有自己的编号，费用也各有差异。机场巴士不设站点，要乘坐的时候，需要去该线路上的其他巴士车站等候，招手即停。有些线路在海岸线和主干道沿线设有带顶篷和线路图的站点。比当地巴士价格略高，车内安全度较高，带空调，适合游客乘坐。

出租车 Táxi

出租车是黄色车身配蓝色线条。沿街揽客的出租汽车数量众多，容易打车。打表计费，一旦发现启动后表未转动，应立即提醒司机。计价器上除了显示金额外，还有"1"和"2"的数字，这点也需要看清。Bandeira 1 表示通常情况的价格分类，Bandeira 2 表示深夜与周日、节假日的高收费模式。除打表制外，还有一种可通过电话或邮件预约的广播出租 Radio Taxi，票价因目的地不同而不同。

里约热内卢 漫步

大都市里约热内卢被分成数个街区。市中心的老城直面瓜纳巴拉湾 Baía de Guanabara，海湾南面就是广阔的太平洋。景点遍布市内各地，同一街区内可以步行，但是治安堪忧，最好乘坐出租车。不同街区之间建议灵活组合地铁、巴士或出租车等交通方式。

老城（旧城区）

老城是里约的起源地，直到今天仍是里约的经济与文化中心。历史建筑与现代化的摩天大楼比邻而居，瓜纳巴拉湾沿岸东侧古建筑尤多，集中了国家历史博物馆、市立剧院、国家美术馆等历史建筑。有几条道路可作为逛街时的参考坐标。从马瓦广场 Praça Mauá 一直延伸到格洛里亚湾 Enseada da Glória 的里奥布朗库大道 Av. Rio Branco 是一条南北纵贯

里约热内卢地铁线路图

Pavuna
Eng. Rubens Paiva
Acari / Fazenda Botafogo
Coelho Neto
Colégio
Irajá
Vicente de Carvalho
Thomaz Coelho
Engenho da Rainha
Inhaúma
Nova América / Del Castilho
Maria da Graça
Triagem
Maracanã
São Cristóvão
São Francisco Xavier
Saens Peña
Uruguai
Estácio
Afonso Pena
Jardim Oceânico
São Conrado
Antero de Quental
Jardim de Alah
Nossa Sra. Da Paz
General Osório
Cantagalo
Siqueira Campos
Cardeal Arcoverde
Botafogo
Flamengo
Largo do Machado
Catete
Glória
Cinelândia
Carioca
Uruguaiana
Presidente Vargas
Central
Praça Onze
Citade Nova

1号线 Linha 1
2号线 Linha 2
4号线 Linha 4

※ 2 号线周六·周日在中央站与 1 号线并行，经过埃斯塔西奥站后，驶向圣克里斯托瓦站。

市中心的主要道路。再加上横贯市区东西部的机动车道瓦格斯总统大道 Av. Presidente Vargas、从卡里奥卡地铁站向西延展的智利大道 Av. República do Chile、东向延伸的巴罗索上将大道 Av. Almirante Barroso，一共4条大道，记住这4条道路和地铁站的位置，漫步里约就变得容易多了。另外，老城等地还有有轨电车 VLT，方便前往各景点。

从卡里奥卡地铁站向北延伸的贡萨尔维斯·迪亚斯大道 R. Gonçalves Dias 及与它交会的布宜诺斯艾利斯大道 R. Bue-nos Aires 是里约最古老的商业区，道路两侧商铺林立。

海滩地区

南部的海滩地区按距离老城的远近程度，依次有弗拉门戈区 Flamengo、博塔弗戈区 Botafogo 及乌卡区 Urca、科帕卡巴纳区 Copacabana，接下来是伊帕内马区 Ipanema 和莱布隆区 Leblon、圣康哈德区 São Conrado。去弗拉门戈、博塔弗戈可乘坐地铁1、2号线，前往科帕卡巴纳、伊帕内马可选择地铁1号线，目标是莱布隆、圣康哈德的游客则可以通过地铁4号线前往。以上各地区，从最近的地铁站下车后，可步行抵达海滩。

海滩地区多酒店和餐厅，是游客集中的区域。

里奥布朗库大道沿线

领取游览手册

里约旅游局发行的 *Official Guide* 记录了丰富、便捷的旅行信息。主要博物馆、美术馆的开馆时间、门票等悉数在内，还有英语解说，简便易懂。

用好里约卡

乘坐里约市的公共交通工具时，如何用好一种名为里约卡 RioCard 的个人卡很关键。卡分几种，方便游客使用的是里约通卡 Bilhete Único Carioca。这是一种里约市境内所有公共交通工具的通用卡，可在里约卡专卖店及 BRT 售票处、自动售票机上购买。购卡时要交 R$3 的押金，在里约卡专卖店或 BRT 售票外退卡后，返还押金。里约卡系统不时更新，需要在当地详细咨询。

拉卡纳体育场（马拉卡纳球场）、位于乌卡区的面包山，需要乘坐登山列车攀登的基督山等。

里约通卡

巴西

● 巴西南部　里约热内卢

科帕卡巴纳海滩的大西洋大道

61

里约热内卢广域图

INFORMATION

❶ 旅游咨询处
里约之旅 Riotur
🌐 www.rio.rj.gov.br
🌐 visit.rio

政府与民间资本合资的旅行社。在里约市内有7个办事处，能说英语。开通了游客专用24小时热线服务电话（☎1746）。

科帕卡巴纳
🗺 p.75-D1
🏠 Av. Princesa Isabel 183，Copacabana
☎（021）2541-7522
🕐 周一～周五 9:00~18:00，周六 9:00~17:00
✕ 周日

里约国际机场内
☎（021）3367-6213
🕐 6:00~22:00
✕ 无

导游服务
里约会议与游客办事处
Rio Convention & Visitors Bureau
☎（021）2266-9750
🌐 www.rcvb.com.br

巴西旅游局
Visit Brasil - Embratur
🌐 visitbrasil.com

联邦警察局
Polícia Federal
🏠 里约国际机场内
☎（201）3398-3142
🌐 www.dpf.gov.br

位于2号航站楼内。里面还有南里约购物中心（→p.87）分店。

旅游警察
Delegacia Especial de Apoio Ao Turismo（DEAT）
🗺 p.74-A2
🏠 Av. Afrânio de Melo Franco 159，Leblon
☎（021）2332-2924
🕐 24小时
✕ 无

一旦遭遇盗窃，在申请保险时，这里出具必要的偷盗证明文件。能说英语。

Batalhão de Policia em Areas Turísticas（BPTUR）
🗺 p.75-C1

🏠 R. Figueiredo Magalhães 550，Copacabana
☎（021）2332-7928
🕐 9:00~17:00
✕ 周六・周日

紧急联系方式
警察　　救护车　　消防
☎ 190　☎ 192　☎ 193

中国驻里约热内卢总领事馆
🏠 Consulado Geral da República Popular da China no Rio de Janeiro Rua Muniz Barreto，Nº715，Botafogo，Rio de Janeiro，RJ
☎ 0055-21-22746005
📠 0055-21-32376640
🌐 riodejaneiro.china-consulate.org/chn
🕐 9:00～12:00
✕ 周六、周日及中国节假日

其他国家的领事馆
阿根廷 Argentina
🗺 p.72-A2
🏠 Praia de Botafogo 228，Slg 201，Botafogo
☎（021）3850-8150

巴拉圭 Paraguay
🗺 p.62-B2
🏠 Praia do Flamengo 66-Bloco B 1009/1010-Botafogo
☎（021）2553-2294

委内瑞拉 Venezuela
🗺 p.65-C2
🏠 Av. Presidente Vargas 463/14º，andar, Centro
☎（021）2554-6134

医院
Hospital Souza Aguiar
🗺 p.64-B3
🏠 Praça da República 111，Centro
☎（021）3111-2622

Hospital Miguel Couto
🗺 p.74-A2
🏠 R. Mário Ribeiro 117，Gárea
☎（021）3111-3746

巴西

● 巴西南部　里约热内卢

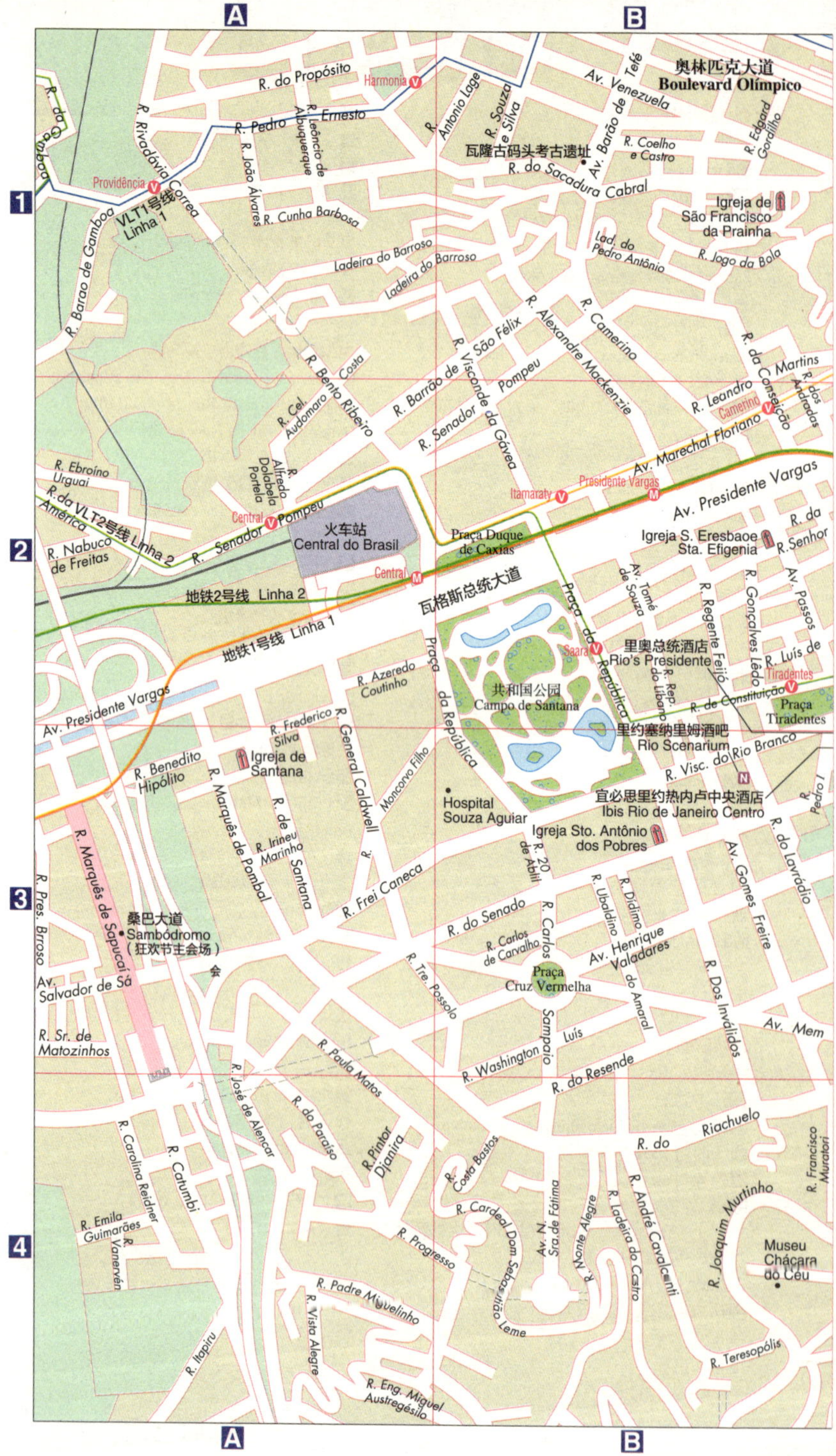
A
B
1
2
3
4
奥林匹克大道
Boulevard Olímpico
R. do Propósito
Harmonia
R. Pedro Ernesto
R. Leôncio de Albuquerque
R. Antonio Lage
R. Souza e Silva
Av. Venezuela
Av. Barão de Tefé
R. Coelho e Castro
R. Edgard Gordilho
瓦隆古码头考古遗址
R. do Sacadura Cabral
R. da Gamboa
R. Rivadávia Correa
Providência
VLT1号线 Linha 1
R. João Álvares
R. Cunha Barbosa
Igreja de São Francisco da Prainha
Ladeira do Barroso
Lad. do Pedro Antônio
R. Jogo da Bola
R. Barao de Gamboa
R. Alexandre Mackenzie
R. Camerino
R. São Félix
R. Barrão de São Félix
R. Visconde da Gávea
R. Senador Pompeu
R. Bento Ribeiro
R. Costa
R. Cel. Audomaro
R. da Conceição
R. Leandro Martins
R. dos Andradas
Camerino
Av. Marechal Floriano
R. Ebroíno Urguai
R. Alfredo Dolabela Portela
Itamaraty
Presidente Vargas
Av. Presidente Vargas
R. da VLT2号线 Linha 2
América
Central
R. Senador Pompeu
火车站
Central do Brasil
Praça Duque de Caxias
Igreja S. Eresbaoe Sta. Efigenia
R. da R. Senhor
R. Nabuco de Freitas
地铁2号线 Linha 2
瓦格斯总统大道
Av. Tomé de Souza
R. Regente Feijó
R. Gonçalves Lêdo
Av. Passos
地铁1号线 Linha 1
Praça da República
Saara
里奥总统酒店
Rio's Presidente
R. Rep. do Líbano
R. Luís de
Tiradentes
R. de Constituição
Praça Tiradentes
R. Azeredo Coutinho
共和国公园
Campo de Santana
Av. Presidente Vargas
R. Frederico Silva
R. General Caldwell
里约塞纳里姆酒吧
Rio Scenarium
R. Visc. do Rio Branco
R. Benedito Hipólito
Igreja de Santana
R. Marquês de Pombal
R. Moncorvo Filho
Hospital Souza Aguiar
宜必思里约热内卢中央酒店
Ibis Rio de Janeiro Centro
R. Pedro I
R. Marquês de Sapucaí
R. de Santana
R. Irineu Marinho
Igreja Sto. Antônio dos Pobres
R. 20 de Abril
R. do Lavrádio
Av. Gomes Freire
R. Pres. Brroso
桑巴大道
Sambódromo
（狂欢节主会场）
R. Frei Caneca
R. Ubaldino do Amaral
R. Dídimo
R. do Senado
R. Carlos de Carvalho
R. Carlos Sampaio
Av. Henrique Valadares
Av. Salvador de Sá
R. Tre. Possolo
Praça Cruz Vermelha
R. Dos Inválidos
Av. Mem
R. Sr. de Matozinhos
R. Paula Matos
R. Washington Luís
R. do Resende
R. José de Alencar
R. do Paraíso
R. Pintor Djanira
R. do Riachuelo
R. Carolina Reidner
R. Catumbi
R. Costa Bastos
R. Cardeal Dom Sebastião Leme
Av. N. Sra. de Fátima
R. Monte Alegre
R. Ladeira do Castro
R. André Cavalcanti
R. Francisco Muratori
R. Emilia Guimarães
R. Vanerven
R. Progresso
R. Joaquim Murtinho
Museu Chácara do Céu
R. Padre Miguelinho
R. Vista Alegre
R. Itapiru
R. Eng. Miguel Austregésilo
R. Teresópolis

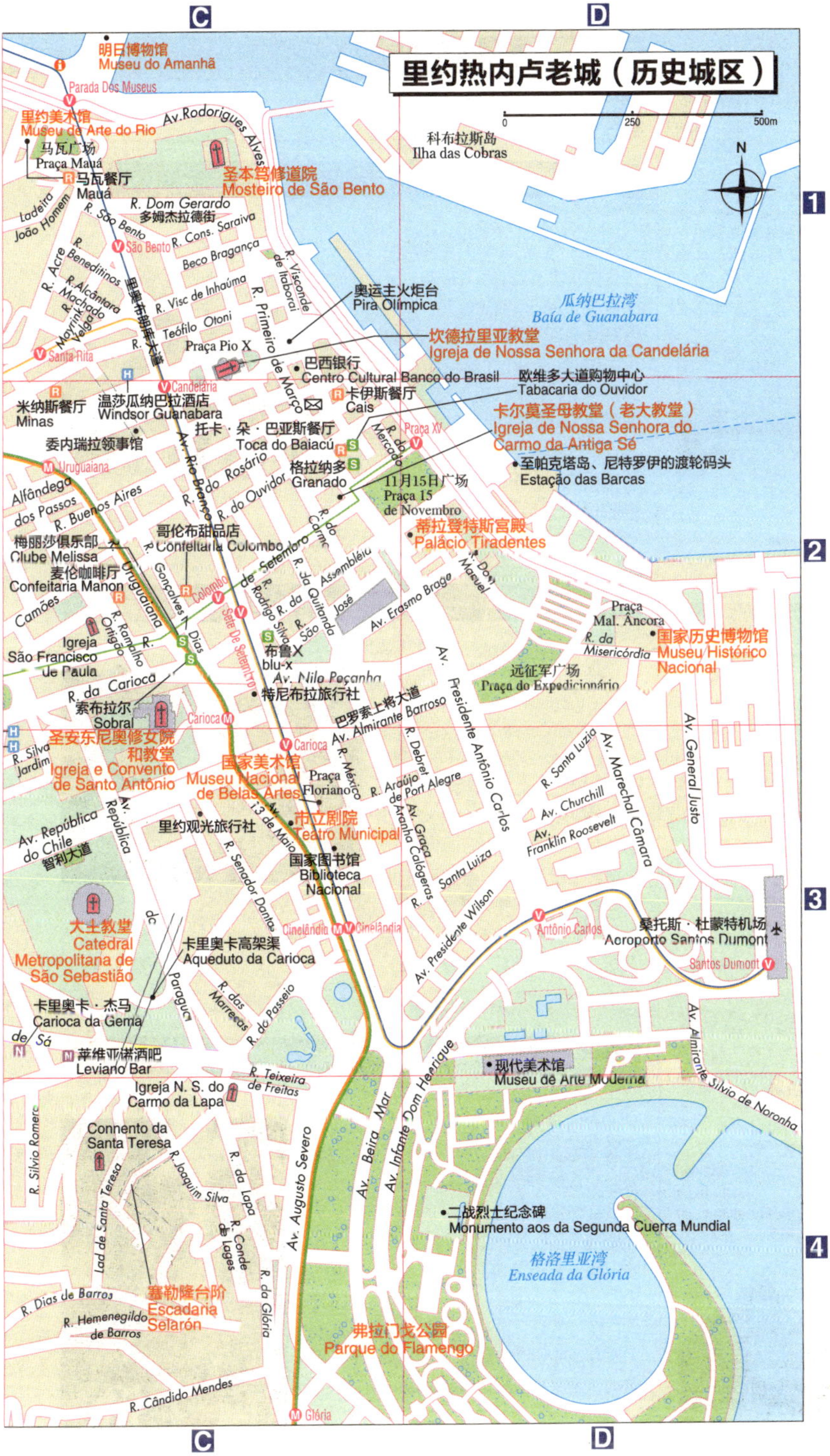

巴西

●巴西南部 里约热内卢

坎德拉里亚教堂
住 Praça Pio X, Centro
☎ (021) 2233-2324
开 周一~周五　7:30~15:30
　　周六　　　8:00~12:00
　　周日　　　9:00~13:00
休 无
圆 免费
交通方式
乘坐地铁1、2号线在乌鲁瓜亚纳站 Uruguaiana 下车，步行5分钟；或从 VLT 1 号线坎德拉里亚站 Candelária 下车即到。

坎德拉里亚教堂前的广场上坐落着奥运火炬台

圣本笃修道院
住 R. Dom Gerardo 40, Centro
☎ (021) 2206-8100
URL www.mosteirodesaobentorio.org.br
开 7:00~18:00
休 无
圆 免费
交通方式
乘坐地铁1、2号线在乌鲁瓜亚纳站下车，步行15分钟；或从 VLT 1 号线圣本托站 São Bento 步行15分钟。

大主教堂
住 Av. República do Chile 245, Centro
☎ (021) 2240-2669
URL www.catedral.com.br
开 8:00~17:00
休 无
圆 免费
交通方式
乘地铁1、2号线在卡里奥卡站，或乘地铁1、2号线、VLT 1 号线在西尼兰地亚站 Cinelândia 下车，步行5分钟。

宗教美术馆
开 周三　　　9:00~12:00、
　　　　　　13:30~16:00
　　周六、周日　9:00~12:00
休 周一、周四、周五
圆 免费

形如金字塔的混凝土外观

里约热内卢　主要景点

老城（旧城区）　　　　　　　　　　　　　　　　Centro

坎德拉里亚教堂　　　　　　　　　　　Map p.65-C1
Igreja de Nossa Senhora da Candelária

这座教堂位于纵贯里约南北的里奥布朗库大道与瓦格斯总统大道的交会处靠前的位置，模仿罗马的圣佩德罗教堂建造，始建于1630年，1811年完工，是里约最古老的教堂。教堂内部的文艺复兴风格装潢是1878年在巴洛克风格基础上改造而成，内部装饰和天花板上的蛋彩画一起，堪称该教堂的压轴之作。1993年这里发生了警察针对流浪儿童的"坎德拉里亚屠杀"。

作为里约最早的教堂，深受市民欢迎

圣本笃修道院　　　　　　　　　　　Map p.65-C1
Mosteiro de São Bento

这座天主教修道院坐落在面海而立的山上。沿着多姆杰拉德街 R. Dom Gerado 边的小路穿插进去，登上一个缓坡即可看到。教堂初建于1633年，1671年竣工。建造这座教堂的时候，巴西还是葡萄牙的殖民地。当时，甘蔗源源不断地出口，给巴西提供了丰富的财源，并以此建造了大批教堂。其中这座教堂因内部装潢豪华绚丽而备受瞩目。巴洛克风格的祭坛、镀金的墙壁、从天花板径直垂下的银质灯台等均令人震撼。内设书店。

炫目的黄金诉说着殖民地时期的繁华

大主教堂　　　　　　　　　　　　　Map p.65-C3
Catedral Metropolitana de São Sebastião

1976年建造的全新样式教堂。主体建筑顶端呈圆锥形，高80米，直径106米，可同时容纳5000人。进入内部，你会被装饰整面墙的彩色玻璃所倾倒。从天花板垂向祭坛的巨型十字架仿若悬浮在空中一般。入口共有东、西、南、北四个，正门位于北侧的智利大道上。从正门进入，面对教堂，东侧入口有基督像，西侧入口有圣弗朗西斯科像。地下有一座小型宗教美术馆 Museu de Arte Sacra。

从天花板延伸到地面的巨型彩色玻璃

市立剧院
Teatro Municipal
Map p.65-C3

位于里奥布朗库大道靠近格洛里亚湾的位置，处在卡里奥卡地铁站和西尼兰地亚地铁站的中间位置。自1909年启用以来，主要上演歌剧和古典剧目，同时还举办国内外剧团的演出。歌剧的演出时间为3~11月，在剧院售票处购票。剧院内可花45分钟左右参观。

白色建筑在璀璨的夜灯下会更显妩媚

市立剧院
Praça Floriano，Centro
（021）2332-9191
URL www.theatromunicipal.rj.gov.br
带导游旅行团
周二~周五
11:30、12:00、14:00、14:30、16:00、
周六 11:00、12:00、13:00
周日、周一
R$20
交通方式
地铁1、2号线在卡里奥卡站下车，步行5分钟；VLT 1号线卡里奥卡站Carioca下车，步行2分钟。

国家美术馆
Museu Nacional de Belas Artes
Map p.65-C3

位于市立剧院的对面。建于1908年，造型模仿了法国的卢浮宫。1937年成为国家美术馆。馆内展示了葡萄牙王室迁都里约时携带的绘画作品和15~18世纪欧洲画家、20世纪初巴西画家的作品。

展品有绘画和雕刻作品等

国家美术馆
Av. Rio Blanco 199，Centro
（021）3299-0600
URL mnba.gov.br
周二~周五 10:00~18:00
周六·周日 13:00~18:00
周一
R$8（周日免费）
交通方式
地铁1、2号线在卡里奥卡站下车，步行5分钟；VLT 1号线卡里奥卡站下车，步行2分钟。

圣安东尼奥修女院和教堂
Igreja e Convento de Santo Antônio
Map p.65-C3

这座修女院兼教堂位于地铁1、2号线卡里奥卡站靠近共和国地区一侧的小山上。去位置更高的教堂需要乘坐电梯。修道院于1608年建造，现在的建筑完工于17~18世纪。圣安东尼奥是巴西主管婚姻的圣人，每年6月的"圣安东尼奥节"这一天，不少教徒会前来祷告，祈愿爱情圆满。附近还有座圣弗朗西斯科忏悔教堂 Igreja São Francisco da Penitência，教堂的内部装潢据称使用了近400公斤黄金，金色内饰令人瞠目结舌。

周六·周日的10:00~举行弥撒

圣安东尼奥修女院和教堂
R. da Carioca，Centro
（021）2262-0129
周一、周三、周五
8:00~19:00
周二 6:30~20:00
周六 8:00~11:00
周日 9:00~11:00
无 免费
交通方式
地铁1、2号线卡里奥卡站下车，步行1分钟；VLT 1号线卡里奥卡站下车，步行6分钟。围墙部分已改成隧道，尽头是电梯。

圣弗朗西斯科忏悔教堂
（021）2262-0197
周一~周五 9:00~16:00
周六 9:00~12:00
周日 R$10

国家历史博物馆
Museu Histórico Nacional
Map p.65-D2

从桑托斯·杜蒙特机场往北走约10分钟即到。最初是圣詹姆斯摩西城堡，里约城便发源自这里，1922年，城堡被改建成博物馆。馆内展示了武器、货币和文献等资料，按各个年代生动诠释了从发现巴西到成立共和国的约500年的峥嵘历史。

博物馆白色外墙引人注目

国家历史博物馆
Praça Mal. Âncora，Centro
（021）3299-0324
URL mhn.museus.gov.br
周二~周五 10:00~17:30
周六·周日 13:00~17:00
周一
R$10（周日免费）
交通方式
地铁1、2号线西尼兰地亚站下车，步行15分钟；VLT 2号线11月15日广场站Praça XV下车，步行10分钟。

巴西 ● 巴西南部 里约热内卢

67

蒂拉登特斯宫殿

- R. Primeiro de Março, Centro
- ☎ (021) 2588-1000
- URL www.palaciotiradentes.rj.gov.br
- 开 周一~周六 10:00~17:00
  周日 12:00~17:00
- 休 无 费 免费

交通方式
地铁1、2号线卡里奥卡站下车，步行10分钟；VLT 2号线11月15日广场站下车，步行2分钟。

提供免费英语导游服务

卡尔莫圣母教堂（老大教堂）

- R. 7 de Setembro 14, Centro
- ☎ (021) 2242-7766
- URL www.antigase.com.br
- 开 周一~周五 7:30~16:00
  周六 9:30~12:30
  普通参观只限周六。周一~周五参观需提前预约。
- 休 周日 费 R$5

交通方式
地铁1、2号线卡里奥卡站下车，步行10分钟；VLT 2号线11月15日广场下车，步行2分钟。

前往塞勒隆台阶的交通方式
地铁1、2号线在卡里奥卡站，或地铁1、2号线，VLT 1号线西尼兰地亚站Cinelândia下车，步行15分钟。

卡里奥卡高架渠
Aqueduto da Carioca

MAP p.65-C3

这座巨大的高架渠位于从地铁1、2号线卡里奥卡站到塞勒隆台阶的路旁。原本是里约市的有轨电车线路，是老城的景点之一，现在电车已经停运。桥建于1721年，历史悠久，据说当时是用砂砾、贝壳和鲸肉脂肪建造、加固的。

多个拱形整齐相连，造型优美

蒂拉登特斯宫殿
Palácio Tiradentes

Map p.65-D2

位于11月15日广场Praça 15 de Novembro南侧，与广场隔一条街。正门有圆柱，整个外观带有希腊神庙的风采。该宫殿是巴西议会史上浓墨重彩的一笔。随着1826年帝国综合立法议会的组建，曾是监狱的宫殿成了国民议会下议院所在地。从那时起到1975年里约热内卢州立法议会设立，这座建筑见证了无数议会历史时刻。现在的宫殿完工于1926年5月6日。会场周围的长廊上张贴的图片和展示板介绍了它的历史。宫殿以巴西独立运动英雄蒂拉登特斯为名，蒂拉登特斯的本名叫若阿金·何塞·达·席尔瓦·泽维尔Joaquim José da Silva Xavicr。宫殿前伫立有英雄铜像。被捕入狱的蒂拉登特斯在4月21日这天被处决，后来，这一天成为巴西的法定节假日"独立英雄纪念节"。

以巴西的独立运动英雄蒂拉登特斯名字命名的宫殿

卡尔莫圣母教堂（老大教堂）
Igreja de Nossa Senhora do Carmo da Antiga Sé

Map p.65-C2

1976年大主教堂建成之前，卡尔莫圣母教堂一直是里约的大主教堂。这座教堂建于1770年，1808年因悍于拿破仑大军而逃往巴西的葡萄牙国王若昂六世将这里定为葡萄牙的王室礼拜堂。之后，葡萄牙及巴西王室成员的婚礼、国王加冕等仪式都在这里举办。建筑是坚实的巴洛克风格，内部有一座介绍王室历史的博物馆。

20世纪后建筑正面得到修复

塞勒隆台阶
Escadaria Selarón

Map p.65-C4

这段用彩色瓷砖密致覆盖的台阶，是智利艺术家塞勒隆打造的公共艺术品。住在台阶旁的塞勒隆花了20多年的时间将瓷砖一块块贴上去，现在成了里约旧城区非常著名的摄影景点之一。这件使用从全球搜集而来的瓷砖拼接而成的作品，看着让人激动不已。不妨找看有没有中国的瓷砖图案吧。台阶周边治安状况较差，建议从车站坐出租车到这里。

台阶演进成黄、绿相映的巴西风格

奥林匹克大道　Boulevard Olímpico

里约海洋水族馆　Map p.62-A1
AquaRio Aquarium

2016年11月开始开放的南北美洲最大规模的水族馆，总水量达450万升，展示的海洋生物达290余种、数量超过3000尾。水族馆分为5层，共28个水槽，最受关注的是水深达7米的巨型水槽。水槽下设有观赏隧道，可近距离欣赏鱼群遨游的姿态。

此外，在水族馆前沿VLT线路向东行进可看到仓库街的墙上画着的涂鸦艺术。这是圣保罗籍涂鸦艺术家爱德华多·科布拉 Eduardo Kobra 的作品，作为全球最大的艺术墙被列入《吉尼斯世界纪录》。爱德华多·科布拉从奥运五环中获得灵感，在墙上创作了大洋洲、非洲、亚洲、欧洲和美洲大陆原住民的面庞涂鸦画。

在观赏隧道可以看到头顶无数的鱼群自在巡游

明日博物馆　Map p.65-C1
Museu do Amanhã

马瓦广场上独树一帜的建筑，面向海湾矗立的白色细长外观是它的特征。博物馆出自西班牙建筑师圣地亚哥·卡拉特拉瓦 Santiago Calatrava 之手，是为配合奥林匹克大道的经济开发同期建造的一座科学博物馆。馆内分为"宇宙"和"地球"等5个主题分别展览，整个展馆突出科技发展过程中的可持续性这一主题。

菠萝造型的外观

里约美术馆　Map p.65-C1
Museu de Arte do Rio (MAR)

这座造型新奇的美术馆由波浪形屋顶连接的两栋不同的建筑组成。面向美术馆，右边的建筑是因遭拿破仑入侵而逃到里约热内卢、随后在1818年登基的葡萄牙国王若昂六世使用过的王宫。左侧的建筑可乘坐直梯到达屋顶，通过走廊走到现在成为画廊的旧王宫，然后从上往下参观旧王宫。美术馆举办若昂六世常设展览及其他临时展览。

从屋顶露台可尽览马瓦广场

里约海洋水族馆
住 Praça Muhammad Ali, Gamboa
☎ (021) 3613-0700
URL www.aquariomarinhodorio.com.br
开 10:00~18:00
休 无
费 R$70
　每个整点限定入馆人数，只要有名额，可在窗口购买当天的门票，但是提前从网上订票人将更加顺利。
交通方式
　从VLT 1号线乌托邦水族馆站 Utopia AquaRio 下车，步行2分钟。

水族馆附近高近15米、长170米的巨型艺术墙

明日博物馆
住 Praça Mauá 1, Centro
☎ (021) 3812-1812
URL museudoamanha.org.br
开 10:00~18:00
休 周一
费 R$20（周二免费）
　可以购买与里约美术馆的通票R$32。
交通方式
　从VLT 1号线帕拉达博物馆站 Parada dos Museus 下车，步行2分钟。

为英语解忧，还使用了大量影像和照片，即使不懂葡萄牙语也能轻松游览

里约美术馆
住 Praça Mauá, 5, Centro
☎ (021) 3031-2741
URL www.museudeartedorio.org.br
开 10:00~17:00
休 周一
费 R$20（周二免费）
　可购买与明日博物馆的通票R$32。
交通方式
　从VLT 1号线帕拉达博物馆站下车，步行2分钟。

巴西　●巴西南部　里约热内卢

69

国家博物馆

住 Quinta da Boa Vista, São Cristóvão
☎ (021) 2562-6900
URL www.museunacional.ufrj.br
开 夏季
　周一　　　　12:00～17:00
　周二～周日　10:00～17:00
　冬季
　周一　　　　12:00～16:00
　周二～周日　10:00～16:00
休 无　**费** R$6
交通方式
从VLT 2号线圣克里斯托弗站下车，步行10分钟。

可伸手触摸的本德戈陨石

里约动物园

住 Quinta da Boa Vista, São Cristóvão
☎ (021) 3878-4200
开 9:00～17:00
休 周一　**费** R$15
交通方式
从国家博物馆步行5分钟。

马拉卡纳体育场

住 Av. Presidente Castelo Branco, Maracanã
☎ (021) 2334-1705
URL www.tourmaracana.com.br
开 9:00～18:00
　9:00～17:00 每个整点都有带导游的旅行团，约需40分钟
休 比赛日参观时间有限制
费 入场 R$50
　带导游的旅行团 R$60
交通方式
地铁2号线马拉卡纳站Maracanã下车，步行3分钟。

距离车站较近，但是周边治安很差，路上一定要注意安全

国家足球博物馆

住 Av. Luis Carlos Prestes 130, Barra da Tijuca
☎ (021) 3572-1963
开 10:00～18:00
休 无　**费** R$20
交通方式
从 S 巴哈购物中心（→p.87）前的BRT站台步行15分钟。周边即使是白天行人也较少，建议乘坐出租车。

70

其他地区　　　　　　　　　　　　　　　Outro

国家博物馆　　　　　　　　　　Map p.58-A·B2
Museu Nacional

　巴西规模最大的博物馆，坐落在博阿维斯塔公园 Quinta da Boa Vista 内。这栋恢宏的殖民地风格建筑在19世纪初曾是王室的王宫。馆内有两层，展示了巴西及南美的动物学、民族学、考古学、植物学领域的重要资料。在众多的藏品中，古代鱼类腔棘鱼标本、入口处重5.36吨的世界上最大陨石"本德戈陨石"（1888年收藏在此，巴伊亚州本德戈河流域发现）等是必看的珍品。国家博物馆的旁边是拥有1300余只动物的里约动物园 Jardim Zoológico-Rio Zoo。

　令人心痛的是，2018年9月2日，巴西国家博物馆发生火灾，博物馆仅有10%的馆藏得以幸存，包括陨石、矿石和部分陶艺收藏等。从1818年到2018年，200年来的努力、调查和知识都毁于一旦，2000万件藏品受到威胁，其中包括埃及文物和巴西最古老的人类化石等，这种损失是永远都无法挽回的。

这栋具有重要意义的建筑曾是王室的王宫

马拉卡纳体育场（马拉卡纳球场）　　Map p.58-A2
Estádio do Maracanã

　该运动场是为1950年巴西世界杯而专门兴建，也作为2014年巴西世界杯的决赛比赛场馆。1950年巴西世界杯这里同样是决赛场地，但是当时巴西以0：1惜败乌拉圭。这座球场见证了巴西足球中挥之不去的"马拉卡纳悲剧"的阴影。据称当时有20万人在马拉卡纳球场目睹了这场"悲剧"，但是现在的容纳人数缩小到7.9万人。2011年，该球场进行大规模重修工程，增设看台和出口等设施。

　场馆内可自由参观，也有约40分钟的带导游旅行团。

除了看台，还能来到赛场边近距离参观

国家足球博物馆　　　　　　Map p.58-A3 外
Museu Seleção Brasileira

　位于伊帕内马海滩以西约20公里处的商品住宅及高层酒店林立的巴哈区 Barra da Tijuca。巴西足协大楼的一层作为巴西国家队（通称"桑巴军团"）博物馆对外开放。博物馆展出了历代国家队队服、奖杯复制品，还可以看到过去5届大力神杯的雕塑。此外，馆内还有数量庞大的比赛录像、可阅读的电子平板设备及具有现场观战效果的VR眼镜等，试图通过最新的设备展示桑巴足球的辉煌历程，值得一看。

在观看比赛录像时还能听到当时的电视解说

弗拉门戈公园
Parque do Flamengo

Map p.62-B2 p.65-D5

弗拉门戈公园别名爱德华多戈梅斯公园，这个面积达 1200 万平方米的大公园起自老城南面的桑托斯·杜蒙特机场，沿弗拉门戈海滩展开。园内有收藏了达利和毕加索作品的现代美术馆 Museu de Arte Moderna、"二战"烈士纪念碑、足球场、游乐场和餐厅等设施，是里约市民的休闲场所。

设计现代的烈士纪念碑

基督山
Morro do Corcovado

Map p.62-A3

坐落在海拔 709 米的山顶的基督像是里约热内卢的象征。1931 年修建的基督像高 30 米（包括基座高度达到 38 米），张开的双臂宽 28 米。基督像由米纳斯吉拉斯州产滑石打造，是一座全重达 1145 吨的庞然大物。从海滩望过去，基督像就像一个白色十字架，夜晚通体亮灯。

登上基督山，可以俯瞰整个里约城的景观。将那些形体奇特的山连接在一起的海滩缓缓延伸，仿佛一道道白色圆弧，其间错落分布的高楼大厦则像点缀的繁复、立体的图案。

登山电车"基督山观光专列"Trem do Cor-covado 的车站位于维罗大道 R. Cosme Velho 和史密斯·瓦斯康赛洛丝大道 R. Smith de Vasconcelos 的相交处。去车站可以选择巴士或出租车。车站处游客众多，容易找到。登山电车车体呈大红色，配白色线条，为两车厢编组，载着乘客一路向上。越往上，车窗外的风景也越壮阔。眼下铺展开来的罗德里戈湖 Lagoa Rodrigo de Freitas 和科帕卡巴纳的成片酒店形成独特风景。前进方向右侧的风景尤佳。上行约需 30 分钟。车站的附近有餐厅和站立式酒吧、特产店。从这里步行到基督像基座下，还有 126 级台阶，也可以乘坐电动扶梯或直梯。通常游客较多，建议选择工作日上午前往，游客数量较少，拍照时也不会影响其他游客。

拍纪念照时就用这个模型吧！

从这个角度可以看到里约美丽的海岸线

前往弗拉门戈公园的交通方式

在地铁 1、2 号线的卡台提站 Catete、格洛里亚站 Glória、西尼兰地亚站下车。

现代美术馆

住 Av. Infante Dom Henrique 85, Parque do Flamengo
☎ (021) 3883-5611
URL mamrio.org.br
开 周二～周五 12:00~18:00
　 周六・周日 11:00~18:00
休 周一
费 R$14（周日免费）

基督山的登山电车

住 R.Cosme Velho 513, Cosme Velho
☎ (021) 2558-1329
URL www.corcovado.com.br
运 8:00~19:00，每隔 30 分钟一趟

乘客很多，高峰期有时满员。尽量提前在网上订票，或在科帕卡巴纳的票务中心（MAP p.75-D1）提前购票。
休 无
费 往返 R$62~75（不同季节价格不同）

交通方式

从老城乘坐 117 路，从科帕卡巴纳、伊帕内马乘坐 583 路，从莱布隆乘坐 581、582、583、584 路，从长途巴士总站乘坐 118 路巴士均可达。

乘坐通往基督山的直达穿梭巴士

从地铁 1、2 号线马夏多站 Largo do Machado 或市区的 3 个地点乘坐通往基督山的直达穿梭巴士。每隔 30 分钟一趟，票价受上车地点及季节影响有浮动。最好提前在网上订票。
URL www.paineirascorcovado.com.br
营 8:00~16:00（周六・周日~17:00）
休 无
费 往返 R$61~74

巴西

●巴西南部　里约热内卢

面包山
Pão de Açúcar

Map p.72-B2

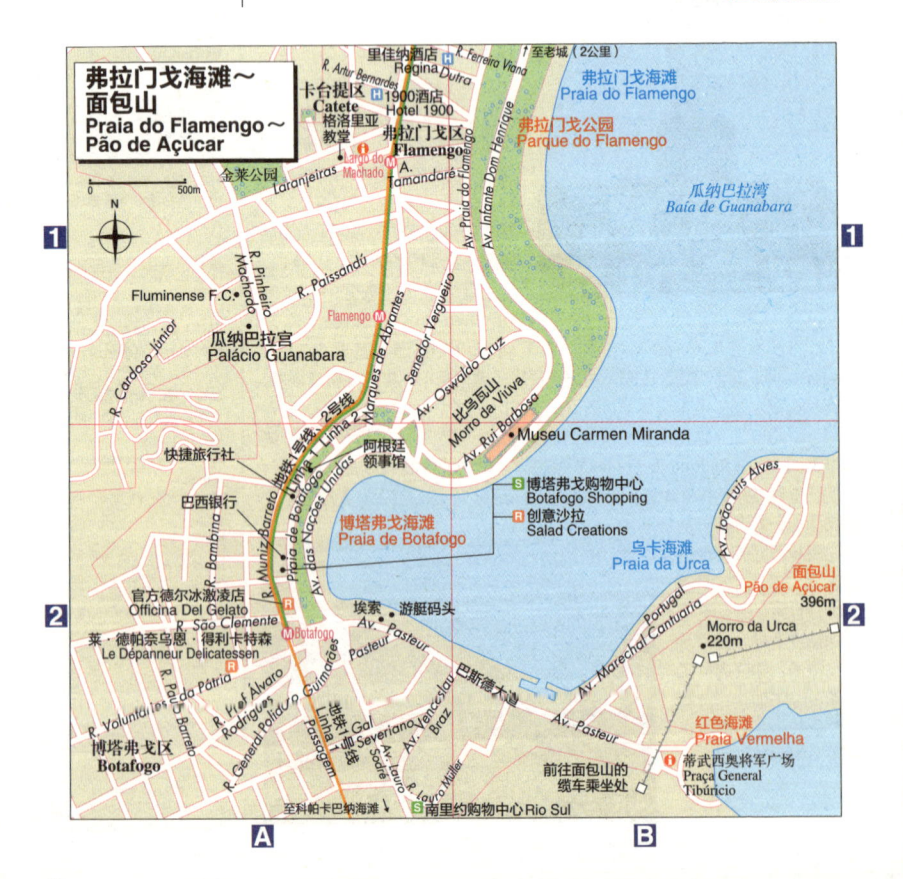

乘坐缆车享受空中漫步

前往面包山的缆车
- 住 Av. Pasteur 520，Urca
- ☎ （021）2546-8400
- URL www.bondinho.com.br
- 🚋 8:00~19:50（每隔20分钟一趟）
- 休 无
- 💰 往返 R$80

交通方式
乘坐连接老城~弗拉门戈和博塔弗戈的107路、途经博塔弗戈~科帕卡巴纳~伊帕内马的513路巴士，在红色海滩的蒂武西奥将军广场 Praça General Tibúrcio 下车。在巴斯德大道 Av. Pasteur 下车，向东步行，走到王宫前，右边有乘车处和售票处。

面包山其实是乌卡海滩 Praia de Urca 与红色海滩间的小半岛上一块突兀的奇岩。Pão de Açúcar 在葡萄牙语中意为"甜面包"，再加上山的外形酷似葡萄牙马德拉岛出产的白糖制成的糖堆，因此得名。也有人认为山的名称来源于当地原住民的词汇"Paund Acuqua"（意为"尖尖的小岛"）。

从半岛连接陆地的部分到山顶有两条缆车线路，各需要3分钟。先从红色海滩附近的第一索道乘坐处升向海拔220米高的乌卡山 Morro da Urca。从这个观景台可正面俯瞰博塔弗戈海滩，后面就是面包山。第二索道一直往海拔396米的面包山山顶，索道右侧是科帕卡巴纳海滩。此处地形突向瓜纳巴拉湾，因此可以从海上一览里约的全景，快意舒畅。

观景台周边还有简易徒步道路，游客可以一边步行一边近距离观察热带植物。建议在日落前乘坐缆车登上山顶，欣赏完落日和里约夜景后下山。然后在售票处等候出租车回地铁站或直奔住处。

这里的晚霞尤其美丽

弗拉门戈海滩~面包山
Praia do Flamengo ~ Pão de Açúcar

植物园
Jardim Botânico

Map p.74-A1

葡萄牙的若昂六世在1808~1821年，步行游历巴西各地，将采集来的植物种在这里，形成了一座植物园。面积共1.4平方公里，种植着600种兰花、仙人掌、亚马孙的植物种群等，共8000个品种，草木茂盛。这里有巴西各地的植物，珍稀物种也不在少数，试着找找木质坚硬厚重、即使放到水中也浮不起来的铁树pau ferro和成为巴西国名由来的红色染料巴西红木，以及生长在潘塔纳尔地区的黄花风铃木等植物吧。2018年8月15日，中国驻里约总领馆在里约植物园举办了"庆祝首个巴西'中国移民日'暨里约植物园中国茶树纪念牌揭牌仪式"。游客不妨去看看这里的茶园。

植物园
- R. Jardim Botânico 1008, Jardim Botânico
- (021) 3874-1808
- www.jbrj.gov.br
- 周一 12:00~19:00 周二~周日 8:00~19:00
- 休 无
- R$15

交通方式
从老城乘坐548、581路，从科帕卡巴纳、伊帕内马乘坐584路，从莱布隆乘坐439、775D、1775D路，从弗拉门戈乘坐105、409路，从博塔弗戈乘坐109、410、583路等线路的巴士可达。或者选择从地铁4号线安特罗・肯塔尔站Antero de Quental乘坐出租车，约需5分钟。

日式花园

COLUMN 里约的贫民窟

贫富差距导致的贫民窟

巴西国内的贫富差距之大，令人震惊，到处都有贫民窟。葡萄牙语称之为"Favela"。里约有900处贫民窟，总人口的近两成居住在那里。山坡斜面上密密麻麻排布的小屋和不可胜数的抛物面天线构成了一道奇观。

说到贫民窟，往往给人毒品、抢劫、枪战等相关的犯罪窝点的印象。由费尔南多・梅里尔斯执导，展现里约贫民窟内危机四伏的日常生活的惊悚电影《上帝之城》City of god享誉全球。

MJ拍摄PV的外景地。贫民窟虽然危险，却是热门的取景地

毒品组织与警察间的斗争还在上演

得益于2014年巴西世界杯、2016年里约奥运会举办期间，当地警方增加警力加强巡逻，集中开展清剿行动，里约的治安一度得到好转。但是现在犯罪事件死灰复燃，时常爆发枪战，里约仍然是个危险的地方。有报道称曾有误闯贫民窟的外国游客被当地的贩毒组织枪杀。

贫民窟确实是一个景点，但是千万不要用自己的安全为兴趣埋单。游客应经常留意驻里约总领馆发布的安全提醒。

如果实在想去看看，应在当地导游的陪同下，参加贫民窟之旅旅行团Favela Tour。线路内容、参观内容各有不同，一般是在迷宫一般的贫民窟散步，参观观望台、学校和商店等。拍照只可在导游同意的情况下进行。不要轻易拿出相机，贵重物品也要随身携带。

Favela Tour
贫民窟之旅旅行团
- (021) 98221-5572
- www.favelatour.org

有多条线路，需要2小时~，费用R$60~。有些线路规定了最低参团人数和出发时间，最好提前邮件咨询。

贫民窟出行必备的缆车

里约北部的贫民窟上空架设了缆车Teleferico。在3.4公里的距离内设有6座车站，是贫民窟居民出行的交通工具。缆车在一段时间内规定游客只要不中途下车也可以乘坐，但是现在乘缆车跟私自进入贫民窟一样，充满了危险性，不建议乘坐。贫民窟内虽然有警察，但是面对持枪的歹徒，警察也无能为力。要时刻提醒自己，不进入危险区域是保护自己的最好办法。

覆盖在贫民窟上空的缆车 Teleferico

前往科帕卡巴纳海滩的交通方式

2016、2018路空调巴士 Frescão 最方便。或者在地铁1号线斯奇拉坎波斯站 Siqueira Campos、坎塔加洛站 Cantagalo 下车，步行3分钟。

里约热内卢的海滩

Praia

科帕卡巴纳海滩
Praia de Copacabana

Map p.75-D1

科帕卡巴纳海滩只是全长4.3公里的里约海滩的一部分，但是已经名震世界。海岸划出一道优美的弧线，从南面的科帕卡巴纳堡附近延伸到伊莎贝尔公主大道 Av. Princesa Isabel 的科帕卡巴纳海滩有近3公里长，其

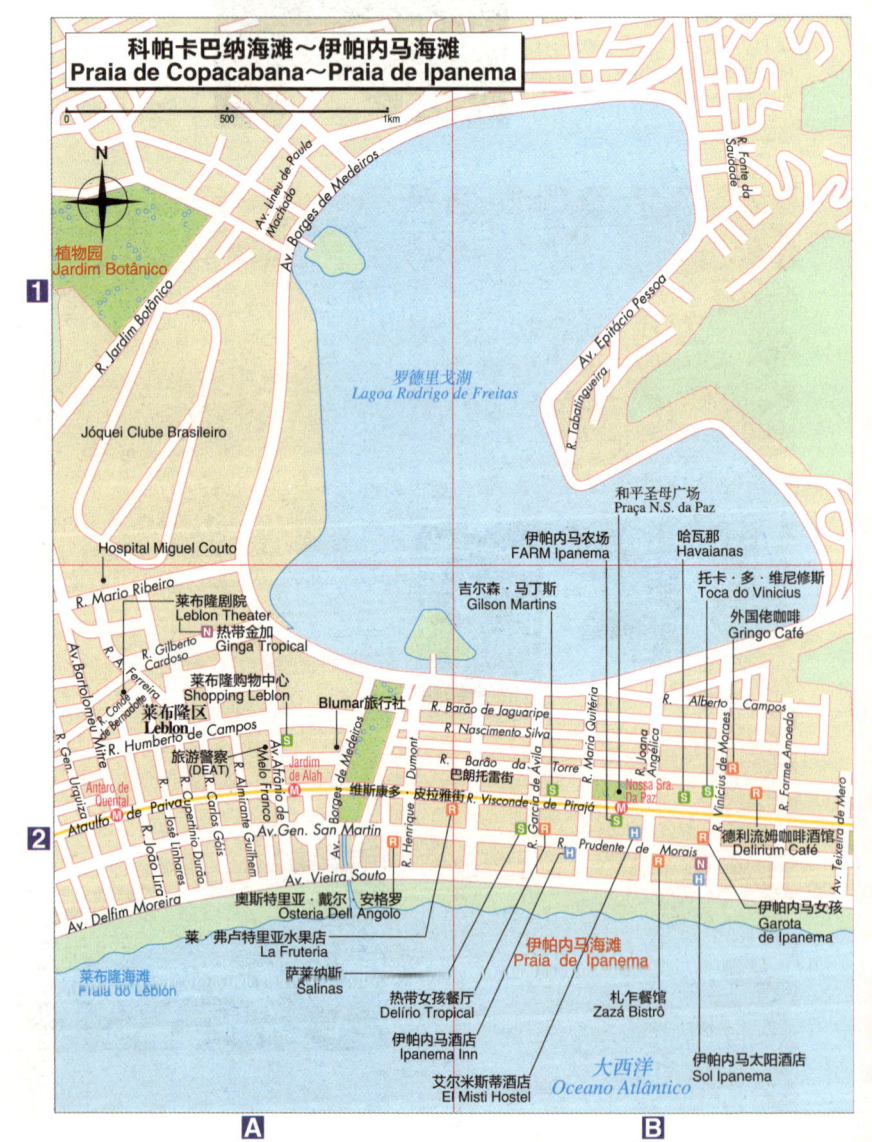

海滩上露天店铺林立，十分热闹

科帕卡巴纳海滩～伊帕内马海滩
Praia de Copacabana～Praia de Ipanema

植物园 Jardim Botânico

罗德里戈湖 Lagoa Rodrigo de Freitas

Jóquei Clube Brasileiro

和平圣母广场 Praça N.S. da Paz

Hospital Miguel Couto

伊帕内马农场 FARM Ipanema

哈瓦那 Havaianas

莱布隆剧院 Leblon Theater

吉尔森·马丁斯 Gilson Martins

托卡·多·维尼修斯 Toca do Vinicius

热带金加 Ginga Tropical

外国佬咖啡 Gringo Café

莱布隆购物中心 Shopping Leblon

Blumar旅行社

莱布隆区 Leblon

旅游警察 (DEAT)

Jardim de Alah

巴朗托雷街

维斯康多·皮拉雅街

Nossa Sra. Da Paz

德利流姆咖啡酒馆 Delirium Café

奥斯特里亚·戴尔·安格罗 Osteria Dell Angolo

伊帕内马女孩 Garota de Ipanema

莱·弗卢特里亚水果店 La Fruteria

莱布隆海滩 Praia do Leblon

萨莱纳斯 Salinas

热带女孩餐厅 Delírio Tropical

伊帕内马海滩 Praia de Ipanema

札乍餐馆 Zazá Bistrô

伊帕内马酒店 Ipanema Inn

艾米斯蒂蒂旅舍 El Misti Hostel

大西洋 Oceano Atlântico

伊帕内马太阳酒店 Sol Ipanema

东侧约 1 公里处是莱米海滩 Praia do Leme。海岸沿线的大西洋大道 Av. Atlântica 对面矗立着临海高档酒店和高层公寓。很多建筑一层有餐厅，户外的通道旁摆着露天座位。

海滩上满是前来享受日光浴、海水浴、五人足球和沙滩排球的游人，身着"坦加"（巴西两截式女游泳衣）的美女挺胸穿行，还有不时传来的桑巴舞曲和博萨诺瓦舞曲。周末，海滩会挤满了当地人和外地游客，如果天气晴好，沙滩上几乎全是人。到了夜

堪称里约代名词的沙滩

科帕卡巴纳堡
Forte de Copacabana
MAP p.75-C2
☎ (021) 2287-3781
URL www.fortedecopacabana.com
开 10:00~18:30
休 周一
费 R$6

这个城堡位于向科帕卡巴纳海滩南侧突出的半岛上，从城堡眺望海滩景色雄奇美丽。内设咖啡厅。

● 巴西南部 里约热内卢

地图标注

- Morro da Saudade
- 科帕卡巴纳珀斯图2号宜必思酒店 Ibis Copacabana Posto 2
- Morro de São João
- 温和餐厅 Temperarte
- 萨特·S烤鸡餐厅 Galeto Sat S
- 阿卡普尔科 Acapulco
- 米拉索尔科帕卡纳酒店 Mirasol Copacabana
- 安住日餐厅 Azumi
- 沙发咖啡餐厅 Sofá Café
- 贝尔蒙德科帕卡巴纳皇宫酒店 Belmond Copacabana Palace
- 旅游警察 (BPTUR)
- 瑞德广场 Praça do Lido
- 里约热内卢科帕卡巴纳希尔顿酒店 Hilton Rio de Janeiro Copacabana
- 班德莱特莱斯酒店 Bandeirantes
- 阿拉伯 Arab
- 温莎宫酒店 Windsor Palace
- 慕多酒馆 As Melhores Cervejas do Mundo
- 里约热内卢科帕卡巴纳美爵酒店 Mercure Rio de Janeiro Copacabana
- 卡雷图瑞德烤肉店 Carretão Lido
- 里约热内卢JW万豪酒店 JW Marriott Rio de Janeiro Hotel
- 博萨诺瓦音乐书店 Bossa Nova & Companhia
- 佩斯塔纳大西洋海滨酒店 Pestana Rio Atlantica
- 皇宫烤肉 Churrascaria Palace
- 格林面包 Boulangerie Guerin
- 罗他66 Rota 66
- 科帕卡巴纳海滩 Praia de Copacabana
- 科帕卡巴纳丽思精品酒店 Ritz Copacabana Boutique Hotel
- 里奥安托尼殿酒店 Rio Othon Palace
- 比比 Bibi
- 西蒙·博卡内格拉 Simon Boccanegra
- 温莎马提尼克岛酒店 Windsor Martinique
- 该区域附近有夜市
- 德布莱酒店 Debret
- 奥索里欧将军广场 Praça General Osório
- 春库
- 奥拉克帕卡巴那酒店 Orla Copacabana
- 科帕卡巴纳堡 Forte de Copacabana
- 法萨诺酒店 Fasano
- 里约热内卢阿帕多美居公寓式酒店 Mercure Rio de Janeiro Arpoador
- 阿帕多海滩 Praia do Arpoador
- 黑豆饭之家 Casa da Feijoada
- Parque Garota de Ipanema

1号线 Linha 1
2号线 Linha 2
4号线 Linha 4

海滩的治安

经常说里约海滩的治安有多糟糕，事实上，如果白天不携带贵重物品前往海滩，遭遇此类麻烦的概率是很小的。清晨人少的时候，在海滩上闲逛比较容易被抢劫相机、手机的歹徒盯上。特别是科帕卡巴纳海滩东侧附近，退潮后会出现一条长100余米的海滩，那里发生任何事都不会有人注意。

科帕卡纳海滩。去海滩时最好只带一些零钱

前往伊帕内马海滩的交通方式

在地铁1号线奥索里欧站下车。沿海岸线行驶的2012、2016、2018路空调巴士Frescão也十分方便。

海滩上的淋浴设施

从莱米海滩到莱布隆海滩设置了几处被称为波斯托Posto、兼有瞭望台功能的淋浴设施。各设施均有编号，收费标准为淋浴R$1.5~、存包柜R$5.8~、洗手间R$2.5~。要用时只需要向门口的工作人员示意，根据使用目的付钱即可。只接受现金支付。

同时出售毛巾和肥皂

里会专门圈出一块地方作为夜市（MAP p.75-C2），从泳衣到土特产、陶瓷、手带，以及零食等，店铺种类多样，游客众多。

大西洋大道始终充满了活力，即使到夜间，露天特产店营业，依然人声鼎沸。与大西洋大道平行的科帕卡巴纳圣母大道 Av. Nossa Senhora de Copacabana 及更内侧的巴拉塔里贝罗大道 R. Barata Ribeiro 是巴士专用道，酒店内有酒吧、简易食堂和商店等。

海滩上没有公路，相当于死角，早、晚间沙滩上可能会发生抢劫事件，应避免在人少的时段前往，更不要携带贵重物品去沙滩。

伊帕内马海滩
Praia de Ipanema
Map p.74-B2

《来自伊帕内马的姑娘》诞生于这片海滩

从科帕卡巴纳海滩南侧向西走500米左右，能看到一条绝美的海岸线，那就是阿帕多海滩 Praia do Arpoador。阿帕多海滩与伊帕内马海滩首尾相连。再往西走2公里左右，海滩的名称变成莱布隆海滩 Praia do Leblon。

伊帕内马海滩是作曲家安东尼奥·卡洛斯·裘宾创作的博萨诺瓦名曲《来自伊帕内马的姑娘》（Garota de Ipanema）的诞生地，该海滩自20世纪60年代开始逐渐成为高级住宅区，经济繁荣。与科帕卡巴纳相比，这里小巧玲珑，飘逸着精致的氛围。靠内地一侧有巴西本土品牌商店和时装店，与莱布隆区并称为里约乃至整个巴西的时尚发源地。

一到周末，海滩上就人潮拥挤，平时是购物天堂的海滩沿线道路此时挤满了自行车、轮滑爱好者、慢跑人士和遛狗者。西面的莱布隆海滩两头有一座称为两兄弟山 Dois Irmãos 的石头山，风景极佳。

高级酒店和高层公寓鳞次栉比

博塔弗戈海滩
Praia de Botafogo   Map p.72-A2

靠近瓜纳巴拉湾腹地的一个海岸线蜿蜒的小海滩。这里风平浪缓，是优良的帆船码头。海滩背后就是面包山，风景奇绝。海水算不上清澈，但是因为游客较少，充满了当地气息。当地人会在这里跑步、踢足球、晒日光浴。海湾的东侧是小小的乌卡海滩。

可眺望面包山的海滩

红色海滩
Praia Vermelha   Map p.72-B2

位于乌卡海滩靠里的位置，附近就是通往面包山的缆车起始站。海滩北接面包山和乌卡山，南侧环绕着巴比伦尼亚山 Morro de Babilônia。直抵海滩背后的大岩石令人印象深刻。

圣康哈德海滩
Praia de São Conrado   Map p.58-A3

这是一个从老城南下14公里即到的海滩，位于莱布隆以南。在里约的景点中，近来圣康哈德海滩可谓人气窜升。大型度假酒店拔地而起，宽广的沙滩与清澈的大海、悬挂式滑翔机呼啸而过的天空共同构成了这片充满度假氛围的海域。餐厅、时装店、特产店等数量不多，海滩环境清静悠闲。如果你想避开瓜纳巴拉湾等地的海水污染和科帕卡巴纳拥挤的人潮，来这里是个不错的主意。

五颜六色的滑翔伞在空中飞翔

便捷的出租自行车
里约自行车 Bike Rio 共有近60个服务站，可在任一地方骑乘或存车。车身呈橘色。使用时要用到信用卡和手机。先向 ☎ (021) 4003-6054 打电话，输入卡号和服务站编号，灯亮后将车从卡槽中推出。一日票 R$5。原则上需要1小时内将车辆返还给就近的服务站，但是一天之内可多次使用。
URL bikerio.tembici.com.br

海滩上的服务站

前往博塔弗戈海滩的交通方式
从地铁1、2号线博塔弗戈站下车，步行10分钟。还可乘坐空调巴士。

前往红色海滩的交通方式
与面包山 (→p.72) 一样。

前往圣康哈德海滩的交通方式
从地铁1、4号线奥索欧将军站下车，在附近的海滩道路乘551、553路等当地巴士，约需1小时。

巴西   ●巴西南部   里约热内卢

COLUMN 里约热内卢空中漫步

登上基督山和面包山后便可将里约的美景一览无余。不过还有一种观光方式，能让你从更高角度、更广视野，并能像飞行的鸟一样俯瞰里约，这就是乘坐直升机的"空中漫步"。费用略贵，但是绝对物有所值。从空中俯瞰里约独特的曲折海岸线与怪石、基督山上的基督像，能带给你强大的感官冲击和畅快体验，这是其他方式所不具备的。毫无疑问，这也将成为一生的回忆。

直升机停机坪有面包山和罗德里戈湖 Lagoa Rodrigo de Freitas 两处，观光时长从6~7分钟至1小时不等。

Helisight
直升机旅行
☎ (021) 2511-2141 / 2542-7935 / 2259-6995
URL www.helisight.com.br
营 9:00~18:00
休 无
料 6~7分钟飞行 R$320/12~13分钟飞行 R$690/15~16分钟飞行 R$800/21~22分钟飞行 R$1000/30分钟飞行 R$1110/60分钟飞行 R$1860
※ 以上为从面包山出发的价格

77

里约热内卢的酒店
Hotel

国际旅游城市里约的各个区都有数量庞大的住宿设施。但即便如此，除了2月的狂欢节期间，旅游旺季的周末由于有大型音乐会和其他活动，住宿费也会高涨。抵达当地后临时订房会十分困难，最好提前预订。从旅舍到超豪华酒店，住宿设施类型丰富。越靠近科帕卡巴纳、伊帕内马海滩地区价格越贵。

老城（历史城区）

温莎瓜纳巴拉酒店
Windsor Guanabara Hotel　　　　　　　高档酒店

◆坐落在老城的主干道瓦格斯总统大道旁。酒店外观是古典设计风格，内部装潢现代，客房是时尚风。屋顶有泳池，酒店设施齐全。老城的景点都在步行范围内。

Map p.65-C1
住 Av. Presidente Vargas 392，Centro
☎ （021）2195-6000
URL windsorhoteis.com
费 ⓈR$227～　ⓌR$250～
另收 15% 消费税
CC ADMV　房间数 542 间

弗拉门戈区

里佳纳酒店
Regina　　　　　　　中档酒店

◆位于两个地铁站之间，去哪里都方便。酒店内有餐厅、酒吧、桑拿和健身房，舒适便捷。房间为白色调，温馨明亮。房间内配空调、迷你吧。提供叫早服务和洗衣服务。

Map p.72-A・B1
住 R. Ferreira Viana 29，Flamengo
☎ （021）3289-9999
URL www.hotelregina.com.br
费 ⓈR$154～　ⓌR$176～
另收 5% 消费税
CC ADJMV　房间数 117 间

科帕卡巴纳海滩

贝尔蒙德科帕卡巴纳皇宫酒店
Belmond Copacabana Palace　　　　　　　超豪华酒店

◆这家里约的超豪华酒店创立于1932年。英国查尔斯王子和已故戴安娜王妃、南非已故前总统纳尔逊·曼德拉等知名人士都曾下榻这里。酒店靠近海滩的外墙为白色殖民地风格，客房装饰和浴室为古典风范。

Map p.75-D1
住 Av. Atlântica 1702，Copacabana
☎ （021）2548-7070
FAX （021）2235-7330
URL www.belmond.com
费 ⓈⓌR$1085～　另收 15% 消费税
CC ADMV
房间数 239 间

里约热内卢科帕卡巴纳希尔顿酒店
Hilton Rio de Janeiro Copacabana　　　　　　　高档酒店

◆科帕卡巴纳海滩北端的五星级酒店。靠近餐厅集中区，生活方便。几乎所有客房都是海景房，装修高雅，气氛舒适。工作人员的服务绝对配得上五星的奢华标准。早餐另收R$25。Wi-Fi收费。

Map p.75-D1
住 Av. Atlântica 1020，Copacabana
☎ （021）3501-8000
FAX （021）3501-8010
URL riodejaneirocopacabana.hilton.com
费 ⓈⓌR$769～　另收 15% 消费税
CC ADMV　房间数 545 间

里约热内卢 JW 万豪酒店
JW Marriott Rio de Janeiro Hotel　　　　　　　高档酒店

◆位于科帕卡巴纳海滩的中间位置。大厅从一层到最高层为挑高造型，设计新颖。有3间餐厅、健身房、视野极佳的屋顶泳池等豪华设施。早餐另收R$75。

Map p.75-C1
住 Av. Atlântica 2600，Copacabana
☎ （021）2545-6500
URL www.marriott.com
费 ⓈⓌUS$230～　另收 15% 消费税
CC ADMV
房间数 245 间

酒店客房内设施：🛁 带浴缸　📺 带电视　📞 带电话　💻 可上网　🍴 含早餐

米拉索尔科帕卡巴纳酒店
Mirasol Copacabana Hotel

高档酒店

Map p.75-D1

住 R. Rodolfo Dantas 86, Copacabana
☎ (021) 2123-9292
URL www.mirasolhotel.com.br
费 ⓈⓌ US$290~
CC ADJMV
房间 105 间

◆位于与海滩隔一个街区的靠内侧位置，是一个19层的高层酒店。酒店面积不大，泳池、健身房和商务中心等设施一应俱全。房间内配吹风机、保险柜。附近有超市，生活便捷。

里约热内卢科帕卡巴纳美爵酒店
Mercure Rio de Janeiro Copacabana

中档酒店

Map p.75-C1

住 Av. Atlântica 2554, Copacabana
☎ FAX (021) 3545-5100
URL www.accorhotels.com
费 Ⓢ R$360~ Ⓦ R$410~
CC ADMV
房间 116 间

◆2018年更名，是一家位于科帕卡巴纳海滩中间区域的中档酒店。客房简约时尚，设备齐全。作为一家海景酒店，价格相对实惠。

科帕卡巴纳珀斯图2号宜必思酒店
Ibis Copacabana Posto 2

中档酒店

Map p.75-D1

住 R. Min. Viveiros De Castro 134, Copacabana
☎ (021) 3218-1150
FAX (021) 3218-1151
URL www.accorhotels.com
费 ⓈⓌ R$194.25~ 另收5%消费税
CC AMV
房间 150 间

◆位于与海滩隔两个街区的靠内侧位置，交通便利。前台会说英语。房间简单朴素，吹风机、保险柜等基本设备全部配齐。早餐另收R$23。

班德莱特斯酒店
Hotel Bandeirantes

中档酒店

Map p.75-C1

住 R. Barata Ribeiro 548, Copacabana
☎ (021) 2548-6252
URL www.hotelbandeirantes.com.br
费 Ⓢ R$164~ Ⓦ R$220~
CC AMV
房间 96 间

◆位于贯通老城与伊帕内马的巴拉塔里贝罗大道R. Barata Ribeiro旁，距离海滩有两个街区，房间安静。周边有很多平价商店。客房带空调和保险柜等，基本设备齐全。酒店内还有桑拿室。

伊帕内马海滩

法萨诺酒店
Faṣano

超豪华酒店

Map p.75-C2

住 Av. Vieira Souto 80, Ipanema
☎ (021) 3202-4000
FAX (021) 3202-4010
URL www.fasano.com.br
费 ⓈⓌ R$1979~
CC ADMV
房间 89 间

◆位于伊帕内马海滩核心区的五星级酒店。视野广阔的无边际泳池是酒店的招牌。房间和床很大，氛围奢华。客房分为花园景观房和海景房，预订时请自行选择。

伊帕内马太阳酒店
Sol Ipanema Hotel

高档酒店

Map p.74-B2

住 Av. Vieira Souto 320, Ipanema
☎ (021) 2525-2020
URL www.solipanema.com.br
费 Ⓢ R$519~ Ⓦ R$579~
另收15%消费税
CC ADJMV
房间 90 间

◆建在伊帕内马海滩旁的17层酒店。外观、内饰均是简约的现代风格。前台会说英语。可租赁沙滩太阳伞和床单。有些房间不是海景房，预订时要看清楚。

伊帕内马酒店
Hotel Ipanema Inn

中档酒店

Map p.74-B2

住 R. Maria Quitéria 27，Ipanema
☎ (021) 2523-6092
URL www.ipanemainn.com.br
费 Ⓢ Ⓦ R$475~　另收 15% 消费税
CC A D M V
房数 56 间

◆距离伊帕内马海滩和巴士经停的主干道都只有一个街区，位置好。房间小，但是整洁精致。配浴衣。早餐丰盛，备受好评。

艾尔米斯蒂酒店
El Misti Hostel

经济型酒店

Map p.74-B2

住 R. Joana Angélica 47，Ipanema
☎ (021) 2547-6419
URL www.elmistihostelipanema.com
费 宿舍 R$33.16~　Ⓢ Ⓦ R$320~
CC A D M V
房数 28 间

◆步行 2 分钟左右可到达伊帕内马海滩，是一家物美价廉、交通便利的旅馆。1 间宿舍的床位为 4~12 张，还有分男女的房间，不过价格略高。房间整洁清爽。前台 24 小时上班。提供自行车租赁。

其他地区

里约喜来登度假大酒店
Sheraton Rio Hotel & Resort

超豪华酒店

Map p.58-A3

住 Av. Niemeyer 121，Leblon
☎ (021) 2274-1122
URL www.sheraton-rio.com
费 Ⓢ Ⓦ US$203~　另收 10% 消费税
CC A D J M V
房数 538 间

◆旁边都是岩壁，是里约为数不多的带私人海滩的酒店之一。从泳池和酒吧可直接走向 24 小时有保安巡逻的私人海滩。共 7 间餐厅及酒吧，其他如桑拿、咖啡厅、沙龙、保姆服务及其他服务也很完善，堪称一家无所不有的度假村。

勒梅竞技场酒店
Arena Leme Hotel

高档酒店

Map p.62-B3

住 Av. Atlantica 324，Leme
☎ (021) 3034-1501
URL www.arenalemehotel.com.br
费 Ⓢ Ⓦ R$317~　另收 10% 消费税
CC A D M V
房数 164 间

◆位于科帕卡巴纳海滩北侧、直面莱米海滩的酒店。酒店前是一片优美的沙滩，洋溢着满满的度假气息。美食区距离稍远，但是酒店内有供应各国美食的餐厅。

COLUMN 全年不断的桑巴舞表演

提到里约热内卢，第一印象恐怕是南美首屈一指的音乐、舞蹈盛会"里约狂欢节"，不过狂欢节只有 4 天左右，并且狂欢节期间游客蜂拥而至，个人游客想要欣赏盛况非常困难。因此，在这里想向大家推荐莱布隆剧院 Teatro do Deblon 举办的热带金加 GingaTropical 桑巴舞演出，从海滩乘坐出租车 10 分钟即达。演出持续 1 小时 20 分钟，游客可欣赏到巴西风情的桑巴舞和"巴西国术"卡普埃拉 Capoeira 等民族舞蹈。表演过程中，有 30 分钟左右的桑巴舞步法及简单的动作培训，该部分会把现场的气氛推到高潮。表演持续到深夜，建议乘坐出租车往返。

Ginga Tropical
热带金加
MAP p.74-A2　R. Conde de Bernadotte 26，Leblon
☎ (021) 99282-7222
URL www.gingatropical.com
开 周二、周四~周六 21:00~23:00
费 R$220

吐李前往最好提前购票。通过网站或旅行社购票更加顺利。有些票附赠合作餐厅的晚餐券。

桑巴舞演出有幽默、有激情，看点多多

里约热内卢的餐厅
Restaurant

在里约，餐厅的种类同样令人眼花缭乱，有大众餐馆，有烤肉店，还有咖啡厅和外国餐厅。如果想简单吃点平价菜，可以考虑老城周边、科帕卡巴纳海滩2号街区近内陆地区的科帕卡巴纳圣母大道沿线。海滩及伊帕内马的维斯康多·皮拉雅街R. Visconde de Piraja则集中了不少精致餐厅，价格也较高。

老城（历史城区）

哥伦布甜品店
Confeitaria Colombo

◆位于老城的古旧建筑集中区域。19世纪建造的欧洲殖民地风格建筑直接改成餐厅，一层是咖啡厅，二层是自助式餐厅。气氛优雅，咖啡厅消费也不高，可放心前往。

Map p.65-C2
住 R. Gonçalves Dias 32，Centro
☎ (021) 2505-1500
URL www.confeitariacolombo.com.br
营 周一～周五 9:00~19:00
　 周六 9:00~17:00
休 周日
CC A D J M V

卡伊斯餐厅
Cais

◆位于老城，由19世纪的老楼改建而成的餐厅。当时的石墙原封不动地保存了下来，环境一流。店内还有绿意围绕的露台席位。餐厅供应具有亚洲、墨西哥风味的西洋菜，主餐R$50。

Map p.65-C2
住 R. Visconde de Itaboraí 8，Centro
☎ (021) 2253 5465
URL caisdooriente-rj.com.br
营 周一～周六 11:00~22:00
　 周日 11:00~17:00
休 无
CC A D J M V

马瓦餐厅
Mauá

◆里约美术馆的屋顶餐厅，具有优良的观景效果。该餐厅用香蕉、木薯、罗望子等巴伊亚州的特色食材加工成现代美食。前菜R$14，主菜R$48~。还供应巴西、阿根廷和智利等国生产的红酒，品种多。

Map p.65-C1
住 Museu de Arte do Rio 6° Piso，Praça Mauá 5，Centro
☎ (021) 3031-2819
URL restaurantemaua.com.br
营 12:00~18:00
休 周一
CC A D M V

科帕卡巴纳海滩

萨特·S烤鸡餐厅
Galeto Sat S

◆位于科帕卡巴纳海滩北侧，30多年来一直深受欢迎的老牌烤鸡（用炭火烤制出生30天以内的仔鸡）餐厅。红、蓝相间的瓷砖是它的特色。门面不大，可以看到后厨烹饪现场，令人食欲大振。简单的烧烤菜品和三明治售价R$18~。

Map p.75-D1
住 R. Barata Ribeiro 7-D，Copacabana
☎ (021) 2543-8841
营 12:00~次日5:00
休 无
CC 不可

卡雷图瑞德烤肉店
Carretão Lido

◆位于瑞德广场Praça do Lido前，是当地一家热门烤肉店。R$84即可享受自助烤肉大餐，放眼里约，这也是非常实惠的价格。有20余种肉类可选，手捧烤肉的店员来回穿梭。寿司、沙拉等配餐较少，不过店内依旧气氛热闹。

Map p.75-D1
住 R. Ronald de Carvalho 55，Copacabana
☎ (021) 2543-2666
URL www.carretaolido.com.br
营 11:30~24:00
休 无
CC A D J M V

巴西南部　里约热内卢

慕多酒馆
As Melhores Cervejas do Mundo

Map p.75-D1

◆ 酒馆内集中了近 280 种精酿啤酒，光看看这些标签就让人激动不已。其中有 40~50 种产自欧洲或北美，其余均为巴西本土品牌。从淡色艾尔到 IPA，品种多样，令人目不暇接。可外带至酒店饮用。

住 R. Ronald de Carvalho 154-LojaA, Copacabana
☎ (021) 3497-3808
营 15:00~23:00
休 周日
CC AMV

温和餐厅
Temperarte

Map p.75-D1

◆ 这家平价公斤餐厅在里约有 3 家分店，店内宽敞、整洁。100 克均价 R$5.99，在科帕卡巴纳属于较实惠的餐厅。有沙拉、热蔬菜、外国菜和炸鸡肉包等共 30 种左右美食。还有酒类供应，红酒每杯 R$8~，卡莎萨 R$5。

住 Av. Nossa Senhora de Copacabana 266, Copacabana
☎ (021) 2543-1053
URL www.temperarte.com.br
营 11:00~22:30
休 无
CC DMV

春库
春库

Map p.75-C2

◆ 大西洋大道旁的中餐馆。招牌上的汉字和门、入口处的红色柱子引人注目，不过店内却意外地给人沉静感。店方提供筷子。汤 R$18~，炒饭 R$25~，其他菜品基本在 R$50 左右。

住 Av. Atlântica 3880, Copacabana
☎ (021) 2287-3956
营 12:00~24:00
休 无
CC ADMV

比比
Bibi

Map p.75-C2

◆ 在里约有 13 家分店的果汁吧。巴西本地水果巴西莓制作的冰沙深受欢迎，按大小共分 4 款，价格 R$8.1~20.2。香蕉和格兰诺拉麦片做成的甜品 R$2.1~。其他还有汉堡 R$9.2~、三明治 R$13.8~等菜品，种类丰富。

住 R. Miguel Lemos 31. Copacabana
☎ (021) 2513-6000
URL bibisucos.com.br
营 周日~下周四 8:30~24:00
　　周五·周六 8:30~次日 1:00
休 无
CC ADMV

伊帕内马海滩

奥斯特里亚·戴尔·安格罗
Osteria Dell Angolo

Map p.74-A2

◆ 正宗的意大利餐厅。费用情况为前菜 R$36~、意大利面 R$41~、意式肉汁烩饭 R$48~，等等。自制面包格外畅销。红酒来自意大利、巴西、阿根廷等国，共 200 余种。

住 R. Prudente de Morais 1783, Ipanema
☎ (021) 2259-3148
营 周二~周五 12:00~16:00、18:00~24:00　周六·周日 12:00~24:00
休 无
CC ADJV

黑豆饭之家
Casa da Feijoada

Map p.75-C2

◆ 来巴西，这家黑豆饭专营餐厅不得不去。黑豆饭一般以豆和肉为主要食材，不同地区也有不同搭配。这家餐厅推出的是里约风味。带甜品的套餐每人 R$92.9。有英语菜单。

住 R. Prudente de Morais 10B, Ipanema
☎ (021) 2247-2776
营 周一~周六 12:00~23:30
　　周日 12:00~22:30
休 无
CC ADMV

札乍餐馆
Zazá Bistrô

◆位于伊帕内马地区的一家亚洲风味餐馆。老板札乍先生在亚洲美食中加入非洲料理的独特风味，烹饪独具一格的特色菜肴。招牌菜当属香蒜鸡肉咖喱R$72，此外你在这里可以品尝到种类丰富的各式鸡尾酒饮品，卡皮利亚鸡尾酒R$32~。无酒精的特色饮料也很多样，绝对有你心仪的一款。

Map p.74-B2
住 R.Joana Angelice 40，Ipanema
☎ (021) 2247-9101
URL www.zazabistro.com.br
营 周一～周四 12:00~次日 0:30　周五 12:00~次日 1:30　周六 13:00~次日 1:30　周日 13:00~次日 0:30
休 无休
CC A D M V

德利流姆咖啡酒馆
Delirium Café

◆由比利时知名的德利流姆（粉象）啤酒直营的酒吧咖啡馆。蓝色墙壁上的粉色大象十分醒目，在这里不仅可以品尝到粉象品牌旗下的各色酒水，还有多达11个国家的400余种啤酒可供选择，可谓啤酒爱好者的天堂乐园。佐餐菜品R$26~。

Map p.74-B2
住 R.Barao da Torre,183，Ipanema
☎ (021) 2502-0029
URL www.deliriumcafe.com.br
营 周一～周三 17:00~次日 1:00　周四 17:00~次日 2:00　周五・周六 17:00~次日 3:00　周日 16:00~24:00
休 无休
CC A D M V

外国佬咖啡
Gringo Café

◆这家开放式咖啡厅距离伊帕内马海滩有3个街区，建在巴朗托雷街对面。主要供应汉堡R$33~，早餐也很丰盛，其中每块R$16~的自制黄油牛奶薄饼和R$18~的法式吐司面包最受青睐。有英语菜单。蛋糕全自制。

Map p.74-B2
住 R. Barão da Torre 240，Ipanema
☎ (021) 3813-9722
URL www.gringocafe.com
营 周一～周六 8:30~22:00　周日 8:00~21:00
休 无
CC A D M V

博塔弗戈区

创意沙拉
Salad Creations

◆位于博塔弗戈购物中心 Botafogo Shopping 三层的一家沙拉专营店。价格R$24.9，可从约30种食材中选择自己喜欢的做成沙拉。沙拉调料和搭配的甜品也很多。蔬菜三明治、可丽饼和汤也可做成素食。

Map p.72-A2
住 Praia de Botafogo 400 Loja 316-3º nível，Botafogo
☎ (021) 3171-9898
营 周一～周六 10:00~22:00　周日 12:00~21:00
休 无
CC M V

官方德尔冰激凌店
Officina Del Gelato

◆以米色招牌吸引路人的意式冰激凌专卖店，销售自家工厂当天生产的新鲜冰激凌。一杯R$10~，通常有椰子和柠檬等15种口味。总店位于科帕卡巴纳圣母大道。

Map p.72-A2
住 R. Muniz Barreto 805，Botafogo
☎ (021) 3486-8734
URL www.officinagelato.com
营 周一～周四 10:30~23:30　周五 10:30~24:00　周六・周日 10:30~次日 1:30
休 无
CC A M V

莱・德帕奈乌恩・得利卡特森
Le Dépanneur Delicatessen

◆乘坐地铁1・2号线从Botafogo站出站后马上就可以看到这家餐馆。各式沙拉可以自行挑选并称重购买，面包、巴西特色小吃也是琳琅满目，午餐R$15.0~26.9，三明治R$25.9~，意面R$26.9~等简餐也很丰富。

Map p.72-A2
住 R.Voluntarios da Patria 86,Loja A/B, Botafogo
☎ (021) 2537-5250
URL www.ledep.com.br
营 周一～周四 8:00~22:00　周五・周六 8:00~23:00
休 无休
CC A D M V

巴西
●
巴西南部
●
里约热内卢

83

IPANEMA

里约的应季良品

伊帕内马地区 漫步
闲逛商店&咖啡馆

伊帕内马地区集中了大型购物中心

伊帕内马地区堪称巴西时尚发源地。这个区域围绕维斯康多·皮拉雅街 R. Visconde de Pirajá，齐聚巴西本土知名品牌的实体店。公众关注的名店都在这里！

具有浓郁巴西风情的鲜黄色手包 R$118~。设计灵感来源于基督山上的基督像

手提购物袋 R$119~。可买来直接使用，也可以将两端折起后再用

从包到小物件，货品齐全。上图站在中央的是店主兼设计师吉尔森·马丁斯

卡里奥卡高架渠造型的收纳小包，每个 R$34

使用方便的卡片包，每个 R$69

琳琅满目的里约特色 五色手包

Gilson Martins ★吉尔森·马丁斯

在纽约的 Moma 和巴黎卢浮宫做过个展的里约著名箱包品牌总店。店面不大，重在纵深，货品丰富。从箱包到小物件、饰品等，门类五花八门。以里约为设计主题的小物件收纳包适合送人。

MAP p.74-B2
R. Visconde de Pirajá 462
(021) 2227-6178
shop.gilsonmartins.com.br
周一~周五 9:00~20:00
周六 9:00~19:00
周日 A D M V

在工坊体验自制手提包！

孩子也能挑战哦！

店内侧有一个工坊，可体验自制手提包。先选择包的造型，贴上相应品牌的特制小布片。包的价格是 R$144~，布片 R$10~。3 周左右完成，可邮寄。

R. Aníbal de Mendonça
R. Garcia de Ávila
R. Maria Quitéria
R. Joana Angélica
R. Visconde de Pirajá
莱·弗卢特里亚
萨莱纳斯
吉尔森·马丁斯
伊帕内马农场
R. Prudente de Morais
Av. Vieira Souto
伊帕内马海滩
伊帕内马

84

巴西南部 里约热内卢

穿上五彩比基尼去海滩吧!
Salinas ★萨莱纳斯

风靡巴西全境的里约比基尼品牌萨莱纳斯的旗舰店。店铺共3层,面积宽敞。试衣间也足够大。自主设计的泳衣、浴巾、拖鞋和包包等物品是沙滩的必备品!

适合在沙滩上戴的帽子,R$200~

MAP p.74-B2
住 R. Garcia de Ávila 69
☎ (021) 3201-3402
URL www.salinas-rio.com.br
营 周一~周五 10:00~20:00
　 周六 10:00~18:00
休 周日　CC A D M V

❶其彩色外观是伊帕内马地区一道亮丽的风景　❷比基尼 R$165~300。多种款式、颜色可选　❸沙滩时尚服饰的款式也很多

最受年轻人欢迎的沙滩时尚用品
FARM Ipanema ★伊帕内马农场

在巴西年轻人中人气最高的沙滩品牌实体店。卖场位于地下,设计令人心旷神怡的连衣裙和T恤是沙滩上的吸睛王!体形较小的女性同样可以在这里找到属于自己的靓装。

MAP p.74-B2
住 R. Visconde de Pirajá 365
☎ (021) 99834-4486
URL www.farmrio.com.br
营 周一~周五 9:00~21:00
　 周六 9:00~19:00 周日 12:00~18:00
休 无　CC A D M V

❶店内仿佛一片绿色丛林　❷自然色系的时尚用品琳琅满目　❸位于购物中心的一层　❹带热带图案的帆布运动鞋,R$280~

纯天然食品&饮品
La Fruteria ★莱·弗卢特里业水果店

以"有机&纯天然"为理念的概念店。店内销售的巴西国内外食物和饮品几乎全是有机食品。店内的咖啡厅供应无麸质食品。不少当地女性清早会顺道来店里买水果当早餐。

这些无麸质食品在减肥时期也可以放心吃!

MAP p.74-A·B2
住 R. Visconde de Pirajá 559
☎ (021) 3042-4609
URL www.alafruteria.com.br
营 周一~周五 7:00~20:30
　 周六 9:00~18:00
休 周日
CC A D M V

❶风味盐与调料每份 R$21.5
❷甜度适中的香蕉蛋糕 R$9
❸拍张靓照发朋友圈吧

85

里约热内卢的商店
Shop

里约是巴西的时尚中心。适合游客逛的巴西品牌店集中区是伊帕内马地区距离海滩2个街区的维斯康多·皮拉雅街。老城多为与老建筑相得益彰的购物街、百货街。内设美食城及兑换处的购物中心也十分便利。7~8月是当地的甩货季，被称为Liquidação。

老城（历史城区）

欧维多大道购物中心
Tabacaria do Ouvidor

Map p.65-C2

◆一家位于欧维多大道的卷烟店，大道两侧尽是各家餐厅的露天席位。店的一层是经营烟嘴等物品的卖场，二层是同时供应咖啡和酒的雪茄吧。店较小，真皮沙发十分舒适。卷烟主要来自古巴。

住 R. do Ouvidor 39，Centro
☎（021）2232-1345
营 周一~周五 11:00~22:00
　 周六 12:00~18:00
休 周日
CC ADMV

格拉纳多
Granado

Map p.65-C2

◆1870年创立的药妆品牌。如今在巴西全境均有分店，部分商品超市有售，这家店是起源店，最初是一家药店。融合了巴西莓和香草的手工香皂每块R$4，可馈赠亲友。进门后，左手边是香水、化妆品专柜Phebo。

住 R. Primeiro de Março 16，Centro
☎（021）3549-2265
URL www.granado.com.br
营 周一~周五 8:00~20:00
　 周六·周日 10:00~14:00
休 无
CC ADJMV

索布拉尔
Sobral

Map p.65-C2

◆经营聚酯树脂制作的巴西知名原创饰品的品牌店。色彩设计均以巴西的自然、动物、鸟类等为灵感，再加上全手工打造，使得店内没有颜色、造型完全相同的两件商品。手镯 R$26~，面包山主题饰品 R$60~ 等。

住 R. Gonçalves Dias 5，Centro
☎（021）2252-0162
URL sobraldesign.net
营 周一~周五 9:00~20:00
　 周六 9:00~14:00
休 周日
CC ADMV

梅丽莎俱乐部
Clube Melissa

Map p.65-C2

◆这个橡胶鞋品牌因颜色选择多、上脚舒适、款式丰富受到广大消费者喜爱。店面较小，主营网眼鞋、拖鞋和低跟鞋。拖鞋 R$120~。

住 R. Gonçalves Dias 19，Centro
☎（021）2222-2269
URL www.melissa.com.br
营 周一~周五 9:00~19:30
　 周六 9:00~14:00
休 周日
CC ADMV

布鲁X
blu-x

Map p.65-C2

◆里奥布朗库大道对面的T恤店，是里约热内卢的本地品牌，不少商品印有里约的象征面包山或基督山的基督像图案。T恤 R$39~。里约市共有5家分店。

住 Av. Rio Branco 159，Centro
☎（021）2215-4675
URL www.blu-x.com.br
营 9:00~19:00
休 周六·周日
CC ADMV

86

博塔弗戈区

南里约购物中心
Rio Sul

Map p.72-A2

◆这是一家位于博塔弗戈至海滩之间一个隧道前的购物商场，内有影院、餐厅、热门时装店等近400家店铺。兑换处在一层。

住 R. Lauro Müller 116，Botafogo
☎（021）3723-9500
URL www.riosul.com.br
营 周一～周六 10:00~22:00
　　周日 12:00~21:00（店铺 15:00~）
休 无　CC 各店有所不同

科帕卡巴纳海滩

博萨诺瓦音乐书店
Bossa Nova & Companhia

Map p.75-D1

◆店内有3层，经营博萨诺瓦CD和DVD、唱片、乐器等，同时销售带店铺LOGO的T恤及小物件等。入口处的地板上贴着科帕卡巴纳海滩同款瓷砖。

住 R. Duvivier 37-A，Copacabana
☎（021）2295-8096
URL www.bossanovaecompanhia.com.br
营 周一～周五 9:00~19:00
　　周六 9:30~17:00
休 周日　CC A D J M V

伊帕内马海滩

哈瓦那
Havaianas

Map p.74-B2

◆在巴西家喻户晓的沙滩拖鞋品牌专卖店。除了一些热卖的款式外，还有在中国国内不太常见的造型，款式丰富。在科帕卡巴纳及市内其他地区有分店。

住 R. Visconde de Pirajá 310，Ipanema
☎（021）2247-4713
URL www.havaianas.com.br
营 周一～周五 9:00~20:00
　　周六・周日 10:00~19:00
休 无　CC A D M V

托卡・多・维尼修斯
Toca do Vinicius

Map p.74-B2

◆1993年创办的博萨诺瓦专卖店。除了CD和唱片，店内还有珍贵的参考书籍和照片、艺术家手印等，惊喜连连。古典的装饰风格也增添了店内的气氛。

住 R. Vinicius de Moraes 129 C，Ipanema
☎（021）2247-5227
URL www.tocadovinicius.com.br
营 周一・周二・周四・周五 11:00~19:00
　　周六 10:00~18:00　周日 15:00~18:00
休 周三
CC A D M V

莱布隆区

莱布隆购物中心
Shopping Leblon

Map p.74-A2

◆莱布隆区新建的高档购物中心，齐集奢华品牌，电影院、餐厅和美食城等也盛大入驻。还有维护治安的联邦警察 Polícia Federal。

住 Av. Afrânio de Melo Franco 290，Leblon　☎（021）2430-5122
URL shoppingleblon.com.br
营 周一～周六 10:00~22:00
　　周日 13:00~21:00
休 无　CC 各店有所不同

其他地区

巴哈购物
Barra Shopping

Map p.58-A3 外

◆位于巴西国家足球博物馆（→p.70）附近，是巴西国内规模最大的超大型购物中心，共有包括餐厅、综合影院在内的共700余家店铺进驻。

住 Av. das Américas 4.666，Barra da Tijuca
☎（021）4003-4131
URL www.barrashopping.com.br
营 周一～周六 10:00~22:00
　　周日 13:00~21:00
休 无　CC 各店有所不同

巴西　●巴西南部　里约热内卢

Centro　Lapa

里约的夜晚，不能没有音乐的陪伴！

深入探访老城 & 拉帕区的 Live House

里约是巴西的音乐圣地，这里诞生了博萨诺瓦和巴西轻音乐。白天在沙滩上闲游的里约人到了晚上，将目的地转向市内。在热门 Live House 集中的老城拉帕区，狂欢一直持续到深夜。

觉得累的里诗酒吧的问表演里从19:30 左右开始，1天2~3场

拉帕区是什么地方？

位于卡里奥卡高架渠西侧的一块地区，道路两旁挤满了小俱乐部和酒吧。每家店都有小舞台，宾客们享受着音乐的魅力。周末喧嚣的气氛持续到深夜。

进入 Live House 时的注意事项

♪ 要交入场费，一般为 R$10~40，具体根据日期及演出内容确定。
♪ 21:00 左右开始人多起来，从开门到那段时间之前是比较悠闲的时段。
♪ 席位基本上先到先得。有些店接受提前预订。
♪ 夜晚的里约十分危险！回酒店一定要打出租车。

卡里奥卡·大马的舞台，在这里倾听一人的歌声

88

🎸 **时尚清新**
里约人气 Live House 中的翘楚

里约塞纳里姆酒吧
Rio Scenarium

位于老城的里约知名俱乐部。店内1~3层为挑高造型，一层有舞台，演奏桑巴和博萨诺瓦等各种风格的音乐。每一层都有吧台，点饮品时可以去吧台，也可以拜托服务生。入场费R$35~。

MAP p.64-B3　R. do Lavradio 20, Centro
☎ (021) 3147-9000
URL www.rioscenarium.art.br
周二~周五 19:00~次日1:00 左右　周六 20:00~次日1:00左右
休 周日·周一　CC ADMV

① 大家都聊得很尽兴，上去搭个话吧！　② 酒的种类也很多

🎸 **有很多可以倾听音乐的舞台**
成人的 Live House

卡里奥卡·杰马
Carioca da Gema

实力派演艺人士每天演奏不同的曲目。如果你想沉浸在音乐的世界里，就在一层占个座位。音乐类型包括博萨诺瓦、自古以来流行于该地区的巴西轻音乐等。简餐可选种类多，有三明治R$18~、肉馅卷饼（巴西风味馅饼）R$9~等。

① 巴西的知名组合也会前来助兴　② 外国游客较多，很多工作人员都会英语　③ 葡萄牙风味的炸牛肉薯饼 R$18

MAP p.65-C3　Av. Mem de Sá 79 Centro
☎ (021) 2221-0043
URL barcariocadagema.com.br
周日~周二 19:00~次日1:30 周四·五 19:00~次日3:00 周六 21:00~次日3:00
休 无　CC AMV

🎸 **空间开阔，气氛极致**
想体验热烈的酒吧氛围就来这里吧

莱维亚诺酒吧
Leviano Bar

拉帕区非常热门的一家现场演奏酒吧。殖民地风格建筑改装而来的酒吧有2层，挑高设计。里面的舞台是开放式设计，有桑巴和爵士演奏。入场费R$10~。演出通常在21:00之后开始。

① 演奏也可能穿插舞蹈！　② 鸡尾酒R$24.9，自制鸡尾酒最受欢迎　③ 如果想在前排看，要尽早进店

MAP p.65-C3　Av. Mem de Sá 47, Lapa　☎ (021) 2507-5775
URL www.levianobar.com.br　18:00~次日4:00（根据活动内容时间可能变动）
休 无　CC AMV

前往博萨诺瓦诞生的海滩区域

科帕卡巴纳和伊帕内马是博萨诺瓦粉丝一定要去的地方。这种音乐最早出现在科帕卡巴纳的一条小巷，名曲《来自伊帕内马的姑娘》描述的是发生在伊帕内马海滩的故事。作曲家汤姆·裘宾钟情的咖啡餐厅伊帕内马女孩直到今天仍在经营。

悬挂在伊帕内马女孩餐厅内《来自伊帕内马的姑娘》主人公原型的照片，据说汤姆·裘宾便是在这里遇见了她，并和她打了招呼。照片左边是对博萨诺瓦的产生有重大贡献的多利瓦·卡伊米，这家店位于科帕卡巴纳海滩的南侧。

COLUMN 巴西音乐之我见

欧洲移民、非洲黑奴、祖祖辈辈在这片土地上耕作的原住民共同孕育了丰富多彩的巴西文化，这种多元性也体现在音乐领域，使巴西音乐获得了长足的发展。说起巴西音乐，首先想到的恐怕是世界著名的博萨诺瓦，或是里约狂欢节上热情演绎的桑巴舞曲。其实，巴西轻音乐这种流行音乐形式比上述两种音乐出现的时间更早。做个形象的比喻，轻音乐就像是巴西音乐长河中的古典音乐，而桑巴是大众喜闻乐见的民谣，博萨诺瓦则类似于爵士或摇滚风格的新青年文化。

述说巴西国民心声的轻音乐

历史最悠久的轻音乐在19世纪中叶诞生于当时的巴西首都里约热内卢。据传，这种音乐起源于葡萄牙移民，他们将古典音乐与当时的舞曲加以卡等音乐通过吉他、长笛、四弦小吉他Cavaquinho等以无歌词的形式进行演奏。"轻音乐"Choro的说法来源于葡萄牙语中"哭泣"chorar这个单词，这也从另一个侧面佐证了巴西音乐的主题之———乡愁。这种绵绵悠长的相思之情，是巴西音乐不可或缺的元素。进入20世纪，轻音乐与多种旋律融合，逐渐发展成述说巴西国民心声、喜闻乐见的音乐类型。

拥有热情旋律的桑巴

桑巴是多民族国家巴西另一种起源于黑奴文化的音乐形式。19世纪末，奴隶制被废除，首都里约涌入了大量黑人，跟他们一同而来的还有热烈的音乐。这种音乐与巴西文化特有的激情、律动相结合，在20世纪初进一步发展。轻音乐说到底只是巴西一国的特色音乐，而桑巴由20世纪30年代的巴西歌后卡门·米兰达在美国成功演绎后，巴西音乐也开始走出国门，散播至全球。今天，我们仍然可以说是桑巴的出现、发展，形成了巴西流行音乐的根基。

两位天才的邂逅碰撞出博萨诺瓦

1956年，里约的一位吉他手与一位作曲家神奇相遇。这位吉他手只用一把吉他便玩转桑巴复杂的旋律，并成功地为音节与音节分出间隔。他的名字叫乔奥·吉尔贝托。同时，作曲家安东尼奥·卡洛斯·裘宾以都市青年的孤独诠释大众化的桑巴，这种全新解构的音乐激起了人们的强烈共鸣。此外，作词家费尼希斯·迪·摩赖斯参与创作的《思念满盈》（*Chega de saudade*）是博萨诺瓦史上最著名的一首曲子。沉迷于这首曲子的众多青年艺术家钟情于它的魅力，并融入自己的音乐创作中。在这里普及个小知识，博萨诺瓦葡萄牙语写作 Bossa Nova，Nova 意为"新颖的"，Bossa 的意思是"魅力"和"节奏"，最初 Bossa Nova 并无"某种固定的音乐形式"的含义。直到20世纪60年代在风靡北美后，它才作为一种带独特舞步和切分音的韵律之一被固定下来。1964年，史坦·盖兹和阿斯特拉德·吉尔伯托完美演绎世界名曲《来自伊帕内马的姑娘》为博萨诺瓦获得了全球性的赞誉。之后，博萨诺瓦开始成为巴西都市风格音乐的代名词，它的旋律和音韵也不断被爵士乐和流行音乐吸收。不过讽刺的是，巴西国内的博萨诺瓦风潮稍纵即逝。1964年，总统卡斯特洛·布兰科成立军政府，政治镇压涉及普通民众的日常生活，象征着自由的青年文化的博萨诺瓦也难逃厄运，偏向说唱、摇滚的录音风格音乐成为那个时代的主角。

然而，尽管轻音乐、桑巴和博萨诺瓦被打压，却一直影响着后世，直到现在它们仍然是巴西音乐的基础，具有重要作用。另外，近来不少欧美及亚洲的艺术家均公开坦言从过去的巴西音乐中汲取了营养。多种族融合带来的创意与自由、明快的爱情与乡愁情结相互交融，为巴西音乐打开了一扇五彩缤纷的大门，并且门后的音乐仍然会不断被播放它的魅力。

位于科帕卡巴纳海湾的社维维耶罗上的博萨诺瓦起源地

力荐CD:《乔奥·吉尔贝托精选博萨诺瓦名曲》
150元 环球唱片 UCCM-4013

巴西南部
圣保罗 *São Paulo*

Brasil

巴西利亚
圣保罗

巴西

● 巴西南部 里约热内卢／圣保罗

MAP▶p.55-C3
长途区号▶ 011
（电话的拨打方法→p.42）
US$1 ≈ R$3.88
≈ 6.84 元人民币

高楼林立的圣保罗是南美经济最发达的城市

圣保罗州的首府圣保罗市是巴西乃至南美最大的现代化城市。常住人口超过1200万，在市级GDP上冠绝南美。圣保罗市有发达的交通网，高楼林立。郊区布满工业区。

这座城市的建立最早要追溯到1554年。当时一位叫何塞·安切塔的葡萄牙传教士在这里设立了一个小传教村。17世纪，这里成为开拓者内陆探险队 bandeirantes 的大本营。到了18世纪，依托近郊的桑托斯港，发展成一个面向欧洲的咖啡豆出口集散地。不知不觉，这里的经济水平逐渐超过首都里约热内卢。

圣保罗没有里约热内卢和萨尔瓦多这类观光城市那么多名胜古迹，但是这里培育了美食、艺术、音乐和体育等拉丁美洲最时尚、丰富的都市文化。来自意大利、葡萄牙、西班牙以及阿拉伯、亚洲等拥有不同文化与特质的移民在圣保罗和谐共存，他们共同营造出的"和而不同"恰恰是圣保罗最大的魅力。其中，华人最熟悉的就是圣保罗的"唐人街"——3月25日大道。20世纪90年代初，巴西进出口贸易刚刚开放，移民较早、事业有成的中老年华侨经营起进出口生意。90年代中期，首批华侨进出口取得的成绩鼓舞了移民历史不长的新华侨，他们牵线搭桥，与大陆外贸公司合作成立的进出口公司出现于二十五街。华商经过近20年的精心经营，在这条街上已开有700余家商店。在巴西约有30万华人，主要集中在圣保罗，大部分经营贸易、餐饮和电子等业务。

圣保罗的气候

圣保罗的平均海拔为760米。冬季的6-9月平均气温在15℃左右。气温最低的是7月，会降到10℃以下。不过与中国不同的是，这里的冬季在大朗气清时，气温会升高到犹如盛夏。12月～次年3月是夏季，气温超过30℃。夏季也是雨季，不过事实上常年有雨，时而连日阴雨，时而暴雨倾盆。雨季出于河道水位上涨，通往圣保罗国际机场的主干道可能被迫关闭。这里常年有雾，经常发生因大雾天气航班晚点或停飞的情况，出行时尽量多预留些时间。

兑换

从圣保罗国际机场抵达口出来后就能看到兑换处。汇率与市区相同，但是手续费较高，因此尽量小额兑换。

伊比拉布埃拉公园内的开拓者纪念碑

91

圣保罗国际机场
MAP p.93-B1 外
住 Av. Helio Schimidt, 19km, Guarulhos
☎ (011) 2445-2252
URL www.gru.com.br

走出航站楼后过马路，前面就是当地巴士，再往前有机场巴士乘车处。

圣保罗国际机场各航空公司所在的航站楼划分
第1航站楼
　　阿苏尔航空等国内航线
第2航站楼
　　戈尔航空 / 阿苏尔航空 / 哥伦比亚航空等国内航线
第3航站楼
　　阿苏尔航空 / 哥伦比亚航空 / 美国航空 / 加拿大航空 / 汉莎航空 / 阿联酋航空 / 卡塔尔航空 / 法国航空等国际航线

大型机场

孔戈尼亚斯国际机场
MAP p.93-B2
住 Av. Washington Luis s/n, Aeroporto
☎ (011) 5090-9000

出租车、前往圣保罗国际机场的机场巴士乘车处位于地下。需要先在窗口购票。戈尔航空、阿苏尔航空的旅客往来于圣保罗国际机场~孔戈尼亚斯国际机场时，可免费乘坐机场穿梭巴士。

坎皮纳斯国际机场
住 Rodovia Santos Dumont 66km
☎ (019) 3725-5000

机场巴士
EMTU Airport Service
☎ (011) 2445-2430
URL www.airportbusservice.com.br
費 R$42~
卡 ＡＤＭＶ

前往圣保罗的交通方式

航空

圣保罗拥有圣保罗国际机场（也称瓜鲁柳斯国际机场）Aeroporto Internacional de São Paulo / Guarulhs（GRU）与国内线专用的孔戈尼亚斯国际机场 Aeroporto de Congonhas（CGH）两座机场。圣保罗国际机场承运国内、国际航线。另外，圣保罗远郊的坎皮纳斯 Campinhas 还有座坎皮纳斯国际机场 Aeroporto Internacional de Viracopos（VCP）。该机场是阿苏尔航空的总部枢纽，主营国内线。从中国飞往圣保罗的航班和巴西国内各地飞往圣保罗的航班信息请分别参照→p.45、→p.52。

●从机场到市区

圣保罗国际机场位于老城东面约25公里。机场由第1~3航站楼组成，第1、第2航站楼主要起降国内航班，第3航站楼起降国际航班。各航站楼可步行前往。每隔15分钟有一趟穿梭于各航站楼间的免费巴士。

孔戈尼亚斯国际机场位于老城以南，可乘坐当地巴士或出租车前往市区，需要20~30分钟。坎皮纳斯国际机场有前往铁特 Tietê 长途巴士总站的巴士，约需1小时40分钟。阿苏尔航空的旅客可免费乘坐。

机场巴士 Frescão

EMTU Airport Service 公司的带空调机场巴士 Frescão 从圣保罗国际机场到市区需40分钟~1小时20分钟。周六·周日、节假日班次减少。

机场~铁特 Tietê

前往与地铁1号线葡萄牙人铁特站 Portuguesa-Tietê（通称铁特站）相连的铁特长途巴士总站。5:40~次日4:30间每50分钟~1小时30分钟一班车。约需40分钟。

机场~共和国广场 Praça da República

直达广场旁的 EMTU 办事处。位于地铁3、4号线的共和国站附近。5:20~次日4:30间每30分钟~1小时30分钟一班车。约需55分钟。

机场~圣保罗人大道 Av. Paulista

在与圣保罗的繁华大街平行的圣卡洛斯皮涅大道 R. São Carlos do Pinhal 等道路有多个站台。终点在圣保罗马克苏德广场酒店前。6:00~23:10大约小时一班车。约需1小时15分钟。

机场~巴拉芬达 Barra Funda

经过铁特长途巴士总站，终抵巴拉芬达长途巴士总站。终点站与地铁3号线巴拉芬达站直连。5:40~22:40大约每小时一班车。约需1小时20分钟。

机场~孔戈尼亚斯国际机场 Congonhas Airport

5:20~次日4:30间每30分钟~1小时30分钟一班车。约需1小时10分钟。

机场巴士的终点站

共和国广场附近的 EMTU 公司办事处兼机场巴士乘车处

当地巴士

前往老城最便宜的交通方式,不过只适合那些轻装出行的旅行达人。车票在上车后购买。从圣保罗国际机场出发,有一趟带"257 Tatuapé Cumbica"标识的巴士前往地铁3号线塔瓦站 Tatuapé,票价 R$5.95。从孔戈尼亚斯国际机场出发,走出出发大厅后,右侧的天桥后面的巴士站点有 675I-10675A-10、609J-10 等巴士,前往地铁1号线的圣犹大站 São Judas,票价 R$3.8。

出租车

各机场的出租车均需买票。上车前在出租车公司柜台购票,告知工作人员目的地即可。到达口出口有出租车公司柜台。

长途巴士

巴西国内各城市间均有长途巴士连接。从里约热内卢出发,Kaissara 等公司的巴士从早到晚运营,每15~30分钟1班,约需6小时。从巴西利亚出发,有 Real Expresso 等公司的巴士,每天7班,约需16小时。从福斯多伊瓜苏出发每天6~7班,约需18小时。

从机场出发的出租车票价
从圣保罗国际机场到各地
票价根据目的地决定,R$100~150。到市区需30分钟~1小时30分钟。

从市区到圣保罗国际机场
圣保罗国际机场位于圣保罗市郊。乘坐出租车去郊区时,费用是平时打表费用的1.5倍。前往机场的费用为 R$100~120。

至孔戈尼亚斯国际机场
从市区的圣保罗人大道等地出发费用大致为 R$50。

主要的航空公司
中国国航
✉ Sala 12, 3º andar, Apoio Check-In, Área de Escritórios, Terminal 3, Aeroporto Internacional de Guarulhos, São Paulo.
☎ (011) 2445-4989 / (011) 2445-7404

南美航空
MAP p.96 A2
✉ R. Bela Cintra 1157
☎ (011) 3068-7457

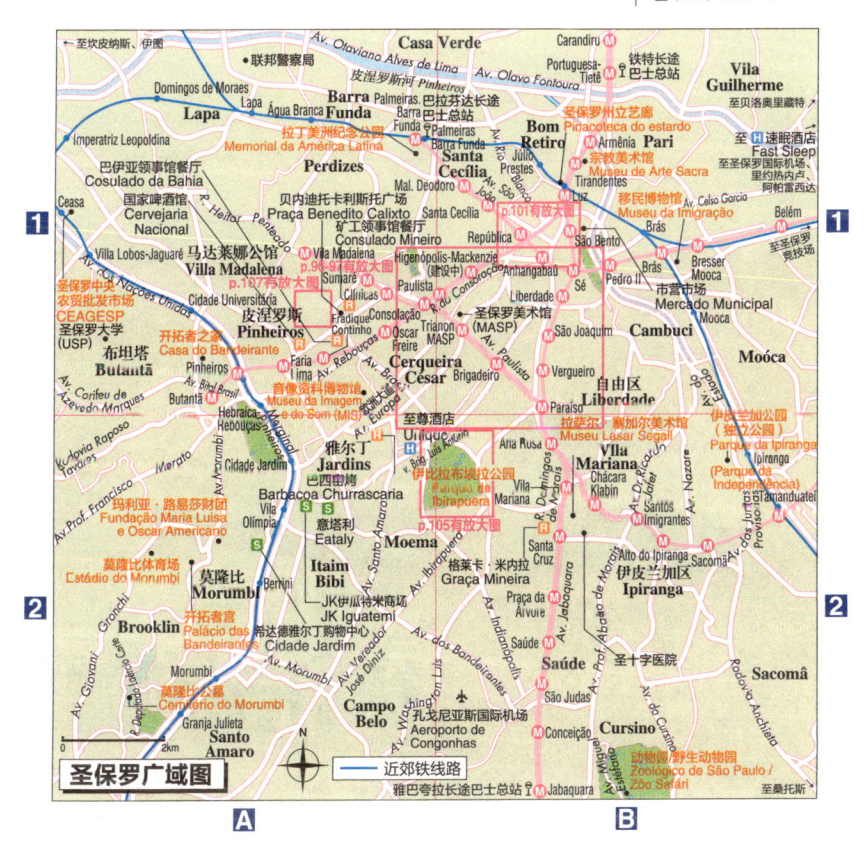

巴西 ● 巴西南部 圣保罗

长途巴士总站

☎（011）3866-1100
（各站共用，24小时热线）
URL www.socicam.com.br

铁特
MAP p.93-B1
住 Av. Cruzeiro do sul 1800, Santana

雅巴夸拉
MAP p.93-B2
住 R. dos Jequitibás s/n, Jabaquara

巴拉芬达
MAP p.93-A1
住 R. Aloysio Biondi s/n, Barra Funda

各国领事馆

阿根廷 Argentina
MAP p.96-A2
住 Av. Paulista 2313, Bela Vista
☎（011）3897-9522

委内瑞拉 Venezuela
MAP p.96-A4
住 R. Gen. Fonseca Téles 564, Jaldin Paulista
☎（011）3887-2318

●从长途巴士总站到市区

在圣保罗，游客经常接触的长途巴士总站 Terminal Rodoviaria 主要有 3 个：铁特 Tietê、雅巴夸拉 Jabaquara 和巴拉芬达 Barra Funda。铁特和雅巴夸拉与地铁 1 号线相连，巴拉芬达与地铁 2 号线相连，各地铁站与巴士总站同名。几乎所有长途巴士都在铁特始发并终抵。

铁特长途巴士总站

该站位于市中心以北 4 公里，直通地铁铁特站。作为巴西最大的巴士总站，一层（巴西标识的楼层为 T）有近 100 个巴士乘车处，二层（巴西标识为 1º）设有地铁入口、超过 100 个售票窗口及咖啡厅、小卖部、候车室。开往巴西国内各地及周边邻国的长途 24 小时不间断发车。

车票一般要在上车前在各巴士公司的售票窗口购买，旺季及班次较少的地区应至少提前一天到车站来买票，或通过网上订票。各巴士公司的售票窗口都标着运营线路，在二层的中央、地铁口附近的信息牌（24 小时显示）查询也非常快捷。各巴士公司及巴士类型的票价不一。

雅巴夸拉长途巴士总站

位于市中心以南 10 公里处，主要运营前往桑托斯的巴士。多家巴士公司均运营该线路，每隔 15 分钟左右 1 班车。

巴拉芬达长途巴士总站

坐落在市区偏西北方向 4 公里的地方。运营前往库亚巴和圣保罗西部的城市隆德里纳 Londrina 等地的巴士。Expresso Kaiowa 公司也经营福斯多伊瓜苏线路。

COLUMN 铁特长途巴士总站使用指南

储物柜
二层靠里位置有人工行李寄存处 Lockers Guarda Volumes。全年无休，24 小时营业。

行李寄存处
☎（011）2221-6335

车站内的兑换处
虽然车站内有兑换处，但如果从其他国家过来的长途巴士在清晨、深夜或周末等时段抵达，有可能不在营业时间内。因此尽量提前兑换。或者利用 ATM。车站内有多台 ATM，24 小时营业，十分便利。

使用指南及注意事项
巴士总站频繁发生借款诈骗（被陌生人要求"借我点零钱"等）和偷包事件，要注意安全。另外，铁特的地铁站售票处通常十分拥挤，要回圣保罗的游客，最好提前在其他地铁站买好票。

旅游咨询处有时会排起长队，要留足时间

市内交通

圣保罗是巴西最大的城市，拥有发达的交通网。公共交通系统非常完善，尤其当地巴士线路多，是当地市民的重要出行工具。游客在圣保罗出行主要以地铁为主，在距离目的地最近的地铁站下车，换乘出租车前往。路面上有很多出租车，可以招手叫车，也可以通过打车App叫车。工作日通常道路拥堵，去机场时要留够时间。在旅游咨询处领取的免费地图上记载着各知名景点的信息及地铁线路，是旅行的好帮手。

圣保罗的交通
URL www.sptrans.com.br
网站只有葡萄牙语版，有换乘提示。选择住地或车站、公园等地址后，可查询火车、当地巴士的线路及票价、大致所需时间。

巴西 ● 巴西南部 圣保罗

从空中俯瞰大城市圣保罗

INFORMATION

旅游咨询处
CIT（Centrais de Informação Turística）
游客可以在这里领取市区地图及各类宣传册，一般可用英语。

老城（共和国广场上）
MAP p.101
住 Praça da República
开 9:00~18:00
休 无

圣保罗人大道
MAP p.97-C3
住 Av. Paulista 1853
开 9:00~18:00
休 无
位于普莱菲特·马里奥·科瓦斯公园Parque Prefeito Mário Covas 内。

孔戈尼亚斯国际机场内
开 7:00~22:00
休 无
位于抵达楼层内。

联邦警察（签证延期）
Departmento de Polícia Federal
MAP p.93-A1
住 R. Hugo D'Antola 95，Lapa de Baixo
☎ (011) 3538-5000
URL www.pf.gov.br
开 8:00~16:00
休 周六·周日

紧急联系方式
警察 ☎ 190　救护车 ☎ 192　消防 ☎ 193

中国驻圣保罗总领事馆
住 R.Estados Unidos 1071，Jardim America，Sao Paulo-SP. Brasil
☎ (011) 3069-9877
URL saopaulo.china-consulate.org/chn
开 周一~周五 9:00~12:00
休 周六·周日·节假日

中国公民证件咨询
☎ (011) 3069-9896
签证咨询 ☎ (011) 3069-9895
总领馆领保24小时热线
☎ (011) 3061-0800

医院
圣保罗拥有大量公立、私立医院。一般而言，私立医院条件更好，不过费用高。主要的医院有以下几个：

自由医疗中心
Centro Médico Liberdade
MAP p.97-D2
住 R. Fagundes 121，Liberdade
☎ (011) 3274-6500
开 周一~周五 7:00~19:00
　 周六 7:00~13:00
休 周日

圣十字医院
Hospital Santa Cruz
MAP p.93-B2
住 R. Santa Cruz 398，Vila Mariana
☎ (011) 5080-2000
开 24小时营业

圣保罗市中心地图

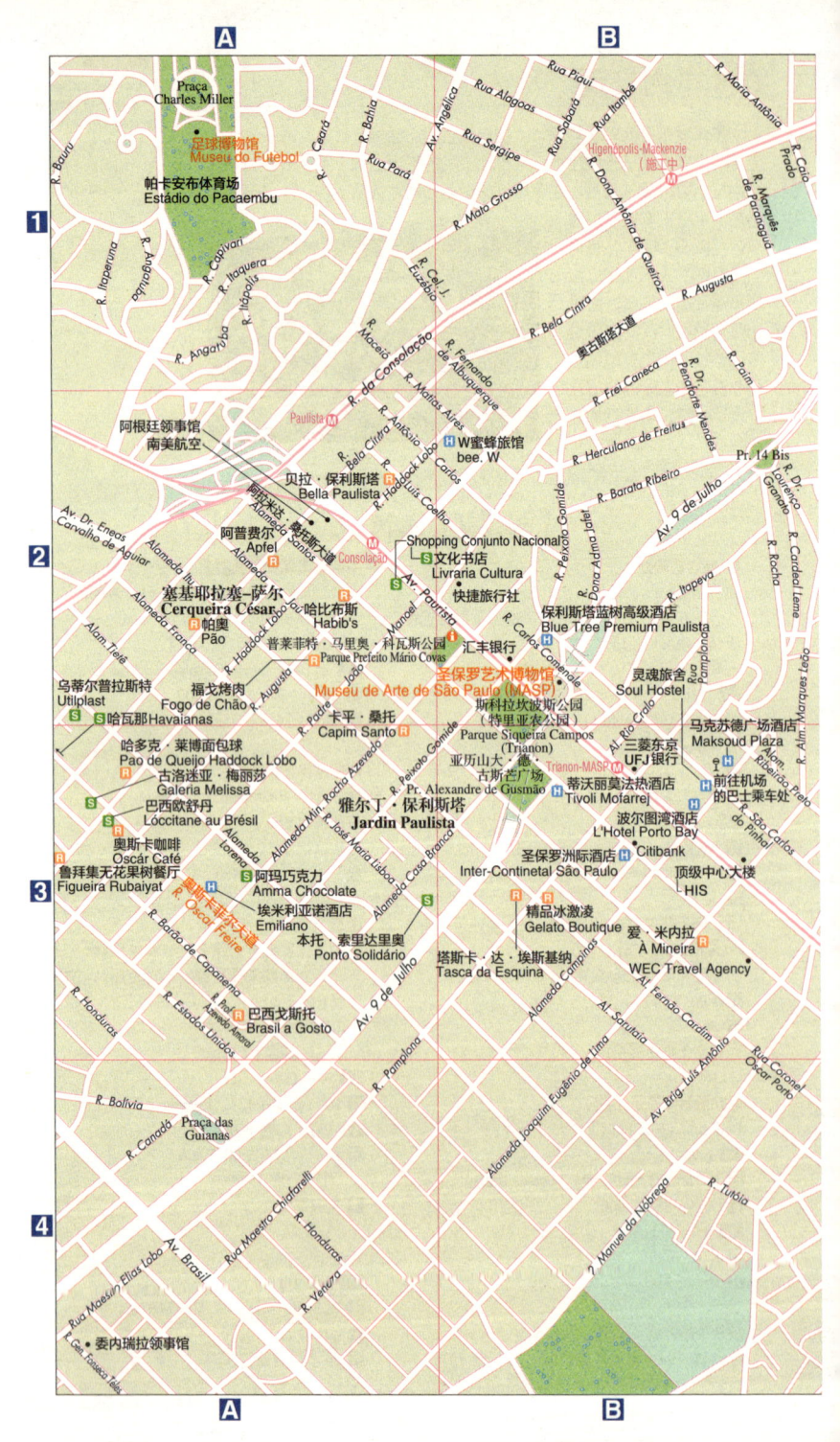

	A	B
1	Praça Charles Miller 足球博物馆 Museu do Futebol 帕卡安布体育场 Estádio do Pacaembu	Higienópolis-Mackenzie (施工中)
2	阿根廷领事馆 南美航空 贝拉·保利斯塔 Bella Paulista 阿普费尔 Apfel 塞基耶拉塞-萨尔 Cerqueira César 帕奥 Pão 哈比布斯 Habib's	W蜜蜂旅馆 bee. W Shopping Conjunto Nacional 文化书店 Livraria Cultura 快捷旅行社 保利斯塔蓝树高级酒店 Blue Tree Premium Paulista
3	乌蒂尔普拉斯特 Utilplast 哈瓦那 Havaianas 福戈烤肉 Fogo de Chão 哈多克·莱德曼面包坊 Pao de Queijo Haddock Lobo 古洛迷迦·梅丽莎 Galeria Melissa 巴西欧舒丹 L'Occitane au Brésil 奥斯卡咖啡 Oscar Café 鲁拜集无花果树餐厅 Figueira Rubaiyat 奥斯卡弗莱分大道 R. Oscar Freire 阿玛巧克力 Amma Chocolate 埃米利亚诺酒店 Emiliano 本托·索里达里奥 Ponto Solidário 巴西戈斯托 Brasil a Gosto 雅尔丁·保利斯塔 Jardin Paulista	卡平·桑托 Capim Santo 普莱菲特·马里奥·科瓦斯公园 Parque Prefeito Mário Covas 圣保罗艺术博物馆 Museu de Arte de São Paulo (MASP) 斯科拉坎波斯公园 (特里亚农公园) Parque Siqueira Campos (Trianon) 亚历山大·德·古斯芒广场 Pr. Alexandre de Gusmão 塔斯卡·达·埃斯基纳 Tasca da Esquina 灵魂旅舍 Soul Hostel 马克苏德广场酒店 Maksoud Plaza 三菱东京 UFJ银行 Trianon-MASP 前往机场的巴士乘车处 蒂沃丽莫法热酒店 Tivoli Mofarrej 波尔图湾酒店 L'Hotel Porto Bay 圣保罗洲际酒店 Inter-Continental São Paulo Citibank HIS 顶级中心大楼 精品冰激凌 Gelato Boutique 爱·米内拉 À Mineira WEC Travel Agency
4	Praça das Guianas 委内瑞拉领事馆	

96

圣保罗市中心

巴西南部　圣保罗

- 加星酒店 Calstar
- 剧场剧院
- 富兰克林·D·罗斯福广场 Pr. Franklin Delano Roosevelt
- 阿玛里亚酒店 Amália
- 开拓者广场 Pr. das Bandeiras
- 阿尼昂加保乌公园 Parque Anhangabaú
- 老城周边请参照p.101
- 阿尔塔尔神父博物馆 Museu Padre Anchieta
- 佩德罗2世公园 Parque Dom Pedro II
- 当地巴士总站
- 阿西斯圣弗朗西斯科教堂 Igreja de São Francisco de Assis Igreja Orden 3 de São Francisco
- 法姆利阿·曼西尼 Famiglia Mancini
- 大教堂广场 Praça da Sé
- 圣保罗主教座堂 Catedral Metropolitana
- 圣贡萨洛教堂 Igreja São Gonçalo
- 法院
- 自由广场 Praça da Liberdade
- Univer旅行社
- Tunibra旅行社
- 东方市场
- 一成酒店 Isei
- 梓商会 Presentes Azusa Ltda.
- 大阪桥
- Alfainter旅行社
- "和"拉面 Lamen Kazu
- 万里酒店 Banri
- 开拓者医院
- 警察局
- 尼克皇宫酒店 Nikkey Palace
- 自由医疗中心
- 自由区 Liberdade
- 多姆奥里奥内广场 Praça Dom Orione
- 日式茶室
- 棕榈叶斯利姆酒店 Palmleaf Slim
- 东方街 p.101
- 贝拉维斯塔区 Bela Vista
- 巴西日本移民史料馆 Museu Histórico da Imigração Japonesa no Brasil
- 维尔圭尔洛酒馆 Vergueiro
- 日本航空
- 圣保罗大道 Av. Paulista
- 世纪旅行社
- 日本屋 Japan House
- 圣保罗人购物中心
- 金郁金香波里斯塔广场酒店 Golden Tulip Paulista Plaza
- JOJO拉面 JOJO Ramen
- 帕莱索区 Paraíso
- 圣保罗利斯塔郁金香酒店 Tulip Inn Sao Paulo Paulista
- Parque Aclimação

0　　200　　400m

地铁
URL www.metro.sp.gov.br

地铁上下车时的注意事项
1号线的主教堂站 Sé 和卢斯站 Luz 等主要站区设置了下车专用门，到站对面的下车门会立即开启。上车站台一侧没有出口，请不要下错方向。

车站检票口。使用车票进站时，要将票插入前面的入口；使用个人票进站时，在后面的液晶屏上刷卡。

近郊列车
费 单次票 R$3.8

当地巴士
费 R$3.8
前门上车，现金预付。除市内巴士外，还运营票价不一的摆渡巴士、无轨电车。

打表制出租车的票价
首次乘坐 R$4.5。工作日白天 Bandeira 1 的出租车每增加1公里 R$2.75。周日和节假日及 20:00～次日 6:00 采用 Bandeira 2 计价，加收 30%。自由区～圣保罗大道为 R$18~21，市区会堵车，不同时段价格有差别。

主要的出租车公司
Radio Taxi
☎ 0800-556-688

读者来信
到处可见的租赁自行车
市区内有100个可用的自行车租赁服务站 Bike Sampa。服务站均为橙色，十分醒目。在专用 App 上选择服务站，随后自动打开。可随意停在任一想停的站点。

地铁（地下铁路）

自从1975年巴西首条地铁线路在圣保罗开通以来，地铁就成了市民重要的交通工具。早晚有短暂的出行高峰，但是整体上看，地铁安全、便捷，班次多，对于首访的游客而言无疑非常方便。

地铁的入口处有"$"的标识，还有一根3米高的黑柱。车票为纸质，在售票窗口购买。所有线路通用，定额票价。可换乘近郊火车 CPTM。乘坐时将票插入检票口。下午或傍晚售票窗口会出现拥挤，需要多次乘车的游客可提前购买多张车票，或者选择个人卡。

圣保罗人大道沿线的地铁站入口

地铁1号线

CPTM（近郊火车）

近郊火车连接老城与近郊的城镇、皮涅罗斯河 Rio Pinheiros 沿岸地区，是圣保罗郊区居民重要的出行工具。另外，实现从巴拉芬达到圣保罗国际机场20分钟通行的特快列车线路也在规划之中。只要持有有效的车票，就能与地铁互相免费换乘。

从巴拉芬达站开向郊区的近郊火车

当地巴士

市区的公共巴士系统发达，但是没有线路图和时刻表，游客乘坐不便。需要乘坐时，应提前通过圣保罗公交 SPTrans 的网站等渠道查询线路和换乘方法。除主要道路沿线设有站点外，在车辆的行进方向或反方向人多的地方也会停车。乘坐时先确认车身上标示的线路名称及目的地等信息。车身两侧张贴着途经站点。在汽车启动前向司机告知目的地，以确定是否开往自己想去的地方。确定要坐后，跟司机打个招呼，麻烦他在快到站或者离目的地较近时告诉自己。

车身有多种颜色

出租车

一般情况下，市区的出租车为清一色的白色，车顶带 TAXI 标识，容易辨认。跟中国一样，招手即停，在主干道上都比较容易打车。超市和酒店前等打车乘客较多的地方一般都有出租车乘车处，有时候在那里打车会更容易。计价器为开关式，上下车时要亲自确认清楚。每一天及一天内的各个时段价格均不同。酒店提供的出租车豪华车型款式多，但是通常不打表计价。

圣保罗 漫步

圣保罗城区为方圆30公里左右的正方形，是巴西最大的城市。市区细分为各个更小的区，市中心是老城。地址由地区名称、街道名称和门牌号组成，越靠近老城，门牌号的数字越小。各个地区都有自己的特色，出发前建议先确认地区名及景点集中在哪个区。郊区也有部分景区，全部游玩下来需要2~3天时间，要灵活运用地铁和出租车。

老城（历史城区）

圣保罗的核心区是位于东边的主教堂广场 Praça da Sé。其标志是一根高近1米的六角形柱子——零地标，相当于北京的天安门广场，是识别城市道路的中心。主教堂广场与共和国广场之间是老城（历史城区），景点均分布在它的周边。这里不论昼夜治安情况均不理想，应避免在人少的道路上行走。共和国广场一带要是没有急事也尽量不要去。

共和国广场每个周日都有露天市场

圣保罗的治安

主教堂广场原来治安较差，近年来配备的警察有所增加，因而犯罪率下降。不过从主教堂广场向北延伸的11月15日大道两侧小店集中，据说扒手横行，要注意安全。

另外，受巴西经济低迷的影响，当地流浪者有增加趋势。时而会遇到吸食毒品的流浪者前来搭讪，安静听对方讲一会儿，然后少给点钱，尽快离开。这是当地人也惯用的方法。

巴西南部 ● 圣保罗

圣保罗地铁&近郊火车线路图

1~5号线地铁线路
- Linha 1 - Azul
- Linha 2 - Verde
- Linha 3 - Vermelha
- Linha 4 - Amarelo
- Linha 5 - Lilás

7~12号近郊火车线路
- Linha 7 - Rubi
- Linha 8 - Diamante
- Linha 9 - Esmeralda
- Linha 10 - Turquesa
- Linha 11 - Coral
- Linha 12 - Safira
- Linha 15 - Prata
- Expresso Turístico

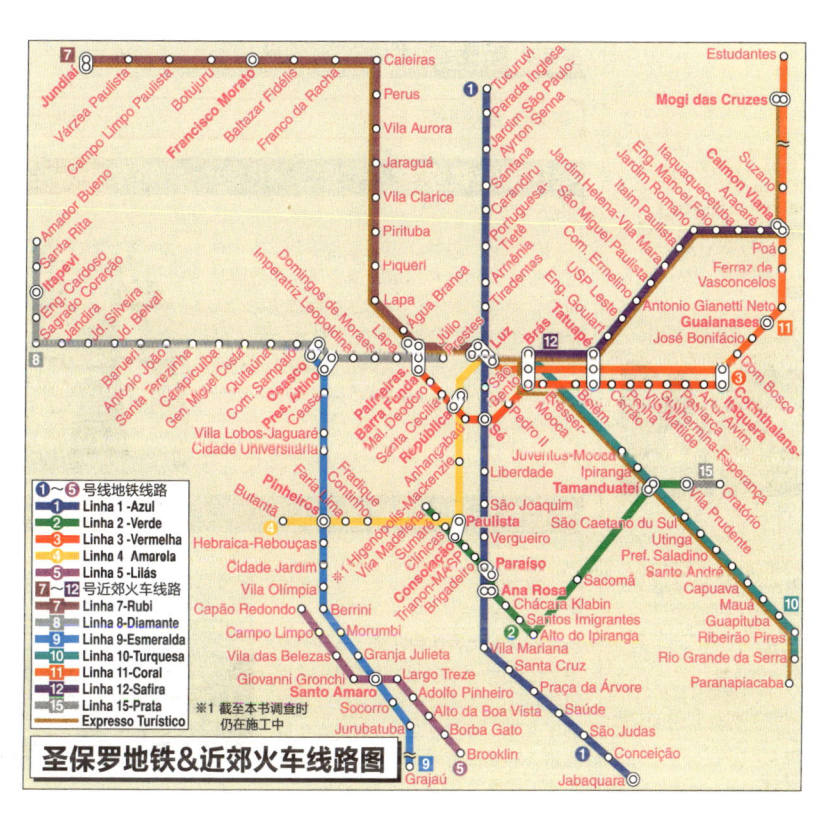

※截至本书调查时仍在施工中

圣保罗人大道在周日和节假日禁止机动车通行，变成一条步行街

自由区

老城南面的自由区 Liberdade 有一条东方街。那里有不少经营中国、日本和韩国等亚洲食品的店铺。每年春节，本地居民会在广场上搭建舞台，举行为期2天的庆祝中国新年的表演。从主教堂广场步行5分钟即到。

东方街的入口处有一座日本特色的神社大门和几盏灯笼

圣保罗人大道周边

周末的奥斯卡菲尔大街

老城西南面的塞基耶拉塞·萨尔区 Cerqueira César 的圣保罗人大道上政府机关及商业机构密集，是圣保罗的政治、经济中心。这里高档酒店林立，还有巴西规模最大的圣保罗美术馆。

位于圣保罗人大道西南，有7个街区距离的奥斯卡菲尔大街尽头处是一个顶级购物街，客商云集。

圣保罗 主要景点

老城（历史城区） Centro

圣保罗主教座堂　Map p.97-D1
Catedral Metropolitana

圣保罗主教座堂
住 Praça da Sé
☎（011）3107-6832
开 周一~周五 8:00~19:00
　　周六 8:00~17:00
　　周日 8:00~13:00
休 无
交通方式
大教堂地铁站出来后即到。

从大教堂地铁站出来后就能看到这座大教堂。教堂于1954年落成，建设周期前后历时40年。教堂正面分列左右两端的两座尖塔均为哥特式建筑。半圆形尖塔直径27米，高达65米，威武庄重。内部能容纳近8000人。有时从自由区也能远眺这座巍峨的高大建筑。教堂内长眠着历代主教。

教堂的背后紧邻自由区的北侧

气势逼人的主教座堂

阿切尔塔神父博物馆　Map p.97-D1
Museu Padre Anchieta

阿切尔塔神父博物馆
住 Praça Pateo do collegio nº2
☎（011）3105-6899
URL www.pateodocollegio.com.br
开 9:00~16:30
　　带导游旅行团在9:15、10:15、13:15、14:15、15:00出发。
休 周一
费 R$8

博物馆于1979年设立，是圣保罗的文艺活动中心。博物馆建筑本身是圣保罗具有代表性的建筑，被列为重要文化遗产。建筑采用了16世纪流行的灰浆法，当时的部分建筑原样保存到了今天。陈列室不大，展示有圣像和蜡台等基督教相关物品及17~18世

旁边还有座天主教堂

100

纪时教堂所用的柱子等。前台位于一层的咖啡厅和院子靠内侧。二层展室的入口处有工作人员引导。建筑的旁边建有圣保罗市成立纪念碑。

圣本托教堂　　　　　　　　　　　　Map p.101
Basílica de São Bento

　　市区的教堂中，精美的圣本托教堂最令人内心安宁。教堂建成于1922年，历史上是开拓者们祈祷的地方。内部画满了精致的壁画，拥有6000根琴管的管风琴及保存着圣像等藏品的庄严的礼拜堂动人心魄。周六的 6:00~、周日的 8:30~ 和 10:00~ 举办弥撒，可以听到格来哥列圣歌。

共和国广场　　　　　　　　　　　　Map p.101
Praça da República

　　广场其实是一个位于共和国地铁站 República 上方的绿地公园。工作日相对冷清，周日上午 9:00 开始到傍晚时分有露天市场，摆满了手工饰品和工艺品小摊。在公园一角还有巴伊亚地区乡土风味的小吃摊。周围有很多平价餐厅和巴西知名快速时尚店铺等。晚上有流浪汉出没，安全起见，请勿进入光线较暗的小巷。

周日的共和国广场

自由区　　　　　　　　　　　　　　Liberdade

东方街　　　　　　　　　　　　Map p.97-D1~3
Bairro Oriental

　　自由区里最著名的是东方街。从地铁 1 号线自由站 Liberdade 到下一站圣华金站 São Joaquim 之间约 1 公里的范围内，有中国人、韩国人、日

交通方式
　　大教堂地铁站出来后向北步行 5 分钟。

圣本托教堂
📍 Lgo. de São Bento, Centro
📞 (011) 3228-8799
🕐 周一~周五 7:00~19:30
　　周六 6:00~12:00
　　周日 8:30~12:00
休 无
交通方式
　　从地铁 1 号线圣本托站 São Bento 下车即到。

位于广场前的教堂。面对着它，左边是地铁圣本托站

前往共和国广场的交通方式
　　从地铁 3 号线共和国站 São Bento 下车即到。

前往东方街的交通方式
　　从地铁 1 号线自由站、圣华金站下车即到。从圣保罗主教座堂所在的大教堂广场步行约 10 分钟。

101

本人经营的商铺和企业共计 400 余家，其中有众多中国人经营的餐馆、商店和旅行社。东方街的象征是挺立在桥头的一座具有日本标志性建筑特色的红色牌坊。桥是为纪念圣保罗与日本大阪市缔结为友好城市而建，名为"大阪桥"。从自由站的东西方向出来后，有一条叫加尔沃比诺大道 R. Galvão Bueno 的主干道。灯笼造型的路灯和汉字标识令人备感亲切，有中国地方小城站前街道的风情。据说在中国春节这样的大日子，巴西政府还会出钱在东方街搭建舞台，表演有东方特色的节目。具有中华传统的舞龙舞狮、武术表演、中国书画等传统文化也有展示。此外，挂着红灯笼的日式小酒馆及日料店数量众多，尤其拉面店大受欢迎。周日还有露天市场，炒面和棉花糖等小摊一字排开，能感受到在巴西亚洲人的人气之高。

路灯也是灯笼造型。连快餐店和银行的店面也带着浓浓的亚洲风情

圣保罗人大道周边　　　　　　　　　　　Av. Paulista

圣保罗人大道　　　　　　　　　Map p.96-A2~97-C3
Av. Paulista

建在塞基耶拉塞·萨尔区的商业街。总长 2.8 公里的大街上，有巴西的名优企业及外资公司入驻，双向 8 车道的大道两侧高楼林立。工作日熙熙攘攘的上班族穿梭来往。还有大型高档酒店和购物中心。

前往圣保罗人大道的交通方式

可以在这条大道上的地铁 2 号线特里亚农－马思普站 Trianon-MASP 和布里格迪尔站下车。很多巴士也到达这里。

大楼外墙上的涂鸦艺术

车流密集的圣保罗人大道

奥斯卡菲尔大街　　　　　　　　　　Map p.96-A3
R. Oscar Freire

位于塞基耶拉塞·萨尔区，是圣保罗潮流时尚的缩影。道路为双向两车道，是住宅区的道路设计。道路两旁分布着哈瓦那 Havaianas

（→p.116）、古洛迷亚·梅丽莎 Galeria Melissa（→p.118）等全球著名的巴西品牌的旗舰店，以及古董店、咖啡馆、时装店等。位于奥斯卡菲尔大街北面，距离它一个街区的阿拉米达洛雷娜大道 Alameda Lorena 也一样，是圣保罗最新潮、最时尚的街区，购物者的天堂。

很多圣保罗人在咖啡馆的露天席位放松休闲

圣保罗艺术博物馆　　　　　　　　Map p.96-B2
Museu de Arte de São Paulo (MASP)

博物馆收藏了中世纪以来的全球近1000幅绘画作品。其中，有"巴西之王"称号的媒体大亨 Assis Chateaubriand 的藏品全球闻名，曾在海外展出过。此外，还收藏了拉斐尔、伦伯朗、凡·代克、鲁本斯、莫奈、雷诺阿、梵·高、塞尚、高更、罗特列克、郁特里罗、马蒂斯、格列柯、莫迪里阿尼、毕加索等鼎鼎大名的画家的作品。还有很多中世纪初期的力作。在圣保罗人大道接近中间位置的美术馆前，有一个西盖拉·坎波斯公园 Parque Siqueira Campos（通称特里亚农）。

圣保罗人大道上的圣保罗艺术博物馆

其他地区　　　　　　　　　　　　Outro

圣保罗州立艺廊　　　　　　　　　Map p.93-B1
Pinacoteca do estardo

藏品超过4000件，是圣保罗不得不看的美术馆之一。举办莫丹和米罗等国外画家的作品展，同时可以欣赏19世纪同期巴西的世界著名现代艺术家的作品。旁边的卢斯公园 Parque de Luz 也会举办现代艺术展。

展出巴西著名艺术品

足球博物馆　　　　　　　　　　　Map p.96-A1
Museu do Futebol

设置在巴西国内俱乐部中的传统豪门科林蒂安和帕尔梅拉斯俱乐部的主场帕卡安布球场内的博物馆。分为世界杯及巴西国家队展区、影像足球互动游戏区等。

正门大厅为挑高设计，直达3层的整个墙面张贴的全是关于足球的海报。二层有贝利、济科、罗纳尔多等巴西著名球星的比赛视频，及采用大画面、大音量的方式展现的各支豪门俱乐部球迷疯狂支持本队的展

巴西 ● 巴西南部　圣保罗

前往奥斯卡菲尔大街的交通方式

距离圣保罗人大道的西南方向7个街区，需要步行约20分钟。到奥斯卡菲尔大街一直是下坡，沿路还有一些餐厅等。

圣保罗艺术博物馆
住 Av. Paulista 1578, Bela Vista
☎ (011) 3149-5959
URL masp.art.br
开 周二·周三·周五~周日 10:00~18:00
　 周四 10:00~20:00
休 周一
费 R$30（周二免费）

交通方式
从地铁2号线特里亚农-马思普站下车，步行约2分钟。

周日在博物馆楼下举办的旧货市场（→p.107）

圣保罗州立艺廊
住 Praça da Luz 2
☎ (011) 3324-1000
URL pinacoteca.org.br
开 10:00~18:00
休 周二　费 R$6

交通方式
位于地铁1号线卢斯站的道路对面。

这家美术馆的建筑也十分精美

足球博物馆
住 Praça Charles Miller, s/n Estádio do Pacaembu
☎ (011) 3664-3848
URL www.museudofutebol.org.br
开 周二~周五 9:00~17:00
　 周六 周日 10:00~18:00
休 周一·比赛日
费 R$10（周六免费）

交通方式
地铁2号线科里尼卡斯

103

站 Clínicas 步行约 20 分钟。也可以坐出租车去。

从体育场的正门去博物馆

宗教美术馆
住 Av. Tiradentes 676, Luz
☎ (011) 3326-3336
URL www.museuartesacra.org.br
开 9:00~17:00 休 周一
费 R$6（周六免费）
交通方式
在地铁 1 号线蒂拉登特斯站 Tiradentes 下车。从 A 口出，沿蒂拉登特斯大道 Av. Tiradentes 向北走约 3 分钟。

白色与乳白色的围墙吸引目光

普莱塞皮奥·纳波利塔诺
Presépio Napolitano
坐落在宗教美术馆内，可持同一张门票参观。主要以大型透视画的形式展出基督诞生的情景，还有房屋和各类人物，具有欣赏价值。

巧夺天工的模型震撼心灵

移民博物馆
住 R. Visconde de Parnaíba 1316, Mooca
☎ (011) 2692-1866
URL www.museudaimigracao.org.br
开 周二~周六 9:00~17:00
   周日 10:00~17:00
休 周一 费 R$10
交通方式
从地铁 3 号线布雷塞尔-魔咔站 Bresser-Mooca 的检票口出站后向右拐，沿着前方的道路走到尽头就能看到入口。沿铁线路走需约 12 分钟。

音像资料博物馆
住 Av. Europa, 158, Jardim Europa
☎ (011) 2117-4177
URL www.mis-sp.org.br
开 周二~周日 12:00~21:00

区。另外，还分年代设置了广播直播比赛现场的展区。即使游客不懂葡萄牙语，也能置身于当时热烈的情境中。

在博物馆出口前的比赛场地上，还能在一个视频模拟守门员前练习射门，屏幕上会显示踢球时的时速。

能参观球场的比赛场地

宗教美术馆　　　　　　　　Map p.93-B1
Museu de Arte Sacra

展示大量殖民地时代以来的基督像、木质和金属的圣具等。宗教画数量少，可是从多座历史感强烈的基督像和祭坛仍可想象当时当地人的宗教生活。美术馆是在前卢斯教堂学校的基础上建成，长廊、地板、庭院和窗户等都保留了殖民地时代的建筑风格，向今人传递着历史的温度。旁边就是卢斯教堂。

面积小，但值得一看

移民博物馆　　　　　　　　Map p.93-B1
Museu da Imigração

1882~1978 年的近 100 年间，这是一座暂时收留各国移民的住处。从桑托斯港 Beía de Santos 乘火车来的移民要在这里逗留数天以接受登记检查和行李检疫，事实上就像一座移民收留处。登记的移民来自日本、欧洲和中东地区等全球 80 多个国家和地区。现在它被改造成了博物馆，历史上的海关检查室和宿舍楼等都保留了当时的模样。登记在案的移民有一个姓名数据库，游客可通过馆内的电脑查询移民的个人姓名和乘坐船只的代号。还有不少追寻先人足迹寻访而来的巴西当地人。

每个周日，从桑托斯港出发运送移民的火车都如期运营，由蒸汽机车头牵引数公里后返回（约需 30 分钟）。

移民博物馆建筑外观

音像资料博物馆　　　　　　Map p.93-A1
Museu da Imagem e do Som (MIS)

1970 年开馆的博物馆，收藏了 20 多万份照片、视频、录影带、图画艺术作品等。博物馆规划不同内容的展览，2014 年有大卫·鲍威展，2016 年是蒂姆·波顿展，2017 年举办了巴西摇滚界的璀璨明星雷纳托·卢梭 Renato

大屏幕上播放当时的现场影像，有身临其境的感觉

Russo 回顾展。展品包括珍贵的现场视频、舞台服饰、乐器、遗物等,全是粉丝们津津乐道的物件。展览内容可在网页上查看。

伊皮兰加公园(独立公园) Map p.93-B2
Parque da Ipiranga (Parque da Independência)

位于距大教堂广场东南约5公里的伊皮兰加山上的公园。园内有一座表现佩德罗一世发表独立宣言时的飒爽英姿的英雄雕像(独立纪念碑)。1822年9月7日,佩德罗一世在这里发出了"不独立,毋宁死"的怒吼,宣布巴西独立。纪念碑巨大的基座面积达1600平方米。在一座形如金字塔的小山上,共屹立着包括佩德罗一世及忠于他的士兵共131尊英雄雕像。基座下安放着佩德罗一世和王妃的遗骨。纪念碑于1922年暨巴西独立100周年建成。绿树环绕的公园是市民休闲的场所。

看到壮观的纪念碑后就可以下车了

伊比拉布埃拉公园 Map p.93-A·B2
Parque do Ibirapuera

位于老城以南5公里位置的一座巨大公园,占地达221公顷,为纪念圣保罗建市400周年而修建。包含了大小水池、体育健身设施、跑步道、各类文化设施的园区设计出自建筑大师奥斯卡·尼迈耶与园林设计师布雷·马克斯之手。美术馆与展厅等现代化建筑由流线型的屋顶构成,设计新颖。园内还有修缮一新的跑步道和自行车道,周末前来健身的市民络绎不绝。此外,还有樱花大道及日本馆等富有日本风情的景点。公园内时常举办露天音乐会。无论哪个设施都能领取地图,游客可以在漫步的同时一个个地逛景点。

露天舞台"奥迪托里奥"

周日 11:00~20:00
休 周一
费 R$12 (不同展览门票价格不同)
交通方式
地铁4号线弗拉迪迪克·科提若站 Fradique Coutinho或地铁2号线孔索拉桑站 Consolação 最近。

伊皮兰加公园(独立公园)
址 Av. Nazareth, s/n Ipiranga
☎ (011) 2273-7250
时 5:00~20:00
休 无 费 免费
交通方式
从自由广场乘坐4113-10路巴士约30分钟。

伊比拉布埃拉公园
址 Av. Pedro Álvares Cabral, Villa Mariana
☎ (011) 5574-5505
URL www.parquedoibirapuera.com
时 5:00~24:00 (不同入口时间不同)
休 无
费 免费 (内部各设施标准不同)
官方主页可浏览各设施的简介(葡萄牙语)及各设施园区地图&导览。
交通方式
从圣保罗人大道沿线的巴士站点乘坐669A-10路巴士约20分钟。看到公园北侧的开拓者雕像后即可下车。

开拓者雕像处是热门摄影地

现代美术馆
Museu de Arte Moderna (MAM)
☎ (011) 5085-1300
URL mam.org.br
时 10:00~18:00
休 周一 费 R$6

巴西非洲博物馆
Museu Afro Brasil
☎ (011) 3320-8900
URL www.museuafrobrasil.org.br
时 10:00~17:00
休 周一 费 R$6

日本馆
☎ (011) 5081-7296
URL www.museuafrobrasil.org.br
时 10:00~12:00 13:00~17:00
休 周一、周二、周四、周五
费 R$5

展区"奥卡"

拉萨尔·塞加尔美术馆
- R. Berta 111, Vila Mariana
- (011) 2159-0400
- www.museusegall.org.br
- 11:00~19:00
- 周二 免费
- 交通方式
  从地铁 1 号线圣克鲁斯站 Santa Cruz 出站后,沿多明戈斯·蒙拉伊斯大道 R. Domingos de Morais 一侧的出口出站,往路的北边走,在第三条名为贝尔塔路 R. Berta 的道路右拐再走 100 米左右即到。

动物园
- Av. Miguel Estéfano 4241, Água Funda
- (011) 5073 0811
- www.zoologico.com.br
- 9:00~17:00
- 无 R$35
- 交通方式
  从距离地铁 1 号线雅氏夸拉站 Jabaquara 较近的巴士总站乘坐前往动物园的直达巴士 (ORCA Zoo)。往返车票和门票共 R$41。

勇闯动物园
- Av. do Cursino 6338, Vila Moraes
- (011) 2336-2131
- 10:00~17:00
- 无 R$32
- 交通方式
  位于动物园内的东北部。园区有显示前往"勇闯动物园"的路牌。

拉丁美洲纪念公园
- Av. Auro Soares de Moura Andrade 664, Barra Funda
- (011) 3823-4600
- www.memorial.org.br
- 9:00~18:00
- 周日 免费
- 交通方式
  从地铁 3 号线巴拉芬达站下车,步行约 3 分钟。

莫隆比公墓
- R. Deputado Laércio Corte 468, Morumbi
- (011) 3759-1000
- 8:00~18:00 无
- 交通方式
  从郊区列车莫隆比站 Morumbi 出站后,沿 Av. das Nações Unidas 向北走两个街区。在莫隆比大道 Av. Morumbi 右拐走一段路后,左边有巴西银行,在银行前的巴士乘车点乘坐 746K-10 路巴士。这里并不是一个正式站台,但是有人在此候车。

拉萨尔·塞加尔美术馆
Museu Lasar Segall
Map p.93-B2

1913 年在圣保罗创办的巴西首家现代美术馆,主要展示俄罗斯籍画家拉萨尔·塞加尔的作品,基本上是蚀刻画、木版画、现代画等。放映室上映的电影也深受圣保罗人欢迎。

动物园
Zoológico de São Paulo
Map p.93-B2

位于老城以南约 11 公里的伊皮兰加水源州立公园内。动物园占地面积 824 平方公里,饲养着鸟类、哺乳类、爬行类共计 3200 只动物,拥有近 50 年的历史。其中不少是珍稀物种,鸟类中有鹦鹉、鹦哥、鞭笞巨嘴鸟等,哺乳类动物中有小食蚁兽、豹、水豚,爬行动物包括鳄鱼等。同时也少不了狮子和长颈鹿等明星动物的身影。旁边园里放养狮子、斑马、骆驼等数十种非洲大陆的动物,可乘坐巴士在园区内体验"勇闯动物园"Zôo Safári。

家庭游客多

拉丁美洲纪念公园
Memorial da América Latina
Map p.93-A1

为纪念拉丁美洲在文化领域的合作而建的公园。园内介绍拉丁美洲文化及历史的文献图书馆、博物馆、活动室及餐厅等建筑均由巴西籍建筑大师奥斯卡·尼迈耶所作。它就那样静静地矗立在喧闹的城市之中,园内现代化的建筑夺人目光。里面没有遮阴处和商店,需要在车站购买饮用水。图书馆内收藏了拉美各国历史、地理相关书籍。

设计独特的建筑和现代雕塑错落挺立

莫隆比公墓
Cemitério do Morumbi
Map p.93-A2

1994 年,埃尔顿·塞纳意外身亡。作为一位巴西及全世界大名鼎鼎的 F1 车神,巴西为他举行了国葬,塞纳的遗体被安葬在这里。塞纳同时被誉为"赛车王子",在中国同样拥有大量粉丝,不少人特意来此悼念这位赛车界的传奇。莫隆比公墓采用土葬的形式,没有墓碑,只在墓前的地面上设置了一块介绍死者的石块。行走在公墓,实际上就是在棺椁上行走。塞纳的墓地位于从入口一直往里走的尽头处再往前走一段的位置。

塞纳的墓前鲜花长放

蝙蝠侠胡同

Map p.107

Beco do Batman

前往蝙蝠侠胡同的交通方式
从地铁2号线维拉马达莱娜站Vila Madalena或地铁4号线弗拉迪克·科提若站各走15~20分钟。白天也可以步行前往，但是推荐搭乘出租车。

要说在社交媒体上如日中天的圣保罗景点，非蝙蝠侠胡同莫属。胡同名称据说来源于电影《蝙蝠侠》，一开始胡同也确实画了蝙蝠侠的图画，不过一切只是道听途说，详情未知。胡同在圣保罗公墓Cemitério Municipal São Paulo的后面。附近的墙面上画满了涂鸦艺术，精彩时髦，很多人喜欢在这里摄影。过去治安较差，甚至有一段时间不能接近，不过最近游客渐多，较为安全。

周边的维拉马达莱娜区Vila Madalena、皮涅罗斯区Pinheiros有很多画廊和酒吧，是年轻人的天堂。建议从车站开始逛，在附近吃过晚餐后再坐出租车返回。

是一个热门摄影地

游逛圣保罗周日露天市场

圣保罗有多个被称为费拉Feira的露天市场，大多在周日营业。主营的商品各不相同，有民间工艺品、艺术品或古董等，还有杂货摊，你或许会遇到难得一见的好物。

Feira Liberdade
自由东方市场 MAP p.97-D2

聚集炒面、日式今川烧、炸牡蛎等露天小吃摊，简直就像是日本的庙会。更有团扇等日本民间工艺品、皮草、银饰等。站前广场上每周日营业，时间为12:00~20:00。

Feira da República
共和国广场跳蚤市场 MAP p.101

每周日9:00~17:00开张，经营内容包括艺术家们自己携带来的绘画作品、海报、饰品等，还有蕾丝、皮草、T恤、人偶、乐器、矿物储存设备和巴西特产等。大众化的小吃摊同样十分普遍。

Feira do MASP
圣保罗艺术博物馆旧货市场 MAP p.96-B2

圣保罗艺术博物馆的馆内大厅每周日10:00~16:00举办。可买到当地的艺术家们创作的绘画、雕刻、水晶器皿和银饰、珠宝等优质产品，还有一些设计独特的杂货。

Feira do Bixiga
意大利人街跳蚤市场 MAP p.97-C2

位于圣城南面贝拉维斯塔区Bela Vista的多姆奥里奥奈广场Praça Dom Orione（R. 13 de Maio的一端），每周日8:00~18:00举办。经营内容以玩具、留声机、老LP唱片、旧电话机、家具等低价古旧物品为主。

Feira de Artes da Benedito Calixto
贝内迪托卡利斯托广场跳蚤市场 MAP p.93-A1

位于圣保罗公墓东南方向的细长形贝内迪托卡利斯托广场Praça Benedito Calixto上的旧货市场。每周日10:00~17:00开张。周六的14:30~日暮时分有轻音乐现场演奏。

巴西

巴西南部

圣保罗

107

玛利亚·路易莎财团

住 Av. Morumbi 4077, Morumbi
☎ (011) 3742-0077
URL www.fundacaooscaramericano.org.br
⌚ 10:00~17:30
休 周一 R$10

交通方式
在地铁 4 号线法利亚利马站 Faria Lima 下车，乘坐 7040-21 路 或 775F-10 路巴士，在 Av. Morumbi 3608 路下车，然后步行约 3 分钟。

开拓者宫

住 Av. Morumbi 4500, Morumbi
☎ (011) 2193-8000
URL www.fundacaooscaramericano.org.br
⌚ 10:00~17:00
休 周一 免费
进场时需要出示护照。

交通方式
与玛利亚·路易莎财团相同。下巴士后步行约 5 分钟。沿巴士前进方向走，右手边能看到宫殿建筑。

莫隆比体育场

住 Praça Roberto Gomes Pedrosa 1, Morumbi
☎ (011) 3749-8000
URL www.saopaulofc.net
旅行团
URL morumbitour.com.br
开 周二～周五 10:00、12:00、14:00、15:30 出发
周六·周日 10:30 出发～15:30 出发共 6 个团
休 周一
￥ R$40（需要预约）

交通方式
在地铁 4 号线法利亚利马站乘坐 775F-10 路巴士，在球场前下车。

地铁 4 号线法利亚利马站是前往莫隆比区 Morumbi 的起点。中心的广场旁有一圈巴士站，但没有指示牌。车站 B3 向口附近集中了景区巴士站点

圣保罗中央农贸批发市场

住 Av. Dr. Gastão Vidigal 1946, Vila Leopoldinha
☎ (011) 3643-3700
URL www.ceagesp.gov.br
开 面向普通公众开放为周六·周日 7:00~12:00

玛利亚·路易莎财团   Map p.93-A2
Fundação Maria Luisa e Oscar Americano

曾经是巨贾保利斯塔的私宅，现在是对外开放的美术馆。馆内展示了法国统治时期的画作和 16~19 世纪的陶瓷、巴西帝国时期的皇家贵族藏品、20 世纪巴西著名艺术家埃米利亚诺·迪·卡瓦尔坎蒂 EmilianoDi Cavalcanti 的作品等，门类齐全。去长满巴西的珍贵植物的花园逛逛也不错。

绿树环绕的大屋子

开拓者宫   Map p.93-A2
Palácio dos Bandeirantes

20 世纪 50 年代建成时是一所大学，现在是圣保罗州政府大楼，只不过政府大楼的一部分和圣保罗州所属的美术馆对外开放。开放区域为白色宫殿内部与花园，每个整点有带导游的旅游团，参观约需 1 小时。宫殿一层大厅地板为大理石制，大厅墙壁上展示了 20 世纪的现代艺术品，二层是陶瓷等藏品展区。18 世纪知名艺术家阿雷贾基尤的作品也不时展出。花园内有 250 株樱花，7~8 月盛开。

莫隆比体育场   Map p.93-A2
Estádio do Morumbi

1970 年建成，是圣保罗的著名体育场。最多能容纳 7 万人，容量仅次于里约的马拉卡纳球场。不仅是球场，也承办音乐会，麦当娜、U2、迈克·杰克逊等名人都曾在此演出。没有比赛和演出的日子，球场内部接受游客参观。

女性和儿童观众也很多

圣保罗中央农贸批发市场   Map p.93-A1
CEAGESP

被誉为"圣保罗市民的后厨"的巨大市场 Feira。平时主要面向店铺批发，周六、周日也向普通游客开放。500 平方米的建筑内全是肉、鱼等生鲜食品及蔬菜、水果、花等的店铺，密密麻麻！有些水果在中国难得一见，买一些小叮，也可以一边试吃一边闲逛。店铺从早上 7:00 到中午是人流高峰。还有很多巴西风味煎饺、猪腿肉三明治等大众美食小吃摊，可以在这里解决早、午餐。

不同区域主营商品不同。大量亚裔客人来这里购物

108

开拓者之家
Casa do Bandeirante

Map p.93-A1

在 18 世纪的农舍内展示当时的生活用具及家具等。当时还没有道路，河流是重要的交通线，为了奔赴远方，人们在这里短暂休息。古老的织布机和压榨蔗糖的巨大铁锅等展品数量不多，但是都极具魅力。

坐落在绿树成荫的安静高档住宅区内

交通方式
从郊区列车的 Ceasa 站步行 15 分钟。

开拓者之家
📍 Praça Monteiro Lobato s/n, Butantã
☎ (011) 3031-0920
🕘 9:00～17:00
休 周一　图 免费

交通方式
地铁 4 号线布坦塔站 Butantã 乘坐 809L-10 路巴士约 2 分钟。巴士站台位于地铁出站口后面的三角形广场旁。在 Av. Valentim Gentil 351 下车，沿皮涅罗斯河往前走。约 2 个街区后左拐，再走 50 米左右即到。

巴西　●巴西南部　圣保罗

COLUMN 祭奠"褐色圣母"的朝圣地阿帕雷西达

位于圣保罗东北部约 170 公里处，与里约热内卢之间有一个名为阿帕雷西达 Aparecida 的小城。这个人口仅 3 万人的小城是祭奠巴西守护使诺萨·森戈拉·阿帕雷西达的巴西全国朝圣地。这位圣母也被誉为"褐色圣母"。

故事要追溯到 1717 年。当时，统治圣保罗和米纳斯吉拉斯的当权者来这里巡查，那时候的阿帕雷西达不过是个穷困的小村庄，但是也不得不厚待这位远道而来的贵宾。多明戈斯·加尔西亚、若昂·奥贝斯、费利佩·佩德罗佐三位渔夫为了去流经附近的帕拉伊巴河捕鱼，划着木舟就出发了。可是那会儿并不是渔期，他们连一条鱼也没捕到。3 人垂头丧气，正打算往回走，菩昂·奥贝斯撒下了最后一网。这一网下去，他们竟然捞出来了一个没有头的圣母像。再下一网，这次终于把与之前的圣母像完全合体的头像也捞了上来。之后，鱼儿一个劲地涌向他们的渔网，以至于小船都装不下了。3 人喜出望外，得意扬扬地回到了村子。

从那以后，圣母像由费利佩和家人共同供奉，并发生了一连串的"怪事"。消息迅速传遍了巴西全国，人们慕名前来参观，阿帕雷西达也逐渐改成了圣母朝圣地。

如今，无论周末还是平时，这里都要接待大量的朝圣者，尤其是每年 10 月 12 日的阿帕雷西达圣母日，更是人山人海。这一天，包括巴西在内，整个南美地区有近 13 万人涌向这座小城。圣母教堂的周围满是朝圣者乘坐的巴士，广场和道路上也全是人。在这里，你能深切感受到巴西人对于信仰的虔诚与坚持。

此外，阿帕雷西达广场 Praça N.S Aparecida 及老教堂的朝圣道 R. Monte Carmelo 上有很多酒店。这是一个单纯依靠观光业的城市，朝圣期间

住宿费和物价高涨，而非旺季则可以砍价。忌惮人多的游客尽量避免在圣母日前后来这里。

阿帕雷西达 Aparecida
MAP p.55-C3

前往阿帕雷西达的交通方式
从圣保罗的铁特长途巴士总站乘坐 Cometa 公司的巴士。约 2 个半小时过后看到巨大的新教堂后，巴士总站就快到了。巴士 1 小时 1~2 班，R$50.15。

巴士总站是座圆形的 2 层建筑，从那里穿过 Praça Dr. Benedito Meireilles 广场，再到阿帕雷西达广场 Praça N.S. Aparecida 是一段上坡。这里是阿帕雷西达的前期站，有大量酒店、餐厅和特产店等。

主要景点

老教堂 Basilica Velha
坐落在阿帕雷西达广场的教堂。建于 18 世纪中叶。这座拥有两个钟楼的巴洛克风格建筑造型精美。1982 年被列为世界文化遗产。

新教堂 Basilica Nova
一座拥有 72 米高穹顶及 100 米高钟楼的巨大教堂。总建筑面积达到 1.8 万平方米，可同时容纳 3.2 万人。教堂内供奉着阿帕雷西达圣母像，内设"神奇屋"、博物馆和大型弥撒室。

附属博物馆 Museu N.S. Aparecida
位于新教堂塔内的二层。展出了 17~18 世纪的文物及阿帕雷西达圣母王冠等圣具。

伊塔瓜苏港 Porto Itaguaçu
位于帕拉伊巴河畔的圣杰拉特区。传说中渔夫们就是在这里捞上了圣母像。有圣母出水纪念碑。

109

圣保罗的酒店
Hotel

从高档酒店到普通旅馆，圣保罗市区遍布着各式住宿设施。圣保罗人大道周边与莫隆比地区集中了大量面向商务人员的酒店。如果想找价格实惠的酒店，老城～自由区周边是理想选择，不过那一带治安较差，不予推荐。圣保罗人大道沿线的酒店较为安全，只是价格略贵。地铁站周边步行范围内的酒店最便利。

老 城

波旁酒店
Bourbon　　　　　　　　　　　　　中档酒店

Map p.101

◆从共和国广场往北1个街区的中档酒店。殖民地风格的厚重建筑与老城的街景完美契合。客房、餐厅、酒吧均氛围恬静，适合休息。内设健身房。

住 Av. Dr. Vieira de Carv. 99, Vila Buarque
☎ (011) 3337-2000
URL www.bourbon.com.br
费 ⓈR$218~　ⓌR$277~
　另收5%消费税
CC ADMV
房间数 127 间

阿玛里亚酒店
Amália　　　　　　　　　　　　经济型酒店

Map p.101

◆距离地铁3号线安年卡巴乌站 Anhangabaú非常近的一家经济型酒店。前台24小时上班。所有房间标配电风扇、迷你吧。吹风机需要预约。

住 R. Cel. Xavier de Toledo 250, Centro
☎ (011) 3255-8366
费 ⓈⓌR$175~
CC AMV
房间数 56 间

自由区周边

尼克皇宫酒店
Nikkey Palace Hotel　　　　　　中档酒店

Map p.97-D2

◆自由区最著名的老牌酒店。前台会说外语。酒店内设置了日本料理店、卡拉OK、桑拿、会场等。客房设施完善，还可收看亚洲的电视节目。早餐是自助式，有日式早餐。

住 R. Galvão Bueno 425, Liberdade
☎ (011) 3207-8511
FAX (011) 3207-6614
URL www.nikkeyhotel.com.br
费 ⓈR$229~　ⓌR$279~
　另收5%消费税
CC ADJMV　房间数 95 间

一成酒店
Hotel Isei　　　　　　　　　　经济型酒店

Map p.97-D2

◆台湾人经营的酒店。前台在二层，大堂光线较暗，但是房间整洁。白天有会说外语的工作人员提供帮助。距离地铁自由站5分钟步行路程，十分便利。大堂有外语报纸。

住 R. da Glória 290, Liberdade
☎ (011) 3208-6646
费 ⓈR$80~　ⓌR$135
CC 不可使用
房间数 35 间

维尔圭尔洛旅馆
Hostel Vergueiro　　　　　　　　　旅馆

Map p.97-C3

◆从地铁1号线圣华金站步行约6分钟即达。自由区也在步行范围内。所有房间配淋浴设施和洗手间，毛巾和床上用品含在房费中。公共厨房和客厅有生活用品。

住 R. Vergueiro 434, Bairro da Liberdade
☎ (011) 2649-1323
URL www.hostelvergueiro.com
费 多人宿舍 R$60~　ⓈR$120~
　ⓌR$140~
CC MV
房间数 80 张床

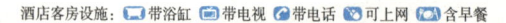

圣保罗人大道周边

埃米利亚诺酒店
Emiliano 　　　　超豪华酒店

◆位于奥斯卡菲尔大街的一家超豪华酒店。客房宽敞，同时设有温水自净座便器。酒店内的健身中心24小时开放。现代意式风格的餐厅最适合在中午用餐。

Map p.96-A3
住 R. Oscar Freire 384, Jardim Paulista
☎ (011) 3728-2000
URL emiliano.com.br
费 ⓈⓌ R$1690~　另收5%消费税
CC ADMV
客房数 56间

圣保罗洲际酒店
Inter-Continental São Paulo 　　　超豪华酒店

◆地理位置好，是一座20层的高档酒店。2013年全面装修后，现代化气氛更加浓厚。餐厅内可品尝红酒和各国美食，还有酒吧。部分工作人员会说外语，有日式早餐。

Map p.96-B3
住 Alameda Santos 1123
☎ (011) 3179-2600
URL www.ihg.com
费 ⓈⓌ R$880~
CC ADJMV
客房数 195间

保利斯塔蓝树高级酒店
Blue Tree Premium Paulista 　　　高档酒店

◆位于圣保罗美术馆背后的高档酒店，大理石大厅豪华尽显。前台有会说外语的工作人员。宽敞的客房为暖色调，气氛安宁。使用便捷的办公桌及拖鞋、电热水壶和茶等配备齐全。

Map p.96-B2
住 R. Peixoto Gomide 707, Cerqueira César
☎ (011) 3147-7000
URL www.bluetree.com.br
费 Ⓢ R$280~　Ⓦ R$300~
　　另收5%消费税
CC ADMV
客房数 236间

金郁金香波利斯塔广场酒店
Golden Tulip Paulista Plaza 　　　高档酒店

◆距离商业中心区圣保罗人大道南侧一个街区，位于道路对面，位置极佳。最近的地铁站在步行圈内。前台有会说外语的工作人员。有日式早餐。可收看亚洲的电视节目。

Map p.97-C4
住 Alameda Santos 85, Jardins
☎ (011) 2627-1000
FAX (011) 2627-1001
URL www.goldentulippaulistaplaza.com
费 Ⓢ R$272~　Ⓦ R$304~
CC ADMV
客房数 378间

灵魂旅舍
Soul Hostel 　　　旅馆

◆距离圣保罗人大道很近的一家旅馆，原本是戈尔背包客栈。所有客房分为男女混住和女性专用房，每间房有4~8个床位。厨房和冰箱24小时开放。旅馆有英语网站，前台工作人员也会说英语。

Map p.96-B3
住 R. São Carlos do Pinhal 461, Bela Vista
☎ (011) 2609-7212
URL www.soulhostel.com.br
费 多人宿舍 R$44~
CC MV
客房数 30张床

其他地区

速眠酒店
Fast Sleep 　　　经济型酒店

◆位于圣保罗国际机场第2航站楼一层的中央通道D。房间按小时出租，有公共浴室。备有最低限度的客房设备。客人也可只淋浴，收费为1小时R$47。

Map p.93-B1外
住 Aeroporto Internacional de Guarulhos Asa D, Terminal 2
☎ (011) 2445-2356
URL www.fastsleep.com.br
费 Ⓢ R$89~282　Ⓦ R$110~299
CC ADMV
客房数 60间

巴西　●巴西南部　圣保罗

111

在圣保罗品尝
2 巴西大乡土菜肴

米纳斯菜
Cozinha Mineira

米纳斯吉拉斯州的乡土菜，多采用豆类和蔬菜、干肉等质朴的食材，一般采用炖煮的方式，味美汤浓。其中代表性的美食有豆糊、鸡肉与秋葵共同煮成的 Frango com Quiabo 等。

❶煮透的豆子中混合木薯粉形成的木薯香豆 Feijão Tropeiro 售价 R$94，最上面的一层是脆炸猪皮。❷炸肉干与木薯、豆汤、青菜和米饭组成的套餐 Zone da Mata 售价 R$99 ❸木薯制成的炸牛肉薯饼售价 R$27.5，是与啤酒绝配的下酒菜 ❹还有不少限量版卡莎萨

矿工领事馆餐厅
Consulado Mineiro

当地人十分热衷的米纳斯风味餐厅。厨师和店主都是米纳斯州人，店内供应各类正宗的米纳斯菜。90余种卡莎萨酒也值得你尝一尝。

- MAP p.93-A1
- 📍 Praça Benedito Calixto 74
- ☎ (011) 3088-6055
- URL consuladomineiro.com.br
- 🕐 周一~周五 12:00~24:00
- 周六 12:00~20:00 周日 12:00~23:00
- 休 无 ADMV

巴伊亚菜
Cozinha Bahiana

巴伊亚州的乡土菜，最大的特点是大量使用椰子与椰肉中提取的棕榈油。肉菜不多，更多的是鱼、虾和贝类等海鲜菜肴，海鲜杂烩汤与棕榈油炸出的小吃小薄饼等是其中的代表。

❶用棕榈油和椰子炖海鲜与洋葱、西红柿的海鲜杂烩。上图为虾与鱼肉的组合，售价 R$139。多人共享这道美食吧 ❷棕榈油炸土豆形成的土豆小薄饼 Acarajé 售价 R$35 ❸巴伊亚州的饰品装饰的精品小店

Q 土豆小薄饼 Acaraje 的吃法
1. 插入刀，将它切半。底部不要切
2. 加入木薯粉和虾
3. 馅料满溢出来的时候就大功告成了！然后就开始大快朵颐吧

巴伊亚领事馆餐厅
Consulado da Bahia

圣保罗最著名的巴伊亚餐厅。巴伊亚州连续5年蝉联冠军的金牌主厨亲自操刀的菜品盘盘都是经典美味。食材也是精选上等佳。

- MAP p.93-A1
- 📍 R. dos Pinheiros 534
- ☎ (011) 3085-3873
- URL www.consuladodabahia.com.br
- 🕐 周一~周六 12:00~24:00
- 周日 12:00~22:00
- 休 周一 ADJMV

圣保罗的餐厅
Restaurant

圣保罗有来自全球多国的移民，这里也同样可以品尝到各种美味。比较常见的有惯用奶酪的意大利菜、巴西菜、阿拉伯菜等。圣保罗人大道南侧分布着高档餐厅、新潮甜品店和时尚咖啡馆，共和国广场周边有不少以重量论价格的"公斤餐厅"。而崇尚酒与音乐结合的维拉玛德莱纳社区人气火爆。

老 城

丹拉诺意大利餐厅
Terraço Itália Restaurante

Map p.101

◆ 从这家高近46米的高档意式餐厅可以俯瞰整个圣保罗的景色。周一～周六的午餐有包含前菜、主菜和甜品的午餐套餐，周日为自助午餐。晚餐为单点菜。人均晚餐（不含饮品）消费 R$250~。

住 Av. Ipiranga 344-41°，Centro
☎（011）2189-2929
营 周一～周四 12:00~24:00
　　周五、周六 12:00~次日 1:00
　　周日 12:00~23:00
休 无　CC A D J M V

自由区

"和"拉面
Lamen Kazu

Map p.97-D2

◆ 人气拉面店。较粗的卷形拉面共10种，价格 R$33~。图片为北海道味噌拉面，R$48。面与汤底、味噌均为日本原产。夏季也有中式冷面供应。

住 R. Tomás Gonzaga 51, Liberdade
☎（011）3277-4286
URL lamenkazu.com.br
营 周一～周六 11:00~15:30、17:30~22:30
　　周日 11:00~15:30、17:30~21:00
休 无　CC J M V

圣保罗人大道周边

哈比布斯
Habib's

Map p.96-A2

◆ 这家遍布巴西全境的店的标识是一位留着红、黄胡须的大叔。是一家阿拉伯菜和比萨快餐连锁餐厅。尝一下黍子和鹰嘴豆吧。套餐价格 R$11.9~，相对便宜。接受外卖。

住 R. Augusta 1894, Cerqueira César
☎（011）5696-2828
营 24 小时
休 无
CC A D J M V

塔斯卡·达·埃斯基纳
Tasca da Esquina

Map p.96-B3

◆ 以葡萄牙菜为基础制作创意美食的精致法国餐厅。内部装饰使用木质，给人沉静感。招牌鳕鱼菜为 R$91~。除了鱼，还有品类丰富的肉菜。

住 Alameda Itu 225, Jardim Paulista
☎（011）3262-0033
URL www.tascadaesquina.com
营 周一～周四 12.00, 15:00、19:00~23:30
　　周五 12:00~15:00、19:00~24:00
　　周六 12:00~16:00、19:00~24:00
　　周日 12:00~17:00
休 周一　CC A D J M V

阿普费尔
Apfel

Map p.96-A2

◆ 女厨师是瑞士移民，她创办了圣保罗首家全素自助餐厅。五颜六色的蔬菜与杂粮、豆类制作的菜品丰富多样。价格为平时 R$34.9，周末 R$40.9。老城的共和国广场附近（MAP p.101）有分店。

住 R. Bela Cintra 1343, Jardins
☎（011）3062-3727
URL www.apfel.com.br
营 周一～周五 11:30~15:00
　　周六·周日 11:30~16:00
休 无　CC M V

精品冰激凌
Gelato Boutique　　　　　　　　　　　Map p.96-B3

◆圣保罗近年火热的冰激凌店中，这家店的热门指数尤其高。店方从合约农户手中购买新鲜的牛奶和水果，这样制作的冰激凌香味浓郁。1杯R$12~。有喜欢的味道时也可以试吃。

住 R. Pamplona 1023, Jardim Paulista
☎（011）3541-1532
URL www.gelatoboutique.com.br
营 周一～周四 10:00~21:00
　周五～周日 10:00~22:00
休 无　CC AMV

鲁拜集无花果树餐厅
Figueira Rubaiyat　　　　　　　　　Map p.96-A3

◆巴西、阿根廷和西班牙都有分店的高楼餐厅。店名中的无花果树树龄有70~100年，树枝覆盖了整片露天席位区，氛围超棒。招牌菜单是精选产地与部位的牛排，R$100~300。

住 R. Haddock Lobo 1738, Jardim Paulista　☎（011）3087-1399
URL rubaiyat.com.br
营 周一～周四 12:00~16:00、19:00~24:00
　周五・周六 12:00~24:00
　周日 12:00~18:00
休 无　CC ADJMV

巴西戈斯托
Brasil a Gosto　　　　　　　　　　　Map p.96-A3

◆从意大利归国的女厨师创办的餐厅。位于闲静的一角，橙色内饰馨馨时尚。随心而做的一道巴西特色黑豆饭是店内招牌。前菜R$20~，主菜R$39~129。

住 R. Prof. Azevedo Amaral 70, Jardim Paulista　☎（011）3086-3565
URL www.brasilagosto.com.br/us/
营 周二～周四 19:00~24:00
　周五・周六 12:00~17:00、19:00~24:00
　周日 12:00~17:00
休 周一　CC ADMV

哈多克・莱博面包球
Pao de Queijo Haddock Lobo　　　Map p.96-A3

◆巴西国民美食面包球的专卖店。里面的工坊不时送出新鲜烤制的面包球，因此总能吃到热乎乎的美食。1斤R$24，也可以只买1个。店内还经营其他烤制糕点和饮品，可以坐在店前的椅子上享用。

住 R. Haddock Lobo 1408, Cerqueira César
☎（011）3088-3087
营 周一～周六 8:00~20:20
　周日 9:00~19:00
休 无
CC AMV

卡平・桑托
Capim Santo　　　　　　　　　　　　Map p.96-A3

◆从正门进去后一直走，有一个花园，虽然身居都市，度假气息却扑面而来。餐厅准备了豆子、蔬菜、水果制作的养生菜谱，午餐为自助式，工作日R$63，周六和周日R$96。晚餐为单点菜，主菜R$69~。

住 Alameda Min. Rocha Azevedo 471, Jardins　☎（011）3089-9500
URL www.capimsanto.com.br
营 周二～周五 12:00~15:00、19:00~23:30
　周六 12:30~16:30、20:00~24:00
　周日 12:00~17:00
休 周一　CC ADMV

JOJO 拉面
JOJO Ramen　　　　　　　　　　　　Map p.97-C4

◆拉面由日本东京中野的"地雷源"老板创作。店内多用木质装饰，氛围上品。采用巴西食材的拉面味道鲜美。猪骨、鸡骨、海鲜汤等混合形成的汤底中再加入粗粒小麦粉，做成黏黏糯糯的拉面。图片为JOJO酱油味拉面，售价R$34。备有盐和调料。

住 R. Dr. Rafael de Barros 262, Paraíso
☎（011）3262-1654
URL www.jojoramen.com.br
营 周一～周五 11:30~14:30、18:00~22:00
　周六 12:00~15:00、18:00~22:00
休 周日
CC AMV

114

皮涅罗斯区

圣克里斯托旺
São Cristóvão

◆足球周边产品挂满了一面墙,是球迷最喜爱的餐厅。卡莎萨 R$19~。菜品中有大根香肠,分量足,令人分外满足。这家店所在的街道桑巴舞酒吧林立,异常热闹。店内有时晚上有现场演出。提供英语菜单。

Map p.107
住 R. Aspicuelta 533, Vila Madalena
☎ (011) 3097-9904
营 12:00~ 次日 2:00
休 无
CC A M V

平拉面酒馆
Hirá Ramen Izakaya

◆由在拉面上颇有造诣的日裔巴西人创办的酒馆。招牌菜是拉面 R$39~ 和拌面 R$40,干炸食品、日式煎饼、刺身和烤鱼等丰富的日式菜单同样满足你的味蕾。每日不同的午餐 R$42~。日本酒和烧酒等酒类种类也很多。

Map p.107
住 R. Fradique Coutinho 1240, Vila Madalena
☎ (011) 3031-3025
URL www.hiraramenizakaya.com
营 周一~周五 12:00~15:00、19:00~23:00
　 周六・周日 12:30~16:00
休 无
CC A M V

巴多塞责
Bar do Seu Zé

◆巴西肉馅卷饼专卖店。肉馅卷饼是南美及中美地区常见的一种饼,在面皮中加肉末、奶酪等馅料制成。有 20 多种口味,1 个 R$8.9 左右。分量够,适合用作副食。料香味美的肉末与橄榄、煮蛋、葡萄干等共同制作的传统烤肉力荐大家品尝。

Map p.107
住 R. Fradique Coutinho 875, Pinheiros
☎ (011) 3815-8858
营 10:00~ 次日 1:00
休 无
CC M V

其他地区

国家啤酒馆
Cervejaria Nacional

◆距离地铁法利亚利马站 5 分钟左右步行路程的啤酒酿造厂直营餐厅。工作日每天的午餐种类不同,R$32。刚酿好的啤酒试饮套餐为 5 种啤酒 R$39。

Map p.93-A1
住 Av. Pedroso de Morais 604, Pinneiros
☎ (011) 3034-4318
URL www.cervejarianacional.com.br
营 周二~周四 17:00~24:00
　 周五、周六 12:00~24:00
　 周日 12:00~18:00
休 周一
CC A D M V

COLUMN 在市营市场上享用午餐

市营市场是新鲜食材、温热美食、特产等加工食品的宝库。可以从大教堂广场和圣本托教堂步行前往、坐出租车更便捷。

二层是美食城,可以一边欣赏市场风光、一边用餐。这里集中了种类繁多的零食,最受欢迎的有熏摩泰台拉香肠三明治。面包中间的馅料分量足,几乎要溢出来。另一种知名美食是腌鳕鱼蛋糕卷,这是一种将鳕鱼肉裹在面皮里的食物。这两种三明治大份均为 R$20 左右,适合与鲜榨果汁一同品尝。

市营市场
Mercado Municipal

MAP p.93-B1
住 R. Da Cantareira 306, Centro
营 周一~周六 6:00~18:00
　 周日 6:00~16:00
休 每月 1 天不定休

JARDIN

圣保罗的最热景点

雅尔丁区
漫逛商店&咖啡馆

漫步

小时装店云集的奥斯卡菲尔大街

前往圣保罗炙手可热的时尚街区——奥斯卡菲尔大街所在的雅尔丁区。
从巴西的著名品牌到巴西产的民间工艺品店应有尽有，来逛逛这些个性店铺吧！

① 巴西象征色之黄、绿色的人气拖鞋，R$28.9~41.9 ② 儿童拖鞋的款式和尺寸也有很多 ③ 全套的沙滩服也值得入手！④ 巨大的店名标牌吸引关注

物美价廉的沙滩拖鞋品牌
Havaianas ★哈瓦那

巴西著名沙滩拖鞋生产商哈瓦那经营的旗舰店。除了热卖的拖鞋，还可以定制在这里买不到的限定款拖鞋及喜欢的短裤。店内还售卖泳衣、轻便运动鞋、背包等商品。

MAP p.96-A3 外　住 R. Oscar Freire 1116, Cerqueira César　☎ (011) 3079-3415
URL www.havaianas.com.br
营 周一~周六 10:00~20:00
　　周日 12:00~18:00
休 无　ADMV

只在巴西买得到！
欧舒丹的巴西特供品
L'occitane au Brésil ★巴西欧舒丹

法国美妆品牌欧舒丹在巴西推出的专用商品。采用巴西原料，香薰馥郁，手霜、香皂、房间空气清新剂等商品最受欢迎。包装也出自当地艺术家之手，到处都显示出巴西独特的设计理念。

MAP p.96-A3　住 R. Oscar Freire 731, Jardins
☎ (011) 3061-5848
URL br.loccitaneaubresil.com
营 10:00~20:00
休 无　ADMV

① 理想的礼品选择——香皂套装 R$45 ② 果香芬芳的Olina液体香皂 R$46 ③ 含凤梨花精华的Bromélia系列手霜 R$28
④ 机场和各购物中心均有店铺

雅尔丁区

Alameda Franca
R. Bela Cintra
Alam. Tietê
R. da Consolação
R. Haddock Lobo
R. Augusta
Alameda Min. Rocha Azevedo
R. José Maria Lisboa
Alameda Lorena
R. Padre João Manoel
R. Peixoto Gomide
R. Oscar Freire
Av. Rebouças
Av. Dr. Melo Alves
Alameda Casa Branca
Av. 9 de Julho
R. Barão de Capanema

本托·索里达里奥 Ponto Solidário
阿玛巧克力 Amma Chocolate
哈瓦那 Havaianas
巴西欧舒丹 L'occitane au Brésil
奥斯卡咖啡 Oscár Café

116

巴西

●巴西南部 圣保罗

> 绿意盎然的咖啡馆
> 购物的间隙在此休憩

Oscár Café ★奥斯卡咖啡

奥斯卡菲尔大街上最舒适的咖啡餐厅。入口小且暗，穿过去后柳暗花明，是一片绿意盎然的开阔空间。采用有机食材的健康午餐是人气美食。甜品分量小，甜味适中，符合亚洲人的口味。

MAP p.96-A3
住 R. Oscar Freire 727, Jardins
☎ （011）3063-5209
URL oscarcafe.com.br
营 周一～周五 10:00~24:00
　周六 10:00~22:00
休 无　CC ADJMV

❶店内纵深长，屋顶高　❷一口大小的拉丁果与冰肉桂制成的五香拉丁果 R$27.8　❸水果与蔬菜混合制作的冰沙 R$22.4~

> 有可可豆香味的
> 自制巧克力

Amma Chocolate ★阿玛巧克力

经营以萨尔瓦多郊区生产的有机可可豆为原料制作的巧克力。不同牛奶量的巧克力决定了不同的甜度。里面是咖啡馆，可以吃到巧克力制作的原创蛋糕。自制格兰诺拉麦片 R$26 适于作为礼品送人。

MAP p.96-A3
住 Alameda Min. Rocha Azevedo 1052, Jardins
☎ （011）3068-0240
URL www.ammachocolate.com.br
营 周二～周六 10:00~19:00、周日 13:00~19:00
休 周一　CC AMV

❶店内就像是巧克力工坊　❷块状巧克力每块 R$17。建议购买含 45% 可可的巧克力　❸味道醇厚的巧克力蛋糕 R$15

> 精美时尚的
> 巴西手工艺品

Ponto Solidário ★本托·索里达里奥

亚马孙、潘塔纳尔、巴伊亚等巴西各地的原住民制作的手工艺品琳琅满目地摆在店内。所有饰品、杂货均有动人的故事，不妨听店员娓娓道来。里面是原住民博物馆，可向相应部族的人请教手工艺品的相关问题。内设咖啡厅。

MAP p.96-A3
住 R. José Maria Lisboa 838, Jardim Paulista
☎ （011）5522-4440
URL www.pontosolidario.com.br
营 周一～周五 10:00~19:00　周六 10:00~16:00
休 周日　CC ADMV

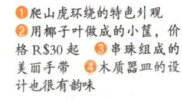

❶爬山虎环绕的特色外观　❷用椰子叶做成的小筐，价格 R$30 起　❸串珠组成的美面手带　❹木质器皿的设计也很有韵味

117

圣保罗的商店
Shop

想高效购物，去巴西品牌商店密集的购物中心最为方便。老城与大教堂广场、市营市场周边小店集中，价格实惠。繁华的圣保罗人大道～奥斯卡菲尔大街一带分布着不少巴西品牌的旗舰店。这片区域的商店周日大多歇业，除了露天市场，基本上一片静谧。7月是打折季。

卡萨·自然
Casa do Natural

◆弗拉迪克·科提若大道 Fradique Coutinho 旁的有机商品店。近年来，城市居民更加重视健康问题。店内的商品囊括食品、化妆品、国内外的有机商品。还有咖啡馆，自助素餐 R$28.8~。

Map p.107
住 R. Fradique Coutinho 910, Vila Madalena
☎ (011) 3816-0706
URL alternativacasadonatural.com.br
营 周一～周五 9:00~21:30
　 周六·周日 10:00~18:00
休 无
CC A D M V

古洛迷亚·梅丽莎
Galeria Melissa

◆位于奥斯卡菲尔大街北侧，具有艺术感的外观引人注目。不同季节都有相应的自制果汁，人气偶像代言的商品同样种类丰富。儿童用品应有尽有。店内弥漫着甜橡胶的香味，令人流连。

Map p.96-A3
住 R. Oscar Freire 827, Cerqueira César
☎ (011) 3083-3612
URL www.melissa.com.br
营 周一～周五 10:00~19:00
　 周六 10:00~17:00
休 周日
CC A D M V

梓商会
Presentes Azussa Ltda.

◆位于日本、中国、韩国商店集中的自由区，这家特产店坐落在其中的繁华大街加尔沃比诺大道旁。经营咖啡豆巧克力和海龟油香皂、蜂胶制品等。可使用巴西雷亚尔和美元支付。

Map p.97-D2
住 R. Galvão Bueno 230, Liberdade
☎ (011) 3208-2554
营 周一～周五 9:30~18:30
　 周六 8:30~16:30
休 周日
CC A D J M V

乌蒂尔普拉斯特
Utilplast

◆创立于1970年。主要经营厨房用品，同时销售家电、洗浴和洗涤用品等日常生活杂货。店内摆满了南美特色的亮色物品及独一无二的创意商品。包括希达德雅尔丁购物中心（→p.118）店在内，市区共有3家店。

Map p.96-A2
住 Alameda Lorena 1931, Jardim Paulista
☎ (011) 3087-9292
URL www.utilplast.com.br
营 周一～周五 10:00~19:00
　 周六 10:00~18:00
休 周日
CC AM

奥卡萨德·卡萨
Ôoh de Casa

◆坐落于皮涅罗斯区周边的装饰用品商店。自制的坐垫罩 R$29.9~、厨房、洗浴用品、巴西特色的鲜艳饰品等无所不包。手工制作的迷你包是顾客最爱。

Map p.107
住 R. Fradique Coutinho 899, Vila Madalena
☎ (011) 3812-4734
URL www.oohdecasa.com.br
营 周一～周五 10:00~18:30
　 周六 10:00~18:00
休 周日
CC A D M V

这里也要看看！ 古洛迷亚·梅丽莎→ p.118/ 哈瓦那→ p.116

意塔利
Eataly

Map p.93-A2

◆销售网点遍布全球的意大利食材专卖店意塔利在巴西开的第一家店。主要经营奶酪、意大利面、加工肉制品等意大利产食品，也有巴西品牌的有机食品和化妆品等，是搜寻礼品的好地方。内设餐厅，可用餐。

住 Av. Pres. Juscelino Kubitschek 1489, Itaim Bibi
☎ (011) 3279-3300
URL www.eataly.com.br
营 周日~下周四 8:00~23:00
　　周五・周六 8:00~24:00
休 无　CC A D M V

JK 伊瓜特米商场
JK Iguatemi

Map p.93-A2

◆从地铁9号线维拉奥林匹亚站 Vila Olimpia 下车，步行约10分钟可达的奢华购物商场。内有50多家商铺，内饰为白色，从屋顶直线而下的采光堪称完美。经营巴西品牌的鞋和泳衣等。

住 Av. Presidente Juscelino Kubitschek 2041, Vila Olimpia
☎ (011) 3152-6800
URL iguatemi.com.br/jkiguatemi
营 周一~周六 10:00~22:00
　　周日 14:00~20:00
休 无　CC 各店铺有所不同

文化书店
Livraria Cultura

Map p.96-A2

◆位于圣保罗人大道沿线的大型商场 Shopping Conjunto Nacional 一层的大型书店。英语书籍数量惊人，旅游类书籍及地图也种类丰富。另一栋楼 Arte 主要经营烹饪书籍和写真集，也有关于奥斯卡·尼迈耶的书。在市区各地均有分店。

住 Av. Paulista 2073, Bela Vista
☎ (011) 3170-4033
URL www.livrariacultura.com.br
营 周一~周六 9:00~22:00
　　周日 11:00~20:00
休 无
CC A D J M V

希达德雅尔丁购物中心
Cidade Jardim

Map p.93-A2

◆皮涅罗斯河畔的一栋超豪华购物中心。有商铺、影剧院和美食广场。从郊区列车的希达德雅尔丁站 Cidade Jardim 和维拉奥林匹亚站乘坐出租车需 R$18~。

住 Av. Magalhães de Castro 12000, Cidade Jardim
☎ (011) 3552-1000
URL www.shoppingcidadejardim.com
营 周一~周六 10:00~22:00
　　周日 14:00~20:00
休 无　CC 各店铺有所不同

COLUMN 圣保罗的夜生活

如果想在圣保罗现场感受音乐，维拉玛德莱纳区和皮涅罗斯区是不二选择。那里有餐厅和现场演奏的酒吧。不过不要携带高品质相机和贵重物品前往。返程时如果微醉状态可能会遇上麻烦，可直接在店里预约出租车，直接送到酒店。

21:00~次日 3:00　休 周日~下周二
店内密密麻麻地画着狂欢节的壁画，带给人身临其境感。顾客群高雅，乐队的演奏同样精湛，给人美的享受。喝到尽兴每人 R$100 左右。

Bar Samba 桑巴酒吧
MAP p.107　住 R. Fidalga 308, Pinheiros
☎ (011) 3819-4219
营 周三 19:00~次日 1:00
　周四 19:00~次日 2:00
　周五 19:00~次日 3:00　周六 13:00~19:00

ô du Borogodó 奥・多・博洛戈多
MAP p.107　住 R. Horácio Lane 21, Pinheiros
☎ (011) 3814-4087
营 周二 21:00~次日 2:00　周三~周六 22:00~次日 3:00　周日 20:00~次日 0:30　休 周一
欧美客人较多，深夜和周六有巴西音乐现场演奏会和舞蹈，气氛热烈。费用为 R$71~105。位于圣保罗公墓南角。

119

Brasil

巴西南部
桑托斯 *Santos*

MAP ▶ p.55-C3
长途区号 ▶ **013**
（电话的拨打方法→p.42）
US$1 ≈ **R$3.88**
≈ 6.84 元人民币

透着历史风韵的建筑遍布老城

INFORMATION

● 旅游咨询处
Free 0800-173-887
URL www.turismosantos.com.br
长途巴士总站院内
MAP p.121-A1
开 9:00～19:00
休 无
　　位于长途巴士总站院内。可免费领取地图，工作人员会说英语。

先领地图

贝利博物馆内
MAP p.121-A1
开 11:00～17:00
休 周一
　　位于贝利博物馆的售票台附近。这里也销售有轨电车车票（→p.121）。

桑托斯的市内交通
　　桑托斯的市内交通分为当地巴士和出租车。巴士票价 R$3.85。出租车从老城到贡萨加海滩票价为 R$20 左右。

从圣保罗出发可轻松抵达的桑托斯是热门旅游地

　　桑托斯最初是一个咖啡出口港，如今已发展成巴西最大的贸易港。距离圣保罗以南 75 公里，驱车近 1 小时可达。在高速公路上经过大型工业区库巴唐 Cubatão 后，离桑托斯就不远了。
　　桑托斯的光照强烈，气候比圣保罗还要炎热，是一个惬意的度假胜地。海滩沿线有连片的高档度假公寓，每到周末就有大量圣保罗人前来度假。近年来这里的污染情况越发严重，不过远处湛蓝的大海依旧带着南国独有的特色。

◆ 前往桑托斯的交通方式

长途巴士
　　桑托斯的长途巴士总站建在老城，旁边就是市区巴士总站。长途巴士多从圣保罗出发，也有从里约热内卢出发的班次。有些巴士公司的车在长途巴士总站停车后，还会开往码头，那里有轮渡通往岛东端的瓜鲁亚 Guarujá。
　　若从圣保罗出发，可在地铁 1 号线雅巴夸拉站 Jabaquara 相连的巴士总站乘坐 Expresso Luxo 公司和 Viação Ultra 公司运营的巴士，每隔 15 分钟左右一班车，约需 1 小时。从里约热内卢出发可乘坐 Viação Util 公司的巴士，1 天大概 9 班，约需 8 小时 50 分钟。如果从别的城市前往桑托斯，一般需要在圣保罗或里约热内卢换乘巴士，考虑到发车频繁问题，最好从圣保罗转车。不过，在圣保罗转车时，从各长途巴士总站到雅巴夸拉站需要乘坐地铁，稍显麻烦。

120

桑托斯 漫步

城区漫步主要是长途巴士总站和老火车站所在的老城（历史城区），以及酒店、餐厅集中的海滩度假区贡萨加区 Gonzaga。到这两个地区需要坐 30~40 分钟的当地巴士。背对着长途巴士总站正门向左拐，前方就是拥有老咖啡交易所的老城。贝利博物馆也在附近。向右拐可以看到蒙特塞拉山。另外，老城有有轨电车之旅，建议花 40 分钟左右看看主要景点。

贡萨加区的海滩沿线有公园、水族馆、椰子汁售卖处等，周边散布着一些观光景点。从圣保罗出发的一日游旅行团也能逛完这些景点，也可以在这里住上一晚。从海岸线往北的道路叫弗洛里亚诺·佩绍托大道 Av. M. Floriano Peixoto，街道上酒店、购物中心和餐厅鳞次栉比。

坐落在老城中心的教堂

白沙滩旁的贡萨加海滩

桑托斯 主要景点

蒙特塞拉山
Mirante Monte Serrat   Map p.121-A1

可将桑托斯湾 Baía de Santos 一览无余的小山，欣赏港口与殖民地风

老火车站周边的治安
老城西侧、贝利博物馆前面的老火车站治安不佳，要注意安全。

有轨电车之旅
Linha Turística de Bonde
🏠 Largo Marquês de Monte Alegre 2, Valongo
☎ Free 0800-173-887
⏰ 11:00~ 最晚 17:00 出发
休 周一
费 R$7

集合地点为贝利博物馆前，每 30 分钟出发一个团。在博物馆内的服务台购票。老城有多个停车站点，可前往蒙特塞拉山。

古色古香的有轨电车

前往贡萨加海滩的交通方式
从长途巴士总站的 C 站台乘坐当地巴士 42、154、193 路，约 40 分钟抵达。经过开拓者广场 Praça dos Bandeiras 前，沿着海岸向东行进，终抵通往瓜鲁亚方向的码头。

郊区的度假区
瓜鲁亚
对岸的瓜鲁亚海滩景色比桑托斯更美。长长的海岸线上分布着气氛热烈的皮坦盖拉海滩、悠缓宁静的伯南布哥海滩等。从老城区可乘坐当地巴士 23、42 路等前往码头，换乘通向瓜鲁亚的轮渡（约需 15 分钟）。下船后再坐巴士，约 10 分钟后抵达瓜鲁亚的老城区。

桑托斯的码头

巴西 ● 巴西南部 桑托斯

121

蒙特塞拉山

缆车
☎ (013) 3221-5665
URL http://www.monteserrat.com.br
开 8:00~20:00 每30分钟一趟（周六、周日每20分钟一趟）
休 无
费 往返 R$40

缆车乘坐处

老咖啡交易所

住 R. 15 de Novembro 95
☎ (013) 3213-1750
URL http://www.museudocafe.com.br
开 周二～周六　9:00~17:00
　　周日　　　10:00~17:00
休 周一
费 R$10

这里可以品尝到巴西难得一见的冰咖啡

贝利博物馆

住 Largo Marquês de Monte Alegre 2, Valongo
☎ (013) 97406-5593
开 10:00~18:00
休 周一
费 R$20

兰园

Orquidário Municipal
MAP p.121-A2
住 Parça, Washington, s/n José Menino
☎ (013) 3237-6170
开 9:00~18:00
休 周一
费 R$5

兰园占地面积大，园内数千种兰花和热带植物郁郁葱葱，还有放养的鸟类和海龟等。

交通方式
从长途巴士总站坐23路巴士，或从贡萨加区的开拓者广场坐25、77路即士。

蒙特塞拉山上看到的桑托斯港

格建筑林立的老城风光。背对长途巴士总站，走向右侧的圣弗朗西斯科大道 Av. São Francisco 后左拐，此时可以看到右手边的缆车线路，向着它走去。缆车坡度不陡，缓缓前进，终点是小山顶。小山顶面积不大，小教堂周围全是住房。白天的视野非常好，景色优美。如果在日落前去山顶，可以欣赏到绚烂的晚霞。山顶上的车站在1946年前是赌场，现在做成了观景台和咖啡馆。

老咖啡交易所　　　　　　Map p.121-A1
Bolsa de Café

拥有顶着地球的圆形屋顶的殖民地风格建筑。地球在巴西国旗上也有体现。从1922年创立以来，全巴西用来销售的咖啡的鉴别和交易工作都在这里完成。现在变成了博物馆，当时的竞拍大厅也对外开放。另外，正门附近还有咖啡馆，同时销售刚磨好的咖啡豆。

开阔的大厅美轮美奂

贝利博物馆　　　　　　　Map p.121-A1
Museu Pelé

关于世界足球界的传奇巨星贝利的博物馆。以影像等方式，按年代展示包括奖牌、比赛球服和球鞋等本人用过的物品在内，共计2000余件藏品。一层是博物馆商店和咖啡厅，还有互动游戏区，可与"贝利"一较高下哦。

内部设计现代时尚

桑托斯的酒店
Hotel

班尼派克得酒店
Parque Balneário Hotel 超豪华酒店

◆紧靠着贡萨加区的开拓者广场。客房设施齐全，浴室也很宽大。海景房可直接看到海滩。内设游戏区和SPA。

Map p.121-A2
住 Av. Ana Costa 555, Gonzaga
☎（013）3285-6900
URL parquebalneario.com.br
费 ⑤ⓌR$324~
CC ADMV
房间 119间

门德斯广场酒店
Mendes Plaza Hotel 超豪华酒店

◆与购物中心直连的桑托斯规模最大的酒店。桑拿、泳池、健身中心等度假酒店应该有的设施，这里一应俱全。

Map p.121-A2
住 Av. M. Floriano Peixoto 42, Gonzaga
☎（013）3208-6400
URL www.mendesplaza.com.br
费 ⑤ⓌR$312~
CC ADMV
房间 240间

纳塔尔酒店
Hotel Natal 经济型酒店

◆朴素的经济型酒店。前面就是弗洛里亚诺·佩绍托大道的繁华商业区，还有超市、咖啡厅和洗衣房，生活便捷。离海滩很近。

Map p.121-A2
住 Av. M. Floriano Peixoto 104, Gonzaga
☎（013）3284-2732
URL www.hotelnatalsantos.com.br
费 ⑤R$110~ⓌR$150~
CC ADJMV
房间 24间

贡萨加酒店
Gonzaga 经济型酒店

◆距离贡萨加区的海滩约100米的酒店。酒店的设施一定程度老化，设计也稍显简朴，但是清扫彻底，干净整洁。周边设施相同的酒店还有多家。

Map p.121-A2
住 R. Quintino Bocaiúva 40, Gonzaga
☎（013）3011-2600
费 ⑤ⓌR$100~
CC 不可使用
房间 8间

桑托斯的餐厅
Restaurant

巴罗奥
Barão

◆与班尼派克得酒店同在一处，位置绝佳。可以品尝到巴西菜和海鲜。每天不重样的套餐R$19.8~。周六白天的黑豆饭R$47.8~。有英语菜单，也可点一人餐。啤酒种类多。

Map p.121-A2
住 Av. Ana Costa 547, Gonzaga
☎（013）3307-6520
营 12:00~次日2:00
休 无
CC MV

泰尔图利安烤肉
Churrascaria Tertúlia

◆著名足球明星也会光顾的桑托斯最大的烤肉餐厅。肉和沙拉的种类多，大盖巨脂鲤（淡水鱼）和少盐的水牛奶酪也很美味。价格每天不同，大致1人R$60~89.9。

Map p.121-B2 外
住 Av. Bartoromeu de Gusumão 187, Ponta da Praia
☎（013）3261-1241
营 周一~周五12:00~15:00、19:00~23:30
  周六12:00~24:00 周日12:00~18:00
休 无 CC ADJMV

巴西南部

帕拉蒂 *Paraty*

Brasil

巴西利亚
帕拉蒂 ★

MAP ▶ p.55-C3
长途区号 ▶ 024
（电话的拨打方法→ p.42）
US$1 ≈ R$3.88
≈ 6.84 元人民币

从佩雷克阿苏河对岸远观雷梅迪奥斯教堂

INFORMATION

旅游咨询处
Centro de Informações Turísticas
MAP p.125-A2
住 Av. Roberto da Silveira s/n
☎ (024) 3371-1897
URL www.paraty.com.br
URL www.infoparaty.com
开 8:00~19:00
休 周日

旅行社
帕拉蒂旅游
Paraty Tours
MAP p.125-A2
住 Av. Roberto da Silveira, 479
☎ FAX (024) 3371-3207
URL www.paratytours.com.br
位于前往老城途中经过的罗伯特·西尔维拉大道 Av. Roberto da Silveira 上，可了解丰富的酒店、餐厅、旅行团、活动信息，领取各类手册，同时运营连接里约热内卢与圣保罗间的迷你巴士。

巴西的发现者佩德罗·阿尔瓦雷斯·卡布拉尔 Pedro Álvares Cabra 将帕拉蒂称为"距离天堂最近的土地"。它位于圣保罗与里约热内卢的中间位置，是一座面朝大岛湾的美丽的海滨小城。

18世纪，各地修建了将米纳斯吉拉斯出产的黄金运往海岸地区的道路，帕拉蒂也是其中重要的出货港。

黄金资源枯竭后，帕拉蒂作为黄金输出港的角色也宣告结束。如今，外立面呈现殖民地样式的宅邸与葡萄牙式教堂、城寨等皆传递着历史上的耀眼荣光，这里也因此成为巴西国内十分热门的殖民地风格度假地。

前往帕拉蒂的交通方式

长途巴士

Reunidas Paulista 公司运营从圣保罗开往安格拉 - 杜斯雷斯 Angra dos Reis 的巴士，1天有4~5班，抵达帕拉蒂约需6小时。Costa Verde 公司运营从里约热内卢出发的巴士，每天8~12班，约需4小时30分钟。

长途巴士总站距离老城（历史城区）有近10分钟步行路程。

帕拉蒂 漫 步

观光的核心区老城是多明戈斯·贡萨尔维斯·艾伯如大道 R. Domingos Gonçalves de Abreu 以东的一块狭长地带，步行就能逛完。从长途巴士总站走向罗伯特·西尔维拉大道，随后右拐，径直走就会来到查弗兹广场 Praça Chafariz。

在安静的佩雷克阿苏河 Rio Perequê-Açú 河畔，石板街、白墙靓窗的18世纪教堂、殖民地风格建筑间的精品时装店、餐厅等与街道共同构成画一样的美景。艺术家也多聚集在此，不妨去看看展示他们作品的画廊，去露天小摊淘淘精美的饰品。

帕拉蒂虽然城市不大，教堂却不少。历史上不同阶层的人群使用不同的教堂。也就是说，贵族去贵族专用教堂，奴隶只能使用为奴隶准备的教堂。一边了解这些教堂的历史，一边比较各个教堂的异同，你会发现即使相似的教堂也有不同的特点。

另外，涨潮时海水有时会没过老城的石板路。此时石板路变身为一条运河，城区的殖民地风格建筑就仿佛漂浮在水面之上。这是帕拉蒂独有的景致。

帕拉蒂周边还有多片海滩。连接帕拉蒂与东海岸的安格拉－杜斯雷斯的布拉芭海滩上有绵延数公里的白色沙滩，如诗如画。其中最美的是圣贡萨洛海滩 Praia São Gonçalinho，从帕拉蒂乘坐 20 分钟左右的巴士即可抵达。

帕拉蒂湾巡游

帕拉蒂湾 Baía de Paraty 是面积广大的大岛湾 Baía Ilha Grande 的一部分，海湾内海滩星星点点，风光明媚。要欣赏这些风景，最好参加海湾巡游旅行团。在主要的旅行社和酒店均可报名，也可以在旅行团登船码头直接报名。费用标准为不含午餐 R$70~，约需 6 小时。每天 11:00 出发。

埃斯帕索剧院的木偶剧

Teatro Espaço
MAP p.125-B2
R. Dona Geralda, 42
(024) 3371-1575
URL www.ecparaty.org.br
周三·周六 21:00~
不同剧目收费不同

帕拉蒂木偶剧在全球享有盛誉。桑塔丽塔教堂附近的埃斯帕索剧院每天上演2次（某些季节有加演）。不念台词，不懂葡萄牙语也没关系。入场者须年满 14 周岁。

海水涨潮时的桑塔丽塔教堂

埃斯帕索剧院入口

悲伤圣母教堂
住 R. Fresca
☎ (024) 3371-1467

雷梅迪奥斯教堂
住 Praça da Matriz
☎ (024) 3371-1467
开 周一～周五　9:00~12:00
　　　　　　　13:00~17:30
　　周六　　　 8:00~16:00
休 周日
费 R$3

厚重的历史风韵

桑塔丽塔教堂
住 R. Santa Rita
宗教美术馆
开 9:00~12:00、14:00~17:30
休 周一
费 R$4（周二免费）

罗萨里奥圣母教堂
住 Largo do Rosário
☎ (024) 3371-1467

教堂内的装饰品也不容错过

佩尔佩托防御要塞内的民族博物馆
住 Morro do Forte
☎ (024) 3373-1038
开 周二～周五　9:00~12:00、
　　　　　　　13:00~17:30
　　周六・周日　9:00~12:00、
　　　　　　　14:00~17:30
休 周一
费 R$2

帕拉蒂　主要景点

悲伤圣母教堂　　　　　　　　Map p.125-B1
Igreja Nossa Senhora das Dores

1800年为贵族阶级建造的华丽教堂。坐落在城区东侧的佩雷克阿苏河河口附近，钟楼与屋顶的风向标是市民心中的地标。过桥到对岸后，教堂倒映在水面上，另有一番情趣。

典雅精美的悲伤圣母教堂

雷梅迪奥斯教堂　　　　　　　Map p.125-B1
Igreja Matriz Nossa Senhora dos Remédios

18世纪末由城中的中产阶级建造，圣堂一直没有竣工。位于马特兹广场Praça da Matriz的正前方，威武壮丽。

桑塔丽塔教堂　　　　　　　　Map p.125-B2
Igreja Santa Rita

桑托斯最古老的教堂，1722年由黑白混血人种建造，外观颇有时尚风格。位于老城的外围，周围绿地清幽。内部有一个宗教美术馆Museu de Arte Sacra de Paraty。

罗萨里奥圣母教堂　　　　　　Map p.125-B1・2
Igreja Nossa Senhora do Rosário

1725年为奴隶们修建的教堂。1857年修缮，至今仍保留了古意苍茫的意趣。教堂不大，古木雕刻与水晶蜡台等值得欣赏。

佩尔佩托防御要塞　　　　　　Map p.125-B1 外
Forte Defensor Perpétuo

建于1703年的要塞，巴西独立的1822年得到修复。内设民族博物馆，展示了帕拉蒂的历史资料。俯瞰帕拉蒂城市街景也独有一番趣味。

COLUMN　纵享巴西国酒的"卡莎萨嘉年华"

卡莎萨是巴西国酒，而帕拉蒂正是上等卡莎萨的知名产地。每年8月中旬，近80家卡莎萨生产商在帕拉蒂济济一堂，各自拿出自己的招牌美酒，共同举办卡莎萨嘉年华Festival da Pinga。主干道上，卡莎萨试饮台及地方小吃摊鳞齐排列，劲歌热舞，好不热闹。期间，持有"卡莎萨通票"可任意试饮（是否要来一次不醉不归?!）。

另外，民俗活动"圣灵节"Festa do Divino（复活节后周五的10天后）和船舶列队游行的圣保罗节 Festa de São Paulo（6月29日）也是欢快的节日。

帕拉蒂的酒店
Hotel

杜欧鲁望厦宾馆　　　　　　　　　　　　超豪华酒店
Pousada do Ouro

Map p.125-B1

◆距离帕拉蒂湾只有近100米，是19世纪初的建筑。内饰为殖民地风格，空调、迷你吧等设施完备。所有房间都是海景房，其中有9间套房。带泳池和桑拿。

住 R. Dr. Pereira 298
☎（024）3371-2033/4300
URL www.pousadaouro.com.br
费 ⓈⓌ R$650~　另收10%服务费
CC ADJMV
房间数 27间

文学酒店　　　　　　　　　　　　　　超豪华酒店
Pousada Literária

Map p.125-A2

◆坐落在老城的殖民地风格酒店。花团锦簇的花园有别样魅力。房间分为别墅、套房、公寓等5个类型。

住 R. do Comércio 362
☎（024）3371-1568
URL www.pousadaliteraria.com.br
费 ⓈⓌ R$1170~
CC ADJMV
房间数 23间

安孔彻戈酒店　　　　　　　　　　　　中档酒店
Pousada Aconchego

Map p.125-A1

◆到海滩只需要步行5分钟左右。房间不大，但是以白色为基色的内饰清新整洁。泳池、台球桌、休息室等设施齐备。

住 R. Domingos G. de Abreu s/n Centro Histórico
☎（024）3371-1598
URL www.aconchegohotel.com.br
费 ⓈⓌ R$300~
CC ADJMV　房间数 34间

车拉加托可爱青年旅舍　　　　　　　　旅馆
Che Lagarto

Map p.125-A1

◆南美各地均有分店的连锁旅馆。旅馆内清洁卫生，有女性专用（6张床）多人宿舍。带空调的房间要加收费用。

住 R. Benina Toledo do Prado 22
☎（024）3371-1564
URL www.chelagarto.com
费 多人宿舍 R$40~　ⓈⓌ R$139~
CC MV
房间数 18间、72张床

帕拉蒂的餐厅
Restaurant

多纳・翁迪纳
Restaurante Dona Ondina

Map p.125-B1

◆佩雷克阿苏河面上的桥头处一家以海鲜为特色的餐厅。有露天席位。人均消费根据饮品有所不同，大概每人 R$60 左右。

住 R. do Comércio 32
☎（024）3371-1584
营 周二・周二 11:00 16:00、19:00 23:00
　　周四~周日 11:00~23:00
休 周一　CC ADJMV

帕拉蒂的商店
Shop

安普里奥・卡莎萨
Empório da Cachaça

Map p.125-B1

◆帕拉蒂的特产就是卡莎萨。店内主要销售帕拉蒂及周边出产的卡莎萨，共500多种。

住 R. Dr. Samuel Costa 22
☎（024）3371-6229
营 周日~下周五 10:00~22:00
　　周六 10:00~24:00
休 无　CC ADJMV

Brasil

巴西南部

贝洛奥里藏特 *Belo Horizonte*

巴西利亚
贝洛奥里藏特

MAP ▶ p.55-C2

长途区号 ▶ **031**
（电话的拨打方法→p.42）

US$1 ≈ **R$3.88**
≈ 6.84 元人民币

INFORMATION

旅游咨询处
Centro de Atendimento ao Turista CAT
MAP p.129-A1
Av. Bias Fortes 50
(031) 98210-3132
周二～周四、周六、周日 9:00～19:00
周五 8:00～21:30
休 周一
两座机场内、自由广场、市立公园 Parque Municipal、长途巴士总站内、中央市场内均有服务台。

奥斯卡·尼迈耶设计的赛特广场

贝洛奥里藏特由于金矿的发现取得了飞速发展，19世纪后取代欧鲁普雷图，在1898年成为米纳斯吉拉斯州的首府。这座建在丘陵上的城市气候湿润，适宜居住，人口接近250万。建筑师与艺术家亲自规划的绿地公园与观光景点等错落分布，并然有序。贝洛奥里藏特是该州最大的商业＆美食城市。

● 前往贝洛奥里藏特的交通方式

航空

贝洛奥里藏特有坦克雷多内维斯国际机场 Aeroporto Internacional Tancredo Neves（通称孔芬斯机场 Aeroporto de Confins/CNF）和潘普利亚机场 Aeroporto da Pampulha（PLU）两座机场。CNF距离市区约38公里，PLU约7公里。巴西主要城市与贝洛奥里藏特间均有航班（→p.52）。

● 从机场到市区

机场
坦克雷多内维斯国际机场（孔芬斯机场）
MAP p.129-A1 外
Rodovia MG 10, Km 39
URL www.aeroportoconfins.net
潘普利亚机场
MAP p.129-A1 外
Praça Bagatelle 204, São Luís

空调巴士
Conexão Aeroporto
(031) 3224-1002
URL www.conexaoaeroporto.com.br
机场出发24小时运营。市内出发 2:30 21:30（周日 3:15）
R$26.5
市内空调巴士站点
MAP p.129-B2
Av. Álvares Cabral 387, Lourdes

从孔芬斯机场到市区有两种巴士可选。无空调的巴士途经潘普利亚机场终到长途巴士总站，全程约需1小时15分钟。空调巴士直达市中心的专用巴士车站，全程约需50分钟。出机场后沿人行道直走，左侧是空调

同一个售票处销售两种巴士车票

128

巴士站台，右侧是无空调巴士站台。

长途巴士

从圣保罗出发每天有 25~33 班，全程约需 8 小时 40 分钟。从里约热内卢出发，每天有 22~30 班，全程约需 7 小时。从欧鲁普雷图出发约需 2 小时，从圣若昂－德尔雷伊出发约需 3 小时 30 分钟。长途巴士总站位于市中心，步行约 15 分钟可到市立公园。

贝洛奥里藏特　漫　步

市区的道路呈棋盘状分布，坡道偏多。从长途巴士总站出来后正前方的道路就是主干道，名为阿丰索·佩纳大道 Av. Afonso Pena。在这条大道上走 10 分钟左右，在左侧能看到市立公园。从那里往南走是美术馆、博物馆集中的自由广场。餐厅广布全城，从自由广场沿托马斯·贡萨加大道 R.Tomás Gonzaga 向西走 3、4 个街区是美食区。小吃类可去中央市场（→ p.130 边栏）。市区有地铁，但是游客使用较多的还是当地巴士或出租车。

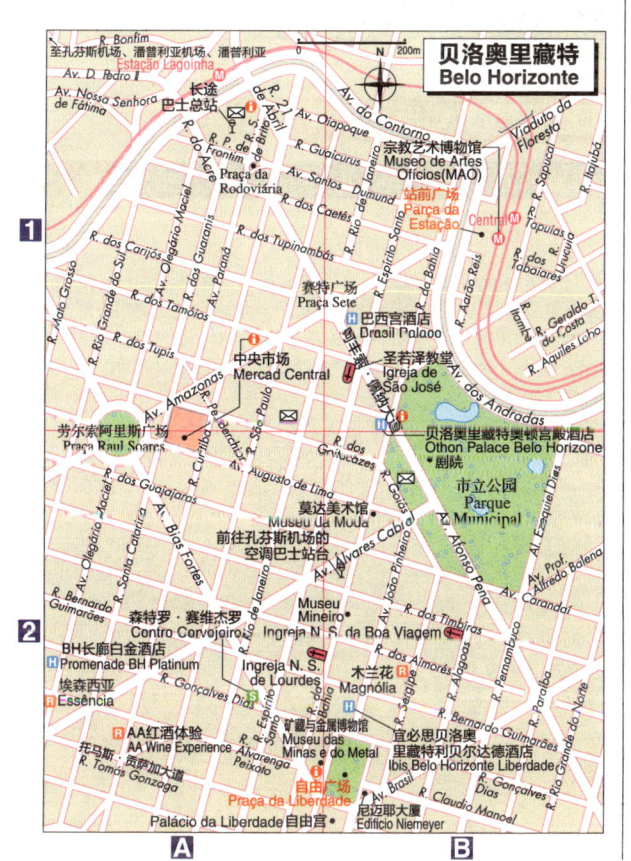

无空调巴士

机场出发 24 小时运营。
长途巴士总站出发 4:00~22:45
（周六、周日 ~22:30）
R$12.25

长途巴士总站

MAP p.129-A1
Praça Rio Branco 100，Centro
(031) 3271-3000

长途巴士总站内有旅游咨询台

当地巴士票价

票价一律为 R$4.05，现金支付。车体颜色为蓝色或黄绿色。

车身上标有票价

出租车票价

首次乘坐 R$4.7。以后每增加 1 公里加收 R$2.94~3.53。打表计费。

出租车车身颜色统一为白色，印有本市 LOGO

自由广场旁的尼迈耶大厦 Edifício Niemeyer

巴西 ● 巴西南部　贝洛奥里藏特

贝洛奥里藏特 Belo Horizonte（地图）

A1 长途巴士总站 Estação Lagoinha
宗教艺术博物馆 Museo de Artes Ofícios (MAO)
站前广场 Parça da Estação
赛特广场 Praça Sete
巴西宫酒店 Brasil Palaoo
中央市场 Mercad Central
圣若泽教堂 Igreja de São José
苏尔索阿里广场 Praça Raul Soares
贝洛奥里藏特奥顿宫殿酒店 Othon Palace Belo Horizonte
市立公园 Parque Municipal
奥达美术馆 Museu da Muda
前往孔芬斯机场的空调巴士站
森特罗·科维杰罗 Centro Corvojeiro
博阿维亚任教堂 Ingreja N. S. da Boa Viagem
BH 长廊白金酒店 Promenade BH Platinum
埃森西亚 Essência
卢尔德斯教堂 Ingreja N. S. de Lourdes
木兰花 Magnólia
AA 红酒体验 AA Wine Experience
矿产与金属博物馆 Museu das Minas e do Metal
宜必思贝洛奥里藏特利贝尔达德酒店 Ibis Belo Horizonte Liberdade
自由广场 Praça da Liberdade
自由宫 Palácio da Liberdade
尼迈耶大厦 Edifício Niemeyer

宗教艺术博物馆

- 住 Praça Rui Barbosa 600, Centro
- ☎ (031) 3248-8600
- URL www.mao.org.br
- 营 周二 9:00~21:00
  周三~周日 9:00~17:00
- 休 周一
- 费 R$5

自由广场

- URL circuitoculturalliberdade.com.br

矿藏与金属博物馆

- MAP p.129-A2
- 住 Praça da Liberdade s/n Prédio Rosa
- ☎ (031) 3516-7200
- URL www.mmgerdau.org.br
- 开 周二、周三、周五~周日 12:00~18:00
  周四 12:00~22:00
- 休 周一
- 费 免费

展示了大量的原矿石

中央市场

Mercad Central
- MAP p.129-A1・2
- 住 Av. Augusto de Lima 744, Centro
- ☎ (031) 3274-9497
- URL mercadocentral.com.br
- 开 周一~周六 7:00~18:00
  周日 7:00~13:00
- 休 无

食品与杂货铺密集。站立式小吃摊从白天开始就有不少喝酒的客人。

前往潘普利亚建筑群的交通方式

从贝洛奥里藏特到潘普利亚湖畔的旅游咨询处旁可乘坐5106路巴士，约需1小时30分钟。圣弗朗西斯科大教堂前有巴士站台，可在左边看有缆车的地方下。返程与去程线路相同，可返回贝洛奥里藏特，但是也可以在湖东侧的长途巴士总站乘坐到市区的巴士。

湖的周长约18公里，湖畔建有自行车道

贝洛奥里藏特 主要景点

站前广场
Praça da Estação

Map p.129-B1

地铁中央站 Central 前的老车站与广场的统称。广场不时有活动。车站内的宗教艺术博物馆 Museu de Artes e Ofícios（MAP）展示了贝洛奥里藏特的工商业史及其他精美藏品。

自由广场
Praça de Liberdade

Map p.129-A2

广场周边是文化区，集中了古建筑与博物馆等设施。最有看点的是需要花大概1小时跟随旅游团参观的自由宫 Palácio da Liberdade、矿藏与金属博物馆 Museu das Minase do Metal（MM Gerdau）等。周一几乎所有设施均关门。

广场上绿树高耸，氛围轻松

贝洛奥里藏特 郊区小镇与景点

潘普利亚
Pampulha

Map p.130

潘普利亚是位于贝洛奥里藏特以北约10公里的小城，景点是潘普利亚人工湖 Lagoa da Pampulha。湖周边有机场、米内朗足球场 Mineirão、奥斯卡·尼迈耶建筑群 Oscar Niemeyer 等。湖是1940年由时任市长，之后的巴西总统库比契克 Kubitschek 建造的。另外，距离潘普利亚约8公里的米纳斯吉拉斯州的州政府大楼也是奥斯卡·尼迈耶的杰作。

潘普利亚 Pampulha
- 潘普利亚美术馆 Museu de Arte da Pampulha(MAP)
- 多功能综合楼 Casa do Baile
- 库比契克之家 Casa Kubitschek
- 潘普利亚湖 Lagoa da Pampulha
- 动物园・植物园 Fundação Zoo-Botânica de Belo Horizonte
- 圣弗朗西斯科大教堂 Igreja de São Francisco de Assis
- 米内朗竞技场 Mineirão（足球场）

潘普利亚建筑群
Map p.130

Conjunto Arquitetônico da Pampulha

去潘普利亚湖的人大多是奔着奥斯卡·尼迈耶建筑群去的。那里有拥有淡蓝色的奇特外观的圣弗朗西斯科大教堂 Igreja de São Francisco de Assis、库比契克之家 Casa Kubitschek、多功能综合楼 Casa do Baile、潘普利亚美术馆 Museu de Arte da Pampulha（MAP）等。湖面广大，湖畔有漫步小道。周围几乎没有商店，需要自备饮品和食物。

湖畔的圣弗朗西斯科大教堂

从多功能综合楼向西走几分钟就能看到

潘普利亚建筑群
圣弗朗西斯科大教堂
- 住 Av. Otacílio Negrão de Lima 3000
- ☎ （031）3427-1644
- 开 周二～周六　9:00～17:00
  周日　　　　11:00～14:00
- 休 周一　费 R$3

多功能综合楼
- 住 Av. Otacílio Negrão de Lima 751
- ☎ （031）3277-7443
- 开 9:00～18:00
- 休 周一　费 免费

潘普利亚美术馆
- 住 Av. Otacílio Negrão de Lima 16585
- ☎ （031）3277-7946
- 开 周二、周三、周五～
  　　　　　　 9:00～18:00
  周四　　　 9:00～21:00
- 休 周一　费 免费

库比契克之家
- 住 Av. Otacílio Negrão de Lima 4188
- ☎ （031）3277-1586
- 开 周四～周日　9:00～17:00
  周三　　　　9:00～21:00
- 休 周一、二　费 免费

孔戈尼亚斯
Map p.55-C2

Congonhas

海拔800米的山腰小镇孔戈尼亚斯于1985年入选世界文化遗产的孔戈尼亚斯仁慈耶稣圣殿所在地。1757年修建的巴西仁慈耶稣圣殿 Basílica do Bom Jesus de Matosinhos 前屹立着12座由巴西雕刻家亚历昂德里诺打造的先知雕像，让人情不自禁要往教堂内走。周围有6座小教堂，内部仍是亚历昂德里诺历经9年制作的基督受难彩木雕像，被誉为亚历昂德里诺的封山之作。

巴西仁慈耶稣圣殿

前往孔戈尼亚斯的交通方式
　　Viação Sandra 公司运营从贝洛奥里藏特的长途巴士总站出发的巴士，全程约需1小时40分钟，票价R$28.25。下车后乘坐出租车，不到10分钟就可以到达耶稣教堂区 Bom Jesus。

巴西仁慈耶稣圣殿
- 住 Praça da Basílica, 180
- ☎ （031）3731-2077
- 开 7:00～18:00
- 休 周一、周二　费 免费

贝洛奥里藏特的酒店
Hotel

BH 长廊白金酒店
Promenade BH Platinum　　超豪华酒店
Map p.129-A2

◆离市区有些远，但周边是富人区，清静雅致。内饰豪华尽显，各种舒适设备和酒店设施应有尽有。前台可说英语，工作人员的服务均无可挑剔。

- 住 Av. Olegário Maciel 1748, Lourdes
- ☎ （031）2125-3800
- URL www.promenade.com.br
- 费 S R$230～ W R$270～
  另收5%消费税
- CC ADMV　房间数 108间

贝洛奥里藏特奥顿宫殿酒店
Othon Palace Belo Horizonte　　中档酒店
Map p.129-B1

◆市立公园对面的大型酒店。从位于25层的餐厅和泳池可将城市街景尽览眼下。房间宽敞，高级客房也有30平方米以上。有些房间带浴缸。

- 住 Av. Afonso Pena 1050, Centro
- ☎ （031）2126-0000
- FAX （031）2126-0061
- URL www.othon.com.br
- 费 S R$114～ W R$154～
- CC ADMV　房间数 296间

酒店客房设施：带浴缸　带电视　带电话　可上网　含早餐

131

宜必思贝洛奥里藏特利贝尔达德酒店
Ibis Belo Horizonte Liberdade

中档酒店　Map p.129-B2

◆靠近自由广场，方便观光与就餐。这家由古建筑改建成的酒店外观和前台均透露着浓浓的复古情怀，不过客房却配备了最新设施。早餐需要加收 R$21。

住 Av. João Pinheiro 602, Lourdes
☎ （031）2111-1700
URL www.ibis.com
费 ⑤Ⓦ R$136~　另收 5% 消费税
CC ADMV
房间数 130 间

巴西宫酒店
Brasil Palace

经济型酒店　Map p.129-B1

◆距离长途巴士总站 10 分钟步行距离。赛特广场 Praça Sete 就在对面，有点吵。建筑比较旧，不过由于其地段的原因，价格也相对便宜。只是要多注意安全。

住 R. Carijós 269, Centro
☎ （031）3273-3811
URL brasilpalacehotel.negocio.site
费 ⑤R$90~　Ⓦ R$120~
CC ADMV
房间数 68 间

贝洛奥里藏特的餐厅
Restaurant

木兰花
Magnólia

Map p.129-B2

◆位于商务区，午餐时间这家公斤餐厅瞬间就会人山人海。菜品主打养生主题，沙拉尤其多。肉、鱼有 2~3 种。工作日 100 克 R$6.4，周六、周日 R$7.4。周五、周六还有黑豆饭。

住 R. Sergipe 314, Funcionários
☎ （031）3291-5320
营 周一~周五 11:00~15:00
　　周六·周日 12:00~16:00
休 无
CC ADMV

埃森西亚
Essência

Map p.129-A2

◆距离自由广场 15 分钟左右步行路程的一家自助式咖啡餐厅。前台的店员会为客人端上饭菜。不同菜单价格不同，1 盘 R$19.5~31。主菜每天不同，共 4 种，其中 1 种是素菜。

住 Av. Olegário Maciel 1826, Santo Agostinho
☎ （031）9879-7566
营 周一~周五 11:30~14:45
　　周六 11:30~15:00
休 周日　CC AMV

AA 红酒体验
AA Wine Experience

Map p.129-A2

◆中间夹层的红酒坊销售世界各地的红酒。酒品名录有 7~8 厘米厚，侍酒师常驻店内。客人也可以直接进坊内直选，每瓶 R$40~。菜品为当代意式风味。提供自助式前菜。

住 R. Curitiba 2102, Lourdes
☎ （031）2512-0942
营 周二~周五 11:30~15:00、18:00~次日 1:00　周六 12:00~次日 1:00
　　周日 12:00~23:00
休 周一　CC AMV

✉ 读者来信
巴西的精酿啤酒专卖店
　　进门附近有啤酒酿造工具和麦芽售卖处。径直往店里走还有露天吧位，给买酒的客人提供了喝酒的场所。共有 18 种精酿啤酒，主要来自米纳斯吉拉斯州，也有巴西其他地区和国外的品牌，让人忍不住想全部试饮一遍。

Centro Cervejeiro
森特罗，赛维杰罗　Map p.129-A2
住 R. Gonçalves Dias 1754, Lourdes
☎ （031）3245-5077
URL www.lamasbrewshop.com.br
营 周二~周五 10:00~20:00　周六 9:00~15:00
休 周日·周一　CC AMV

132

巴西南部
欧鲁普雷图 *Ouro Prêto*

欧鲁普雷图的老城，平缓的山丘与红瓦屋顶相映生辉

Brasil

巴西利亚
★
欧鲁普雷图

MAP ▶ p.55-C2
长途区号 ▶ **031**
（电话的拨打方法→p.42）
US$1 ≈ **R$3.88**
≈ 6.84 元人民币

INFORMATION

ⓘ 旅游咨询处
Centro Culturale e Turistico do Sistema FIEMG
MAP p.135-B1
住 Praça Tiradentes 14
☎ (031) 3551-3287
开 9:00~18:00
休 无
位于一栋蒂拉登特斯广场东侧、内设咖啡厅的建筑内。可领取景点手册。

蒂拉登特斯广场上 ⓘ 所在的建筑

巴西南部 ● 贝洛奥里藏特／欧鲁普雷图

　　欧鲁普雷图距离圣保罗约620公里，距离贝洛奥里藏特约100公里。城区建在海拔1062~1200米的山间，是米纳斯吉拉斯州最初的首府。现在人口只有近6.5万人，但是历史上曾被称为巴西的黄金之乡，是当地的经济中心。1690年，欧鲁普雷图附近发现金矿，巴西国内的淘金者和欧洲的殖民者纷纷涌入这里，梦想一步登天。黄金产量在18世纪中期达到顶峰，之后金矿资源渐渐枯竭，与此同时，欧鲁普雷图的人口也直线下降。
　　过去这里有"黑金之城" Vila Rica Ouro Prêto 的美誉，可见当年的盛景。它也因此于1980年被列为世界文化遗产。如今，走在石板铺就的小路上，前方仍然有近20座巴西巴洛克式教堂。这里也是有着"巴西的米开朗基罗"之称的雕刻家亚历昂德里诺的故乡，他的作品装点了很多教堂。

前往欧鲁普雷图的交通方式

飞机
　　欧鲁普雷图没有机场，最近的机场是首府贝洛奥里藏特的坦克雷多内维斯国际机场 Aeroporto Internacional Tancredo Neves（通称孔芬斯国际机场 Aeroporto de Confins/CNF）和潘普利亚机场 Aeroporto da Pampulha（PLU）。几乎所有飞机都终抵孔芬斯机场。游客可以从机场乘坐出租车或巴士前往位于贝洛奥里藏特老城的长途巴士总站，在那里换乘开往欧鲁普雷图方向的巴士。

长途巴士
　　Viação Util 公司运营从里约热内卢出发的巴士，1天2班，约需6小

欧鲁普雷图的气候
　米纳斯吉拉斯州地区在10月~次年2月是雨季，3~9月为旱季。欧鲁普雷图由于位于海拔约1000米的内陆山区，雨季的气候也不会超过30℃，舒适怡人。雨、雾常年多见，尤其是12月~次年1月，每天都会下大雨，外出时一定要在包里放好折叠伞。旱季的冬季气温会低于10℃以下，体感较冷。

从机场到贝洛奥里藏特的长途巴士总站
　→p.128

133

去往其他城市的长途巴士

里约热内卢与圣保罗的巴士班次少，应尽早购票。还有前往巴西利亚的巴士。开往上述之外其他城市的巴士大多需要在贝洛奥里藏特换乘。

长途巴士总站
MAP p.134-A1
住 R. Padre Rolim 661

前往马里亚纳的巴士中途停靠的矿物博物馆后面的站台

时30分钟。Viação Util公司还运营从圣保罗出发的巴士，1天1班，约需11小时30分钟。Passâro Verde公司运营从贝洛奥里藏特出发的巴士，6:00~23:00期间每隔1小时1班，约需2小时。

● **从长途巴士总站到市区**

长途巴士总站到市区可乘坐当地巴士，约需3分钟，R$20。步行需要大概15分钟，不过提着行李走石板下坡路可是个体力活。反之从市区前往长途巴士总站是上坡，建议在酒店预订出租车。

简朴的长途巴士总站

欧鲁普雷图 漫步

欧鲁普雷图位于山区的溪谷地带，地形起伏不平。从古至今道路都是石板路面，最好穿方便走路的鞋。另外，道路细长多弯，仿佛迷宫，外出时要随身带着地图，留足时间。

从蒂拉登特斯广场开始漫步。围绕在广场周围的有博物馆、❶ 和礼品店。东西方向横穿广场的辅路上也有数量可观的餐厅和民间工艺品店。沿东侧的道路顺车流而下，右侧是圣弗朗西斯科大教堂。前面的科英布拉广场 Largo do Coimbra 上有露天市场。酒店和旅馆遍布全城，选择多样。

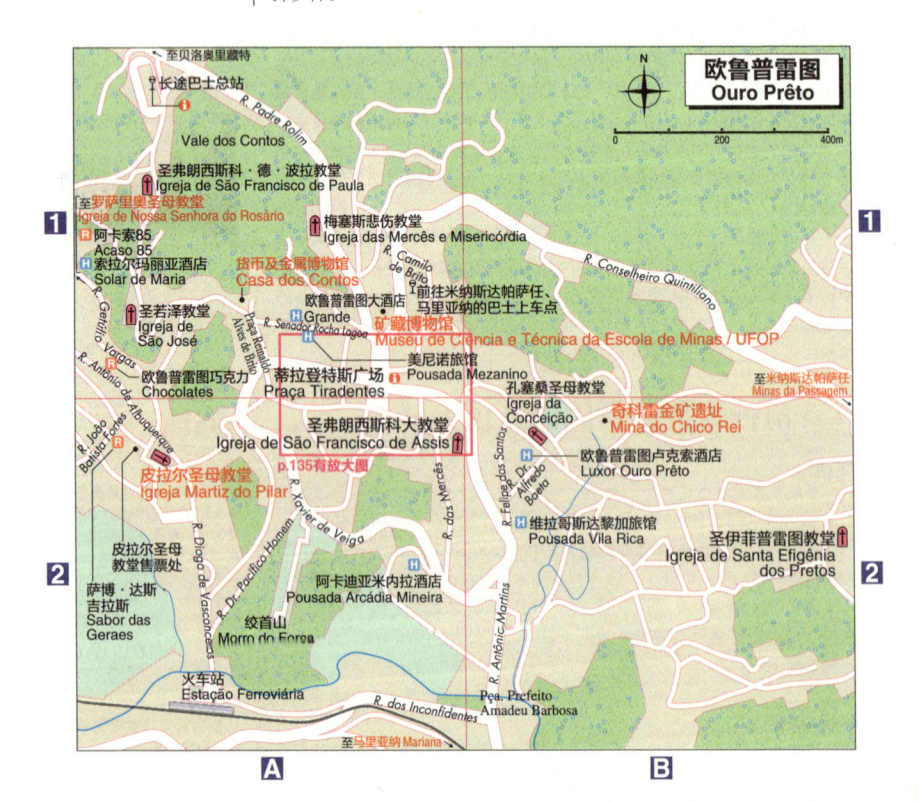

欧鲁普雷图 Ouro Prêto

欧鲁普雷图最知名的景点是巴洛克式教堂群。其中不少是巴西久负盛名的建筑师亚历昂德里诺 Aleijadinho 的作品，具有很高的艺术价值。教堂前有会英语的导游。

蒂拉登特斯广场的露天市场

米纳斯吉拉斯州因出产多种矿石扬名。科英布拉广场的露天小摊销售电气石、玛瑙等原矿石和由矿石制作的民间工艺品、装饰品。其中不少是由皂石这种黏土矿物加工而成的工艺品，从大壶到象棋子等，门类广泛。皂石容易加工，但质地脆硬，携带时要格外小心。

巴西 ● 巴西南部 欧鲁普雷图

游人如织的蒂拉登特斯广场

科英布拉广场的露天市场每天 7:00~19:00 开放

欧鲁普雷图 主要景点

蒂拉登特斯广场　　　　　　Map p.135-B1
Praça Tiradentes

欧鲁普雷图的中央广场。名称中的"蒂拉登特斯"源自在米纳斯吉拉斯的淘金热开始消退的 18 世纪后半叶主张反对葡萄牙殖民者苛捐杂税的独立运动先驱，本名若阿金·若泽·达·席尔瓦·沙维尔 Joaquim José da Silva Xavier，由于他原本是位牙医，故被人们称为蒂拉登特斯。他发起的"米纳斯密谋"由于叛徒的出卖而被当局识破，随后蒂拉登特斯被逮捕，并遭到杀害。牺牲后，他的头颅被悬挂在欧鲁普雷图最繁华的大街上，身体则被卸成八块，钉在柱子上。在今人看来，蒂拉登特斯是巴西独立运动中的英雄。

广场中央有悼念为国捐躯的蒂拉登特斯的纪念碑

欧鲁普雷图市中心

135

矿藏博物馆

住 Praça Tiradentes 20
☎ (031) 3559-1597
URL http://www.museu.em.ufop.br
开 12:00~17:00
休 周一
费 R$10

坐落在蒂拉登特斯广场北侧的对面。从正面左边走上一个斜坡后就到了入口。展览室内禁止拍摄。

独立博物馆

住 Praça Tiradentes 139
☎ (031) 3551-1221
开 12:00~18:00
休 周一 费 R$10

原本是州政府大楼，外观有厚重感

圣弗朗西斯科大教堂

住 Largo de Coimbra
☎ (031) 3551-4661
开 8:30~11:50、13:30~17:00
休 周一
费 R$10

卡莫圣母堂

住 R. Brg. Musqueira
☎ (031) 3551-2601
开 周二~周六 8:30~11:10、13:00~17:00
　 周日 10:00~15:00
休 周一
费 R$3

圣堂博物馆

Museu de Oratório
MAP p.135-A2
开 9:30~17:30
休 周二
费 R$5

圣堂是模拟耶稣诞生时的场景等的基督教主题模型。博物馆内有装在封闭式箱子内的圣母玛丽亚神像等质朴的展品，也有各类人物及背景相关的物品等。

歌剧屋

Casa da Ópera Teatro Municipal
MAP p.135-A2
开 周一~周五 12:00~17:30、13:00~17:00
　 周六·周日 12:00~16:00
休 无
费 R$4

面积小，装修淡雅。没有特别的展品，但是剧院内可自由参观。

矿藏博物馆

Museu de Ciência e Técnica da Escola de Minas/UFOP

Map p.134-A1

位于蒂拉登特斯广场北侧的这座华丽的白色建筑于1742年建成，最初是州长官的公邸。1876年这里创办了矿藏学校。现在，学校的部分建筑改成了博物馆。博物馆分为矿物学、自然史等6个部分，最吸引人的地方是矿藏展厅。包括亚洲在内，来自全球的2.5万件藏品在这里集中展出。颜色、形状各异的奇特矿物密密麻麻地陈列在橱柜内，各自构成一个奇妙的世界。岩石展厅同样内容丰富。另外，从二层可以观赏蒂拉登特斯广场的风景。

博物馆内禁止拍摄

独立博物馆

Museu da Inconfidência

Map p.135-B2

与矿藏博物馆隔着蒂拉登特斯广场相对的独立博物馆一开始是米纳斯吉拉斯的州政府大楼。1907年后的30年里，这里曾是监狱。Inconfidência 在葡萄牙语中是"反叛者"的意思，主要展示巴西独立运动先驱蒂拉登特斯主导的"米纳斯密谋"的相关资料。除了英雄蒂拉登特斯的棺椁等历史遗物外，还有数件亚历昂德里诺的作品。二层是巴西帝国的二代帝王佩德罗二世的肖像画及家具、圣像展厅。

圣弗朗西斯科大教堂

Igreja de São Francisco de Assis

Map p.135-B2

这座巴洛克式教堂被誉为巴西殖民地风格建筑的精华，由奥利维拉的建筑师多明戈斯·莫雷拉修建。设计与外观均由亚历昂德里诺亲自操刀。内部的祭坛用了大量黄金打造，这也是亚历昂德里诺的作品。精细的装饰令人眼花缭乱。

教堂前有露天市场

卡莫圣母堂

Igreja do Carmo

Map p.135-A2

亚历昂德里诺同他的最佳搭档画家莫诺尔·费尔南德斯·达·科斯塔 Manoel Fernandes da Costa 及当时的著名艺术家们于1766~1776年共同完成的作品。正门与圣水池为亚历昂德里诺设计。教堂正对面靠右侧是圣堂博物馆。北侧隔着一条道路的是1770年建造的巴西最古老的剧院歌剧屋。

位于坡顶的卡莫圣母堂

136

皮拉尔圣母教堂
Igreja Matriz do Pilar　Map p.134-A2

这座教堂共使用了超过400公斤的金、银,是巴西国内仅次于萨尔瓦多的圣弗朗西斯科教堂的重金打造的第二大教堂。1711年建造。从祭坛后面绕到地下,有一座博物馆,展示了17~18世纪的雕刻作品及亚历昂德里诺的遗骨等。门票在教堂前道路对面左侧的办事处购买。

内部使用的金银炫丽夺目

奇科雷金矿遗址
Mina do Chico Rei　Map p.134-B2

18世纪的金矿遗址。奇科雷本是非洲的一位部落首领,后被掳掠到巴西当奴隶。被卖到金矿场后,担任奴隶矿工的头领,并在掘金中取得了非凡的成绩,获得了自由,后来成为巴西奴隶解决运动的先驱。遗址内靠前位置有餐厅,里面是遗址入口。越向金矿巷道走,头顶高度越低,有些地方必须弓着背进入。虽然走巷道只需要短短的15分钟,但当时奴隶们的艰辛可想而知。

在前台可以租赁头盔

货币及金属博物馆
Casa dos Contos　Map p.134-A2

展示历史上的货币及铸币工具的博物馆。这座白壁的石建筑精美绝伦,1782年建成时是税务官员的住宅,也一度被用作监狱。克劳迪奥·达·科斯塔 Claudio da Costa 参加了米纳斯吉拉斯独立战争后也被关押在这里。展厅在二层、三层,一层是画廊,地下是监狱展览室。博物馆纵深处是花园和保留了原来的烟囱的厨房。

建筑保存完好,值得欣赏

罗萨里奥圣母教堂
Igreja de Nossa Senhora do Rosário　Map p.134-A1 外

1715年建造的珍稀教堂,供奉黑人圣像。圆筒状的建筑让人过目不忘。内部是巴洛克风格,装饰简朴。摆放了6尊精美的圣人基座,可想象当时黑人奴隶的信仰情况。从蒂拉登特斯广场出发需要穿过一条繁华的街道。

从蒂拉登特斯广场步行约需15分钟

皮拉尔圣母教堂
住 Praça Mons. João Castilho Barbosa
☎ (031) 3551-4735
开 9:00~10:45、12:00~16:45
休 周一
费 R$10

出售教堂门票的办事处

奇科雷金矿遗址
住 R. D. Silverio 108A
☎ (031) 3552-2866
开 8:00~17:00
休 无
费 R$25

奇科雷金矿遗址位于住宅区内

货币及金属博物馆
住 Praça Reinaldo Alves Brito
☎ (031) 3551-1444
开 周一　　　14:00~18:00
　 周二~周六　10:00~17:00
　 周日　　　10:00~15:00
休 无
费 免费

坐落在一条繁华街道的对面

罗萨里奥圣母教堂
住 Largo do Rosário, Rosário
☎ (031) 3551-4736
开 13:00~16:45
休 周一
费 免费

关于在教堂内部拍摄
欧鲁普雷图全境所有教堂几乎都禁止拍照、摄影。请游客按照规定参观游览。

巴西　●巴西南部　欧鲁普雷图

米纳斯达帕萨任
☎ (031) 3557-5000
URL minasdapassagem.com.br
开 周一·周二 9:00~17:00
　　周三·周日 9:00~17:30
休 无　费 R$68

交通方式
　　从欧鲁普雷图乘坐马里亚纳方向的巴士15分钟，票价R$4.35。巴士站点建在矿藏博物馆对面右手边的道路往约50米处。

前往马里亚纳的交通方式
　　从欧鲁普雷图出发有多趟巴士。约需15分钟，票价R$4.88~。

前往马里亚纳的火车
Trem da Vale
URL www.vale.com
　　周五、周六的10:00、14:30发车。周日10:00、16:00发车（不同季节时间有变动）。约需1小时，普通列车单程R$40，往返R$56。全景观光列车单程R$60，往返R$80。马里亚纳的火车站距离老城约10分钟步行路程。

圣弗朗西斯科大教堂内景

欧鲁普雷图 郊区小镇与景点

米纳斯达帕萨任
Minas da Passagem
Map p.55-C2　p.134-B1 外

这处矿山遗址位于从欧鲁普雷图前往马里亚纳的途中约8公里处。直到1985年为止都还在采矿，高峰时有800名矿工。从正门乘坐矿工曾经使用的木矿车往下。一口气下降到100米深的地下确实有几分惊险。坑道深120米，长315米，可乘坐矿车悠闲漫步。坑道位于河道下方，气温保持在17~21℃，湿度大。正门处有餐厅和商店。遗址内还可体验沙金提取。

有时可以在坑内的湖里游泳

马里亚纳
Mariana
Map p.55-C2　p.134-A2 外

位于欧鲁普雷图以东约13公里处的一座殖民地样式小城。是因1696年修筑金矿而繁荣的城市之一，也是米纳斯吉拉斯的首个首府。与欧鲁普雷图相同，这里也留存了众多建于18世纪的巴洛克式精致教堂及其他建筑。马里亚纳的主要景点是1793年建在老城的圣弗朗西斯科大教堂 Igreja de São Francisco de Assis 与1814年建造的卡莫圣母堂 Igreja de Carmo。

另外，周五~周日有从欧鲁普雷图火车站出发的火车。这条线路于1914年竣工，车窗外溪水潺潺，瀑布飞溅，景色优美。去程乘火车，返程可选择巴士，一日游最为理想。

圣弗朗西斯科大教堂（左）与卡莫圣母堂（右）

欧鲁普雷图的酒店
Hotel

欧鲁普雷图卢克索酒店
Luxor Ouro Prêto
超豪华酒店
Map p.134-B2

◆建在孔塞桑圣母教堂 Igreja da Conceição 附近的四星级酒店。前身是18世纪建的一栋建筑，高雅、怀旧的氛围萦绕其间。内设餐厅。

住 R. Dr. Alfredo Baeta 16
☎ (031) 3551-2244
URL hotelluxor.com.br
费 Ⓢ R$335~ Ⓦ R$375~
CC Ⓐ Ⓓ Ⓙ Ⓜ Ⓥ
房间 19 间

蒙德戈旅馆
Pousada do Mondego
中档酒店
Map p.135-B2

◆坐落在科英布拉广场对面，由18世纪的建筑改建而成，是一座殖民地风格建筑。观光与餐饮均十分便利。从商务套房可一览城区的动人美景。

住 Largo de Coimbra 38
☎ (031) 3552-7700
URL mondego.com.br
费 Ⓢ Ⓦ R$412~
CC Ⓐ Ⓓ Ⓜ Ⓥ
房间 23 间

酒店客房设施：带浴缸　带电视　带电话　可上网　含早餐

138

欧鲁普雷图大酒店
Grande Hotel　　　　　　　　　　　超豪华酒店

◆巴西家喻户晓的建筑师奥斯卡·尼迈耶设计的奢华酒店。从蒂拉登特斯广场到这里步行只需 3 分钟左右，是观光、就餐均便捷的地方。酒店建在一个斜坡上，视野良好，从大堂和餐厅都能俯瞰欧鲁普雷图街景。

Map p.134-A1
住 R. Senador Rocha Lagoa 164
☎（031）3551-1488
URL www.grandehotelouropreto.com.br
费 ⓈⓌ R$207～
CC ＡＭＶ
房间数 35 间

剧院酒店
Hotel do Teatro　　　　　　　　　中档酒店

◆区位极佳。位于卡莫圣母堂前，前身是一栋建于 200 年前的建筑。以白色蕾丝和茶色为基调装扮的古典式客房深受女性喜爱。教堂对面也有客房（如图），住宿费全都一样。米纳斯菜餐厅人气高。

Map p.135-A2
住 R. Costa Sena 307
☎（031）3551-7000
费 ⓈⓌ R$247～
CC ＡＤＪＭＶ
房间数 8 间

阿卡迪亚米内拉酒店
Pousada Arcádia Mineira　　　　中档酒店

◆从科英布拉广场下坡即到的酒店。距离老城有些路，具有独特的平民气息，适宜居住。自制早餐也十分美味。花园里的泳池和桑拿房可用。有些工作人员会部分英语。

Map p.134-A2
住 R. Xavier da Veiga 125
☎（031）3551-2227
URL www.arcadiamineira.com.br
费 ⓈⓌ R$170～
CC ＡＤＭＶ
房间数 24 间

索拉尔玛丽亚酒店
Hotel Solar de Maria　　　　　　中档酒店

◆由 19 世纪的殖民地式建筑改建的酒店。步行 15 分钟可到蒂拉登特斯广场，环境安静舒适。外观、正门和客房均以白色为主色调，高雅脱俗。店主夫妇均会说英语，很热情地提供周边的观光信息。

Map p.134-A1 外
住 R. Tome Afonso 111
☎（031）3551-3150
URL www.hotelemouropreto.com.br
费 Ⓢ R$192～ Ⓦ R$414～
CC ＡＤＪＭＶ
房间数 22 间

维拉哥斯达黎加旅馆
Pousada Vila Rica　　　　　　　经济型酒店

◆从蒂拉登特斯广场下坡，不到 10 分钟即到。建筑为 1730 年修建，彩色斑斓的外墙瓷砖最吸引人。旅馆内装饰着精致的古典家具，古色古香。房间质朴舒适，所有房间均可连接 Wi-Fi。

Map p.134-B2
住 R. Felipe dos Santos 145
☎（031）3551-4729
URL www.pousadavilarica.com
费 Ⓢ R$80～ Ⓦ R$130～
CC ＭＶ
房间数 32 间

美尼诺旅馆
Pousada Mezanino　　　　　　经济型酒店

◆位于从蒂拉登特斯广场走向货币及金属博物馆的途中，坡度陡，但是位置很好。白墙上的胭脂色木框十分突出。这家家族经营的旅馆不时有宠物出入，但旅馆和客房都很干净整洁。客房是简洁时尚风格，所有房间标配冰箱。工作人员服务周到。

Map p.134-A1
住 R. Senador Rocha Lagoa 131
☎（031）3551-1289
费 ⓈⓌ R$154～
CC ＭＶ
房间数 11 间

巴西　●巴西南部　欧鲁普雷图

139

欧鲁普雷图的餐厅
Restaurant

卡萨·多·欧维多
Casa do Ouvidor

Map p.135-A1

◆坐落在蒂拉登特斯广场附近，是米纳斯菜的知名餐厅。内部氛围雅致，古典气息浓厚。推荐品尝鸡蛋黑豆饭 Feijão Tropeiro 和米内罗烧烤 Tutu á Mineira（1人份 R$43.2，2人份 R$60.5）。意大利面 R$29~。有英语菜单。

住 R. Direita 42（2层）
☎ (031) 3551-2141
营 11:00~15:00、19:00~22:00
休 无
CC DMV

阿卡索 85
Acaso 85

Map p.134-A1 外

◆米纳斯风格的公斤餐厅。道路对面的正门与地下相连，大堂为挑高设计。招牌名菜为鸡肉与秋葵什锦炖菜，此外还有米纳斯地区的家常菜。每100克 R$4.4。酒的种类也很丰富。

住 Largo do Rosário 85
☎ (031) 3551-2397
URL www.acaso85.com.br
营 周一~周五 11:30~15:00
　 周六·周日 11:30~15:30
休 无　CC MV

歌剧咖啡
Opera Café

Map p.135-A1

◆19世纪的建筑，翻新后建成现在的复古餐厅，店内同时经营旅馆。自制甜品是招牌美食，有馅饼 R$7.5、巧克力慕斯 R$12.5 等。还有三明治 R$13.5~，是品尝小吃的好选择。可连 Wi-Fi。

住 R. Conde de Bobadela 75
☎ (031) 3551-6244
URL pousadasolardaopera.com.br
营 周一 13:00~20:00
　 周二~周日 10:00~20:00
休 无　CC ADMV

萨博·达斯·吉拉斯
Sabor das Geraes

Map p.134-A2

◆皮拉尔圣母教堂附近的一家公斤餐厅。餐厅前有一家加油站。有20余种菜品，每100克 R$3.59~，价格实惠。周六有黑豆饭。可外带。

住 R. João Batista Fortes 9
☎ (031) 3551-1074
营 周一~周五 11:00~15:00
　 周六·周日 11:30~16:00
休 无
CC ADJMV

欧鲁普雷图巧克力
Chocolates Ouro Prêto

Map p.134-A1

◆距离皮拉尔圣母教堂3分钟左右的步行路程。从店前的露天座位可尽览城区景致。由丰富的巧克力制作的甜品和热巧克力 R$9.8 是主打商品，也有小吃类。在蒂拉登特斯广场设有分店。

住 R. Getúlio Vargas 66
☎ (031) 3551-7330
营 9:00~19:00
休 无
CC ADJMV

欧鲁普雷图的商店
Shop

米纳斯奇迹
Milagre de Minas

Map p.135-A2

◆卡莎萨厂家直营的卡莎萨专卖店。卡莎萨的种类超过100种，从餐前酒到卡布琳娜，品种多样。送礼适合买50ml的小瓶装，1瓶 R$11~。店内同时销售芥末和果酱等。工作人员会热情接待试饮。

住 Praça Tiradentes 130
☎ (031) 3551-5731
开 周一~周六 10:00~19:00
　 周日 9:00~18:00
休 无
CC DMV

140

巴西南部

圣若昂－德尔雷伊
São João del Rei

圣若昂－德尔雷伊老城街景

MAP▶p.55-C2
长途区号▶**032**（电话的拨打方法→p.42）
US$1≈ **R$3.88** ≈ 6.84 元人民币

INFORMATION

旅游咨询处
Centro de Atendimento Turism
MAP p.147-A1
Av.Presidente Tancredo Neves s/n
☎（032）3371-7338
开 周一～周五
　　　　　　　8:00～17:00
　周六　　　8:00～14:00
　周日　　　9:00～13:00
休 无

圣若昂－德尔雷伊跟欧鲁普雷图一样，同是因 18 世纪的淘金热而兴起，是米纳斯吉拉斯州典型的殖民地地市。城区裹夹在绿树成荫的丘陵之间，分布在小河两岸的细长状老城（历史城区）内有诉说 18 世纪繁荣景象的雕像和华美教堂、巴洛克风格建筑等。石板小道与周遭的自然彼此相映，意趣悠深。

这座人口近 8.5 万的小城远离了大城市的喧嚣，也不是一个游客如潮的热门观光地。古石桥上时而通过的车辆仿佛与行人同速前进，整个小城都弥漫着轻松幽静的氛围。首次到访这里的人，不由得内心一阵轻缓的气息划讨，确乎是个游人欣然而居的城市。

常常门可罗雀。地图可在长途巴士总站的 ℹ 及酒店处领取

🌀 前往圣若昂－德尔雷伊的交通方式

飞机

距市中心约 35 公里的地方有一座奥克塔维奥·阿尔梅达·内维斯市长机场 Aeroporto Prefeito Octávio de Almeida Neves（JDR）。截至本书出版前，机场往来于巴西各城市的航班停飞。

长途巴士

　Viação Utill 公司运营从圣保罗出发的巴士，1 天 3~4 班，约需 8 小时。Paraibuna 公司运营从里约热内卢出发的巴士，1 天 2~4 班，约需 5 小时 30 分钟。Viação Sandra 公司运营从贝洛奥里藏特出发的巴士，1 天 7~10 班，需 3 小时~4 小时 10 分钟。

周六、周日要注意

圣若昂－德尔雷伊与其说是个景区，不如说是个普通的小城。周六、周日商店多歇业，餐厅和咖啡厅也会关门，游客要事先确认营业信息再出门。工作日人多，较为安全，夜间不要一个人走黑暗的小巷。

长途巴士站旁边开往老城方向的巴士站台

● 从长途巴士总站到市区

　　长途巴士总站位于市区以北大约 1.5 公里处。开往位于老城的当地巴士总站的巴士标有"Cidade"字样，每 5 分钟 1 班。巴士站台位于长途巴士总站出口处左手边的商店前，事实上步行到老城也不过 20 分钟左右。乘坐出租车约需 R$20~。

圣若昂－德尔雷伊　漫步

　　令赫伊洛河 Rio Lenheiro 横穿圣若昂－德尔雷伊的东西方向。城市中心是一座 1881 年修建的火车站。火车站前有观光咨询处，这附近是城区地势最低的区域，以河为界，南北两侧均有一片缓坡小山。北坡上的老城道路狭窄，回环曲折，充满殖民地风情。还有平民商店街和小市场。南侧是银行和邮局，有商业街的风范。酒店多集中在令赫伊洛河沿岸地区。

　　位于城北的贝拉维斯塔山 Bela Vista 是一个极佳的观景地。从距离卡尔莫圣母教堂 Igreja do N.S. do Carmo 一个街区、市场后面的穆敬远路 R. João Mourão 开始登山，到达基督像矗立的山顶后，可尽览城市全景。石板路较多，最好穿休闲运动鞋。

周末开行观光列车，并拥有博物馆的火车站

铁路博物馆
Museu Ferroviário
（圣若昂－德尔雷伊火车站内）
MAP p.142-A・B1
☎ (032) 3371-8485
⏰ 9:00~11:00、13:00~17:00
休 周一、周二
费 R$3

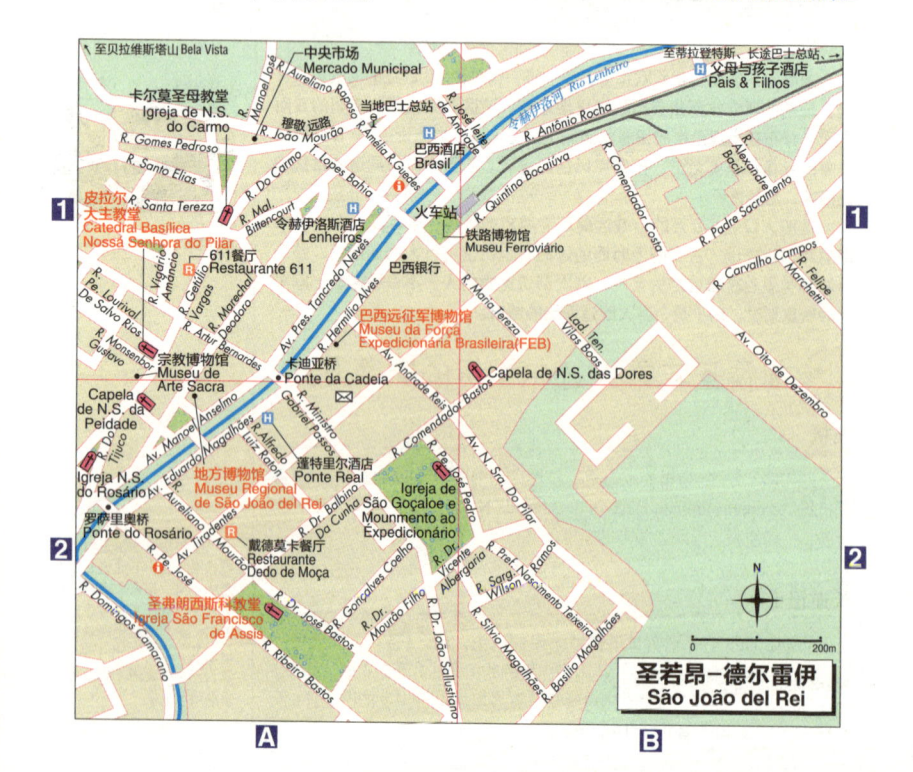

令赫伊洛河是该城的象征

142

圣若昂－德尔雷伊城市不大，一天就能够走完。很多游客利用周末时光乘坐观光列车再前往近郊的蒂拉登特斯，顺便在这里停留。

圣若昂－德尔雷伊 主要景点

圣弗朗西斯科教堂
Igreja São Francisco de Assis
Map p.142-A2

1774年建在小山上的巴洛克式教堂，是小城的象征。从火车站步行大约10分钟即可抵达。前面的广场是市民的休闲场所，树龄超100年的高大椰树拱卫在教堂的四周。外侧正面的圣母与天使像及内部的祭坛等都是18世纪雕刻家亚历昂德里诺早期的作品。

小城的知名教堂

皮拉尔大主教堂
Catedral Basílica Nossá Senhora do Pilar
Map p.142-A1

城市最古老的教堂，建于1721年。是巴西使用黄金量弟四多的教堂，金光闪闪的祭坛装饰及以红色为基调的屋顶画是重中之重。

请根据弥撒的时间合理安排出行

地方博物馆
Museu Rogional de São João del Rei
Map p.142-A2

1859年重建的科洛尼亚式私宅中，展示了从米纳斯地区各地收集而来的基督教相关美术品、18世纪的工业机械等。

陈列着亚历昂德里诺的雕刻作品

巴西远征军博物馆
Museu da Força Expedicionária Brasileira（FEB）
Map p.142-A1

本是一栋令赫伊洛河沿岸的米白相间的古典建筑，里面设置了展览室。密密麻麻的展品包括"二战"期间大名鼎鼎的圣约翰德雷步兵连使用过的武器、生活用品等。

虽然只有一层楼，但值得一看

圣弗朗西斯科教堂
🏠 Pça. Frei Orlando

陈列着亚历昂德里诺的雕刻作品

中央市场
Mercado Municipal
MAP p.142-A1
🏠 R. João Mourão 2, Centro
☎（032）3371-9258
🕐 周一～周五　8:00～17:30
　　周六　　　 8:00-12:00
休 周日

规模虽小，但是有米纳斯菜系中使用的石质器皿和奶酪等，具有浓厚的乡土气息

皮拉尔大主教堂
🏠 R. Monsenhor Gustavo, 61-Centro

地方博物馆
🏠 R. Marechal Deodoro 12
☎（032）3371-7663
🕐 周二～周五　9:30～16:00
　　周六・周日　9:30～13:00
休 周一
💰 R$1（周日免费）

巴西远征军博物馆
🏠 R. Hermílio Alves, 769, Centro
☎（032）3379-1315
🕐 8:00～11:30
　 13:30～16:00
休 无
💰 R$20

巴西南部　圣若昂－德尔雷伊

圣若昂-德尔雷伊的酒店
Hotel

蓬特里尔酒店
Hotel Ponte Real　　中档酒店

◆令赫伊洛河对面的三星级酒店。除设有餐厅、酒吧外，院子里还有泳池。客房为古典风格，整洁大方。

Map p.142-A2
住 Av. Eduardo Magalhães 254
☎（032）3371-7000
URL www.hotelpontereal.com.br
费 ⓈR$115~ ⓌR$170~
CC A D M V
房间 30间

令赫伊洛斯酒店
Lenheiros　　中档酒店

◆位于市中心。客房为统一的棕色调，透露着古雅风格，收拾得整洁有序。所有房间均配有风扇和冰箱等。

Map p.142-A1
住 Av. Pres. Tancredo Neves 257
☎（032）3371-8155
URL hotellenheiros.com.br
费 ⓈR$118~ ⓌR$208~
CC D M V
房间 20间

巴西酒店
Hotel Brasil　　经济型酒店

◆位于河对岸火车站对面的一栋高大建筑，建筑为殖民地风格。光看外观，似乎价格昂贵，实际上是老城最便宜的酒店。客房各层挑高都很高，充满复古风情。

Map p.142-A1
住 Av. Pres. Tancredo Neves 395
☎（032）3371-2804
费 ⓈR$45~ ⓌR$90~
　　共用浴室 ⓈR$35~ ⓌR$70~
CC M V
房间 10间

父母与孩子酒店
Hotel Pais & Filhos　　经济型酒店

◆步行3分钟左右即达长途巴士总站，交通便利。配备电梯。房间偏小，但是打扫整洁，还有冰箱和电视。

Map p.142-B1
住 R.Ver. Eli Araújo 308, Fábricas
☎（032）3371-8109
URL www.hotelpaisefilhos.com.br
费 Ⓢ ⓌR$70~
CC M V
房间 18间

圣若昂-德尔雷伊的餐厅
Restaurant

611餐厅
Restaurante 611

◆皮拉尔大主教堂和卡尔莫圣母教堂之间的一栋米纳斯自助餐厅。菜价R$15左右，物美价廉，是当地人的最爱。菜品主要有沙拉、肉、意面等，每日供应黑豆饭。

Map p.142-A1
住 R. Getúlio Vargas 145
☎（032）3371-8793
营 1:00~15:00
休 无
CC A D M

读者来信
可以吃到油炸丸子R$33和干炸木薯R$21等巴西美食。凯匹林纳鸡尾酒R$10~等酒类也十分丰富。（'17）

Restaurante Dedo de Moça
戴德莫卡餐厅　MAP p.142-A2
住 R. Aureliano Mourão, 101, centro
☎（032）3371-7623
营 周日～周二、周四 11:30~16:00, 18:30~24:00
　　周三 18:30~24:00
　　周五、周六 11:30~16:00, 18:30~次日 1:00
休 无　CC A D J M V

巴西南部
蒂拉登特斯 *Tiradentes*

Brasil

巴西利亚 ●
蒂拉登特斯 ★

● 巴西南部 — 圣若昂 — 德尔雷伊／蒂拉登特斯

MAP ▶ p.55-C2
长途区号 ▶ **032**
（电话的拨打方法→ p.42）
US$1 ≈ **R$3.88**
≈ 6.84 元人民币

蒸汽火车抵达蒂拉登特斯站后，倒转车身，重新返回圣若昂－德尔雷伊

从圣若昂－德尔雷伊乘坐巴士，30 分钟左右就能到蒂拉登特斯。这是一个至今仍保留着 18 世纪风貌的殖民地城市。低缓的小山坡上，石板小径井然有序，比邻而建的平房述说着往昔的峥嵘。圣若昂－德尔雷伊始发的蒸汽火车只在周末开行，坐在木车厢内，行驶在这一段始建于 1881 年的铁路线上，旅行的况味萦绕于心。并且蒂拉登特斯周边森林密布，低山环绕，是徒步游、生态游的理想地点。还有不少游客以高档古雅酒店为大本营，在这里享受自然之旅。

蒂拉登特斯　漫　步

火车站前有观光马车候客，不过走到老城（历史城区）也不过 20 分钟左右。散布在小城中的教堂、美术馆、汲水处等都在步行范围内。商店最集中的地方是迷你斯多 贾布里埃·帕索斯大道 R. Ministro Gabriel Passos。如果只是老城，1 天就可以逛完。如果想住下来体验娱乐项目，可联系酒店，拜托他们安排。没有 ℹ️，酒店和景区都能领取地图。

圣安东尼奥教堂与马车

前往蒂拉登特斯的交通方式
巴士
　　Viação Presidente 公司运营从圣若昂－德尔雷伊的长途巴士总站出发的巴士，周一～周五 5:50～19:00 间共 19 班，周六 7:00～19:00 有 9 班，周日 7:00～22.00 有 10 班。约需 30 分钟，票价 R$3.35。巴士在当地停车 5 分钟左右，然后返程。从蒂拉登特斯出发的末班车为 19:30 出发（周日 22:30）。

蒸汽火车
URL www.vli-logistica.com.br/en
　　周五～周日圣若昂－德尔雷伊～蒂拉登特斯间开行观光蒸汽火车。旺季车票不一会儿就会售罄。如果是当天往返的旅行，建议出发坐火车，返程选巴士。

圣若昂－德尔雷伊始发
周五、周六　　10:00、15.00
周日　　　　　10:00、13:00

蒂拉登特斯始发
周五、周六　　13:00、17:00
周日　　　　　11:00、14:00
※ 不同季节发车时间不同，请在网站上确认

观光马车
　　从火车站到老城 R$30～。逛完主要景点约需 2 小时，R$80～。有些车主还能砍价，尝试多问几个人吧。

18 世纪传承至今的汲水处 Chafariz de São Jose

地图标注：
- 汲水处 Chafariz de São José
- 卡萨希诺餐厅 Casa do Sino
- 巴士总站 São Francisco de Paula
- 蒂拉登特斯酒店 Pousada Tiradentes
- 返回达瓜酒店 Pousada Mãe D'Agua
- 奎托沃鲁 Quinto do Ouro
- 托莱多神父美术馆 Museu Padre Toledo
- 圣安东尼奥教堂 Igreja Matriz de Santo Antônio
- 火车站

145

圣安东尼奥教堂
住 R. da Camara s/n Centro
开 9:00~17:00
费 R$5

托莱多神父美术馆
住 R. Padre Toledo 190
☎ (032) 3355-1549
开 周二～周五 10:00~17:00
　周六　　　10:00~16:30
　周日　　　 9:00~15:00
休 周一
费 R$10

屋顶壁画倒映在镜子里

蒂拉登特斯 主要景点

圣安东尼奥教堂　Map p.145
Igreja Matriz de Santo Antônio

坐落在西边的小山上，是蒂拉登特斯最古老的教堂，于1732年建成。内部装修使用了484公斤黄金，使人不禁联想起当年淘金热下的繁华昌盛。精致木雕与黄金装饰共同点缀的祭坛、宏伟宽阔的正门都是看点。教堂前可以眺望连绵的远山。

托莱多神父美术馆　Map p.145
Museu Padre Toledo

前往圣安东尼奥教堂的上坡中段就能看到这家美术馆。原是托莱多神父的住处，现改成了美术馆。馆内以一种全新的形式展示了18世纪殖民地风格的建筑美学与古典家具、美术品等。

蒂拉登特斯的酒店 Hotel

迈伊达瓜酒店　　　　　　　　　　　　　Map p.145
Pousada Mãe D'Água　　　　　　　　　　高档酒店

◆位于蒂拉登特斯中心广场对面，前身是一栋殖民地式建筑。客房宽大，花园绿意葱茏，配备露天及室内泳池。

住 Largo das Forras 50
☎ (032) 3355-1206
URL www.pousadamaedagua.com.br
费 ⓈR$292~ ⓌR$414~
另收5%消费税
CC A D M V　房间数 49间

蒂拉登特斯酒店　　　　　　　　　　　Map p.145
Pousada Tiradentes　　　　　　　　　　中档酒店

◆内饰是简练的乡村风格，房间内配空调、冰箱。旁边就是巴士总站，交通便利。旺季的周末稍显喧闹。

住 R. São Francisco de Paula 41
☎ (032) 3355-1232
URL www.pousadatiradentesmg.com.br
费 ⓈⓌR$180~
CC M V
房间数 14间

蒂拉登特斯的餐厅 Restaurant

奎托沃鲁　　　　　　　　　　　　　　Map p.145
Quinto do Ouro

◆一家热门的公斤餐厅。米纳斯吉拉斯州的乡土菜和沙拉每100克R$4.5。白墙绿框的外观是它的特色。

住 R. Ministro Gabriel Passos 139
☎ (032) 9801-7733
营 11:45~15:30
休 周一
CC 不可使用

卡萨希诺餐厅　　　　　　　　　　　　Map p.145
Casa do Sino

◆巴士总站附近的可爱咖啡厅兼杂货店。咖啡R$5左右，还有简餐和烤制点心等。

住 Largo Da Rodoviária 39
☎ (032) 3355-1481
营 8:00~19:00
休 无
CC D M V

146　酒店客房设施：🛁带浴缸 📺带电视 ☎带电话 🌐可上网 🍳含早餐

巴西南部

伊瓜苏瀑布

Cataratas do Iguaçu

世界遗产

Brasil

巴西利亚★
伊瓜苏瀑布

巴西

●巴西南部 蒂拉登特斯／伊瓜苏瀑布

MAP ▶ p.55-A3

长途区号 ▶ **045**

※阿根廷境内的伊瓜苏港的长途区号为03757
（电话的拨打方法→p.42）

US$1 ＝ **R$3.88**
≈ 6.84元人民币

※阿根廷货币为比索（$）

US$1 ＝ **$39.83**
≈ 6.84元人民币

伊瓜苏瀑布资讯网站
URL www.cataratasdoiguacu.com.br
（巴西境内）
URL www.iguazuargentina.com
（阿根廷境内）

从巴西一侧的观光步道上眺望的伊瓜苏瀑布中规模最大的瀑布——"恶魔之喉"

伊瓜苏瀑布位于伊瓜苏河下游，伊瓜苏河全长1320公里，流经巴西、阿根廷和巴拉圭三个国家。与北美的尼亚加拉瀑布、非洲的维多利亚瀑布并称世界三大瀑布，其中伊瓜苏瀑布的规模最宏大。尼亚加拉瀑布由三段组成，其中加拿大境内的马蹄瀑布宽670米，美国境内的美国瀑布宽260米，布里达尔维尔瀑布宽15米；而伊瓜苏瀑布总宽接近4公里，有近275段瀑布，最大落差80米，每秒的水量为6500吨。美国前总统富兰克林·罗斯福的夫人——埃莉诺·罗斯福在看到伊瓜苏瀑布时感叹道：尼亚加拉瀑布太可怜了！这成了宣传伊瓜苏瀑布之大的一段佳话。

"伊瓜苏"源自当地原住民瓜拉尼人的语言，"Igu"意为"水"，"Açu"是"宏大、壮阔"，有惊叹之意。瀑布及其周边2256平方公里的范围都被划入伊瓜苏国家公园，1984年阿根廷一侧，随后1986年巴西一侧的瀑布被联合国教科文组织列入《世界遗产名录》。

伊瓜苏瀑布横跨巴西和阿根廷两国边境，景色各有千秋，不论哪边都值得推荐。最大亮点是规模最大的"恶魔之喉"。从阿根廷境内观察，"恶魔之喉"以雷霆万钧之势飞驰而下，水雾四溅，蔚为壮观。

水势汹涌如万马奔腾，光照凝练似千虹下坠，瀑布如斯，千面流转。天摇地转，跃动不止。壮丽的色调与雄阔的画面共同演绎了一段激情交响乐。

✅ CHECK! 跨越边境的伊瓜苏瀑布

伊瓜苏瀑布横跨巴西、阿根廷两个国家，瀑布所在城市分别叫福斯多伊瓜苏（巴西）、伊瓜苏港（阿根廷），两城均有直达巴士前往瀑布。另外，从伊瓜苏港也有直达巴士开往巴西境内的瀑布，而从福斯多伊瓜苏却没有前往阿根廷一侧瀑布的直达巴士，需要在伊瓜苏港换乘一次。

※如有过境观赏瀑布的计划，请在出国前了解签证政策。

🚩 前往伊瓜苏瀑布的交通方式

飞机

圣保罗国际机场和里约热内卢加利昂国际机场每天有多趟直达航班

147

福斯多伊瓜苏国际机场
MAP p.148
BR 469, km 16, 5
☎ (045) 3521-4780

从机场到市区（短途巴士总站 T.T.U.）
当地巴士
约需 30 分钟、R$2.9
出租车
约需 20 分钟、R$50 左右

关于治安
福斯多伊瓜苏治安相对较好，但是天黑之后尽量避免单独外出。市区的危险场所是巴拉那河 Río Paraná 沿岸地区。从邻国涌入的非法移民集中在这片区域，治安状况糟糕，甚至比对岸的巴拉圭东方市还要令人担忧。

抵达这里（→ p.52）。另外，从库里蒂巴、阿雷格里港出发也有航班。巴西利亚每周 1 趟直达航班，其他大多需要在圣保罗中转。

●从机场到市区
福斯多伊瓜苏国际机场 Aeroporte Internacional de Foz do Iguaçu (ICU) 位于福斯多伊瓜苏与伊瓜苏瀑布之间，距离市区约 15 公里，可乘坐当地巴士或出租车到市区。如果是巴士，出机场航站楼后左拐一小段路就能看到一个公交站。T.T.U. 方向的巴士终点站是短途巴士总站。

现代化的福斯多伊瓜苏国际机场

长途巴士
通过长途巴士与国内主要城市相连。Pluma 公司与 Catarinense 公司运营从里约热内卢出发的巴士，每天 4~5 班，约需 23 小时；从圣保罗出发每天 4~5 班，约需 17 小时；从库里蒂巴出发 Catarinense 公司每天运营 12~13 班，约需 9 小时。从贝洛奥里藏特每天 1~2 班，约需 27 小时。

通过巴西~巴拉圭的边境
过境时，需要通过海关和入境审查。可选择步行通过边境大桥，也可以乘坐摩的。
如果从福斯多伊瓜苏去东方市 Ciudad del Este，可以在短途巴士总站前乘坐标有 "PARAGUAY" 字样开往东方市的巴士。在边境下车后，步行过桥就到了东方市。如果直接坐当地巴士，有可能会坐到市区，一定要下车，盖上出入境章。

伊瓜苏瀑布周边
Cataratas do Iguaçu

● 从长途巴士总站到市区

福斯多伊瓜苏国际巴士总站 Rodoviária Internacional Foz do Iguaçu（长途巴士总站）距离市中心约 7 公里，可乘坐当地巴士或出租车。坐上带 T.T.U. 字样的巴士可到短途巴士总站。票价均为 R$3.45。

福斯多伊瓜苏短途巴士总站

从阿根廷出发的巴士

Rio Uruguay 公司运营从阿根廷境内伊瓜苏港的巴士总站出发的巴士。6:30~18:30 每小时发车。票价单程 $20。从福斯多伊瓜苏到伊瓜苏港请参照→ p.156。

从巴拉圭出发的巴士

从巴拉圭的东方市有多趟巴士，费用为 G.8500 左右。除长途巴士总站外，圣布拉斯大道 Av. San Blas 也有车。终点站是福斯多伊瓜苏的短途巴士总站前。

伊瓜苏港的巴士总站。长途巴士的终点站也在这里

关于过境巴西～阿根廷

过境时必须通过海关和出入境审查。一日游游客需要携带护照。从巴西到阿根廷，先在巴西境内的出境审查处下巴士，办理出境手续，通关。通关后就能看到巴士站台，需要再度乘坐巴士。穿过边境大桥，接下来要接受阿根廷的入境检查和人境审查。之后坐巴士，前往伊瓜苏港。巴士不等人，赶不上就得等下一班车。要是正好赶上就花不了多长时间，但是一般也要 2 小时左右。从阿根廷到巴西需要办理同样的手续。

时间不充足的人建议乘坐出租车。出租车会在边境处等候，可将时间损失降到最低。从巴西到阿根廷的出租车费用约 R$80，从阿根廷到巴西为 AR$300~。

伊瓜苏国家公园环境观光税

游客在伊瓜苏港需要缴纳市环境观光税，一人一晚 $25（2 晚以上者 $50）。从巴西出发的一日游行程也要缴纳。

巴西

巴西南部
● 伊瓜苏瀑布

COLUMN 不要随意给长吻浣熊投食！

伊瓜苏瀑布周围覆盖着浓密的森林，那里生活着 500 种蝴蝶及其他珍稀昆虫、鸟类、小动物等，是一座生态宝库。走在国家公园的散步道上，尾巴带横大斑纹的长吻浣熊萌态可爱，成群结队地向游客亲近。它们已经习惯了有人陪伴的生活，使得游客不由自主地就想投食，但是公园方面会建议大家"为保护生态，不要向动物们投食"。

日落时分，阿根廷境内游客中心附近的树上，有一种喙如香蕉的啄木鸟（鞭笞巨嘴鸟）大量聚集在伊瓜苏河上，鹭鸶有时也会成群飞来。

为了让这些珍稀动物保持自然生活状态，游客不要触摸、投食和威吓它们。

长吻浣熊外表萌态可掬，但是它们有尖齿，轻易靠近的话会很危险

149

伊瓜苏瀑布流域分布
Cataratas do Iguaçu

伊瓜苏瀑布是位于阿根廷与巴西之间的大瀑布。伊瓜苏河成了天然的国境线，由于瀑布的大部分位于阿根廷境内，从阿根廷一侧观赏瀑布需要足足一天时间。而在能观赏到瀑布全景的巴西半天足矣。

地图：(株)杰欧黑泽达也

伊瓜苏瀑布

- Estación Garganta del Diablo
- 恶魔之喉 ④
- 卡诺阿斯港餐厅 Porto Canoas Restaurante ①
- 观景台（有电梯）②
- 巴西
- 圣马丁岛
- 达斯瀑布酒店 Hotel das Catarats ③
- ⑦
- 观景台
- 巴士站台
- 至游客中心 福斯多伊瓜苏

① 卡诺阿斯港餐厅
位于干巴西境内的人气观景台内侧的一家餐厅（→p.159）。游客可以一边欣赏河景一边享用美食。想简单吃一点的人可以选择餐厅前面的快餐店。

② 观景台
带电梯的观景台，可以看到脚下猛烈奔驰的瀑布。走过观景桥后，就能远远看到点睛的"恶魔之喉"。

③ 达斯瀑布酒店
巴西境内的伊瓜苏国家公园内唯一的酒店。客房里看不到瀑布，但是从酒店屋顶可以看到。带餐厅和泳池，有度假村的气氛。

❹ 恶魔之喉

是伊瓜苏瀑布最为壮观的部分，也是最大的瀑布。在巨大的轰鸣声中，从触手可及的距离观赏，其壮观程度非别的瀑布可同日而语。

❺ 散步道

在阿根廷境内，与通往"恶魔之喉"的散步道不同的是，这里有"瀑布上方小路"和"瀑布下方小路"两条线路。上图是从瀑布下方小路眺望的圣马丁岛。

❻ 伊瓜苏国家公园入口

阿根廷一侧的入口。在这里购票后再进入园区。进门后就能看到咖啡厅、小卖部、游客中心（类似于博物馆）、游客售票处。

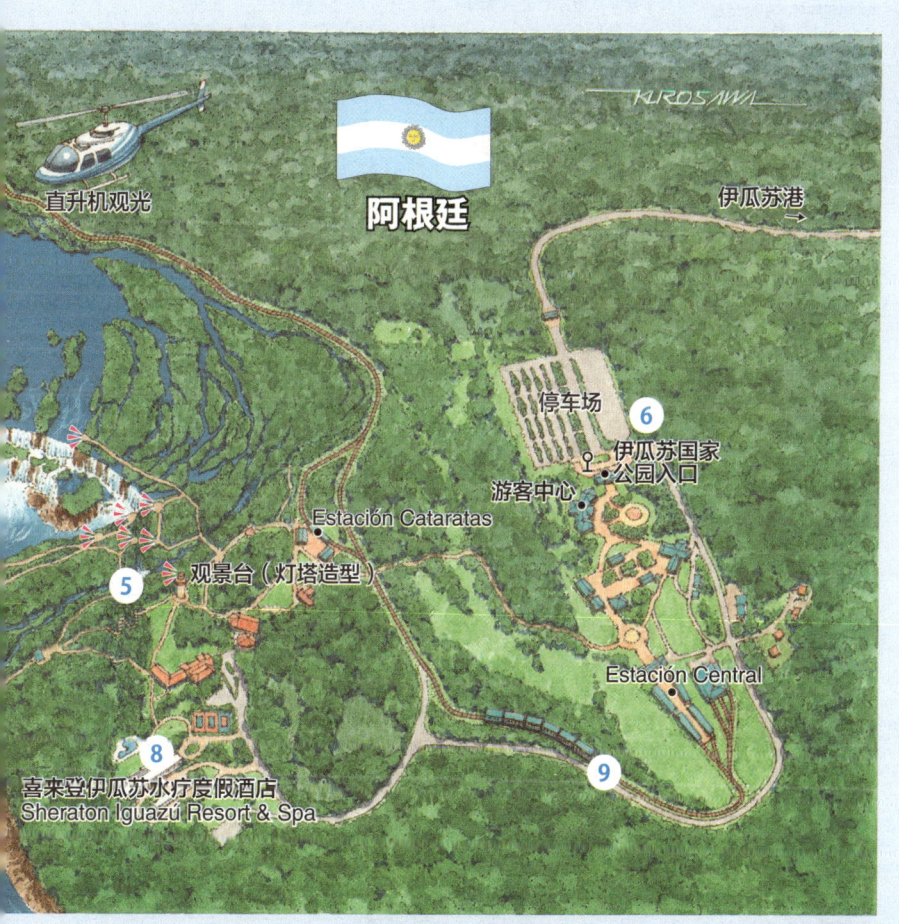

● 巴西 ● 巴西南部 伊瓜苏瀑布

直升机观光

阿根廷

伊瓜苏港 →

停车场

伊瓜苏国家公园入口

游客中心

Estación Cataratas

❺ 观景台（灯塔造型）

❽ 喜来登伊瓜苏水疗度假酒店
Sheraton Iguazú Resort & Spa

Estación Central

❾

❼ 快艇码头

上图为快艇码头，可乘坐快艇体验最具人气的娱乐项目"冒险自然"。船票在码头前购买。

❽ 喜来登伊瓜苏水疗度假酒店

阿根廷一侧的国家公园内唯一的酒店。从瀑布景观房可以看到热带雨林对面的伊瓜苏瀑布。

❾ 铁路

阿根廷境内瀑布面积大，建议乘坐免费火车。从入口附近的中央车站到卡塔拉塔斯车站有一条林荫道，可步行前往。

151

伊瓜苏瀑布
（巴西）
☎ (045) 3521-4400
🔗 www.cataratasdoiguacu.com.br
🕘 9:00~17:00
休 无
💰 R$64.3

公园内的巴士票价包含在门票内。门票可以使用信用卡支付，可在入口旁的自动售票机购买。有 ATM 机。

前往伊瓜苏国家公园（巴西）的交通方式

从福斯多伊瓜苏出发
在老城的短途巴士总站 T.T.U. 乘坐 120 路当地巴士（Parque Nacional 方向），5:10~24:00 每 20 分钟一班，约需 40 分钟，R$3.45。

从伊瓜苏港出发
Rio Uruguay 公司运营从巴士总站出发的巴士，8:30~14:30（返程 10:00~17:00）每小时 1 班。往返 $80。Crucero del Norte 公司每天也运营 3 班。出租车往返 US$80~。

国家公园内的巴士
🕘 9:00~18:30
从国家公园入口前的 Estação Centro de Visitantes 出发，第一站是国家公园员工宿舍 Parada Admin-istração do PNI，第二站是 Macuco Safari 主办的冒险之旅的集合地点 Parada Macuco Safari，第三站是达斯瀑布酒店前的 Parada Trilha das Cataratas，第四站是卡诺阿斯港餐厅前的 Estação Espaço Porto Canoas。巴士在这里掉头返回。另外，返回游客中心的途中，第五站是游客散步小径的入口 Trilha do Poço Preto。

CHECK!!! 在公园内做好"湿身"的准备！

"恶魔之喉"的观景点有大量水花飞来，"湿身"是避免不了的，要注意自己的衣服、相机和手机。巴西境内在眺望桥旁的 CHIOSCO 店，阿根廷境内在入口附近及特产店等处才销售雨披，担心被水淋的人还是买来穿上吧。

伊瓜苏瀑布　漫　步

观赏伊瓜苏瀑布的日程规划

伊瓜苏瀑布是流经伊瓜苏国家公园 Parque Nacional do Iguaçu（西班牙语：Parque Nacional Iguazú）的大大小小 275 个瀑布的总称。瀑布的大部分位于阿根廷境内。如果要从阿根廷、巴西两国观赏瀑布，算上交通的时间，至少各需要一天，共两天时间。若是还想去巴拉圭的东方市或伊泰普水电站，还需要 1~2 天。

如果行程紧张，只能在某一个地方观赏，推荐阿根廷。那里散步道完善，风景多样，更吸引人。可以从巴西的福斯多伊瓜苏出发参加一日游。

巴西境内的伊瓜苏瀑布

由于伊瓜苏瀑布的大部分位于阿根廷境内，巴西一侧的瀑布跟阿根廷相比确实逊色几分，但是巴西境内的瀑布对岸修葺了散步道，可以一览瀑布全景。另外，可乘坐巴士 Ônibus do Parque，选择合适的站点下车就能免去步行的疲劳，这也是巴西一侧的优势。

巴西境内的交通工具是巴士

在门口购票入园后，马上就能看到巴士站台。包括门口的站台 Estação Centro de Visitantes 在内，园区一共有 6 个巴士车站，如果不体验娱乐活动，可以先在第三站 Parada Trilha das Cataratas 下车。站台前面就是达斯瀑布酒店，马路对面有一条可眺望瀑布的漫步小径。沿着这条森林小路走 20 分钟左右就到了"恶魔之喉"观景桥。小路中途还有别的观景点，可以一边拍照留念一边前行。

恶魔之喉观景桥

沿小路前进，不一会儿就来到了河上方、位于瀑布前的观景桥。观景桥的尽头是巴西境内最佳观景点，可以从正面欣赏"恶魔之喉"，同时左侧还有一段较小的瀑布迎面落下。再往下走还有瀑布，站在桥的尽头，能感觉到身边全是瀑布。观景桥的桥头有电梯和台阶，从这里可以上到伊瓜苏河的上游。它的旁边就是第四个巴士车站 Estação Espaço Porto Canoas 和特产店、快餐店及卡诺阿斯港餐厅。可乘坐巴士返回公园入口。

巴西境内最佳观景点

152

阿根廷境内的伊瓜苏瀑布

从伊瓜苏港开出的巴士的站台附近就是园区入口。入园后最先看到的是游客中心 Centro de Visitantes，这里可以领取园区地图。另外，游客中心内还有园区导览和动植物展。再往里走，有特产店和旅行团报名处。继续往前是园区火车站 Tren de las Cataratas。

巴西境内的交通工具是火车

园内一共有 3 个火车站，分别是游客中心旁边的中央火车站 Estación Central、纵贯瀑布上下方的散步道旁边的卡塔拉塔斯站 Estación Cataratas、通往恶魔之喉的散步道旁边的"恶魔之喉"站 Estación Garganta del Diablo。可以乘坐火车往返于各区域，在车站下车后也可以走回来。

火车缓缓地在森林中前进

纵贯横穿瀑布上下方的散步道

从卡塔拉塔斯站延伸出一条纵贯瀑布上下方的散步道，上散步道 Paseo Supe-rior/Upper Trail 全长 1750 米，下散步道 Circuito Inferior/Lower Trail 全长 1400 米，两条小路都比较长，全走下来需要大约 3 小时。下散步道中途有前往伊瓜苏河中小岛圣马丁岛 Isla San Martín 的渡船，还有个前往瀑布潭的"探险自然"（→ p.154）活动的快艇码头。圣马丁岛上有片清澈的沙滩，沿小道一路上坡到达山顶。从岛的顶端能观赏到整个瀑布的雄壮英姿。还有个可入水的瀑布潭，需要提前预备泳衣。

有指示牌，不会迷路

前往"恶魔之喉"的散步道

伊瓜苏瀑布的最大亮点是规模最大的"恶魔之喉"。阿根廷境内有一个近距离观赏恶魔之喉的观景台。恶魔之喉火车站的旁边就是前往观景台的散步道入口。散步道其实是横架在伊瓜苏河 Río Iguazú 上的一座桥，全长 1.1 公里。中途右侧的浅滩是电影《教会》的取景地。继续在散步道上前进，看到 1992 年被洪水冲毁的桥后，离观景台就不远了。再往前就能看到水花，听着轰隆隆的水声，"恶魔之喉"终于露出了真容。

连接"恶魔之喉"的大桥

伊瓜苏国家公园（阿根廷境内）
☎ (03757) 491469
URL www.iguazuargentina.com
🕐 8:00~18:00（售票处~16:30）
休 无
💰 AR$500

门票支付只收阿根廷比索现金，不能使用信用卡，需提前准备好比索。入口附近没有兑换处，但是有 ATM。

国家公园入口

前往伊瓜苏国家公园（阿根廷境内）的交通方式

Rio Uruguay 公司运营从伊瓜苏港的巴士总站出发的巴士，7:20~19:20（返程 7:50~20:00）每 20 分钟 1 班，约需 25 分钟，往返票价 AR$150。出租车单程 AR$360~。

国家公园内的铁路

🚂 8:30~17:45
每 30 分钟 1 趟。恶魔之喉站出发的末班车时间为 16:00。各车站间约需开行 10 分钟。车票包含在公园门票内。

森德罗·贝尔德（绿色小道）

中央车站到卡塔拉塔斯站 Sendero Verde 之间有一条长近 600 米的森德罗·贝尔德小道，可漫步其上。

前往圣马丁岛的渡船

🚤 10:30~15:30
每 10 分钟 1 趟，常因水量和天气原因停航。

CHECK!!! 伊瓜苏瀑布上飞架的彩虹桥

雷鸣般的水声与壮丽的自然美景给人强烈的冲击，让人不禁一阵战栗。而弧状彩虹桥却将如此雄健的瀑布轻柔的一面展现了出来。从阿根廷、巴西境内最靠近"恶魔之喉"的观景点眺望的话，有阳光的日子可以见到彩虹就飞架在瀑布的某处。

Tour Info 伊瓜苏瀑布娱乐活动

伊瓜苏瀑布是南美最负盛名的景点。你可以在散步小道上悠闲观光，若有时间体验一下娱乐活动，同样也能增添旅行的乐趣。

巴西境内的娱乐活动

国家公园内会组织游船和徒步等旅行团。最具人气的是 Macuco Safari 公司规划的探险之旅。集合地点位于第二个巴士站台附近的办事处。园区内所有的旅行团都可以在入口处的办事处当场报名。直升机旅行由哈利苏公司 Helisul 组织，入口处和再往前步行5分钟可达的办事处均可报名。当天报名即可。

森林漫步 & 游船巡游

孤鹕探险公司 Macuco Safari 组织的探险之旅。乘坐电动汽车约3公里，下车后走大概600米长的林间小道。观赏过孤鹕瀑布 Salto do Macuco 等景点后，在瀑布下游体验游船之旅。

孤鹕探险公司 Macuco Safari
☎ (045) 3529-7474　⊙ 9:00~17:30
休 无　举 工作时间内随时出发
￥ 1人 R$430

直升机飞行观光

哈利苏公司组织的直升机观光之旅。有多条线路，俯瞰伊瓜苏瀑布的10分钟飞行最受欢迎。

哈利苏公司 Helisul
☎ (045) 3529-7474　⊙ 9:00~17:30
休 无　举 工作时间内随时出发
￥ 1人 R$430（3人以上组团时的单人票价）

阿根廷境内的娱乐活动

阿根廷境内的娱乐活动由伊瓜苏丛林公司 Iguazú Jungle 组织。办事处就在国家公园内游客中心的附近，可以在那里，或者当天在出发地点现场报名。出发地点各旅行团有所不同。"圆月漫步"由国家公园（→ p.153）主办，需要提前预订。

伊瓜苏丛林
☎ (03757) 421696
URL www.iguazujungle.com

走近瀑布潭的游船之旅

阿根廷境内最热门的娱乐项目是"探险自然"Aventura Náutica。从圣马丁岛对岸出发，乘坐快艇沿伊瓜苏河下游巡游。在"恶魔之喉"的下方抬头（水流湍急，有危险性，请不要靠近"恶魔之喉"）观赏过后，如果天气不凉，还可以近距离去别的瀑布潭看看。基本无法避免全身湿透，要么预备雨披，要么穿上泳衣。穿救生衣时，还可以租借防水袋，担心淋湿的物品可以装在里面。

探险自然
举 10:10~16:40 随时出发，约需12分钟
￥ AR$450

丛林穿越

大冒险公司 Gran Adventura 同时组织四驱车丛林穿越与游船之旅两项活动。从游客中心旁的伊瓜苏丛林接待处出发，先坐四驱车穿越5公里丛林，随后参加与探险自然公司组织的活动类似的游船之旅。同行的导游会为游客介绍森林里的动植物。

大冒险
举 9:00~16:30，约需1小时20分钟
￥ AR$800

伊瓜苏河巡游

乘坐橡皮艇巡游"恶魔之喉"上游伊瓜苏河的活动叫原生态漫步 Paseo Ecológico。从恶魔之喉火车站旁的伊瓜苏丛林办事处出发，沿伊瓜苏河缓缓巡游，最后返回卡塔拉塔斯站。途中导游会介绍周边的植物和鸟类。

原生态漫步
举 9:00~17:00，约需30分钟
￥ AR$200

圆月漫步

每个月满月前后的五天举办的月光徒步旅行，由卢纳列纳公司 Luna Llena 举办。1天3个团，票很快就会卖光，是超热项目。开团日期请从下列网站查询。天气不好没有月亮时无举似活动。

卢纳列纳公司
☎ (03757) 491469
URL www.iguazuargentina.com
Email informacion@iguazuargentina.com
举 19:45、20:30、21:15 出发，约需2小时
￥ AR$850（带晚餐为 AR$1150）

※ 上述旅行团的内容因季节变换有可能发生变动

福斯多伊瓜苏（巴西） *Foz do Iguaçu*

在巴西，福斯多伊瓜苏是参观伊瓜苏瀑布的大本营。福斯多伊瓜苏距离伊瓜苏瀑布约28公里，位于伊瓜苏河与巴拉那河 Río Paraná 交汇处的下游的巴拉那河对岸。伊瓜苏瀑布旅游热带动了这座观光城市的发展，随着伊泰普水电站的建设，人口达到约近30万人。福斯多伊瓜苏的对岸是巴拉圭的东方市。两座城市之间建有一座"友谊大桥"，方便两国人民往来。

主干道是位于老城南部的巴西大道 Av. Brasil 和乔治·苏梅尔芬大道 Av. Jorge Schimmelpfeng。巴西大道上商铺林立，乔治·苏梅尔芬大道则聚集了大型酒店和时尚餐厅。从乔治·苏梅尔芬大道往东就是通向机场、伊瓜苏瀑布的达斯瀑布大道 Av. das Cataratas。

城区以北约20公里处就是巴西与巴拉圭在国境处共建的伊泰普水电站 Itaipu Binacial，可参加旅行团参观。

商铺密集的巴西大道

INFORMATION

旅游咨询处
Postos de Informações Turísticas（PIT）
MAP p.155
Free 0800-45-1516
URL www.pmfi.pr.gov.br
　有会英语的工作人员提供服务，较方便。咨询台位于以下三地：
短途巴士总站内
开 7:30~18:00　休 无
机场内
开 8:00~22:00　休 无
巴士总站内
开 7:00~18:00　休 无

市内交通
　当地巴士从老城的短途巴士总站 T.U.U. 发车。前往机场、伊瓜苏瀑布、长途巴士总站可乘坐120路巴士。票价统一为 R$3.45。

伊泰普水电站
MAP p.148 外
URL www.turismoitaipu.com.br
全景观赏之旅
举 8:00~17:00 间 每30分钟一个团，约需2小时
费 R$26
交通方式
　在短途巴士总站乘坐101、102路巴士，行程约30分钟。

可以观赏到巴西特色鸟类的主题公园
　位于伊瓜苏瀑布入口前，园内共饲养了143种，共1320只鸟类。
热带鸟类公园
Parque das Aves Foz Tropicana
MAP p.148
URL www.parquedasaves.com.br
开 8:30 17:00
休 无
费 R$40

福斯多伊瓜苏（巴西） Foz do Iguaçu

伊瓜苏港（阿根廷） *Puerto Iguazú*

INFORMATION

旅游咨询处
Información Turística
MAP p.156
住 Av. Victoria Aguirre 237
☎（03757）423956
开 7:00~21:00
休 无

可以领取简易地图，另外工作人员还会提供伊瓜苏观光信息。

在阿根廷，伊瓜苏港是参观伊瓜苏瀑布的大本营，与伊瓜苏瀑布北侧的福斯多伊瓜苏交界。

伊瓜苏港是参观伊瓜苏的起点，充满浓浓的度假风情。从高档度假村到酒店，住宿设施类型非常多，面向游客的餐厅、商店和旅行社等设施同样健全、完善。世界最大的伊瓜苏瀑布距离城区大约15公里。

城市规模比福斯多伊瓜苏小，酒店和餐厅也少。城区内几乎没有景点，不过这样也比较安静。老城巴士总站周边的米西奥内斯大道 Av. Misiónes 是主干道。酒店和餐厅也集中在这个区域。城区周围有大片的绿色丛林，丛林会举办自行车骑行旅行团。这里的游客基本都是来看伊瓜苏瀑布的，同时也推荐游客们住上2~3晚，体验一下那里的娱乐活动。

从巴士总站步行10分钟左右可达的旅游咨询处

CHECK!!! 伊瓜苏港的出租车

出租车非打表制，而是根据目的地的远近计价。老城范围内AR$30~100。到阿根廷境内的伊瓜苏瀑布票价AR$360~。到巴西境内的伊瓜苏瀑布请参照→p.149。上车点分布在城区各处。

关于汇兑

城区遍布兑换处和银行。大部分餐厅、商店均可使用阿根廷比索、巴西雷亚尔、巴拉圭瓜拉尼、美元支付。

时差

福斯多伊瓜苏与伊瓜苏港时区相同，但阿根廷不采用夏令时，而巴西采用夏令时（10月第二个周日~次年2月第三个周日），有一小时的时差。

绿色树木环绕的小城

从福斯多伊瓜苏到伊瓜苏港的交通方式

在短途巴士总站以北带"ARGENTINA"字样的巴士站台，乘坐有"Puerto Iguazú"标识的巴士。7:30~19:30 大约每小时一趟，票价单程R$5。

156

伊瓜苏瀑布的酒店
Hotel

福斯多伊瓜苏

达斯瀑布酒店
Das Cataratas 　高档酒店

◆巴西境内国家公园内唯一的酒店。伊瓜苏瀑布就在酒店前，是个人气酒店。客房为古典设计，氛围宁静。酒店方面提供的 ID 卡可以作为公园门票使用。

Map p.148
住 Rodovia Br 469，Km 32，Parque Nacional do Iguaçu
☎（045）2102-7000
URL www.belmond.com
费 ⓈⓌ R$1280～
CC ADMV
房间 193 间

波旁瀑布会议及温泉度假村
Bourbon Cataratas Convention & Spa Resort 　高档酒店

◆位于从老城到伊瓜苏瀑布途中的一座现代化五星级酒店。客房宽敞，各项设施完善，居住舒适。精致的内饰品位高雅，给人内心以安宁。酒店内设有旅行社和特产店、银行 ATM。

Map p.148
住 Rodovia das Cataratas 2.5km
☎（045）3521-3900
URL www.bourbon.com.br
费 Ⓢ R$416～ Ⓦ R$520～
CC ADJMV
房间 309 间

维亚勒瀑布会议酒店
Viale Cataratas Hotel & Eventos 　高档酒店

◆福斯多伊瓜苏新建的四星级酒店。大堂和客房设计现代。配泳池和健身房、桑拿、餐厅。

Map p.148
住 Av. das Cataratas 2420
☎（045）2105-7200
URL www.vialehoteis.com.br
费 Ⓢ R$341～ Ⓦ R$402～
CC AMV
房间 151 间

黄金公园酒店
Golden Park 　中档酒店

◆位于老城的圆柱形酒店，酒店里面也是圆柱形，走廊外侧是客房。客房同样是圆弧状造型，设计时尚，氛围现代。顶层是观景餐厅。

Map p.155
住 R. Alm Barroso 2006
☎（045）3521-4700
URL goldenparkinternacionalfoz.com.br
费 Ⓢ R$158～ Ⓦ R$198～
CC ADMV
房间 214 间

福斯多伊瓜苏酒店
Foz do Iguaçu 　中档酒店

◆巴西大道沿线的中档酒店。建筑较老，大部分经改装后更加整洁。所有房间配空调、迷你吧，同时配备健身房、泳池和餐厅。设施完善，但是房价便宜，性价比高。

Map p.155
住 Av. Brasil 97
☎（045）3521-4455
URL www.hotelfozdoiguacu.com.br
费 Ⓢ R$140～ Ⓦ R$195～
CC ADMV
房间 168 间

普萨达松豪梅佛兹酒店
Pousada Sonho Meu Foz 　中档酒店

◆绿树成荫的人气酒店。从短途巴士总站步行 2 分钟即到，观光或办其他事务都很方便。客房都配备空调，面积大，舒适惬意。有泳池和健身房。自助早餐口碑极佳。酒店内全面禁烟。

Map p.155
住 R. Men de Sá 267
☎（045）3573-5764
URL www.pousadasonhomeufoz.com.br
费 Ⓢ R$100～ Ⓦ R$150～
CC ADMV
房间 13 间

酒店客房设施： 带浴缸　带电视　带电话　可上网　含早餐

巴西　●巴西南部　伊瓜苏瀑布

157

塔罗巴酒店
Tarobá Hotel

中档酒店

Map p.155

住 R. Tarobá 1048
☎ (045) 2102-7770
URL www.hoteltarobafoz.com.br
费 ⓢ R$216~ ⓦ R$402~
　　另收 5% 消费税
CC A D M V
房间 176 间

◆位于短途巴士总站旁的一家三星级酒店。房间主色调为白色，氛围祥和，设施新潮，入住惬意。空调、迷你吧、卫星电视一应俱全，Wi-Fi 速度也很快。

达尼酒店
Dany Hotel

中档酒店

Map p.155

住 Av. Brasil 509
☎ (045) 3523-1530
URL www.hoteldany.com.br
费 ⓢ R$75.6~ ⓦ R$135~
CC A D M V
房间 33 间

◆巴西大道上的中档酒店。工作人员亲切热情。客房淡雅，在 2013 年重新装修后更加整洁，给人清爽的印象。房间标配空调、冰箱、保险柜。有些房间很难连上 Wi-Fi。

伊勒沙代酒店
Pousada El Shaddai

经济型酒店

Map p.155

住 R. Engenheiro Rebouças 306
☎ (045) 3025-4490
URL www.pousadaelshaddai.com.br
费 ⓢ R$109~ ⓦ R$159~
CC A D M V
房间 24 间

◆位于老城西侧住宅区的酒店。距离市中心较远，但是环境清幽。花园有泳池。所有房间配备空调、浴室、保险柜。厨房可用，适合长期居住者。

福斯多伊瓜苏旅馆
Hostel Foz do Iguaçu

旅馆

Map p.155

住 Av. Juscelino Kubitschek 874
☎ (045) 3027-8300
URL www.chelagarto.com
费 ⓢⓦ R$150~ 宿舍 R$40~
CC M V
房间 84 间

◆这家旅馆位于市中心。建筑较新，大厅和客房也都时尚整洁。所有房间标配空调。宿舍分男女混住和女性专用两种类型。工作人员笑脸相迎，热情解答住客疑问。

伊瓜苏港

圣乔治酒店
Saint George

中档酒店

Map p.156

住 Av. Córdoba 148
☎ (03757) 420633
URL www.hotelsaintgeorge.com
费 ⓢⓦ AR$1275~
CC A M V
房间 130 间

◆绿树掩映下环境清幽的四星级酒店。距离巴士总站近。客房配备空调、迷你吧、吹风机，内设餐厅。

卡萨 24 酒店
Casa 24

经济型酒店

Map p.156

住 Av. Misiones 24
☎ (03757) 460868
URL www.casapuertoiguazu.com
费 ⓢⓦ U$33~
CC 不可使用
房间 5 间

◆建在巴士总站对面的公寓式旅馆。周边有餐厅和超市，地理位置便利。床大，房间宽敞。所有房间均有厨房。

158

伊瓜苏瀑布的餐厅
Restaurant

福斯多伊瓜苏

布法罗·布兰科
Bufalo Branco

Map p.155

◆酒店林立的塔罗巴大道 R. Taróba 上的烤肉店。1989年创立，人气火爆。自助式烤肉不含饮料为 R$85。烤肉主要采用牛的各部位，也有猪肉、鸡肉和羊肉。

住 R. Engenheiro Rebouças 530, esq. c/ Tarobá
☎ (045) 3523-9744
URL bufalobranco.com.br
营 12:00～23:00
休 无
CC A D M V

卡诺阿斯港餐厅
Porto Canoas

Map p.148

◆伊瓜苏国家公园内的高档餐厅。采用自助形式，从前菜到肉、鱼等，共30余种。费用 R$79.2。分室内座位和可欣赏伊瓜苏河景观的露天座位。

住 Rodovia Br 469, Km 18, Parque Nacional do Iguaçu
☎ (045) 3521-4443
营 12:00～15:00
休 无
CC A D J M V

热带烤肉店
Churrascaria Tropicana

Map p.155

◆当地人聚集的大众烤肉店。包括冷餐在内，烤肉价格为 R$32，在观光小城福斯多伊瓜苏属于非常实惠的价位。兼营比萨，种类超过50种。比萨也是正宗窑烤而成。

住 Av. Juscelino Kubitcheck 228
☎ (045) 3574-1701
营 11:00～15:30、18:30～23:30
休 无
CC M V

拉法恩巴西烤肉
Rafain Churrascaria Show

Map p.148

◆能容纳1200名客人的大型烤肉店。除烤肉外，还有巴西菜、意大利菜、寿司、沙拉和甜品，菜品丰富。午餐 R$65，包含南美各国歌舞表演的晚餐 R$119。

住 Av. das Cataratas 1749
☎ (045) 3523-1177
URL www.rafainchurrascaria.com.br
营 周一～周六 11:30～16:00、19:30～23:00
　 周日 11:30～16:00
休 无
CC A D M V

伊瓜苏港

沙罗餐厅
Charo

Map p.156

◆主推伊瓜苏港特产鸭嘴巨鲶（鲶鱼）Surubi 的餐厅。烹饪方法包括烧烤等共8种，价格 AR$190～。阿根廷烤肉 AR$565（2～3人份）、炸牛排 AR$160 等肉菜的种类丰富。有英语菜单。

住 Av. Córdoba 106
☎ (03757) 420869
营 11:30～次日 1:30
休 无
CC V

拉曼玛
La Mamma

Map p.156

◆在这家餐厅可以品尝到自制的新鲜意大利面。可自由组合意面和酱料，每人 AR$160～。加入肉沫的意式肉酱颇受欢迎。还有法式乳蛋饼等点心。

住 Calle Bompland 217
☎ (03757) 424594
营 周二～周六 9:00～13:30、18:00～22:30
　 周日 9:00～14:00
休 周一
CC M V

159

Brasil

巴西南部

库里蒂巴 *Curitiba*

巴西利亚
库里蒂巴

MAP ▶ p.55-B3
长途区号 ▶ **041**
（电话的拨打方法→ p.42）
US$1 ≈ **R$3.88**
≈ 6.84 元人民币

INFORMATION

🛈 旅游咨询处
Curitibnturismo
机场内
☎ (041) 3381-1153
🕐 周一～周五
　　　7:00~22:00
　周六·周日 8:00~18:00
🚫 无

　　库里蒂巴观景塔
　　（→ p.164）、长途巴士总
　　站内有服务台。

位于机场抵达楼层的 🛈

阿方索·佩纳国际机场
MAP p.161 外
🏠 Av. Rocha Pombo s/n
☎ (041) 3381-1515

空调巴士
Aeroporto Executivo
URL www.aeroportoexecutivo.
com.br
　　每天 5:10~24:00 每小时
有 2~4 班，票 25~45 分钟，
票价 R$15。除长途巴士总站
外，市内有多处站点。

奥斯卡·尼迈耶亲自设计的美术馆大放异彩，是新城独有的景观

　　库里蒂巴是咖啡豆知名产地巴拉那州的首府，人口接近 167 万。巴拉那州位于巴拉那州东部高原 Serra do Mar 上，海拔约 900 米，没有炎热的季节，6~8 月的冬季十分寒冷，需要穿毛衣和外套。
　　库里蒂巴自 20 世纪 70 年代开始举市规划，建造新城。最终这里成了"拉美地区最整洁、优美的城市之一"，是世界著名的巴西清洁新城。这座设施齐全、环境优美的现代化新城在参观过萨尔瓦多、里约、玛瑙斯的游客眼中，展现了大国巴西的另一面，带给人不一样的体验。

前往库里蒂巴的交通方式

飞机
　　从圣保罗出发航班频次高，约需飞行 1 小时。从里约热内卢出发每天有 7~13 趟航班，约需飞行 1 小时 25 分钟。从巴西利亚出发每天 5 趟航班，需飞行 1 小时 25 分钟~2 小时 15 分钟。另外，从阿雷格里港出发每天有 4~7 趟航班，约需飞行 1 小时 10 分钟。从福斯多伊瓜苏出发每天有 4~6 趟航班，需飞行 1 小时~1 小时 30 分钟。

● **从机场到市区**
　　库里蒂巴机场的官方名称为阿方索·佩纳国际机场 Aeroporto Afonso Pena（CWB）。从机场到老城有近 18 公里。如果是空调巴士，出抵达层后，在标有"Onibus Executivo"字样的售票处前上车。另外，空调巴士上车点前还有管状的当地巴士站台，那里停靠着连接机场和里奥伊瓜苏广场 Palácio Iguaçu 的 E-32 路巴士。巴士运行时间 6:00~23:00，票价 R$4.3。出租车到老城票价为 R$75。时间为 30 50 分钟。

长途巴士
　　Cometa 等公司运营从圣保罗出发的巴士，车次多，约需 6 小时。Kaissara 等公司运营从里约热内卢出发的巴士，每天 3~4 班，需 13~15 小

160

时。从巴西利亚发车每天大概3班，约需23小时30分钟。此外，布鲁梅瑙、弗洛里亚诺波利斯、阿雷格里港等南部主要城市也有多趟班车开往库里蒂巴。

铁路

旧式火车一直通到莫雷蒂斯，车窗外的风景美不胜收。分为普通列车和观光列车（→ p.165 边栏）。

●从巴士总站、火车站到市区

巴士总站、火车站在一个区域内。到老城的桑托斯·安达迪广场Praça Santos Andrade 步行约20分钟。也可以在长途巴士总站出口处的站台乘坐 464 路巴士，前往蒂拉登特斯广场 Praça Tiradentes 要乘坐 304 路。另外，看到 Circular Centro 这种市内环游巴士后，要向司机询问目的地，得到确切答复后再上车。

连接各个机场的空调巴士也会停靠的长途巴士总站正门

库里蒂巴的出租车车身统一为橙色。起步价 R$5.4，每增加1公里加收 R$2.7

市内交通

库里蒂巴的交通主要倚仗当地巴士。连接市中心和郊区的干线巴士（BRT）与专线巴士通往市区各地。干线巴士与部分专线巴士的站台呈管状造型，巴士进站后向工作人员支付 R$4.3。另外，巴士系统各异的小型巴士 Circular Centro 在周一～周六时在老城内环行，票价 R$3。

在同一站台或巴士总站内换乘时不加收换乘票价

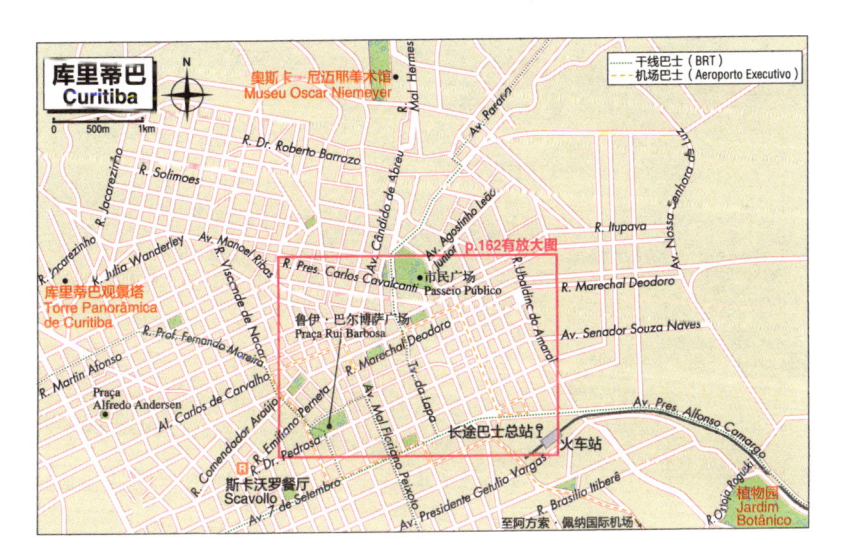

巴西 ●巴西南部 库里蒂巴

161

库里蒂巴的观光巴士

从蒂拉登特斯广场出发的双层观光巴士十分方便。上车后购票（只接受现金），开行近2小时，遍览25个景点，可乘坐4次。在植物园和奥斯卡·尼迈耶美术馆等景点都会停车，规划得好，一天之内就能玩遍主要景点。

Linha Turismo

🕐 9:00~17:30，每30分钟一班
休 周一
💰 R$4

从大教堂前出发，二层是敞篷式

加里波第广场的自由市场

MAP p.162-A1

加里波第广场 Praça Garibaldi 上每周日的 9:00~14:00 有绘画、皮革等手工艺品货摊。

模仿植物园建造的24小时大道

库里蒂巴 漫步

库里蒂巴是继首都巴西利亚后的第二大规划城市。这座整洁的城市拥有修葺一新的交通网、高度也经过规划的欧式建筑等，适合漫步。

老城的繁华街道是11月15日大道 R. 15 de Novembro。部分路段改建成商铺集中的步行街，行人熙攘。道路南侧是蒂拉登特斯广场、桑托斯·安达迪广场，周边混搭着大教堂等历史建筑和其他建筑群。这块区域附近最有历史韵味的是规模较小的秩序广场 Largo da Ordem 周边的塞特历史街区 Setor Histórico。秩序教堂和色调柔和的古建筑彼此相接，美丽绝伦。

11月15日大道上有一座利用60年前的电车建造的图书馆

酒店主要聚集在老城、长途巴士总站前的9月7日大道 Av. 7 de Setembro、鲁伊·巴尔博萨广场 Palácio Rui Barbosa 周边。餐厅大多集中于老城、拱廊形的24小时大道 R. 24 Horas（非24小时营业）。简餐的话，去市营市场比较好。

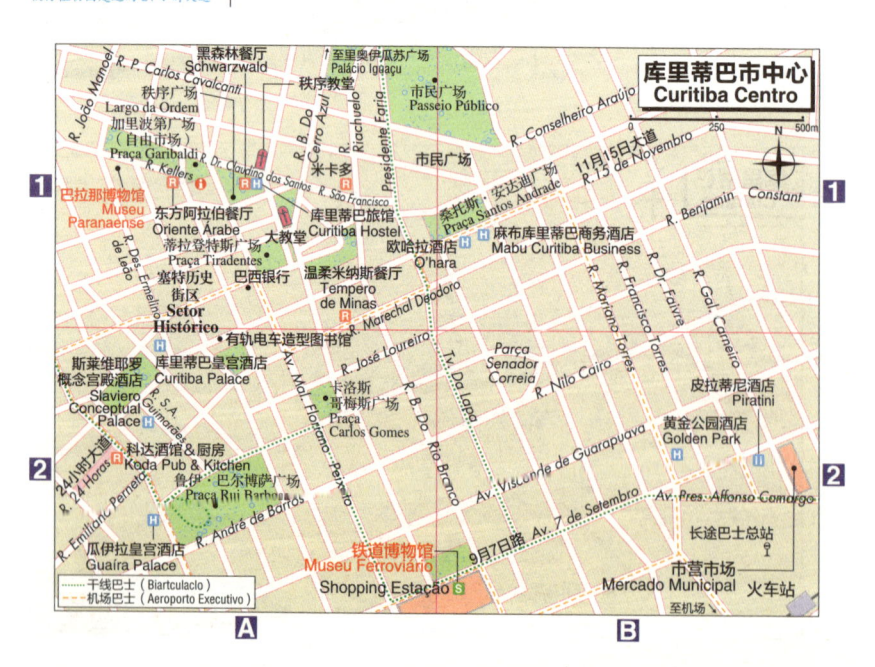

屹立在蒂拉登特斯广场前的大教堂

库里蒂巴市中心
Curitiba Centro

| 库里蒂巴 | **主要景点** |

巴拉那博物馆
Museu Paranaense Map p.162-A1

圣弗朗西斯科宫殿经改建后于1876年开馆,为巴拉那州首家博物馆。展品包括从18世纪开始发现于此地的具有民族、历史意义的遗物,以及大量古董、绘画作品、印第安手工艺品等。另外,还有国外捐赠的文物。

展厅分为主馆和更加现代的新馆

奥斯卡·尼迈耶美术馆
Museu Oscar Niemeyer Map p.161

巴西著名建筑师奥斯卡·尼迈耶设计的美术馆。建造之初为巴拉那州所属建筑,2002年才建成美术馆。展区分为两层的主馆和以"眼睛"为设计理念的附馆的最上层。主馆主要展示奥斯卡·尼迈耶设计的建筑物的模型及其他绘画、图片、雕刻等。巴西籍艺术家的规划展览也有欣赏价值。一层有一家店销售咖啡和小物件。

有限多精致的小模型

植物园
Jardim Botânico Map p.161

位于库里蒂巴市中心以东的植物园。27.7万公顷的园内花草密植,植物园造型独特,是巴西国内珍贵的植物王国。另外,温室旁边的展厅会举办规划展览。

华灯璀璨的植物园

铁道博物馆
Museu Ferroviário Map p.162-B2

铁道博物馆位于购物中心Shopping Estaçāo内,购物中心的前身是1890~1985年使用的火车站。蒸汽火车与旧式售票处等都给人真实的历史体验。可以在车站的美食城内用餐,还可以购物,十分便捷。

博物馆前有一辆真正的蒸汽火车

巴拉那博物馆
- 住 R. Kellers, 289
- ☎ (041) 3304-3300
- URL www.museuparanaense.pr.gov.br
- 开 周二~周五 9:00~18:00
  周六·周日 10:00~16:00
- 休 周一
- 费 免费

坐落在加里波第广场前

奥斯卡·尼迈耶美术馆
- 住 R. Mal. Hermes 999
- ☎ (041) 3350-4400
- URL www.museuoscarniemeyer.org.br
- 开 10:00~18:00
- 休 周一
- 费 R$16(周三免费)
- **交通方式**
  从蒂拉登特斯广场乘坐260路巴士约8分钟。另外,265、505路等巴士也会在美术馆前的站台停车。观光巴士Linha Turismo也停靠这里。

拍摄全景照片效果好

植物园
- 住 R. Ostoja Roguski
- ☎ (041) 3362-1800
- 开 夏季 6:00~20:00
  冬季 6:00~19:30
- 休 无 费 免费
- **交通方式**
  坐302、303、305路巴士在Jardim Botânico站下车,步行约6分钟。观光巴士Linha Turismo也停靠这里。

铁道博物馆
- 住 Av. 7 de Setembro 2775
- ☎ (041) 3094-5346
- 开 周二~周六 10:00~18:00
  周日 11:00~19.00
- 休 周一
- 费 免费

博物馆所在的Shopping Estaçāo

巴西 ● 巴西南部 库里蒂巴

市营市场
- Av. 7 de Setembro 1865
- (041) 3363-3764
- URL mercadomunicipaldecuritiaba.com.br
- 开 周一　　　　 7:00~14:00
　　周二~周六　 7:00~18:00
　　周日　　　　 7:00~13:00
- 休 无

交通方式
从长途巴士总站步行5分钟。

库里蒂巴观景塔
- R.Prof. Lycio Grein de Castro Vellozo 191, Mercês
- (041) 3339-7613
- 10:00~19:00
- 休 周一　R$5

交通方式
在长途巴士总站前乘坐303路巴士约15分钟，在Estação Tubo Praça da Ucrânia下车，然后步行约10分钟。观光巴士 Linha Turismo 也停靠这里。

老镇州立公园
- Rodovia BR-376, s/n Jardim Vila Velha, Ponta Grossa
- (042) 3228-1138
- 8:30~17:30（周一、周三、周四需要预约）
- 休 周二　免费入园

从游客中心出发的小型巴士旅行团共有两种。前往奇石阵每20~30分钟出发一个团，R$10。前往湖区与地狱大锅的带导游旅行团在9:30、11:00、13:30、15:30出发，每天4个团，R$8。

从公园正门到游客中心步行需要大概20分钟。谨防日射病

交通方式
在库里蒂巴的巴士总站乘坐 Princesa dos Campos 公司运营的开往蓬塔格罗萨方向的巴士，在公园前中途下车（购票和坐车时要确认清楚）。或者到达蓬塔格罗萨后，在巴士总站换乘公园方向的巴士。单程耗时1小时30分钟~。

最著名的是被称为"杯"的怪石

市营市场
Mercado Municipal　　　　Map p.162-B2

除了销售当地的生鲜食品和特产外，还经营多种海外进口商品。小瓶辣椒酱和粗粮点心适合当作小礼品。还有红酒和奶酪商店、熟食店。二层的美食城有三明治、炸饺子（馅饼）之类的简餐和生啤等。

从美食城看下面的市场

库里蒂巴观景塔
Torre Panorâmica de Curitiba　　Map p.161

位于老城西边的"巴西电视塔"上有一座观景台，可360°全景观赏市区，高109.5米。内设通信博物馆。

从观景台上看到的景色

库里蒂巴　郊区小镇与景点

老镇州立公园
Parque Estadual de Vila Velha　　Map p.55-B3

这座自然公园位于库里蒂巴通往蓬塔格罗萨 Ponta Grossa 的国道以东80公里处。经年累月被风雨侵蚀而成的砂岩形成了怪石群 Sand Stone，宛若一件件露天美术馆的雕刻作品，游客可以在周围转转看看。这些石头因外形神似，被形象地称为"长靴子""蜗牛""狮子""天鹅"等，参观这些石群需要近1小时。游客可以一边欣赏美景，一边踩着被侵蚀的粉色砂岩前行。约3公里后，眼前出现两条名为"地狱大锅"Caldeirão do Inferno 的大裂缝，还有片小湖，湖底是闪光的云母层，故而也被称为"黄金湖"Lagoa Dourada。夜色降临，湖底的荧光更为其增添几分神秘色彩。

自然的鬼斧神工次第展现在眼前

公园为了保护景观和自然环境，规定参观时必须有导游陪同。这样的旅行团一般行程需要3小时。坐上大型巴士，中途在徒步线路前下车，开启景点漫游。从库里蒂巴出发稍显不便，最好参加旅行社组织的一日游旅行团。

清莹的水面秀美明丽

莫雷蒂斯
Morretes

Map p.55-B3

莫雷蒂斯是一座夹在库里蒂巴和巴拉那瓜之间的恬静小镇。纽恩迪亚克拉河穿流而过，街头的石板路也别具风情，殖民风格十分显著。整个城镇虽然没有什么著名的景点，但是从库里蒂巴出发来这里计划一个一日游行程：走过搭建在河流上的小桥，转一转城中的教堂，尝尝当地的特色菜巴拉那的 Barreado（粉条炖肉），可谓最好的旅游项目。如果你还有精力，还可以前往拥有天然泳池的卡斯卡奇尼亚公园 Cascatinha 和倾泻着美丽瀑布、海拔 1547 米的马伦比山 Marumbi 远足。莫雷蒂斯除了城镇的人文资源，自然资源也十分丰富。

如果你打算探访莫雷蒂斯，通常是从库里蒂巴的火车站搭乘观光列车前往游览。单程时长约 4 小时 15 分钟，途中你可以欣赏到风光明媚的格拉西奥萨高原，随后便是风景宜人的美丽溪谷。列车内的工作人员会为乘客提供沿途的英文解说，车票费用内也包含了零食和饮料费，相当舒适。虽然你可以乘坐这种观光火车当天往返莫雷蒂斯，不过这里我们更推荐你去程选择火车出行，回程则从莫雷蒂斯的公交总站搭乘 Viacao Graciosa 公司的大巴返程，会欣赏到不一样的风景，旅游体验也更加丰富。

从车窗欣赏沿途的美丽风光

河畔边坐落着气氛宜人的酒店和餐厅

库里蒂巴～莫雷蒂斯区间的列车
Serra Verde Express
☎ (041) 3888-3488
URL www.serraverdeexpress.com.br

长途巴士站内设有售票窗口，通常早晨购票的人流较大，所以推荐你在乘车的前一天提前购买第二天的车票。发车前 15 分钟抵达车站即可

普通列车 Trem
库里蒂巴出发　　　每天 8:15
莫雷蒂斯出发　　　每天 15:00
单程 R$119～（根据座席等级不同价格可能会有差异）

观光列车 Litorinac
库里蒂巴出发
周六·周日　　　　9:15
莫雷蒂斯出发
周六·周日　　　　15:00
单程 R$283～（根据座席等级不同价格可能会有差异）

库里蒂巴～莫雷蒂斯区间的大巴
除了火车这种交通方式，你还可以从库里蒂巴的长途公交总站搭乘 Viação Graciosa 公司的大巴前往莫雷蒂斯，每天设有 7~11 班，车程约 1 小时 20 分钟，费用 R$24.93，从莫雷蒂斯返回库里蒂巴的末班车 21:10 发车。

库里蒂巴的酒店
Hotel

黄金公园酒店
Hotel Golden Park
中档酒店
Map p.162-B2
R. Mariano Torres, 951
(041) 3121-1818
URL www.hoteisnacionalinn.com
S R$102～ W R$118～
A D M V
129 间

◆距离长途公交总站步行约 5 分钟，是一座 12 层的当地酒店。客房宽敞，设施简洁，住宿体验舒适。值得一提的是，酒店内还设有健身房和游泳池，方便客人在旅行之余锻炼身体。

酒店客房设施：　带浴缸　带电视　带电话　可上网　含早餐

瓜伊拉皇宫酒店
Guaíra Palace Hotel

中档酒店　　Map p.162-A2

◆坐落在鲁伊·巴尔博萨广场西面的酒店，周边设有很多餐厅和商店，比较热闹，出行方便。客房里的窗户很大，迷你冰箱和吹风机等设备也一应俱全。

住 Praça Rui Barbosa 537
☎ （041）3201-2000
URL www.guaira.tk
费 ⓈR$115~ ⓌR$134~
CC AMV
房间数 100 间

麻布库里蒂巴商务酒店
Mabu Curitiba Business

高档酒店　　Map p.162-B1

◆位于城中心，正对着桑托斯·安达迪广场，邻近电影院和邮局，酒店最上层设有室内泳池。并设的餐厅中还有一座小喷泉，氛围很好。

住 R. 15 de Novembro 830
☎ （041）3219-6000
URL www.hoteismabu.com.br
费 ⓈR$170~ ⓌR$200~
另收 15% 消费税
CC ADMV
房间数 148 间

斯莱维耶罗概念宫殿酒店
Slaviero Conceptual Palace

高档酒店　　Map p.162-A2

◆坐落在城中心，购物方便，客房布置好时尚，保险箱、迷你冰箱等设施完备。部分客房还设有浴缸，餐厅和健身房等设施都可以在酒店里找到。

住 R. S. A. Guimarães 50
☎ FAX（041）3017-1000
URL www.slavierohoteis.com.br
费 ⓈR$206~ ⓌR$233~　另收 5% 消费税
CC ADMV
房间数 112 间

库里蒂巴皇宫酒店
Curitiba Palace Hotel

中档酒店　　Map p.162-A2

◆位于 11 月 15 日大道巷子里的酒店，周围人流量很大，治安较好。酒店的建筑虽然已经有一定历史，但内部的客房却被改建得面目一新，甚至可以连接 Wi-Fi 无线网络。部分客房内还设有浴缸等设施。

住 R. Des. Ermelino Leão 45
☎ （041）3322-8081
URL curitibapalace.com.br
费 ⓈⓌR$155~　另收 10% 消费税
CC AMV
房间数 72 间

皮拉蒂尼酒店
Piratini Hotel

经济型酒店　　Map p.162-B2

◆邻近长途公交总站，周边可以找到咖啡馆、银行等设施，生活便利。建筑的年代比较久远，客房面积较小，装修后有较大改善。里侧的客房比较安静，如果用信用卡支付房费会收取额外的手续费。

住 Av. 7 de Setembro 1951
☎ FAX（041）3262-5944r
费 ⓈR$95~ ⓌR$120~
CC DMV
房间数 30 间

库里蒂巴旅馆
Curitiba Hostel

旅馆　　Map p.162-A1

◆面向秩序广场的平价旅馆，由一座历史感浓厚的建筑改建而成，黄色的外墙十分醒目。一层为咖啡馆，宿舍房型内平均每间房会有 9 张以上的床铺，部分客房设有独立的淋浴设施和卫生间。

住 R. Dr. Claudino Santos 49
☎ （041）3232-2003
URL www.curitibahostel.com.br
费 宿舍房型 R$50~ ⓈR$70~
　　ⓌR$155~
CC MV
房间数 70 张床铺

库里蒂巴的餐厅
Restaurant

温柔米纳斯餐厅
Tempero de Minas

Map p.162-A1

◆售卖米纳斯地区菜肴的公斤餐厅，小菜的价格平均每 100gR$5.5，可以外带。菜肴摆放的台面下是个火炉，保证菜品不会变凉。你可以在这里品尝到包括炸猪皮 Torresmo、煮豆子 Feijon 等 40 余种菜品。

住 R. Marechal Deodoro 303
☎（041）3272-1413
URL www.temperodeminas.com.br
营 11:30~15:00
休 周日
CC A D M V

黑森林餐厅
Schwarzwald

Map p.162-A1

◆位于塞特历史地区 Setor Historico 的德国餐厅。你在这里可以品尝到地道的德国菜肴。人气菜品德国猪蹄 Eisbein 价格 R$71，除了猪蹄外餐盘内还有德国特色泡菜和香肠。德国啤酒 450mlR$11.7~，餐厅内提供英文菜单。

住 R. Dr. Claudino dos Santos 63
☎（041）3223-2585
URL www.bardoalemaocuritiba.com.br
营 11:00~次日 2:00
休 无
CC A D M V

科达酒馆 & 厨房
Koda Pub&Kitchen

Map p.162-A2

◆位于 24 小时大道的路口位置，你在这里可以品尝到 60 余种巴西当地啤酒，鲜啤共有 4 种，价格 R$14~。有时候提供免费品尝服务。巴西炸丸子 R$5.9~，饿了的话可以点汉堡包、炸鱼、薯条等简餐填饱肚子。

住 R. 24Horas
☎（042）3040-5255
营 10:00~23:00
休 无
CC D M V

斯卡沃罗餐厅
Scavollo

Map p.161

◆深受当地人喜爱的意大利餐厅，热门菜品当属店家烘焙的秘制比萨，价格 R$25~，主菜通常都是 2 人份的菜量，但也可以支付价格的 70% 调整成 1 人份的菜品。每天 21:00 左右会有现场演出，用餐的预算大约是一个人 R$40~，值得一提的是店内的红酒种类很多。

住 R. Emiliano Perneta 924
☎（041）3225-2244
URL www.scavollo.com.br
营 周日~下周四 19:00~23:00
　 周五・周六 19:00~24:00
休 无
CC A M V

东方阿拉伯餐厅
Oriente Árabe

Map p.162-A1

◆面向加甲波第广场的中东风味菜馆，1969 年开业，年代久远。添加有胡姆斯酱的墨西哥饼 R$25，非常适合作为简餐。工作日 11:30~14:00 期间会提供 3 种特色的午间套餐，价格 R$24.9，菜量很足。

住 R. Kellers 95
☎（041）3224-2061
URL www.orientearabe.com.br
营 周二・周六 11:00~23:00
　 周日 11:00~15:30
休 周一
CC A D M V

巴西

●巴西南部　库里蒂巴

167

Brasil

巴西南部

巴拉那瓜 *Paranaguá*

MAP ▶ p.55-B3
长途区号 ▶ **041**
（电话的拨打方法→ p.42）
US$1 ≈ **R$3.88**
≈ 6.84 元人民币

INFORMATION

旅游咨询处
FUMTUR
MAP p.169
R. Arthur de Abreu 44
☎ (041) 3422-6290
URL www.paranagua.pr.gov.br
开 8:00~18:00
休 周六・周日

除了火车站旁的旅游咨询处外，在长途巴士总站内也设有服务窗口。

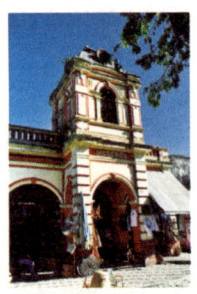

港口周边可以看到成排的历史建筑

巴拉那瓜建于1648年，位于巴拉那瓜湾南岸，是巴拉那州历史最古老的港口城镇。现在的人口大约有15万人，面向港湾的城镇北侧，便是规模仅次于桑托斯港、里约热内卢港的大型公交总站。依蒂贝雷河 Rio Itiberê 流淌于城镇的南侧，这片地区也是殖民风格浓厚的历史城区。河岸边的船厂停靠着颜色各异的船只，你可以从这里出发体验巴拉那瓜湾巡游项目，或是前往巴拉那州首屈一指的沙滩所在地——梅尔岛。

巴拉那瓜与巴拉那州的首府库里蒂巴间建有完善的公路，沿途可以欣赏到广阔壮美的格拉西奥萨高原，这里的风景可谓巴西国内顶级的自然景色。虽然你可以从库里蒂巴出发来巴拉那瓜一日游，实现当天往返，但是更推荐在这里住上一晚，慢慢品味这座古城的独到韵味。

🚉 前往巴拉那瓜的交通方式

长途大巴

Graciosa 公司每天都运营13~15班从巴拉那州首府库里蒂巴出发的高速公路大巴，车程约1小时30分钟。如果你打算悠然欣赏窗外沿途的风景，推荐你搭乘途经 Estrada da Graciosa 古道的巴士车，虽然这种巴士的车程不短，大巴的班次也不是很多，但沿途的风景确实美不胜收。从近郊莫雷蒂斯以及安东尼纳 Antonina 出发的大巴车型更接近于当地的普通巴士，在5:15~23:00区间大约有15个车次。

●**从巴士站、火车站前往市内**

无论是位于巴拉那瓜湾附近的长途巴士总站，还是邻近乔奥·瓜尔贝托广场 Praça João

转转集市也十分有趣

位于市场旁边的长途巴士总站

168

Gualberto 的火车站，都位于巴拉那瓜老城，到城中心都是步行可达的距离。

巴拉那瓜 漫步

从火车站延伸到市内的茱莉亚海岸大道 R. Júlia da Costa 是城内的主干路，道路两旁建有商场、政府机关、餐厅等设施。你可以沿着这条大道来到长途巴士总站所在的老城区，现在这里依旧保留着 18~19 世纪建造的古老建筑，这也是这里被称为历史城区 Centro Histórico 的原因，怀旧氛围浓厚。建于 19 世纪的 Mercado Municipal 市场出售当天从巴拉那瓜湾捕获的新鲜海鲜，市场内还有许多风格各异的礼品商店和选用新鲜食材的海鲜餐馆，游览巴拉那瓜的时候不妨来这里转上一转。

售卖新鲜鱼类的当地市场

巴拉那瓜 主要景点

考古学民族学博物馆　Map p.169
Museu de Arqueologia e Etnologia

由一座 1755 年修建的 3 层耶稣会宗教学校改建而成，建筑本身便是城内代表性的殖民时期建筑之一。现在内部展示有当地的工艺品、纺织机以及原住民的生活用具，你在这里可以了解到巴拉那州的历史和风俗。

考古学民族学博物馆的展品

考古学民族学博物馆
地 R. 15 de Novembro 575
电 (041) 3271-1200
时 8:00~20.00
休 周一
费 捐赠形式（最好是至少 R$1~）

前往巴拉那瓜湾的船只　Map p.169
Passeio de Barco

从依蒂贝雷河岸的船舶停靠地设有前往巴拉那瓜湾北由瓜拉克萨巴 Guaraqueçaba 的船只，瓜拉克萨巴则是前往苏波拉圭国家公园 Parque Nacional do Superagui 航程起点的小渔村。

169

前往瓜拉克萨巴的船只

周一～周六分为 9:00、13:00 发船，周日仅有 9:00 一班。从瓜拉克萨巴返航的船只则是在周一～周六的 7:00 以及 14:00 发船，航程约 2 小时，单程费用 R$30。

前往苏波拉圭的船只

前往梅尔岛的游船

🚢 巴拉那瓜出发
　　　　　　9:30、16:30
　梅尔岛出发
　周一～周五
　　　　　　7:30、16:30
　周六·周日
　　10:00、13:00、16:30
始抵于依蒂贝雷河岸的船舶停靠地，航程约 1 小时 45 分钟。往返费用为 R$53

前往梅尔岛的船舶始发点

此外巴拉那瓜还设有前往佩萨岛 Ilha das Peças、苏波拉圭岛 Ilha Superagui、梅尔岛的船只，同一天往返多个小岛都是可能实现的。具体的乘船地点请在当地确认。

前往瓜拉克萨巴的船只

巴拉那瓜　郊区小镇与景点

梅尔岛
Ilha do Mel   Map p.55-B3

梅尔岛坐落在巴拉那瓜湾的入口位置，人口约有 1100 人，在方圆 35 公里内的诸多小岛中，拥有着巴拉那州最美丽的海水浴场，每天都有从库里蒂巴和巴拉那瓜慕名而来的游客，十分热闹。现在小岛的大部分区域被指定为自然保护区。建于 1767 年、位于岛上东海岸的普拉泽雷斯要塞 Fortaleza de N.S. dos Prazeres 以及 1872 年建造的灯塔 Farol das Conchas 都很有看点。每年夏天都有众多的冲浪爱好者来到这里体验冲浪的乐趣。

岛内的恩坎塔达斯海岸 Praia de Encantadas 以及法罗海岸 Praia de Farol 上都设有多家小型住宿设施和餐厅。

巴拉那瓜的酒店
Hotel

圣拉斐尔酒店   Map p.169
San Rafael Hotel   中档酒店

◆ 位置邻近火车站，客房干净时尚，酒店内除了餐厅和酒吧外，还有泳池和台球台等娱乐设施。所有客房都配有迷你冰箱。

住 R. Júlia da Costa 185
☎ (041) 3721-9000
FAX (041) 3423-2371
URL www.sanrafaelhotel.com.br
费 ⓢ R$250～ ⓦ R$300～
CC A D M V
房间数 45 间

宜必思巴拉那瓜酒店   Map p.169 外
Ibis Paranagua   中档酒店

◆ 2016 年 11 月开业的连锁酒店，客房面积不大但是十分亮堂，智能化十足。你可以追加房费来享用酒店的自助早餐。酒店内设有简洁的咖啡馆和酒吧。

住 Av. Coronel Jose Lobo 136
☎ (041) 2152-4250
URL www.ibis.com
费 ⓢ ⓦ R$143～
CC A M V
房间数 102 间

酒店客房设施: 🛁 带浴缸　📺 带电视　📞 带电话　💻 可上网　🍳 含早餐

巴西南部

布鲁梅瑙 *Blumenau*

由德国移民建造的优美城镇，每年10月的十月节会有众多的游客到访这里

属于圣卡塔琳娜州的布鲁梅瑙，位于圣卡塔琳娜州首府弗洛里亚诺波利斯北部约140公里的伊塔雅伊溪谷之中，人口约32万人。1850年，由德国人赫尔曼·布鲁梅瑙和另外16名殖民开拓者建造的移民城市，现在作为圣卡塔琳娜州德国移民的大本营而蓬勃发展。当然，这里不言而喻也是巴西国内欧洲氛围最浓厚的美丽城市。同时，布鲁梅瑙作为玻璃、木材、布料等的生产中心，其出产的水晶玻璃以及毛巾制品也十分出名。在这座由德国移民修建的城镇，你可以感受到浓厚的德式风格，每年10月的啤酒节也是声名远扬。

前往布鲁梅瑙的交通方式

飞机

从圣保罗的孔戈尼亚斯机场每天都有1~6班不等的航班前往布鲁梅瑙，航程约1小时。阿雷格里港前往布鲁梅瑙的航线则是每天设有1~2班，航程同样也是1小时。距离布鲁梅瑙约100公里的茹安维尔也设有一座名为茹安维尔的机场Aeroporto de Joinville（JOI），圣保罗每天有1~6班飞往这里的航班，航程约为1小时。

● **从机场前往市内**

纳维根特斯机场 Aeroporto de Navegantes（NVT）距离布鲁梅瑙城中心约有55公里，从机场打车前往布鲁梅瑙市内费用R$180~，乘坐Transportes Excutivo公司的巴士价格则是R$50。从茹安维尔机场前往茹安维尔则只能搭乘出租车，车程约30分钟，费用R$45~。

长途巴士

弗洛里亚诺波利斯每天都有14~22班Catarinense公司运营的巴士到访这里，车程约2小时30分钟，圣保罗前往这里的巴士则是每天1~3班，车程约10小时30分钟。

MAP ▶ p.55-B3
长途区号 ▶ **047**
（电话的拨打方法→p.42）
US$1 ≈ **R$3.15**
≈ 6.87 元人民币

INFORMATION

❶ 旅游咨询处
MAP p.172
住 R. 15 de Novembr, 160（啤酒博物馆内）
☎ (047) 3326-6791
URL www.turismoblumenau.com.br
开 周一~周五 9:00~18:00
　　周六 9:00~12:00
　（时期不同营业时间可能会有所调整）
休 周日

纳维根特斯机场
MAP p.172外
住 R. Osmar Gaya 1297
☎ (047) 3342-9200

茹安维尔机场
住 Av. Santos Dumont s/n
☎ (047) 3417-4000

维拉·依图帕巴
Vila Itoupava
距离城中心约25公里的地方建有一处名为维拉·依图帕巴的传统德国居民聚集地。你在这里可以看到典型的拜仁地区风格建筑，餐厅烹饪的德式菜肴也十分地道。当然这里也是购买酒厂直销啤酒和巧克力的最佳去处，馈赠亲友再好不过。

布鲁梅瑙城内运营的当地巴士

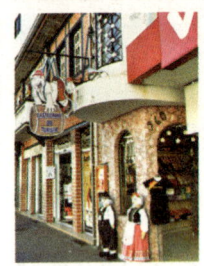

●从长途公交总站前往市内

布鲁梅瑙的长途公交总站位于9月2日大道上R.2 de Setembro，距离旧城区约有4公里，打车前往的话费用在R$20左右，你也可以从长途公交总站出来横过R.2 de Setembro后在路对面搭乘当地巴士前往市内。

布鲁梅瑙 漫步

布鲁梅瑙被称为巴西国内的"欧洲之城"，市内洋溢着德国移民带来的欧洲文化。郊外茂密的绿色森林搭配城内缓缓流过的伊塔雅伊阿斯河Rio Itajaí-Açu与三角形屋顶民宅窗边随风而起的细腻蕾丝边窗帘，让人感觉宛如真切地来到了德国的某个城镇。如果你喜欢欧洲氛围的话，那一定不要错过布鲁梅瑙这座城市。

城内除了植物园外，还有许多精心修缮的小公园，漫步城镇的同时还可以去看看当地的特色品商店，毛巾和玻璃制品都是布鲁梅瑙引以为傲的特色商品，可以买来馈赠亲友。

布鲁梅瑙 主要景点

殖民家博物馆
Museu da Família Colonial

Map p.172

由布鲁梅瑙市的建造者赫尔曼·布鲁诺·奥托·布鲁梅瑙的老宅改建而成的博物馆。馆内对公众展出这位城市建造者所拥有的各式家具和绘画作品。绿意盎然的植物园就开在博物馆的旁边，可以参观完博物馆后顺道去里面转一转。

布鲁梅瑙 郊区小镇与景点

茹安维尔
Joinville

Map p.173

茹安维尔与布鲁梅瑙一样，都是殖民时期由德国移民修建起的特色城镇，说起它的创建史也十分有趣，当时一名法国王室与巴西皇帝佩德

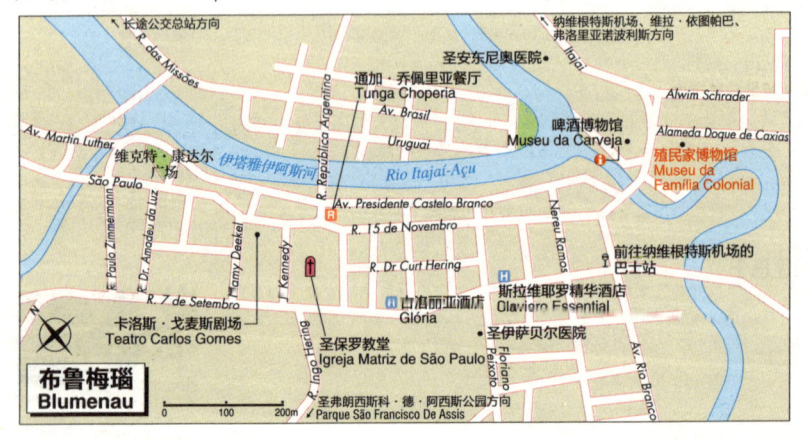

布鲁梅瑙的礼品商店

啤酒博物馆
Museu da Cerveja
MAP p.172
住 R. 15 de Novembro 160
☎ (047) 3326-6791
开 周一～周五　9:00~17:00
　 周六·周日　10:00~16:00
休 无
费 免费

馆内展示讲解啤酒酿造过程的照片资料以及实际酿酒过程中需要的各式工具。

殖民家博物馆
住 Alameda Duque de Caxias 64
☎ (047) 3381-7516
开 10:00~16:00
休 周一
费 R$5

殖民家博物馆的入口实景

前往茹安维尔的交通方式

茹安维尔位于布鲁梅瑙北面约100公里的地方，搭乘巴士前往大约需要2小时，库里蒂巴和弗洛里亚诺波利斯等地也有前往茹安维尔的大巴车。

172

罗二世的妹妹结婚，娘家的嫁妆便是这片现在称为茹安维尔的土地。不久这位名为茹安维尔的公爵 Príncipe de Joinville 在 1848 年法国爆发的 2 月革命中落到了逃命的下场，这片土地也转让给了汉伯克殖民公司。此后迁往此地的德国人、瑞士人、挪威人等欧洲移民便打造了茹安维尔这座城镇的初始根基。当时这位法国王室的公馆也被改造为移民殖民博物馆对公众开放展出，馆内展有殖民时代初期的各式书籍以及当时移民们的生活用品。

博物馆的庭院十分优美

移民殖民地博物馆
Museu Nacional da Imigração
MAP p.173
R. Branco 229
☎ (047) 3453-3499
开 10:00~16:00
休 周一
费 免费

移民殖民地博物馆前的帕尔梅拉斯大道 R.dos Palmeiras 是一条种有连排帝王树的城市主干路，沿路还会看到精心布置的优美庭院。此外位于赖特·里贝罗路 R. Leite Ribeiro 的火车站也是一座值得一看的德式建筑。如果你对宗教感兴趣，由彩色玻璃装点的大教堂 Catedral de Joinville 绝对不容错过。

装点着优美彩色玻璃的大教堂

巴西 · 巴西南部 · 布鲁梅瑙

布鲁梅瑙啤酒节

每年 10 月的前半月，布鲁梅瑙当地都会举办以啤酒为主题进而在巴西国内颇负盛名的"十月节"。节日期间，市内的 4 所学校中便会支起巨大的帐篷作为特设会场，届时可以听到各式悠扬的管弦乐曲。每年一到这个时候，全巴西的众多游客便会涌入布鲁梅瑙，喝着啤酒载歌载舞，十分热闹。根据会场的不同，你可以听到巴西音乐、德国民俗音乐、乡村音乐等现场乐队演奏的各式乐曲。人们拿着酒杯巡访各个会场，乐趣横生。

届时各个会场外面也会有商贩支起摊位售卖各式旅游纪念品，使节日气氛更上一层楼。主干道上全天都会有乐队演奏德国民谣，载有大啤酒桶的老爷车 Bierwagen 会为街上的行人免费发放德国啤酒，你还可以看到穿着德国传统服饰的游行队伍搭配马车在城内出没，十分有趣。

游行队伍中还可以看到越美冠军

老爷车 Bierwagen

布鲁梅瑙的酒店
Hotel

古洛丽亚酒店
Hotel Glória

中档酒店
Map p.172

◆ 位于市中心，客房布置十分用心，酒店大堂可以看到沉稳的德国装饰风格，提供吹风机以及完备的淋浴套装，十分贴心。

住 R.7 de Setembro 954
☎ (047) 3326-1988
URL www.hotelgloria.com.br
费 ⓢ R$189～ⓦ R$205～
CC A M V
114 间

173

斯拉维耶罗精华酒店
Slaviero Essential　中档酒店

Map p.172

◆位于市中心地区，酒店外观看着可能有些老旧，但是客房设计还是十分到位的，而且天花板很高，十分敞亮。全部客房都配有卫星电视和冰箱。

住 R. 7 de Setembro 640
FAX (047) 3326-5877
URL www.slavierohoteis.com.br
费 ⓈR$216~ ⓌR$243~
CC AMV
房间 83 间

茹安维尔的酒店
Hotel

谭恩霍夫酒店
Hotel Tannenhof　中档酒店

Map p.173

◆当地的四星级酒店，白色的外墙搭配绿色窗户、茶色展望台以及三角形屋顶，外观时尚。客房内的家具则十分富有古典气息。

住 R. Visconde de Taunay 340
☎ (047) 3145-6700
URL www.tannenhof.com.br
费 ⓈR$185~ ⓌR$214~
　另收 10% 消费税
CC ADMV
房间 95 间

马特斯酒店
Hotel Mattes　经济型酒店

Map p.173

◆当地的三星级酒店，地理位置很不错，方便城镇观光及外出用餐。前台和客房分别位于两座楼内，客房楼前设有停车场。

住 R. 15 de Novembro 801
FAX (047) 3422-3582
URL www.hotelmattes.com.br
费 ⓈR$110~ ⓌR$140~
CC ADMV
房间 39 间

布鲁梅瑙的餐厅
Restaurant

通加·乔佩里亚餐厅
Tunga Choperia

Map p.172

◆坐落在喷泉前的当地餐厅，深受本地人喜爱，午餐是自助风格，晚餐则可以通过菜单点选德国菜肴。

住 R. 15 de Novembro 1020
☎ (047) 3322-2549
开 10:00~次日 1:00
休 周日
CC AMV

茹安维尔的餐厅
Restaurant

兹姆·休劳餐厅
Zum Schlauch

Map p.173

◆悠闲氛围的啤酒餐厅，你在这里可以品尝到铁板牛排以及配有德国腌菜的香肠美食，德式菜品丰富，主菜价格在R$60~70。

住 R. Visconde de Taunay 555
☎ (047) 3422-2909
URL zumschlauch.com.br
开 周一 ~ 周六 12:00~次日 1:00
　周日 16:00~次日 1:00
休 无
CC ADMV

174　酒店客房设施：🛁带浴缸　📺带电视　📞带电话　💻可上网　🍴含早餐

巴西南部
弗洛里亚诺波利斯
Florianópolis

Brasil

巴西利亚
弗洛里亚诺波利斯

● 巴西南部 布鲁梅瑙／弗洛里亚诺波利斯

邻近圣卡塔琳娜岛的圣克鲁兹安哈托米里姆要塞

MAP▶p.55-B3
长途区号 ▶ 048
（电话的拨打方法→p.42）
US$1 ≈ **R$3.15**
≈ 6.87 元人民币

葡萄牙语中的弗洛里亚诺波利斯
葡萄牙语中，弗洛里亚诺波利斯的诺音会被拉长。

INFORMATION

❶ 旅游咨询处
Santa Catarina Turismo（Santur）
MAP p.177
住 R. Felipe Schmidt 249
☎（048）3212-6328
URL turismo.sc.gov.br
开 8:00~19:00
休 周六·周日

　　圣卡塔琳娜州的首府弗洛里亚诺波利斯是一座将南美大陆与圣卡塔琳娜岛相连的奇特城市，两座大桥将南美大陆与圣卡塔琳娜岛连接在一起。城市原名诺萨·赛纽拉·多·德斯特罗，为了纪念1894年弗洛里亚诺总统成功镇压反叛军而将名称改为弗洛里亚诺波利斯。现在城内的人口约为45万人，渔业以及牡蛎养殖业十分繁荣，居民大多数来自葡萄牙领区的阿佐雷斯群岛。

　　圣卡塔琳娜岛的常年气温大约为20.5℃，最寒冷的7月温度也高达17℃，十分温暖。拜其宜人的气候所赐，你在这里可以欣赏到美丽的山湖景色，在众多优质海滩畅玩，变化多样的自然景色更是令这里声名远扬。特别是在夏天的度假季，不仅是巴西本国人，周边国家也会有众多观光客到访这里。

埃尔西利·乌鲁兹机场
MAP p.176-A2
住 Av. Dep. Diomicio Freitas 3393
☎（048）3331-4000
URL www.aeroportoflorianopolis.net

通过扶梯走上飞机

🌀 前往弗洛里亚诺波利斯的交通方式

飞机

　　圣保罗、里约热内卢、巴西利亚各地都有直飞这里的航班（p.52），阿雷格里港每天也有3~5班飞往这里的航线，航程约1小时。此外布宜诺斯艾利斯每天也有1~3班飞往这里的国际线，航线约2小时。

从机场前往市内

　　弗洛里亚诺波利斯的埃尔西利·乌鲁兹机场 Aeroporto Hercilio Luz（FLN）位于老城南面约12公里的地方，你可以搭乘标有183或186 Corredor Sudoeste 字样的当地巴士往返机场与城区。车费R$3.9，从机场乘出租车前往市内大约需要R$40。

从机场搭乘前往市内的大巴

175

弗洛里亚诺波利斯的市内交通

弗洛里亚诺波利斯在老城、康瑟松湖 Lagoa da Conceição、卡纳斯维拉斯 Canasvieiras 等城区都设有巴士总站，分别有开往周边地区的各类巴士。运费根据运营公司的不同也会有所差别，普遍是 R$2.3~。在你乘车或是进入巴士总站时便需要支付车费，在巴士总站中换乘其他车辆则无须缴费。

周边看点

巴拉达拉戈
Barra da Lagoa
MAP p.176-B2

本是一处位于老城以东约 20 公里，从康瑟松湖流往大西洋的拉戈阿河河口处的宁静渔村，现在则是游客纷至沓来的热门景点。

交通方式

从老城的短途巴士总站 B 站台搭乘 311 路巴士前往 Lagoa da Conceição 巴士总站，随后换乘 360 路巴士，在终点下车即可。

巴拉达拉戈的沙滩

里贝朗岛
Ribeirão da Ilha
MAP p.176-A3

距离老城约 26 公里，位于机场南面面向苏尔湾 Baía Sul 的阿伦雷斯移民的代表村落。至今村内仍留有 1803 年建造的古老民居、教堂以及 Forte dos Naufragados 要塞，这里作为牡蛎的养殖地也十分出名。

交通方式

从旧城区的短途巴士总站 C 站台搭乘 410 路巴士前往 Rio Tavares 巴士总站，随后换乘 561 路巴士，在终点下车即可。

坐落在里贝朗岛中心的别致教堂

长途巴士

长途巴士总站位于老城的中心，Catarinense 公司运营的从圣保罗始发前往弗洛里亚诺波利斯的巴士每天设有 14 班，车程约 11 小时。Kaissara 公司运营的从里约热内卢始发前往弗洛里亚诺波利斯的巴士每天 1 班，车程约 18 小时 30 分钟。从阿根廷的布宜诺斯艾利斯以及巴拉圭的亚松森 Asunción，每天也有 2 班左右前往弗洛里亚诺波利斯的巴士车。

长途巴士总站

176

弗洛里亚诺波利斯 漫步

弗洛里亚诺波利斯的市中心位于圣卡塔琳娜岛 Ilha Santa Catarina 西海岸的中部位置，通过埃尔西利·乌鲁兹大桥 Ponte Hercílio Luz 和科伦坡·萨雷斯大桥 Ponte Colombo Salles 两座大桥将南美大陆与圣卡塔琳娜岛连在一起。城镇中心的地标便是 11 月 15 日广场 Praça 15 de Novembro，邮局、银行等设施都建在广场周围。名为中央市场 Mercado Municipal 的建筑过去曾是海关大楼，现在这里则变成了售卖当地手工艺品的场所，如果你想买些旅行纪念品或是挑选礼物馈赠亲友，那一定不要错过这个市场。尤其是圣卡塔琳娜岛上康瑟松湖区域特产的精致蕾丝制品伦达德比罗 Renda de Bilro 以及当地女性手工制作的毛巾和罩衫，还有以麦秸为原材料制作的工艺品等，都是数一数二的精品。

圣卡塔琳娜岛拥有众多美丽的海滩以及包括康瑟松湖、佩佩湖在内的湖畔，拜其丰富的自然资源所赐，全年都有大量的观光客到访这里。你可以从弗洛里亚诺波利斯的市中心实现当天往返圣卡塔琳娜岛的可能，如果你想多住上一晚也完全没有问题，圣卡塔琳娜岛北面的卡纳斯维拉斯海岸 Praia de Canasvieiras 和英格尔斯海岸 Praia dos Ingleses 都建有许多度假酒店和公寓类型的住宿设施。

弗洛里亚诺波利斯 主要景点

圣卡塔琳娜历史博物馆 `Map p.177`
Museu Histórico de Santa Catarina

这座博物馆的前身是圣卡塔琳娜州的州政府，现在你依然可以在这里看到众多圆形立柱、被精致粉刷的屋顶、大理石台阶以及意大利制造的精美雕像，可谓 19 世纪末折中主义艺术的优秀建筑作品。馆内则展出有过去的家具、地毯、殖民时期的各式艺术作品。

康瑟松湖周边知名的蕾丝手工艺品"伦达德比罗"

小知识
圣卡塔琳娜的渔村节

圣卡塔琳娜岛的渔业十分兴盛，因此也衍生了许多与鱼类相关的节日。

比如巴拉达拉戈渔村的渔师们在每年 6 月末～7 月初，便会组织一个为期 3 天，名为 Festa da Tainha 的节日，Tainha 其实就是当地一种鱼类的名字。届时你可以看到各式乡土菜肴争相揽客，人们载歌载舞，十分热闹。

圣卡塔琳娜历史博物馆
住 Praça 15 de Novembro, 227
☎ (048) 3665-6363
开 周二～周五 10:00–18:00
　 周六·周日 10:00–16:00
休 周一
费 R$5（周日免费）

巴西 / 巴西南部 / 弗洛里亚诺波利斯

前往圣克鲁兹安哈托米里姆要塞的交通方式

Scuna Sul 公司〔☎（048）3225-1806〕会在 10:30 组织从埃尔西利·乌鲁язの大桥乘船出发经时长约 6 小时的圣克鲁兹安哈托米里姆要塞观光游，除了在安哈托米里姆要塞参观外，还可以在海湾游泳，每人收费 R$75。卡纳斯维拉斯海岸的港口在 11:00 也会组织类似行程，总时长约 5 小时，费用 R$50。分别会收取 R$8~10 不等的要塞门票费，餐费则另行支付。需要注意的是，这种行程只在 4~9 月的周末期间开放。

圣克鲁兹安哈托米里姆要塞
Forte Santa Cruz do Anhatomirim

Map p.176-A1

建于 1744 年，距离弗洛里亚诺波利斯以北 48 公里，位于弗洛里亚诺波利斯所在的南美大陆海岸沿线的安哈托米里姆岛 Iha de Anhatomirim 上的要塞及其附属建筑。这座要塞从 1739 年开始建造，耗时 5 年才竣工。你可以从圣卡塔琳娜岛北部的海滩乘船前往，也可以从弗洛里亚诺波利斯城中心参加当地游行程，这样可能会更为轻松。

康瑟松湖
Lagoa da Conceição

Map p.176-B2

位于圣卡塔琳娜岛中部的巨大湖畔，距离弗洛里亚诺波利斯老城以东 12 公里，你可以从弗洛里亚诺波利斯市内的克鲁兹山眺望到这个美丽湖畔。因为一部分海水也汇入了康瑟松湖，所以你可以在湖畔周围渔村里的餐厅品尝到螃蟹、大虾等海货。此外，如果你到访这里，别忘了买一些当地女性手工制作的蕾丝制品"伦达德比罗"，可谓馈赠亲友的上好佳品。

前往康瑟松湖的交通方式

从老城的短途巴士总站 B 站台搭乘 311 路巴士前往 Lagoa da Conceição 巴士总站，随后换乘 360 路巴士，在抵达康瑟松湖后下车即可。车费 R$3.9，车程约 20 分钟。

COLUMN 弗洛里亚诺波利斯的海岸

南北细长形的圣卡塔琳娜岛拥有许多美丽的海岸以及优质的度假休闲地，现在你可以乘坐巴士车前往各个知名海岸，十分方便。

卡纳斯维拉斯海岸
Praia de Canasvieiras

MAP p.176-B1

位于圣卡塔琳娜岛的北部，可谓岛上十分成熟的度假地之一，除了酒店和餐厅等常见设施，还可以找到货币兑换所、电话局、网咖、旅行社、礼品商店等各式对于游客来说十分实用的设施。

交通方式

从老城的短途巴士总站 B 站台搭乘 210 路巴士前往 Canasvieiras 巴士总站，随后换乘 260、265、266 路巴士即可。

伏尔特海角
Ponta do Forte

MAP p.176-A1

位于圣卡塔琳娜岛的西北部，距离弗洛里亚诺波利斯老城约 25 公里，朱莱莱海岸 Praia do Jurere 西面的海角，你在这里可以看到建于 1750 年的圣何塞·达·庞达·古罗萨要塞 Forte Sao Jose da Ponta Grossa，从朱莱莱海岸延伸至此海滩线很少受大风大浪，是享受海水浴的绝佳去处。

莫桑比克海岸
Praia do Moçambique

MAP p.176-B1~2

位于老城东北方向 30 公里的位置，整个莫桑比克海岸面向大西洋的海岸线足有 14 公里之长，可谓圣卡塔琳娜岛中最长的海滩。这里的海浪起伏较大，是冲浪和钓鱼爱好者的圣地，海滩周边的森林现在已经被划为保护地区。

交通方式

从老城的短途巴士总站 B 站台，搭乘 311、310 路等巴士前往 Lagoa de Conceicao 巴士总站，或是搭乘 210 路巴士前往 Canasvieiras 巴士总站，随后都是换乘 840 路巴士，便可以抵达莫桑比克海岸。

华金纳海岸
Praia da Joaquina

MAP p.176-B2

距离老城约 17 公里，作为圣卡塔琳娜岛东海岸中部的宽阔海滩，在每年 1 月都会在这里举办巴西全国的冲浪大赛。海滩北面建有许多餐厅和酒店，不过这里的海浪通常都是波涛汹涌，不太推荐你在这里享受海水浴。海滩后面可以看到滩上沙丘，是滑沙的好去处。

交通方式

从老城的短途巴士总站 B 站台，搭乘 311、310 路等巴士前往 Lagoa de Conceicao 巴士总站，随后换乘 363 路巴士即可。

弗洛里亚诺波利斯的酒店
Hotel

科桑多桑蒂尼奥度假酒店
Costão do Santinho Resort

Map p.176-B1

超豪华酒店

住 Estrada Vereador Onildo Lemos 2505
☎ (048) 3261-1000
URL www.costao.com.br
费 ⓢ R$951~ ⓦ R$1359~
CC A M V
房间 695 间

◆当选为巴西最佳海滩度假酒店的大型度假酒店,你在这里可以找到 6 间味道各异的附属餐厅。此外你还可以直接购买包含 SPA 按摩以及晚餐在内的超值度假方案。

巴莱林中心酒店
Hotel Valerim Center

Map p.177

中档酒店

住 R. Felipe Schmidt 554
☎ (048) 3225-1100
URL www.hotelvalerim.com.br
费 ⓢ R$135~ ⓦ R$169~
CC A D M V
房间 105 间

◆位于城中心的三星酒店,对于老城的观光、外出用餐以及购物都十分便利。客房配有电扇和迷你冰箱,功能完备。

赫拉酒店
Hola

Map p.176-B2

中档酒店

住 R. Crisógono Vieira da Cruz 304, Centrinho da Lagoa
☎ FAX (048) 3209-1957
URL www.hotelhola.com.br
费 ⓢ R$240~ ⓦ R$285~
CC A M V 房间 21 间

◆位于拉戈阿地区的巴士总站前,每间客房布置得都十分用心,你可以在房间内看到巴西巴伊亚地区的工艺灯具、巴西艺术家制作的装饰物等,氛围独特。此外酒店内也设有泳池。

背包客之家
The Backpackers Sharehouse

Map p.176-B2

旅馆

住 Servidao da Prainha 29
☎ (048) 3232-7606
费 ⓢ ⓦ R$90~ 宿舍房型 R$35~
CC J M V
房间 46 张床铺

◆在巴拉达拉戈车站下车后过桥便可以看到这家旅舍。酒店提供客人毛巾以及自行车租赁服务。前台 24 小时可以为客人安排机场接送的服务。

弗洛里亚诺波利斯的餐厅
Restaurant

欧查丹马斯餐厅
Ostradamus

Map p.170-A3

住 Rod. Baldicero Filomeno 7640
☎ (048) 3337-5711
URL www.ostradamus.com.br
营 周二~周六 12:00~23:00
　　周日 12:00~16:00
休 周一　CC A D M V

◆位于海岸线沿岸的海鲜餐厅,最受欢迎的菜品当属选用餐厅劳养殖场新鲜捕捞的螃蟹所烹饪的螃蟹大餐。用餐预算每人 R$70~,一打生蚝的价格为 R$36 左右。

32 箱子餐厅
Box 32

Map p.177

住 Mercado Municipal Parte Interna, Box 4
☎ (048) 3037-2661
URL www.box32.com.br
营 周一~周五 12:00~23:00
　　周六 10:00~15:00
休 周日　CC A D J M V

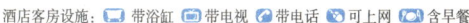

◆位于中央市场内的海鲜餐厅,半打生蚝价格 R$17~,一打生蚝的价格则更为划算,R$28.5。这家餐厅除了海鲜菜肴外,售卖的巴西朗姆酒、卡莎萨也十分知名。

179

Brasil

巴西利亚
阿雷格里港

巴西南部
阿雷格里港 *Porto Alegre*

MAP ▶ p.55-B4
长途区号 ▶ **051**
（电话的拨打方法→p.42）

US$1 ≈ **R$3.15**
≈ 6.87 元人民币

INFORMATION

旅游咨询处
Centro de Informação
Toxicológica（CIT）
☎（0800）517-686
机场内
🕗 8:00～22:00
休 无

抵达机场后从一层的抵达大门出来后就可以在右手边看到这个旅游咨询处，你可以从这里领取免费的地图和宣传册。另外除了城市中央市场内的旅游服务窗口外，还可以在市内找到多家为游客提供旅行便利的旅游服务台。

萨尔加多·费尔霍国际机场
MAP p.181-B1
住 Av. Severo Dolius 90210
☎（051）3358-2000
分布于萨尔加多·费尔霍国际机场航站楼的航空公司
第1航站楼
 戈尔航空、阿维安卡航空等
第2航站楼
 阿苏尔航空

从瓜伊巴河远眺阿雷格里港的城市景色

位于瓜伊巴河沿岸的阿雷格里港是南里奥格兰德州的首府，也是巴西南部的中心城市。城市人口约147万人，帕图斯湖将这座港城与大西洋相连，使其蓬勃发展。

阿雷格里港四季如春，被称为 Pampa 的南美大草原覆盖了整个南里奥格兰德州，使得这里的畜牧业自古至今都十分发达。拜其蓬勃的畜牧业所赐，这里被称为 Gaucho 的南美牧人文化至今也依旧浓厚。比如巴西建国初期南美牧人饮用的马特（肉桂）茶，至今仍和旧时一样，通过一根金属材质的吸管搅拌茶水并饮用，现在马特茶仍然是巴西普通家庭的日常饮品。另外，以畜牧业作为主产业的南里奥格兰德州，可谓是开有最多平价巴西烤肉馆的地区。

阿雷格里港市中心建有许多写字楼与高级酒店，同时殖民时期建造的欧式建筑也大多被妥善保留在市内，与现代感十足的高楼大厦形成有趣的对比。市内还有几处绿意盎然的公园，每逢周末公园内便会举办市集和特色活动，人流如织。同时，阿雷格里港也是2014年巴西世界杯的举办城市。

🚉 前往阿雷格里港的交通方式

飞机

圣保罗、里约热内卢以及巴西利亚每天都有直飞阿雷格里港萨尔加多·费尔霍国际机场 Porto Alegre International Airport Salgado Filho（POA）的航班（→p.52），此外途经弗洛里亚诺波利斯和库里蒂巴前往阿雷格里港的航班也十分频繁。同时，阿雷格里港也设有往返布宜诺斯艾利斯和利马的国际航线。

●从机场前往市内

萨尔加多·费尔霍国际机场位于城中心（历史城区）东北方向约10公里的位置，可以搭乘铁道交通前往市内。当然如果要搭乘火车，下飞机后要先换乘设有列车站的 Aeromovel 轻轨线。从第1航站楼二层的抵达大厅出来后便可以前往轻轨的售票窗口购买车票，随后进行换乘。乘坐轻轨抵达机场

从机场搭乘轻轨和火车前往城中心，大约需要30分钟

从机场站横过天桥后步行约5分钟便可以抵达第2航站楼

站 Estação Aeroporto 后跟随人流前往站台，随后乘坐开往 Mercado 方向的火车，在终点市场站 Estação Mercado 下车后便来到了阿雷格里港的城区，下车后会看到一处拱形的大门，这里便是中央市场。

乘出租车前往城中心人

轻轨
🕐 5:00~24:00（每隔10~15分钟一班）
💰 R$1.7（换乘火车后无须再支付其他费用）

出租车费用
起步价为 R$5.18，工作日每公里加收 R$2.59，夜间、周末以及节假日每2公里加收 R$3.29。

机场巴士
机场出发的机场大巴可以将客人送到阿雷格里港市内的多家主要酒店，不过每天只有6班，单程费用 R$8。

巴西

●**巴西南部**
阿雷格里港

阿雷格里港 Porto Alegre

181

观光巴士
Linha Turismo

巡游市内主要景点，上下自由的观光巴士，共设有2条线路，通常都会涉及城内的历史名胜 Roteiro Centro Histórico。车内提供英文讲解机，售票窗口紧邻观光指南站，车票可以在同一天无限次乘坐观光巴士，各车站的巴士出发时间可以在官网进行确认。

- Travessa do Carmo 84, Cidade Baixa
- ☎ (051) 3289-0176
- URL www.portoalegre.travel/site/linha-turismo
- 发车时间 9:00~16:00 每小时发车一班
- 休 周一
- 费 周二~周五 R$25
  周六·周日 R$30

二层是露天席位

约需要20分钟，费用约 R$30。

长途巴士

从圣保罗出发的 Kaissara 公司和 Penha 公司的巴士每天共有5班，车程约17小时；从库里蒂巴由 Catarinense 公司运营的巴士每天共有7~9班，车程约12小时；从弗洛里亚诺波利斯也有前往阿雷格里港的巴士。

外表朴实的长途巴士总站

● **从长途巴士总站前往市内**

从机场到城内的列车会经长途巴士总站，此外你也可以搭乘本地巴士前往市内，穿过长途巴士总站前的大道来到对面的巴士站，便是前往城中心中央市场旁的短途巴士总站。

市内交通

铁路

阿雷格里港的铁路以市场站作为始发站，一路向北途经长途巴士总站以及机场站。游客最常使用的车站除了市场站外，还有长途巴士总站火车站 Estação Rodoviária 以及机场站，车费 R$1.7。

霍多维阿利亚站的检票口

本地巴士

当地市民最常使用的出行工具当数本地巴士，现在巴士的交通网已经覆盖了市内许多线路，包括长途巴士总站在内的多处巴士站分散在市内各处。车票价格虽然不贵，只有 R$4.05，但车站众多、线路繁杂，对于外来游客来说乘坐起来还是比较有难度。如果你想更有效率地进行观光，还是推荐搭乘市内的观光巴士进行游览。

中央市场前的巴士搭乘点

阿雷格里港的治安

市内及近郊区域内毒品组织间的斗争比较激烈，城内不时还会爆发枪战，经常有伤亡的事件发生。所以如果你要夜间出行，请务必搭乘出租车，白天也请尽量避免前往人迹罕至的街道。此外平日白天熙熙攘攘，有很多商贩的老城区，在周日的上午开始便会逐渐撤摊和闭店休息，届时行走在老城区中应该提高警惕。

阿雷格里港 漫步

阿雷格里港市内的建筑既有现代化的高楼大厦，也有欧洲风格的古老民居，白天参观市中心的老城区可谓这里的旅游亮点。通常会以热闹的中央市场作为行程的起点，市场西面坐落着很多历史建筑，散步的同时便可以领略其中颇具韵味的独特风景。从中央市场西面延伸向北的梅迪罗斯堡路 Av. Borges de Medeiros 是市内的主干道，此外其东侧的马瑞卡尔·弗洛里亚诺·佩克索托路 R.Marechal Floriano Peixoto 上也坐落着多家商店，从中央市场向东延伸的波兰塔里乌斯·达·帕托利亚路 R.Voluntários da Pátria 也是市内知名的商业街。如果你想远离商圈的浮躁，可以花费 20 分钟的时间前往市中心南面，面积广阔的法雷皮里亚公园。

住宿设施主要分布在城中心以及海畔旁的胡里奥卡斯提约大道 Av. Júlio de Castilhos 上，长途巴士总站周边的旅舍价格比较低廉，不过治安不是很好，请多加注意。

中央市场周边鳞次栉比的商店和服装店

阿雷格里港的足球运动

阿雷格里港市内的足球俱乐部曾经登上过世界之巅，巴西国内知名的巴西国际足球俱乐部 Internacional 以及格雷米奥足球俱乐部 Gremio 都是阿雷格里港市的本土球队。两个球队的球迷相见经常是分外眼红，尤其是在同城德比比赛（当地称为 Classico Gre-Nal）时，城内仿佛一下分成了两个阵营。这两个球队都十分出色，每年南里奥格兰德州的球队代表权，不是巴西国际足球俱乐部获得，就是格雷米奥足球俱乐部取得。

巴西国际足球俱乐部的主场比拉里奥体育场 Estádio Beira-Rio，曾经是 2014 年巴西世界杯揭幕战的赛场。你来到这里还可以参观并设其中的足球博物馆 Museu do Inter。格雷米奥足球俱乐部 Arena do Grêmio 的主场则是 2012 年竣工的格雷米奥体育场。你在这两座球场都可以找到官方商店以及售票窗口。

季赛广告也考虑到了两支球队球迷的心理

比拉里奥体育场
MAP p.181-A2 外
Av. Padre Cacique 891, Praia de Belas
☎ (051) 3230-4600
URL www.internacional.com.br

足球博物馆
🕒 10:00~17:30
休 周一、比赛日
R$10
交通方式
从老城区可以搭乘 149、165 路巴士前往，在球场站下车，步行即可抵达。

格雷米奥体育场
MAP p.181-B1 外
Av. Padre Leopoldo Brentano 110
☎ (051) 3092-9605
URL arenapoa.com.br
交通方式
乘坐火车在 Anchieta 站下车后，步行 15 分钟即可抵达。

183

阿雷格里港　主要景点

马特利兹广场
Praça da Matriz

Map p.182-A2

作为阿雷格里港观光中心的广场，别名马雷夏尔德尔多尔广场 Praça Marechal Deodoro。广场正面便是意大利风格的大教堂 Catedral Metropolitana、州政府以及艺术会馆 Solar dos Câmara 旁的皮拉蒂尼宫殿 Palácio Piratini、圣佩德罗剧场 Teatro São Pedro 等多座欧式风格建筑。

大教堂内精致的彩色玻璃值得一看

殖民时期的建筑与周围的绿色植物相得益彰

历史博物馆
Museu Histórico Júlio de Castilho

Map p.182-A2

历史博物馆
住 R. Doque de Caxias 1205
☎ (051) 3221-3979
URL www.museujuliodecastilhos.rs.gov.br
开 10:00～17:00
休 周日·周一
免费

位于马特利兹广场东南一个街区外的博物馆，南里奥格兰德州内出土的土器与石器、狩猎工具、传道士弗朗西斯科·泽维尔 Francisco Xavier 像以及 18~19 世纪期间外来移民的生活用品、葡萄牙殖民时期的武器都是馆内对公众开放展出的展品。

弗朗西斯科·泽维尔像

中央市场
Mercado Público

Map p.182-A1

中央市场
营 周一～周五　7:30～19:00
　　周六　　　　7:30～18:30
休 周日

火车站前奶油色的 19 世纪建筑便是中央市场，内部设有生鲜品和加工食品的商店、马特茶馆以及各式礼品店，外围则是清一色的小餐馆，方便当地人和游客用餐。

市场内有多家餐馆，白天饭点时各家餐厅几乎都是座无虚席

当地特产的大集合

文化会馆
Casa de Cultura Mário Quintana

Map p.182-A2

文化会馆
住 R. dos Andradas 176
☎ (051) 3221-7147
开 各个设施的营业时间不尽相同
休 无

由原本的马杰斯酒店改建为图书馆兼画廊的文化中心，现在这里进行现代美术的展示，同时也作为电影院以及各色活动的举办地而使用。

粉色建筑十分抓人眼球

法霍皮里亚公园
Parque Farroupilha

Map p.181-A2

法霍皮里亚公园
住 Praça Emancipação s/n
☎ (054) 3268-1611
URL www.farroupilha.rs.gov.br

交通方式
从中央市场前搭乘 4、40、41 路等巴士，在公园北侧下车即可。

一座占地 40 公顷的城市公园，拥有广阔的湖畔以及游乐园。每周日在公园的何塞·博尼法西奥路 R. José Bonifácio 都会举行古董品市集，包括餐饮店在内会有 180 余个摊位出摊。

绿意盎然的都市公园

周日可以看到当地的音乐人现场表演

瓜伊巴河游船
Passeio de Barco

Map p.182-A1

在阿雷格里港市内北部流淌而过的雅库伊河 Rio Jacui 最终汇入名为瓜伊巴 Lago Guaiba 的大河之中，河域内可以看到大大小小多个小岛，你可以搭乘 Cisne Branco 号游船从河上眺望阿雷格里港市，市景宛如一个小曼哈顿。游船的行程通常都是1个小时，此外也有中途会提供餐食的特色游船，如果你时间不多，也可以搭乘横渡用途的渡轮 Travessia Guaiba，仅花费20分钟的时间便可以来到瓜伊巴河的对岸，沿途的风光也是十分不错的。

游船和渡轮的搭乘点位于火车市场站附近拱形地标背面的海畔边上，入口处有一块橙色和茶色的招牌，随后穿过地下通道便可以在右手边看到黄色的出发大厅。

游船上设有厕所和商店，十分人性化

瓜伊巴河游船
Cisne Branco 号
☎ (051) 3224-5222
URL www.barcocisnebranco.com.br
运 15:00 发船，人数凑齐的话也会在 10:30、16:30 发船
休 无
费 R$35

瓜伊巴河渡轮
Travessia Guaiba
运 周一～周五 5:58～19:50
　 周六　　　7:00～19:50
　 周日　　　10:00～19:50
　 每小时都有一班
费 R$10

游船的售票窗口紧邻船只，渡轮的乘船点则在右手边里侧

巴西

●巴西南部

阿雷格里港

阿雷格里港的酒店
Hotel

珠峰酒店
Everest Hotel　　　　　　　　　高档酒店

Map p.182-A2

◆位于中央市场旁梅迪罗斯堡路沿线的16层酒店，客房设备在装饰后焕然一新，房间面积也在26平方米以上，十分宽敞，服务同样也很周到。

住 R. Duque de Caxias 1357
☎ (057) 3215-9500
URL www.everest.com.br
费 ⓢR$160～ⓦR$172～
　 另收 5% 消费税
CC A D M V　扇 86 间

马乌快捷酒店
Express Mauá　　　　　　　　经济型酒店

Map p.182-B1

◆位于中央市场和长途巴士总站之间的位置，外观较旧，不过客房均配有空调和小冰箱，服务态度也很亲切。

住 Av. Júlio de Castilhos 342
☎ FAX (051) 3029-1000
URL www.hoteissuarez.com.br
费 ⓢR$99～ⓦR$129～
CC A D M V
扇 90 间

阿雷格里港郁金香酒店
Tulip Inn Porto Alegre　　　　中档酒店

Map p.182-B1

◆邻近中央市场和火车站，无论是观光还是外出就餐都很便利。客房内饰干净舒适，许多酒店前台都会说英语，服务也很细致。酒店内还有一个健身房。

住 R. Senhor dos Passos 103
☎ FAX (051) 3013-0303
URL www.tulipinnportoalegre.com
费 ⓢⓦR$210～
CC A D M V
扇 148 间

生态旅馆
Eco Hostel　　　　　　　　　　旅馆

Map p.181-A2

◆位于法霍皮里亚公园西面的位置，步行到城中心大约20分钟，房客共用的区域十分整洁，这里也有女性专用客房以及配有私人沐浴设施的单间。

住 R. Luiz Afonso 276
☎ (051) 3377-8876
URL www.portoalegreecohostel.com.br
费 宿舍房型 R$45～ ⓈⓌR$80～
CC M V
扇 10 间

酒店客房设施：🛁带浴缸　📺带电视　📞带电话　🌐可上网　🍴含早餐

185

阿雷格里港的餐厅
Restaurant

纳布拉萨餐厅
Na Brasa

◆ 多次获奖的当地人气巴西烤肉餐厅，店内虽然没有沙拉吧，但是前菜和烤肉都是自助餐形式，每人的平均预算在 R$100 左右。

Map p.181-A2
- 住 R. Ramiro Barcelos 389, Floresta
- ☎ (051) 3225-2205
- URL www.nbsteak.com.br
- 营 周一～周五 11:30~15:30、18:30~23:30
  周六 11:30~23:30 周日 11:30~22:00
- 休 无　CC A D M V

三叶草餐厅
Shamrock

◆ 坐落在法霍皮里亚公园周边餐饮街一带的爱尔兰酒吧，添加豌豆酱的炸鱼薯条是这里的名菜，价格R$29.9，此外汉堡包R$20.5等简餐也很受欢迎。600ml 的啤酒R$12~。

Map p.181-A2
- 住 R. Vieira de Castro 32
- ☎ (051) 3407-5320
- 营 周二～周四 11:00~24:00
  周五・周六 11:00～次日 1:00
  周日 11:00~19:00
- 休 周一　CC M V

甘布里努斯餐厅
Restaurante Gambrinus

◆ 1889年便在中央市场内开业的老店，当地特色菜品 Picanha（牛臀肉牛排）价格 R$46~58。另外餐厅还提供3~4种每天都会更新的特色套餐，价格R$38~。图片中的 feijoada 八宝饭为周一供应的菜品，价格R$42。

Map p.182-A1
- 住 Mercado Público 85
- ☎ (051) 3226-6914
- URL www.gambrinus.com.br
- 营 周一～周五 11:00~21:00
  周六 11:00~16:00
- 休 周日
- CC A M V

XV 广场自助烤肉餐厅
Praça XV Buffet & Grill

◆ 坐落在11月15日广场 Praca 15 de Novembro 对面的2层自助烤肉餐厅，入口处的光线比较暗淡，但是餐厅内的空间还是整洁明亮的。菜品种类不多，但是沙拉、八宝饭、烤牛肉等菜品一应俱全，自助餐的价格为R$19.5，你也可以按食材重量选购，每100g价格为R$5.49。

Map p.182-B1
- 住 R. Praça 15 de Novembro 42
- ☎ (051) 3286-3961
- 营 11:00~15:00
- 休 周日
- CC A M V

COLUMN 营养丰富！冬日限定的内脏汤

冬天阿雷格里港的最低气温在10℃左右，对于巴西来说，天气还是很寒冷的，这个时期的特色餐便是名为莫克托 Mocotó 的内脏汤，莫克托内脏汤中除了加入牛胃、阿基里斯跟腱等内脏、香肠外，还会添加大蒜、西红柿、洋葱等各样蔬菜，十分有营养。当你冬日在阿雷格里港用餐时，不妨特意寻找昆普莫克托内脏汤的餐厅，前往中央市场内的餐厅便可以大快朵颐。这种冬天的特色美食，有机会的话希望你不要错过。

Mocotó Bristol
莫克托・布里斯托尔餐厅
- MAP p.181-B1　住 Av. Assis Brasil 22
- ☎ (051) 3342-3492
- 营 11:00~15:00
- 休 无

交通方式
乘长途巴士总站附近的600路巴士，坐车约40分钟，在 Benjamin Constant 下车即可。

莫克托内脏汤营养丰富

当地的人气内脏锅餐厅，莫克托・布里斯托尔餐厅

186

巴西中部
巴西利亚 *Brasília*

Brasil

巴西利亚

巴西

MAP ▶ p.55-B2
长途区号 ▶ 061
（电话的拨打方法→p.42）
US$1 ≈ **R$3.15**
≈ 6.87元人民币

●巴西中部 阿雷格里港／巴西利亚

远眺大教堂和国家博物馆

如果你从巴西利亚的上空俯瞰这座城市，便会发现城市的形状宛如一艘喷射机。位于机翼位置，整齐规划出来的弓形地区，便是市内高级住宅和酒店的聚集地。中央的机体位置则是市内电视塔、交通中心短途巴士总站以及地铁城中站Central。机头所对应的三权广场则面向市里的人造湖泊帕拉诺阿湖Lago do Paranoá。日落后，市内的大教堂华灯初上，这时国会议事堂看起来就像是一对浮在空中的宇宙飞船。这也是巴西利亚最具有未来幻想的一瞬间吧。

1955年，当时的巴西总统库比契克提出了要在巴西中央高原的荒野上修建一座新首都的乌托邦想法，进而以"5年内达到50年的进步"为口号，开始了巴西利亚的建设工程。城市规划邀请了联合国大楼的设计者奥斯卡·尼迈耶以及他的老师卢西奥·科斯塔两位建筑界的泰斗，他们选用了飞机形平面布局作为城市建造蓝本，起名为"飞行器计划"。

城市竣工后，巴西的首都从里约热内卢迁移到了这座一张白纸般的崭新城市——巴西利亚。1987年，这里荣登《世界遗产名录》，新颖独特的城市建筑既具有观赏性，同时也充当政府部门的重要建筑，工作日期间城里经常会举办国际会议以及座谈会，抬高了住宿费用，相反周末的价格反而更为划算。

巴西利亚的气候
　巴西利亚位于南纬15°内陆的巴西高原上，海拔1152米，相比更约热内卢等海岸地区城市，无论是温度还是湿度都要略低一些。每年6、7月是这里气温最低的时候，平均气温在18℃左右，10月～次年3月的平均气温则是在22~23℃，不过这时虽然温度宜人，下雨也比较频繁。

巴西利亚国际机场
MAP p.188-A2
☎ (061) 3364-9000
URL www.bsb.aero/br

巴西利亚国际机场也是充满近代化设计元素

187

巴西利亚 Brasília

Áreas Octogonais (AOS)

↑火车站、长途巴士总站方向
↑戈亚尼亚方向

Shopping
长途巴士总站
Setor Policial Sul
动物园 Jardim Zoológico de Brasília
沃阿邦塔治教堂 Templo da Boa Vontade
Cemitério da Esperança
Asa Sul
SHLS
贝里尼餐厅 Belini
Superquadra Sul
Rodoviário Sul
南苏尔 ASA Sul
克莱普皇家餐厅 Crêpe Royale
Setor de Habitações Individuais Sul
彭涛南湖 Pontão do Lago Sul
比埃尔法斯湖餐厅 Bierfass Lago
南半岛 Península Sul
Setor de Mansões Dom Bosco

Via N-1 Oeste
Via N Dois Oeste
Lig Vias W3 Notre
Brasilia Shopping
埃尔·皮拉尔酒店 El Pilar
彼塔尔酒店 Bittar Inn
SHN Quadra 2

北酒店地区 SHN

巴西利亚国际机场 Aeroporto Internacional de Brasília

格兰彼塔尔酒店 Grand Bittar
Pátio Brasil
Lig Vias W3 Sul
纳欧温酒店 Naoum
埃科诺特尔酒店 Econotel
普拉纳尔托·彼塔尔酒店 Planalto Bittar
博纳帕尔特·B3酒店 Bonaparte B3 Hotéis
SHS Quadra 2
Via S-1 Oeste
Via S-2 Oeste

南酒店地区 SHS

巴西中部 巴西利亚

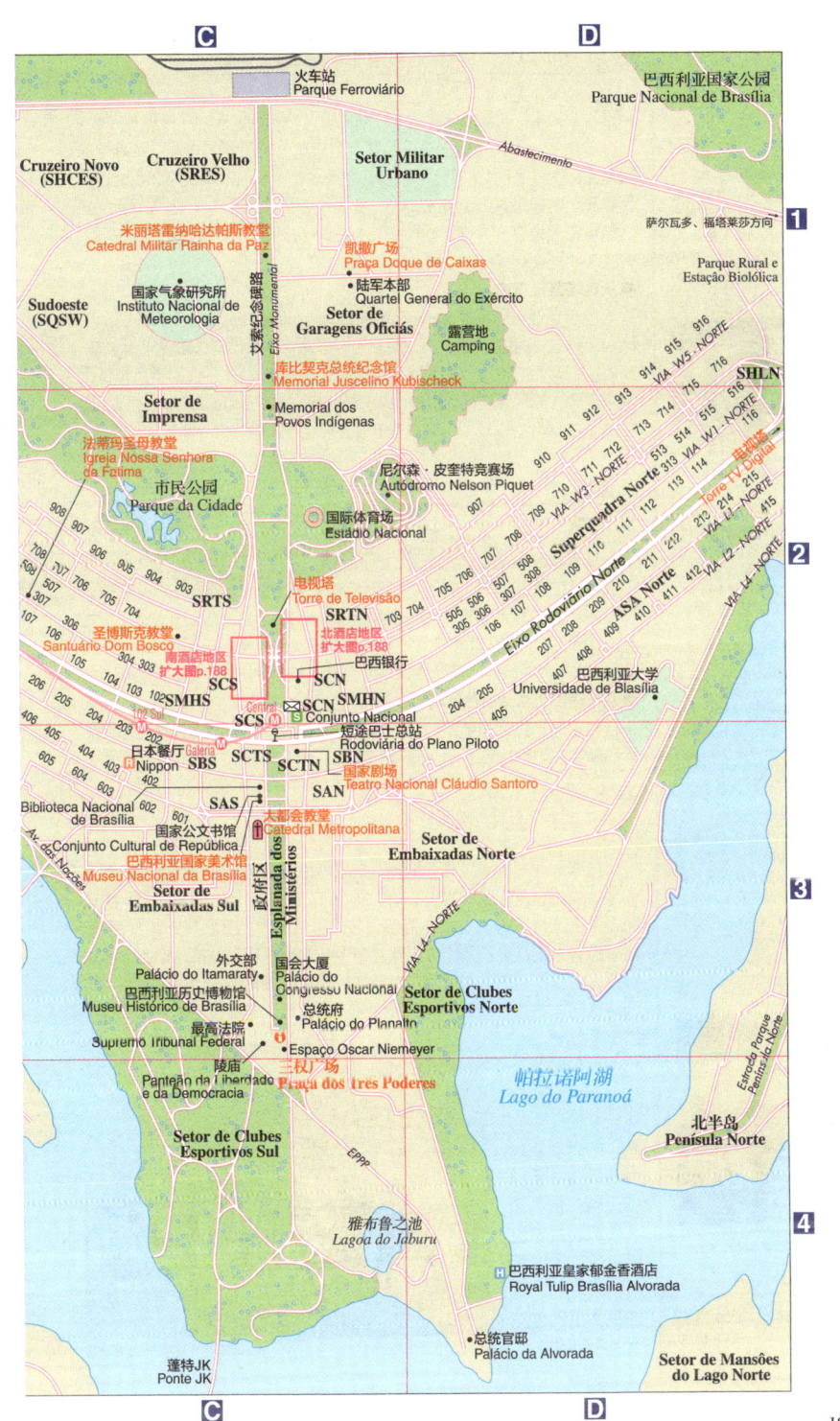

地图标注

- 火车站 Parque Ferroviário
- 巴西利亚国家公园 Parque Nacional de Brasília
- Cruzeiro Novo (SHCES)
- Cruzeiro Velho (SRES)
- Setor Militar Urbano
- Abastecimento
- 萨尔瓦多、福塔莱莎方向
- 米丽塔雷纳哈帕斯教堂 Catedral Militar Rainha da Paz
- 凯撒广场 Praça Doque de Caixas
- 陆军本部 Quartel General do Exército
- Parque Rural e Estação Biolólica
- Sudoeste (SQSW)
- 国家气象研究所 Instituto Nacional de Meteorologia
- Setor de Garagens Oficiás
- 露营地 Camping
- SHLN
- 库比契克总统纪念馆 Memorial Juscelino Kubischeck
- Setor de Imprensa
- 原住民纪念馆 Memorial dos Povos Indígenas
- 法蒂玛圣母教堂 Igreja Nossa Senhora da Fátima
- 市民公园 Parque da Cidade
- 尼尔森·皮奎特竞赛场 Autódromo Nelson Piquet
- 国际体育场 Estádio Nacional
- Torre TV Digital
- SRTS
- 电视塔 Torre de Televisão
- SRTN
- 圣博斯克教堂 Santuário Dom Bosco
- 南酒店地区扩大图 p.188
- 北酒店地区扩大图 p.188
- 巴西银行
- SCS
- SCN
- SMHS
- SMHN
- 日本餐厅 Nippon
- SBS
- SCTS
- Conjunto Nacional
- 短途巴士总站 Rodoviária do Plano Piloto
- SBN
- SCTN
- SAS
- 国家剧场 Teatro Nacional Cláudio Santoro
- SAN
- 大都会教堂 Catedral Metropolitana
- 巴西利亚大学 Universidade de Brasília
- 国家公文书馆 Biblioteca Nacional de Brasília
- 共和国文化中心 Conjunto Cultural da República
- 巴西利亚国家美术馆 Museu Nacional da Brasília
- 部委区 Esplanada dos Ministérios
- Setor de Embaixadas Norte
- Setor de Embaixadas Sul
- 外交部 Palácio do Itamaraty
- 巴西利亚历史博物馆 Museu Histórico de Brasília
- 国会大厦 Palácio do Congresso Nacional
- 总统府 Palácio do Planalto
- 最高法院 Supremo Tribunal Federal
- Espaço Oscar Niemeyer
- Setor de Clubes Esportivos Norte
- 陵庙 Panteão da Liberdade e da Democracia
- 三权广场 Praça dos Três Poderes
- Setor de Clubes Esportivos Sul
- 帕拉诺阿湖 Lago do Paranoá
- 北半岛 Península Norte
- 雅布鲁之池 Lagoa do Jaburu
- 巴西利亚皇家郁金香酒店 Royal Tulip Brasília Alvorada
- 总统官邸 Palácio da Alvorada
- 蓬特JK Ponte JK
- Setor de Mansões do Lago Norte
- Estrada Parque Península Norte
- EPPP

巴西银行（机场内）
- 11:00~16:00
- 周六·周日

货币兑换所
Global Excenge
- 24 小时

空调大巴
Ônibus Executivo
　售票窗口可以索取时刻表以及车站地图，其余种类的巴士也会从这里发车。
- 周一~周五　6:30~24:00
- 周六·周日　6:30~23:00
- R$12

抵达后出来右手边就可以看到售票窗口和乘车地

机场打车前往市内
车费R$38~50，车程15~20分钟，这段机场到市内的路段会使用特别计费算法。市内打车的起步价是R$4.51。

收音机出租车
Rádio-Táxi Coobrás
☎ (061) 3224-1000

短途巴士总站
Rodoviária do Plano Piloto
MAP p.189-C3
- Estação Rodoviária de Brasília
☎ (061) 3327-4631
　如果你不知道要搭哪辆车，可以询问巴士总站内穿着水色T恤的工作人员，此外巴士总站的二层是一个名为 Conjunto Nacional 的购物中心，方便购物。

熙熙攘攘的巨大巴士总站

熙攘期间的巴士站

地铁
Metrô DF
- 周一~周五　6:00~23:30
- 周日　　　 7:00~19:00
- R$5
- URL www.metro.df.gov.br

前往巴西利亚的交通方式

飞机
　圣保罗、里约热内卢每天都有多个航空公司运营的往返巴西利亚的航班（p.52），萨尔瓦多起始的航班每天设有4~8班，航程约2小时；累西腓起始的航班每天设有5~7班，航程约2小时40分钟；福塔雷萨起始的航班每天设有6~8班，航程约2小时35分钟；马瑙斯起始的航班每天设有3~5班，航程约3小时。

● 从机场前往市内
　巴西利亚国际机场 Aeroporto Internacional de Brasília（BSB）位于市区南面约12公里的位置。下飞机后可以搭乘空调大巴前往短途巴士总站、政府区、北酒店地区、南酒店地区等，费用R$12。如果你的酒店位于南酒店地区，你可以从机场搭乘102、102.1路本地巴士以及30路迷你小巴在 Pátio Brasil 站下车即可，车费R$3，前往市内需要30~40分钟。

长途巴士
　巴西利亚位于远离其他巴西主要城市的内陆地区，如果你搭乘长途巴士从其他城市前往巴西利亚，车程还是相对比较耗时的。圣保罗每天设有6~8班由 Rápid Expresso 公司运营的长途巴士，车程约15小时30分钟。里约热内卢每天设有2~5班由 Kaissara 公司运营的长途巴士，车程约18小时。贝洛奥里藏特每天设有4~6班长途巴士，车程约10小时50分钟~12小时30分钟。萨尔瓦多每天设有3班长途巴士，车程约24小时。

● 从长途巴士总站前往市内
　长途巴士总站与地铁商场站 Shopping 相连，前往与短途巴士总站相连的地铁市中心站 Central 需要途经7站。

市内交通

　巴西利亚"机翼"与"机体"交错的位置便是与短途巴士总站相连的地铁站位置所在——市中心站。前往市内各地的巴士与去往卫星城市的多条巴士线都是以这里作为始发站，但是由于没有路线图和时刻表，对于游客来说搭乘还是十分困难。市中心的街道规划整然，巴士上车点都设有与其相对的巴士站牌。如果你打算在此搭乘巴士，可以先向司机询问这趟车是否可以抵达你的目的地，之后再决定是否上车。此外如果你从短途巴士总站西面的扶梯下行，便可以抵达地铁站的市中心站。巴西利亚市内共设有2条地铁线路，每条地铁线都会贯穿巴西利亚"飞机城"的两翼部位，在途经2座巴士站后向西延伸。

乘坐扶梯下行便可以抵达地铁站

190

INFORMATION

🛈 旅游咨询处

巴西利亚旅游咨询中心
Centro de Atendimento ao Turista（CAT）
☎（061）3226-0153/2192
URL www.turismo.df.gov.br

机场内
MAP p.188-A2
营 8:00~18:00　休 无

三权广场
MAP p.189-C3　营 8:00~18:00　休 无

包含机场内旅游咨询处在内的巴西利亚旅游咨询中心共有 2 家，每家的工作人员都可以用英语交流，你可以从旅游咨询处领取免费的旅游指南。

邮局

Correios　MAP p.189-C2　开 8:00~17:00
休 周六·周日

中华人民共和国驻巴西联邦共和国大使馆

Embaixada da República Popular da China
住 SES-Av. das Nações, Quadra 813, Lote 51, Brasília-DF, Brasil
☎（061）2195-8280
开 周一~周五 9:00~12:00
休 周六·周日·节假日

各国大使馆

阿根廷 Argentina
住 SES 803, Lt 12　☎（061）3212-7600

巴拉圭 Paraguay
住 SES 811, Lt42　☎（061）3242-3732

乌拉圭 Uruguay
住 SES 803, Lt 4　☎（061）3322-1200

委内瑞拉 Venezuela
住 SES, Av. das Nações Lt13
☎（061）2101-1010

COLUMN 巡访奥斯卡·尼迈耶设计的特色建筑

巴西利亚观光的亮点之一便是建筑大师奥斯卡·尼迈耶设计的特色建筑。位于"飞行器计划"市中心位置的库比契克总统纪念馆（p.193）、大都会教堂（p.193）、三权广场（p.192）上的国会大厦和最高法院，以及陵庙等建筑都是奥斯卡·尼迈耶设计的代表性建筑，部分建筑可能相距较远，但是还是很值得特意去看一趟的。

巴西利亚国家美术馆
Museu Nacional da Brasília
MAP p.189-C3
住 Esplanada dos Ministérios
☎（061）3325-6410
开 9:00~18:30
休 周一
费 免费

国家剧场
Teatro Nacional Cláudio Santoro
MAP p.189-C3
住 Setor Cultural Norte
☎（061）3325-6239
开 15:00 17:30
休 周六·周日
费 免费

凯撒广场
Praça Duque de Caixas
MAP p.189-C1
住 Praça Duque de Caixas

交通方式
从 Eixo Monumental 路所在的北酒店地区搭乘 108.7 路巴士前往即可，车程约 15 分钟。

米丽塔雷纳哈达帕斯教堂
Catedral Militar Rainha da Paz
MAP p.189-C1
住 Canteiro Central do Eixo Monumental
☎（061）3323-3858
开 7:00 20:00
费 免费

电视塔
Torre TV Digital
MAP p.189-D2 外
住 Próximo ao Colorado
☎（061）3214-2712

巴西利亚城市观光游
☎ (061) 99304-1992
URL catedralturismo.com.br/city-tour
行程出发时间 10:30、14:00、16:30　费 R$50

乘坐双层大巴（二层露天）游览"飞行器计划"中巴西利亚城内的各大景点以及 Ponte JK 等旅游打卡地。途中会在大教堂和三权广场、总统官邸 Palácio da Alvorada 停车约 10 分钟，方便乘客下车拍照。行程的出发地设在北酒店地区的 Brasilia Shopping 前，车票的售票处也同样设在这家商场内。

旅游旺季经常会爆满的观光巴士

大都会教堂、巴西利亚国家美术馆、国家公文书馆等奥斯卡·尼迈耶设计的各座建筑

劳动战士像和国旗塔

国会大厦（上院／下院）
MAP p.189-C3
☎ 0800-612-171
URL www2.congressonacional.leg.br/visite/historico-en
开 9:30~17:30（周四议会期段需事前预约）
休 举办议会的周二、周三
费 免费

最高法院
MAP p.189-C3
☎ (061) 3217-4058
URL www2.stf.jus.br/portalStfInternacional/cms/verPrincinal.php
开 周三・周四 10:00、11:00
周五～下周二 10:00、11:00、14:00、15:00、16:00、17:00
（周一～周五的参观需要提前 2 天进行预约）
休 　　　　　　费 免费

巴西利亚 漫 步

俯瞰图中的飞机机体位置就是巴西利亚的市中心，被称为 Plano Pilot，短途巴士总站紧邻这片位于机体的中心地区，而市中心两侧则是建有住宿设施的酒店地区，步行 15 分钟即可抵达。巴士总站的西南侧坐落着大都会教堂，

从电视塔俯瞰巴西利亚市区景色

步行过去大概 10 分钟的时间。从这里继续笔直地沿艾索纪念碑路 Eixo Monumental 步行约 15 分钟，便可以到达以国会大厦为中心建筑的政府区和三权广场。如果你想前往近郊地区，可以选择从短途巴士总站乘车。此外，位于机翼部位的南苏尔 ASA Sul 地区也很有看点，不少餐厅也开在这片区域。邻近南酒店地区的商场 Pátio Brasil 也是知名的巴士搭乘点，许多巴士都从这里经过，交通便利。

如果你打算用餐或是购物，那选择商场作为目的地肯定是明智的决定。在 Plano Pilot 市中心地区就有多家商场，此外"机翼"两侧地区的大型交叉路口位置，普遍是城市的商业街，餐厅也大多开在这里。

巴西利亚 主要景点

三权广场
Praça dos Três Poderes
Map p.189-C3

位于飞机机头位置的城市广场，被国会大厦、最高法院以及总统府包围，国会大厦对面陵庙建筑的一面墙上，用浮雕雕刻出了巴西利亚建都的历史，广场内也有多个巨大的纪念碑，在巴西利亚历史博物馆 Museu Histórico de Brasília 前面则矗立着前总统库比契克的头像雕塑作品。

国会大厦 Palácio do Congresso Nacional 是一对位于广场中央的 28 层建筑，正面在手边是下院 Câmara，右手边则是上院 Senado，碗体造型的崭新建筑设计可谓奥斯卡·尼迈耶的代表作品。参加内部参观游时可以进入两院的议场，进而一睹国会大厦的气派与风采。

国会大厦左手边坐落着总统府 Palácio do Planalto。这座被称为"高原宫殿"的白色玻璃建筑，通常内部不对公众开放。在总统府前面可以看到为纪念巴西利亚这座新首都建造时所付出辛勤劳动的众多劳动者而打造的劳动战士像。

总统府与广场之间坐落着最高法院 Supremo Tribunal Federal，法院旁边象征着公平裁决的蒙眼法官像威风耸立。这片区域内更靠近短途巴士总站位置的建筑是被称为

国会大厦内还设有资料和美术品的相关展区

192

"弓之宫殿"的外交部 Palácio do Itamaraty。这座建筑的内部设计得十分新颖，推荐你参加观光行程进行游览。夜晚整片地区华灯初上后的景色美轮美奂，一定会给你留下难忘的回忆。

矗立在最高法院前的"蒙眼法官像"

外交部
- **MAP** p.189-C3
- ☎ (061) 2030-8051
- URL www.itamaraty.gov.br/en/visit-the-itamaraty-palace
- 开 周一~周五 9:00~11:00 14:00~17:00
- 周六·周日 9:00、11:00、14:00、15:00、17:00
- 休 无 费 免费
- *需要参加特别的内部参观游，耗时50分钟~1小时

库比契克总统纪念馆
Memorial Juscelino Kubischeck
Map p.189-C1

纪念馆作为巴西利亚之父——前总统库比契克的陵墓而对公众进行开放。纪念馆周围被水面环绕，通过划开水面的下行楼梯便可以来到纪念馆内部。馆内设计美丽时尚，展有库比契克在医生时期所收藏的3000余本藏书。库比契克的棺椁被放置在纪念馆二层正中央被彩色玻璃装饰的地方。你在纪念馆内可以找到咖啡厅和礼品商店，在纪念馆的出口处还展有库比契克挚爱的自行车遗物。

塔顶的纪念雕塑引人注目

库比契克总统纪念馆
- 住 Lado Oeste Praça do Cruzeiro
- ☎ (061) 3226-7860
- URL www.memorialjk.com.br
- 开 9:00~18:00
- 休 周一 费 R$15

大都会教堂
Catedral Metropolitana
Map p.189-C3

由奥斯卡·尼迈耶设计的大教堂，也是巴西利亚的地标建筑。16根支柱组成了宛如皇冠般的新颖外观。高达36米的天花板上垂吊着3座天使造型的活动雕像，它们和教堂入口处的4人使徒像均出自建筑大师塞奇亚蒂之手，你在入口附近还可以找到礼品商店和露天商铺。

16根支柱与彩色玻璃相得益彰

大都会教堂
- 住 Esplanada dos Ministérios
- ☎ (061) 3224-4073
- URL catedral.org.br
- 开 周一·周三 周四·周六·周日 8:00~17:00
- 周二·周五 10:30~17:00
- 休 无 费 免费

华灯初上的大教堂夜景

电视塔
Torre de Televisão
Map p.189-C2

塔高224米，由卢西奥·科斯塔设计。游客可以搭乘电梯前往高达75米的展望台，从这里可以眺望到东南方向的国会大厦以及大教堂等建筑，城市街景也能一览无余。电视塔前是设有纪念碑和喷泉的广场，在周六、周日会有商贩在这里摆摊营业。

电视塔
- 住 Eixo Monumental
- ☎ (061) 3322-6611
- 开 9:00~19:00
- 休 周一
- 费 免费

可以远眺巴西利亚市景

圣博斯克教堂
Santuário Dom Bosco
Map p.189-C2

教堂坐落在电视塔南面的住宅区，教堂内部用渐变色的蓝色玻璃打造了宛如深海般的神秘空间。正中央重达2700公斤的水晶灯在点亮时为金黄色，映衬得整座教堂更加美轮美奂。

进入教堂后会有一种仿佛沉入深海般的神秘感觉

圣博斯克教堂
- 住 SEPS 702 Bloco B
- ☎ (061) 3223-6542
- URL santuariodombosco.org.br
- 开 周一~周六 6:30~20:00
- 周日 7:30~21:00
- 休 无
- 费 免费

交通方式
乘坐行驶于W3公路的巴士，在教堂站下车即可。

巴西 • 巴西中部 • 巴西利亚

193

沃阿邦塔治教堂

住 SGAS（Sector de Grandes Áreas Sul）915 lotes 75/76
☎ (061) 3114-1070
URL www.tbv.com.br
开 24小时（展厅・画廊为 8:00~20:00）
休 无　**¥** 免费

交通方式
乘坐行驶于 W3 公路的巴士，在 515/715 附近下车即可。

沃阿邦塔治教堂
Templo da Boa Vontade

Map p.188-B1

坐落在"机体"南面"机翼"尖部的位置，该建筑作为超越宗教建筑意义的存在，有祈愿世界和平之意。金字塔建筑的内部呈现螺旋结构，入内参观的游客需要脱鞋后顺着沿线进行真诚的祈愿。设于其中的展厅和画廊很有看点，纪念品商店也开设其中。

顶端放置着一块巨大的水晶

法蒂玛圣母教堂

住 EQS307/308
☎ (061) 3242-0149
URL www.pnsfatimabsb.com.br/igrejinha
开 6:00~18:00
休 无　**¥** 免费

交通方式
乘坐地铁在 108 Sul 站下车后步行 10 分钟即可抵达。

法蒂玛圣母教堂
Igreja Nossa Senhora da Fatima

Map p.189-C2

位于住宅区的一座小型朴素的教堂，也是出自奥斯卡·尼迈耶的设计。当时由库比契克前总统的妻子提议建造，教堂外壁的小鸟雕塑十分可爱。内部则被阿尔弗雷多·沃尔皮 Alfredo Volpi 的壁画作品所装点。

宛如帐篷的流线型外观极具个性

COLUMN 巴西利亚的夜生活

晚上一定要欣赏一下这个城市的灯光夜景
巴西利亚市中心的夜晚与其他巴西城市的热闹与熙攘截然不同，你在这里看不到桑巴舞或是热闹的街市，感觉像是来到了一个并非位于巴西的异样国度。整齐的街道搭配独特造型的建筑群，日落后华灯初上的街景更是增添了整座城市的奇妙气氛。特别是由奥斯卡·尼迈耶设计的建筑倒映在池水中，仿佛出现了一个平行世界，极具观赏性。届时大教堂周边、国会大厦和三权广场周边都是亮丽的城市风景线。

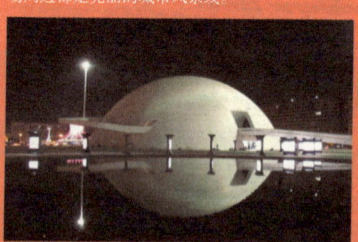

在彭涛南湖畔欣赏夜景
如果你想感受被灯光装点得气氛绝佳的夜晚建筑，推荐您前往帕拉诺阿湖畔的度假村慢慢欣赏。湖畔周围被规划出规整的步行道，各式餐厅也都可以在这边找到，伴随着餐厅飘扬而出的美丽乐章，无论是家庭出游还是情侣结伴，都会沉浸在此情此景之中。

宛如土星一般的巴西国立美术馆

夜晚出行请乘坐出租车
主要景点周围都配有警察巡逻，不会感受到治安问题，但是假如你入夜后独自乘坐巴士或是行走在人迹罕至的街道，还是很危险的。傍晚从酒店地区前往三权广场推荐打车出行，单程费用在 R$15~20。

被灯光装点出梦幻感觉的外交部建筑

彭涛南湖
MAP p.188-B3
住 SHIS QI 10, Lote 1/30, Lago Sul
☎ (061) 3364-0580
URL www.pontao.com.br
开 周一～周日 7:00~24:00
　　周二～周四 7:00~次日 1:00
　　周五～周六 7:00~次日 3:00
休 无

交通方式
从短途巴士总站搭乘 147.3 路或 147.7 路巴士，车程 30~40 分钟，下车后步行 5 分钟即可抵达。

穿过大门后进入休闲区

巴西利亚的酒店
Hotel

南酒店地区

博纳帕尔特·B3 酒店
Bonaparte B3 Hoteis — 超豪华酒店

Map p.188-A4

◆位于主干道的五星级酒店，客房为附带阳台的公寓结构，沉稳大气。附属餐厅的菜品也很丰富。

- 住 SHS Quadra 2, Bloco J
- ☎ (061) 2104-6600
- URL www.bonapartehotel.com.br
- 费 ⑤⑩ R$216.7 另收 10% 消费税
- CC A D J M V 房间 100 间

格兰彼塔尔酒店
Grand Bittar Hotel — 高档酒店

Map p.188-A3

◆所有客房均配有冰箱、空调、保险箱和阳台，设施完善，酒店内还有桑拿房和健身房可供房客使用。提供有偿 Wi-Fi，每天收费 R$10。

- 住 SHS Quadra 5, Bloco A
- ☎ (061) 3704-5000
- URL hoteisbittar.com.br/grand_bittar/site/
- 费 S R$240~ ⑩ R$260 另收 10% 消费税
- CC A D J M V 房间 147 间

普拉纳尔托·彼塔尔酒店
Planalto Bittar Hotel — 中档酒店

Map p.188-A4

◆位于南酒店地区出租车搭乘点附近，客房简洁，可以为房客提供 24 小时的客房服务以及洗衣业务。并设有餐厅和酒吧。

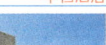

- 住 SHS Quadra 3, Bloco A
- ☎ (061) 3704-2000
- FAX (061) 3704-2020
- URL planaltobittarhotel.com.br
- 费 ⑤ R$150~ ⑩ R$170
- CC D M V 房间 106 间

纳欧温酒店
Naoum — 高档酒店

Map p.188-A3

◆现代风格的四星级酒店，客房简洁但是窗户很大，十分敞亮。斜对面便是 Patio Brasil 商场，购物便利。提供免费 Wi-Fi。

- 住 SHS Quadra 3, Bloco J
- ☎ (061) 3212-4545
- FAX (061) 3212-4549
- URL www.naoumhoteis.com.br
- 费 ⑤⑩ R$287~（周末 ⑤⑩ R$198~）另收 10% 消费税
- CC A M V 房间 77 间

埃科诺特尔酒店
Econotel — 经济型酒店

Map p.188-A3

◆巴西利亚市内为数不多的经济型酒店，客房略显老旧，但是价格很公道，非常卫生。全体客房配有小冰箱。步行前往 Pátio Brasil 仅需 3 分钟的时间，附近也有加油站和便利店等便利设施。

- 住 SHS Quadra 3, Bloco B
- ☎ (061) 3204-7337
- 费 ⑤ R$120~ ⑩ R$160
- CC A D J M V
- 房间 50 间

北酒店地区

埃尔·皮拉尔酒店
El Pilar Hotel — 中档酒店

Map p.188-A2

◆紧邻北酒店地区出租车搭乘点，相比其他中档酒店，价格更为划算。客房简洁，配有空调和迷你冰箱。

- 住 SHN Quadra 3, Bloco F
- ☎ (061) 3533-5900
- URL www.elpilar.com.br
- 费 ⑤ R$200~ ⑩ R$300~（周末收费为 ⑤ R$150~ ⑩ R$250~）
- CC A D J M V 房间 50 间

酒店客房设施： 带浴缸 带电视 带电话 可上网 含早餐

195

彼塔尔酒店
Bittar Inn
经济型酒店

Map p.188-A2

◆酒店地区最经济的酒店之一，客房并没有太多华丽的装饰，但是十分整洁。全部客房都配有免费 Wi-Fi 和空调，服务也十分到位。

住 SHN Quadra 2, Bloco N
☎ (061) 3704-3010
URL hoteisbittar.com.br/bittar_inn/site/
费 ⓈR$156~ ⓌR$175~
CC ADMV
房间 68 间

巴西利亚的餐厅
Restaurant

克莱普皇家餐厅
Crêpe Royale

Map p.188-B2

◆克莱普是当地一家广受好评的法式餐厅，菜品价格为 R$22~70，经营肉类、鱼类搭配奶酪的硬菜以及选用水果和冰激凌制作的甜品等。店铺位于南苏尔的住宅区内，周围有不少餐厅，这里的露天席位最为抢手。

住 SCLS 207 Bloco C, Loja 37 – Asa Sul
☎ (061) 3443-4777
URL creperoyale.com.br
营 周日~下周四 17:00~24:00
　 周五・周六 17:00~次日 1:00
休 无
CC ADJMV

日本餐厅
Nippon

Map p.189-C3

◆菜品多样的日式餐厅，用餐为自助餐形式，白天和夜晚的菜品不同。预算在 R$70 左右，你可以在这里喝到地道的日本酒。

住 SCLS 403 Bloco A, Loja 20 a 28
☎ (061) 3224-0430
URL www.nipponrestaurante.com.br
营 周一~周四 12:00~14:30、
　 19:00~23:00
　 周五 12:00~14:00、19:00~24:00
　 周六 12:00~15:30、19:00~24:00
　 周日 12:00~16:30
休 无
CC DMV

贝里尼餐厅
Belini

Map p.188-B2

◆位于南翼住宅区的意大利餐厅，工作日 12:00~15:00 期间，按重量售卖（每公斤收费 R$5.8）的菜品很受欢迎。夜晚以及周六、周日期间则是自助餐形式，预算为 R$41.9~42.9。餐厅内还并设面包房和便利店，十分方便，周围也有很多其他餐厅可供你选择。

住 CLS 113, Bloco D, Loja 35
☎ (061) 3345-0777
URL belini-gastronomia.com.br
营 7:00~22:00
休 无
CC AMV

比埃尔法斯湖餐厅
Bierfass Lago

Map p.188-B3

◆位于彭涛南湖畔的餐厅，露天席位可以欣赏广阔的湖景。工作日 12:00~16:00 的午间自助餐收费 R$39.9，夜晚的前菜价格为 R$27.8，主要以海鲜菜品和意大利菜为主，十分丰富。周末的夜晚还可以在用餐时欣赏美妙的现场音乐演奏。

住 SHIS Ql 10 Lote 09-Pontao Do Lago Sul
☎ (061) 3364-4041
URL www.bierfass.com.br
营 周一~周四 12:00~次日 1:00
　 周五~周日 12.00~次日 2:00
休 无
CC ADMV

潘塔纳尔湿地 Pantanal

从飞机上俯瞰分割南马托格罗索州和马托格罗索州的皮基里河

潘塔纳尔是指……

潘塔纳尔在葡萄牙语中是"沼泽地"的意思，这里被当作世界上首屈一指的湿地而广为人知，但其实这里是一片规模巨大的洪泛平原。16世纪中叶以前，人们都以为这里是一个巨大的湖泊，直到20世纪初期，人们才开始改称其为潘塔纳尔湿地，这个称呼也成了这片地区的正式名称。

潘塔纳尔湿地位于安第斯山脉和巴西高原之间，是一片盆地状的低洼，海拔80~150米，地势平坦，略微有所倾斜，呈北高南低。湿地四周被吉马良斯高原、阿莫拉尔山脉、博多克纳山脉、乌鲁昆山等环绕，这些山间有许多大大小小的河川，河水流经潘塔纳尔湿地后，最终会全部流入巴拉圭河 Rio Paraguai。巴拉圭河是巴西与玻利维亚、巴拉圭两国的边界河，河水流向为从北向南，是唯一一条流向大海的河流。周围被高山环绕，平均坡度为每1公里有1厘米（十万分之一）的高度差，地势十分平缓，每到雨季便会淹没大片土地，造成河水泛滥。

干季时随处可见的鳄鱼

潘塔纳尔湿地主要位于巴西境内，也有部分在玻利维亚及巴拉圭境内，跨越3个国家，总面积达15万平方公里。随着巴拉圭河上游水量的增减，无数大小不同的潟湖、沼泽、湿地间养育了丰富的生物品种，至今已经确定的有230余种鱼类、约460种鸟类、130种哺乳类、50种爬行类等。为了更好地保护这片丰富的自然，2000年潘塔纳尔湿地作为保护区成了世界自然遗产。

潘塔纳尔湿地的地势

潘塔纳尔并不是由许多分散的池塘形成的湿地，这里主要是由森林、山丘、河川、浅滩、湖沼群等各种要素组成，有常年不会被水淹没的部分，也有雨季及之后的泛滥季会被水淹没的部分，还有常年被水淹没的部分，也就是湖泊、沼泽、河流。湿地大部分为私人拥有，不会被水淹没的

潘塔纳尔湿地的落日美景

从印度引入的瘤牛，十分耐热，很适应潘塔纳尔湿地的气候

正在寻找饵食的粉红琵鹭

地方大多被用作牧场，放养着从印度引入的瘤牛。进入潘塔纳尔湿地后，最先映入眼帘的便是这种牛。

潘塔纳尔湿地一带全年降水量为1000~1250毫米，同周边地区相比降水量反而更少，属于半干燥气候。因此卡廷加群落（无树平原的一种，被称作"白色植被"，干季时会落叶的有刺灌木丛林）、稀树草原（由结实矮小的稀疏草木、低矮树木构成）、大查科平原（被大片灌木林覆盖的草原）这样的植被成了潘塔纳尔湿地的一大特征。

气候和最佳季节

聚集在水边的鳄鱼和鸟

全年平均气温为24~25℃，比较舒适。但是不同地域之间稍有差异，南部大坎普的月平均气温就要比北部的库亚巴低1~3℃。另外，潘塔纳尔湿地还是西边安第斯山脉和东边巴西高原之间的气流通道，冬季，寒流从南方北上而来，周边地带会瞬间降到0℃左右，十分寒冷。一般干季的5~9月正好是冬季，一定做好防寒工作，提前准备备防寒用品等。而雨季的12月~次年3月，气温则有可能上升到40℃以上，这是因为潮湿暖流会从亚马孙南下而来，并且受到西风的影响，这股暖流还会形成大暴雨。

雨季期间，巴拉圭河从水源所在的北部，逐渐流向南方，造成大面积泛滥。其中12月~次年2月是雨水最为充沛的时候，而5、6月水位最高。同干季相比，每年的水位虽然略有不同，但大致约为2米。低洼的平原几乎会全被水流淹没，而干季还是山丘的地方，到了雨季就变成了像岛一样的存在，分散在各个地方。

最佳的观光季节是水位下降的7~10月。这段时期沼泽、河流的数量较少，鳄鱼十分集中，还有为了饮水而来的小动物，为繁殖而聚集的鸟类等，这些都可以近距离观察到。8月前后，潘塔纳尔湿地的风铃木也会盛开粉色和黄色的花朵，是这里的一大风景特色。而且相较于干季，这段时期虫子也很少，更加舒服。

当然洪涝季节也有特有的美景，这个时期可以在干季时干枯了的3个月湖形状的浅滩和小河上泛舟游览。一边拨开凤眼蓝，一边深入腹地，还可以欣赏到在树梢上休憩的群鸟，自然风景美不胜收。

可以作为大本营的地点

潘塔纳尔湿地占地面积巨大，以皮基里河为边界，北部属于马托格罗索州和南马托格罗索州。马托格罗索州一侧为北潘塔纳尔（→p.206），可以将库亚巴（→p.209）当作大本营城市；南马托格罗索州一侧为南潘塔纳尔（→p.213），可以以大坎普（→p.218）作为大本营城市。但大多数前往潘塔纳尔湿地的游客，都不会选择在各个城市停留，而是直接前往潘塔纳尔湿地，入住在周边的住宿设施。

北潘塔纳尔一侧，波科恩方前、潘塔纳尔纵断道路沿岸，南潘塔纳尔一侧则是从大坎普至科伦巴的道路两旁，以及内格罗河沿岸等地住宿设施较为集中。因为没有公共交通可以到达这里，推荐参加从住宿地往返的一日游等，比较方便。前往南潘塔纳尔的内格罗河沿岸的话，一般是从大坎普或者130公里远的阿基亚阿纳出发，乘坐塞斯纳小型飞机，人均费用可能相对较高。考虑到预算和时间等问题，不妨前往旅行社进行相关问题的咨询。

主要地区指南

⦿北潘塔纳尔
库亚巴 →p.209　MAP p.202-A1

马托格罗索州的首府，现代大楼林立，另外作为18世纪初期淘金热时代开拓者的大本营，这里还保留着许多极具历史价值的古代建筑和街道。以库亚巴为据点，游览潘塔纳尔湿地纵断道路周边是北部观光的最热门选择。

卡塞雷斯周边　　　MAP p.202-A1

从玻利维亚国境至阿拉拉斯山脉 Serra das Araras 之间的地区。位于巴拉圭河畔的卡塞雷斯可以作为大本营，至今还保留着开拓时代的城区样貌，是一座宁静的都市。每年9月这里都会举办国际垂钓大赛，同时还有各种活动进行，十分热闹。近郊可以欣赏到青山绿水、断崖瀑布、落水洞（喀斯特地貌的一种，石灰岩溶蚀形成的凹陷状地貌）等许多自然景观。

波科恩周边　　　MAP p.202-A1

波科恩是潘塔纳尔湿地纵断道路的起点。通常情况下，游客会在波科恩城镇前，以纵断道路两旁分布的住宿设施为大本营，探索低洼地势的广袤森林、原野、湿地等，这种游玩方式是如今的主流，一日游等旅游团一般是从库亚巴出发。潘塔纳尔马托格罗索国家公园内栖息着濒临灭绝的珍贵鸟类等，普通游客禁止进入。

巴郎-迪梅尔加苏周边　　　MAP p.202-A1

蜿蜒流淌的库亚巴河一带的森林、洪泛平原、桌状孤丘、急流穿梭的丘陵地带等，景色十分美丽。洪泛平原上还可以体验步行旅行、漂流等娱乐项目。巴郎-迪梅尔加苏还是船艇旅行的往返地，建有许多酒店。龙多诺波利斯周边有26个考古学地点，残留下来的壁画等拥有9000多年的历史。

吉马良斯高原　　　→p.206　　MAP p.202-B1

位于潘塔纳尔湿地北端，是库亚巴最具代表的观光地之一。连接库亚巴东侧的桌状台地上，便是这片广袤的高原。这里的景观宛如圭亚那高地。以吉马良斯高原的城镇为据点，可以参加步行旅行，游览洞窟、瀑布等自然风光。

◉南潘塔纳尔

大坎普　　　→p.218　　MAP p.202-B3

南马托格罗索州的首府，19世纪后期建造的、一座相对年轻的新兴城市。阿基道阿纳河、内格罗河沿岸分布着许多住宿设施，一般以这里为据点，参加旅游团，前往周边的湿地散步、垂钓。但是因为大坎普本身距潘塔纳尔湿地有一定距离，无论哪种行程在时间安排上都比较局促紧凑。

科伦巴　　　→p.222　　MAP p.202-A3

位于巴拉圭河畔，潘塔纳尔湿地内最大的城镇。以这里为大本营，可以前往巴拉圭河体验垂钓、游船等娱乐项目。游览过程中可以欣赏到充满魅力的阿莫拉尔山脉的奇观、亚马孙王莲群落、山丘上干季特有的风铃木等，雄伟壮丽的景色尽收眼底。另外，科伦巴周边还有170余个考古学地点，也有不少旅游行程从这里出发。

阿基道阿纳周边　　　MAP p.202-B3

南潘塔纳尔湿地中游客设施最为齐整的地区，除了舒适的住宿设施，可以眺望洪泛平原的皮拉普汤加山地步行之旅、阿基道阿纳河美丽河岸上的海上运动项目等各种娱乐活动也丰富多彩。对于环境保护活动也是积极响应，野生动物观赏之旅也令人期待。阿基道阿纳、米兰达、阿纳斯塔希奥等城市都可以作为大本营。

马托格罗索州里奥韦尔迪周边　　　MAP p.202-B3

塔夸里河上游流域的地区，在这里可以看到无数的瀑布、激起浪花的湍流等。从阿基道阿纳到这里的道路两旁有许多住宿设施，也可以当作基地。

博尼图　　　→p.215　　MAP p.202-A4

位于潘塔纳尔湿地以南280公里处，透亮、美丽的水流经过溪谷和森林，使这里成了一处景观胜地。在这里可以体验浮潜，观赏潘塔纳尔湿地栖息的鱼类，此外还有漂流、垂钓等戏水项目，也能参加洞窟探险等活动。

常规线路行程

最常规的旅游线路是以潘塔纳尔湿地的住宿设施为据点，参加探险车自然之旅、游船自然之旅、骑马、步行、垂钓、晚间探险等娱乐项目。行程中包括从机场到住宿地的接送、导游、娱乐项目、餐食等全部费用。即便不参加旅游团，住宿费用中也会包含餐食和娱乐项目的费用。

3天2晚的行程中，第一天午餐后，可以选择乘车探险、骑马、或者坐船，晚餐后进行夜间探险。第二天早餐前进行眺望活动，早餐和午餐之后，可以继续体验第一天没有参加的娱乐活动，充

部分住宿设施周边就是游步道。照片拍摄于旧金山庄园宾馆（→p.214）

分感受潘塔纳尔的乐趣。不过因为白天气温较高，比较炎热，从午餐后到15:00之间是休息时间，可以在酒店的泳池等地自行放松。大部分住宿设施都带有泳池。

选择旅游行程的最重要一点，就是要清楚自己最主要的需求是什么，并以此来选择最适合自己的行程线路。如果想要钓鱼，就要关注酒店周边是否有河流、提供的垂钓工具是否齐全；如果对于娱乐活动不是很感兴趣，更希望在酒店周边散步的话，那么选择的酒店周边最好能带有观景步道。如果想纵览潘塔纳尔湿地的自然风光，就要考虑前往酒店的交通方式，还有酒店的设施、价格等多种因素。因为每一个酒店都提供骑马、步行、夜间探险等活动，因此选择的酒店离机场越近，前往酒店路上花费的时间也就越少，也就可以增加在潘塔纳尔湿地游玩的时间。如果想体验大自然的神秘色彩，推荐北潘塔纳尔的纵断道路深部，或者南潘塔纳尔上只能乘坐塞斯纳小型飞机才能到达的酒店。入住靠近湖水、浅滩、河流的酒店，很容易就能看到鳄鱼、水豚等动物。食蚁兽、鹿等栖息在草原上，选择靠近高地和湿地的酒店较为理想。

乘车进行自然之旅的话，因为视线较高，更容易发现动物。道路前方是几只水豚

在凹凸不平的牧场内进行自然观察体验

旅行社的选择方法

如果是有相关潘塔纳尔湿地旅游产品的巴西旅行社，他们会根据你的需求介绍相应的行程线路。如果不去库亚巴、大坎普等城市的话，提前通过邮件或者电话进行预约，即可于指定时间搭乘飞机，直接前往潘塔纳尔湿地的酒店。需要注意的是在机场、酒店拉客的旅行社。有一些旅行社提供的住宿设施只是简陋的农家民宿，也没有娱乐活动，不带导游，全程没有看到什么东西便结束了行程。虽然不是全部的旅行社都这样，但一定要确认好行程之后再决定。

娱乐活动

◉ **探险车自然之旅**

乘坐皮卡在用地内进行自然观赏之旅，可以看到动物和鸟类，途中还可以下车观赏。导游会一一讲解路上发现的各种生物。

◉ **乘船体验自然之旅**

可以选择带引擎的小船或者独木舟，行驶在河川、沼泽等水路之上，观赏鸟类和各种动物。除了可以看到鹭、翠鸟等生物以外，头顶上还有鹦鹉、鹫飞翔。岸边还有晒着日光浴的鳄鱼。如果赶上水量充足的时期，可以乘船进到很深的地方。此外，垂钓水虎鱼也是十分有趣的一项活动。钓鱼竿十分简易，只是在竹子的一头绑上鱼线，然后挂上一小块儿牛肉就可以钓鱼了，充满乐趣。

在镜子般的水上如同滑行一样前进

◉ **骑马**

骑马可以去到一些汽车不能进入的森林或者平原之中，感受潘塔纳尔湿地雄伟的自然魅力。在大部分酒店都能体验该项活动。马匹都经过精心调教，初学者也可以放心大胆地参加。坐在马背上视线很高，看到的潘塔纳尔更加雄伟壮观。

骑马的话，还可以穿过积水的湿地

⊙ 步行

每家酒店都有所不同，如果酒店周边设有步行线路、展望台的话，可以随时漫步。而且酒店周边基本不会有人为建造的设施，可以观赏到老鹰、鹦鹉等鸟类，如果还有水洼，也能看到鳄鱼、水豚等动物。

⊙ 垂钓

占地巨大的潘塔纳尔湿地中，仅有2%的区域被列为了世界遗产保护区，除此之外98%的地区都可以进行垂钓活动。在这里可以钓到大型的淡水鱼锯腹脂鲤、大颚小脂鲤等，喜欢钓鱼的话一定会爱上这里。如果是围绕钓鱼进行游玩的话，那么选择入住的酒店一定要备有相应的工具——关于这一点可以事先与旅行社进行沟通。

⊙ 夜间探险

晚餐后，乘坐皮卡探险车，通过探照灯寻找动物的踪迹。除了水豚、鳄鱼，运气好的话，还可能遇见中美毛臀刺鼠、南美泽鹿、大食蚁兽、狼、美洲豹、美洲狮等。被探照灯照射到的动物，眼睛会发出蓝光，因此即使在黑暗中也能发现它们。如果经过沼泽的话，会看到无数双鳄鱼的眼睛在发光，如同星光一般。

干季时的夜间探险气温较为寒冷，一定要多穿些衣物

潘塔纳尔的住宿设施

潘塔纳尔湿地上大部分的住宿设施都位于牧场之内。虽说是牧场，但是里面既有河川，也有湖泊，拥有的土地面积很大，与人们传统印象中被围栏围起来的牧场有很大的差别。有的住宿设施直接由牧场主经营，有些则只是租用牧场的部分区域来建造。根据配套设施的不同，住宿设施的名称中可能带有旅馆 Pousada、酒店 Hotel、庄园 Fazenda、小屋 Lodge 等。大部分住宿设施都会配备空调和温水淋浴，环境比较舒适。但是大部分都没有电视、电话。另外，部分地方可能没有手机信号。

因为周围没有餐厅、超市等，一日三餐都要在酒店内享用。住宿费中都会包含餐费，一般都是自助餐形式，咖啡可以免费畅饮，其他饮料则需要另外付费。酒店内的超市会出售饮用水、纪念品等，但必需品还请提前准备好。

虽然现在潘塔纳尔湿地上的大部分住宿设施都通电了，但是基本都靠发电机或者太阳能发电，早上可能没有热水。另外大部分使用的都是地下水，通过各自的净化系统进行排水。还需要注意的是厕纸不要直接冲走，请丢在垃圾桶内，这一点也适用于巴西各个地方。

服装和携带物品

望远镜在观赏自然风光的时候是非常便利的，还有手电筒也会发挥很重要的作用。因为白天日照比较强烈，所以一定带好长袖衣物和帽子，最好也戴上墨镜。此外因为虫子较多，建议穿长裤和运动鞋，行动起来会比较方便。尤其到了雨季，会叮咬人类的蚊虫会变得更多，一定要带上驱虫剂等。室内虽然也会喷好驱虫剂，但还是建议插上电子蚊香，睡起来会更加安心。干季时，早晚温差可能在20℃以上，如果参加夜间探险，一定准备好防寒用品。雨季时也不要忘记准备好雨具。潘塔纳尔湿地的住宿设施中电源大多为110V，部分为220V，请注意手机、照相机、摄像机等支持的变压范围，大部分应该都可以直接使用。插头的类型是C型圆脚。

象征潘塔纳尔湿地的风铃木于每年8~9月开花，花的颜色有白色、粉色、黄色

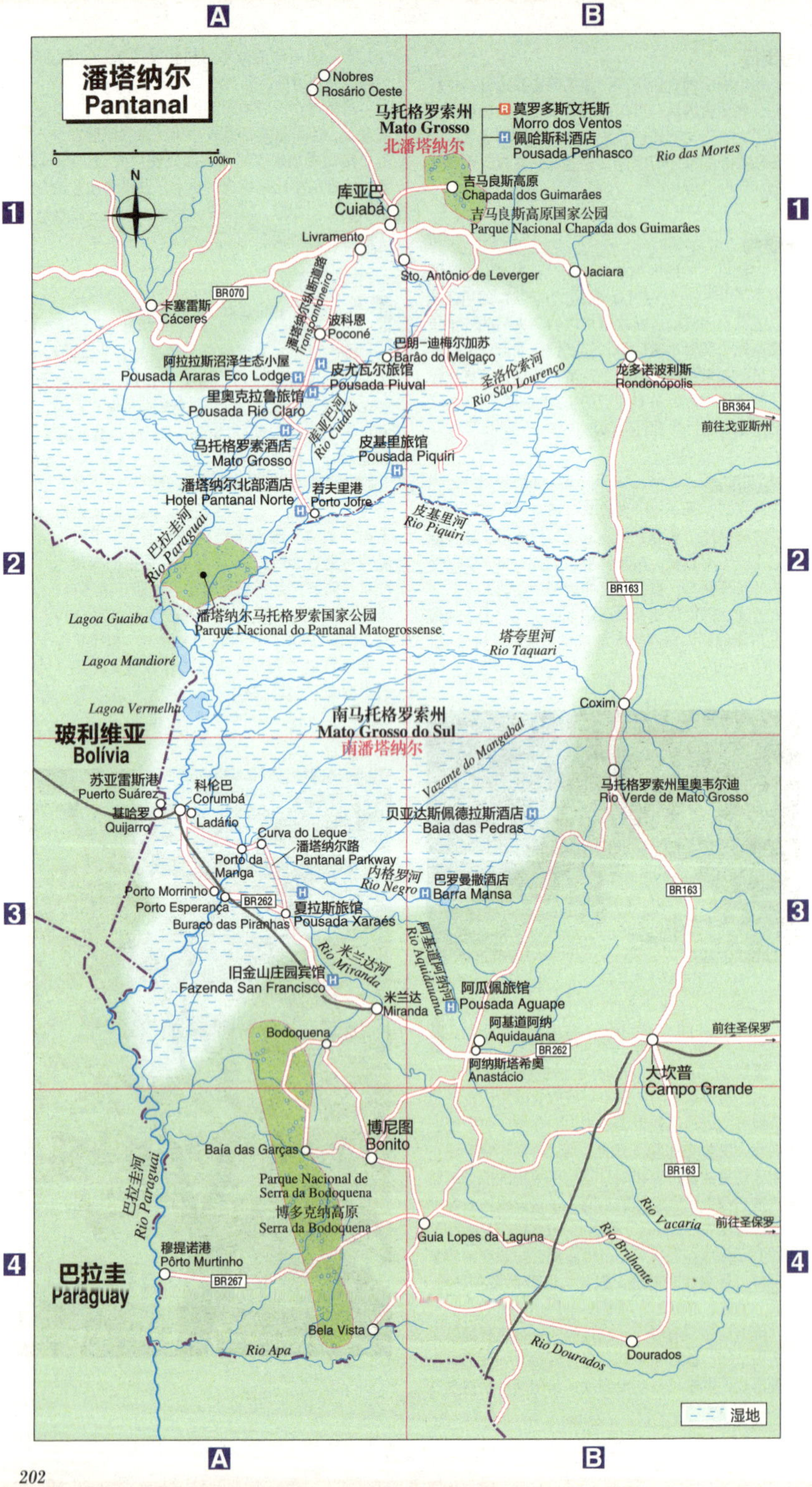

潘塔纳尔
Pantanal
0
100km
N
A
B
1
2
3
4
Nobres
Rosário Oeste
马托格罗索州
Mato Grosso
北潘塔纳尔
莫罗多斯文托斯
Morro dos Ventos
佩哈斯科酒店
Pousada Penhasco
Rio das Mortes
库亚巴
Cuiabá
吉马良斯高原
Chapada dos Guimarães
吉马良斯高原国家公园
Parque Nacional Chapada dos Guimarães
Livramento
Sto. Antônio de Leverger
Jaciara
BR070
卡塞雷斯
Cáceres
潘塔纳尔纵断道路
Transpantaneira
波科恩
Poconé
巴朗-迪梅尔加索
Barão do Melgaço
阿拉拉斯沼泽生态小屋
Pousada Araras Eco Lodge
皮尤瓦尔旅馆
Pousada Piuval
圣洛伦索河
Rio São Lourenço
龙多诺波利斯
Rondonópolis
BR364
前往戈亚斯州
里奥克拉鲁旅馆
Pousada Rio Claro
库亚巴河
Rio Cuiabá
马托格罗索酒店
Mato Grosso
皮基里旅馆
Pousada Piquiri
潘塔纳尔北部酒店
Hotel Pantanal Norte
若夫里港
Porto Jofre
皮基里河
Rio Piquiri
巴拉圭河
Rio Paraguai
BR163
Lagoa Guaiba
潘塔纳尔马托格罗索国家公园
Parque Nacional do Pantanal Matogrossense
塔夸里河
Rio Taquari
Lagoa Mandioré
Lagoa Vermelha
Coxim
玻利维亚
Bolívia
南马托格罗索州
Mato Grosso do Sul
南潘塔纳尔
Vazante do Mangabal
苏亚雷斯港
Puerto Suárez
科伦巴
Corumbá
基哈罗
Quijarro
Ladário
马托格罗索州里奥韦尔迪
Rio Verde de Mato Grosso
贝亚达斯佩德拉斯酒店
Baia das Pedras
Curva do Leque
潘塔纳尔路
Pantanal Parkway
Porto da Manga
内格罗河
Rio Negro
巴罗曼撒酒店
Barra Mansa
Porto Morrinho
Porto Esperança
BR262
Buraco das Piranhas
夏拉斯旅馆
Pousada Xaraés
阿基道阿纳河
Rio Aquidauana
米兰达河
Rio Miranda
旧金山庄园宾馆
Fazenda San Francisco
米兰达
Miranda
阿瓜佩旅馆
Pousada Aguape
阿基道阿纳
Aquidauana
Bodoquena
BR262
阿纳斯塔希奥
Anastácio
前往圣保罗
大坎普
Campo Grande
博尼图
Bonito
Baía das Garças
Parque Nacional de Serra da Bodoquena
博多克纳高原
Serra da Bodoquena
巴拉圭河
Rio Paraguai
BR163
Rio Vacaria
前往圣保罗
Guia Lopes da Laguna
Rio Brilhante
穆提诺港
Pôrto Murtinho
BR267
巴拉圭
Paraguay
Bela Vista
Rio Apa
Rio Dourados
Dourados
湿地

观赏参考！
潘塔纳尔湿地的**动物们**

潘塔纳尔湿地最大的亮点，就是自然栖息于此的无数鸟类和动物。下面就介绍一部分能够在这里遇见的动物。必须要注意的是，大部分的动物都是不害怕人的。一定不要破坏环境，更不能做出伤害动物的事情。

哺乳类

水豚 Capivara

一种半水栖的食草动物，也是世界上最大的啮齿动物，属于群居动物。外形近似海狸，特征是眼睛、鼻子、耳朵都位于头部上方。头大、身体矮胖。多见于水边。

体长 120厘米　体重 57公斤
易遇度 ★★★★★

中美毛臀刺鼠
Cutia (Dasyprocta punctata)

体形矮胖，类似水豚，但是下半身较大。耳朵大，长相近似兔子、老鼠。弹跳力很好，跳跃高度能达到2米。

体长 50厘米　体重 12公斤
易遇度 ★★★☆☆

南美泽鹿
Cervo do Pantanal (Blastocerus dichotomus)

南美洲最大的鹿。雄鹿的角长达60厘米。脚趾间具有弹性的膜，蹄子很长，便于在湿地上行动。濒临灭绝。

体长 170厘米　体重 140公斤
易遇度 ★★☆☆☆

美洲豹
Onça-Pintada (Jaguar)

南美最大的猫科动物，属于大型食肉类。白天、夜晚都会活动，多为独自生活。善于爬树、游泳。领土面积很广，有很强的警惕性，很难发现其踪影。因为森林破坏、大量捕猎导致濒临灭绝。几乎没有发生过主动袭击人类的事件。

体长 140厘米　体重 100公斤
易遇度 ★☆☆☆☆

体长、体重均为估算的平均数值。偶遇程度代表看见各种动物的概率，但5颗星也不代表就一定会遇到。

203

犰狳 Tatu (Armadillo)

一种小哺乳动物，背部覆盖有坚硬的骨质甲用于保护自己。遇到危险时可以蜷缩成圆球以保护全身。前足有锋利的爪子，用于挖洞做巢。有九带犰狳 Tatu-Galinha（Dasypus novemcinctus）和六带犰狳 Tatu-Peba（Euphractus sexcinctus）两种。

体长 45厘米　体重 4.5公斤
遇见程度 ★★★

九带犰狳　　六带犰狳

貘 Anta (Tapiridae)

巴西最大的陆生动物。夜行性独居动物，白天会躲藏在浓密的植被中，因为听觉及嗅觉出众，很难看到其踪迹。

体长 210厘米　体重 225公斤
遇见程度 ★

黑帽悬猴 Macaco-Prego (Cebus apella)

体型较小，因其头顶长着一块浓密的黑色毛发，看上去像戴着一顶黑色的帽子，因此被称作黑帽悬猴。有时会因好奇而主动靠近人类。智商很高，也被称作"南美的黑猩猩"。

体长 44厘米　体重 3公斤
遇见程度 ★★★

大食蚁兽 Tamanduá-Bandeira (Myrmecophaga tridactyla)

体毛有黑、白两种颜色，体形细长，舌头细长并能伸缩，尾部密生长毛。前脚强壮有力，可以破坏蚂蚁巢穴，然后通过长约50厘米的舌头舔食蚁类。早晚都可以在森林、草原看到，偶遇程度较高。

体长 150厘米　体重 31公斤
遇见程度 ★★★★☆

小食蚁兽 Tamanduá-Mirim (Tamandua Tetradactyla)

小型食蚁兽尾部没有浓密的毛发。毛色主要为浅棕色，如同穿着一件黑色条纹背心。

体长 65厘米　体重 6公斤
遇见程度 ★★★

还有这些！

美洲狮 Onça-Parda (Puma)
猫科食肉类动物，体长约110厘米。栖息于南北美洲大陆。

鬃狼 Lobo-Guará (Chrysocyon brachyurus)
南美大陆上最大的犬科杂食动物。其特征为大耳、长腿，拥有黑色的鬃毛。

巨獭 Ariranha (Pteronura brasiliensis)
体长约110厘米的大型水獭。一般以较大的鱼类为食，有时也会捕食鸟类、蛇或小型鳄鱼。

黑吼猴 Bugio (Alouatta caraya)
体长约52厘米。叫声很大，数公里外都可以听到。经常在河岸边活动。

204

鸟类

裸颈鹳 Tuiuiu (Jabiru mycteria)

英 又别名为 Jaburu。潘塔纳尔湿地最具代表性的鸟类。是东方白鹳的近亲，世界最大的裸颈鹳体长可达1.4米、翼展2.6米。脖颈很长，身体为白色，上颈部和头部为黑色，下颈呈红色。成对生活，会在较高的树上筑巢，每年都会在同一个巢中繁殖。

黑领鹰 Gavião Belo (Busarellus nigricollis)

体 长约45厘米、翼展1.15米，栖息于湿地地带，是鹰的一种。近亲包括南美鵟等许多鹰科鸟类。

紫蓝金刚鹦鹉 Arara Azul (Anodorhynchus hyacinthinus)

体 长约110厘米，是全世界最大的鹦鹉。除了紫蓝金刚鹦鹉外，还有背部为天蓝色、腹部为黄色的黄蓝金刚鹦鹉 Arara-Amarela，以及躯干为红色、羽毛为蓝绿相间的红绿金刚鹦鹉 Arara-Vermelha，一般都是成对生活在一起。

鞭笞巨嘴鸟 Tucano (Ramphastos toco)

体 长约56厘米，躯干为黑色，喉部为白色，眼睛周围是一个天蓝色的圆圈，圆圈外是黄色。橙黄色、长约20厘米的大嘴是其主要特征。

还有这些！

大白鹭 Garça Branca Grande (Ardea alba)
体长1米，翼展1.7米，全身为乳白色。

粉红琵鹭 Colhereiro (Platalea ajaja)
体长约87厘米。匙形鸟喙与美丽的粉色羽毛是其特征。

乔科小冠雉 Arancuã (Ortalis canicollis)
叫声尖锐刺耳，与雉为近亲。

黄水蚺 Sucuri (Eunectes notaeus)

潘 塔纳尔湿地内最大的蛇类，体长可达8米。褐色皮肤上有黑色斑点，体型粗大。喜欢潮湿的环境。据说可以吞下一头牛。

还有这些！

蝰蛇 Jararaca-Pintada (Viperidae)
体长约70厘米，身体两侧有许多黑白斑点。带有剧毒。

黄腿象龟 Jabuti (Chelonoidis denticulatus)
体长约70厘米，草食性陆龟。

爬虫类

巴拉圭凯门鳄 Jacaré do Pantanal (Caiman yacare)

体 长约2.5米的中型鳄鱼。白天大多会在岸边睡觉休息，除了在水边有很高的概率可以遇到外，乘坐小船、独木舟时，可能也会主动靠近。干季时，可能出现在潘塔纳尔纵断道路上，属于群居动物。

鱼类

水虎鱼 Piranha (食人鱼)

对 血腥味敏感，是一种十分凶猛的食肉鱼。栖息于沼泽、水流较缓的地方。可以食用，常用来做汤或煎炸。

还有这些！

大颚小脂鲤 Dourado
又称黄金河虎。体长1米，体重可达30公斤，是一种大型食肉鱼。

锯腹脂鲤 Pintado
体长约50厘米，呈灰褐色。拥有尖锐的牙齿，主要以水果、水生植被为食。

鳡鲃 Pacu
头部扁平，嘴部有胡须，带有黑色斑点。体长可达3米以上。

小鳞石脂鲤 Piraputanga
体长约40厘米的杂食性鱼类。躯干为银色，尾巴呈红色，中间有黑色条纹。

205

MAP ▶p.202
长途区号 ▶ **065**
（电话的拨打方法 → p.42）
US$1 ≈ **R$3.89**
≈ 6.89 元人民币

北潘塔纳尔
Pantanal Norte

8月干季时期，树木开花，为湿地增添了一抹亮丽的风景

北潘塔纳尔的旅游行程

北潘塔纳尔的大本营是库亚巴，但是大部分游客都是直接在机场参加旅游团，然后前往潘塔纳尔。即便预订好了酒店，因为没有公共交通工具可以到达，还是参加旅游团更划算省钱。当然也可以到达库亚巴后再进行预约。但是旺季7~8月部分住宿设施可能会满房。价格根据住宿设施等级、入住人数、是否包含导游等有很大出入，大体上2天1晚的话，人均需要 US $100。

潘塔纳尔湿地也有一日游，但是行程过于紧凑，最少也要3天2晚。如果时间允许的话，还可以前往吉马良斯高原，以及阿瓜斯温泉。另外，因为马托格罗索州位于亚马孙河的南端，近年来前往亚马孙的行程也越来越多。

潘塔纳尔的象征——裸颈鹳

潘塔纳尔纵断道路及注意水豚穿过的指示牌

前往吉马良斯高原的交通方式

从库亚巴的长途巴士总站出发，发车间隔30分钟~1小时30分钟。乘车时间约1小时。

马托格罗索州内的潘塔纳尔湿地被称作北潘塔纳尔，与南马托格罗索州一侧进行区分。吉马良斯高原的桌状台地的岩壁下便是州首府库亚巴，流经城内的库亚巴河 Rio Cuiabá 会流入潘塔纳尔湿地内。身处库亚巴这座大都市时，很难想象在其前方便是一大片开阔的湿地，距离此地100公里的地方是小镇波科恩 Poconé，再往前15公里就能到达潘塔纳尔纵断道路 Transpantaneira 的入口。

潘塔纳尔纵断道路从距离波科恩155公里处起始，一直到若夫里港 Porto Jofre，正如它的名字一般，这就是一条纵贯潘塔纳尔湿地的道路。原本是为了搬运物资而修建，如今这条道路两旁建有约15家住宿设施，成了潘塔纳尔观光的大本营。原本这条道路计划是要一直修建到南潘塔纳尔的科伦巴，但因为积水太深，最终未能实现。

北潘塔纳尔的优势就是可以利用潘塔纳尔纵断道路，开车轻松进入湿地的深处。干季时，光是开在路上就能看到无数的鳄鱼、大食蚁兽、水豚等野生动物横在道路中央，当然也能看到许多的鸟类。形成这一现象的原因与纵断道路的修建方式有关，当初为了道路在洪泛期也免于被水淹没，特意将周围向下挖了很深，并将道路用土堆高，这样即便到了干季，道路两侧仍会留有积水，而动物和鸟类则会为了饮水而在这里聚集。干季时沙尘严重，一定要做好满身尘土的心理准备。从库亚巴到波科恩大概需要2个小时的时间，但因为纵断道路未经铺修，可能会花费更长时间。

除了潘塔纳尔纵断道路外，库亚巴河的东岸也有不少住宿地，同样可以感受潘塔纳尔湿地的自然风光。另外，还有潘塔纳尔湿地和吉马良斯高原的打包行程，可以同时体验湿地和高地两种风景，推荐考虑。

北潘塔纳尔湿地 郊区小镇与景点

吉马良斯高原
Chapada dos Guimarães

Map p.202-B1

吉马良斯高原位于库亚巴以东约65公里的位置，全长280公里，是

悬崖和绿树形成反差，十分美丽的吉马良斯高原

在落差500~800米的陡峭断崖上形成的广阔桌状台地。如果从库亚巴驱车前往这里，途中会看到仿佛隔断去路的红褐色断崖，随着不断向高原行驶，高度上升，可以看到愈加雄伟的景象呈现在眼前。这座高原是由约1500万年前安第斯山脉的隆起和潘塔纳尔平原的沉降而形成的。并且，吉马良斯高原附近便是南美大陆的中心。

吉马良斯高原上有一座同名的城市，因为同库亚巴相比海拔更高，更适宜居住，成了热门的别墅地，常住人口约有1.9万。这座殖民风格的城镇虽然面积不大，但是舒适整洁，有许多纪念品商店。城镇右侧数公里远的地方是一处落差约80米、名为"新娘的面纱"Véu de Noiva 的瀑布，也是这里的标志性景点。这条洁白的瀑布周边没有步道，还有一条巡回山麓游步道，不仅可以看到多道瀑布，还可以去到视野极佳的天然石之家 Casa de Pedra。此外还有洞窟、可以戏水的瀑布潭等，不论是游客还是当地的家庭都会来这里游玩，非常热闹。

虽然从库亚巴乘坐巴士就可以到达吉马良斯，但是景点较为分散，推荐参加旅游团，可以更加高效地游览"新娘的面纱"等地点。

密林中笔直卜落的"新娘的面纱"

吉马良斯的酒店
佩哈斯科酒店
Pousada Penhasco
MAP p.202-B1
 Av. Penhasco s/c
☎（065）3624-1000
URL www.penhasco.com.br
 ⓢ R$297~ Ⓦ R$329~

距离城镇2公里，位于高原上的一家度假酒店。客房为别墅风格。酒店餐厅等地的视野非常好。另外还设有室内、室外泳池。

吉马良斯的餐厅
莫罗多斯文托斯
Morro dos Ventos
MAP p.202-B1
 Estrada do Mirante, km 01
☎（065）3301-1030
 8:00~18:00 休 无休

距离吉马良斯城镇约3公里，餐厅采用落地窗，视野极佳。餐厅内设有铺着椰子叶的休息地、饮料店、观景台等，还可以在此散步。露天餐厅名为科斯特里哈 Costelinha，可以品尝到猪肋排饭、鸡肉烩饭等当地美味菜肴。

阿瓜斯温泉
Thermas de Aguas Quentes

温泉与库亚巴相距110公里，位于圣维森特山脉的绿林深处，被自然环绕，可以入住阿瓜斯温泉酒店，享受森林浴、温泉泳池。能够通过 马托格罗索皇宫酒店（→p.211）内的旅行社进行预约。2天1晚的话，平日为R$430~、周末R$560~。一日游R$100~。酒店的往返巴士8:00从库亚巴出发。酒店出发时间16:30。往返巴士费用为R$50。

巴西中部 ● 北潘塔纳尔

INFORMATION

主要旅行社
完全旅行社 Kanzen Turismo
 Trigo de Loureiro 602, Consil
☎ⒻⒶⓍ（065）3642-1990
URL www.kanzenturismo.com.br

公司名称是日语中的"完全"。过去曾由日本人经营，如今由格里西里奥继续担任社长，公司的宗旨是"小而全"，顾客评价其服务认真周到。

潘塔纳尔探索者旅行社 Pantanal Explorer
 Av. Governador Ponce de Arruda 670, Várzea Grande
☎ 3682-2200

URL www.pantanalexplorer.com.br

潘塔纳尔观光的先锋，由 阿拉拉斯沼泽生态小屋直营，除了潘塔纳尔以外，旅游线路还涵盖州内的亚马孙地域、塞拉多地域，范围很广。最近美洲狮探险之旅人气很高，有很高的概率可以看到美洲狮。

维尔德生态旅行社 Ecoverde Tours
 R. Pedro Celestino 391, Cuiavá
☎（065）3624-1386
URL www.ecoverdetours.com.br

由 维尔德生态旅舍（→p.211）直营的一家旅行社。以面向背包客、价格合理的潘塔纳尔旅游为特色。

北潘塔纳尔的酒店
Hotel

皮尤瓦尔旅馆
Pousada Piuval

Map p.202-A1
预约 ☎ (065) 3345-1338
URL www.pousadapiuval.com.br
费 Ⓢ R$390~ Ⓦ R$540~
CC MV
房间数 30 间

◆潘塔纳尔纵断道路 10 公里处，交通便利的一家旅馆，位于 7000 公顷的牧场内。周围绿植很多，附近的浅滩即便到了旱季也不会干涸，因此除了可以看到很多鸟类外，还有机会遇到鳄鱼等其他动物。客房分为标准间和三人间，带有空调。食堂内的电视有卫星信号，庭院内有泳池、排球场。手机可以收到信号。

马托格罗索酒店
Pantanal Mato Grosso Hotel

Map p.202-A2
预约 ☎ (065) 4052-9299
URL www.hotelmt.com.br
费 Ⓢ R$400~ Ⓦ R$530~
CC 不可
房间数 33 间

◆从波科恩出发，沿潘塔纳尔纵断道路行驶 65 公里即可到达。客房被泳池环绕，呈反 C 形，带有淋浴、空调。带有瀑布的泳池更是其亮点。可以体验骑马、乘船等活动，还有许多自费旅游项目。库亚巴旧城区建有同系列的酒店。

里奥克拉鲁旅馆
Pousada Rio Claro

Map p.202-A2
预约 ☎ (065) 3345-2449
URL www.pousadarioclaro.com.br
费 Ⓢ R$525~ Ⓦ R$695~
CC MV
房间数 28 间

◆位于潘塔纳尔纵断道路 41 公里处的一家牧场酒店。最具人气的是乘坐摩托艇在占地内的克拉鲁河上进行的自然之旅。费用包含一日三餐，和一天一项娱乐活动（乘船或骑马）。其他自费项目包括独木舟、观赏日出、夜间探险等。

潘塔纳尔北部酒店
Hotel Pantanal Norte

Map p.202-A2
预约 ☎ (065) 3637-1593
URL www.portojofre.com.br
费 Ⓢ R$560~ Ⓦ R$942~
CC 不可
房间数 28 间

◆距离波科恩 145 公里，位于潘塔纳尔纵断道路的终点附近。虽然位置较为深远，但是设施宏伟、规模庞大。客房内配有冰箱。酒店前有河川，周围有水池，特别推荐喜欢垂钓的游客入住。住宿费用较高。旅游费用需另外支付。

皮基里旅馆
Pousada Piquiri

Map p.202-A2
预约 ☎ (065) 3901-1410
URL www.pousadapiquiri.com.br
费 Ⓢ R$800~ Ⓦ R$1210~
CC 不可
房间数 4 间

◆从距离波科恩 155 公里的潘塔纳尔纵断道路终点的若夫里港乘船 45 分钟可到达这家垂钓酒店。一般是从库亚巴直接乘坐塞斯纳飞机飞往这里。住宿费用较高，但如果喜欢垂钓的话，一定会得到极大的满足。

酒店客房设施： 带浴缸　带电视　带电话　可上网　含早餐

巴西中部
库亚巴 *Cuiabá*

Brasil

MAP ▶ p.55-A1
长途区号 ▶ **065**
（电话的拨打方法→p.42）
US$1 ≈ **R$3.89**
≈ 6.89 元人民币

巴西中部　北潘塔纳尔／库亚巴

平原上辽阔的库亚巴市貌

INFORMATION

旅游咨询处
Sedtur
MAP p.210
Praça Rachid Jaudy
☎ (065) 3023-5200
9:00~12:00、13:00~17:00
休 无休
平常入口处会上锁。如果门口写着"Aberto"（营业中），敲门后就会有人来开门。

邮局
MAP p.210
Praça da República
9:00~17:00
休 周六・周日

库亚巴是北潘塔纳尔的入口，也是马托格罗索州的首府。主要产业为大豆和棉花，人口约为59万，是一座全长36公里的大都市。

1718年，开拓者帕斯卡・莫雷拉・卡布拉尔在柯西波河、布拉依尼河岸边发现黄金后，这片地区便开始被开发，第二年就建成了库亚巴这座城市。因为在维拉贝拉发现金矿，持续的淘金热使维拉贝拉成为了州首府，但随着黄金的枯竭，城市也不断衰退，1835年州首府转移到了库亚巴。因为原住民的攻击、饥荒、1864年爆发的巴拉圭战争等原因，库亚巴的人口一时间大幅减少，但是随着确定在库业巴河沿岸上设置甘蔗生产地，城市化建设也步入正轨。但直到1920年为止，还只能通过库亚巴河前往当地，库亚巴成为了内陆的一座孤岛。

如今，库亚巴在保留过去城市风貌的同时，还建设了完备的陆路、空路，作为近代都市不断扩张。另外，以北潘塔纳尔的雄伟原始自然风貌，以及呈现出梦幻般奇观景色的吉马良斯高原国家公园为背景，库亚巴作为观光城市的地位也得以确立。

前往库亚巴的交通方式

飞机

库亚巴的马歇尔龙东国际机场 Aeroport Internacional Marechal Rondon (CGB) 位于库亚巴的临近城市大瓦尔泽亚 Várzea Grande。与圣保罗通航，每天各个航空公司共有14班航班飞往这里，所需时间约2小时10分钟；距离大坎普约1小时10分钟；巴西利亚也有多家航空公司的航班飞往这里，所需时间约1小时30分钟。里约热内卢和玛瑙斯也有经停航班，所需时间约4小时。

马歇尔龙东国际机场
MAP p.210 外
☎ (065) 3614-2511

从机场前往市区
机场位于市区以南7公里处。
当地巴士（007路）
所需时间25分钟，R$4。
出租车
所需时间15分钟，约R$50。

209

长途巴士总站
Rodoviária de Cuiabá
MAP p.210 外
Av. Jules Rimet s/n
☎（065）3621-6997

从长途巴士总站前往市中心
当地巴士（204、323 路等）
　　需要约 15 分钟，R$3.6。
出租车
　　需要约 10 分钟，约 R$50。

关于库亚巴的治安情况
　　周末、夜晚店铺都会关门，街道上的行人也很少。尤其是夜晚。白天也要注意，一定不要前往人烟稀少的地方。

长途巴士

　　因为库亚巴位于巴西内陆腹地，因此使用陆路交通的话会花费大量时间。从圣保罗出发，乘坐长途巴士需要 26 小时，从里约热内卢出发则需要 36 小时。如果时间不是很富裕，建议乘坐飞机。

库亚巴　漫　步

　　库亚巴的城区沿库亚巴河的北岸不断延伸。市中心（旧城区）以及酒店、旅行社等都集中在河的北侧。与机场相距约 7 公里。市内没有什么观光景点，但如果想感受库亚巴当地的气氛，可以到市中心的共和广场 Praça da República 周边转一转。大教堂旁的小路上有许多民间工艺品店，从广场延伸出去的游步道两侧也有许多商店。马托格罗索州历史博物馆 Museu Histórico de Mato Grosso 也位于这附近。邦德斯帕舒教堂 Igreja de Nessa Senhora do Bom Despacho 是以巴黎的圣母院为原型建造的哥特式教堂，令人印象深刻。大型的酒店、旅行

共和广场周边的殖民风格建筑

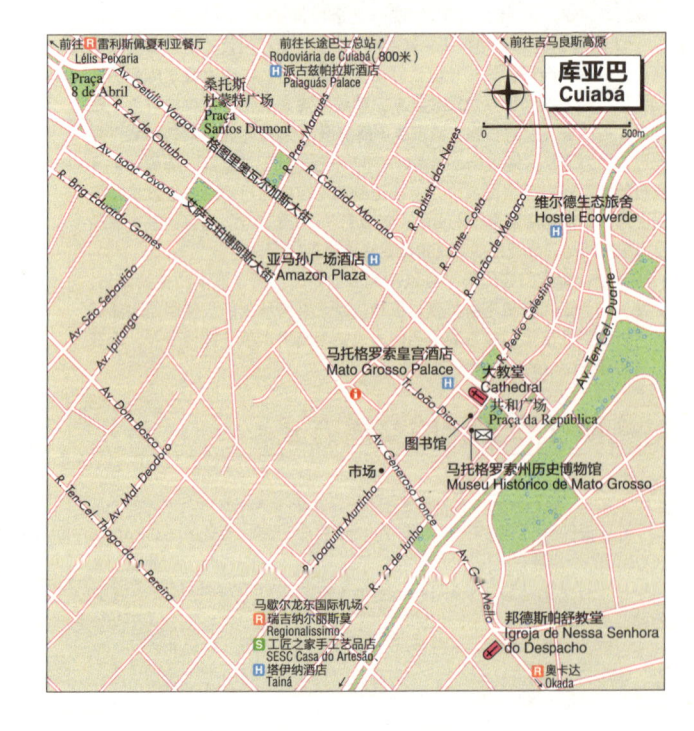

社、人气餐厅聚集的区域是从市中心到格图里奥瓦尔加斯大道 Av. Getúlio Vargas 西北 1~2 公里，以及西南方向平行的艾萨克珀博阿斯大街 Av. Isaac Póvoas 上。市中心夜晚很寂静，也没有什么餐厅营业，住宿的话建议选择新城区周边。

寻找独特的公用电话！
库亚巴的公用电话是仿照潘塔纳尔的动物设计的。虽然随着手机的普及，数量大幅减少，但还保留着一小部分，不妨去寻找一下。

巴西

●巴西中部 库亚巴

库亚巴的酒店
Hotel

马托格罗索皇宫酒店
Mato Grosso Palace Hotel

中档酒店　Map p.210

◆位于市中心的一家四星级酒店，附设有餐厅和旅行社。客房相较于价格来说较为简朴素，但是设施完善，环境舒适整洁。设有 17 间禁烟房。还建有商业中心。带有阿瓜斯温泉房间。

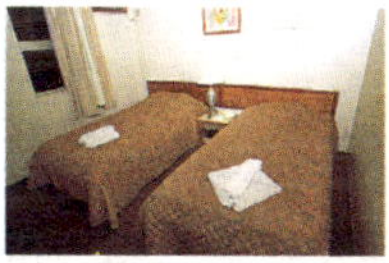

住 R. Joaquim Murtinho 170
☎ (065) 3614-7000
URL www.hotelmt.com.br
费 ⓈR$155~ ⓌR$180~
CC A D J M V
房间 136 间

亚马孙广场酒店
Amazon Plaza Hotel

中档酒店　Map p.210

◆一家四星级酒店，位于商店街附近的一条坡道上。以生物为元素的壁画、家具，植被萦绕的泳池等，给人舒适安逸的感觉。除了单人间、标准间，还设有三人间、四人间。

住 Av. Getúlio Vargas 600
☎ (065) 2121-2000
FAX (065) 2121-2150
URL www.hotelamazon.com.br
费 ⓈR$400~ ⓌR$560~ 另收 5% 服务费
CC A D J M V
房间 135 间

派古兹帕拉斯酒店
Paiaguás Palace Hotel

中档酒店　Map p.210 外

◆靠近长途巴士总站的一家商务酒店。有 1 间带有浴缸的套房。客房设计简单，但是配套有电视和迷你酒吧。酒店内还有会议室、泳池、健身房。从高层可以眺望到吉马良斯高原。

住 Av. Hist Rubens de Mendonça 1718
☎ (065) 3318-5300
FAX (065) 3642-2910
URL www.hotelmt.com.br
费 ⓈR$241~ ⓌR$285~
CC A J M V
房间 143 间

塔伊纳酒店
Hotel Tainá

中档酒店　Map p.210 外

◆临近机场的一家中档酒店。虽然步行就可以到达机场，但还是有免费的接送服务。此外步行就可以到达商业街、餐厅，非常方便。设施简单，但是干净整洁，空调、电视、电话、Wi-Fi 等设备完善。

住 Av. Governador João Ponce de Arruda 820, Várzea Grande
☎ (065) 3046-2000
URL www.hoteltaina.com.br
费 ⓈR$139~ ⓌR$189~ 另收 5% 服务费
CC A D M V
房间 60 间

维尔德生态旅舍
Hostel Ecoverde

旅馆　Map p.210

◆深受背包客喜爱的一家超值旅舍。带有一个约 100 平方米的庭院。同还经营着一家旅行社，有多条行程线路供选择，可以前去咨询。

住 R. Pedro Celestino 391
☎ FAX (065) 3624-1386
URL www.ecoverdetours.com.br
费 ⓈR$60~ ⓌR$100~
CC M V
房间 6 间

酒店客房设施：🛁带浴缸　📺带电视　📞带电话　🌐可上网　🍴含早餐

211

库亚巴的餐厅
Restaurant

瑞吉纳尔丽斯莫
Regionalissimo

◆ 位于库亚巴河沿岸的旧港口，附设于河流博物馆 Museu do Rio 的一家自助餐厅。菜品以鳗鲶等河鱼为主，一个人的费用是 R$53，周末为 R$55。临近设有观景台的市营水族馆，可以欣赏库亚巴河的风景，还有出售鱼类的港口市场。

住 Av. Beira Rio
☎ (065) 3623-6881
营 11:00~14:30
休 周一
CC V

雷利斯佩夏利亚餐厅
Lélis Peixaria

◆ 除了鳗鲶、锯腹脂鲤等潘塔纳尔常见的鱼类外，还可以品尝到栖息于亚马孙流域的头石脂鲤、巨骨舌鱼，以及淡水魟鱼、养殖鳄鱼等共计8种淡水动物。通过现代风、法国风、阿拉伯风等多种多样的调味方法制作而成，类似烧烤，做好后会直接端到各个桌上。餐厅为自助餐形式，一个人的价格是 R$89。

住 R. Mal. Mascarenhas de Moraes，36
☎ (065) 3322-9195
URL www.lelispeixaria.com.br
营 周一~周六 11:00~15:00，19:00~23:00，周日 11:00~15:00
休 无休
CC A D M V

库亚巴的商店
Shop

工匠之家手工艺品店
SESC Casa do Artesão

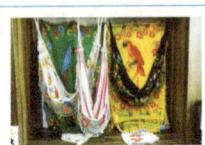

◆ 陈列了潘塔纳尔地区所有纪念品的一家商店。店铺所在的建筑物还被列入了历史遗产。动物图案的吊床，手工制作的传统弦乐器，使用树木的种子制作而成的首饰、点心，还有原住民烧制的陶器等，商品种类繁多，应有尽有。

住 R. 13 de Junho 315
☎ (065) 3611-0500
营 周一~周五 8:30~17:30，周六 8:00~13:00
休 周日
CC A M V

南潘塔纳尔 *Pantanal Sul*

MAP ▶ p.202
长途区号 ▶ **067**
（电话的拨打方法→p.42）
US$1 ≈ **R$3.89**
≈ 6.89 元人民币

巴西

●巴西中部 库亚巴＼南潘塔纳尔

南潘塔纳尔的旅游行程

南潘塔纳尔的住宿设施比较分散，因为交通不便，旅行社和行程线路也不太多。推荐考虑清楚语言和导游等问题，然后提前进行参团的申请。

博尼图和大坎普内有许多家旅行社，除了各个地区的活动外，也有前往南潘塔纳尔的行程线路。

大坎普的旅行社

Impacto Tour（→p.219）
H2O Ecoturismo（→p.219）

博尼图的旅行社

Ygarapé Tour
R. Cel Pilad Rebuá 1853
(067) 3255-1733
www.ygarape.com.br

H2O Ecoturismo
R. 24 de Fevereiro 2101
(067) 3255-3535
www.h2oecoturismo.com.br

清晨美丽的潘塔纳尔湿地

南马托格罗索州一侧的潘塔纳尔湿地被称为南潘塔纳尔。虽然相较于北部面积更大，但是没有修建北潘塔纳尔那样的纵断道路，导致在旅游发展上相对落后。不过南潘塔纳尔河川更多，其风景也更接近人们印象中到处都是湖水、绿色湿地的潘塔纳尔。

前往南潘塔纳尔，可以选择从与圣保罗通航的大坎普坐车，或者乘坐限载 5 人的塞斯纳小型飞机。开车的话，沿 262 号国道可以一直通往潘塔纳尔的南端——科伦巴。从大坎普出发，前往下一个城镇阿基道阿纳 Aquidauana 大约有 130 公里的距离，从阿基道阿纳再前往米兰达 Miranda 约有 75 公里，从米兰达至玻利维亚边境的终点科伦巴需要 200 公里。这条道路曾是巴西西部开拓时期的铁路沿线（现在已废除）。

大部分的住宿设施都在这条国道以北的内陆地区，因为道路状况糟糕，十分花费时间，建议从大坎普或者阿基道阿纳直接乘坐塞斯纳飞机。费用是按照一架飞机来计算的，因此人越多人均花费也就越少。

同北潘塔纳尔一样，南潘塔纳尔的所有土地也基本是私人所有，大部分都被用作牧场。饲养的牛超过了 500 万头，而整个南马托格罗索州仅有 2400 万头，所占比例十分惊人。但是腹地内分散着许多大型湖泊、浅滩，全年水位也不会下降，也有很多没有人为开发过的自然风貌，在南潘塔纳尔湿地上可以更好地欣赏原始的自然风景。住宿设施的游客相对较少，但是设施齐全、干净整洁，可以更轻松地体验旅途的乐趣。

213

南潘塔纳尔的酒店
Hotel

巴罗曼撒酒店
Hotel Barra Mansa

Map p.202-B3
预约 ☎ (067) 3325-6807
URL www.hotelbarramansa.com.br
费 Ⓢ Ⓦ R$1524~
CC Ⓜ Ⓥ
房间数 7间

◆位于潘塔纳尔最广为人知的内格罗河流域，酒店位于河畔，精致舒适，很有家的感觉。旁边是无与伦比、充满生气的自然风光，提供私人化的接待服务。交通方面，从大坎普往阿基道阿纳方向可以乘车（所需时间约2小时，往返约R$960~），或从阿基道阿纳乘坐塞斯纳飞机（所需时间约30分钟，往返R$4500~）。从大坎普直接乘坐飞机的话，需要约1个小时，往返费用约R$7700~。客房带有空调和电热水器。最少需入住2晚。

旧金山庄园宾馆
Fazenda San Francisco

Map p.202-A3
预约 ☎ (067) 3242-1088
费 Ⓢ R$710~ Ⓦ R$968~
CC Ⓜ Ⓥ
房间数 16间

◆位于米兰达河畔 Rio Miranda，从距大坎普200公里的米兰达继续向西北行驶40公里后进入酒店用地，再行驶6公里即可到达酒店。占地面积达1.5万公顷，其中有4000公顷是水稻，通过米兰达河进行灌溉。稻田中可以看见许多水鸟，以及成群的水豚，水边还有许多鳄鱼，能够轻松地观赏动物也是这家酒店的一大特色。酒店的夜间探险活动也是潘塔纳尔地区最为丰富多彩的。从大坎普开车的话需要约3个小时（往返约R$1100~）。乘坐巴士的话，可以先坐到最近的米兰达，然后再乘坐出租车（R$110~）。从博尼图出发，有一日游行程可以选择。

阿瓜佩旅馆
Pousada Aguape

Map p.202-B3
☎ (067) 3258-1146
URL www.aguape.com.br
费 Ⓢ R$588~ Ⓦ R$880~
CC Ⓐ Ⓜ Ⓥ
房间数 15间

◆该区域内作为传统牧场最先开始经营酒店的先锋。面朝阿基道阿纳河 Rio Aquidauana，位于整个潘塔纳尔湿地的东南角。从大坎普开车需要约3小时30分钟（R$1000~）。屋顶的露天平台提供餐饮，可以一边欣赏野鸟一边享用早餐。

贝亚达斯佩德拉斯酒店
Baia das Pedras Hotel

Map p.202-B3
预约 ☎ (067) 3382-1275
URL www.baiadaspedras.com.br
费 Ⓢ R$910~ Ⓦ R$1620~
CC 不可
房间数 4间

◆潘塔纳尔湿地内划分成11个小地区，这家酒店所处的地区是其中最大的一片。酒店位于大平原的牧场内，农场主夫人还会亲自接待游客，十分用心。从大坎普乘坐塞斯纳飞机需要1个小时左右。开车的话需要5个小时。

夏拉斯旅馆
Pousada Xaraés

Map p.202-A3
☎ (067) 9906-9272
FAX (067) 9906-9282
URL www.xaraes.com.br
费 Ⓢ R$496~ Ⓦ R$822~
CC Ⓜ Ⓥ
房间数 17间

◆位于潘塔纳尔公路沿线。这条横贯潘塔纳尔南部的道路，即便在不在涨水时期，也有大部分被水淹没，因此能看到鳄鱼、水豚等许多动物到这条路上避难。从大坎普开车需要5小时30分钟左右。

酒店客房设施： 带浴缸　带电视　带电话　可上网　含早餐

巴西中部
博尼图 *Bonito*

Brasil

巴西利亚
博尼图

巴西中部 / 南潘塔纳尔 / 博尼图

MAP ▶ p.55-A2
长途区号 ▶ 067
（电话的拨打方法→ p.42）
US$1 ≈ **R$3.89**
≈ 6.89 元人民币

在清澈透明的普拉塔河中，与鱼儿们一起游泳嬉戏

博尼图位于大坎普西南方向约300公里的位置上，周围被森林、群山、米兰达河清澈的溪流、瀑布所环绕，是一处可以尽享自然风光的热门景点。可以在透亮的河水中游泳，在瀑布潭里玩耍、浮潜、漂流等，娱乐活动也是丰富多彩。博尼图作为观光游览的大本营，建有许多酒店、餐厅、旅行社。景点全部分散在郊外，并且为了保护自然环境，每天都会限制参观的游客人数。到了当地再参团的话，有可能遇到人数已经报满，不能参加的情况，因此一定趁早做准备。博尼图的旅行社可以参考 → p.213 边栏。

博尼图旅游官网
URL www.turismo.bonito.ms.gov.br

博尼图的外部交通
大坎普的长途巴士总站每天有4班巴士前往博尼图。全程300公里，需要5小时30分钟，R$59～。
圣保罗市近郊的坎皮纳斯市，每周三、周日都有阿苏尔航空公司运营的直飞航班前往博尼图，需要约2小时45分钟。航空公司有从圣保罗市内前往坎皮纳斯机场的接送巴士，需要约1小时30分钟。

博尼图的酒店
H 维迪迦酒店
Wetiga Hotel
MAP p.216
R. Cel. Pilad Rebuá 679
☎ (067) 3255-5100
URL www.wetigahotel.com.br
⑤ R$384～ Ⓦ R$446～
　酒店建筑使用了33棵大树，很有自然情调。65间客房均以白色为主色调，给人一种舒适、整洁、安心的感觉。另收10%的服务费。

博尼图　主要景点

蓝湖洞
Gruta do Lago Azul

Map p.216

在阳光的照射下犹如宝石一般闪耀

洞穴位于博尼图20公里开外，开车需要40分钟左右的时间。该洞窟于1940年由这片土地的拥有者发现，沿着陡坡下到深处可以看到碧蓝的水流，在微弱的阳光照射下显得格外神秘。每年12月～次年1月的8:30~9:00，入口处有阳光直接照射，风景更加奇妙梦幻。而且因为水深达86米左右，还有虾和蚯蚓这两类生物栖息于此。周围还有石柱、石笋，非常好看。参团的话需要1小时20分钟，R$50～。需要穿着运动鞋。

3层高的豪华酒店

215

奥尔霍尔达瓜酒店
Pousada Olho d'Água
MAP p.216
住 Rodovia Bonito-Três Morros 1km
☎ (067) 3255-1430
URL www.pousadaolhodagua.com.br
⑤ R$205~ **⑩** R$302~
远离城区，在树林中静静矗立的砖造小屋，共有5栋。带泳池。

萨吉亚生态度假酒店
Zagaia Eco Resort
MAP p.216
住 Rodovia Bonito-Três Morros Km0
☎ (067) 3255-5500
URL www.zagaia.com.br
⑤ R$567~ **⑩** R$743~
距离博尼图市区不远，是一家占地面积很广的度假型酒店。房费含两餐。

巴莎诺瓦酒店
Hotel Recanto dos Pássaros
MAP p.216
住 R. Marechal Rondon 549
☎ (067) 3255-1048
URL www.hotelrecantodospassaros.com.br
旺季
⑤ R$200~ **⑩** R$260~
淡季
⑤ R$160~ **⑩** R$200~
步行即可到达市区，周围十分安静，是一个闹中取静的好地方。

普拉塔河环境保护区
Recanto Ecológico Rio da Prata
Map p.216

水质清澈透明，鱼群种类丰富，是一处极佳的浮潜场所。从普拉塔河的支流奥尔霍尔达瓜开始，可以一直漂流到合流点，全长1.5公里，游玩时间约1小时30分钟。还有可能与大颚小脂鲤和锯腹脂鲤擦身而过。因为没有救援船，如果对自己的体力不是很有信心的话，请慎重。含午餐 R$240~。

苏克里河
Rio Sucuri
Map p.216

苏克里河的水源是地下水，水流非常清澈透明，还有成群的体长40厘米左右的淡水鱼——小鳞石脂鲤，仿佛在宇宙中飘浮一般悠闲地游着。巨大的田螺等贝壳类散落在河床的部分在碧蓝的河水映衬下，美得令人震惊。这片流域有含浮潜的漂流活动，漂流约40分钟，可以感受水中世界的精彩。河流位于博尼图以南18公里处，游玩时间约3小时，R$223~，含午餐。

像一条鱼一样，随着河水静静游动

福莫苏河漂流
Bote no Rio Formoso
Map p.216

在穿越绿色森林的福莫苏河上，悠闲地乘坐橡胶船。途中可遇见多个约2米高的瀑布，从这些地方落下去的瞬间非常刺激。建议外衣里面可以穿泳衣，再套上短裤。游玩时间约1小时30分钟，R$121~。

216

瀑布公园
Parque das Cachoeiras
Map p.216

由米莫苏河 Rio Mimoso 上的 6 座瀑布组成，设有单程 1.8 公里的观景步道。落差最大的是阿莫尔瀑布，有 10 米高。在宽度达 60 米的太阳瀑布下可以游泳。漫步在森林中，你将被自然治愈。需要携带泳衣或者毛巾。与博尼图相距 18 公里，参团游玩时间约 3 小时，R$155~，含午餐。

台阶状的美丽瀑布

含羞草牧场
Estância Mimosa
Map p.216

位于博尼图以北 26 公里、米莫苏河沿岸，是一处瀑布巡游的娱乐场所。跳台瀑布上设有一个高 6 米的跳台，可以从这里纵身跳入瀑布潭中。周围设有全长 4 公里的步道，在山谷斜坡的木质台阶上上下下，同时可以欣赏植物和自然景观。途中的观景台视野极佳，可以眺望到山谷间的美景，秋天还能欣赏到红叶。参团所需时间约 3 小时，R$159~，含午餐。

阿纽马斯地下探险
Abismo Anhumas
Map p.216

通过绳索下到深 72 米的垂直洞穴，在足球场大小的湖中体验浮潜、潜水的乐趣。在距离水面 20 米高的地方，可以看到巨大的石笋，感受天然洞穴的神秘与魅力。游览结束后，同样是依靠绳索回到地面。洞穴位于博尼图以西 22 公里，游玩时间约 4 小时。浮潜费用为 R$910~。深潜费用为 R$1290~。

天然水族馆
Aquário Natural
Map p.216

位于博尼图东部，相距 7 公里，是一处在森林中忽然出现的寂静泉水。可以清楚地看见鱼儿们在清澈的水中悠闲畅游。泉水底部被水草所覆盖。可以参加浮潜，随着水流漂浮，仿佛自己也变身成了一条鱼。河流全长 800 米。有救援船只跟随，途中感到疲倦的话也不必担心。游玩时间约 2 小时 30 分钟，浮潜约 1 小时，价格为 R$206~，含租借保温潜水服等费用。餐厅午餐需另付费。

透过潜水镜可以清楚地看见游动的鱼群

在农场餐厅享用美食

博尼图阿瓜斯酒店
Pousada Águas de Bonito
MAP p.216
R. 29 de Maio 1679
☎ (067) 3255-2330
URL www.aguasdebonito.com.br
⑤ R$385~ ⓦ R$418~

占地面积广，有大片草坪，共有 8 栋时尚、精美的别墅风格建筑，分为 16 间客房。还设有吊床区、温水水疗按摩等。距离市区 500 米。

兰乔雅里努旅馆
Pousada Rancho Jarinu
MAP p.216
R. 24 de Fevereiro 1895
☎ (067) 3255-2094
URL www.pousadaranchojarinu.com.br
⑤ R$150~ ⓦ R$210~

位于市中心地带，便于就餐、购物。设施设备虽然简单，但是看上去很新，十分干净整洁。价格也十分合理，性价比高。

博尼图青年旅舍 Bonito HI Hostel
MAP p.216
R. Dr. Pires 850
☎ (067) 3255-1462
URL www.bonitohostel.com.br
宿舍 R$44~、⑤ⓦ R$110~（会员有优惠）

以单人间为主，也有宿舍房型，共 28 间。聚集了全球各地的背包客。可以进行娱乐活动的预约。有巴士总站的往返巴士。

博尼图的餐厅
食素 Sale & Pepe
MAP p.216
R. 29 de Maio 971
☎ (067) 3255-1822
🕘 18:00~23:00 休 周一

使用当地的鳗鲶、小鳞石脂鲤制作的料理深受好评。只有在这里才能吃到鳗鲶和小鳞石脂鲤的刺身。

小鳞石脂鲤刺身

巴西中部 博尼图

217

Brasil

巴西中部

大坎普 *Campo Grande*

MAP ▶ p.55-A2
长途区号 ▶ **067**
（电话的拨打方法→ p.42）
US$1 ≈ **R$3.89**
≈ 6.89 元人民币

INFORMATION

❶ 市旅游咨询处
MAP p.219
住 Av. Noroeste 5140
URL www.campogrande.
ms.gov.br/sectur
營 12:00～21:00
休 周日・周一
　　提供地图，以及周
边景点的相关信息。
机场内
營 7:00～23:00
休 无休

邮局
MAP p.219
住 Av. Calógeras 2390
營 8:30～17:00
休 周六・周日

大坎普国际机场
MAP p.219 外
住 Av. Duque de caxias s/n
☎（067）3368-6000

长途巴士总站
MAP p.219 外
住 Av. Gury Marques 1215
☎（067）3313-8700

城市观光巴士
　　巡游大坎普市内主要景
点的观光巴士。2016 年之后
停止运营，但有再次运营的
可能。详细信息可以前往游
客中心咨询。

南潘塔纳尔的入口——大坎普

　　大坎普是南马托格罗索州的首府，人口约 87 万。作为畜牧业的集散
地发展起来。1914 年为了横贯南美大陆，从科伦巴至大坎普之间开通了
巴西铁路，此后大坎普便成了周边地区的中心。不少日本移民当时也参
与了这条铁路的修建，竣工后不少人都留在了这片土地上，如今这里已
经和圣保罗、巴拉那州的都市一样，成了日本移民最多的城市之一。其
中有许多来自冲绳的移民，在城中除了能看到许多冲绳荞麦面的招牌外，
每周三、五、六在中央露天市场还有许多冲绳荞麦面的小摊。近年来大
坎普作为南潘塔纳尔的大本营，以及前往潘塔纳尔以南的河流、溪谷观
光胜地博尼图的入口，造访这里的游客也在逐年攀升。

前往大坎普的交通方式

飞机
　　圣保罗、巴西利亚均有直飞航班。从圣保罗需要飞行 4 小时 40 分钟
左右的时间，从巴西利亚起飞需要约 1 小时 30 分钟，库亚巴前来需约 1
小时。里约热内卢有经停航班到达大坎普，所需时间约 3 小时。

●**从机场前往市内**
　　大坎普国际机场 Aeroporto Internacional Campo Grande（CGR）与市
区相距 7 公里。从机场前往市区可以乘坐当地的 409 路或 414 路巴士。
价格为 R$3.7，使用预付卡的方式（可以在机场的游客中心购买）。路程
约 30 分钟。乘坐出租车的话，价格为 R$30~。

218

长途巴士

大坎普与圣保罗相距 992 公里，乘坐巴士需要约 13 个小时。每天有 9 班，大部分为夜间巴士。科伦巴每天有 8 班，所需时间 6~7 小时。此外库亚巴、巴西利亚也有往返巴士。

● 从长途巴士总站前往市内

长途巴士总站位于市区以南约 7 公里的地方。从车站前的巴士站乘坐当地的 061 路、087 路巴士即可到达中心地区，所需时间约 40 分钟，价格 R$3.7（在总站的游客中心内提前购买预付卡）。乘坐出租车的话约 20 分钟，价格 R$25。车票为卡片形式，在总站内的游客资询中心购买。市中心的巴士站位于科埃略广场 Praça Ari Coelho。

大坎普　漫步

作为南马托格罗索州的首府，虽然城市面积很大，但市中心范围有限，包括从收音机广场 Praça do Rádio 周边到 7 月 14 日大街 R. 14 de Julho、旧火车站、旧长途巴士总站周边。这片区域步行即可游览。主干道是阿丰索佩纳大街 Av. Afonso Pena，道路两边有许多商店、餐厅。南侧是市营市场 Mercado Municipal，主要出售蔬菜和水果，也有日用品杂货等。而市区北侧的旧火车站内，是中央露天市场 Feira Central，内部的冲绳荞麦面大众食堂还被评为了城市无形文化财产。

有很多日裔移民

旅行社

Impacto Tour
住 R. Georges Sleiman Abdalla 191
☎ (067) 3325-1333
URL www.impactoturismo.com.br

H2O Ecoturismo
住 R. Eduardo Santos Pereira 2209
☎ (067) 3042-7082
URL www.h2oecoturismo.com.br

中央露天市场

MAP p.219
住 R. 14 de Julho 3335
☎ (067) 3317-4671
URL www.feiracentralcg.com.br
营 周三～周五
　　　16:00～23:00 左右
　　周六　12:00～23:00 左右
　　周日　12:00～15:00 左右
　（各个店铺不同）
休 周一·周二

巴西

巴西中部　●　大坎普

219

市营市场

MAP p.219
住 R. 7 de Setembro 65
周一～周六　6:30~18:30
周日　　　　6:30~12:00
休 无休

博斯科文化博物馆

住 Av. Afonso Pena 7000
Parque das Nações Indígenas
☎ (067) 3326-9788
8:00~16:30
休 周一
R$10

交通方式
没有巴士可以直达，建议乘坐出租车。从收音机广场出发的话，费用大概为R$15~。

大坎普　主要景点

博斯科文化博物馆
Museu da Cultura Dom Bosco

Map p.219 外

为搬迁至新馆曾闭馆数年，于2009年8月重新对外开放。博物馆位于广大的印第安纳纪念公园 Parque das Nações Indígenas 一角，建筑外观十分现代，展品以古生物学、考古学、民俗学、矿物学为主，还有以天主教布教活动为主题收集来的印第安纳原住民的生活文化物品，藏品丰富。

陈列摆放整齐，便于参观

大坎普的酒店
Hotel

然达亚酒店
Jandaia Hotel
高档酒店
Map p.219

◆中心城区首屈一指的四星级酒店，共有17层。酒店设施齐全，包括酒吧、餐厅等，环境品位极佳，高层的视野也很不错。客房装修现代整洁，十分宽敞明亮。

住 R. Barão do Rio Branco 1271
FAX (067) 3316-7700
URL www.jandaia.com.br
费 S R$206~ W R$220~ 另收 5% 消费税
CC A D J M V
客房数 140 间

巴哈马套房酒店
Bahamas Suite Hotel
高档酒店
Map p.219

◆紧邻市中心部，是一家高层大楼酒店。所有的 LOFT 房型都带有厨房。从阳台可以眺望到地平线的尽头，一幅巨大的全景图呈现在眼前，夜景也非常好看。

住 R. José Antônio 1117
☎ (067) 3303-9393
FAX (067) 3303-9371
URL www.bahamassuitehotel.com.br
费 S R$300~ W R$340~ 另收 5% 消费税
CC A D J M V
客房数 70 间

COLUMN　标志性的巨鸟纪念碑

从大坎普机场出来后，首先看到的是巨大的鸟类纪念碑，不禁让人深刻感受到"啊，到潘塔纳尔了"。虽然这些纪念碑说不上多美，甚至有些奇形怪状，但实际上这是一种名为裸颈鹳的鸟类，是潘塔纳尔最具代表性的生物。大坎普的巨鸟纪念碑也不光只在这里能看到，在市内的阿拉拉斯广场（Praça das Araras）（阿拉拉斯在葡萄牙语中指金刚鹦鹉）上，就有 3 个巨大的金刚鹦鹉纪念碑，因为造型非常大，显得广场都变小了。如果感兴趣的话，不妨前去观看合影留念。

广场上引人注目的金刚鹦鹉

在机场前迎宾的裸颈鹳

220　酒店客房设施: 带浴缸　带电视　带电话　可上网　含早餐

高级酒店
Hotel Advanced
中档酒店

◆一家位于市中心的二星中档酒店。临近市营市场，酒店前便是超市，地理位置出众，十分便利。客房虽然装饰较为简朴素，但是整洁卫生，提供免费的 Wi-Fi。设有室外泳池和室内酒吧。

Map p.219
住 Av. Calógeras 1909
☎ (067) 3321-5000
URL www.hoteladvanced.com.br
费 ⓈR$140~ⓌR$170~
CC ADMV
房间 94 间

维多利亚·雷吉亚旅舍
Hostel Vitória Régia
旅馆

◆位于住宅区。宿舍房型一间有 6~8 张床位，男女分开。单人间的浴室、卫生间为共用，如果要带卫生间的房型，需要另付 R$10~20。可以咨询潘塔纳尔的旅游行程等信息。

Map p.219
住 Av. Noroeste 575
☎ (067) 9913-7507
URL hostelvitoriaregia.com.br
费 宿舍 R$40~、ⓈR$60~ⓌR$100~
CC MV
房间 6 间、20 张床位

大坎普的餐厅
Restaurant

凯撒佩希
Casa do Peixe

◆又被称为"鱼之家"餐厅，鱼肉深受当地居民的好评，也是一家老字号。可以品尝到当地的大颚小脂鲤、锯腹脂鲤、鳗鲇、水虎鱼等河鱼。人气菜品有佩希乌鲁昆 Peixe a Urucum R$90 等。自助餐 R$82。

Map p.219
住 R. Dr. João Rosa Pires 1030
☎ (067) 3382-7121
营 周一~周六 11:00~15:00、18:00~23:30、周日 11:00~16:00
休 无休
CC AJMV

萨博恩克洛
Sabor Enquilo

◆位于市中心的一家公斤餐厅。周一~周五，100g 的价格为 R$5.7，周末为 R$6.9。菜品风格多达 50 种，包括巴西风味、欧式风味、亚洲风味等。有由日系移民经营的角落，有凉拌豆腐、创意寿司等。

Map p.219
住 R. Dom Aquino 1790
☎ (067) 3325-5102
营 周一~周五 10:45~14:30、周末 11:00~15:00
休 无休
CC ADMV

COLUMN 在大坎普品尝日式荞麦面

约有 1.2 万个日裔家庭生活在大坎普。其中大部分都是当年来自冲绳移民的后代，当时随之而来的还有冲绳的食文化，如今已经成为了大坎普经典的乡土菜之一。而最具代表的当数中央露天市场内的冲绳荞麦面。市场位于旧火车站内，除了出售果蔬以外，还能买到许多日本食材。入口旁有多家食堂餐厅，以冲绳荞麦面为主，面条分为大碗、中碗、小碗，中碗的价格大概在 R$20。面汤比较清淡，面条十分柔软，放有鸡蛋和肉片，是只能在大坎普品尝到的冲绳荞麦面。另外酱汁浓郁的炒面也深受好评。

巴西
巴西中部
大坎普

Brasil

巴西中部
科伦巴 *Corumbá*

MAP ▶ p.55-A2
长途区号 ▶ 067
（电话的拨打方法→ p.42）
US$1 ≈ R$3.89
≈ 6.89 元人民币

INFORMATION

科伦巴的旅游咨询处
巴士枢纽站和机场设有简易的旅游咨询处，提供地图等资料，没有特别正规的旅游咨询处。

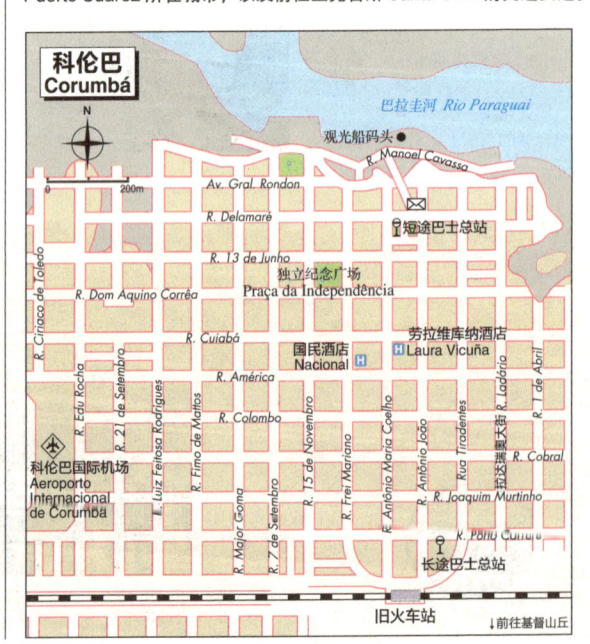

科伦巴国际机场
MAP p.222
R. Santos Dumont s/n
☎ (067) 3231-3322

从机场、长途巴士总站前往市内
机场和长途巴士总站距离市区都只有1公里的距离，打车的话只需要10分钟左右的时间，价格为R$20~。

周日市场
每周日早上，在拉达瑞奥大街 R. Ladário 上开办。有很多巴西和玻利维亚的食品、日用品小摊，很有意思。

科伦巴的气候
科伦巴的阳光照射很强，因为地处潮湿地带，湿气也很重，尤其是从11月~次年4月非常炎热。而且蚊虫很多，令人苦恼。

沿巴拉圭河发展起来的城市

科伦巴作为潘塔纳尔观光大本营的同时，也是垂钓爱好者十分憧憬的一座城市，位于南马托格罗索州西端，与玻利维亚边境接壤，依靠巴拉圭河畔发展修建。距离大坎普约有403公里，是前往苏亚雷斯港 Puerto Suárez 所在城市，以及前往圣克鲁斯 Santa Cruz 的交通要道。

222

前往科伦巴的交通方式

飞机

从圣保罗近郊的坎皮纳斯市 Campinhas 的坎皮纳斯国际机场 Aeroporto Internacional de viacopos（VCP），可以乘坐阿苏尔航空公司的直飞航班前往科伦巴国际机场 Aeroporto Internacional de Corumbá（CMG），每周 4 班（其中 2 班经停博尼图），直飞所需时间约 2 小时。里约热内卢没有直飞航班。

长途巴士

里约热内卢和圣保罗都没有直达车次，必须在大坎普经停一次。从大坎普可以乘坐由 Andorinha 公司运营的巴士前往科伦巴，每天发车 8 次，所需时间 6~7 小时。

● **从科伦巴前往玻利维亚**

前往玻利维亚的话，乘坐巴士到达两国边境，然后进入玻利维亚的边境城市基哈罗 Quijarro。从市内的短途巴士总站乘坐巴士，即可到达边境。乘坐的巴士名称为"Fronteira"。到达边境后下车，在巴西的移民局检查站盖好出境章，然后步行跨过边境，在玻利维亚的移民局检查站办理入境手续。边境比较混乱拥挤，建议提前前往。从基哈罗可以乘坐巴士或者火车到达圣克鲁斯。

科伦巴 漫步

从旧火车站南侧的山丘，可以一览玻利维亚一侧辽阔的潘塔纳尔的美丽风景。山顶上立有一座较小的基督像。到了夏天，这幅美景会完全被水淹没，消失不见，景象又如同大海一般。

山丘上的基督像，一定乘坐出租车或者三轮出租车前往

科伦巴的景点

科伦巴市面积很小，基本没有什么景点。前往潘塔纳尔观光旅游的话，可以选择参团。

科伦巴出发的旅游团

巴拉圭河畔有多家渡轮、钓鱼船、旅行社。

巴拉圭河游船之旅
游船在巴拉圭河上航行，可以观察潘塔纳尔的野生动物。含甲板午餐。也有 30 分钟~1 小时的私人小艇游船之旅，但是安全性没有保障，不建议选择。

潘塔纳尔之旅
乘车行驶在潘塔纳尔大路上，观赏野生动物和野鸟。午餐在潘塔纳尔的农场酒店内享用。如果停留天数多，还可以参加垂钓、骑马、独木舟等活动项目。

旅行社

纳维奥卡吕普索
Navio Kalypso
住 R. Manoel Cavassa 255
☎（067）3231-1460
URL www.navioKalypso.com.br

佩罗拉潘塔纳尔号 Pérola do Pantanal 游船之旅，船上带有日光甲板、酒吧等设施，除此之外还有许多的观光行程。

科伦巴的酒店
Hotel

国民酒店
Hotel Nacional 高档酒店

Map p.222

住 R. América 936　☎（067）3234-6000
FAX（067）3234-6002
URL www.hnacional.com.br
费 ⓈR$230~ ⓌR$300~　另收 5% 消费税
CC ADMV　客 134 间

◆ 科伦巴的高档酒店。客房配备空调、冰箱、迷你酒吧。提供早餐。

劳拉维库纳酒店
Hotel Laura Vicuña 中档酒店

Map p.222

住 R. Cuiabá 775
☎（067）3231-5874
URL www.hotellauravicuna.com.br
费 ⓈR$100~ ⓌR$150~
CC ADMV　客 40 间

◆ 位于市中心的一家中档酒店，周边是住宅区，环境很好，十分安静。酒店内没有餐厅，但是周边有多家餐厅，步行即可到达。客房简单朴素，部分房间没有窗户。配有冰箱。

酒店客房设施：🛁带浴缸　📺带电视　☎带电话　🌐可上网　🍳含早餐

Brasil

巴西东部

萨尔瓦多 *Salvador*

萨尔瓦多
巴西利亚

MAP ▶ p40-C2
长途区号 ▶ 071
（电话的拨打方法 → p.42）
US$1 ≈ R$3.89
≈ 6.89 元人民币

佩路里奥广场上身穿巴伊亚服饰的女性和坎东布雷教服饰的男性

邦芬教堂内被称作菲亚特的丝带

萨尔瓦多碧蓝的海水

萨尔瓦多·路易斯·爱德华多·马加良斯议员国际机场
MAP p.227
📍 Praça Gago Coutinho, s/nº, São Cristóvão
☎ (071) 3204-1010

萨尔瓦多是巴伊亚州的首府，在很长时间里直接被称为巴伊亚，如今许多当地人依然将巴伊亚作为萨尔瓦多的称呼。萨尔瓦多始建于1549年，第一任总统托梅德索萨 Tomé de Souza 将这里定为首都，直到1763年迁都至里约热内卢前的214年间，萨尔瓦多作为巴西的第一个首都不断发展。

萨尔瓦多的繁荣离不开它的砂糖产业。为了确保甘蔗园的劳动力充足，16世纪70年代开始，许多黑人奴隶从非洲被带到这里。同时，他们也将音乐、舞蹈、宗教、服饰、食品等许多非洲文化带到了这里，经过几个世纪融合，诞生出了独特的非洲 – 巴西文化。如今在被称为"黑人的罗马"的古城萨尔瓦多，有300多座教堂，在华丽的殖民风格建筑中，可以强烈地感受到黑人们的能量和对生活的热忱。巴西战舞卡波耶拉，演奏旋律独特的拨铃波琴，使用香辛料、椰子油、椰奶制作的巴伊亚菜肴，黑色肌肤上搭配耀眼纯白的巴伊亚服饰等，萨尔瓦多充满了独特的异乡风情。

前往萨尔瓦多的交通方式

飞机

圣保罗、里约热内卢、巴西利亚有多家航空公司直飞萨尔瓦尔（→ p.52）。此外，累西腓每天也有6~9班飞往萨尔瓦多，所需时间约1小时30分钟。马赛约每天1班，所需时间1小时。塞古鲁港每天1~2班，所需时间约1小时。

● 从机场前往市内

萨尔瓦多机场名为萨尔瓦多·路易斯·爱德华多·马加良斯议员国际机场 Aeroporto Internacional de Salvador Deputado Luís Eduardo Magalhães（SSA），位于市区以东约28公里的位置。

从机场前往市内可以乘坐当地巴士和机场巴士。当地巴士分为带有空调的 S041 路和没有空调的 1001 路，这两趟车都途经巴拉地区 Barra，终点位于市区教堂广场 Praça da Sé 旁边的瓦索拉斯大道 R. das Vassouras。上车时告知司机自己入住的酒店，司机会在最近的巴士站停车。两趟巴士的上车地点和票价均不相同，从机场出来靠外的第二条车道右端是 S041 路的车站，价格为 R$5.5。穿过机场停车场，靠右则是 1001 路的车站，价格为 R$3.7。

机场巴士由 First Class 公司运营，线路同样是穿过巴拉地区，然后前往市区，巴士会停靠途经的酒店，十分便利。

机场巴士
First Class 公司
☎ (071) 3432-1000
URL www.firstclassbus.com.br
🚌 机场→市内 8:30~18:30，每一小时一班，20:00、21:00 各一班
市内→机场 6:20~18:00，6 班

从机场乘出租车
乘出租车前往市区、巴拉海岸均需要 30~45 分钟，价格约为 R$80。

晚上到达的话
如果是晚上到达萨尔瓦多，建议不要乘坐当地巴士，尽量乘出租车或机场巴士。

长途巴士

萨尔瓦多与主要的几座城市相距较远，乘坐长途巴士的话很耗费时间。从累西腓可以乘坐 Kaissara 等公司的长途巴士，每天 3~4 班，所需时间 13 个小时。里约热内卢、圣保罗、巴西利亚等地虽然也有长途巴士，但全程都需要 24 个小时以上。

●从长途巴士总站前往市内

萨尔瓦多的长途巴士总站 Terminal Rodoviária de Salvador（SINART）位于市区以东 5 公里处，规模很大，银行、咖啡厅、超市等都有。

乘坐当地的 S017 路巴士可以前往市区。所需时间约 45 分钟，价格 R$3.9。市区巴士站位于瓦索拉斯大道上。

长途巴士总站
MAP p.227
📍 Av. ACM 4362，Pituba
☎ (0/1) 3616-8357
URL www.rodoviariadesalvador.com.br

First Class 公司的机场巴士

长途巴士总站

萨尔瓦多的庆典活动

民间宝座萨尔瓦多拥有 300 多座教堂，全年有多种多样的庆典活动上演。其中最有名的是每年 1 月的第二个周四举办的邦芬节 Festa do Bonfim。信奉奇迹的巴伊亚人，为了赞扬圣者邦芬，每年的这个时候都会有数百名身穿巴伊亚服饰的女性聚集在邦芬教堂的台阶上进行清理；场面十分壮观。

1 月 1 日的蒂耶稣纳维根特斯节 Bom Jesus dos Navegantes 上，为了纪念非洲起源的海之守护女神叶玛亚，会在海上进行游行。另外每年 2~3 月（每年有所变化）进行的狂欢节，与里约热内卢狂欢节、累西腓/奥林达狂欢节并称为 3 大狂欢节。如果在这一时期来这里的话，一定要尽早预订酒店。

邦芬节

225

白色车身，外加红蓝两道线条的是公共出租车。除了在城市中各个出租车停车点可以看到外，大街上也有许多空驶的出租车。

起步价为 R$4.81。每1公里加 R$2.42（平日 6:00~21:00）、R$3.38（21:00~次日 6:00，周末、夏季平日）。

市内交通

从教堂广场巴士站出发的当地巴士

萨尔瓦多的当地巴士由 Integra 公司运营。不同颜色的巴士，途经站点和行驶区域各不相同，途经巴拉地区和市中心的是蓝色的巴士。行驶线路根据线路名称区分开来，线路前带有 S 的为空调车，不带 S 的则是非空调车。非空调车的价格为 R$3.7，空调车分为 R$3.9 和 R$5.5 两种。巴士是前门上车、后门下车，钱需要交给司机后面的乘务员（可以找零）。部分比较旧的巴士是后门上车，前门下车。

INFORMATION

● 旅游咨询处

萨尔瓦多市旅游局 SALTUR
URL www.saltur.salvador.ba.gov.br

巴伊亚州旅游局
Empresa de Turismo da Bahia S/A
URL www.bahiatursa.ba.gov.br

在市区的断头台广场地区、机场等地都可以找到由上述2家旅游局运营的旅游咨询处。除了提供地图外，还有音乐活动指南等。但是员工基本不会讲英语。

市区
MAP p.230-B2　住 R. das Laranjeiras 02

☎（071）3321-2133
营 周一~周五 8:30~18:00，周末 9:00~17:00
休 无休

机场内
营 周一~周五 8:30~20:00，周末 9:00~19:00
休 无休

紧急联络方式

警察 ☎ 190　救护车 ☎ 192　消防 193
旅游警察 Policia Turística
☎（071）3116-6811
MAP p.230-B2
住 R. Gregório de Matos 16
营 每天 24 小时　休 无休
巴拉海岸也设有办事处。

Tour Info 萨尔瓦多的旅游信息

如果一个人精力比较旺盛的话，大概2~3天就可以游览完萨尔瓦多的主要景点，不过想要步行前往海岸沿线、巴拉要塞，以及市区、邦芬教堂等地是不太现实的，需要乘坐巴士或出租车出行。时间不是很充裕的游客，或者想要导游讲解（英语、西班牙语或葡萄牙语）的游客，不妨选择报名参加旅行社的旅游团。想要高效游览的话，可以乘坐双层观光巴士或者萨尔瓦多大巴，这两种巴士途经许多主要景点，并且每天都会运营，值得推荐。另外，以自由行的方式想要了解坎东布雷教（→p.239）也是很困难的一件事，而通过旅行团则相对比较容易参观到相关仪式。

巴伊亚旅行社　Tours Bahia
MAP p.230-B2　住 R. das Laranjeiras 5
☎（071）3320-3280
URL www.toursbahia.com.br
营 9:00~18:00　休 周六、周日
CC ADMV
除市内观光行程外，也有郊区的旅游线路。

萨尔瓦多巴士
☎（071）3356-6425
URL www.salvadorbus.com.br
在游客中心和主要酒店都可以进行预约。设有2条线路，便于观光的是从海岸地区到市区、邦芬教堂的市区线路。每天2~3班。价格为 R$65。

萨尔瓦多　漫步

萨尔瓦多作为巴伊亚州的首府，市区面积很大。市区作为观光中心，步行即可游览，但大部分酒店都分布在机场以及面朝大西洋的海岸沿线上。在美丽的海滩上悠闲放松、漫步在殖民风格的街道中，都是萨尔瓦多观光的魅力所在。

萨尔瓦多的市中心分为上城 Cidade Alta 和下城 Cidade Baixa，上城位于山区附近，下城面朝托多苏斯桑托斯湾 Baía de Todos os Santos。下城作为巴西最早的首都巴伊亚繁荣起来，如今依靠商店、港口的活力成为了一片热闹的商业地区。上城的海拔要比下城高 80 米左右，有很多宫殿、巴洛克风格的教堂等历史建筑，很有参观价值，可以追溯到殖民地时期的古老街区也都保存完好，属于观光地区。这两个地区通过一座被叫作"拉塞尔达" Lacerda 的大型电梯所连接。需要注意的是，步行往返于上下城是十分危险的，一定要避免。

设有电梯的托姆苏扎广场

到达市中心后，首先去电梯所在地托姆苏扎广场 Praça Tomé de Souza 看看吧。占据广场其中一角的巨大的白色巴洛克式建筑是里奥布朗库宫殿 Palácio Rio Branco。这里如今成了美术馆，可以欣赏到许多以巴伊亚为题材的绘画等作品（免费）。

宫殿北侧，广场突出的部分，便是直达下城的拉塞尔达电梯，高 72 米，乘坐一次的价格为 R$0.15。从电梯的右侧可以俯瞰充满活力的下城风景，以及蔚蓝的托多苏斯桑托斯湾。

景点集中的耶稣广场和彼陆里奥广场周边

托姆苏扎广场东北方向，是市民休闲娱乐的教堂广场。从这里再继

治安恶劣的地区
拉塞尔达电梯下的蒙塔尼亚路也连接着上下城，但是一定不要走这条道路。虽然萨尔瓦多的治安正逐年改善，但仍有部分地区的犯罪率并没有下降。在市内要尽量选择人多的道路通行，也可以询问警察哪条道路可以步行通过。

拉塞尔达电梯
MAP p.230-A2

电梯内外人流较大，有小偷出没，请游客保管好自己的随身财物

巴西　●巴西东部　萨尔瓦多

阿芙罗·巴西博物馆

MAP p.230-B1·2

住 Terreiro de Jesusu, Pelourinho

☎ (071) 3283-5510

阿芙罗·巴西博物馆陈列了许多绘画和陶器等展品。博物馆位于巴伊亚大学一角。

续向前，右侧便是耶稣广场 Terreiro de Jesus。这座石板铺设的广场被巴西利卡大教堂、阿芙罗·巴西博物馆 Maseu Aflo-brasileiro、奥登·特尔赛拉·圣多明戈斯教堂 Igreja de Orden Terceira de São Domingos 等建筑环绕，面积不大，但是很有情调。在这里还能看到许多身穿巴伊亚服饰的女性。

从这里出发，沿着奥登·特尔赛拉·圣多明戈斯教堂旁，正中央竖有十字架的道路向前，就可以看到用绚烂奢华的黄金装饰的著名的圣弗朗西斯科教堂。连接圣弗朗西斯科教堂和耶稣广场的这条小道两边布满了纪念品商店和旅行社，游客众多。

另外，从耶稣广场出来，沿着博塔斯卡尔穆路 R. das Portas do Carmo 向北走5分钟左右便能到达彼陆里奥广场。这一带也有许多保存良好的历史城区街道，非常独特。

各个海滩的特征

翁迪纳海岸 Praia de Ondina

没有天然泳池。深受当地人喜爱。

里约韦尔梅柳海岸 Praia de Rio Vermelho

年轻人众多，建有许多酒吧。到了深夜依然十分热闹。

雅瓜里比海岸～皮纳塔海岸 Praia de Jaguaribe～Praia de Piatã

设有许多海之家，也是深受当地人喜爱的一片地区。

伊塔波海岸 Praia de Itapoã

游客众多，时尚热闹。夜生活丰富。

弗拉门戈海岸 Praia de Flamengo

靠近机场。游客较少，自然风景保存良好。

前往海滩的巴士

前往机场的S041路、1001路巴士，经过巴拉要塞后，会一直沿海岸行驶，在喜欢的海滩下车即可。

建有五颜六色的建筑物的彼陆里奥广场

海岸地区和巴拉地区

从卡斯特罗阿尔维斯广场 Praça Castro Alves 上可以远眺到基督像，这座石像如同在俯瞰托多苏斯桑托斯湾一般矗立着。广场周边设有皮质品露天集市以及饮品店等。

卡斯特罗阿尔维斯广场以南，建造于16世纪末，一直通往巴拉要塞所在的巴拉地区的长达4公里的道路便是9月7日大道 Av. 7 de Setembro。广场周边建有许多商店，十分热闹，但稍远一点的地方便是闲静的住宅区，也有不少适合游客入住的舒适民宿。

前往巴拉地区和其东侧的巴拉海岸 Praia de Barra（海岸地区），可以从市中心的智利大街 R. Chile 乘坐开往巴拉 Barra 方向的巴士，大约需要30分钟。这一带的酒店和餐厅也比较多。从这里到机场附近的弗拉门戈海岸是绵延数十公里的海岸线，白色的沙滩非常美丽。

COLUMN 市区内漫步的注意事项

萨尔瓦多历史城区被列为世界遗产，在这里漫步时，会有手持名为"菲亚特"的彩色丝带的人上前主动搭话，会介绍说如果一边将丝带的心愿唱出来，一边将丝带打了3个结，如果丝带自然断开的话愿望就会成真。可是一旦将丝带系起来，就会执着地向你推销纪念品礼物。另外在耶稣广场如果给身穿民族服装的女性拍照的话，会被索要小费。同样，给广场和巴拉要塞上进行的卡波耶拉舞表演拍照也是要被收费的。虽然金额不多，但有时也会通过威胁恐吓的方式索取。稍稍将相机对向他们就会上前索要小费。所以如果没有拍照打算的话一定注意，避免引起麻烦、误会。

228

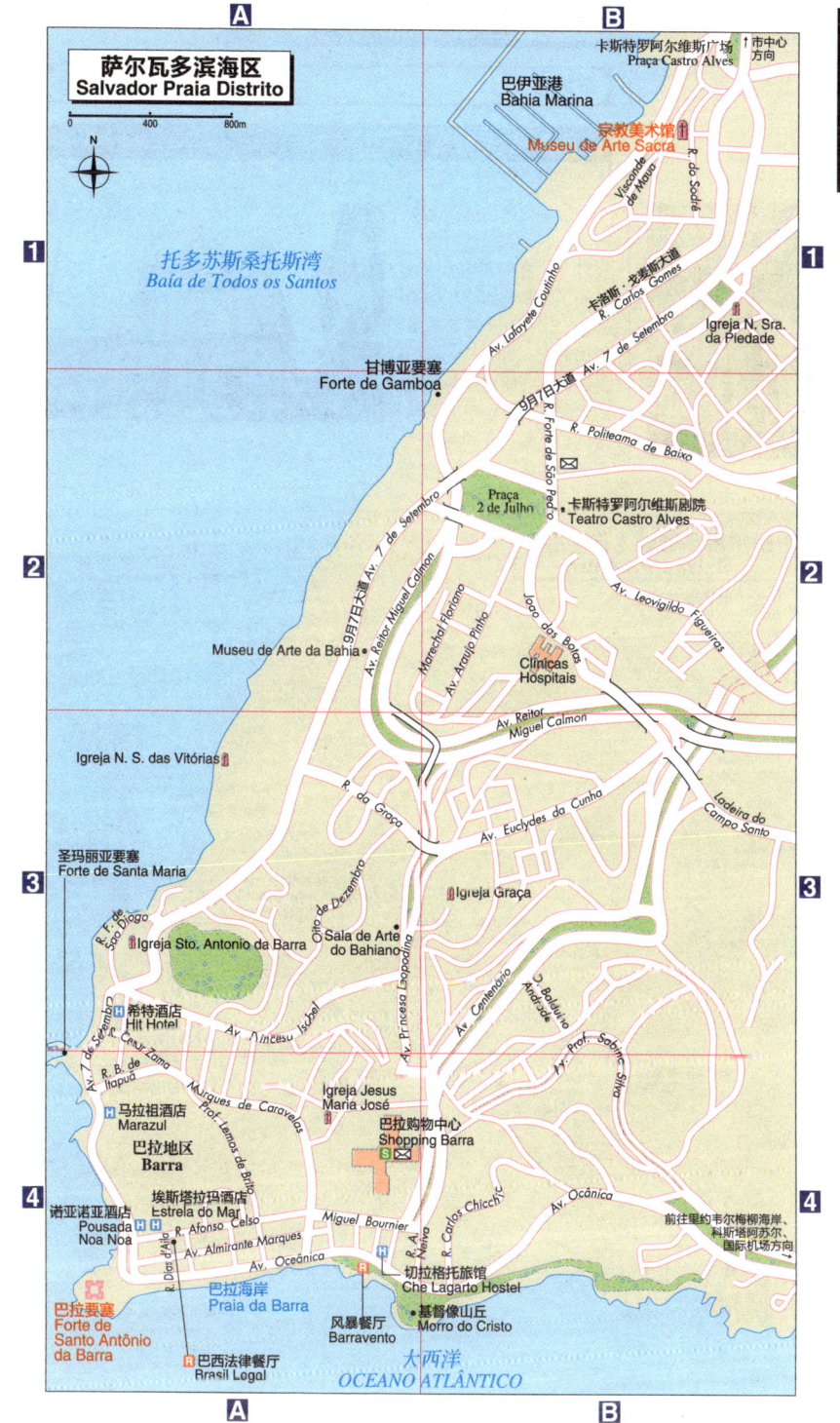

萨尔瓦多滨海区
Salvador Praia Distrito

巴西利卡大教堂
- Terreiro de Jesus
- （071）3321-4573
- 8:30~11:30、13:30~17:00
- 周日

萨尔瓦多 主要景点

市中心　　　　　　　　　　　　　　　　Centro

巴西利卡大教堂　　　　　　　　　Map p.230-B2
Catedral Basílica

位于耶稣广场西北侧的巴西利卡大教堂始建于1657年，耗时5年才完成建造，因其巴洛克风格的外观，堪称巴伊亚州最美丽的教堂。尤其是内部的瓷砖装饰、使用金粉建成的大祭坛、祭坛后面圣具室的宗教画、天井画等也都非常漂亮，很有参观价值。

教堂内的祭坛处在修复中

庄严屹立的巴洛克式教堂

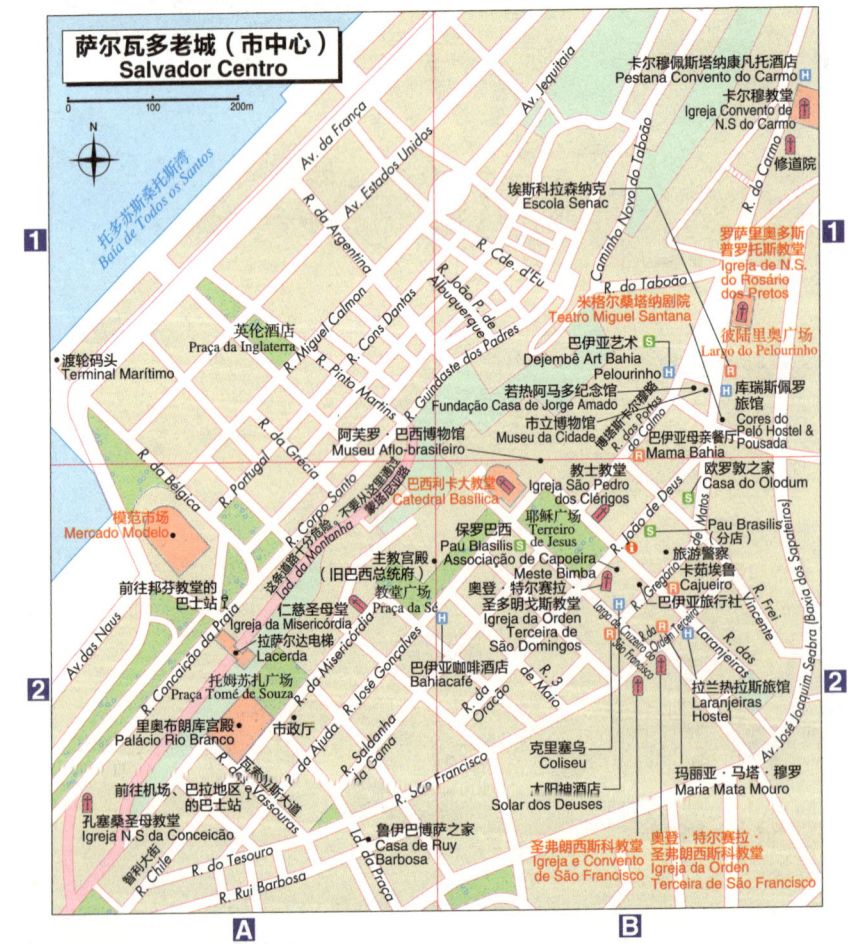

萨尔瓦多老城（市中心）Salvador Centro

230

圣弗朗西斯科教堂
Igreja e Convento de São Francisco

Map p.230-B2

巴西代表性的18世纪巴洛克风格建筑,也被称作"黄金教堂"。教堂正面满是金雕,内部的墙壁和天井也都使用了金粉进行粉刷。另外院子中还有用蓝白相间的瓷砖围起来的回廊,以及充满非洲色彩的巴伊亚宗教艺术杰作"St. Peter Arcantara"、木质祭坛的雕刻等,都不容错过。

内部装饰格外光辉耀眼

每周二是圣弗朗西斯科教堂的"祝福日"。16:00开始的弥撒上,牧师会将圣水洒向圣徒们,人们为了可以接受这份祝福聚集于此,教堂内也会变得气氛热烈。

奥登·特尔赛拉·圣弗朗西斯科教堂
Igreja da Orden Terceira de São Francisco

Map p.230-B2

紧邻圣弗朗西斯科教堂,建筑风格为巴洛克式。建筑正面为砂岩结构,有许多精美的雕刻和曲线,造型非常独特珍贵。教堂内的釉药瓷砖是专门从葡萄牙运来的,此外还公开陈列了牧师穿过的长袍等物品。

正面的雕刻一定要看

彼陆里奥广场
Largo do Pelourinho

Map p.230-B1

从耶稣广场沿博塔斯卡尔穆路一直走,在坡道几乎中央的位置就是彼陆里奥广场。这里的许多建筑有蓝色、有粉色,都是从殖民时期保存下来的,一栋栋都面朝着用石板路铺设的广场。蓝色的建筑曾经是奴隶市场。广场一角还保留着当时的拷问器具。巴西的国民作家若热阿马多的纪念馆 Fundacao Casa de Jorge Amado 也在广场旁边。

圣弗朗西斯科教堂
住 Largo do Cruzeiro do São Francisco, Pelourinho
☎ (071) 3322-6430
營 周一・周三~周六
　　　　　　9:00~17:30
　　周二　　9:00~17:00
　　周日　　10:00~15:00
休 无休
料 R$5

始建于1708年,耗时20年加工,也被称作黄金教堂

奥登·特尔赛拉·圣弗朗西斯科教堂
住 R. da Ordem Terceira, Pelourinho
☎ (071) 3321-6968
營 8:00~17.00
休 无休 料 R$5

若热阿马多纪念馆
MAP p.230-B1
住 Largo do Pelourinho s/n, Pelourinho
☎ (071) 3321-0070
營 周一・周五　10:00~18:00
　　周六　　　　10:00~16:00
休 周日　料 R$5

以巴伊亚为主题的绘画随处可见

巴西　●巴西东部　萨尔瓦多

COLUMN 观赏巴西战舞——卡波耶拉舞

卡波耶拉Capoeira融合了舞蹈和格斗,是巴伊亚地区独特的文化艺术。伴随着弓形乐器拨铃波琴的旋律,时而动作缓慢如同太极拳,时而足技又快到令人目不暇接。黑人们的汗水闪闪发光,肌肉的舞动令人着迷,表演充满激情,看点颇多。这种舞蹈原本是没有武器的奴隶阶级为了锻炼自己空手格斗、防御技巧而逐渐发展起来的,也包含着仪式要素。

卡波耶拉的表演,几乎每天都可以在模范市场的舞台欣赏到(10:00~14:00)。参观时会要求募捐,大概R$3,如果摄像、拍照的话需要捐赠R$5 -10。此外也可以在下述场所观赏。

Associação de Capoeira Meste Bimba
MAP p.230-B2
住 R. das Laranjeiras01 Pelourinho
☎ (071) 3322-0639
營 周一~周五 9:00~12:00、15:00~21:00
　　周六 10:00~12:00
休 周日
料 周二・周五 19:30~20:40有现场表演,门票R$30。可以报名参加课程(需要咨询)。

卡波耶拉表演

231

罗萨里奥多斯普罗托斯教堂

住 Largo do Pelourinho
☎ (071) 3241-5781
营 8:00~12:00、13:00~17:00
休 周日
费 R$3

罗萨里奥多斯普罗托斯教堂
Igreja de N.S. do Rosário dos Pretos

Map p.230-B1

从彼路里奥广场向东，沿坡道向下走便能看到这座教堂，这里是黑人奴隶们利用自己微乎其微的自由时间修建而成的，也是巴西第一座为黑人修建的教堂。现在这里由黑人修道院运营。教堂的外观深受原住民的影响，内部被彩色的瓷砖所覆盖，还有使用远近法创作的天井画等，有着独特的品位。教堂后面是黑人奴隶领袖阿纳斯塔西娅 Anastacia 之墓，她惨遭白人们的毒手，死时嘴里还被堵上了东西，这里还陈列着她当年临死状态时的石像。

从彼陆里奥广场眺望到的教堂

米格尔桑塔纳剧院

住 R. Gregório de Matos 49, Pelourinho
☎ (071) 3322-1962
费 R$50
预售票 15:00（周六 18:00）在剧院窗口出售。

米格尔桑塔纳剧院
Teatro Miguel Santana

Map p.230-B1

剧院位于前往彼路里奥广场的坡道途中。除了周二和周日外，每天晚上 8 点开始，会进行约一个小时的 Balé Folclórico（乡土文艺表演）。包含桑巴、坎东布雷的阿芙罗巴西舞蹈，很值得一看。但因为座位数量不足 100 个，所以有时会出现满场的情况。购买预售票会更加保险。

模范市场

☎ (071) 3241-0172
营 周一~周六 9:00~19:00
　　周日　　 9:00~14:00
休 无休

模范市场
Mercado Modelo

Map p.230-A2

下城地区一定不能错过的就是这个民艺品市场。出拉塞尔达电梯后，往海边步行 1 个街区即可到达，是一座 2 层高的大型建筑。屋顶平台部分有多家餐厅。一边眺望托多苏斯桑托斯湾，一边品尝巴伊亚料理，充满情调。平台中央的圆形舞台上，还会进行卡波耶拉表演。

过去，地下曾是黑人奴隶的收容所，房间十分空旷，即使在白天也比较阴暗。

从二层平台俯瞰

COLUMN 品尝当地著名特产油炸薄饼

桑塔纳广场上人气极高的迪尼亚油炸薄饼店

油炸薄饼 Acarajé 是萨尔瓦多代表性的美食。除了市中心的各个广场外，街道的各个地方都能看到油炸薄饼的摊铺。身穿巴伊亚民族服装的女性炸丸子的身影，也是萨尔瓦多独有的一道风景。

在数量众多的油炸薄饼店中，最受当地人喜爱的当属迪尼亚油炸薄饼店。這家店位于甲约韦尔梅柳海岸地区 Rio Vermenho 的桑塔纳广场 Largo de Santana，光临此店的人络绎不绝，总是排着长队，深受好评。另外，它在当地杂志评选的油炸薄饼人气排行榜上，也总是高居榜首。

广场上有许多桌椅，可以慢慢享受美食。周日傍晚还会举办手工艺品集市，可以边吃边逛。另外，市中心彼陆里奥广场的油炸薄饼店也有着不错的评价。

刚炸好的薄饼还冒着热气，非常好吃！

R Acarajé da Dinha
迪尼亚油炸薄饼店
MAP p.227
住 Largo de Santana, Rio Vermelho
☎ (071) 3334-1703
营 周一~周五 16:30~24:00
　　周末 11:00~24:00
休 无休
交通方式
从市中心打车需要 20 分钟左右，价格 R$40~50。

海岸地区和巴拉地区　　Praia/Barra

宗教美术馆　　Map p.229-B1
Museu de Arte Sacra

从卡洛斯·戈麦斯大道 R. Carlos Gomes 进入一条坡道，道路的尽头便能看到这座殖民时期风格的旧天主教堂。如今还残留着金箔的祭坛依旧十分好看，其下是数位长眠于此的圣人。如今这里作为美术馆对外开放，展出的金银圣器、绘画等来自萨尔瓦多的各个教堂，是巴西规模最大的宗教美术馆。

邦芬教堂　　Map p.227
Igreja de N.S. do Bonfim

教堂位于可以俯瞰大西洋海面的山丘上，也被称为"奇迹教堂"。过去，葡萄牙的一支船队在海上遇难，船长向神明祈求平安，最终他们到达了萨尔瓦多。为了表达对神明的感激之情，于18世纪修建了这座教堂。如今，这里作为巴伊亚的守护教堂被人们所信奉，很多人都相信在这里祈愿愿望一定会实现。想要祈愿的人们会在教堂前购头一条被称作"菲亚特"的丝带，然后绑在手腕上再来祈愿。丝带不能自己解开，等到其自然断开之时，便是愿望成真之日。白色的丝带代表欧夏拉神，象征和平；红色代表夏贡神，象征火等。此外还有代表坎东布雷教中各个神明的颜色。

教堂外观平淡无奇，内部也没有特别引人注目的地方，但是一旦踏进里面的房间，马上就会感到一种异样的气氛。天井上悬挂着许多人体模型的手、腿，墙上贴满了躺在医院病床上的病人的照片、结婚典礼的照片、小孩的照片等。

这些是因疾病或遭遇事故的人们或其家庭，在来到教堂祈愿后，真的恢复健康、重新振作后，为了证明教堂的神奇而送来的照片，为了感谢教堂而奉献了这些人体模型的手和腿。

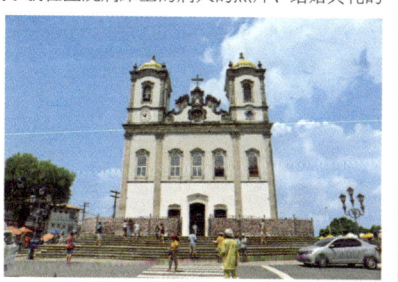

有许多忠诚的信奉者会在周日参加弥撒

宗教美术馆
住 R. do Sodré 276，Centro
☎ (071) 3243-6310
営 11:30~17:30
休 周二~周日　**費** R$10

交通方式
从卡斯特罗阿尔维斯广场出发，进入卡洛斯·戈麦斯大道，然后进入坡道，道路尽头便是美术馆。步行约5分钟。

静静直立着的宗教美术馆

邦芬教堂
住 Praça Senhor do Bonfim s/n, Bonfim
☎ (071) 3316-2196
営 周一　　　　9:00~18:00
　　周二~周四·周六
　　　　　　　 6:30~18:30
　　周五·周日 5:30~18:30
休 无休
費 免费

交通方式
从下城的拉塞尔达电梯附近，乘坐201路巴士，可以到达教堂门前，车程约30分钟。

天井上悬挂着的人体模型的手、腿

● 巴西东部　萨尔瓦多

巴西

COLUMN　托多苏斯桑托斯湾上的观光游船

如果时间富裕，可以到旅行社报名参加一日游 Passeio de Barco，会前往托多苏斯桑托斯湾内的伊塔帕里卡岛 Ilha de Itaparica 进行参观。下城地区的模范市场北侧的渡船码头每天都有船只出海。

一般行程大概是 9:00 从萨尔瓦多出海，在弗拉德斯岛 Ilha dos Frades 的海滩游玩 2 小时左右，然后在伊塔帕里卡岛停留 2 个小时并享用午餐，然后前往梅尔岛 Ilha de Maré，17:30 左右回到萨尔瓦多。

另外，在同一个港口每天也有只往返伊塔帕里卡岛的船只出港。

Passeios As Ilhas
☎ (0171) 3243-2207
費 R$50（含酒店接送 R$90）
URL www.passeiosasilhas.com.br

前往伊塔帕里卡岛的渡轮
MAP p.230-A1
運 6:30~19:00，每 30 分钟出港一次
費 周一~周六 R$5.3，周日·节假日 R$8

233

巴伊亚海洋博物馆（巴拉要塞内）

住 Praça Almirante Tamandaré s/n, Forte de Santo Antônio da Barra, Farol da Barra
☎ (071) 3264-3196
营 9:00~18:00
休 周一（1月和7月不休息）
费 R$15

交通方式
从瓦索拉斯大道的巴士站乘坐041路、1001路等巴士均可到达，车程约20分钟。

博物馆内的展品

前往迪亚曼蒂纳高原的交通方式
从长途巴士总站（Real Expresso 公司 ☎ 0800-883-8830 URL www.realexpresso.com.br）乘坐开往拉伊斯市 Lençois 的巴士，每天3班。所需时间约6小时，R$85.32。

可以在市内报名参团，前往迪亚曼蒂纳高原

巴拉要塞
Forte de Santo Antônio da Barra
Map p.229-A4

海岬上的巴拉要塞

要塞位于市中心以南约4公里的位置，在巴拉海岸的岬角之上。这座要塞是城市中最古老的建筑之一，是1598年为了守护萨尔瓦多城而修建的军事设施，但17世纪时曾被荷兰占领过一段时间。灯塔建于19世纪，现在依然发挥着作用。如今，要塞的建筑内部被改建成了巴伊亚海洋博物馆 Museu Náutico da Bahia 并对外开放，陈列的主要是大航海时代的航海日志、船具等物品。

萨尔瓦多 郊区小镇与景点

迪亚曼蒂纳高原
Chapada Diamantina
Map p.40-C2

距离萨尔瓦多500公里的内陆位置是一片山岳地带，也是巴西国内首屈一指的户外胜地。这里曾因开采钻石一度繁荣，因此有着"钻石高原"的美誉。这里的平顶山一座接着一座，巨大的洞窟和清澈的水池编织成了一道独特的美丽风景，可以体验步行、潜水、独木舟、索道等多种娱乐项目。

COLUMN 如何在萨尔瓦多欣赏音乐

萨尔瓦多在整个巴西都算得上是非常热爱音乐的城市，许多餐厅、酒吧都有现场演出。其中彼陆里奥地区的广场、酒吧每天都会有各种活动，令来访者大呼过瘾。

提到萨尔瓦多最具代表性的乐队，当属曾经与迈克尔·杰克逊一同录制过音乐录影带的欧罗敦鼓乐队 Olodum。市中心除了有他们的工作室、官方商店（→ p.238）外，每周日在格雷戈里奥马托斯大道 R. Gregório de Matos 的广场上还会举行现场演出（收费）。

此外每周二，还是曾经的黑人奴隶的节日（休息日）。现在城市的各个地方仍旧会举办各种活动进行庆祝。18:00在罗萨里奥多斯普罗托斯教堂进行的弥撒是这场活动的序幕，伴随鼓点咏唱《圣母颂》等珍贵的场景不断上演。随后，来到彼陆里奥广场、耶稣广场参观现场表演。活动的最后是在格雷戈里奥马托斯大道的广场（不是欧罗敦乐队的演出场地）上进行"杰罗尼莫"表演。原本这是一个在其他地方、每周二的现场演出中出场的人物名称，但不知从何时起就变成了这个现场活动的代名词。"杰罗尼莫"大概是从21:00开始，狂欢会一直持续到深夜！最佳的造访时期是从夏天的11月到次年2~3月为止。

旺季之外，每年6月中旬~6月24日会举办圣若昂节（传统的民间庆典节日），Cachoeira、Santo Antônio de Jesus、Senhor do Bonfim 等郊外的小镇都会举办盛大的活动。这段时期在萨尔瓦多城内还会搭起舞台，举行为期十天名为"阿海亚达卡比塔"的人气庆典活动。

萨尔瓦多的酒店
Hotel

萨尔瓦多是巴西国内首屈一指的观光胜地，住宿设施齐整。但是，节日庆典时期（尤其是狂欢节）各家酒店几乎都会爆满，所以一定趁早预约。9月7日大道上的酒店性价比较高，而且治安相对良好。巴拉地区前的海岸附近有很多高档酒店，预算充裕、对品质要求较高的客人可以选择入住这一带。

市中心

卡尔穆佩斯塔纳康凡托酒店
Pestana Convento do Carmo — 超豪华酒店
Map p.230-B1

- 利用卡尔穆教堂的一部分建成的五星级酒店，由1586年建成的教堂改建而成，天井很高，气氛庄重。客房内饰各有千秋，所有房间都带有空调、迷你吧。庭院中带有泳池、桑拿、按摩浴缸等设施。

住 R. do Carmo 1，Pelourinho
☎ (071) 3327-8400
URL www.pestana.com
费 ⓈⓌ R$430~　另收5%消费税
CC ADJMV
房间数 67间

太阳神酒店
Solar dos Deuses — 高档酒店
Map p.230-B2

- 位于圣弗朗西斯科教堂旁，步行即可到达彼陆里奥广场，是一家仅有6间客房的高档酒店。客房是用坎东布雷教中神灵的名字来命名的，颜色和装饰也都各有特色。客房充满艺术色彩，工作人员的英语都很流利。

住 Largo do Cruzeiro de São Francisco 12，Pelourinho
☎ (071) 3322-1911
URL www.solardosdeuses.com.br
费 ⓈⓌ R$590~
CC ADMV
房间数 6间

巴伊亚咖啡酒店
Bahiacafé Hotel — 中档酒店
Map p.230-B2

- 面朝教堂广场的精品酒店。酒店由两栋建筑连接构成，造型独特，内部错综复杂。早餐餐厅可以俯瞰到教堂广场。SPA等设施齐全，性价比极高。

住 Praça da Sé 22，Pelourinho
☎ (071) 3322-1266
URL www.bahiacafehotel.com
费 Ⓢ R$157~ Ⓦ R$175~
CC ADMV
房间数 25间

拉兰热拉斯旅馆
Laranjeiras Hostel — 旅馆
Map p.230-B2

- 毗邻圣弗朗西斯科教堂，男女分开的青年旅舍。一层的酒吧提供简餐快餐，客厅等公共场地很多，气氛轻松。有许多外国游客入住，可以互相交流经验，交换旅游资讯。

住 R. da Ordem Terceira 13，Pelourinho
FAX (071) 3321-1366
URL www.laranjeirashostel.com.br
费 宿舍／带空调 R$50（非会员 R$55）
宿舍／风扇 R$45~（非会员 R$50）
Ⓢ R$65~ Ⓦ R$100~
CC ADJMV
房间数 19间

库瑞斯佩罗旅馆
Cores do Pelô Hostel & Pousada — 经济型酒店
Map p.230-B1

- 围绕彼路陆里奥广场修建的2层旅馆。客房除了私人房间外，也有宿舍。私人房间最多可以入住5人。外观、内部装饰古色古香，打扫及时，整洁干净。旅馆前有音乐活动举办，如果喜欢音乐的话不妨选择这里。

住 Largo do Pelourinho 5，Pelourinho
☎ (071) 9925-73791
费 Ⓢ R$150~ Ⓦ R$180~
宿舍 R$40~
CC V
房间数 10间

巴拉地区

马拉祖酒店
Marazul   高档酒店

Map p.229-A4

住 Av. 7 de Setembro 3937, Barra
☎ (071) 3264-8150
URL www.marazulhotel.com.br
费 ⓈR$424~ ⓌR$570~
CC ADMV
房间数 120 间

◆四星级酒店，眼前便是巴拉海岸的白色海滩。浴室宽敞，使用方便。二层的咖啡厅提供早餐，包括丹麦酥皮果子饼、火腿、奶酪、软饮等，还有10多种水果，以及4~5种菜肴。24小时提供客房服务。

诺亚诺亚酒店
Pousada Noa Noa   中档酒店

Map p.229-A4

住 Av. 7 de Setembro 4295, Barra
☎ (071) 3264-1148
URL www.pousadanoanoa.com
费 ⓈR$160~ ⓌR$190~
CC ADMV
房间数 16 间

◆酒店位于巴拉要塞前，蓝白相间的外观给人一种清新的感觉，十分醒目。客房整洁宽敞。酒店还设有旅行社，以及面朝大海的比萨餐厅。直爽的法国老板精通多国语言。

希特酒店
Hit Hotel   中档酒店

Map p.229-A3

住 Av. 7 de Setembro 3691, Barra
☎ (071) 3264-7433
URL hithotel.com.br
费 ⓈⓌR$239~
CC AMV
房间数 60 间

◆位于海滩边的一家性价比颇高的三星级酒店。客房于2013年重新装修，现在都带有空调、冰箱、淋浴等设施。前台位于二层，待客亲切。

埃斯塔拉玛酒店
Estrela do Mar   中档酒店

Map p.229-A4

住 R. Afonso Celso 119, Barra
☎ (071) 3022-4882
URL www.estreladomarsalvador.com
费 ⓈR$165~ ⓌR$190~
CC ADMV
房间数 9 间

◆步行至巴拉要塞仅需5分钟。酒店由拥有100多年历史的民居改建而成，酒店内充满了时尚气息。使用独家秘制果酱以及新鲜食材制作的早餐深受好评。酒店老板是爱尔兰人，所以可以用英语交流。

切拉格托旅馆
Che Lagarto Hostel Salvador   经济型酒店

Map p.229-A4

住 Av. Oceânica 84, Barra
☎ (071) 3235-2404
URL www.chelagarto.com
费 ⓈⓌR$165~ 宿舍 R$60~
CC V
房间数 51 间

◆巴拉海岸沿线上性价比最高的一家住宿设施。客房装修简单朴素，但是干净整洁。咖啡酒吧位于屋顶平台，可以眺望大海的美景，地理位置出众。宿舍男女分开，6人一间。

海岸地区

萨尔瓦多德维尔高级酒店
Hotel Deville Prime Salvador   超豪华酒店

Map p.227

住 R. Passágarda s/n, Itapoã
☎ (071) 2106-8500
URL www.deville.com.br
费 ⓈR$300~ ⓌR$350~
CC ADMV
房间数 206 间

◆五星级酒店，距离机场约7公里，位于皮塔波海岸旁，有许多名人都会选择入住这里。酒店内设有泳池、桑拿、网球场、高尔夫球场等。客房设备也十分齐整，入住感觉舒适自如。

萨尔瓦多的餐厅
Restaurant

巴伊亚菜是巴西的代表菜系之一，海鲜杂烩、油炸薄饼等都使用了大量的调味料，这也是这种菜系的一大特色，有很浓厚的味道。市中心的耶稣广场周边有很多餐厅，海岸沿线有几家规格、档次较高的知名餐厅。许多餐厅内都有乐队驻场，可以欣赏到桑巴、坎东布雷等表演。

市中心

埃斯科拉森纳克
Escola Senac

◆附设有厨房学校的一家餐厅。餐厅共有2层，服务员都是身穿巴伊亚传统服饰的女性。自助餐上提供特色的巴伊亚菜，菜品多达40余种。虽然餐厅给人一种高档的感觉，但是一人仅需R$56，性价比很高。一层是公斤餐厅，100g的价格为R$4.69。

Map p.230-B1
住 Largo do Pelourinho 13/19, Pelourinho
☎ (071) 3324-4550
营 11:30~15:30
休 周日
CC A J M V

巴伊亚母亲餐厅
Mamu Bahia

◆餐厅提供传统的巴伊亚美食。每道菜都会控制用油，味道相对清淡。人气美食海鲜杂烩中有鱼、虾等8种，价格为R$132（2人份）。12:00~16:00和19:00~22:00会有博萨诺瓦等现场表演。

Map p.230-B1
住 R. das Portas do Carmo 21, Pelourinho
☎ (071) 3322-4397
营 11:00~17:00（12~次年3月营业~23:00）
休 无休
CC A D M V

克里塞乌
Coliseu

◆当地人气极高的自助餐厅。除了提供巴伊亚菜外，还有各种国际菜肴、甜点等，价格R$55。周一·周三·周六的20:30~21:30都会举办阿芙罗巴西的精彩演出，演出费和餐费合计R$180。

Map p.230-B2
住 Largo do Cruzeiro do São Francisco 9/13, Peloruriho
☎ (071) 3321-6918
URL www.ocoliseu.com.br
营 11:00~16:00、18:30~23:30
休 周日 CC A D J M V

玛丽亚·马塔·穆罗
Maria Mata Mouro

◆餐厅由建于17世纪的房屋改建而成，提供现代创意+荤料。人气的海鲜杂烩包含4种虾类，价格为R$146~（2人份）。也可以要求半份。还可以在庭院中享用美食。红酒的种类也很丰富。提供英语菜单。

Map p.230-B2
住 R. da Ordem Terceira 8, Pelourinho
☎ (071) 3321-3929
URL www.mariamatamouro.com.br
营 周一~周六 12:00~22:00、周日 12:00~17:00
休 无休
CC A D M V

卡茹埃鲁
Cajueiro

◆当地人推荐的一家公斤餐厅。店内有很多当地食客，十分热闹，有不少身穿巴伊亚民族服饰的女性也会光临此店。100g的价格为R$2.49，但如果肉菜占比超过整体的70%的话，价格为R$3.6，如果全是肉菜，会将肉的骨头剔除干净再进行称重，100g的价格为R$5。

Map p.230-B2
住 R. das Laranjeiras 14, Pelourinho
☎ (071) 9887-68028
营 11:00~16:00
休 无休
CC 不可

巴拉地区

巴西法律餐厅
Brasil Legal

Map p.229-A4

◆仅在午餐时段营业的一家自助餐厅。距离巴拉要塞步行仅需3分钟左右，很多当地居民都会到此就餐，十分热闹。除了提供巴西菜、意大利菜、沙拉外，还有现烤的巴西烧烤，100g的价格为R$3.99。

住 R. Dias d'Ávila 110，Barra
☎ （071）3267-6162
营 11:00～17:00
休 无休
CC M V

风暴餐厅
Barravento Restaurant & Chopperia

Map p.229-A4

◆位于海边的一家玻璃餐厅。如果想一边眺望大海一边享用美食的话，一定要来这家餐厅。菜品以海鲜为主，包括海鲜意面、意式肉汁烩饭，价格均为R$68，可以品尝到虾、青口贝、墨鱼等。海鲜烩饭可以点单人份，价格为R$59～。

住 Av. Oceânica 814，Barra
☎ （071）3247-2577
营 周一～周四 11:00～24:00、周五·周六 11:00～次日 1:00、周日 11:00～19:00
休 无休
CC A D M V

海岸地区

叶玛亚
Yemanjá

Map p.227

◆旅游局推荐的一家巴伊亚风味餐厅，周末格外火爆。人气菜是虾类海鲜烩饭 Moqueca de Camarão，类似于巴伊亚版的普鲁旺斯鱼汤。餐厅距离市中心和巴拉海岸较远，建议乘出租车前往（单程 R$30～40）。人均预算 R$50 左右。

住 Av. Otávio Mangabeira 4661，Jardim Armação
☎ （071）3461-9010
URL www.restauranteyemanja.com.br
营 11:30～24:00
休 无休 CC A D J M V

萨尔瓦多的商店
Shop

欧罗敦之家
Casa do Olodum

Map p.230-B2

◆曾与迈克尔·杰克逊共同录制过音乐录影带、萨尔瓦多最具代表性的鼓乐队——欧罗敦鼓乐队的官方商店。在音乐录影带中迈克尔也曾穿过的、以和平符号为元素设计的T恤价格为R$50，女士吊带背心R$40等，非常适合作为纪念品。项链、手环等小饰品种类也丰富多彩。

住 R. Gregório de Matos 22，Pelourinho
☎ （071）3321-5010
营 9:00～18:00
休 无休
CC M V

保罗巴西
Pau Brasilis

Map p.230-B2

◆以巴西国旗和巴伊亚特色为元素，有着各式各样、五颜六色的肯加（一大块整布），价格R$50～。使用椰子、贝壳等天然素材制作而成的项链、耳环等饰品简单朴素，充满设计感，价格为R$20～。除了市中心外，还有2家分店。

住 Terreiro de Jesus 9，Pelourinho
☎ （071）3322-9895
营 9:00～19:00
休 无休
CC A D J M V

238

COLUMN 非裔巴西人的宗教——坎东布雷

巴西 ● 巴西东部 萨尔瓦多

坎东布雷教 Candomblé 是 16~19 世纪，巴西作为葡萄牙殖民地期间在被带到这里的黑人奴隶们中间诞生的一种宗教。他们避开了那些迫使人们信奉基督教的葡萄牙统治者，在西非宗教的影响下独自发展，自成一派。通过打击乐器和舞蹈进行坎东布雷教的仪式，以此来呼唤奥利夏神的降临。坎东布雷教中有 15 位奥利夏神拥有着可以撼动自然的力量。

仪式上，奥利夏神下凡，人们在恍惚的状态下跳着舞

欧罗敦 Oludum：
主神

欧夏拉 Oxalá：
欧罗敦的儿子，创造了人类，掌管创造力的主神。颜色为天空的淡蓝色。周五之神。

夏贡 Xangô：
雷、闪电、火之神，仲裁之神。红棕色。周三之神。

欧夏吉亚姆 Oxaguiam：
和平之神。白色。周五之神。变老后会成为欧夏露法 Oxalufã。

欧修姆 Oxum：
水、金之女神。掌管女性的美丽（姿容、声音、言谈举止）。金黄色。周六之神。

伊安萨 Iansã：
风、雨之女神。颜色以红色为主。周三之神。

叶玛亚 Yemanjá：
水神、死神、海神。欧夏拉神的妻子。蓝色。周六之神。

欧夏马雷 Oxumaré：
雨神、彩虹之神。标志是连接天空和土地的蛇。颜色为黄、黑、淡绿色相间。周二之神。

尤阿 Eua：
和欧夏马雷为夫妻。雨神、彩虹之神。颜色以深红色为主。周二之神。

奥巴 Obá：
爱神。粉色。

娜娜 Nanã：
水神、死神。最年长的女神。以淡紫色为主。周一和周六之神。

奥古姆 Ogum：
斗神。标志是一把铁剑。颜色为蓝绿色。周二之神。

欧夏西 Oxóssi：
狩猎和森林之神。标志是弓矢。颜色以淡蓝

色和淡绿色为主。周四之神。

欧莫雷 Omolu：
瘟神。身披蓑衣。黑白色。周一之神。

艾休 Exu：
连接人间与神界的使者。也是掌管财欲、性欲的神。颜色为红色和黑色。周一之神。

前往广场

坎东布雷教的宗教仪式起源于非洲，原本原则上是禁止对外公开的，但近些年来也有一些公开的仪式举行。不过仪式必须要在指定的日期和场地（广场 Terreiro）上进行。正式表演不会在路上进行。会有人故意提出"想看坎东布雷教吗"这样的邀请，但都是欺骗不知情的游客的，注意不要上当受骗。

如果想观看正宗的坎东布雷仪式，最保险的办法就是去旅行社咨询。仪式大概一周举行一回，所以到达萨尔瓦多后建议立刻收集信息。广场大多远离市区，不要独自打车前往，最好参团或找导游陪同。

另外，在米格尔桑塔纳剧院（→ p.232）、克里塞乌饕厅（→ p.237）也可以观看到坎东布雷的表演，演出会有身穿独特服装的祭司，以及身着巴伊亚传统服饰的女性进行舞蹈表演，非常精彩。除了坎东布雷外，还有桑巴、卡波耶拉（→ p.231）、马库雷磊、巴伊亚桑巴等，同样充满看点。马库雷磊是一种挥舞棍棒的战舞，伴随着鼓点敲击棍棒发出响亮的声音，并且会做出许多表演性的动作，熟练的表演者会将眼睛蒙起来，然后用刀进行表演。而巴伊亚桑巴是在庆典时进行的一种轮圈舞蹈。所有参与者围成一圈，在吉他、手鼓、小刀、器皿、空罐、手拍等的节奏下，圆圈中央会有一个人独舞，然后身体碰撞到的下一个人来到中央继续跳舞。灵巧的脚步动作令人印象深刻。

239

Brasil

巴西东部

塞古鲁港 *Porto Seguro*

MAP ▶ p.40-C3
长途区号 ▶ 073
（拨打电话的方法→p.42）
US$1 ≈ R$3.89
≈ 6.89元

INFORMATION

旅游咨询处
MAP p.242-B2
住 Av. Portugal 350
☎（073）3012-8114
URL www.portoseguotur.com
营 8:00~18:00
休 周末

主要航空公司
南美航空 LATAM
机场办公室
☎（073）3288-5014
戈尔航空 Gol
机场办公室
☎（073）3162-1031/1032
阿苏尔航空 Azul
机场办公室
☎（073）3268-1766

塞古鲁港机场
MAP p.242-A1
住 Estrada do Aeroporto, s/n Cidade Alta
☎（073）3288-1880

乘坐梯上下飞机

巴西的发祥地，港口城市塞古鲁港

塞古鲁港是一座人口仅有14万左右的小港口城市，但却是巴西的发祥地。1500年4月22日，葡萄牙航海家佩德罗·阿尔瓦雷斯·卡布拉尔在第二次远征印度的途中，登陆了如今的塞古鲁港北侧。卡布拉尔一开始还错误地以为这片新大陆只是一座岛屿，根据1494年制定的《托尔德西里亚斯条约》，他新发现的这片大陆成为了葡萄牙的领地。

此后，在可以俯瞰海岸的高地上，修建起了巴西最古老的居民区，还有教堂、海军侦察所等设施。如今，在这片被称作历史地区的土地上，当年的教堂、纪念碑还都静静地矗立着。从这里眺望大西洋，大概就能理解为什么塞古鲁港在葡萄牙语中意为"安全的港口"了。

因为这里距离里约热内卢、圣保罗等大城市较近，在20世纪80年代初期，作为海滩度假地格外引人关注。如今依靠其美丽的自然风光和亲和力，成为了在年轻人之间人气极高的观光胜地。

前往塞古鲁港的交通方式

飞机

塞古鲁港机场 Aeroporto de Porto Seguro（BPS）与圣保罗之间有直飞航班，每天4班，所需时间约1小时50分钟，运营的航空公司有南美航空和戈尔航空公司。与里约热内卢之间每周约有3班直飞航班，所需时间约1小时35分钟，由戈尔航空运营。此外与贝洛奥里藏特的孔芬斯国际机场也有直飞航班通航，一周6班，所需时间约1小时15分钟。

● **从机场前往市区**

机场与长途巴士总站相距3公里。前往市区的话，可以出机场后乘坐出租车或酒店的接驳班车。乘出租车的话，车费是按里程计算，到市区大概需要R$20~。步行的话需要走30分钟左右的下坡路。

240

长途巴士

从里约热内卢出发，每天有 2 班 Gontijo 公司运营的巴士，全程需要约 19 小时 30 分钟。圣保罗每天 1 班，所需时间 26~27 小时。此外，萨尔瓦多、巴西利亚也有巴士往返。

● **从长途巴士总站前往市区**

长途巴士总站位于市区以西约 2 公里的高地上。前往市区的话，从位于环形交叉路的巴士站乘坐当地巴士即可，需要 10 分钟左右，价格为 R$2.9。或者沿枢纽站背面左侧的坡道向下走 1 公里，然后步行 10~15 分钟，走出环形交叉路，然后右转便是繁华的大街。

塞古鲁港　漫　步

城市漫步的中心是市区南北走向的 4 月 22 日大道 Av. 22 de Abril。沿这条道向北即可到达"北海岸地区"。一直向南，便会走进格图里奥瓦尔加斯大道 Av. Getúlio Vargas，这里有许多精致的小店，继续向前便是布拉赫姆河 Rio Buranhém 岸边的船坞码头。市中心有很多纪念品商店，餐饮店、中高档酒店也集中于此。城

市面积不大，1 天之内就可以游览完大部分景点。早上可以参加天然泳池的浮潜游，然后再到历史城区散步观光。在山丘上饱览大西洋的风景后，在黄昏时分可以到民间工艺品市场逛一逛。

北海岸地区有着绵延 25 公里的美丽海滩。人气较高的是距离市中心约 7 公里的塔佩拉普安海岸 Praia de Taperapuan 和里奥满古斯海岸 Praia du Rio dos Mangues。海岸边有许多优雅的酒店、度假气氛浓郁的餐厅、迪斯科餐厅等。

另外，从市区渡过布拉赫姆河，便是精致的海边度假小镇阿拉亚尔达茹达，还有往返干特兰科苏的巴士。如果想远离喧嚣，悠闲度假的话，可以到市中心更靠南、北的海滩。

面朝大西洋的市区海岸线

出租车价格
起步价 R$5。按里程计费，周一~周五 6:01~19:59，周六 6:01~14:59 为 Bandeira1，每公里加收 R$4.8。其余时间段为 Bandeira2，每公里加收 R$6.4。

长途巴士总站
MAP p.242-A1
Estrada p/ Aeroporto 56
☎ (073) 3288-1039

南国风格的长途巴士总站。不提供地图

租车
塞古鲁港的交通不复杂，在这里开车并不困难。前往北海滩也比较方便。机场有各家公司的柜台，10:00~19:00 营业。

市中心码头周边

历史街区内，可以放心地跟身穿民族服饰的女性合影留念

前往北海岸地区的交通方式
从长途巴士总站或者格图里奥瓦尔加斯大道与 4 月 22 日大道交会处的巴士站，乘坐开往海滩方向的当地巴士。道路上会标示出各个海滩的名称，十分方便。上车后可以坐在车辆前进方向的右侧，看到自己要去的海滩名称后再下车即可。

巴西　● 巴西东部　塞古鲁港

241

前往历史地区的交通方法

H 贝斯特韦斯特夏利玛普拉亚酒店（→ p.244）和 Estátua de Cabral 圆形广场之间有一段延伸出去的平缓台阶，从这里向上爬 10 分钟左右即可到达。

震撼人心的美丽全景

塞古鲁港博物馆

MAP p.242-B1
住 Av. Beira Mar 800, Orla Norte
☎ (073) 3268-2586
⏰ 9:00～17:00
休 周一　R$6

规模不大，但亮点颇多

塞古鲁港 主要景点

历史城区
Cidade Histórica

Map p.242-B1

卡布拉尔登陆 3 年后，也就是 1503 年，贡萨洛·卡瓦略率领远征军终于抵达了这里，并在高地上建造了一座要塞，可以监视大西洋海面上的一举一动。当年建造的纪念碑现在依然矗立于此，看守着汪洋大海。

右边是建于 1530 年的米塞利科尔迪亚真主教堂，左边是塞古鲁港博物馆

如今，平整的土地上建造了一座小型广场，以此为中心，是巴西最古老的教堂之一的米塞利科尔迪亚真主教堂 Igreja de Nossa Senhora da Misericórdia、保存有圣弗朗西斯科像的佩娜真主教堂 Igreja Matriz de Nossa Senhora da Pena、塞古鲁港博物馆 Museu de Porto Seguro、要塞遗迹等。周边有一些商店，但是跟市区相比要安静许多，令人不由得将思绪移到了数世纪以前。

塞古鲁港 Porto Seguro (Map)

- 历史城区 Cidade Histórica
- 米塞利科尔迪亚真主教堂 Igreja de Nossa Senhora da Misericórdia
- 长途巴士总站
- 佩娜真主教堂 Igreja Matriz de Nossa Senhora da Pena
- 塞古鲁港博物馆 Museu de Porto Seguro
- 贝斯特韦斯特夏利玛普拉亚酒店 Best Western Shalimar Praia
- 贝姆巴西酒店 Hotel Bem Brasil
- 维拉维尔德酒店 Vale Verde
- 科斯塔维尔德酒店 Hotel Costa Verde
- 塞古鲁港机场 Aeroporto de Porto Seguro
- 普拉亚布里萨酒店 Brisa da Praia Hotel
- 塔佩拉普安海岸酒店 Taperapuan Praia Hotel
- 阿谢莫伊 Axé Moi
- 托阿托阿 TôaTôa
- 前往北海岸地区、圣克鲁斯卡布拉利亚
- 前往天然泳池 Recife de Fora
- 比萨利亚阿莫米奥 Pizzaria Amormio
- 圣路易斯酒店 Pousada São Luiz
- 皮拉塔港餐厅 Pirata do Porto
- 前往北海岸的巴士站
- 前往天然泳池的船坞码头
- 民间工艺品市场 Passarela do Álcool
- Rio Buranhém 布拉赫姆河
- 码头
- 前往阿拉伊亚尔达茹达 Arraial d'Ajuda（5公里）、特兰科苏 Trancoso（31公里）、玛塔哈莉酒店 Pousada Matahari

天然泳池
Recife de Fora

Map p.242-B1 外

塞古鲁港所在海域的珊瑚礁岛上 Recife de Fora 有一个天然的泳池，可以体验浮潜的乐趣。如果想来这里，可以选择参加私人旅行社的游船之旅。一般在 7:00~12:30，从市中心的码头都有出发前往岛屿的船只。游玩时间 2 小时 20 分钟~4 小时。有些行程线路可以租赁浮潜道具。价格在 R$130 左右。

市中心的码头。市内有许多家小旅行社，都有前往天然泳池的线路

民间工艺品市场
Passarela do Álcool

Map p.242-B2

市中心奥库大道 Passarela de Álcoo 周边，每晚都会举办手工艺品的市场。出售木质雕刻的餐具、用一种名为"卡宾多拉多"的黄金草制作的首饰等的摊贩密密麻麻挤在广场上，充满乐趣。这一带还有许多酒吧、餐厅，晚上还有现场乐队表演，深受年轻人喜爱。

每一聚都充满个性，价格相对较贵

民间工艺品市场
举办时间为 18:00~24:00。旅游淡季时，民间工艺品市场和餐厅都会提前结束营业。

塞古鲁港 郊区小镇与景点

阿拉亚尔达茹达
Arraial d'Ajuda

Map p.242-B2 外

塞古鲁港市中心以南 5 公里的高地便是阿拉亚尔达茹达，小镇距离海岸只有 800 米的距离，以 1549 年建立的达加远真主教堂 Igreja de Nossa Senhora d'Ajuda 为中心建设。这里有许多家住宿酒店、各种个性时尚小店，如今已成为了一座度假村庄。尤其到了狂欢节和 8 月的巡礼时期，许多游客都会造访这里。海滩上有许多椰子树，被珊瑚礁守护的大海也十分美丽。

建于高地上的教堂

前往阿拉亚尔达茹达的交通方式
从塞古鲁港城区南面的搭船点出发，前往对岸大约 10 分钟时间。如果您选择搭乘托运汽车的船只，则无须额外支付本人的乘船费。船只的运营时间是 6:50~18:45，到了对岸后搭乘每 30 分钟一班的巴士，乘坐约 20 分钟左右便可以抵达村子，车费 R$2.9。

对岸的码头。渡船也是当地人出行的必要交通工具

特兰科苏
Trancoso

Map p.242-B2 外

塞古鲁港南部 31 公里的度假地。小镇以 1656 年耶稣信徒建造的圣约翰教堂 Igreja de São João Batista 为中心建设发展。到 20 世纪 70 年代之前，这里还是一个朴素的渔村，近年来，作为自然风光保护良好的人气海滩度假村发展起来，吸引了众多旅游爱好者的目光。

小镇气氛令人感到舒服，夸德拉多 Quadrado 广场上建有许多教堂和餐厅等建筑。广场下面是一片广阔的红树林，有许多人在这里休闲放松。

延缓坡向下走 15 分钟即可到达海滩

前往特兰科苏的交通方法
在布拉赫姆河渡轮码头所在地，乘坐前往特兰科苏方向的巴士即可，该线路还途经阿拉亚尔达茹达。价格为 R$8~。

被椰子树和红树林覆盖的特兰科苏海滩

前往特兰科苏地区的巴士

巴西

巴西东部 塞古鲁港

243

塞古鲁港的酒店
Hotel

市中心地区

贝斯特韦斯特夏利玛普拉亚酒店
Best Western Shalimar Praia Hotel 　高档酒店

Map p.242-B1

◆酒店位于贝伊拉马尔大道，所有客房配备空调、迷你吧等设施。酒店泳池带有瀑布，晚上有灯光照明。庭院里不时还会有猕猴造访。

- 住 Av. Beira Mar 1, Praia do Cruzeiro
- Free 0800-073-7878
- ☎ (073) 3288-7000
- URL www.shalimar.com.br
- 费 ⓈⓌ R$255~
- CC ADJMV　房间数 122 间

维拉维尔德酒店
Hotel Vale Verde 　经济型酒店

Map p.242-B1

◆距离海岸步行约10分钟，中途有一家超市。客房布置较为简单，但价格划算，各种基础设施齐备。前台可以预约各种旅游线路。该集团旗下还有多家酒店位于北海岸和市内地区。

- 住 Av. Dos Navegantes 679, Centro
- ☎ (073) 3288-2718
- URL www.hoteisvaleverde.com.br
- 费 ⓈⓌ R$100~
- CC ADMV
- 房间数 50 间

圣路易斯酒店
Pousada São Luiz 　经济型酒店

Map p.242-B1

◆位于4月22日大道上，周围有许多餐厅和商店。客房前有吊床，庭院带有泳池，整体宽敞舒适。所有客房都带有冰箱。

- 住 Av. 22 de Abril 329, Centro
- ☎ (073) 3288-2238
- URL www.pousadasaoluiz.com.br
- 费 ⓈⓌ R$95~
- CC DMV
- 房间数 24 间

贝姆巴西酒店
Hotel Bem Brasil 　中档酒店

Map p.242-B1

◆位于4月22日大道上，酒店共有2层。公寓式酒店，庭院内带有一个小型泳池。客房铺设有瓷砖、空调、冰箱等设施完善。

- 住 Av. 22 de Abril 343, Centro
- ☎ (073) 3288-2532
- URL www.hotelbembrasil.com.br
- 费 ⓈⓌ R$100~
- CC ADMV
- 房间数 33 间

科斯塔维尔德酒店
Hotel Costa Verde 　经济型酒店

Map p.242-B1

◆酒店规模不大，距离奥库大道仅400米，地理位置绝佳。与维拉维尔德酒店属于同一集团旗下，这家酒店的性价比相对更高。前台24小时服务，可以预约旅游线路。

- 住 Av. Navegantes 63, Centro
- ☎ (073) 3288-2145
- 费 ⓈⓌ R$100~
- CC ADMV
- 房间数 26 间

北海岸地区

塔佩拉普安海岸酒店
Taperapuan Praia Hotel 　中档酒店

Map p.242-B1 外

◆距离市区约6公里。面朝塔佩拉普安海岸的一家三星级酒店，规模不大。室内配备有空调、迷你吧、保险箱等，私人阳台上还装有吊床。酒店内有泳池、餐厅、桑拿。

- 住 Av. Beira Mar 5299, Praia de Taperapuan
- ☎ (073) 3679-2449
- URL www.taperapuanpraiahotel.com.br
- 费 ⓈⓌ R$160~
- CC DMV
- 房间数 32 间

酒店客房设备：带浴缸　带电视　带电话　可上网　含早餐

普拉亚布里萨酒店
Brisa da Praia Hotel　　高档酒店

Map p.242-B1 外

住 Av. Beira Mar 1860, Praia de Taperapuan
☎ (073) 3288-8600
URL www.brisadapraia.com.br
费 Ⓢ Ⓦ R$210~
CC ＡＤＭＶ
房间数 152 间

◆塔佩拉普安海岸上占地面积巨大的度假酒店。酒店前就是迪斯科餐厅托阿托阿。泳池旁有桑拿、按摩室、餐厅等设施，非常齐全。客房内空调、冰箱等设备也十分齐整，入住起来舒适便利。早餐提供丰盛的自助餐。

其他地区

玛塔哈莉酒店
Pousada Matahari　　中档酒店

Map p.242-B2 外

住 R. Manoel Alves dos Santos（R.Nova）34
☎ (073) 3575-1249
URL pousadamatahari.com.br
费 Ⓢ Ⓦ R$213~
CC ＭＶ
房间数 11 间

◆阿拉亚尔达茹达地区内，一家少有的亚洲风格酒店。酒店外观类似一栋大别墅，内部有泳池、BBQ区。客房为现代的装修风格，配备有冰箱、空调。前台会讲英语。酒店距离海边仅700米。

塞古鲁港的餐厅
Restaurant

比萨利亚阿莫米奥
Pizzaria Amormio

Map p.242-B1

住 Av. 22 de Abril 329, Centro
☎ (073) 3288-1811
营 17:00~次日 2:00
休 无休
CC ＡＭＶ

◆位于4月22日大道。餐厅共有20多种比萨，普通尺寸的足够2人享用。1份比萨大约R$30~。一人份比萨Cones Pizzas是圆锥形，价格为R$13.9~。均可选择外带。此外还有千层面、通心粉等意面可供选择，价格为R$23.9~。

皮拉塔港餐厅
Pirata do Porto

Map p.242-B2

住 R. do Golfo 31
☎ (073) 3288-4075
营 12:00~22.00
休 无休
CC ＡＤＭＶ

◆市中心一家人气颇高的海鲜餐厅。炸虾略辛辣，但是非常有弹性，油炸鱼肉饼的肉也非常厚实，还有各种新鲜的海鲜菜肴等待你来品尝。鱼汤格外美味。2人的价格约为R$50~。

塞古鲁港的迪斯科

塞古鲁港是年轻人的聚集地，这里必然也少不了音乐。到了夜晚，市中心海岸前的露天餐厅都会有乐队进行现场演出。其中人气最高的是北海岸海滩上的各家迪斯科餐厅。伴随着一种经过编排的名为阿谢Axe的桑巴舞蹈音乐，早上就可以跳起舞来。入场费为R$20~。舞台上的歌手、舞者会将观众们的热情推向高潮，旅游淡季期间，周末也有可能休息，如在这一段时间前往的话，一定提前确认。

Axé Moi
阿谢莫伊　MAP p.242-B1 外
住 Av. Beira Mar 6500, Praia de Taperapuan
☎ (073) 3679-3237
URL www.axemoi.com.br

Tôa Tôa
托阿托阿　MAP p.242-B1 外
住 Av.Beira Mar, Praia de Taperapuan
☎ (073) 3679-1714
URL www.portaltoatoa.com.br

最有名的阿谢莫伊，旺季时经常满座

巴西

●巴西东部
塞古鲁港

245

Brasil

巴西东部

马塞约 *Maceió*

马塞约 ★
巴西利亚

MAP ▶ p.40-C2
长途区号 ▶ **082**
（拨打电话的方法 → p.42）
US$1 ≈ R$3.89
≈ 6.89 元

INFORMATION

旅游咨询处（CAT）
URL www.maceio.al.gov.br/turismo/
机场内
☎ (082) 3036-5313
🕒 24 小时　休 无休

长途巴士总站
MAP p.248-A1
住 Av. Leste-Oeste Feitosa
🕒 8:00~17:00　休 无休

帕尤卡拉海岸
MAP p.248-B2
住 Av. Dr. Antônio Gouveia 952
🕒 8:00~19:00　休 无休

换汇
　彭塔维尔德海岸 Praia da Ponta Verde、市区等多处都有巴西银行 Banco do Brasil。

主要航空公司
南美航空　LATAM
机场内
☎ 0300-570-5700（呼叫中心）
🕒 周日~周五 10:30~16:00、
　　　　　　17:00~21:40
　周六　　　10:00~17:00
休 无休
市区
MAP p.248-B2
住 Av. Dr. Antonio Gomes de Barros 625
☎ (082) 3316-4742
🕒 周一~周五　9:00~18:00
　周六　　　　9:00~13:00
休 周日

马塞约棕榈城国际机场
MAP p.248-A1 外
住 Rodovia BR 104、Km 91、Tebuleiro do Pinto、Rio Largo
☎ (082) 3036-5200

马塞约的特色帆船

　马塞约是阿拉戈斯州首府，是一座拥有 100 万人口的大城市。地理位置上位于萨尔瓦多以北、累西腓南侧，与两座城市分别相距约 632 公里和 285 公里，靠近大西洋海岸。

　马塞约盛产砂糖，过去作为砂糖运输船港口繁荣发展起来。如今我们所看到的城市样貌，其实是从 1673 年开始规划建设的，当时葡萄牙人为了防止巴西红木的秘密输送，并想将其据为己有，特意在雅拉瓜的港口建筑了要塞。到了 19 世纪，以砂糖为主的农作物、调味料等产品的出口规模逐渐扩大，马塞约也从一个小村庄开始向城市发展起来。

　历史不断流转，始终不变的是这里碧绿的海水。而东北地区的单布帆船更为这片海域增添了独特的风情。各色的帆船在海上穿梭，也造就了马塞约这座别样的度假地。这里远离了都市的喧嚣，各个地方都令人感到舒适放松，十分治愈人心。在忙碌的旅途中，不如选择在这里稍作停留，感受这座城市的美好。

◎ 前往马塞约的交通方式

飞机

　与里约热内卢、圣保罗、巴西利亚均有直飞航班（→ p.52）。哥伦比亚航空公司还开通了萨尔瓦多与马塞约的航线，每天 1 班，飞行时间大约为 1 小时 10 分钟。

　马塞约的机场为棕榈城国际机场 Aeroporto Internacional Zumbi dos Palmares（MCZ）。

● **从机场前往市区**

棕榈城国际机场位于市中心以北 23 公里处。从机场可以乘坐出租车，或者标有"Aeroporto-Centro"的巴士。从机场乘出租车到市区需要 R$70~，用时 30 分钟左右。

长途巴士

国内各个主要城市都有长途巴士到达马塞约。从圣保罗出发，每天有 4 班，车程为 42 小时 50 分钟。从里约热内卢出发，每天 1 班，需要约 39 小时 15 分钟。从累西腓出发，由 Catedral Turismo 公司运营的巴士每天 7~9 班开往马塞约，所需时间约 5 小时。从萨尔瓦多出发，每天 4~6 班，所需时间约 11 小时 30 分钟。

长途巴士总站

● **从长途巴士总站前往市区**

长途巴士总站 Estação Papa João Paulo II 位于市中心以北约 5 公里的地方。从正门出口出来后向右走，进入前往市区的巴士总站，乘坐标有"Centro"的巴士即可。如果前往帕尤卡拉海岸、彭塔维尔德海岸可以乘坐 Circular 1、Pajuçara、Ponta Verde 巴士。巴士运营时间为 5:00~23:00，价格为 R$2.75。乘出租车到市中心的话需要 10 分钟左右，价格为 R$15~。到帕尤卡拉海岸、彭塔维尔德海岸需要 R$20~25。

晚上的市中心

马塞约 漫步

从市区北侧往西南方向走，可以看到克鲁斯阿尔马斯海岸 Paria da Cruz das Almas、贾蒂尤卡海岸 Praia de Jatiúca、帕尤卡拉海岸、彭塔维尔德海岸、阿维尼达海岸 Praia da Avenida、索布拉尔海岸 Praia do Sobral，连绵不断的海滩景色美不胜收。其中距离市区最近的是索布拉尔海岸，但是水质一般，如果想要更好的海滩体验，可以考虑帕尤卡拉海岸或者彭塔维尔德海岸。这一带的海岸边上建有许多度假酒店、餐厅、酒吧等，还有足球场、公园等设施，令人身心放松。海岸上还有木雕装饰品以及人物雕像等，纪念品商店也是随处可见。

长途巴士总站
MAP p.248-A1
Rd. João Paulo 11, s/n Feitosa
☎ (082) 3221-4615
URL onibuz.com/rodoviaria-de-maceio/

巴西

巴西东部 马塞约

游客众多、热闹非凡的帕尤卡拉海岸

在海岸边悠闲漫步

品尝马塞约当地美食——木薯粉煎饼

COLUMN 马塞约的大众美食——木薯粉煎饼

沿着马塞约海岸大道漫步，一定会被摊贩们出售的白色可丽饼状的食物所吸引。这是在铁板上烤制而成的木薯饼。饼皮很薄，上面会加香蕉、椰子、奶酪、火腿等，然后对折即可享用。1 张饼的价格是 R$15~，口感酥脆，里面十分黏糯。到了晚上，贾蒂尤卡海岸、克鲁斯阿尔马斯海岸都有许多店家，一定要去尝尝。

还可以加牛奶酱或巧克力酱

247

市区南侧是彭塔尔巴拉村,这里的蕾丝编织品非常有名。还有美丽、天然的弗朗西斯海岸,以及面朝海岸的巴拉圣米格尔村等,都非常值得一去。乘坐当地的巴士就可以到达这些郊外的海滩和渔村,但是班次不多,略有不便。可以选择到旅行社或酒店报名一日游(约 R$30~),3~4 人的话还可以选择包一台出租车(约 R$100~)。

马塞约 主要景点

帕尤卡拉海岸和天然泳池
Praia de Pajuçara, Piscina Natural

Map p.248-B2

马塞约众多海滩中,最好的一个当属帕尤卡拉海岸。海岸边建有酒店、餐厅、酒吧等设施,极具度假气氛。海岸大道向北的一条街道上有多家性价比不错的酒店,价格较低,环境也很舒适。

夜晚海岸边的酒吧里都有现场音乐表演,包括爵士、MPB、摇滚等,去各家酒吧都坐一坐,享受音乐的乐趣和友

天然泳池
可以乘坐帆船前往,一人 R$30 左右。

在天然泳池中寻觅鱼儿的踪迹

乘坐帆船到天然泳池大概需要15分钟

好的气氛吧。

另外,距离海滩 2 公里的海面上,是由珊瑚礁形成的天然泳池 Piscina Natural,可以进行浮潜。旅游咨询处附近的海滩上有售票处,可以参加前往天然泳池的帆船之旅,船夫会引领你走到船边。出发时间根据当天的潮汐情况而定,一定提前确认。

彭塔尔巴拉村　Map p.248-A2外
Pontal da Barra

彭塔尔巴拉村距离市中心有 15 分钟的车程,是一个简朴的渔村。面朝美丽的海湾,周边还有宁静的湖泊、天然泳池,以及珊瑚礁岛屿等,可以参加这里出发的游船之旅,参观美丽的曼道湖 Lagoa Mandau 和周边 9 个岛屿。

另外,有不少游客来到这里是为了便宜又好吃的海鲜。有许多家餐厅都是现做生虾和螃蟹,非常新鲜。

此外,这座村子的手工蕾丝编织品和刺绣非常出名,广场附近有很多商店出售。

马雷夏尔德尔多尔　Map p.248-A2外
Marechal Deodoro

马雷夏尔德尔多尔位于马塞约市中心西南方向约 33 公里的地方,从 1823 年开始的 16 年时间里曾是阿拉戈斯州的首府,是一座历史悠久的小镇。如今镇上约有 5 万人,以 17 世纪末建造的圣弗朗西斯科教堂为代表,还有多个古代教堂以及街道都保存良好,很有参观价值。

弗朗西斯海岸　Map p.248-A2外
Praia do Francês

位于市区以南约 24 公里的美丽海滩。海岸边是一排酒吧和餐厅,周末马塞约当地市民,以及其他城市、其他国家的游客都会造访这里,格外热闹。白色的沙滩上,架着五颜六色的遮阳伞,与蔚蓝的海水形成美妙的对比。另外还可以体验小型飞机、水上摩托艇、独木舟、冲浪等许多娱乐项目。住宿设施从度假酒店到经济型酒店都有,能满足不同人群的需求。

来到海滩休闲娱乐的当地居民们

巴拉桑托安东尼奥　Map p.248-B1外
Barra de Santo Antônio

位于马塞约北部约 41 公里的宁静渔村。村庄东侧架有一座桥,从这里可以前往克罗岛 Ilha da Croa。浅滩、茂密的椰子树形成的海滩,无论何处都充满了宁静祥和的气氛。

巴西

● 巴西东部

马塞约

部分商店会出售现场制作的刺绣

前往马雷夏尔德尔多尔的交通方式

从市区乘坐开往 Marechal Deodoro 方向的巴士,需要 40 分钟。

前往马雷夏尔德尔多尔的巴士

前往弗朗西斯海岸的交通方式

从市区乘坐开往 Marechal Deodoro 方向的巴士,需要 45 分钟。

前往巴拉桑托安东尼奥的交通方式

从市区乘坐开往 Paripueira 方向的巴士,在终点 Ponto Inicial 下车。所需时间 1 小时 30 分钟。因为巴拉桑托安东尼奥目前还没有开通巴士线路,所以需要再乘出租车前往。

正在修理船只的当地人

249

马塞约的酒店
Hotel

贝斯特韦斯特优质酒店
Best Western Premier Maceió 高档酒店

◆帕尤卡拉海岸上一家大型连锁五星级酒店。海滩位于酒店前，视野开阔，地理位置绝佳，顶层有泳池、健身房、桑拿，设施完善。

Map p.248-B2
住 Av. Dr. Antônio Gouveia 925
☎ (082) 3023-8100
URL www.bwpremiermaceio.com.br
费 ⓈⓌR$296.4~
CC ADMV
房间数 195 间

松原酒店
Matsubara Hotel Maceió 中档酒店

◆面朝克鲁斯阿尔马斯海岸的一家四星级酒店。客房内饰简洁，部分客房带有阳台。设有水上乐园。

Map p.248-B1
住 Av. Brigadeiro Eduardo Gomes 1551
☎ (082) 3214-3000
URL matsubaramaceio.com.br
费 ⓈⓌR$225~
CC ADMV
房间数 115 间

雷马快捷酒店
Reymar Express 中档酒店

◆克鲁斯阿尔马斯海岸前的一家酒店。所有客房都带有空调、电视、迷你吧，透过窗户就能够看到大海。设有健身中心。

Map p.248-B1
住 R. Marechal Mascarenhas de Moraes 20
☎ (082) 3217-1013
URL www.reymar.com.br
费 ⓈR$146.8~、ⓌR$162.79~
CC ADMV
房间数 120 间

拉古纳普拉亚酒店
Laguna Praia Hotel 中档酒店

◆步行到帕尤卡拉海岸仅需 3 分钟左右。酒店设施齐整，前台的接待也十分到位。客房内有 Wi-Fi。

Map p.248-B2
住 R. Jangadeiros Alagoanos 1231, Pajuçara
☎ (082) 3231-6180
费 ⓈR$143~ⓌR$161~
CC AMV
房间数 35 间

马塞约的餐厅
Restaurant

帝王科迈罗
Imperador dos Camarões

◆安东尼奥戈韦亚大道上的一家餐厅。菜单是以海鲜为主，多达 130 余种，还有烩饭、意面，人均预算为 R$50~。提供酒店接送服务。

Map p.248-B2
住 Av. Dr. Antônio Gouveia 607, Praia de Pajuçara ☎ (082) 3231-4134
URL www.imperadordoscamaroes.com.br
营 11:30~23:30
休 无休 CC AMV

塔克
Také

◆一家日式餐厅，这里从早到晚人满为患，非常热闹。主要以寿司为主，味道偏甜，种类丰富。中午的自助餐价格为 R$64.9，2 贯寿司的价格为 R$1.65~7。

Map p.248-B1
住 Av. Eng. Paulo Brandão Nogueira 27
☎ (082) 3337-0253
URL restaurantetake.com.br
营 周一~周四 12:00~24:00 周五 12:00~次日 1:00 周六 18:30~次日 1:00 周日 12:00~23:00
休 无休 CC AMV

酒店客房设备： 带浴缸 带电视 带电话 可上网 含早餐

250

巴西东部
累西腓 / 奥林达 *Recife / Olinda*

Brasil

累西腓/奥林达
巴西利亚

巴西

● 巴西东部 马塞约／累西腓／奥林达

MAP ▶ p.40-C2
长途区号 ▶ **081**
（拨打电话的方法→ p.42）
US$1 ≈ **R$3.89**
≈ 6.89 元

奥林达的老城于 1982 年被联合国教科文组织列为世界遗产

　　累西腓是伯南布哥州的首府，也是 2014 年巴西世界杯的举办城市之一。累西腓约有 160 万人口，近代工业发达，但景色也格外美丽，博阿维亚任海岸上的白色沙滩、椰子树密布的海滩度假地都是这里的标志，深受游客喜爱。

　　博阿维亚任海岸以北约 5 公里的地方，是累西腓的老城，也是市中心。从殖民地时期开始，东北部就作为生产砂糖、棉花的贸易港口开始发展起来。17 世纪前半期这里被荷兰占领，如今还残留着许多当时的堡垒和建筑。市区内有很多运河和桥，因此也被称作"巴西的威尼斯"。

　　而奥林达是一座以砂糖贸易繁荣起来的古都。这座城市最初是由葡萄牙入侵者于 1537 年建设的，1630~1654 年的 24 年中又被荷兰占领，因此现在残留着许多葡萄牙和荷兰两国的殖民建筑。如今城市中还保留着 20 多个风格独特、历史悠久的教堂和修道院。葡萄牙教堂更为奢华，使用了大量黄金，并且都建有 2 座塔楼；而相对的，荷兰教堂的建造在黄金的使用上更为节约，并且只有 1 座塔楼。一眼看过去就能分辨出哪些是葡萄牙建筑，哪些是荷兰建筑。石诰道路的两旁建有五颜六色的住房，有红色、黄色、蓝色等。这样多彩的街道主要集中在主教教堂、游客中心周边。

　　奥林达和累西腓的东北部是各种传统音乐的故乡，其中最具代表的当数名为 Flevo 和 Maracatud 的两种音乐。奥林达的狂欢节与里约热内卢、萨尔瓦多的狂欢节齐名，并称巴西三大狂欢节。

累西腓的叫法
　　累西腓在葡萄牙语中读作"黑思腓"。

累西腓的治安信息
　　累西腓是犯罪率很高的城市之一，来这里一定要格外注意安全。市中心有很多流浪汉，经常有小偷和强盗出没。如果被他们搭话，一定要装作没有听到，快速离开。另外，周末大部分的商店都不开门，街道上可能一个人都没有，尽量选择平日出门观光游览。走在路上时，一定注意随身物品，夜间还是乘出租车出门比较安全。

累西腓的博阿维亚任海岸地区是巴西国内首屈一指的海滩度假地

251

累西腓 / 瓜拉拉皮斯·吉尔贝托·弗雷雷国际机场
MAP p.253-A4
住 Praça Ministro Salgado Filho, Imbiribeira
☎ (081) 3355-4353

前往累西腓 / 奥林达的交通方式

累西腓建有机场，与圣保罗、里约热内卢、巴西利亚通航，有直飞航班（→ p.52）。其他城市中，萨尔瓦多各家航空公司合计每天有8~10班，所需时间约1小时15分钟。福塔雷萨每天也有8~10班，飞行时间约1小时10分钟。纳塔尔每天2~3班，所需时间40分钟~1小时。

前往奥林达的话，从累西腓出发即可。

●从机场前往市区

累西腓机场名为累西腓 / 瓜拉拉皮斯·吉尔贝托·弗雷雷国际机场 Aeroporto Internacional do Recife/Guarara-pes-Gilberto Freyre（REC）。机场位于市区以南约10公里，在博阿维亚任海岸地区 Boa Viagem 旁。

从机场乘出租车所需费用
到博阿维亚任海岸地区
金 R$25
累西腓市区
金 R$66
奥林达
金 R$100

上述金额为机场出租车的情况。如果按里程计费可能还会稍微便宜一些。按里程计费的出租车不停靠到达层，需要到出发层寻找。另外，机场出租车的颜色为红白色，普通出租车的颜色为蓝白色。

从机场乘坐本地巴士或者出租车即可到达博阿维亚任海岸地区。有两条巴士线路，一条是042路，车站位于机场到达层出口右侧；还有一条026路，从地铁站出来后就能看到车站。042路巴士的费用为R$3.5、026路为R$3.2。042路为周一~周六运营，需要上车购买一张R$20的预付费卡。

前往累西腓市区可以乘坐地铁。地铁站距离机场有300米的距离，机场二层出发层有专用道路到达地铁站。机场这一站名为机场站 Aeroporto，第七站累西腓站 Recife 便是市区。价格为 R$3.2。此外上述的042路巴士也开往市区。

从机场不能直接前往奥林达，可以到博阿维亚任海岸地区或者市区换乘巴士。详细信息参考→ p.257 边栏。

设施齐全，现代化的瓜拉拉皮斯机场

机场与地铁站相连的专用道路

长途巴士总站
MAP p.253-A2 外
住 Av. Prefeito Avrtonio Pereird s/n
☎ (081) 3452-1704

地铁运营时间
⊙ 5:00~23:00

地铁累西腓站

多彩的奥林达街道

长途巴士

与巴西国内各个主要城市都开通了长途巴士线路。从萨尔瓦多出发，可以乘坐 Kaissara 公司、Expresso Guanabara 公司的巴士，每天2~4班，所需时间14小时。从福塔雷萨出发，每天2班，所需时间27个小时。此外，里约热内卢、圣保罗、巴西利亚、贝伦等地虽然也有长途巴士开往累西腓，但都需要30多个小时。

●从长途巴士枢纽站前往市区

累西腓的长途巴士枢纽站 Terminal Integrado de Passageiros（TIP）位于市区以西15公里处，与开仕市区的地铁罗德维利亚站 Rodoviária 直接相连。按照标识走就能到达地铁站检票口。市区的终点站为累西腓站，乘车时间约30分钟。乘坐出租车的话，费用约为 R$50。部分长途巴士途经机场前的大道。如果需要换乘飞机，在这里下车比较节约时间。

累西腓的长途巴士总站 TIP

252

累西腓/奥林达
Recife / Olinda
N
0
2km
奥林达
Olinda
放大图在p.258
Av. Presidente Kennedy
Av. Pan Nordestina
Av. Sigismundo Gonçalves
Av. Olinda
Av. Agamenon Magalhães
Av. Correa de Brito
Av. Andrade Bezerra
R. Jeronimo Vieira
R. Regeneração
Av. Beberibe
Est. Velha Fria
Av. Prof. José dos Anjos
Av. Norte
R. da Harmonia
Est. do Encanamento
Av. 17 de Agosto
R. Santa'ana
R. Saulo Suassuna
R. José Bonifácio
R. Dr. José Maria
Av. Conselheiro Rosa e Silva
R. do Futuro
Est. de Belém
R. Castro Alves
Av. Conselheiro Portela
R. da Hora
Av. Cruz Cabugá
Av. Norte
R. conde de Irajá
R. dom Manuel da Costa
R. Inácio Monteiro
Av. Caxangá
R. Cons. Teodoro
R. José Osório
R. Real da Torre
Av. Visconde de Albuquerque
R. Joaquim Nabuco
R. Rui Barbosa
Av. Agamenom Magalhães
R. dos Parmares
R. 13 de Maio
Av. Visconde de Suassuna
Av. Mário Melo
R. do Príncipe
R. Princesa Isabel
Av. Aurora
Av. Conde da Boa Vista
Av. Milhar
累西腓市中心
Recife Centro
Av. Rio Branco
Av. Ma. de Olinda
Av. do Forte
Av. San Martin
Av. abdias de Carvalho
R. Carlos Gomes
R. Joaquim da Silva
R. Amssandú
R. de Barão S. Borja
R. José Mariano
R. da Concórdia
Av. Dantas Barreto
前往长途巴士总站
Av. Manoel Gonçalves da Luz
Est. dos Remedios
Benfica
R. dos Coelhos
Recife
Joana Bezerra
Afogados
R. 21 de Abril
Imperial
Sul
R.
Av.
Ipiranga
R. São Miguel
R. Cosme
Largo da Paz
皮娜流域
Bacia do Pina
放大图在p.254
Mangueira
Vana
Av. Eng. Ant. de Goes
里奥马尔
Rio Mar
Imbiribeira
大西洋
OCEANO ATLÂNTICO
Av. Recife
morais (Imbiribeira)
累西腓购物中心
Shopping Recife
普利姆
Plim
Av. Domingos Ferreira
Av. Cons. Aguiar
Av. Boa Viagem
Av. Eng.
R. Blumenau
R. Jamáica
R. Antonio de Albuquerque
R. Jean Emile Favre
Av. Gen. Mc.
Antônio Falcão
Shopping
R. Antônio Falcão
简加德罗酒店
Jangadeiro
R. Félix de Brito
R. Pe. Carapuceiro
累西腓/瓜拉拉皮斯-吉尔贝托·弗雷雷国际机场
Aeroporto Internacional do Recife / Guarara-pes-Gilberto Freyre
Tancredo Neves
Av. Mal. mascarenhas
R. D. José neves
R. dom João VI
Av. Fernando Simões Barbosa
R. Cons. Aguiar
博阿维亚任地区
Boa Viagem
博阿维亚任广场
Praça de Boa Viagem
博阿维亚仕海岸
Praia de Boa Viagem
Aeroporto
R. Sá E Souza
放大图在右侧
R. João Cardoso ayres
Av. Marin Irene
Av. Boa Viagem
Porta Largo
Av. Armindo Moura
Av. Visconde de Jequitinhonha
Monte dos Guararapes
前往彼达迪海岸、坎德亚斯海岸
R. Bruno Veloso
国际皇宫酒店
Internacional Palace
昂达马尔酒店
Onda Mar Hotel
R. Ribeiro de Brito
累西腓博阿维亚任美居酒店
Grand Mercure Recife Boa Viagem
R. Prof. João Nedeiros
Ernesto de Paula Santos
美好旅行酒店
Hotel Enseada Boa Viagem
维拉利卡酒店
Vilarica
Av. Domingos Ferreira
R. Cel. Benedito Chaves
Av. Boa Viagem
博阿维亚任大道
R. Charles Darwin
超市
R. Petrolina
奇卡皮坦加
Chica Pitanga
R. Barão de Souza Leão
Praça de Boa Viagem
马尔酒店
Mar
庞特奥烤肉
Ponteio Churrascaria
亚特兰特广场酒店
Hotel Atlante Plaza
Av. Visconde de Jequitinhonha
0
400m
A
B
1
2
3
4

累西腓/奥林达 漫步

运河、桥梁众多的水之都，累西腓市区

前往历史城区，首先要到以圣何塞市场 Mercado de São José 为中心的圣何塞地区 São José 一窥究竟。这里保留着许多当年的建筑，殖民时期依靠砂糖贸易发家的商贾们的住宅、殖民风格的教堂、广场、城堡要塞遗迹等。其中 16 世纪时作为州政府办公厅建造的荷兰总督府，建于 17 世纪前期、还残留着炮台的辛科庞塔斯城堡 Forte das Cinco Pontas，卡尔穆教堂等，给人留下的印象都格外深刻。这里新旧累西腓的两面性共存，充满活力，快来这里探索一番吧。

位于市区、累西腓的发祥地——零公里柱 Marco Zero

前往海滩的巴士
博阿维亚任海岸
彼达迪海岸
从市区的短途巴士总站 Terminal Cais de Santa Rita 乘坐 601 路标有 "Piedade" 的巴士。
坎德亚斯海岸
从市区的短途巴士总站，乘坐 071 路标有 "Candeias" 的巴士。
各个巴士线路都会沿海岸线行驶，因此从各个海岸地区都可以坐到巴士。博阿维亚任地区的巴士站位于多明戈斯·费雷拉大道 Av. Domingos Ferreira。

博阿维亚任海岸和海滩度假地区

市区往南 5 公里，位于机场附近的博阿维亚任海岸 Praia de Boa Viagem 是累西腓最知名的海滩度假胜地。都市型的海滩上建有许多高档时尚的酒店、餐厅，海岸线十分弯曲，可以眺望到市区的高楼大厦，令人仿佛置身于里约热内卢的伊帕内马海岸。绵延数

度过一段恬静美好的时光

累西腓市中心 Recife Centro 地图

254

公里的海岸上还散落着几个朴素的渔村，可以乘坐帆船使用过去的捕鱼技巧捕捞虾、金枪鱼等。一边欣赏美丽的海岸风景，一边品尝美味的海鲜，这也是累西腓的乐趣之一。推荐这里的虾、海鲜自助等。

如果追求更加简单、朴素的风格，更美丽的大海，可以到博阿维亚任再往南的彼达迪海岸 Praia de Piedade、坎德亚斯海岸 Praia de Candeias 等。

南海岸上是巴西全国知名的珊瑚礁海岸嘎林海斯港 Porto de Galinhas，直译过来的话是鸡港。在黑人奴隶买卖猖獗的过去，从这个港口登陆的黑人们都被叫作"鸡"，这个港口也因此得名。另外北海岸的代表是伊塔马拉卡岛 Ilha de Itamaracá 海岸，从市区乘坐约40分钟巴士即可到达。浅滩附近的小岛，在退潮时大部分都会通过陆地连接起来。

古都奥林达

从累西腓乘坐30分钟巴士即可到达奥林达，其市区的中心是卡尔穆广场 Praça do Carmo。奥林达市内有许多官方或私人的导游，年龄跨度很大，还有部分会讲英语。但有些注意事项请参考右侧栏。

从卡尔穆广场出来后，一般会按照顺序，沿着石板路参观圣弗朗西斯科修道院、主教教堂、利贝拉市场、圣本托修道院。主教教堂后面的主教山丘 Alto da Sé 景色极佳，一定要登高眺望。奥林达名字的由来，据说是首任市长在这座山丘眺望时发出了"奥～琳达（噢，美丽）"这样的感叹，城市因此得名。

从高地眺望奥林达

奥林达的官方导游

走在奥林达的市区内，经常会有穿着黄色Polo衫或者T恤的人向游客展示他们的ID证件。这些人被称作AGTIO，是隶属于奥林达周边儿童救助站的官方导游（持有导游资格证）。这些孩子在救助站中接受导游教育和英语等外文培训，然后作为导游或在其他旅游产业工作，所得收入的一半要上缴给救助站。大部分导游都非常认真负责，讲解也很详细，但会经常索要小费，有些过分。有些导游一开始会说："导游服务费是捐赠给救助站的，按你的心意支付即可。"但当行程结束后，又会说："1小时R$40，3个小时就是R$120"然后让游客付钱。所以一开始就要跟这些导游讲清楚价钱，明确表示不会再付任何额外费用，超过规定价格拒不付款，双方均表示同意后再开始行程。

INFORMATION

❶ 旅游咨询处

伯南布哥州旅游局 Empetur
URL www.empetur.com.br　URL www.pe.gov.br
累西腓市旅游局　URL www.turismonorecife.com.br

机场、博阿维亚任地区、市区这二处都有旅游咨询处。除了提供观光地图外，还可以咨询如何乘坐巴士等问题。

机场内
☎ (081) 3182-8299　🕐 24小时　休 无休
博阿维亚任地区　MAP p.253-B4
☎ (081) 3182-8267　🕐 8:00~20:00　休 无休
累西腓市区　MAP p.254-B2
☎ (081) 3355-3402　🕐 8:00~16:30　休 无休
奥林达旅游局　URL www.olindaturismo.com.br
卡尔穆广场　MAP p.258-B2
☎ (081) 3493-3770　🕐 7:30~13:30　休 周末
市区　MAP p.258-A1
🏠 R. Prudente de Morais 472, Carmo
☎ (081) 3305-1060　🕐 8:00~18:00　休 无休

中华人民共和国驻累西腓总领事馆

🏠 Estrada do Arraial 3139（Esquina Rua Ferreira Lopes）, Casa Amarela, Recife/Pernambuco, CEP: 52051-380
☎ (081) 3049-9500

紧急联络电话

警察 ☎ 190　救护车 ☎ 192　消防 ☎ 193

主要旅行社

卢克维亚根 Luck Viagens
☎ (081) 3366-6222
URL www.luckviagens.com.br

可以报名参加累西腓和奥林达的历史地区一日游，价格为R$59，有多种行程线路可供选择。从国际机场到达口出来后，右侧便是旅行社门市。

累西腓/奥林达　主要景点

累西腓　Recife

共和广场　Map p.254-B1
Praça da República

广场位于圣安东尼奥地区 Sto. Antônio 最北侧，沿运河河岸修建，中心是一座喷泉，步道两旁种植着椰子树，非常美丽。周围有多座威严又好看的建筑物，包括新古典风格的圣塔伊莎贝尔剧院 Teatro Santa Izabel、坎普普林斯萨宫殿 Palácio do Campo das Princesas、法院 Palácio da Justiça 等。

粉色外观的圣塔伊莎贝尔剧院

圣塔伊莎贝尔剧院
MAP p.254-A1
住 Praça da República
☎ (081) 3355-3122
不定期有音乐、舞蹈、演剧等公开演出。

圣佩德罗多斯克莱瑞格斯教堂
住 Pátio de São Pedro s/n, São José
☎ (081) 3224-2954
營 8:00~12:00、14:00~18:00
休 无休
費 免费

共和广场和法院

圣佩德罗多斯克莱瑞格斯教堂　Map p.254-A2
Catedral de São Pedro dos Clérigos

卡尔穆教堂对面，位于小巷之中的一座教堂，建于1728年，巴洛克式的建筑风格，据说是仿造意大利罗马的马杰奥尔圣母大教堂的内院修建的。该教堂与市内其他几座宗教设施相比不是很大，但却呈现出一种厚重、独特的氛围。内部也颇具亮点，有葡萄牙艺术家创作的宗教画等，从祭坛到天井还点缀着许多美丽的装饰品。教堂周围有许多纪念品商店和餐厅。

保留着监狱特色的文化市场

文化市场
住 R. Floriano Peixoto s/n, Santo Antônio
☎ (081) 3184-3151
營 周一~周五　9:00~19:00
　　周六　　　9:00~18:00
　　周日　　　9:00~14:00
休 无休
地点位于地铁累西腓站附近。

文化市场　Map p.254-A2
Casa da Cultura

这座圆顶形建筑共有3层，顶部立有一个十字架，建于19世纪前半叶，原本是一座监狱。1975年改建成了现在的民间工艺品市场。原本的牢房现在都被改成了一间间店铺，皮质品、挂毯、刺绣服饰、蕾丝编织的桌布、木雕摆件、宝石等伯南布哥州的纪念品琳琅满目，应有尽有。

卡尔穆教堂
住 Praça do Carmo s/n, Santo Antônio
☎ (081) 3224-3141
營 周一　　　5:00~16:00
　　周二~周五　18:00~18:30
　　周六　　　5:00~12:00
　　周日　　　9:00~11:30

圣安东尼奥修道院
MAP p.254-A2
住 R. do Imperador Dom Pedro II 6, Santo Antônio
☎ (081) 3543-0258

卡尔穆教堂　Map p.254-A2
Basílica de Nossa Senhora do Carmo

1767年由卡尔穆修道院改建成了教堂。教堂的名字意为"卡尔迈勒山的圣母"，据说在巴勒斯坦的卡尔迈勒山上，圣母马利亚曾在教徒的面前显灵，这一奇迹被广为流传。教堂的建筑方法受到荷兰的巨大影响，祭坛和装饰都极为出色。其中建筑正面的肉尊圣人像一定要仔细欣赏。卡尔迈勒山的圣母是累西腓的守护神，这座教堂与1612年建造的圣安东尼奥修道院 Convento Franciscano de Santo Antônio 都是这座城市的守护教堂。

多拉达奥多姆礼拜堂　　　　　Map p.254-B1
Capela Dourada da Ordem

　　位于圣弗朗西斯科教堂和修道院用地内的礼拜堂。建造于1697年，是巴西的巴洛克风格建筑中最杰出的代表作之一。内部的祭坛、墙壁、天井都用黄金作为装饰，还能欣赏到由彩砖制作而成的画作、由黄金雕刻的宗教画等。旁边附设一座宗教美术馆。

博阿维亚任广场　　　　　　　Map p.253-A4
Praça de Boa Viagem

　　广场位于博阿维亚任地区的中心地带。白天广场上什么都没有，但到了晚上就截然不同了。出售民间工艺品、纪念品、快餐等的露天摊随处可见，一直持续到21:00左右。可以砍价，如果批发的话会更加便宜。广场的角落是旅游咨询处。

设有往返于市区和奥林达的巴士站

奥林达　　　　　　　　　　　　Olinda

圣弗朗西斯科修道院　　　　　Map p.258-B1
Convento São Francisco

　　修道院位于奥林达市区主教教堂东侧的斜坡下，是1585年巴西首批修建的修道院之一，随后又增设了教堂和礼拜堂。内部装饰十分精巧，可以欣赏到花砖构成的内壁，以及巴洛克风格的礼拜堂祭坛。

美丽的壁画也格外引人注目

主教教堂　　　　　　　　　　Map p.250-D1
Igroja da Sé

　　位于奥林达市区的山丘中心部，是1537年巴西东北部首批建造的教区教堂之一。教堂结构虽然简单朴素，但是靠近海岸线，周边有很多过去的瓦砖住宅，四周被椰子树环绕，是奥林达特有的一处美丽风景。

位于奥林达中心的主教教堂

巴西东部　累西腓／奥林达

多拉达奥多姆礼拜堂
🏠 R. do Imperador Dom Pedro II s/n, Bairro de Santo Antônio
☎ (081)3224-0994
🕒 周一～周五　8:00～11:30，14:00～17:00
　　周六　　　 8:00～11:30
休 周日　　免费

从博阿维亚任地区到累西腓市区的交通方式
　　从博阿维亚任广场乘坐032、033、044、061、062、071路巴士即可到达。所需时间30～45分钟。除了071路的车费为R$4.4之外，其余全部为R$3.2。032、033路的车站位于广场东侧，044、061、062、071路的车站位于广场南侧、教堂前。

前往奥林达的交通方式
从博阿维亚任地区出发
　　从博阿维亚任广场南侧的巴士站乘坐910路即可到达。所需时间1小时30分钟。在卡尔穆广场南侧下车。价格为R$4.4。巴士沿海岸线博阿维亚任大道Av. Boa Viagem行驶，也可以在中途的车站上车。

从累西腓的市区出发
　　从短途巴士总站乘坐1983、1992路巴士即可到达。所需时间约1小时。价格为R$3.2。也可以在卡伊斯阿波罗大道R. Cais do Apolo、弗洛里亚努·佩绍图路R. Floriano Peixoto上车。从机场出发前往奥林达的话，先坐地铁到累西腓站，然后到弗洛里亚努·佩绍图换乘较为简单。

俯瞰市区的展望台
　　奥林达的街道由许多缓坡构成，从卡教教堂附近可以将街道和海岸的美景尽收眼底。教堂旁边还有一台观景电梯Elevador Panorâmico，到上面去看的话视野更好。价格为R$8。

圣弗朗西斯科修道院
🏠 R. do São Francisco 280, Cidade Alta
☎ (081)3429-0517
🕒 8:00～12:00，14:00～16:30
休 周日　　R$2

主教教堂
🏠 Largo da Sé, Alto da Sé
🕒 周一～周六　8:00～12:00，14:00～16:00
　　周日　　　 7:00～15:00
休 无休　　免费

257

利贝拉市场
- 10:00~18:00 左右（各个店铺不同）
- 无休（周日大部分商店休息）

利贝拉市场
Mercado da Ribeira

Map p.258-A1

18 世纪以前这里曾是奴隶市场。如今环境整洁干净，成为了一座纪念品广场，有许多商店出售奥林达的纪念品，还有不少艺术家的作品。价格偏高。市场后面的风景很好，可以眺望奥林达的街区美景。

利贝拉市场上有很多纪念品商店

圣本托修道院
- ☎ (081) 3316-3211
- 5:00~12:00、14:00~18:30
- 无休
- 免费

圣本托修道院
Mosteiro de São Bento

Map p.258-A2

16 世纪初期由荷兰人修建，是巴西第二古老的本笃派修道院，其最大的看点是位于内部的黄金祭坛。钟楼下的空间是无法进入礼拜堂的黑人奴隶们进行祷告的地方。

荷兰风格的教堂，只有一座塔楼

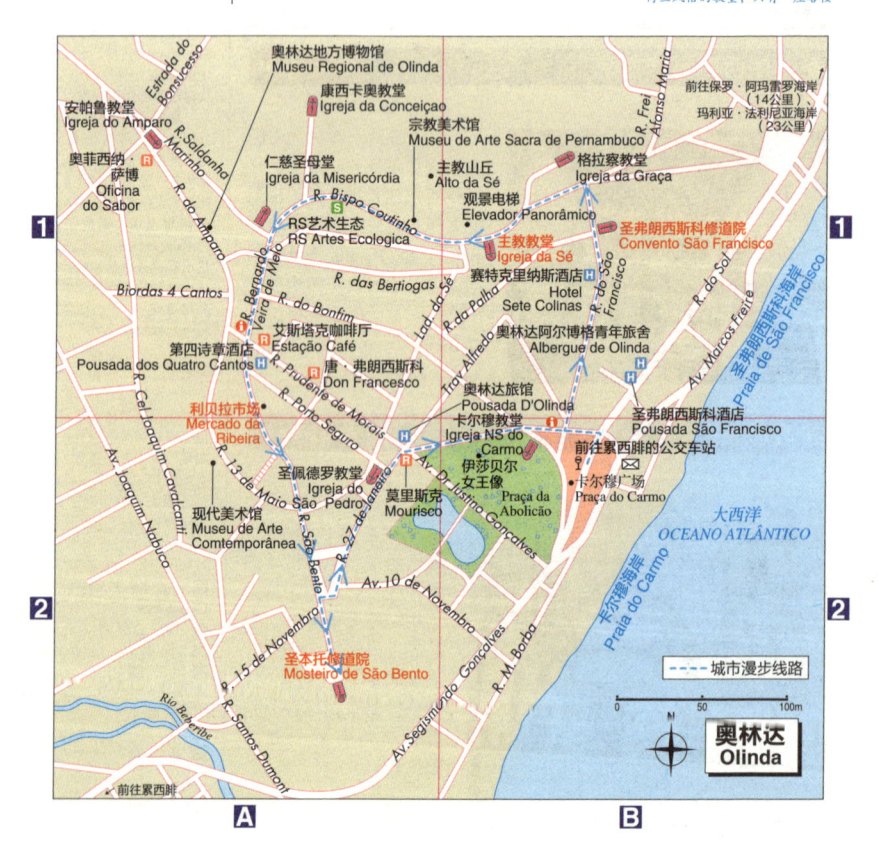

258

累西腓/奥林达的酒店
Hotel

博阿维亚任地区

亚特兰特广场酒店
Hotel Atlante Plaza 　高档酒店

Map p.253-B4

◆距离博阿维亚任广场步行仅需5分钟。酒店内设施齐全，大部分客房都配备了浴缸。

住 Av. Boa Viagem 5426，Boa Viagem
☎（081）3302-3333
FAX（081）3302-3344
URL www.ponteshoteis.com.br
费 ⓈR$214~ ⓌR$235~ 另收5%消费税
CC MV　房间数 240间

维拉利卡酒店
Vilarica Hotel 　高档酒店

Map p.253-B4

◆面朝博阿维亚任海岸的一家四星级酒店。酒店内有餐厅、酒吧、会议室等，从三层的泳池可以直接看到大海。

住 Av. Boa Viagem 4308，Boa Viagem
☎（081）2121-5111
FAX（081）2121-5100
URL www.vilaricahotel.com.br
费 ⓈR$182~ ⓌR$205~ 另收5%消费税
CC ADJMV　房间数 102间

昂达马尔酒店
Onda Mar Hotel 　中档酒店

Map p.253-B3

◆酒店与博阿维亚任海岸相隔2个街区。建筑稍显老旧，但是价格适中。客房内有空调、迷你吧。部分员工会讲英语。

住 R. Ernesto de Paula Santos 284，Boa Viagem
☎ FAX（081）2128-4848
URL www.ondamar.com.br
费 ⓈR$150~ ⓌR$200~
CC ADMV　房间数 142间

美好旅行酒店
Hotel Enseada Boa Viagem 　经济型酒店

Map p.253-B4

◆博阿维亚任地区不多的经济型酒店之一。步行10分钟可以到达海岸，周边有很多餐厅、超市，地理位置优越，十分方便。客房面积不大，但是整洁干净，设施齐全。

住 R. Charles Darwin 235，Boa Viagem
☎（081）3128-5410
URL www.hotelenseadaboaviagem.com.br
费 ⓈR$120~ ⓌR$150~
CC ADMV　房间数 64间

累西腓市区

中央酒店
Hotel Central 　经济型酒店

Map p.254-A1

◆位于博阿维斯塔地区 Boa Vista，位置便利。拥有复古的电梯、高高的天井等，内部各处的装饰都充满了殖民时期的情趣。经济型没有空调。仅前台有Wi-Fi信号可以连接。

住 Av. Manoel Borba 209，Boa Vista
☎（081）3222-2353
费 ⓈR$105~ ⓌR$47~（公共洗手间，淋浴 S R$84~ W R$119~）
CC ADMV　房间数 57间

奥林达

赛特克里纳斯酒店
Hotel Sete Colinas 　高档酒店

Map p.258-B1

◆位于主教教堂所在的山丘脚下。酒店由一栋古老的豪宅改建而成，是一家四星级酒店，带有一个绿意盎然的花园，里面饲养着许多品种的鸟类，充满度假气氛。

住 R. do São Francisco 307，Carmo
☎（081）3493-7766
URL www.hotel7colinas.com.br
费 ⓈR$274~ ⓌR$320~ 另收10%消费税
CC ADMV　房间数 44间

第四诗章酒店
Pousada dos Quatro Cantos

中档酒店

Map p.258-A1

◆位于利贝拉市场斜坡下的一家时尚酒店。客房装饰很有现代感，干净整洁。走廊和附属的餐厅中都挂着酒店主人女儿的画像。庭院被花草树木环绕，中央有一个泳池。

住 R. Prudente de Morais 441, Carmo
☎ (081) 3429-0220
FAX (081) 3429-1845
URL www.pousada4cantos.com.br
费 ⓈR$198~ ⓌR$228~ 另收10%消费税
CC ADJMV
19间

奥林达旅馆
Pousada D'Olinda

经济型酒店

Map p.258-A2

◆由一处大型现代住宅改建而成。一层是客厅，二层是客房。部分房间有空调、冰箱等设备。宿舍没有空调，庭院中有泳池。

住 R. Prudente de Morais 178, Carmo
☎FAX (081) 3493-6011
URL www.pousadadolinda.com.br
费 ⓈR$100~ ⓌR$160~ 宿舍R$30~
CC V
21间

奥林达阿尔博格青年旅舍
Albergue de Olinda

旅馆

Map p.258-B1

◆位于海岸附近的一家青年旅舍。室内干净整洁，十分宽敞，带有风扇。私人间有浴缸和洗手间。庭院中有泳池和吊床，白天也可以在这里休闲放松。

住 R. do Sol 233, Carmo
☎ (081) 3429-1592
FAX (081) 3439-1913
URL www.alberguedeolinda.com.br
费 宿舍R$45~
（非会员R$50~）ⓈⓌR$120~
CC 不可 16间

累西腓/奥林达的餐厅
Restaurant

博阿维亚任地区 / 累西腓

普利姆
Plim

Map p.253-A3

◆位于累西腓购物中心（→p.261）内的一家餐厅，1980年已开始经营。餐厅以海鲜为主，三文鱼、虾等菜肴价格为R$36.6~。此外也提供意面、比萨、意式烩饭等。照片中的食物为巴伊亚风格炖大虾 Camarão à Baiana，价格为R$47.9。

住 R. Padre Carapuceiro 777, Boa Viagem
☎ (081) 3465-0255
营 周一~周六 10:00~22:00
  周日 12:00~21:00
休 无休
CC ADMV

莱特
Leite

Map p.254-A2

◆位于累西腓市区，1882年便开始营业的一家老字号餐厅，以巴西、葡萄牙的家庭菜为主。龙虾烧烤、鳕鱼等海鲜住肴都是这里的看家菜。人均预算为R$53~96。

住 Praça Joaquim Nabuco 147, Santo Antônio
☎ (081) 3224-7977
营 11:00~15:30
休 周六
CC ADMV

奇卡皮坦加
Chica Pitansga

◆ 位于博阿维亚任地区的一家公斤餐厅，总是排着长队。提供巴西菜、海鲜等，种类丰富。午餐时段，周一～周五每 100g R$7.47，周六·周日为 R$8.21，晚餐 R$6.35。

Map p.253-B4
住 R. Petrolina 19，Boa Viagem
☎ (081) 3465-2224
URL www.chicapitanga.com.br
営 周一～周五 11:30~15:30、
　　17:30~22:00　周末 11:30~16:00、
　　18:00~22:00
休 无休　CC ADMV

奥林达

奥菲西纳·萨博
Oficina do Sabor

◆ 奥林达代表性的高档餐厅。餐厅内的视野极佳，不光能看到奥林达的住宅，还能眺望到远处累西腓的城市风貌。餐厅的招牌菜是杰立姆 Jerimum，做法是将南瓜挖空，然后塞满海鲜或肉类，2 人份约 R$78~。

Map p.258-A1
住 R. do Amparo 335
☎ (081) 3429-3331
URL www.oficinadosabor.com
営 周二～周六 12:00~16:00、
　　18:00~次日 1:00
　　周日 12:00~17:00
休 周一　CC ADMV

唐·弗朗西斯科
Don Francesco

◆ 意大利餐厅，食材选择十分考究。使用有机鸡蛋制作的手工意面价格为 R$27.8~，千层面价格 R$44.81~，这两款是店内人气最高的。后院是店家自己种植的罗勒、芝麻菜等。餐厅设有露天席位，满眼望去尽是绿色，氛围十分开放。

Map p.258-A1
住 R. Prudente de Morais 358
☎ (081) 3429-3852
営 周二～周五 12:00~15:00、
　　19:00~23:00
　　周六 16:30~23:00 周日 12:00~16:00
休 周一
CC MV

累西腓/奥林达的商店
Shop

累西腓购物中心
Shopping Recife

◆ 市内最大的购物中心，拥有约 450 个商家和 90 个餐厅。此外还有美食广场、电影院、旅行社门市。乘坐 031、910 路等巴士均可到达购物中心门口。

Map p.253-A3
住 R. Padre Carapuceiro 777，Boa Viagem
☎ (081) 3464-6000
URL www.shoppingrecife.com.br
営 周一～周六 9:00~22:00
　　周日 12:00~21:00
休 无休
CC 各家店铺不同

RS 艺术生态
RS Artes Ecologica

◆ 位于仁慈圣母堂 Igleja da Misericórdia 和主教教堂之间的一家纪念品商店，商品琳琅满目、应有尽有。提供批发服务，因此价格比其他地方要便宜。商品从 37 种草药混合而成的奥林达营养饮料保罗·印地欧 Pau do Indio 到甘蔗酒、民间工艺品、吊床等，范围非常广泛。

Map p.258-A1
住 R. Bispo Coutinho 799
☎ (081) 3429-1550
営 8:30~18:45
休 无休
CC ADJMV

巴西东部 累西腓／奥林达

261

巴西东部

纳塔尔 *Natal*

MAP ▶ p.40-C2
长途区号 ▶ **074**
（拨打电话的方法→p.42）
US$1 ≈ **R$3.89**
≈ 6.89 元

从高地眺望亚特斯塔斯海岸和牛顿纳瓦罗桥

INFORMATION

旅游咨询处（CAT）
MAP p.264
住 R. Aderbal de Figueiredo 980
☎ (084) 3211-6149
🕐 周一～周六 8:00～19:00
　　周日　　　8:00～18:00
休 无休
建于市区附近的旅游咨询处。庞塔内格拉海岸 Praia de Ponta Negra 沿线上也有旅游咨询处。

观光信息
北里奥格朗德州旅游局
Setur/RN-Secretaria de Turismo do Estado do Rio Grande do Norte
URL natalbrasil.tur.br

圣冈萨洛・阿马兰蒂国际机场
MAP p.264 外
住 Av. Rr. Ruy Pereira dos Santos, 3100
☎ (084) 3343-6060
URL www.natal.aero/br/

　　纳塔尔是北里奥格朗德州的首府，人口约为87万。16世纪后半叶，法国人计划进入此地。为了牵制他们，在波滕日河与大西洋之间这块狭长的半岛状土地上建造了要塞，这也成为了日后纳塔尔发展的最开始的基础。纳塔尔在葡萄牙语中意为"圣诞节"，因为这座城市的创立日是1599年12月25日。从1633年开始算起的21年里，城市一直被荷兰所管辖，这在巴西是十分罕见的。

　　第二次世界大战中纳塔尔曾作为军事基地，并向在非洲作战的反法西斯同盟军队提供了支援。战后这里又成为了发射火箭的宇宙基地，如今则是巴西众所周知的"太空城市"。

　　纳塔尔的旅游魅力则在于其美丽的沙丘边绵延的度假海滩。全年平均300天是晴天，气候条件卓越，也被称作"太阳城"，无论何时造访这里，都能享受一个完美的假日。

🧭 前往纳塔尔的交通方式

飞机

　　与圣保罗、里约热内卢、巴西利亚均通航（→p.52）。其他城市中，从福塔雷萨出发每天1班，所需时间约1小时。从累西腓出发，每天4~7班，所需时间约1小时。从萨尔瓦多出发，每周5班，所需时间约1小时30分钟。

　　纳塔尔的机场是于2014年最新设计建造的，名称是圣冈萨洛・阿马兰蒂国际机场（NAT），简称为纳塔尔机场 Aeroporto de Natal。

● **从机场出发前往市区**

　　圣冈萨洛・阿马兰蒂国际机场位于市区西侧，相距约25公里。乘坐由 Trampolim da Vitória 公司运营的当地巴士 R 路或 S 路即可到达市区。运费为 R$3.6~。前往庞塔内格拉海岸的话，在中途的购物中心 Midway

Mall 下车,然后换乘 54 路巴士。机场航站楼出口附近是机场出租车的柜台。

长途巴士

巴西国内各地的主要都市都有开往纳塔尔的长途巴士,但非常花费时间。圣保罗出发每天 1 班,所需时间约 52 小时 20 分钟。里约热内卢出发每天 1~2 班,所需时间约 46 小时。从萨尔瓦多出发,每天 1~2 班,所需时间约 27 小时。

机场前的巴士车站

● 从长途巴士总站出发前往市区

长途巴士总站位于市区以南约 6 公里处。前往市区的话可以乘坐 21、38、41 路等巴士。所需时间约 30 分钟,价格为 R$3.35。

纳塔尔 漫 步

市区

纳塔尔的城市广泛分布在波滕日河 Rio Potengi 与大西洋之间一块细长的半岛状土地上。市区中心是波滕日河边的阿尔塔 Cidade Alta 地区。圣安东尼奥教堂 Igreja Santo Antônio 周边的街道充满了殖民风格的气氛,走在这里很有乐趣。除了海滩之外,还可以前往市区北端的雷伊斯马克斯要塞。纳塔尔的住宿地区,相较市区来说,海滩周边其实是更好的选择。

庞塔内格拉海岸

纳塔尔的海滩从北往南依次是福特海岸 Praia do Forte、梅欧海岸 Praia do Meio、亚特斯塔斯海岸 Praia dos Artistas、瑞亚普雷塔海岸 Praia de Areia Preta、梅鲁扎海岸 Praia de Mãe Luiza、巴雷拉达瓜海岸 Praia de Barreira D'Agua、庞塔内格拉海岸。

从福特海岸到梅鲁扎海岸有很多岩石,基本上不适合进行海水浴,亚特斯塔斯海岸、瑞亚普雷塔海岸周边有很多价格合适的酒店、海鲜餐厅、酒吧等,非常热

✈ **主要航空公司**
南美航空 LATAM
MAP p.264
住 Av. Afonso Pena 844
☎ 0300-570-5700
(呼叫中心)
机场 ☎(084)3343-6251

纳塔尔当地的巴士公司
Trampolim da Vitória
URL www.trampolimdavitoria.com

从机场乘坐出租车的费用
市区
R$40~45
庞塔内格拉海岸
R$38~40
亚特斯塔斯海岸
R$50~55

纳塔尔的出租车

长途巴士总站
MAP p.264
住 Av. Capitão Mor Gouveia 1237
☎(084)3205-2931

租赁沙漠赛车
纳塔尔市内有租赁沙漠赛车的店铺,租赁费用 1 天大约 R$200。此外还需要缴纳 R$100~200 的押金,押金费用会在还车后退还。如果要在巴西驾驶的话,一定要持有有效的驾驶证件,可咨询旅行社。另外,有专门的沙漠赛车旅行团,配备司机,不用自己驾车,半天的费用大概为 R$100。行程中还可以前往普通游客不能进入的沙滩,体验飞驰的乐趣。

位于庞塔内格拉海岸一端的沙丘

闹。另外这里距离市区也相对较近，住在这里的话也方便到市内换汇、购物等。

庞塔内格拉海岸知名的热狗

纳塔尔 主要景点

雷伊斯马戈斯要塞

雷伊斯马戈斯要塞
住 Av. Cafe Filho, s/n Praia do Forte
☎ (084) 3202-9006
🕗 8:00~16:00
休 周一
💰 R$3

前往庞塔内格拉海岸的交通方式
从亚特斯塔斯海岸地区出发，乘坐56路巴士需要约20分钟。从市区出发的话可以乘坐46路或54路巴士。

雷伊斯马戈斯要塞
Forte dos Reis Magos　　　　Map p.264

如今看到的是20世纪50年代复原后的样貌

星形要塞，位于波滕日河与大西洋交汇的城市北端。1598年，由葡萄牙人马尼尔·奥曼负责设计建造，也是纳塔尔发展的基石。如果要前往要塞，只能通过建在海上的500米长的步道前往。只提供葡萄牙语的导游服务。

庞塔内格拉海岸
Praia de Ponta Negra　　　　Map p.264

如果想看知名的纳塔尔沙丘，去庞塔内格拉海岸就可以了。海岸距离市区约14公里，位于南侧，在小小的海湾边绵延着3公里长的白色沙滩海岸。沙丘面积很大，在海风中变幻莫测，如同被大海追赶吞噬一般，十分美丽。白天可以体验沙丘滑雪，从陡坡上俯冲下来的快感令人着迷，参加的人很多，非常热闹。周围有不少气氛不错的餐厅、酒吧等，夜生活丰富。

纳塔尔 Natal (地图)
- 雷伊斯马戈斯要塞 Forte dos Reis Magos
- 福特海岸 Praia do Forte
- 海欧海岸 Praia do Meio
- 大西洋 OCEANO ATLÂNTICO
- 圣安东尼奥教堂 Igreja Santo Antônio
- 亚特斯塔斯海岸 Praia dos Artistas
- 布鲁马酒店 Bruma
- 市区 CENTRO (Cidade Alta)
- 瑞亚普雷塔海岸 Praia de Areia Preta
- 波滕日河 Rio Potengi
- 南美航空
- 梅鲁扎海岸 Praia de Mãe Luiza
- 梅因扎灯塔 Farol de Mãe Luiza
- 市立公园 Ciudade da Criança
- Midway Mall
- 多纳斯公园 Parque das Dunas
- 长途巴士枢纽站 (Rodoviária Nova)
- 体育场
- 维维尔酒店 eSuites Vila do Mar
- Via Direta
- Natal Shopping
- 巴雷拉达瓜海岸 Praia de Barreira D'Agua
- 庞塔内格拉海岸 Praia de Ponta Negra
- 普拉亚马尔酒店 Praiamar
- 莫洛卡雷卡酒店 Morro do Careca
- 前往圣冈萨洛·阿马兰蒂国际机场

庞塔内格拉海岸

纳塔尔 郊区小镇与景点

费尔南多-迪诺罗尼亚群岛
Fernando de Noronha
Map p.40-C2

前往费尔南多-迪诺罗尼亚群岛的交通方式

从纳塔尔出发每周有两趟航班，所需时间约 1 小时 15 分钟；从累西腓出发每天 3~6 班，飞行时间约 1 小时 10 分钟~2 小时 45 分钟。
URL www.noronha.com.br

这片位于纳塔尔东部海域 350 公里处的群岛，拥有着巴西首屈一指的魅力海岸和自然风光，2001 年被世界教科文组织列为了世界自然遗产。透过清澈明亮的海面，可以清晰地看到虾、海龟嬉戏的样子，如同桃花源一般美丽。岛的最高峰（325 米）视野极其开阔，可以欣赏到非常好的景色。以浮潜为首，能够体验许多海上娱乐设施。

独特的景观 ©John Copland / shutterstock.com

纳塔尔的酒店
Hotel

维拉马尔酒店
eSuites Vila do Mar　　高档酒店　　Map p.264

◆位于巴雷拉达瓜海岸的一家四星级酒店。酒店占地内种植着茂盛的椰子树，拥有私人海滩和 3 个泳池。全部客房均为海景房。SPA、网球场等设施也很齐全。有两个房间带浴缸。大部分员工都会讲英语。

住 Via Costeira 4223，Parque das Dunas
☎（084）4009-4999
URL www.viladomar.com.br
费 ⓈR$252~554 ⓌR$352~654
CC ADJMV
210 间

普拉亚马尔酒店
Praiamar Natal　　中档酒店　　Map p.264

◆度假型酒店，有 3 个泳池、3 个餐厅、桑拿、SPA 等，设施非常齐全。位于庞塔内格拉海岸地区的中心部，屋顶设有按摩浴缸，这里的视野同样很好，可以将海滩尽收眼底。

住 R. Francisco Gurgel 33，Ponta Negra
☎（084）3219-2230
URL www.praiamarnatal.com.br
费 ⓈR$250~ ⓌR$278~
CC ADMV
214 间

莫洛卡雷卡酒店
Hotel Morro do Careca　　中档酒店　　Map p.264

◆庞塔内格拉海岸底端，建于沙丘旁的海滩上的一家酒店，共有 3 层。客房配备有冰箱、空调等，入住感觉良好。虽然价格偏高，但是部分房间为海景房并且带有阳台。早餐为自助形式。

住 Av. Erivan França 94，Ponta Negra
☎（084）3219-2979
URL www.hotelmorrodocareca.com.br
费 旺季 ⓈⓌR$200~
　　淡季 ⓈⓌR$125~
CC MV 26 间

布鲁马酒店
Hotel Bruma　　经济型酒店　　Map p.264

◆亚特斯塔斯海岸上的一家经济型酒店。部分员工会讲英语。价格较为便宜，但所有房间都有专用的浴室，并且配备了空调、冰箱。视野较好的客房价格也会相对贵一些。拥有一座小型泳池。

住 Av. Presidente Café Filho 1176，Praia dos Artistas
☎（084）3202-4303
URL www.hotelbruma.com.br
费 ⓈR$103~ ⓌR$114~
CC ADMV 24 间

酒店客房内设备：🛁带浴缸　📺带电视　☎带电话　🌐可上网　🍴含早餐

265

Brasil

巴西东部
福塔雷萨 *Fortaleza*

MAP ▶ p.40-C2
长途区号 ▶ **085**
（拨打电话的方法 → p.42）

US$1 ▶ **R$3.89**
≈ 6.89 元

INFORMATION

🛈 **塞阿拉州游客中心**
Setur
🏠 Av. Washington Soares 999, Edson Queiroz
☎ (085) 3195-0200
URL www.ceara.gov.br/turismo/
🕐 8:00~12:00、14:00~18:00
休 周末

塞阿拉州旅游局游客中心提供地图、手册。机场、长途巴士总站也设有柜台。

🛈 **旅游咨询处**
旅游咨询处 Casa do Turista 位于下述3个地点。
贝拉·马尔大道
MAP p.269-D1
🏠 Av. Beira Mar s/n Mucuripe
☎ (085) 3105-2670
🕐 9:00~21:00
休 无休
中央市场内
MAP p.268-A1
🏠 Av. Alberto epomuceno 199
☎ (085) 3105-1475
🕐 周一~周五 9:00~7:00
周六　9:00~12:00
休 周日
费雷拉广场内
MAP p.268-A2
🏠 Praça da Ferreira
☎ (085) 3105-1444
🕐 周一~周五 9:00~17:00
周六　8:00~12:00
休 周日

梅雷莱斯海岸

　福塔雷萨是位于巴西东北部海岸线上的一座城市，其历史始于1500年西班牙探险家比森特·亚涅斯·平松登陆该地。这也被认为是欧洲人首次登陆巴西，此后的17世纪前半叶，荷兰人在这里建造了要塞，也由此开始了这座城市的发展。1654年成为葡萄牙领土，如今是塞阿拉州的首府，是一座拥有259万人口的大城市。

　城市拥有"巴西的雅典娜"之美誉，政治家世代辈出，其中不少人都活跃在中央政界。不知道是否与之有关，城市中心在充满现代感的同时，哥特风格的教堂、剧院也都格外引人注目。中央市场及其周边的商业地区充满活力，为市民补充着能量。

　巴西东北部的各个城市都以自己的海滩为傲，但从精致度来说，福塔雷萨的海岸堪称第一。椰子林中建有许多海滨木屋、时尚的酒吧，以及高档酒店。夜晚华灯初上，海滩上的有氧健身教室、网球教室也会纷纷开课，随处可见汗流浃背的市民、悠然漫步的情侣、流连于现场酒吧的年轻人，热闹的场景也会持续到深夜。

🚩 前往福塔雷萨的交通方式

飞机

　与圣保罗、里约热内卢、巴西利亚均开通了直飞航班（→ p.52）。其他城市中，从累西腓出发，每天3~9班，所需时间约1小时15分钟。从萨尔瓦多出发，每天1~2班，所需时间约1小时40分钟。从圣路易斯山岩，每天1·2班，所需时间1小时15分钟~50分钟。从贝伦出发，每天1~2班，所需时间约1小时50分钟。从玛瑙斯出发，每天1~2班，所需时间约3小时20分钟。

● **从机场出发前往市区**

　福塔雷萨的机场名为平托·马丁斯国际机场 Aeroporto Internacional Pinto Martins (FOR)，位于市区以南6公里处。机场设施完善，十分现代,大厅中央有游客中心、租车公司、换汇处、旅行社柜台。去往市区的话,从机场航站楼出来后,坐电梯到达地上层,然后在车站乘坐404路,标识着"Aeroporto"字样的巴士,中途经过长途巴士总站后,会再沿佩德罗·佩雷拉路 R. Pedro Pereira 返回机场。佩德罗·佩雷拉路周边(MAP p.268-A2)是前往各个地区的巴士站,在这里换乘巴士,前往自己的目的地即可。巴士可以到达贝拉·马尔大道 Av. Beira Mar 的酒店聚集区,价格为 R$3.2。

乘坐出租车的话,前往市区或各个海滩需要 R$42~、15~25 分钟。前往长途巴士总站需要 R$32~。工作日夜间、周六下午和夜间,以及周日全天价格会上涨。

长途巴士

与国内各个主要城市之间都开通了长途巴士运输。从累西腓出发,由 Catedral Turismo 等公司运营的巴士,每天7~9班,所需时间约13小时。从圣路易斯出发,由 Expresso Guanabara 公司运营的巴士,每天4班,所需时间约19小时。从圣保罗、里约热内卢也可以乘坐长途巴士,但是需要花费48小时以上的时间。

●从长途巴士总站前往市区

长途巴士总站 Terminal Rodoviário Engenheiro João Thomé 临近机场,位于市中心以南4公里的位置。车站面积很大,有各个巴士公司的售票亭,入口附近是旅游咨询处柜台。

前往市中心的话,可以乘坐许多条巴士线路,其中总站出口右侧的13、14路巴士最为便利。前往梅雷莱斯海岸 Praia do Meireles 方向的话,从总站出来后,向右走200米,乘坐99路巴士即可。乘坐出租车到梅雷莱斯海岸需要 R$25~。

福塔雷萨 漫 步

福塔雷萨的市中心非常干净整洁,充满了活力。市区的地标性建筑是石造的大主教堂 Catedral Metropolitana,气魄十足。这座哥特式大教堂高75米,可以容纳5000人,非常宽敞,窗户上的彩色玻璃也是格外好看。从教堂向海岸方向走一会儿,便是中央市场 Mercado Central,这座圆形的建筑外观如同竞技场一般。虽说是市场,但并不出售鸡鸭鱼肉,更像是购物中心,可以买到皮质品、金属物品、餐具、西服、食品等,生活用品一应俱全。还有出售福塔雷萨特产的腰果店、吊床店,光是去逛一逛就很有意思。地上层有旅游咨询处。

从市场往西走10分钟右是民俗博物馆,展览有当地文艺、民俗相关的展品。周边是纪念品商店等。

从大主教堂向西南方向

平托·马丁斯国际机场
MAP p.268-A2 外
住 Av. Sendor Carlos Jereissati 3000
☎ (085) 3392-1200
URL www.aeroportofortaleza.net

巴士换乘 App
Meu Ônibus Fortaleza
这款手机 App,涵盖了福塔雷萨所有的巴士信息,建议提前下载,更加便于出行。通过 GPS,可以查看附近的巴士站台信息、前往目的地的线路导航、巴士的出发、到达时间等(仅支持葡萄牙语)。

机场内换汇处
营 7:00~21:30

长途巴士总站
MAP p.268-A2 外
住 Av. Borges de Melo 1630
☎ (085) 3256-2200

城市南部的长途巴士总站

连接长途巴士总站和市中心的14路巴士

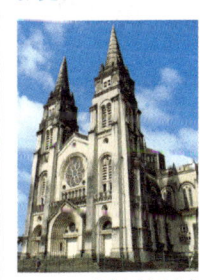

1978年建造的大主教堂

中央市场
MAP p.268-A1
住 Av. Alberto Nepomuceno 199, Centro
☎ (085) 3454-8586
URL www.mercadocentraldefortaleza.com.br
营 周一~周五 8:00~18:00
　 周六 　　　8:00~17:00
　 周日 　　　8:00~13:00
休 无休

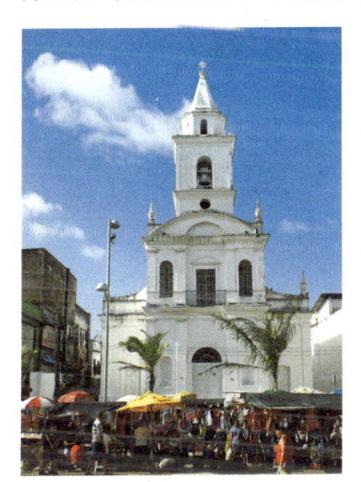

阿伦卡尔约塞广场上有许多露天摊位

福塔雷萨的海滩

距离市中心最近的伊拉塞马海岸 Praia de Iracema 有许多性价比较高的酒店。从这里到海岸边的贝拉·马尔大道，可以看到许多酒吧和高档酒店，再走 20 分钟可以到达热闹的梅雷莱斯海岸。梅雷莱斯海岸是一个总称，实际上可以再细分为艾迪尔 Ideal、迪奥丽思 Diários、梅雷莱斯 Meireles、诺蒂卡 Náutico，许多地方都有指示牌，便于找路。

阿松桑圣母要塞

- Av. AlbertoNepumuceno, Centro
- ☎ (085)3255-1600
- 🕐 7:00~16:00
- 休 无休
- 费 捐赠

海岸边还建有日本庭园

福塔雷萨 主要景点

阿松桑圣母要塞
Fortaleza de Nossa Senhora da Assunção

Map p.268-A1

要塞建成于 1649 年，是福塔雷萨的发祥地。如今归属于陆军所有，不能擅自进入，还保留着过去的大炮。如果跟门卫说想要参观一下要塞（指向里面门卫就会理解）的话，就会有士兵带领参观，可以看到广场上面朝大海的一排排炮台，以及

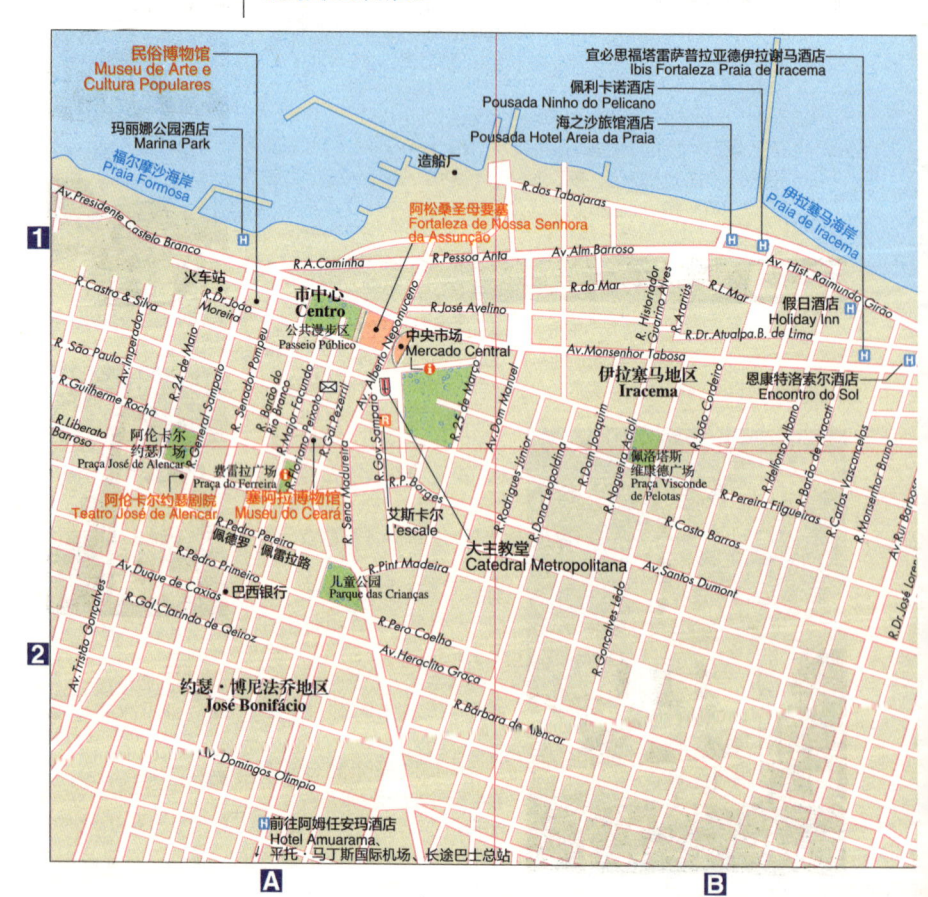

要塞建在靠近大海的高地上

要塞的部分区域。

民俗博物馆
Museu de Arte e Cultura Populares Map p.268-A1

民俗博物馆所在的建筑曾是一座监狱，如今一层是纪念品商店，二层则是博物馆。一层曾经收容犯人的房间，如今都改造成了一个个店铺。其中有许多店铺都出售福塔雷萨特有的蕾丝，非常显眼。过道较为狭窄，感觉不管走到哪儿都是蕾丝店铺。衬衫、围裙、桌布等众多蕾丝制作的物品挂满了墙壁，店面的桌上也是堆积如山。每家店的商品都大同小异，想要寻找一家格外中意的会比较困难。

塞阿拉博物馆
Museu do Ceará Map p.268-A1

博物馆内陈列了有关原住民生活、葡萄牙殖民、布教、奴隶制的兴衰（塞阿拉州是巴西最早废除奴隶制的地方，时间是1884年）等塞阿拉州的历史。展示了过去的绘画、家具、生活用品、枪支，并且通过立体模型重现了18世纪的福塔雷萨。该建筑丁1871年竣工，过去曾是州议会厅。

民俗博物馆
住 R. Senador Pompeu 350, Centro
☎ (085) 3101-5508
营 周一～周六　8:00～16:00
　　周日　　　　8:00～11:00
休 无休
费 R$1

塞阿拉博物馆
住 R. São Paulo 51
☎ (085) 3101-2610
营 9:00～17:00
休 周日・周一
费 免费

博物馆建筑本身也是文化遗产

巴西 ●巴西东部 福塔雷萨

福塔雷萨 Fortaleza

阿伦卡尔约瑟剧院

住 Praça José de Alencar s/n
☎ (085)3101-2562
🕐 周二~周五　9:00~21:00
　　周六·周日　14:00~21:00
休 周一
导游团
🕐 周二~周五 9:00~12:00 和 14:00~17:00 的整点出发，周六·周日 14:00~17:00 的整点出发。
费 R$6

海滩公园

住 R. Porto das Dunas 2734
☎ (085)4012-3000
URL www.beachpark.com.br
🕐 11:00~17:00
休 周三（旺季无休）
费 R$115

交通方式
市中心和机场均有接送巴士（需要提前咨询）。一般可以到诺蒂卡海岸前的旅行社等地进行报名。

前往卡诺格布拉达的交通方式
从巴士总站出发，每天发车 5~6 班。需要约 3 小时 30 分钟的时间。
São Benedito
☎ (085)3272-1232
　（福塔雷萨）
☎ (088)3421-2020
　（阿拉卡蒂）

阿伦卡尔约瑟剧院
Teatro José de Alencar
Map p.268-A2

1910 年建成的新艺术风格的剧场。剧场以出生于福塔雷萨近郊的文豪的名字命名。大量使用铸铁，设计优美，玄关和剧场之间的庭院为了采光使用了独特的设计，建筑本身暗藏玄机。1991 年该建筑重新装修，如今被列为巴西的国家指定历史遗迹，并作为演唱会、歌剧的演出场所使用。

演出内容可以到旅游咨询处或登录官网进行查询

海滩公园
Beach Park
Map p.269-D2外

位于福塔雷萨市中心以东 22 公里处，是多纳斯港 Porto das Dunas 的海滨游乐园。除了水上娱乐设施、游泳池、海鲜餐厅，也建有不少酒店，许多福塔雷萨的当地市民都会到此游玩，人气很高。另外还拥有度假设施，在私人海滩可以体验摩托艇、风帆等活动。参加旅行社组织的行程会更省时省力。

福塔雷萨　郊区小镇与景点

卡诺格布拉达
Canoa Quebrada
Map p.40-C2

位于福塔雷萨东南方向约 166 公里。在靠近阿拉卡蒂市 Aracati 的宁静海滩上，聚集着许多年轻的游客。建有大量酒店、餐厅，是一处非常热门的度假胜地。

福塔雷萨的酒店
Hotel

伊拉塞马海岸

玛丽娜公园酒店
Marina Park Hotel
高档酒店
Map p.268-A1

住 Av. Presidente Castelo Branco 400
☎ (085)4006-9595
FAX (085)3253-1803
URL www.marinapark.com.br
费 Ⓢ R$270~ Ⓦ R$297~
CC ADMV
315 间

◆位于伊拉塞马海岸的一家五星级高档酒店。餐厅、酒吧、泳池、网球场、桑拿等设施完备。

酒店客房设备：🛁 带浴缸　📺 带电视　☎ 带电话　🌐 可上网　🍳 含早餐

恩康特洛索尔酒店
Encontro do Sol

中档酒店

Map p.268-B1

◆住宅风格的中档酒店。客房数量较少，具有家庭氛围。酒吧、泳池等设施完善，公共设备齐全。客房以白色为主色调，看起来清静、整洁。

住 R. Monsenhor Bruno 122
☎ (085) 3031-6222
URL www.hotelencontrodosol.com.br
费 ⑤R$160～ⓦR$190～
CC ADMV
房间数 22 间

海之沙旅馆酒店
Pousada Hotel Areia da Praia

经济型酒店

Map p.268-B1

◆伊拉塞马海岸前的一家性价比较高的酒店。过去只是一家普通的旅馆，经过重新装修，现在十分漂亮。二层的所有客房都有空调、冰箱，可以连接Wi-Fi，设施齐全。

住 Av. Beira Mar 814
☎ (085) 3219-0755
费 ⑤R$130～ⓦR$150～
CC MV
房间数 18 间

梅雷莱斯海岸

西拉普拉亚酒店
Seara Praia Hotel

超豪华酒店

Map p.269-C1

◆诺蒂卡海岸上的一家五星级酒店。客房配有液晶电视、迷你吧、保险箱等。提供免费Wi-Fi。屋顶上有泳池等设施，可以看到海滩。套房带有浴缸。

住 Av. Beira Mar 3080
☎ (085) 4011-2200
URL www.hotelseara.com.br
费 ⓢⓦR$286～
CC ADMV
房间数 217 间

安托宫殿酒店
Othon Palace Fortaleza

高档酒店

Map p.269-D1

◆一家建立不久的新酒店，面朝海滩，有19层，价格合理。从屋顶可以看到海滩，并且带有泳池、健身房、桑拿。

住 Av. Beira Mar 3470
☎ (085) 3466-5500
URL www.othon.com.br
费 ⑤R$218～ⓦR$264～另收5%消费税
CC ADMV
房间数 130 间

穆库里皮海岸

格兰马奎斯酒店
Gran Marquise

高档酒店

Map p.269-D1

◆步行两分钟即可到达海滩，是地理位置极好的一家高档连锁酒店。酒店餐厅提供亚洲美食，附设有欧舒丹SPA。无论是大堂还是客房都充满了奢华感。

住 Av. Beira Mar 3980
☎ (085) 4006-5000
FAX (085) 4006-5111
URL www.granmarquise.com.br
费 ⑤R$467～ⓦR$510～另收15%消费税
CC AMV 房间数 230 间

其他地区

阿姆任安玛酒店
Hotel Amuarama

中档酒店

Map p.268-A2 外

◆位于长途巴士总站前。距离机场也很近，提供免费接送服务（需要预约）。所有客房配有空调和迷你吧。

住 Av. Dep. Oswaldo Studart 888
☎ (085) 3304-8900
FAX (085) 3304-8901
URL www.amuaramahotel.com.br
费 ⑤R$212～ⓦR$260～另收5%消费税
CC ADMV 房间数 85 间

271

福塔雷萨的餐厅
Restaurant

贝拉马尔烧烤
Beira Mar Grill

Map p.269-C1

◆诺蒂卡海岸西侧的一家餐厅，以海鲜和比萨为主。虾、螃蟹、龙虾等菜品种类丰富，主菜价格为 R$28.9~241.9。20:30~22:30 有喜剧表演，另外收取 R$35 的费用。

住 Av. Beira Mar 3221
☎ （085）3242-7413
URL www.beiramargrill.com.br
营 10:00~次日 2:00
休 无休
CC A M V

艾斯卡尔
L'escale

Map p.268-A1

◆餐厅位于大主教堂以南一个街区，粉色购物中心的二层。店内空间开阔，有很多当地食客，人气颇高。餐厅提供的是自助餐，通过称重计算价格。

住 R. Conde D'eu 563
☎ （085）3393-9492
URL lescale.com.br
营 10:00~15:00
休 无休
CC M V

多姆烧烤
Dom Churrasco

Map p.269-C1

◆餐厅的招牌是一个长着胡子的老爷爷，十分醒目。虽然是一家烧烤店，但也有海鲜、比萨、三明治，以及日本料理。主菜价格在 R$40~250。

住 R. Júlio Ibiapina 50 Meireles
☎ （085）3242-2644
URL www.domchurrasco.com.br
营 周日~下周三 11:00~24:00
　　周四~周六 11:00~次日 1:00
休 无休 CC A M V

可可班布
Coco Bambu

Map p.269-D1

◆在巴西开设了许多连锁店的海鲜餐厅。招牌菜有烧烤、西班牙海鲜饭等，种类丰富。海鲜主菜的价格为 R$80~140。

住 Av. Beira Mar 3698
☎ （085）3198-6000
URL cocobambu.com
营 周一~周三 11:30~15:00、
　　17:00~24:00　周四 11:30~15:00、
　　17:00~次日 1:00　周五・周六
　　11:30~17:00、17:30~次日 2:00
　　周日 11:30~24:00
休 无休　CC A D M V

读者来信

瓦桥塔地区 Varjota 有一家深受当地居民喜爱的人气酒吧。现代风格的烤肉是这里的招牌，主菜价格 R$60~，意大利面、油炸食品约 R$20。周五~周日的 17:00~20:00 是欢乐时光，减价供应饮料，提供食品搭配酒的套餐。

魔力斯奇那加斯特罗吧
Moleskine Gastrobar　　　MAP p.269-C2

住 R. Professor Dias da Rocha 578
☎ （085）3037-1700
URL www.moleskinegastrobar.com.br
营 周一~周四 18:00~次日 1:00
　　周五~周日 12:00~次日 2:00
休 无休　CC A M V

巴西北部
圣路易斯 *São Luís*

Brasil

圣路易斯 ★
巴西利亚

巴西北部 福塔雷萨／圣路易斯

MAP ▶ p.40-C2
长途区号 ▶ **098**
（拨打电话的方法→p.42）
US$1 ≈ **R$3.89**
≈ 6.89 元

INFORMATION

🄇 **马拉尼昂州游客中心**
Secretaria Estadual de Turismo
机场
🕐 24 小时
长途巴士枢纽站
🕐 8:00~20:00

旅游咨询处
SETUR Central de Serviços Turísticos
MAP p.277-A1
🏠 Praça Benedito Leite s/n, Prédio do Hotel Central, Térreo, Centro
🕐 周一~周六 8:00~18:00
　　周日　　 8:00~14:00
休 无休
　位于主教教堂对面的圣路易斯市旅游咨询处。部分员工会讲英语。

老城区于 1997 年作为圣路易斯历史地区被教科文组织认定为世界遗产

　　圣路易斯是东北部马拉尼昂州的首府，人口约为 101.5 万。西邻帕拉州首府贝伦市，相距 806 公里；距离福塔雷萨 1070 公里，位于流向大西洋的河口中央，在大西洋沿岸拥有一片广阔的白色海滩。
　　这里是巴西唯一一座由法国人建筑的城市，名字也源自路易十三世。法国人企图将这里作为赤道地带的法国进行建设，他们同原住民图比那巴族联合对抗葡萄牙人，并且派遣探险队一直到亚马孙河口附近，征服了周边的原住民族。但是因为法国本国政府没有提供足够的援助，1615年终于还是被葡萄牙人驱逐。
　　曾经也被荷兰占领过。奴隶制的引入，以及印度移民劳动力的输入，使得农场快速发展，圣路易斯也作为砂糖和棉花港口逐渐繁荣起来。富有的葡萄牙人相继盖起了豪宅，正面的墙壁都是用的欧洲瓷砖进行装饰，非常好看。19 世纪随着产业的衰退，圣路易斯的荣光也慢慢褪去。
　　20 世纪后半叶，圣路易斯成为了世界上最大的卡拉加斯铁矿山的出口港，并且通过沿岸石油的发现、导弹基地的建设、大型铝工厂的建造等重新获得了关注，处于高速发展的阶段。
　　20 世纪末复兴计划开启，被遗忘的殖民时期街区重新焕发风采。走在市中心，可以看到许多带有阳台的住宅，外观精心设计，贴有瓷砖的墙壁，以及精细的镂金工艺，让人感觉仿佛误入了 17、18 世纪的欧洲街区。圣路易斯在巴西无数个殖民风格的城市中，也是极具特色、大放异彩的城市之一。

市中心北侧的海滩是一块开阔的度假地区

273

前往圣路易斯的交通方式

飞机

与圣保罗、里约热内卢、巴西利亚均开通了直飞航班（→ p.52）。此外从贝伦出发，每天有 2~4 班，所需时间约 1 小时 5 分钟。从福塔雷萨出发，每天 2~4 班，所需时间约 1 小时 15 分钟。

● 从机场前往市区

圣路易斯的机场名为马雷夏尔库尼亚·马查多国际机场 Aeroporto Marechal Cunha Machado（SLZ），位于市中心东南方向约 15 公里处。从到达层出来后，对面就是租车公司和出租车柜台。旅游咨询处提供地图和酒店手册等实用信息工具。

从机场出来后，左手边开阔的交叉路口的中央是巴士站。前往市中心的话，可以乘坐写有"São Cristovão"的巴士，价格约为 R$2.8。巴士经过市中心的德奥多罗广场 Praça Deodoro 后，再返回机场，到德奥多罗广场大概需要 45 分钟。从市中心再前往各个地方基本上靠步行就可以，但是广场周边有很多出租车，不妨选择乘坐。前往海岸地区可以换乘 403 路 Calhau/Litorânea 巴士。

出租车停在机场到达层外面，按里程计费，价格可以参考边栏，所需时间约 15 分钟。从市内前往机场的话，推荐在酒店等地直接叫出租车。价格和从机场出发的费用基本相同。

从机场出发前往市中心的巴士

长途巴士

与巴西国内各个主要城市均开通了长途巴士线路。从贝伦出发，由 Rápido Marajó 等公司运营的巴士每天发车 4 班，所需时间约 13 小时。从福塔雷萨出发，每天 3 班，所需时间约 18 小时 33 分钟~20 小时 16 分钟。从里约热内卢虽然也有巴士出发，但是需要 50 多个小时。

长途巴士总站内

● 从长途巴士总站前往市区

圣路易斯的长途巴士总站 Terminal Rodoviário de São Luís 位于市中心东南部约 10 公里、市中心和机场相连的道路上。从长途巴士总站前往市中心可以乘坐巴士或出租车。巴士站位于总站出入口前，乘坐标有"Rodoviária/João Paulo""Rodoviária/São Francisco"等的巴士。部分巴士前往中央巴士总站 Praia Grande Terminal da Integração，还有一些直达德奥多罗广场，因此上车前一定确认好途经站，所需时间约 35 分钟，价格约为 R$2.8。从市中心前往长途巴士总站可以乘坐标有"Rodoviária"的巴士。

出租车为固定计价，上车点旁标有到达各个目的地的价格。前往市中心需要约 20 分钟。

红绿灯也是瓷砖样式

圣路易斯简介
全年气温超过 30℃，7~12 月为干季，1~6 月为雨季。因为历史原因，圣路易斯的人种构成十分复杂，美食和节日庆典也是别具特色。另外，因为这里十分流行雷鬼音乐，所以还被称作"巴西的牙买加"，各个地方都有现场演出等。

马雷夏尔库尼亚·马查多国际机场
住 Av. dos Libaneses, 3503 Bairro Tirirical
☎（098）3217-6100

从机场乘坐出租车的价格
市区
金 约 R$48
圣弗朗西斯科地区
金 R$50~55

长途巴士总站
住 Av. dos Franceses n°300, Bairro Santo Antônio
☎（098）3015-4015
URL www.rodoviariasaoluis.com.br

从长途巴士总站乘坐出租车的价格
市区
金 约 R$30
庞塔瑞亚海岸~卡廖海岸
金 R$30~40

市内交通

市中心以西的中央巴士总站是当地巴士的中心。从中央巴士总站出发的巴士，部分前往市中心南部，途经庞塔瑞亚海岸 Praia da Ponta d'Areia、圣马科斯海岸 Praia de São Marcos，最后到达卡廖海岸 Praia do Calhau。如果乘坐出租车在市中心移动的话，价格都在 R$10 之内，前往海岸地区的话需要 R$15~20。

圣路易斯 漫步

圣路易斯的景点是通过复兴计划，令殖民时期的美丽街区重新焕发光彩。历史城区 Centro Histórico 的各个地方都是贴有瓷砖的建筑物，给人一种进入了欧洲古镇的错觉。卡萨达斯图拉市场周边的小巷里，一栋栋住宅外面都通过设计独特、颜色各异的瓷砖进行装饰，格外美丽。

市中心两端，走直线的话需要 20~30 分钟的时间。景点之间步行也仅需 15~20 分钟，慢慢散步观光即可。市区建设在高地和海岸沿线，可以俯瞰港口，从海岸沿线到市区中心基本都要走台阶，如果带着大件行李的话，建议乘坐出租车。

城市漫步的话，起点建议选在多姆佩德罗二世广场周边。广场对面粉黄色的建筑是主教教室。游客中心也在广场对面。从广场沿坡道或台阶向下走两个街区便是市区的中心部。卡萨达斯图拉市场旁的葡萄牙路 R. Portugal 两旁全是用瓷砖装饰的建筑，内部改建成了博物馆等设施。

圣路易斯的治安

圣路易斯的市区人来人往，并不危险。卡尔穆广场周边虽然有不少穷人，但是坐在长椅等地也不会特别危险。但是会有小孩盗窃，相机、背包等物品一定要看管好，随身携带。另外，从多姆佩德罗二世广场 Praça D. Pedro II 到黑人博物馆之间的埃斯特雷拉路 R. da Estrêla 的卡萨达斯图拉市场南侧，晚上òng又暗，属于贫民窟，一定注意安全。周日大部分商店都休息，行人也很少，尤其晚上最好不要出门。

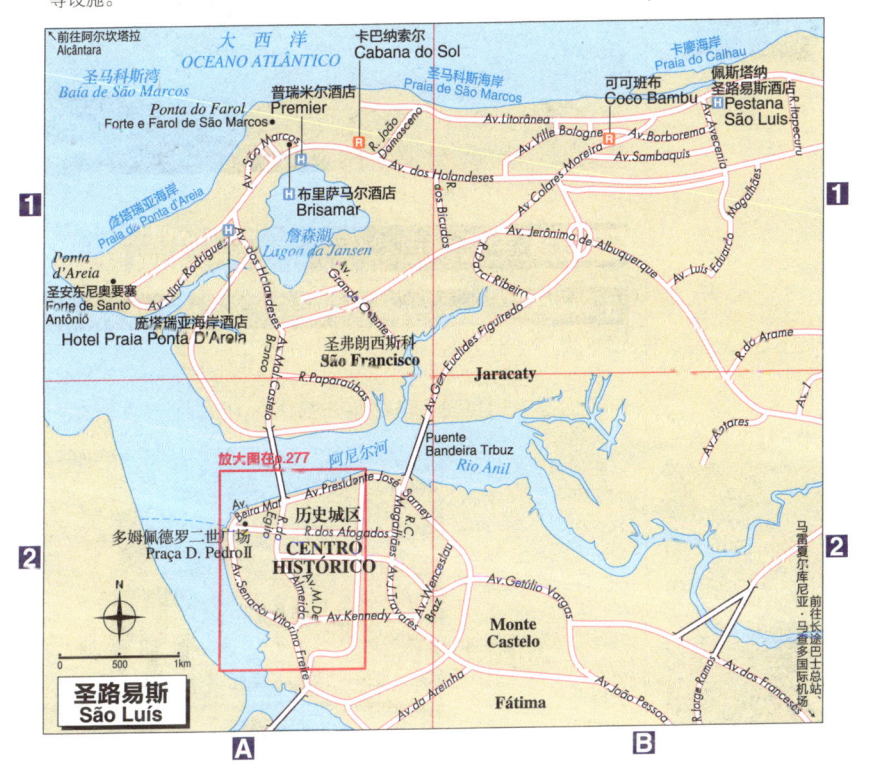

夜晚格外美丽的圣路易斯街道

前往拉克伊斯·马拉赫塞斯国家公园的旅游团

从圣路易斯出发前往拉克伊斯·马拉赫塞斯国家公园的旅行团，一般都是1天2晚的行程。早上7:00左右从圣路易斯出发，到达巴雷林哈斯后，前往拉克伊斯·马拉赫塞斯国家公园。在巴雷林哈斯住一晚，第二天下午到普拉圭卡斯河，吃完午餐后返回圣路易斯，21:00左右可以到达。价格为R$400（含住宿费），每家旅行社的行程都几乎一样。旅游咨询处、酒店内都有各家旅行社的宣传手册，其工作人员也可以帮助拨打电话咨询、预订。

里贝朗喷泉

主教教堂

住 Av. D. Pedro II s/n, Centro
营 周一～周六　　8:30~17:30
　　周日　　　 10:00~12:00、
　　　　　　　 16:00~17:30
休 无休

主教教堂的内部装饰

晚上街灯亮起，照到瓷砖和石板路上，浮现出一种哀愁的氛围。市场周边的道路两旁挤满了纪念品商店，白天游客很多，格外热闹。沿道路向河边走，可以看到大海般的河口。这一带潮水的涨落差可以达到7米，退潮后一直到对岸都是干涸的，但景色同样很好看，还可以看到阿尔坎塔拉的市区风景。

而沿着多姆佩德罗二世广场直走，然后进入右侧的纳扎雷路 R. de Nazaré，走一个街区即可到达卡尔穆广场，对面是一家邮局，拥有白色的建筑外观，规模较大。卡尔穆教堂位于右侧深处，规模也很大，外面贴着瓷砖进行装饰。从这里开始便是索尔路 R. do Sol。邮局背面粉色的建筑是亚瑟·阿兹维多剧院。然后再直行走两个街区，右侧的粉色建筑是马拉尼昂历史博物馆。周边有很多商店，充满活力，可以来这里感受一下当地居民的日常生活。

另外，从市区经过阿尼尔河 Rio Anil 上的大桥后，再向北数公里便是大西洋沿岸，这里是海滩度假区域，海滩边建有许多大型酒店。

市区北侧的海滩十分宽阔

圣路易斯 主要景点

主教教堂
Igreja da Sé
Map p.277-A1

1622年由耶稣会修建的一座教堂，1922年曾进行过翻修，并保留至今，外观呈现出对称美，是一座很漂亮的教堂。内部的巴洛克式祭坛也很值得一看。这里信奉的是圣路易斯的守护圣人——维多利亚。教堂周围分布着好几个绿色、精致的广场，也是市民们平时休息的场所。尤其是从对面的多姆佩德罗二世广场可以俯瞰阿尼尔河等地的景观。

庄严的主教教堂

宗教美术馆
Museu de Arte Sacra

Map p.277-A1

宗教美术馆
住 Av. D. Pedro Ⅱ, 258, Centro
营 周二~周五　9:00~17:30
　 周六　　　 9:00~16:00
　 周日　　　 9:00~14:00
休 周一
费 R$5

巴西

●巴西北部　圣路易斯

主教教堂旁的美术馆。过去建于其他地点，2014年搬迁至此。按照宗教的发展、法国人殖民等年代顺序进行介绍。

于当地制作的木质圣像

圣路易斯历史城区
Centro Histórico de São Luís

地图标注：
- 宗教美术馆 Museu de Arte Sacra
- 前往圣弗朗西斯科地区
- Ponte José Sarney
- 阿尼尔河 Rio Anil
- Av. Beira Mar
- R. Barão de Itapary
- 前往阿尔坎塔拉的渡轮码头 Terminal Hidroviário
- 圣路易斯大酒店 Grand
- R. 15 de Novembro
- Rua do Machado
- R. Jansen Müller
- 维苏瓦艺术博物馆 Museu de Artes Visuais
- 多姆佩德罗二世广场 Praça D. Pedro Ⅱ
- 波尔图酒店 Pousada do Porto
- 主教教堂 Igreja da Sé
- 雷昂斯酒店 Pousada dos Leões
- 圣安东尼奥教堂 Igreja de Santo Antônio
- 豪齐尼奥故居 Casa de Nhozinho
- 纳布喷泉 Fonte de Nazaré
- 加莱里亚复兴 Galeria Reviver
- 里贝朗喷泉 Fonte do Ribeirão
- Rua do Alecrim
- 欧布里蒂 O Buriti
- R. Portugal
- 葡萄牙路
- 塞纳克 Senac
- 普拉约广场 Praça João Lisboa
- 亚瑟·阿兹维多剧院 Teatro Arthur Azevedo
- 圣约翰教堂 Igreja de São João
- R. Sete de Setembro
- 中央巴士总站 Praia Grande Terminal da Integração
- 前往机场、长途巴士总站方向的巴士站
- 卡萨达斯图拉市场 Casa das Tulhas
- 卡尔穆教堂 Igreja do Carmo
- 卡尔穆广场 Largo do Carmo
- Rua dos Afogados
- 前往机场、长途巴士总站的巴士站
- R. da Paz
- 潘迪欧广场 Praça Panteon
- 前往奥多罗广场 Praça Deodoro
- 多姆弗朗西斯科 Dom Francisco
- Trav Boa Ventura
- R. João Vital
- Trav. Rua Grande
- R. das Crayeiras
- R. das Manqueiras
- R. Santa Rita
- 历史城区
- R. Direita
- R. da Saúde
- R. Rio Branco
- 亚马孙波塔斯酒店 Pousada Portas da Amazônia
- 殖民旅馆酒店 Pousada Colonial
- 黑人博物馆 Cafua das Mercês
- R. Regente Braulio
- R. do Mocambo
- 佩德拉斯喷泉 Fonte das Pedras
- R. 28 de Julho
- R. Jacinto Maia
- Pça Mercado
- R. de Santaninha
- 梅赛斯修道院 Convento das Mercês
- 索拉达斯佩德拉斯青年旅舍 Solar das Pedras Hostel
- 中央市场 Mercado Central
- Rua de Pelha
- R. Candido Ribeiro
- Av. Senador Vitorino Freire
- 鱼市场
- 德斯特罗教堂 Igreja do Desterro
- Av. G. Azevedinha
- Rua da Cotovia
- Igreja de São Pantaleão
- R. de São Panicedo
- R. da Passcia
- Rua das Cajazeiras
- Rua do Norte
- Rua do Santiago
- Tv. Fonte do Bispo
- Av. Ribamar Pinheiro
- 民间工艺品市场 CEPRAMA

277

维苏瓦艺术博物馆
住 R. Portugal 273, Praia Grande
☎ (098) 3218-9378

豪齐尼奥故居
住 R. Portugal 185
营 周二～周六 9:00～18:00
　　周日 9:00～13:00
休 周一
费 免费

卡萨达斯图拉市场
住 R. da Estrêla s/n
营 周五 7:00～20:00
　　周六～下周四 7:00～18:00
休 无休

卡尔穆教堂
住 Largo do Carmo, 102-Centro
营 周一～周五 6:00～17:30
　　周六 8:00～12:00,
　　　　 17:00～18:00
休 周日

位于市中心的卡尔穆教堂

卡尔穆广场上美丽的镶嵌工艺

亚瑟·阿兹维多剧院
住 R. do Sol, s/n-Centro
☎ (098) 3218-9901
URL www.cultura.ma.gov.br/taa/
参观团：周二～周日 14:30、15:30、16:30 出发（出发前30分钟前到场）
费 R$5

历史悠久的亚瑟·阿兹维多剧院

维苏瓦艺术博物馆
Museu de Artes Visuais　　　　Map p.277-A2

也被叫作花砖之家，在葡萄牙路众多瓷砖建筑中，也是最为出彩的一个。通过农场栽培以及砂糖、棉花的出口业务发家的商人们，特意从欧洲运来瓷砖装饰自己的房屋。当年圣路易斯的建筑都十分奢华，还有些瓷砖是从葡萄牙波尔图等地运送来的。二层、三层是绘画陈列。旁边同样用瓷砖装饰的建筑之一是豪齐尼奥故居 Casa de Nhozinho。除了陈列着船只模型、渔船、渔具等展品外，还陈列、出售马尼拉昂州当地艺术家制作的饰品、包、民间工艺品等。

卡萨达斯图拉市场
Casa das Tulhas　　　　Map p.277-A2

位于阿尔凡德加路 R. da Alfandega，建成于1855年，是圣路易斯历史最为悠久的圆形市场。在暴风来临时也是紧急避难所，入口特意设计得较为狭窄，从过去就是这一带海岸区域中值得一看的经典样式风格。从小型入口进去后，沿着窄路继续向前，可以看到许多店铺，有的出售蒸大虾，有的在店门口挂满了瓶子，里面装的是浸泡着螃蟹的酒，也是当地的特产之一，还有售卖各种果酱的店，不妨来这里逛一逛，非常有趣。

虽然规模不大，但是历史悠久的市场

卡尔穆教堂和卡尔穆广场
Igreja do Carmo, Largo do Carmo　　　　Map p.277-A2

卡尔穆广场位于市区的中心，周边有许多露天摊和商店，非常热闹。而面朝广场的卡尔穆教堂建造于1627年，历史悠久。1643年葡萄牙军与荷兰军队进行了一场战争，这里则成为了葡萄牙人的避难所，此外还多次见证了城市的变革，在城市的历史发展中起到了重要的作用。内部的庄严气氛与周边的喧嚣形成了鲜明的对比。

亚瑟·阿兹维多剧院
Teatro Arthur Azevedo　　　　Map p.277-B2

1817年建造的巴西最古老的剧院之一。1993年修复完毕。剧院内共设有750个座位，4层的看台座位十分豪华。开设馆内参观，有导游讲解，约30分钟（葡萄牙语、英语导游）。行程中可以参观修复过程中的样貌、历史说明、幕后的舞台装置、舞台、观众席等所有地方。如果运气好的话，还能够欣赏到彩排。这座剧场目前仍是管弦乐、芭蕾舞等各类舞蹈、合唱等各种活动的举办场地。周四～周日晚上经常有公开演出。进入剧院有着装要求，男士至少要穿带领的衬衫配长裤。

剧院内豪华的装饰

278

马拉尼昂历史博物馆

Map p.277-B2

Museu Histórico e Artístico do Maranhão

同宗教美术馆在同一块用地内，于1836年由法国人戈麦斯、索萨设计建造，是圣路易斯第一座欧洲建筑。二层的陈列室以法国为中心，展出了当时从欧洲运送来的家具，用大量金银、水晶等作为装饰的皮包、钱包，还有玩具等，还原了当年的生活样貌。还有当年由奴隶们抬的贵妇的轿子、奴隶当年居住的阁楼里设置的铁格栅般的狭小房间等。

黑人博物馆

Map p.277-A2

Cafua das Mercês

建筑物规模不大，白色外观，原本是奴隶的收容所。从非洲来的奴隶船内，环境极其恶劣，超乎常人的想象，不少人都在航海途中就不幸死去了。航海结束后，奴隶们首先要到这里恢复体力，直到找到买主前都要在这里等待。一层陈列了黑人奴隶曾使用过的道具等。博物馆里面有一个小庭院，从这里沿右侧的台阶上去后可以进入二层的展厅，布置十分精致，许多20世纪的木雕作品反映了非洲的民族文化。

梅赛斯修道院

Map p.277-A2

Convento das Mercês

1618年建造的殖民风格的古修道院。如今改建成了巴西共和国独立纪念馆，一层的回廊是特殊展览，二层介绍了巴西共和国独立、发展的历史，还陈列着出生于马拉尼昂州的前巴西总统萨尔内先生的艺术收藏品等。

修道院建于城市中历史最为悠久的一片区域

民间工艺品市场

Map p.277-B3

CEPRAMA

云集了马拉尼昂州各种纪念品的民间工艺品市场。市场所处建筑原本是一座工厂，有大型停车场和餐厅。市场内有用椰子纤维制作的笔干、皮质的凉鞋、刺绣制品、手工编织的帽子、花砖、T恤等丰富的商品，价格比市区内的纪念品商店要便宜。购买时可以砍价。

圣路易斯 郊区小镇与景点

阿尔坎塔拉

Map p.275-A1 外

Alcântara

前往市区西侧的渡轮码头Terminal Hidroviário乘坐定期游船，可以跨越圣马科斯湾到达对岸的阿尔坎塔拉。过去，通过棉花、砂糖产业暴富的商贾们，在这里建造了许多大豪宅。如今，虽然大部分房屋都已废弃，但是通过博物馆和遗迹还可以缅怀一下过去的繁荣景象。

巴西 / 巴西北部 圣路易斯

马拉尼昂历史博物馆
住 R. do Sol 302，Centro
☎ (098)3218-9920
营 周二~周六　9:00~17:30
　　周日　　　9:00~12:00
休 周一　费 R$5

建筑物呈倒C形

黑人博物馆
住 R. Jacinto Maia s/n, Centro
☎ (098)3222-7046
营 9:00~17:00
休 周六・周日
费 免费

讲述历史黑暗面的黑人博物馆

梅赛斯修道院
住 R. da Palma 502，Desterro
营 周一　　　　14:00~17:30
　　周二~周五　9:00~17:30
　　周六　　　　8:00~11:30
休 周日　费 免费

民间工艺品市场
住 R. de São Pantaleão 1232
☎ (098)3232-2187
营 9:00~17:00　休 周日
交通方式
从多姆佩德罗二世广场乘出租车需要5分钟，价格约为R$10

各种民间工艺品一应俱全

前往阿尔坎塔拉的渡轮
MAP p.277-A1
有多家船公司运营，均是7:00~9:00出发，15:00左右返航。出海时间变更频繁，一定事先做好确认。

这里便是渡轮码头

279

圣路易斯的酒店
Hotel

市区

圣路易斯大酒店
Grand São Luis Hotel　高档酒店

◆位于多姆佩德罗二世广场的一家四星级酒店。是市区内规格、星级最高的酒店，客房宽敞舒适。泳池、健身房、桑拿等酒店内设施十分齐全。

Map p.277-A1
住 Praça Dom Pedro Ⅱ, 299, Centro
☎ (98) 2109-3500
URL www.grandsaoluis.com.br
费 ⓈⓌ R$150~ 另收 15% 消费税
CC AMV
房间数 200间

亚马孙波塔斯酒店
Pousada Portas da Amazônia　中档酒店

◆由1835年建造的殖民风格住宅改建而成，十分现代。客房使用了许多古董木质家具，充满自然感，给人一种温暖亲切的感受。

Map p.277-A2
住 R. 28 de Julho, 129, Centro
☎ (098) 3182-8787
URL www.portasdaamazonia.com.br
费 Ⓢ R$110~ Ⓦ R$150~
CC ADMV
房间数 36间

雷昂斯酒店
Pousada dos Leões　经济型酒店

◆位于住宅区的一家十分雅致的酒店。客房有空调、冰箱，所有房间均可连接免费Wi-Fi。考虑到酒店环境和地理位置等因素，价格是非常合理的。

Map p.277-B1
住 R. 7 de Setembro 287, Centro
☎ (098) 3015-3665
URL www.pousadadosleoes.hoteles
费 Ⓢ R$90~ Ⓦ R$130~
CC ADJMV
房间数 21间

索拉达斯佩德拉斯青年旅舍
Solar das Pedras Hostel　旅馆

◆距离卡尔穆教堂步行仅需2分钟。宿舍为男女分开的。房间打扫及时，整洁舒适。提供厨房和洗衣间，房客可以自由使用。前台有保险柜，但钥匙的费用需要自理。

Map p.277-A2
住 R. da Palma, 127 Centro
☎ (FAX) (098) 99172-5225
URL ajsolardaspedras.com.br/site/
费 宿舍 R$35~（非会员 R$40~）
　　Ⓦ R$80~（非会员 R$90~）
CC 不可
房间数 13间

COLUMN 祭牛狂欢节

6月是圣路易斯市内全年最热闹的时候。该月被称作六月节，在巴西有3个庆祝圣人诞生的庆典活动，每一个都是举国欢庆，十分热闹。大致是在包含庆典当天在内的3天时间里举行活动，但是马拉尼昂州，尤其是圣路易斯的活动时间会更长。从6月中旬开始到月底，每天晚上 20:00 ～ 次日 3:00，市内会开设许多会场，供市民跳舞、集会或进行文娱活动。6月24日的圣约翰节是活动的最高潮（还有此周末）。一组由20～80人组成，共有75以上的男子组合，伴随着以非洲、当地原住民的打击乐器为主的节奏。进行各自独特风格的舞蹈表演。正日子当天自不必说，前一天晚上的庆典也是非常热闹，会一直持续到第二天，喜欢庆典活动的人一定不要错过。2月里约的狂欢节，以及祭牛狂欢节 BUMBA MEU BOI，有机会的话一定要去体验一次。

祭牛狂欢节上欢快的舞蹈

酒店客房设备：🛁带浴缸　📺带电视　📞带电话　💻可上网　🍴含早餐

海岸地区

佩斯塔纳圣路易斯酒店
Pestana São Luís 高档酒店

◆建于卡廖海岸的一家度假酒店。配有泳池、酒吧、健身中心。所有客房均有阳台。

Map p.275-B1
住 Av. Avecenia 1, Praia do Calhau
☎ (098) 2106-0505
URL www.pestana.com
费 ⓈR$258.72~ ⓌR$309.54~
CC A D J M V 客房 124间

庞塔瑞亚海岸酒店
Hotel Praia Ponta D'Areia 中档酒店

◆三星级酒店,距离市区约5公里,距离机场18公里,外观很有现代感。所有房间有空调、迷你吧。提供免费Wi-Fi。附设有泳池、餐厅。

Map p.275-A1
住 Av. dos Holandeses, Qd 13, s/n, Ponta d'Areia
☎ (098) 3215-3232
URL www.hotelpraiapontadareia.com.br
费 ⓈR$152~ ⓌR$166~
CC A D J M V 客房 115间

圣路易斯的餐厅
Restaurant

市区

塞纳克
Senac

◆多姆佩德罗二世广场南侧的一家餐厅。店内装饰十分高档,服务员的服务也很周到。午餐为自助形式,1人R$38。仅周五的晚餐是单点,当地菜肴价格为R$40~120。

Map p.277-A2
住 R. de Nazaré, 242
☎ (098) 3198-1100
营 周一~周四、周六 12:00~15:00、周五 12:00~15:00、19:00~23:00
休 周日 CC A D M V

海岸地区

卡巴纳索尔
Cabana do Sol

◆距离市区6公里,是拥有茅草屋顶的一家餐厅。能够品尝到使用当地产的大虾制成的卡尔内德拉达、卡马龙、佩夏德、摩达、马拉尼昂炖鱼等。菜单上的菜量基本都是2人份。人均预算 R$70~。

Map p.275-A1
住 R. João Damasceno 24-A, Farol de São Mar cos
☎ (098) 3235-2586
URL www.cabanadosol.com.br
营 11:00~24:00 休 无休 CC A D J M V

圣路易斯的商店
Shop

加莱里亚复兴
Galeria Reviver

◆一家由殖民式建筑改建而成的纪念品商店,商品琳琅满目。以花砖店、服装店为中心,还有许多出售摆件、手工艺品的店铺,来这里逛一逛也很有意思。

Map p.277-A2
住 R. da Estrêla 175, Centro
☎ 各家店铺不同
营 8:00~19:00
休 无休
CC 各家店铺不同

欧布里蒂
O Buriti

◆位于市区。出售祭牛狂欢节的特色摆件、原住民工艺品等马拉尼昂州特有的纪念品。

Map p.277-A2
住 R. Portugal 188, Centro
☎ (098) 3222-4499
营 周一~周六 9:00~18:00
   周日 9:00~13:00
休 2~6月和8~11月的周日
CC A D J M V

Brasil

巴西北部

巴雷林哈斯 *Barreirinhas*

巴雷林哈斯
巴西利亚

MAP ▶ p.40-C2
长途区号 ▶ **098**
（拨打电话的方法 ▶ p.42）
US$1 ≈ **R$3.89**
≈ 6.89 元

炫目的碧水白沙

巴雷林哈斯位于圣路易斯东部约 260 公里处，是一座约有 5.5 万人口的地级市。过去曾以渔业为中心，没有什么名气，但随着拉克伊斯·马拉赫塞斯国家公园的独特景观被世界所知晓，这座城市也以旅游业为主业，焕发了新的光彩。尤其是在 7～8 月的长假期间，以巴西当地游客为主，来自世界各地的许多游客都会来到这里，只为了一睹沙丘上积存的水坑。

从巴雷林哈斯出发，乘坐改造过的四轮吉普卡车前往拉克伊斯·马拉赫塞斯国家公园，单程需要约 1 小时 30 分钟。沙丘的湖泊从 6 月左右开始形成，10 月左右逐渐干涸。赶在湖泊积水期间制订出行计划吧。

从圣路易斯出发的航班
前往巴雷林哈斯一般通过陆路的方式，但是城市南方也有机场，从圣路易斯可以乘坐塞斯纳小型飞机前往这里。但因为是包机的形式，想要乘坐飞机的话可以找旅行社进行咨询。所需时间约 50 分钟。

拉克伊斯·马拉赫塞斯国家公园
Parque Nacional dos Lençóis Maranhenses

大西洋
Oceano Atlântico

Lago de Sto Amaro
Santo Amaro do Maranhão
拉克伊斯·马拉赫塞斯国家公园
Parque Nacional dos Lençóis Maranhenses
佩希湖 Lagoa do Peixe
希望湖 Lagoa da Esperança
波尼塔湖 Lagoa Bonita
阿祖尔湖 Lagoa Azul
普雷吉萨主干斯河 Rio Preguiças
卡布里 Cabure
曼达卡尔 Mandacaru
瓦索拉斯 Vassouras
小拉克伊斯沙丘 Pequenos Lençóis
保利诺·内维斯 Paulino Neves
巴雷林哈斯 Barreirinhas
◆机场
前往圣路易斯

282

前往巴雷林哈斯的交通方式

长途巴士

从圣路易斯乘坐小巴士前往巴雷林哈斯是较为便利的一种方式。早上5:00~6:00巴士会前往各个酒店接上客人，然后直接开往巴雷林哈斯。途中会停在路边餐馆，可以吃早餐并稍作休息。如果已经预订好了巴雷林哈斯的酒店，巴士会直接停在入住酒店的门口。所需时间约4小时。因为需要事先预约，可以委托入住的酒店帮忙进行联系。或者直接拨打边栏列出的巴士公司的电话。16:30左右从巴雷林哈斯出发。

巴雷林哈斯 漫步

巴雷林哈斯是前往拉克伊斯·马拉赫塞斯国家公园最近的城市，小城沿普拉圭卡斯河 Rio Preguiças 不断延伸。城市的主干道是若阿金·索埃罗·卡瓦罗大道 Av. Joaquim Soeiro de Carvalho，道路两旁布满了商店、酒店、餐厅等。中心区域步行仅需10分钟左右就能逛完，是一座很小的城市。河边的贝拉·里奥路 Av. Beira Rio 上有许多时尚的餐厅，夜间灯火辉煌。中心区域的南侧是沙丘 Morro da Ladeira。

巴雷林哈斯的河边停泊着船只

从圣路易斯出发的小巴士
Fanttur
☎ (098) 3236-1608
Brtur
☎ (098) 3236-6056

从巴士总站出发的巴士
6:00、8:45、14:00、19:30出发。所需时间约4小时30分钟，价格为R$44。

巴雷林哈斯出发的旅游团
许多家旅行社都会安团，但是行程内容、价格几乎都一样，一般会选择下面这两种线路。

前往拉克伊斯·马拉赫塞斯国家公园的旅游团的出发时间为8:00~13:00、14:00~19:00，每天发团2次。前往波尼塔湖和阿祖尔湖方向的价格均为R$60~。可以乘车到达沙丘入口，然后步行参观几个湖泊，然后可以戏水玩耍，停留时间约3个小时。下午的团期可以欣赏到夕阳美景。

前往普拉圭卡斯河的行程为8:00~16:00，1天仅1个团期，价格为R$60~。可以乘船在普拉圭卡斯河上游览，然后参观位于下游的渔村和小拉克伊斯。

每个行程都会接触到水，因此建议穿着不怕湿的服装。如果想在沙丘的湖泊里游泳，一定记得带好泳衣。同时建议提前准备好帽子、墨镜、防晒霜、驱虫药、水等用品。

主要旅行社
Alternativa Tourismo
MAP p.283-B2
☎ (098) 98865-0905
URL www.alternativatripturismo.com

位于河边。大多数情况下，不同旅行社的客人都会拼车，乘坐这里的吉普卡车一起出发。

巴西 ● 巴西北部 巴雷林哈斯

可以在水中行驶的四驱吉普车

前往拉克伊斯·马拉赫塞斯国家公园的交通方式

因为没有巴士直接前往这里，所以最好参加旅行团。交通工具是改装过的 TOYOTA 四驱皮卡车。因为沙地上没有铺设道路，比较颠簸，所以最好不要带太多行李。单程约 1 小时 30 分钟。

国家公园北侧是波尼塔湖 Lagoa Bonita、普尔吉斯湖等，南侧是阿祖尔湖 Lagoa Asul、佩希湖等。参团的话会前往这两个地方中的一个，无论哪个风景都十分美丽。佩希湖可以看到鱼，但是需要单程爬坡 30 分钟才能到达。如果有想去的湖泊，可以提前告知旅行社、导游。

佩希湖里有大批鱼群！

沙丘的落日夕阳

出现在小拉克伊斯入口咖啡厅的猴子

曼达卡尔的灯塔

巴雷林哈斯　主要景点

拉克伊斯·马拉赫塞斯国家公园　　Map p.282
Parque Nacional dos Lençóis Maranhenses

位于巴雷林哈斯西北部约 15 公里处。拉克伊斯·马拉赫塞斯在葡萄牙语中是"马拉尼昂的床单"的意思。国家公园面朝大西洋，拥有广袤的白色沙丘，面积高达 15.5 万公顷。

在湖中游泳，亲身感受拉克伊斯的神秘氛围

沙丘受风的影响，呈现出波浪般的凹凸状。沙丘上透明的水晶样砂粒是一种石英砂，天气好的时候可以看到碧水与白沙形成的对比，非常好看。沙子下面是坚硬的岩盘，5~10 月的雨季期间，浸透下去的水会溢出到沙子上面，形成一个个湖泊。7~9 月是湖泊面积最大的时候，12 月~次年 2 月湖水干涸，重新回到沙丘的状态。

佩希湖 Lagoa do Peixe（鱼池之意）里有许多鱼，这种鱼的鱼卵是在湖水积蓄的时候孵化出来的，十分特别。雨季到来时，还会有乌龟出现，栖息于此。

参团的话，在沙丘地带有 3 个小时的自由活动时间，可以在喜欢的湖泊里游泳，爬上沙丘再滑下来，有很多娱乐项目。但是不要自己走到太远的地方，容易迷路，一定确认好导游的位置后再行动。

普拉圭卡斯河下游　　Map p.282
Descente en bateau du Rio Preguiças

从巴雷林哈斯出发的另一个经典线路。普拉圭卡斯是树懒的意思。乘坐小船沿着眼前缓慢流淌的普拉圭卡斯河来到下游，游览河边的渔村和小拉克伊斯沙丘 Pequenos Lençóis。河水富含单宁，呈茶色，沿着河流可以看到沿岸辽阔的热带雨林、红树林，以及海獭、鹦鹉、鬣蜥等动物。经过 1 小时 30 分钟左右的时间，可以到达小拉克伊斯。这里是拉克伊斯·马拉赫塞斯国家公园的微缩版，同样在沙丘上分布着几个湖泊。有 1 个小时左右的自由时间，可以游泳、远眺，吃完午餐后，前往曼达卡尔渔村 Mandacaru。村子中央有一个灯塔，登上 160 个台阶后是一个观景台，可以眺望到拉克伊斯·马拉赫塞斯国家公园、小拉克伊斯、流经原始森林汇入太平洋的河川等，景色雄伟壮观。

小拉克伊斯同样十分美丽

巴雷林哈斯的酒店
Hotel

格兰·拉克伊斯酒店
Gran Lençóis Flat Residence
高档酒店

Map p.283-B2 外

◆距离市中心有7分钟车程的一家四星级度假酒店。除了餐厅、酒吧外，还有健身房、庭院泳池等设施。所有客房都可连接 Wi-Fi。

住 Estrada de São Domingos s/n
☎（098）3349-6000
费 ⓈⓌ R$200~ 另收 5% 服务费
CC A D M V
242 间

达瑞亚酒店
Pousada D'Areia
中档酒店

Map p.283-B2

◆位于中心部的南侧，建在沙丘前的一家公寓式酒店。所有客房有空调、迷你吧，干净整洁，装修装饰细致入微。有12间客房带有阳台，并安置了吊床。

住 Av. Joaquim Soeiro de Carvalho 888, Centro
☎（098）3349-0550
URL www.pousadadareia.com.br
费 Ⓢ R$149~ Ⓦ R$238~
CC A M V 20 间

林斯酒店
Pousada Lins
经济型酒店

Map p.283-A1

◆位于市区的中心部。各个方面都很方便，但是挨着马路的房间会有一些吵闹。另外虽然面积不大，但也配有泳池和餐厅。部分房间带有空调。可以在吊床区悠闲放松。

住 Av. Joaquim Soeiro de Carvalho 550, Centro
☎（098）3349-1494
URL pousadalins.com.br
费 ⓈⓌ R$225~
CC D M V 9 间

蒂塔科塔酒店
Pousada Tia Cota
经济型酒店

Map p.283-A1

◆各个房型的价格不同。使用公共卫生间和公共浴室的房间面积较小，只装有风扇，但是清洁工作非常到位。房间内自带淋浴、卫生间的客房装有空调和电视，价格为 Ⓢ R$42 Ⓦ R$74~。

住 R. Coronel Godinho 204, Centro
FAX（098）3349-0159
URL www.pousadatiacota.blogspot.com
费 Ⓢ R$60~ Ⓦ R$100~
CC 不可
9 间

巴雷林哈斯的餐厅
Restaurant

巴拉文托
Barlavento

Map p.283-D1

◆海鲜种类丰富，约有10种菜是用虾制作而成的。其中比较推荐的是加入虾酱的鱼汤 Molho de Camarão，价格为 R$32。

住 Av. Beira Rio 175, Centro
☎（098）3349-0627
营 11:00~次日 1:00
休 无休
CC M V

韦内扎比萨
Pizzaria Veneza

Map p.283-B1

◆位于工人广场 Praça do Trabalhador 前的一家比萨店。提供约20种比萨。此外也有螃蟹、鱼、意面等美味佳肴。

住 Av. Brasília 1
☎（098）3349-0147
营 18:00~24:00
休 无休
CC M

酒店客房设备：带浴缸　带电视　带电话　可上网　含早餐

285

Amazon 亚马孙

亚马孙是……

亚马孙河 Río Amazonas 流域跨越巴西、秘鲁、玻利维亚、厄瓜多尔、哥伦比亚、委内瑞拉，面积达 650 万平方公里。非洲的尼罗河全长 6650 公里，为世界最长河流，而亚马孙河全长 6516 公里，是世界第二长河。但是其超过 1000 公里的支流就多达 20 多条，河流流量几乎是尼罗河的 2 倍，是世界流量第一的河流。

亚马孙流域内生长着世界规模最大的热带雨林，对维护地球环境起着巨大的作用。而且森林还是生物的宝库，在亚马孙河的滋养下，这里栖息着许多珍贵的动物。但是亚马孙河的沿岸城市中仅有玛瑙斯市的人口超过了 190 万。近年来，过度开发、森林砍伐导致热带雨林的数量急剧减少，为了保护这些珍贵的自然资源和动物，2000 年教科文组织将亚马孙河中央的河流、森林作为雅乌国家公园列为了世界遗产。

远古时代，亚马孙河有多条支流汇入太平洋、加勒比海。约 7000 万年前，因为安第斯山脉的隆起，河流被阻断，形成了一个大型淡水湖。随着时间的推移，安第斯山脉的雪渐渐融化，加上从高地流出的水流导致湖水溢出，这便形成了亚马孙河的发源地，并最终注入大西洋。

玛瑙斯海拔高 40 米，距离玛瑙斯 1100 公里，位于上游流域的塔巴廷加市海拔高 55 米，可见亚马孙河的水面是比较平缓的。到了雨季水位上升时，平均高度差为 8~9 米，雨量充沛时会超过 10 米。水位升高后，一些小岛和低洼地带会被水流淹没，陆地面积大幅减少。果园等一开始就被建在了高地上，到到了雨季后，放牧的牛羊等家畜也会被转移到高地的牧场。房屋以高架式和水上住宅为主，无论前往哪里一定少不了独木舟和小船。与其在丛林中步行穿梭，不如乘坐小船更为方便、安全。即便是低水位时期，亚马孙流域中大大小小的水系也如同一张大网，船只对于当地人来说是非常重要的交通工具。

内格罗河与索利蒙伊斯河的交汇处

橡胶业的发展

亚马孙河在 19 世纪中期~20 世纪初期迎来了橡胶业的发展。从亚马孙河的橡胶树中可以提取出天然橡胶，作为当时产量激增的汽车、轮胎等产品必不可少的材料，被大量出口给了欧洲各国。贝伦、玛瑙斯保存下来的那些华丽的剧院、建筑等，很好地诠释了当时繁荣的景象。但是 1915 年，意大利人将橡胶树的种子移植到了东南亚。5 年后，也就是 1920 年左右，东南亚也可以开始生产橡胶了，因为亚马孙河地理条件更加恶劣，并且垄断市场、价格昂贵，最终这里的橡胶变得无人问津。

玛瑙斯、贝伦都曾经依靠天然橡胶的出口取得了巨大的发展

夕阳时分的亚马孙河

气候和最佳季节

亚马孙流域的雨季为 12 月~次年 5 月下旬。雨季开始的同时，水位也会随之升高，3~7 月为高水位期，6 月下旬水位达到全年最大值。最大水位时期，河流宽到如同大海一般，几乎看不到对岸。干季为 6~11 月下旬，8 月~次年 2 月是低水位期，12 月为水位最低值。

亚马孙观光的最佳季节也因人而异，如果想要乘坐独木舟进入亚马孙河的支流，欣赏丛林风光，在雨季、水位较高的时期前往亚马孙，可以进入到腹地深处。而想要钓鱼、欣赏动物的话，干季更为适宜。想要步行旅行的话，全年任意时间均可。因为亚马孙流域的雨季和干季风景有很大差别，无论首次次来到亚马孙是在哪个时期，都可以体会到亚马孙的精彩。

大本营城市

前往亚马孙河游览的大本营城市包括贝伦、圣塔伦、玛瑙斯。其中在亚马孙的两大都市贝伦和玛瑙斯，有很多丛林之旅的行程，可以很方便地报名参加。贝伦市为港口城市，有很多小岛，可以参加农家乐、独木舟等许多娱乐活动，观鸟之旅也有着很高的人气。玛瑙斯则是以河边的丛林小屋为据点，可以体验亚马孙的自然风光。

主要区域导航

玛瑙斯 → p.291　MAP p.40-B2

亚马孙州的首府，位于亚马孙河支流内格罗河 Rio Negre 沿岸。城市东部约 10 公里处是与索利蒙伊斯河 Rio Solimôes 的合流地点，其下游便是亚马孙河。周边分布着许多丛林小屋，是亚马孙观光的一大据点城市。

贝伦 → p.305　MAP p.40-B2

位于亚马孙河注入大海的河口附近。人口超过 140 万，是一座大型都市，也是帕拉州的首府。附近的部分河流河宽超过 360 公里，可以乘团前往位于河流中央的小岛，感受大自然的魅力。著名的岛屿包括马腊若岛等。

乘坐亚马孙观光船在丛林中穿梭前进

许多船只交错来往的玛瑙斯港口

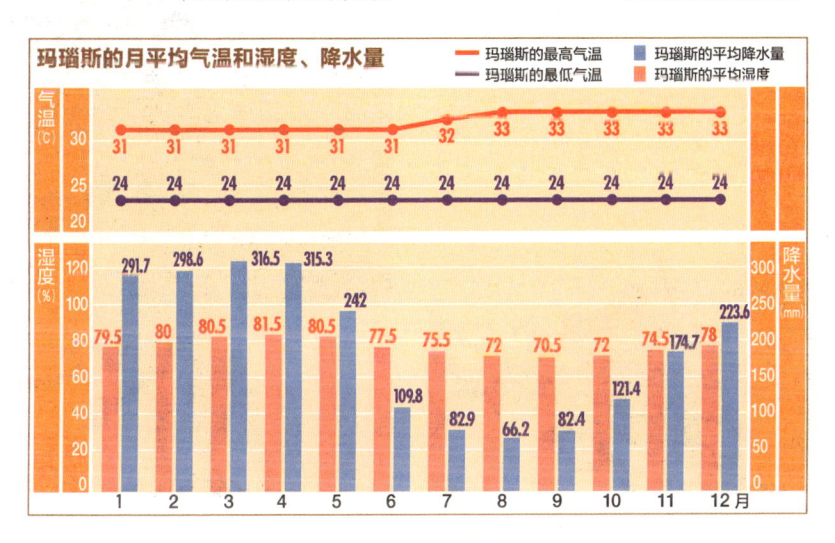

玛瑙斯的月平均气温和湿度、降水量

月	1	2	3	4	5	6	7	8	9	10	11	12
最高气温(℃)	31	31	31	31	31	32	33	33	33	33	33	33
最低气温(℃)	24	24	24	24	24	24	24	24	24	24	24	24
平均降水量(mm)	291.7	298.6	316.5	315.3	242	109.8	82.9	66.2	82.4	121.4	174.7	223.6
平均湿度(%)	79.5	80	80.5	81.5	80.5	77.5	75.5	72	70.5	72	74.5	78

圣塔伦　　　→ p.318　MAP p.40-B2

位于贝伦和玛瑙斯的中间位置。有前往玛瑙斯和贝伦的船只,是亚马孙河的交通要冲。

服装和随身物品

亚马孙全年酷热,而且湿度很高,一定要携带除虫喷雾剂。中国的药效可能较弱,建议到当地的商店购买。如果从中国携带罐装的喷雾剂是禁止带上飞机的,请一定注意。另外也不要忘记带上止痒膏等。行走在丛林中一定要穿长袖、长裤、帽子、便于行走的鞋袜等。此外还需准备防晒霜、墨镜、不怕水的凉鞋等。另外,因为湿度高,洗过的衣服不容易干,选择速干型的衣物、袜子、内衣会更加便利。

亚马孙的动植物

⦿ 鱼

亚马孙的代表性鱼类中,最有名的当属水虎鱼和体长可以达到3米、世界上最大的鱼类巨骨舌鱼。巨骨舌鱼也叫作海象鱼,即便经过了1亿年的时光变迁,其形态也没有改变,堪称"活着的化石"。鱼鳞很大,如同鞋拔子,因为十分粗糙,会被当作锉刀出售。鱼肉口感很好,被称作"亚马孙鳕鱼",因为滥捕,现在连2米左右大小的巨骨舌鱼都难以捕获到了。水虎鱼虽然可以食用,但是有很多小刺。其他鱼类包括1000多种鲇鱼,如全长可达3米的巨型须鲇鱼、1.5米长的祖鲁油鲇、市场上经常可以见到的大西洋马鲛等。当然还有巨型的大盖巨脂鲤、眼点丽鱼等肉质饱满的白身鱼,也是餐厅的人气菜。

⦿ 动物

在丛林小屋周边有可能看到树懒、食蚁兽、犰狳、吼猴、蛛猴等动物。丛林小屋区域各处都饲养着松鼠猴。早晚都可以听到吼猴独特的叫声回响在丛林之中。另外河中还栖息着三种河豚,因为体表颜色为粉色,因此也被称作粉色河豚,其正式名称为亚马孙河豚。可以参团同粉色河豚一同游泳(→ p.298)。

⦿ 鸟

鸟类的数量、种类数不胜数,经常可以看到的有小鹦鹉、翠鸟、蜂鸟、䴕鸰(啄木鸟)、大斑啄木鸟等。

⦿ 爬行动物

栖息在亚马孙的鳄鱼有黑色的凯门鳄和眼镜凯门鳄,体长可达5米。很少有机会能看到黑色凯门鳄,参加旅行团看到的鳄鱼也多是眼镜凯门鳄的幼崽。话虽如此,岸边的鳄鱼数量还是多到令人惊讶。丛林中还栖息着大蟒蛇。

关于旅游团行程

亚马孙河流域的道路基本没有什么建设发展,主要的交通手段还是依靠水路,所以游客想要自己前往丛林中散步是不可能的。即便铺设了道路,因为治安不佳、有毒动植物偏多,想要自己游览也是不妥当的。即便是当地的导游,也有自己习惯的区域,不会轻易去往自己不熟悉的地方。

因此,想要充分体验亚马孙的乐趣,最好的方式还是参加旅游团。在玛瑙斯可以参加丛林步行、水虎鱼垂钓、夜间的观赏鳄鱼等,从一日游到多天的旅游行程,线路十分丰富。一般会选择入住丛林小屋,然后参加小屋的旅游团,通常会选择2晚3天的行程。

⦿ 亚马孙之旅

一般的亚马孙旅游团是乘船游览几个亚马孙河流域的景点。包括使用定期游船的一日游、乘坐私人船只或独木船游览的行程、入住民宿的行程、丛林小屋全包式的旅行团等。从一日游到3晚4天是比较主流的方式,尤其是一日游观光游船,各家旅行社的行程线路大都一样。停留时间在1晚2天以上的话,会入住丛林里的住宿设施,一般被称作

也有体形较大的鹦鹉,但是鲜有机会看到

参加丛林之旅还有机会前往原住民的村庄

"丛林小屋"，或者是乘坐大型的游船，晚上也是在船上休息，旅行途中都有水虎鱼垂钓、夜间观察鳄鱼探险等许多娱乐活动可以参加。每一种都可以感受大自然的魅力，都是亚马孙特有的行程内容。预约的时候一定确认好住宿地的设施、交通手段、是否有导游、是否含餐、是否含接送、娱乐项目的内容、日程安排等各项信息。

高架式的卡波科洛住宅

乘船进行旅游行程

河流、亚马孙当地的历史、自然，以及当地独特的卡波科洛式住宅、水上住宅都十分了解，并会详细向游客进行介绍。也有些行程会前往远离亚马孙河干流的小水路，或者到大型湖泊观赏水鸟。

◉ **鳄鱼观察探险之旅（夜间）**

乘坐摩托艇前往鳄鱼的栖息地。因为鳄鱼的眼睛在黑暗中被光照到后，会如同红宝石一般发光，因此在寻找鳄鱼时一般都会使用手电筒。发现鳄鱼后，船长会徒手将睡着漂浮在水面上的鳄鱼迅速抓上来。然后对鳄鱼的生态习性进行介绍，然后合影留念。行程通常是在19:00以后的晚上进行，所需时间约2小时。有船长、导游同行。

◉ **一日游观光游船**

乘坐观光用的船只，参观亚马孙的旅游团。主要游览两河交汇处、加纳乌阿里湖、亚马孙王莲、水上住宅等。部分行程还会打包亚马孙河豚之旅、探访原住民部落等，但不同时期会略有调整，预约时请一定确认。游玩所需时间约7小时。一般都会包含酒店的接送、水上餐厅的海鲜午餐。

◉ **旅居型旅游团**

人住的丛林小屋提供多种娱乐项目，例如鳄鱼探险、水虎鱼垂钓等，游客可以自己选择参加。如果是停留1晚，到达后的当天晚上开始鳄鱼探险，第二天进行丛林漫步；2晚的话，可以参加水虎鱼垂钓、游船。住宿条件也是从民宿到豪华的丛林小屋，类型多种多样，可以参加的娱乐活动也有所不同，预约申请时一定确认清楚。另外，行驶在亚马孙河上的大型游船之旅也有着很高的人气，而且通常包含三餐。具体信息请参考亚马孙的丛林小屋（→ p.299）。

徒手抓着鳄鱼

◉ **水虎鱼垂钓**

水虎鱼的人气很高，而且全年都可以钓到。一般是半天的行程，坐船到可以垂钓到的地方。使用的是很简单的竹竿，鱼钩上挂着切开的生牛肉，在将鱼竿甩进水中时，先要在水面上敲打几下竿头。这是垂钓水虎鱼时的特有钓法，是在告诉水虎鱼有动物或者什么东西溺水了，以此让它们聚集起来。如果感觉有鱼咬钩了也先不要着急，等到鱼大口咬吃再迅速提竿。一开始可能很难掌握好时机，习惯之后就会变得很有意思。如果钓上来之后水虎鱼脱离了鱼钩，千万注意不要被钓到。除了水虎鱼之

◉ **亚马孙游船**

亚马孙河的交通主要还是依靠水路。参加1晚或2晚的旅居型旅游团途中，前往丛林小屋时也不例外，移动中可以欣赏到亚马孙河。同行的导游

建在水边的丛林小屋

钓上来之后一定要小心其锋利的牙齿

289

外还能钓到鲇鱼等。钓上来的鱼可以油炸或者做成刺身，事先最好再跟旅行社确认一下。

◉ 观赏日落&日出的旅行团

不论哪个丛林小屋都有人气极高的一个行程，就是乘船前往小屋周边地区欣赏晚霞或朝霞。可能大部分人会觉得各个地方欣赏到的景色差不多，其实看到的颜色是完全不一样的。日落团还可以跟晚上的鳄鱼探险打包游玩。

亚马孙的晚霞

◉ 金目丽鱼垂钓（人造诱饵垂钓）

金目丽鱼和黑鲈鱼相似，也是肉食性鱼类，体形较大的身长可达1米以上。垂钓地点位于内格罗河的上游。最佳垂钓季节是干季，以及10~11月。比较好的垂钓地点距离玛瑙斯市比较远，建议选择1晚2天的行程。玛瑙斯以北120公里的巴尔比纳大坝全年都可以垂钓到金目丽鱼。

◉ 丛林步行

同导游一起在丛林中步行穿梭。导游对于森林十分了解，会讲解原住民曾经当作过药材的树木、草类，以及稀少的昆虫，可以学到许多关于森林的知识与奥秘。建议穿着便于步行的鞋靴、长袖、长裤，带上驱虫剂等。

导游会讲关于动植物的知识

◉ 亚马孙河豚之旅

栖息在内格罗河的亚马孙河豚，是生活在淡水中的豚类中最知名的一种，数量也很多。你可能会以为参加内格罗河游船的话就会有很多机会可以看到它们的身影。但是这里的情况有所不同，并不能很顺利地看到它们的踪影，这是因为内格罗河的水面如同一面黑色的镜子，根本看不到水下，也无法预测它们会从哪里突然冒出来。

想要近距离观看到可爱的河豚，不妨参加河豚之旅，还可以跟它们一起游泳。有成功喂养的野生河豚，因此可以在自然环境下与它们近距离接触。

可爱的河豚就在身边

◉ 探访原住民部落

亚马孙河流域内居住着众多的原住民，他们中的大部分人至今还保持着传统的生活文化。如果想探访这样的部落、与他们一起舞蹈、体验传统的手工艺，就选择这个行程吧。酒店的前台和旅行社一般都接受预订。

到达部落后，长老会出来迎接，并且献上一段欢迎舞蹈。在互相交流一段时间后，会拿出手工艺品供游客欣赏，当然这些都可以买走作为纪念品。

欣赏传统舞蹈

选择旅行社的方法

玛瑙斯、贝伦都有很多旅行社，但其中也有不少评价较差的门店，介绍的内容和实际情况有很大出入、要求支付的价格要比最初约定的价格高出许多等，有不少类似这样的投诉、报案。建议到旅游咨询处、高档酒店推荐的旅行社、信誉较高的旅行社等进行报名。

ATS旅行社的员工们

290

巴西北部

玛瑙斯 *Manaus*

Brasil

玛瑙斯　巴西利亚

MAP ▶ p.40-B2
长途区号 ▶ 092
（拨打电话的方法→ p.42）
US$1 ≈ **R$3.89**
≈ 6.89元

巴西　●巴西北部　亚马孙/玛瑙斯

玛瑙斯的标志性建筑——亚马孙剧院

听到亚马孙这个名字后，应该不少人都不会觉得有多浪漫吧。亚马孙河是世界上流域面积最大的河流，也被称作"绿色地狱"，河流颜色为棕褐色，穿流在茂密的丛林之中。而位于亚马孙流域正中央的便是玛瑙斯这座大都市。城市人口超过190万，是巴西国内的主要城市之一。位于热带雨林密布的亚马孙盆地东部，干流索利蒙伊斯河和支流内格罗河交汇处的上游10公里的内格罗河河畔处。

玛瑙斯在19世纪末的橡胶热潮中繁荣起来。在亚马孙河上游发现天然橡胶后，怀揣着暴富梦的人从欧洲涌来。通过空前的橡胶业发展暴富的人们，也将欧洲的文化带入了亚马孙。仿照巴黎歌剧院建造的亚马孙剧院里经常有从欧洲来的一流歌手的演出，夜间的舞厅里则会聚了各界社交名流。

虽然曾经供应世界80%橡胶产量的时代已经远去，但是玛瑙斯如今作为产业都市、自由贸易港口、亚马孙观光的门户，依旧在持续不断地向前发展。

美丽的阿道弗里斯本市场

玛瑙斯的时差
玛瑙斯所处的亚马孙州，与以圣保罗、里约热内卢、贝伦为主的巴西时间有一个小时的时差（如果施行夏时制则为2个小时时差）。如巴西时间为正午12:00，玛瑙斯则为11:00（夏时制为10:00）。

玛瑙斯的气候
玛瑙斯位于南纬3°，海拔40米，属于热带气候，雨季在12月中旬~次年6月。湿度85%~90%，气温为23~30℃。干季为7月~12月中旬，但是最干燥的8-9月湿度也在75%以上，气温保持在26~37℃。全年都有降雨，但多为短时间、集中的暴雨。

关于治安
若阿金纳布科大道Av. Joaquim Nabuco以及港口周边有不少便宜的酒店，但是考虑到安全性的话，不太推荐入住这些区域。尽量避免夜晚独自一人外出，出行最好乘坐出租车。在市场和船上都要格外注意自己的随身物品。

观光秘诀
市区的商店街在周六下午和周日都休息。博物馆大多也在周日闭馆，因此推荐平日在市内观光，周末参加旅行团。

291

爱德华多·戈梅斯国际机场
MAP p.292
Av. Santos Dumont 1350
☎ (092) 3652-1210

关于机场航站楼
爱德华多·戈梅斯国际机场有两个航站楼。所有的国际航班及大部分国内航班都停靠的是1号航站楼。2号航站楼主要停靠的是往返亚马孙地方城市用的小型飞机。

爱德华多·戈梅斯国际机场内还种植着颇有亚马孙风格的热带植物

306路巴士往返于机场和市区

适合背包客的旅行社
从7月10日大道 R. 10 de Julho 的亚马孙剧院往东有多家旅行社，提供的丛林小屋和旅行团价格比较便宜。走在这里很快就会有人上前搂客，也有不少评价不好的旅行社，请务必注意。

亚马孙巴西丛林旅行社
Amazon Brazil Jungle Tours
MAP p.293-B1
R. 10 de julho 708
☎ (092) 3087-0689
URL www.amazonbraziljungletours.com

前往玛瑙斯的交通方式

飞机

从圣保罗出发，每天有2~3班南美航空、2班戈尔航空，均为直飞航班，飞行所需时间约4小时。从里约热内卢出发，每周有2班南美航空、1~2班戈尔航空，所需时间约4小时10分钟。此外，与巴西利亚、

近代化的爱德华多·戈梅斯国际机场

福塔雷萨、贝伦等地也开通了航线。
从玛瑙斯每周有7班飞往委内瑞拉边境的博阿维斯塔，运营的航空公司有南美航空、戈尔航空、阿苏尔航空，所需时间约1小时20分钟。

● **从机场前往市区**
玛瑙斯的机场名为爱德华多·戈梅斯国际机场 Aeroporto Internacional Eduardo Gomez（MAO）。机场位于玛瑙斯中心以北约20公里处。前往市区的出租车为定额制，前往市区和玛瑙斯热带酒店（→p.301）都是R$75。乘坐出租车的话，先要到窗口买票，然后再上车。此外也有带空调的机场大巴，发车时间与航班的起降时间相对应，价格为R$20，可以在柜台购买车票。当地巴士011路和306路也都开往市区，价格为R$3.8。巴士站距离机场航站楼有一定距离，一定提前确认好路线。

长途巴士

博阿维斯塔每天有5班大巴开往玛瑙斯，所需时间约12小时。因为玛瑙斯位于内陆，与各大主要城市距离较远，很难乘坐巴士到达。长途巴士总站位于市区和国际机场的中间位置，往返两地的巴士也途经这里。前往市内需约15~30分钟。

玛瑙斯广域图

渡轮

玛瑙斯位于内格罗河 Rio Negro 北岸，下游约 10 公里处是内格罗河和索利蒙伊斯河 Rio Solimôes 的合流处。这个合流处再靠下游的地方一般被称作亚马孙河，主航路是这里，以及在南部汇入亚马孙河的马德拉河、北部流入索利蒙伊斯河的雅普拉河。根据目的地的不同，也可以乘坐经停渡轮，一定提前确认好渡轮航线。

周三、周五前往贝伦，需要 4~5 天，吊床价格为 R$320、客房（最多入住两人）为 R$1000~1200。周一~周六前往圣塔伦，需要两天，吊床约为 R$160、客房价格为 R$800~1000。

玛瑙斯 漫步

来到玛瑙斯的游客，比起市内观光，大多数人肯定更想体验亚马孙河的自然魅力。一般都会选择到亚马孙河的丛林小屋。虽然到达玛瑙斯后也可以再进行行程的预约申请，但建议还是提前预订好。从玛瑙斯到丛林小屋可以乘船，或者先坐车再换乘渡轮，需要大概 1 个小时的时间。如果预约了旅游行程，会有班车到机场接送。关于亚马孙的丛林小屋信息可以参考→ p.299。在圣保罗、里约热内卢的旅行社可以打包预订机票

渡轮码头售票处
- **MAP** p.293-A2
- 周一~周六　9:00~18:00
  周日　　　9:00~15:00
- 无休

过去的玻璃码头大厅非常气派，但已经关闭了。现在只剩下一小块区域。另外如果选择郊区航线的话，需要提前购票，可以在玛瑙斯购买。

玛瑙斯的市内交通

玛瑙斯虽然也有本地巴士，但站点很难看懂，乘坐起来不是很方便。非空调车价格为 R$3.8、空调车价格为 R$4.2。出租车按里程计费，起步价 R$4，深夜（22:00~次日 5:00）、周末、年底年初会采用价格分类 2，费用有一定涨幅。另外因为停车等待的时候也会计费，所以最好避开拥堵时段（7:00~8:00、12:00~13:00、18:00~19:00）。

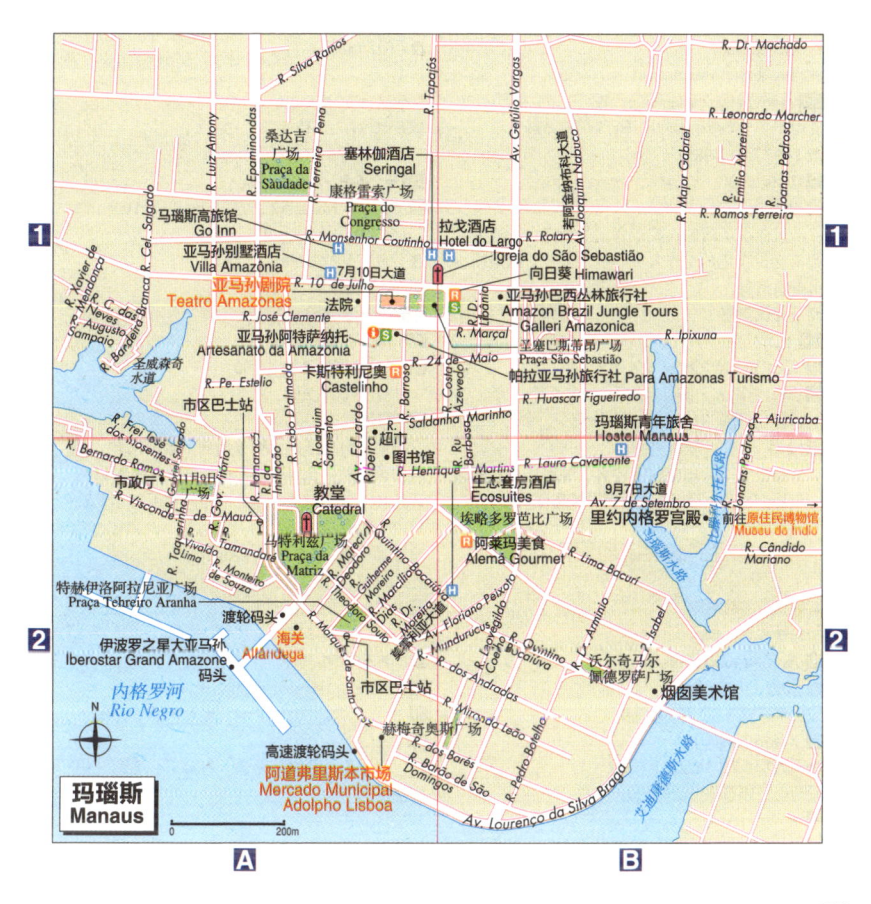

巴西 ● 巴西北部 玛瑙斯

位于渡轮码头旁的教堂

狭窄的街道两旁摆满了摊铺

和旅游行程。

　　玛瑙斯市毗邻内格罗河，以市区为中心向内陆地区发展。因为橡胶热潮的缘故，玛瑙斯市中心拥有着悠久的历史，可以欣赏到亚马孙剧院、阿道弗里斯本市场等殖民风格的建筑，仿佛重现了当年这里的繁荣景象。大部分景点步行游览即可。最热闹的地方是渡轮码头到阿道弗里斯本市场的9月7日大道 Av. 7 de Setembro 周边。

　　市中心北部的阿德里亚诺波利斯地区 Adriaropolis 属于高档住宅区，分布着一些办公楼和时尚的餐厅。另外西边是正在开发中的内格罗村 Ponta Negra，集中建有近代化的酒店以及规模较大的餐厅等。

INFORMATION

❶ 旅游咨询处
亚马孙旅行　Amazonastur
URL www.amazonastur.am.gov.br
爱德华多·戈梅斯国际机场（1号航站楼）
☎（092）3182-9850
🕐 7:00~22:00
休 无休
　　位于机场内的州旅游咨询处指南台。通常都有会讲英语的工作人员。提供玛瑙斯的地图等资料信息。

亚马孙剧院前
MAP p.293-A1
住 Av. Eduardo Ribeiro 666
🕐 周一～周五 8:00~17:00
　　周六·周日 8:00~12:00
休 无休
　　位于亚马孙剧院的正前方。警察局也在同一个地方办公，可以在这里开具被盗证明书。

中国暂时没有在玛瑙斯设立领事馆

其他国家的领事馆
秘鲁领事馆　Perú
住 Av. Constelação 16-A
☎（092）3632-0585

委内瑞拉领事馆　Venezuela
住 R. Rio Jamari 10
☎（092）3584-3922

哥伦比亚领事馆　Colombia
住 R. 20, 651A

☎（092）3234-6777

推荐旅行社
ATS 旅行社　ATS TUR
（ATS Viagens e Turismo Ltda.）
MAP p.296-B2
住 R. Belo Horizonte, 09, The Place Business Center 1115 Adrianopolis
☎（092）3622-2789
FAX（092）3622-2715
URL www.atstur.com
E-mail atstur@atstur.com
🕐 周一～周五 8:00~18:00
　　周六 8:00~12:00
休 周日
　　重视信誉信用，服务周到。除了机票、酒店的预订外，也提供各种旅游线路。也可以预订丛林小屋和游船。办公地距离市区打车需要10~20分钟。

帕拉亚马孙旅行社　Pará Amazonas Turismo
MAP p.293-A1
住 R. José Clemente 508
☎（092）3234-8046
FAX（092）3234-2088
E-mail liliane@paraamazonastur.com.br
🕐 周一～周五 8:00~17:00　周六 8:00~11:30
休 周日
　　位于亚马孙剧院南侧。有英语、葡萄牙语导游。

玛瑙斯　**主要景点**

亚马孙剧院
Teatro Amazonas
Map p.293-A1

19世纪后半叶，在橡胶热潮中发家致富的欧洲人纷纷移民至此，在丛林中建造了玛瑙斯，并且开始追求和在欧洲一样的生活水平。其中最具代表性的就是建于1896年的亚马孙剧院，这是一座具有意大利文艺复兴风格的歌剧院。以圆形屋顶的瓷砖为首，所有的建筑材料都是特意从欧洲进口来的，内部的意大利大理石台阶、奥地利生产的椅子等家具内饰也非常豪华，令人瞠目结舌。

共设有700个座位，其中450个座位是2～5层的包厢座位。参观的话最多只能上到二层，但是这层的中央是为了国宾们设置的专座。舞台幕布描绘的是内格罗河与索利蒙伊斯河的合流地点，画家是巴西人克里斯平·阿曼龙Crispim do Amaral。下方中央放置了象征两条河流的神以及美丽的雅拉Yara（水的母亲）。天井被设计为从下仰视巴黎埃菲尔铁塔的形状，以艺术、音乐为主题的天井画也出自克里斯平之手。

二层是贵族的沙龙，大理石圆柱，阳台等装饰奢华到令人难以置信。天井的绘画是意大利人多梅尼科·安杰利斯Domenico de Angelis的作品。可以试试一直看着画作中央女神的眼睛，然后从房间的一端走到另一端，你会发现你们好像一直在互相凝视。

气派的建筑外观，不由得令人想起当年的繁荣盛景

几乎每天都有演出

亚马孙剧院
住 Praça São Sebastiãos/n
☎ (092)3622-1880
⏰ 9:00~17:00
休 周日・周一
￥ R$20（周二免费）

提供英语、葡萄牙语导游服务，每45分钟·1小时发团一次。内部禁止用闪光灯拍摄。如果有演出表演，一般不会安排参观。

阿道弗里斯本市场
Mercado Municipal Adolpho Lisboa
Map p.293-A2

1882年，仿照巴黎的中央市场Les Halles建造。新艺术主义风格建筑，使用的彩色玻璃、铸铁等材料均来自法国。内部有许多店铺，主要出售谷物、亚马孙独特的药草等。木雕上刻有树果、鸟的羽毛等独特的形象，还有使用水虎鱼的牙齿制作的辟邪品等原住民的手工艺作品，以及水虎鱼摆件、笼子制品、利用丛林的植物制作而成的肥皂、样子奇怪的药品、用作营养补品的瓜拉纳和巴西莓等亚马孙植物的粉末等，种类丰富多样。市场再往里有餐厅，河鱼价格便宜，味道也不错。旁边的建筑物里是出售鸡鸭鱼肉、蔬菜的玛瑙斯蒙德诺市场Manaus Moderno，与蒙德诺市场又隔着一条马路的是主要售卖水果的菲拉芭娜娜市场Feira da Banana。

有很多超大的鱼类出售

阿道弗里斯本市场
住 R. dos Barés 46
⏰ 周一～周六 8.00~17.00
　 周日 6:00~12:0
（各家店铺不同）
休 无休

大多数摊铺下午都比较冷清，最好中午之前来这里。

建筑外观很美，难以想象只是个市场

巴西北部　玛瑙斯

295

原住民博物馆

住 R. Duque de Caxias 356
☎ (092)3635-1922
营 周一～周五　8:30～11:30
　　　　　　　　13:00～16:30
　　周六　　　　8:30～11:30
休 周日
费 R$12
交通方式
从市中心乘坐 101、401、601 路等巴士，需要约 10 分钟。

原住民博物馆
Museu do Índio

Map p.293-B2外

展厅按照主题划分

博物馆位于教堂旁边，由修女运营管理。博物馆内陈列了居住于亚马孙流域的亚诺玛米族、里约内格罗族等原住民的相关物品，展品包括生活用具、宗教仪式上使用的道具乐器等。此外还有动物标本等与自然相关的展品。入口的小卖部出售民间工艺品。

国立亚马孙研究院

住 Av. André Araújo 1756, Aleixo
☎ (092)3643-3312
营 周二～周五　9:00～12:00、
　　　　　　　　14:00～17:00
　　周末　　　　9:00～16:00
休 周一
费 R$5
交通方式
从市中心乘坐 125、217 路等巴士，约 15 分钟。在 INPA 前下车。

国立亚马孙研究院
Insituto Nacional de Pesquisas da Amazônia

Map p.296-B2外

简称 INPA，又名"科学森林" Bosque da Ciência，是一家进行自然保护活动、运营管理丛林实验区的国立科学研究院。1954 年设立，拥有半个多世纪的历史。如今正在进行的研究项目很多，其中包括与史密森尼研究院进行的生态系统研究等项目。科学之家 Casa da Ciência 里有常规展览，展示的就是研究院进行的各项活动的相关资料，不妨顺便去参观一下。其中比较亮眼的是亚马孙的昆虫收藏以及比人还要大的树叶等展品，此外还饲养着淡水海牛。研究院占地面积很大，还设有步道，可以看到亚马孙的树林。

可以看到亚马孙的热带雨林

阿德里亚诺波利斯
Adrianopolis

- 亚马孙购物中心　Amazonas Shopping
- 凯撒商务酒店　Caesar Business
- 蒂奥阿米尼奥　Tio Armênio
- 卡莎萨里亚德德　Cachaçaria do Dedé
- 千年酒店　Hotéis Millennium
- 韦尔拉弗机场快线酒店　Express Vieiralves
- 前往 国立亚马孙研究院 (1.3km) Insituto Nacional de Pesquisas da Amazônia
- 马纳拉购物中心　Manauara Shopping
- ATS 旅行社　ATS TUR
- 玛瑞斯美居酒店　Mercure Manaus Hotel
- 布法罗烤肉　Churrascaria Búfalo
- 蓝树普利姆酒店　Blue Tree Plemium Manaus
- 圣约翰巴蒂斯塔墓地　Cemitério São João Batista
- 佩萨达康托　Canto da Peixada

296

海关
Alfândega

Map p.293-A2

港口栈桥前的中世纪文艺复兴风格建筑。1906年建造的海关设施，使用的建筑材料是在英国制造后运送到玛瑙斯的，是巴西最古老的组合式建筑之一。塔楼曾作为灯塔使用。如今此建筑仍作为海关大楼进行使用，内部不允许参观。

面朝港口的海关大楼

海关
R. Marquês de Santa Cruz s/n
内部不允许参观。

巴西

巴西北部 ● 玛瑙斯

COLUMN 亚马孙的热带水果

可可 Cacau
众所周知，可可的果实就是制作巧克力的原材料。果核周围纯白、棉花状的果肉十分美味，味道偏酸甜，很爽口。

蒲桃 Jambo
也被称作亚马孙苹果，是一种味道很酸、类似苹果的水果。比起中国的苹果要小一些，果肉饱满。

西瓜 Melancia
味道和中国的西瓜相差不多，但是瓜的形状是细长形，而且非常大，是亚马孙很流行的一种水果。

古布阿苏 Cupuaçú
外形类似椰子，棕色外壳，很坚硬，是一种很大的树果。用它的果核可以制作成类似巧克力的食物。果肉是纯白的，吃起来口味酸甜。

腰果梨 Cajú
可以从中提取出腰果。顶部的种子就是腰果。味道甘甜，一般是做成果汁饮料品尝。

杧果 Manga
外皮为红色或绿色，果肉从黄色到橙色，有很多品种。

刺果番荔枝 Graviola
绿色、外皮凹凸不平的一种水果，果肉味道甘甜、浓厚。

巴西坚果 Castanha
外壳为球形，十分坚硬，切开后里面藏有许多种子。坚果跟拇指一般大。

萨珀卡伊亚 Sapocaia
和巴西坚果一样，果实很大，将盖子部分打开后可以看到里面有许多坚果。

杨桃 Carambola
横切面呈星芒状。味道有些甜，吃起来口感比较像梨和苹果。

巴克利 Bacuri
和古布阿苏属于同一种类，果实十分坚硬，里面的果核周围带有果肉。经常被做成冰激凌。

酸枣 Taperebá
大小跟大拇指番差不多，颜色为橙色，非常酸，一般会制成冰沙食用。

棕榈果 Pupunha
棕榈树果实，跟果子的大小差不多。煮好后食用。味道有些像栗子和红薯。经常作为咖啡厅的点心。

297

小心亚马孙的草原

亚马孙地区有许多虫子,草原上有一种叫作姆克因的螨虫,在当地语言中意为"像粉末的虫子",如同这个名字一般这种虫子体形非常小。被这种螨虫叮咬后会非常痒,即便是洗澡或者用药也没有任何效果,症状会一直持续10天。螨虫是从脚底爬上来的,最好将裤腿绑紧,然后在鞋上、裤子上都喷好防虫剂进行预防。

亚马孙河上的大桥

2011年,亚马孙河上的内格罗河大桥 Ponte Sobre Rio Negro 正式开通。大桥全长约3.6公里,是巴西第二长的河上大桥。此前乘船过河需要1个多小时,如今坐车仅需10分钟左右。玛瑙斯和周边城市的交通联络一下有了飞跃性的突破。

玛瑙斯 郊区小镇与景点

两河交汇点
Éncontro das Águas

Map p.292

亚马孙观光的热门景点之一。玛瑙斯下游约10公里处是内格罗河与索利蒙伊斯河的合流地点。从这两条河的交汇处附近开始便是亚马孙河。两条河的河水并不会混合在一起。从这里干季约到17公里、雨季约到70公里远的下游都有清晰的分界线。河水不能混合在一起的原因是两者的比重和流速不同,内格罗河的水温一般在28℃,流速每小时3~4公里。而索利蒙伊斯河的水温为22℃,流速每小时7~8公里。索利蒙伊斯河的源头在秘鲁,是安第斯山脉的雪融化后汇聚而来,因此含有泥土,呈现出黄土色。而内格罗河的水源地为哥伦比亚,是从一片浸水林间缓慢流出的,呈黑色。而且,内格罗河的水质为酸性,所以没有什么蚊子。

一般想来这里都要参加旅行团,但因为这里也是航行在亚马孙河下游及索利蒙伊斯河上的游船需要通过的地点,所以乘船时如果运气好的话也可以看到。另外,从玛瑙斯乘坐前往对岸的瓦泽卡雷罗 Careiro da Várzea 的渡轮时也有机会看到。根据日照的强弱看到的对比也有不同,最好是在太阳升高的时候前去观看。

两河交汇处旁的油船

COLUMN 与粉色河豚共游亚马孙

说到玛瑙斯的人气旅游的话,当数可以和粉红色河豚(亚马孙河豚)接触的行程线路。这种河豚是南美亚马孙的特有品种,曾经生活在大海中的海豚,因为地形隆起被留在了内陆地区,完成了自己独特的进化。雄性的体长将近3米,是世界上体型最大的河豚。因为腹部侧面有鲜艳的粉色,因此得名粉色河豚。

内格罗河上分散着一些漂浮小屋,可以给河豚喂食,乘船游览的行程也有着很高的人气。大部分行程都在中午前出发,8:00左右从玛瑙斯出发,交通移动约1小时30分钟,和河豚接触后,在中午左右返回。

到达小屋后,会有简单的介绍,然后穿上救生衣。工作人员会先用饵食将河豚聚集起来,然后游客就可以直接与河豚接触了。如果穿泳衣的话,还可以与它们一同游泳。

ATS旅行社(→p.294)
河豚畅游之旅
周二·周四~周日 8:00出发,所需时间4小时
RS170

行程中,车上会播放粉色河豚的纪录片,可以租赁水下眼镜。

有专门的饲养员喂食河豚

298

亚马孙的丛林小屋和游船

冒险和自然正是亚马孙的乐趣所在。丛林小屋可以感受自然的魅力，参加娱乐活动，体验未知的世界，是亚马孙绝无仅有的住宿设施。丛林小屋的类型既有度假酒店级别的，设备十分齐全，也有连水电等生命线都难以保障的野外设施。近年来，豪华游船也逐渐增多，出行入住的选择更加丰富了。

没有公共交通可以前往丛林小屋。入住期间也无法自由移动，需要在玛瑙斯报名参团。行程一般是从一日游到3晚4天，费用包含接送、餐食、步行、导游服务费。

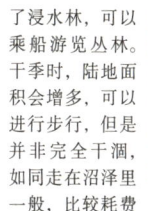

了浸水林，可以乘船游览丛林。干季时，陆地面积会增多，可以进行步行，但是并非完全干涸，如同走在沼泽里一般，比较耗费体力。很多鱼都会浮上水面，捕食的鸟类数量也会增多。

水面上的生态小屋

预约的方法

除了可以通过网络的方式直接进行预约外，也可以到ATS旅行社（→p.294）等地进行报名。丛林小屋的行程每天都会变更，如果目的明确，一定提前确认好时间和行程内容。

如果要参加自费项目，可以事先在旅行社、玛瑙斯等地的门市进行支付。很少有丛林小屋既能使用信用卡，又能用现金支付。

在导游的带领下，乘船观赏珍稀的动植物

住 R. Floriano Peixoto 266
☎ (093)3343-4160
URL uakarilodge.com.br
費 最少入住3晚，周二和周五出发的全包旅游 ⓈR$2270～ⓌR$4240（3晚）。包含泰菲机场的接送、所有餐食、游玩项目。

从玛瑙斯乘坐1小时飞机可以到达泰菲机场（→p.304），此外乘坐高速游船需要1小时30分钟，普通船需要3小时30分钟。

按快门的最佳时机就在一瞬间

● 驹马小屋酒店　　MAP p.292 外

距离玛瑙斯乘船单程需要2小时30分钟，因此建议至少在这里停留2晚。这里没有手机信号，也没有通电（有温水）。但这才是亚马孙独特的生态体验。为了将对环境的影响降到最低限度，200多个房间均是木质小屋，每栋之间都相隔一定距离。

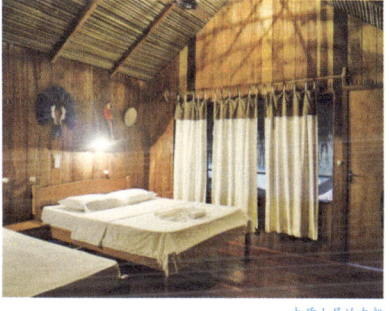

主要的丛林小屋

● 波萨达乌阿卡里　　MAP p.40-A2

距离玛瑙斯600公里的索利蒙伊斯河区域作为"亚马孙中央保护区域"被列为了世界自然遗产。如果想体验亚马孙特有的丰富自然和生态系统，就一定要参加前往这里的行程。该地区内仅有一个住宿设施，平时是研究人员使用的，空下来的时候会对外开放。

如果想看仅在亚马孙流域栖息的红脸秃猴也一定要来这里。除了秃猴外，还有吼猴、松鼠猴、树懒等树上活动的动物。鸟的种类非常多，因此也很推荐参加赏鸟团。

雨季和干季的风景截然不同。尤其到了雨季，经过数个月的时间，周围的丛林完全被水淹没成为

木屋小屋的内部

299

腹地深处仅有的动植物生态系统非常丰富。通常都可以看到鸡鸫、水雉、鹭等鸟类，以及树懒、猴子、短吻鳄、睡莲等亚马孙特有的动植物。另外还能看到体长超过1米的红绿金刚鹦鹉，它也是亚马孙吉祥物般的存在。

餐厅黑板上会张贴出当天进行的行程种类和分团时间等信息。

住 Autazes-AM
☎ (092) 3232-2707
URL www.jumalodge.com.br
费 ⓢR$2245~ⓦR$3326~

包含玛瑙斯市内的接送、所有餐食、游玩。从玛瑙斯乘船到卡雷罗村需要约30分钟，从这里再乘车到马萨里克河需要60分钟，最后再换乘60分钟快艇。

● 森林生态小屋酒店　　MAP p.292

位于内格罗河支流，由14个小木屋构成。2016年刚刚开业，很新、干净整洁，是玛瑙斯周边丛林小屋中唯一一个具有Wi-Fi设备的。小屋的丛林步行线路，会去到周边的部落、农场，可以欣赏日出日落，还有同河豚畅游等丰富多彩的观光项目。

住 Av. do Turismo 3100, Tarumã
☎ (092) 98405-1102
URL www.evolucaoecolodge.com
费 ⓢR$1534~ⓦR$2678~ 包含餐食、玛瑙斯的接送、游玩项目

先从玛瑙斯坐车，需要约1小时30分钟，然后再换乘快艇，需要25分钟。或者从 H 玛瑙斯热带酒店（→p.301）的栈桥出发乘坐快艇，需要约1小时20分钟。

拥有最新的设施设备

● 亚马孙生态公园小屋酒店　　MAP p.292

在生态小屋观光综合设施中占地面积最大的一家，达1800公顷，被密林所覆盖。附设有被称作"猴子们的森林"的研究设施，共栖息有18种、150只稀有的猴子，也能看到鸡鸫、鹦鹉等亚马孙最具代表性的动植物。

住 lgarape'do Taruma~ Centro
☎ (092) 9146-0594
URL www.amazonecopark.com.br
费 ⓢR$1330~ⓦR$2070~

丛林游船

● 伊波罗之星大亚马孙　　MAP p.293-A2

由西班牙大型连锁酒店运营的游船。2005年游船在玛瑙斯建造完成，非常气派好看。船上有泳池，可以在优雅的度假气氛中享受亚马孙的自然风光。共有3种线路，第一种是周五～下周一，在索利蒙伊斯河上行驶的3晚4天的行程；第二种是周一出发，在内格罗河上行驶，可以看到亚马孙河豚的行程；第三种是两者结合的7天行程。参加旅游体验的话可以换乘23人乘坐的小船。项目包括水虎鱼垂钓、短吻鳄探险、赏鸟等，晚上还可以欣赏到玛瑙斯的民俗音乐表演等。

只有在大河上才能乘坐到豪华客轮

住 Porto de Manaus
☎ (092) 2126-9927
URL www.iberostar.com
费 ⓢR$3525~、ⓦR$7050~（均为3晚的费用）。包含酒水、所有餐食、游玩项目。

从玛瑙斯国际港口往返，港口内设有营业部。

进入支流深处时需换乘小船

● 亚马孙快船　　MAP p.292

由拥有20多年历史的老牌游船公司经营的亚马孙河游船。行程包括2晚3天的亚马孙游船（周一出发）；3晚4天的内格罗河游船（周三出发）。

乘坐舒适的游船去丛林探险吧

亚马孙河、内格罗河均游览的5晚6天的游船，共3种供游客选择。包含高级船舱在内，有3种等级的船舱可以选择。共有16间Premium级别的船舱，所有房间都带有独立卫生间。在游船上可以充分感受当地气氛。

住 R. das Sucupiras 249, Cj Kissia, Manaus
☎ (092) 3656-1246
URL www.amazonclipper.com.br
费 ⓢR$3200~、ⓦR$4268~　含餐食、游玩项目

从 H 玛瑙斯热带酒店（→p.301）的栈桥出发。

玛瑙斯的酒店
Hotel

玛瑙斯热带酒店
Tropical Manaus Ecoresort

超豪华酒店

Map p.292

◆距离市区18公里，位于机场附近，内格罗河岸上的高档度假酒店。巨大的占地面积内建有泳池、网球场，以及一个迷你动物园。

住 Av. Coronel Teixeira 1320，Ponta Negra
☎（092）2123-5000
FAX（092）3658-5026
URL www.tropicalhotel.com.br
费 ⓈR$717～、ⓌR$825～ 另收2%消费税
CC ADMV 房间数 611间

蓝树普利姆酒店
Blue Tree Premium Manaus

高档酒店

Map p.296-B2

◆在巴西全国经营、发展的一家高档连锁酒店，位于阿德里亚诺波利斯地区。工作人员接待热情周到。

住 Av. Humberto Calderaro Filho 817，Adrianópolis
☎FAX（092）3303-2000
URL www.bluetree.com.br
费 ⓈR$440～、ⓌR$470～ 另收2%消费税
CC ADMV 房间数 168间

玛瑙斯美居酒店
Mercure Manaus Hotel

中档酒店

Map p.206 B2

◆一家公寓式酒店，所有客房均带有厨房。客房以白色为基调，干净整洁，比较宽敞。位于阿德里亚诺波利斯地区的中心，步行即可到达购物中心、餐厅。

住 Av. Mário Ypiranga Monteiro 1000，Adrianópolis
☎（092）2101-1100
URL www.accorhotels.com
费 ⓈR$244～、ⓌR$279～ 另收2%消费税
CC ADMV
房间数 94间

韦尔拉弗斯机场快线酒店
Hotel Express Vieiralves

经济型酒店

Map p.296-A1・2

◆一家经济型酒店，同玛瑙斯千年酒店同属一个酒店集团。客房虽然面积不大，但是干净整洁，必要设施齐全。淋浴间没有更衣室，人较多的时候 定注意安全，保管好个人物品。

住 R. Rio Ituxi 95
☎（092）3303-9933
URL expressvieiralves.tur.br
费 ⓈⓌR$130～
CC ADMV
房间数 200间

玛瑙斯高旅馆
Go Inn

中档酒店

Map p.293-A1

◆位于玛瑙斯市中心部的一家中档酒店。虽然整体给人感觉不是很豪华，但是有健身房、会议中心、会议室等，对于商务客人来说十分便利。前台旁边是24小时营业的便利店。

住 R. Monsenhor Coutinho 560，Centro
☎（092）3306-2600
FAX（092）3306-2601
URL www.goinn.com.br
费 ⓈR$142～ⓌR$152～
CC ADMV
房间数 215间

拉戈酒店
Hotel do Largo

经济型酒店

Map p.293-B1

◆市中心的酒店之中，性价比很高的一家。客房宽敞，有皇后尺寸的大床，设计统一、现代。距离亚马孙剧院步行仅需1分钟，周围是住宅区，晚上十分安静，地理位置卓越。提供免费Wi-Fi。所有房间禁烟。

住 R. Monsenhor Coutinho 790
☎FAX（092）3304-4751
URL www.hoteldolargomanaus.com.br
费 ⓈR$98～ ⓌR$129～
CC ADJMV
房间数 45间

酒店客房设备： 带浴缸 带电视 带电话 可上网 含早餐

301

玛瑙斯青年旅舍
Hostel Manaus

旅馆

Map p.293-B2

◆位于玛瑙斯市中心的国际青年旅舍。提供男女分开的宿舍及混合宿舍2种，所有客房都带空调，十分舒适。部分客房带有淋浴、卫生间。

住 R. Lauro Cavalcante 231，Centro
☎ (092) 3233-4545
URL www.hostelmanaus.com
费 宿舍 R$40~45 ⑤ⓌR$95~110
CC ADMV
14间、55张床位

玛瑙斯的餐厅
Restaurant

佩萨达康托
Canto da Peixada

Map p.296-B2

◆玛瑙斯的老字号餐厅，因亚马孙特产的鱼肉而广为人知。餐厅装修比较简单，但据说是因为罗马教皇来过的原因，餐具等用品十分华丽。推荐炖金目鲷鱼 R$44.9、炭烤大盖巨脂鲤 R$75 等。预算1人 R$50~。

住 R. Emílio Moreira 1677，Centro
☎ (092) 3234-3021
URL www.cantodapeixada.com
营 周一~周六 11:00~22:00
　周日 11:00~15:00
休 无休
CC ADJMV

阿莱玛美食
Alemá Gourmet

Map p.293-B2

◆以玛瑙斯为中心，开设了许多连锁快餐厅。除了有汉堡套餐、比萨等快餐食品外，也能品尝到巴西的单盘套餐。11:00~15:30 是按斤出售的时段，100g 的价格为 R$4.88。

住 R. José Paranaguá 126
☎ (092) 3215-2255
URL www.alemagourmet.com.br
营 周一~周六 11:00~17:30
休 周日
CC ADJMV

向日葵
Himawari

Map p.293-B1

◆建在亚马孙剧院对面的一家日本餐厅。餐厅老板是日本人，常客也都是当地的日本人。提供一品料理、刺身、寿司、拉面、盖饭等，菜品十分丰富。在炎热的亚马孙可以吃到好吃的凉面，价格为 R$45。人均预算 R$50~。

住 R. 10 de Julho 616
☎ (092) 3233-2208
营 周一~周三·周五·周六 18:00~23:30　周日 12:00~15:00、18:00~22:00
休 周四
CC MV

COLUMN 亚马孙的力量源泉 "巴西莓 Açaí"

在市区的餐饮店看到的紫色、糊糊状的液体便是巴西莓（Açaí）。巴西莓属于棕榈科，直径大小约1厘米。这种圆圆的水果有很大的果核，一般是将外皮捣碎然后食用。巴西莓含有丰富的维生素和人体所需的氨基酸，抗酸化作用的多酚含量是红酒的30倍，是全球都很关注的一种奇迹水果。果汁店、餐厅都会出售，如果看到的话不妨尝一尝。可以直接吃，也可以放入砂糖。但如果和啤酒等酒精饮料一起饮用的话，可能会吃坏肚子，请多注意。

受到全球关注的巴西莓

302

卡斯特利尼奥
Castelinho

◆塞巴斯蒂安广场以南一个街区的一家人气公斤餐厅。沙拉、汉堡、烤肉等都有对应的盘子，挑选完之后再称重，最后付钱。1公斤的价格为 R$44.9。

Map p.293-A1

住 R. Barroso，esquina com 24 de Maio, 317
☎（092）3633-3111
营 11:00~15:00
休 周末
CC MV

布法罗烤肉
Churrascaria Búfalo

◆当地的人气烤肉餐厅。肉、沙拉、意面、海鲜等均为自助，价格 R$89.99。跟店内巡回的工作人员说一声，他们就会将肉切好给你。饮料和甜点需另付费。

Map p.296-B2

住 R. Pará, 490
☎（092）3131-9000
营 周一~周六 11:30~15:00、17:00~23:00 周日 11:30~16:00
休 无休
CC ADMV

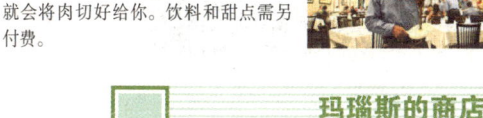

玛瑙斯的商店
Shop

卡莎萨里亚德德
Cachaçaria do Dedé

◆位于马纳拉购物中心内的一家酒水、食材商店。尤其是巴西国酒卡莎萨的种类非常多，一整面墙上都摆满了卡莎萨的酒瓶。

Map p.296-B2

住 Av. Mário Ypiranga, 1300-Loja 3 Manauara Shopping, Adrianópolis
☎（092）3236-6642
URL www.cachacariadodede.com.br
营 周一~周六 10:00~22:00
　 周日 14:00~21:00
休 无休　CC ADMV

亚马孙阿特萨纳托
Artesanato da Amazônia

◆亚马孙剧院旁的一家纪念品商店。出售树果饰品、石雕、木艺品等亚马孙手工艺品。此外还有T恤、明信片、南美各地的纪念品等。

Map p.293-A1

住 R. José Clemente 502
☎（092）3232-3979
营 9:00~18:00
休 周日
CC ADJMV

COLUMN
能量饮料"瓜拉那"

巴西人最喜欢喝的饮料之一便是瓜拉那Guaraná，作为碳酸饮料在市面上出售。据说具有消除疲劳、恢复精力的功效。瓜拉那是一种半蔓性植物，长有颗粒状的果实。将这种果实捣碎，然后熬炼使其凝固，再弄成粉末，最后加入水和砂糖即可饮用。咖啡因的含量是普通咖啡的5倍。亚马孙原住民将其认为是一种长寿药。并且还含有多种滋补营养的氨基酸。

瓜拉那还有一段奇闻逸事。马乌尔族的酋长有一个名为吾尼娅伊、心地善良的女儿。她精通花草，制作的草药都很有效果，令大家非常开心。同时她也被动物所喜爱，其中有一条蛇非常喜欢她，在她身上施展了魔法令她怀了身孕。家族认为她是"被诅咒的少女"，因此将其流放。吾尼娅伊虽然备感凄凉，但是孩子出生后，她将所有的心血都倾注在了爱子身上。

她的儿子长大后，有一天回到了村子。在马乌尔族，吃了帕拉的果子就意味着死亡。儿子连母亲的哀求都没有听到就死掉了。吾尼娅伊在埋葬自己儿子的时候，向自己的孩子祈求道："将所有的病人都治好吧"。然后在墓地上种下了两棵树，两棵树立刻开花结果。吾尼娅伊十分开心，吃了很多这个果子，转眼间恢复了精气神，她将这种果子给了病人，他们吃完后马上就好了。这种包治百病的果子就这样一传十、十传百，与人皆知，这便是瓜拉那。

303

COLUMN 马米拉瓦自然保护区所在地泰菲

还能看到树懒（下）和水獭！

马米拉瓦自然保护区

如果入住玛瑙斯周边的丛林小屋，虽然可以很方便地看到亚马孙的自然风光，但是想要体验真正的亚马孙特色，一定要来到马米拉瓦自然保护区 Mamirauá。作为"亚马孙中央保护区"被列为了世界自然遗产，在这里可以看到白毛红脸的秃猴、吼猴、松鼠猴、树懒等、鹭、水雉等鸟类，以及短吻鳄等爬行动物，还有亚马孙河豚等，栖息的动物品种多种多样。即便是了解玛瑙斯近郊的亚马孙自然知识的人，来到这里后也会不由得感叹生态密度完全不同。

入口是泰菲

玛瑙斯以西 500 公里，沿索利蒙伊斯河向秘鲁边境过去便是泰菲 Tefé。乘坐普通游船需要 44 个小时，高速快船也需要 12 个小时以上。前往马米拉瓦自然保护区入口的波萨达乌阿卡里（→ p.299）的话，需要再从泰菲乘坐 1 小时 30 分钟的高速快船。泰菲算上周边人口也不过 7 万人，是一座小城市，中央的广场建有教堂钟楼。

一般乘坐飞机或船前往泰菲市，市区里没有什么车。取而代之的是有很多小船、摩托车和自行车。

泰菲大教堂粉色的建筑装饰非常精致

商店里有很多朴素的工艺品，店员们还会大声叫卖。旁边是将买卖拐扔在一边闲谈聊天的大妈们。周围还有玩得不亦乐乎的孩子们。那些令人怀念的情景在这里都能看到。

夜晚的鳄鱼探险人气很高

时间充裕的话最好住上一晚

来到马米拉瓦自然保护区，花上一天时间在泰菲闲逛也是很有意思的。市场上面带笑容的卖菜阿姨、来餐厅吃饭的当地人，不妨和这些在亚马孙生活的普通市民们一起度过悠闲的一天。

泰菲 Tefé　　　　　　　　　MAP p.40-A2

前往泰菲的交通方式

从玛瑙斯出发，每周有 4~5 趟航班飞往这里（飞行时间约 1 小时）。每周 6 班游船（所需时间 42 小时，价格 R$130~）、高速快船每天 1 班（所需时间 12 小时，价格 R$250~）。

市场上出售的新鲜蔬菜

泰菲的酒店

🏨 Stylos Hall Hotel　斯泰洛斯霍尔酒店
📍 R. Daque de Caxias 10　📞（097）3343-2337
💰 S$90~ W$140~　💳 MV
位于市中心的一家中档酒店。客房整洁漂亮。所有房间带有空调、浴缸、洗手间。

港口充满活力，大小船只来来往往，络绎不绝

巴西北部
贝伦 *Belém*

Brasil

贝伦 ★
巴西利亚

巴西北部 玛瑙斯／贝伦

巴西

MAP ▶ p.40-B2
长途区号 ▶ 091
（拨打电话的方法→p.42）
US$1 ≒ **R$3.89**
≈ 6.89元

钟楼广场附近的码头，周围有很多白鹭和黑鹭

亚马孙河横贯南美大陆，约6500公里的长河最终会注入大西洋。位于河口，经济发达的贝伦市是巴西北部重要的港口城市，同时也是帕拉州的首府，是一座拥有约142万人口的大城市。

1616年葡萄牙人在这里建造要塞，开启了这里的历史，如今这里仍残留着浓厚的殖民地时期色彩，因为拥有着数千棵树龄超过百岁的杜果树，所以还被称作"杜果之城"，热带地区特有的强烈日照被绿叶所遮挡，给走在市区的人们带来了丝丝凉意。另外，因为时常有暴雨来袭，所以总是能看到人们在杜果树下避雨的场景。而且由于贝伦位于南纬1°28'，几乎是在赤道的正下方，受暴雨和海风的影响，贝伦的夜晚格外凉爽，非常舒适。

在巴西有很多日本移民，其中比较有名的是圣保罗州和巴拉那州，而位于亚马孙河流域的帕拉州也不遑多让，不少日本移民以拓梅阿苏为起点，逐渐发展胡椒栽培产业，如今这里有许多日本移民生活居住。贝伦的大型连锁超市 Y.YAMADA 也是由日本企业所经营的。

可以学习到亚马孙生态知识的曼加尔多斯加尔萨斯公园

关于换汇
除了机场外，瓦加斯总统大道 Av. Presidente Vargas、多斯娜乐中心（→p.311）等地也都有换汇处。酒店虽然也可以换汇，但是汇率不佳。

瓦尔德坎斯国际机场
MAP p.308-A1 外
📍 Av. Júlio César, Val de
☎ (091) 3210-6000

前往贝伦的交通方式

飞机
与圣保罗、里约热内卢、巴西利亚均开通了航班（→p.52）。此外从圣路易斯每天也有1~2班由戈尔航空运营的航班飞往这里，所需时间约1小时。玛瑙斯每天有1~2班，所需时间约2小时。圣塔伦每天1~2班，所需时间约1小时20分钟。从博阿维斯塔出发的话，需要经停巴西利亚。

贝伦的机场名为瓦尔德坎斯国际机场 Val de Cans Aeroporto Internacional（BEL）。也叫作贝伦国际机场 Aeroporto Interna-cional de Belém。

贝伦的机场航站楼

贝伦的治安

CHECK!!!

近年来贝伦的治安逐渐恶化，市区街道会有枪战，大型购物中心也有持枪抢劫事件发生。即使是在白天、人多的地方也要注意安全。

p.308的地图上标记了危险区域，治安情况恶劣、犯罪率高，当地的巴西人都很少进入该区域。提醒大家一定不要靠近该区域。

其他地区晚上也尽量不要前往，周末和节假日的白天路上也比较少，出门时一定注意安全。

巴士站

长途巴士总站
MAP p.308-B1
住 Praça do Operário, São Brás

● 从机场前往市区

瓦尔德坎斯国际机场位于亚马孙河口的瓜哈拉湾 Baia de Guajará 旁，市中心以北约11公里处。从到达门出来后就能看到机场航站楼的出入口，旅游咨询处和旅行社门市也在附近。从到达门出来往左走便是换汇处，途中会经过登机柜台。从机场前往市区有以下几种交通方式可以利用。

出租车

从机场出发的出租车需要预先支付。从到达门出来后前往大厅，正门出入口旁便是多家出租车公司的柜台，到这里支付车费即可。价格为定额制，到市中心需要 R$50。从机场前往市区的共和广场 Praça da República 需要约15分钟的时间。另外，也可以乘坐航站楼外面的普通出租车。

可以在这里购买车票

市区巴士

巴士站位于机场左侧约200米的地方。绿色的屋顶十分显眼。巴士正面写有"Pratinha Ver-o-Peso"或"Pratinha Pte Vargas"的可到达市中心。车费 R$3.1。

前往市中心的巴士

长途巴士

巴西国内各地均有长途巴士开往贝伦。从圣路易出发，可以乘坐由 Boa Esperanç 公司、Rápid Marajó 公司等运营的大巴，每天4班，所需时间约13小时。从福塔雷萨出发，每天3~5班，所需时间约24小时25分钟~28小时10分钟。从贝洛奥里藏特出发，每天1班，所需时间30小时20分钟~33小时10分钟。从萨尔瓦多出发，每周5班，所需时间34小时5分钟~35小时5分钟。从累西腓出发，每周3班，所需时间约37小时。从纳塔尔出发，每天1班，所需时间约37小时15分钟。从里约热内卢虽然也有长途巴士可以到达贝伦，但需要花费46小时以上的时间。

● 从长途巴士总站前往市区

贝伦的长途巴士总站 Terminal Rodoviário de Belém 位于市区以东约2公里处。总站内没有旅游咨询处，首先要前往市中心，最好是乘坐巴士或出租车。巴士站位于塞阿拉路 Av. Ceará 上，经过长途巴士总站旁的阿尔玛巴罗苏大道 Av. Alm. Barroso 即可到达。

距离市中心较远

乘坐"P.Vargas"或"Vero-Peso"均可到达市中心。巴士途经市区的共和广场、瓦加斯总统大道、多卡斯娱乐中心、韦罗比索市场。

长途巴士总站出入口附近停着许多出租车。从这里乘出租车到市中心需要 R$20~30。

航路

与玛瑙斯、圣塔伦、马卡帕 Macapá 等位于亚马孙流域的城市都有定期游船来往（→p.315）。游船停靠于贝伦港，距离共和广场步行需要20分钟左右的时间。根据日期、运营公司不同，航线、终点等有所调整，一定提前进行确认。

位于市中心的船票代理商

INFORMATION

❶ 旅游咨询处
帕拉旅游
Paratur
URL www.paraturismo.pa.gov.br
帕拉州旅游局的办公地。机场内也设有柜台。
市区
MAP p.309-B1
住 Praça Wademir Henrique s/n
☎ (091) 3110-8700
营 8:00~17:00（不同季节会进行调整）
休 周末

推荐旅行社
HW 旅行社
HW Negócios e Turismo
住 R. Domingos Marreiros 496, Sala 102
☎ (091) 3212-9199
URL hw.tur.br
营 周一～周五 8:00~12:00、14:00~18:00
　　周六 8:00~12:00
休 周日
可以购买机票、预订酒店、租车等。

主要旅行社
瓦伦佛得旅行社
Valeverde Turismo
URL www.valeverdeturismo.com.br
有市内游，以及前往马拉若岛的行程，线路丰富。不同日期，线路种类不同。

多卡斯娱乐中心内
Estação das Docas
MAP p.309-A1
☎ (091) 3212-3388

医院
亚马孙医院
Hospital Amazônia
MAP p.308-B2
住 Tv. 9 de Janeiro 1267
☎ (091) 3084-5422
FAX (091) 3249-0025
URL enkyo.wordpress.com

紧急联络方式
警察 ☎ 190
救护车 ☎ 192
消防车 ☎ 193

巴西 ● 巴西北部 贝伦

307

市内交通

巴士　　　　　　　　　　　　　　　　Ônibus

市内大部分地区都开通了巴士线路，前往较远地区巴士是最省钱的交通方式。巴士车正面会标明目的地和途经站点。市中心的巴士车站位于韦罗比索市场、多卡斯娱乐中心、瓦加斯总统大道沿线。部分车站没有站牌，有许多人聚集在一起的地方一般就是车站。巴士从前门上车，车费交给司机。下车时，拉一下车上的绳子，司机就会知道有人要下车了。

巴士
一律 R$3.1

第一次乘坐的话可能会有些困惑

出租车
贝伦的出租车车身为白色，按里程计费，不同时间段的计费标准有所不同。流动的出租车很多，比较容易就能打到车。

按里程计费的出租车价格
起步价 R$5.61。深夜（20:00~次日 6:00）、周六 12:00~18:00，以及周日的价格会上涨（上调20%）。平时使用价格分类 1（里程显示为 1 号）；深夜、周六白天、周日使用价格分类 2（里程显示为 2 号）。

贝伦 漫步

贝伦市有两个市区，一个是留有许多殖民风格建筑物的市中心，另一个是街道整齐有序、建有美丽公园的新市区。17世纪初期，葡萄牙人在此建造要塞，并由此开启了贝伦的历史车轮，如今，有新旧两幅面貌呈现给世人。

首先要前往的是贝伦的主干道——瓦加斯总统大道。道路两旁集中着酒店、购物中心、电影院、邮局、纪念品商店等。位于正中央的是共和广场。绿意盎然的公园内摆放着许多长凳。广场南侧是帕兹剧院。从共和广场沿瓦加斯总统大道向西北方向出发，可以到达瓜哈拉湾。沿河边向南走，可以到达位于海滨的娱乐设施——多卡斯娱乐中心，以及韦罗比索市

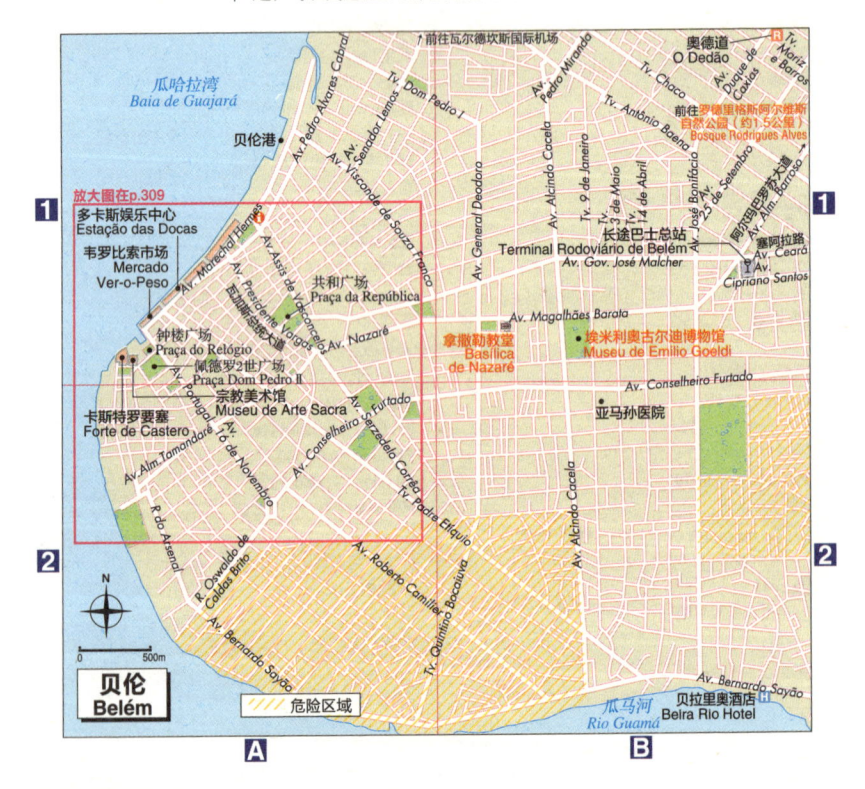

场。再往北走一点就是贝伦港，可以从这里乘坐渡轮前往玛瑙斯。

市场南侧中央是钟楼广场 Praça do Relógio，顾名思义，广场上建有一座古典风格的钟楼，在阳光的照射下非常好看。钟楼广场南侧是多姆佩德罗二世广场 Praça Dom Pedro Ⅱ。广场非常美丽，中央立有多姆佩德罗二世的塑像，周围被大树和草坪环绕，还有一座人工水池。不妨在这里一边喝着椰汁，一边在树荫下乘凉休息。

从广场出来后，可以看到右侧是一座很像教堂的白色建筑，左侧则真的是一座白色的教堂。右侧的建筑物其实是宗教美术馆，而左侧的教堂是贝伦最古老的教堂——主教大教堂 Catedral de Sé。宗教美术馆的西侧、面朝瓜哈拉湾的则是贝伦的发祥地卡斯特罗要塞。

另外，市内还有可以观察亚马孙生态环境的场所。想观赏动植物的话可以前往埃米利奥古尔迪博物馆。欣赏野鸟可以去曼加尔多斯加尔萨斯公园。体验丛林风光的话可以到罗德里格斯阿尔维斯自然公园等。但这些地方距离市中心稍远。

周日在共和广场会开设集市

多姆佩德罗二世广场

中央建有钟楼的钟楼广场

卡斯特罗要塞

🏠 Praça Frei Caetano Brandão 117
☎ (091)4009-8826
🕐 周二～周五 10:00~15:00
　　周末　　　 9:00~13:00
❌ 周一
💰 R$6（周二免费入场）

注视着海面的大炮

宗教美术馆

🏠 R. Siqueira Mendes
☎ (091)4009-8802
🕐 周二～周五 10:00~16:00
　　周末　　　 9:00~13:00
❌ 周一
💰 免费

从纪念品到食品应有尽有

贝伦 主要景点

卡斯特罗要塞
Forte do Castero

Map p.309-A1

征服了亚马孙地区的葡萄牙人卡斯特罗·布兰科于1616年下令修建的一座要塞。如今作为贝伦的发祥地，建筑内部改建成了博物馆，介绍帕拉州的历史。要塞建在亚马孙河边的一座小山丘上，从这里可以眺望到瓜哈拉湾和韦罗比索市场。

位于瓜哈拉湾的要塞

宗教美术馆
Museu de Arte Sacra

Map p.309-A1

美术馆陈列的是有关基督教在亚马孙地区布教的展品。美术馆紧邻卡斯特罗要塞，距离韦罗比索市场也很近。一层的大厅还保持着当初教堂庄严的气氛，这里还会举办弥撒、钢琴音乐会。二层有多个展厅，分为耶稣基督、圣母马利亚像展厅，银器展厅，绘画展厅等。除了陈列着帕拉州教堂使用的物品外，还通过展板介绍了17世纪建造教堂的历史。现在还有许多藏品因处于调查阶段尚未展出，今后的展品更是令人期待。

面朝广场的白色建筑

韦罗比索市场
Mercado Ver-o-Peso

Map p.309-A1

据说，"韦罗比索"一词是过去商人们做买卖时使用的，意为净含量。市场的鱼、水果、蔬菜等都是通过五颜六色的帆船、机动船运送而来的。市场内分为多个区域，沿瓜哈拉湾展开。这里有在亚马孙捕捞到的奇怪的鱼、切成大块的肉、丰富多彩的热带水果、原住民的草药和民间工艺品、十多种调味品等，产品种多样、应有尽有。虽然从早到

分为室内市场和室外市场两部分

晚都开放,但是中午之前是最热闹的,最好在这个时间段前来。另外周日和节假日因为人比较少,店铺也会较早关门。

市场内还有一个美食区,有许多美食摊铺。用亚马孙捕捞上来的鱼虾做成的炸物、好吃的螃蟹、可以大快朵颐的串烧牛肉,再配上冰凉的啤酒,充满乐趣。

多卡斯娱乐中心
Estação das Docas

Map p.309-A1

瓜哈拉湾沿岸上一座由旧仓库改建而成的多功能性娱乐空间。内部有餐厅、咖啡厅、换汇所、银行ATM、纪念品商店、时尚精品店、多功能大厅、剧院等。此外,还有旅行社和码头,可以

贝伦的新地标

在这里报名参加亚马孙游船之旅。靠河一侧是开放式平台,可以一边享受河风,一边品尝美食。设施内有着贝伦知名的餐厅、冰激凌店、啤酒店等,是一定要前来打卡的地方之一。

圣何塞利贝托贵金属原石博物馆
Museu de Gemas do Pará / São José Liberto

Map p.309-B2

由旧监狱改造的帕拉州产贵金属矿石博物馆。展品包括黄金,绿宝石、海蓝宝石等宝石,古代土器实物等。此外还保留着一间牢房,可以进行监狱体验。还有一个可以进行宝石加工的工坊商店。

去看巨大的宝石吧

小知识

巴西特有的自然现象河口高潮是?

亚马孙河河口附近伴随着巨大的声响,有大浪逆流的现象发生,原住民称之为"波落落卡"Pororoca,意为"制造出来很多水的大声响"。这是一种全球罕见的自然现象,形成的原因是新月和满月时潮水的涨落差,每月都会有2次。但是想要看较大的浪,最好是在2~4月期间。因为雨季水量增多,而且这段时期潮水的涨落差较大,可以看到更加壮观的河口高潮。大浪的时速可达每小时50公里,从河口逆流约300公里(相当于从北京到石家庄的距离),是一种超乎常人想象的自然奇观。

多卡斯娱乐中心
🏠 Av. Boulevard Castilho s/n Bairro
☎ (091)3212-5525
URL www.estacaodasdocas.com.br
🕐 10:00~24:00(根据日期、设施不同有所区别)
休 无休

圣何塞利贝托贵金属原石博物馆
🏠 Praça Amazonas s/n, Jurunas
☎ (091)3344-3500
🕐 周二~周六　9:00~18:30
　周日　　　10:00~18:00
休 周一
费 R$6

博物馆还保留着过去监狱的小窗户

帕兹剧院
R. da Paz s/n Centro
☎（091）4009-8750
URL theatrodapaz.com.br
🕐 周二～周五　9:00~13:00,
　　　　　　　　14:00~18:00
　　周六　　　　9:00~12:00
　　周日　　　　9:00~11:00
休 周一
💰 R$8

帕兹剧院
Teatro da Paz

Map p.309-B1

始建于1868年，耗时6年建成的大型剧院。同玛瑙斯的亚马孙剧院一样是在橡胶热潮的鼎盛时期建造的，内部使用了大量的黄金进行装饰，天井画也格外华丽，凸显了当时经济的繁荣。如今这里仍是音乐会的举办场地。位于瓦加斯总统大道旁、共和广场南侧。

当初橡胶热潮的雅迹保留到了今天

拿撒勒教堂
Praça Justo Chermont s/n,
Nazaré
☎（091）4009-8400
🕐 周一～周五　6:00~20:00
　　周六·周日　6:00~12:00,
　　　　　　　15:00~21:00
休 无休
💰 免费

拿撒勒教堂
Basílica de Nazaré

Map p.308-B1

橡胶业发展最鼎盛的1908年，仿照梵蒂冈的圣伯多禄大教堂建造，是一座文艺复兴风格的教堂。使用欧洲运来的大理石，内部的彩窗、用镶嵌着黄金的华丽绘画进行装饰的墙壁等，绚烂夺目、吸人眼球。

带有两座尖塔的建筑物

使用大理石的豪华内饰

COLUMN　巴西三大节日之———拿撒勒圣像节

为了纪念贝伦的守护神"拿撒勒处女"而举办的拿撒勒节Círio de Nazaré是巴西规模最大的庆典之一。巴西国内，乃至全球的100多万人聚集至此，手持蜡烛进行朝圣。每年10月的第二个周六晚上，由船只组成的队列将开启节日的序幕。从郊外的伊卡拉西到贝伦港口，数百艘船只上都放置着处女像，水上游行将河川整个填满。

第二天，100多万人手持蜡烛从市中心的主教大教堂开始游行，一直走到拿撒勒教堂。以拿撒勒教堂为中心，市区各处都会举办盛大的聚会，人们一边品尝节日里不可或缺的鸭肉美食，一边在路上唱着歌、跳着桑巴舞，充满了节日气氛，非常热闹。这场狂热的巴西庆典会持续2周的时间。

312

埃米利奥古尔迪博物馆
Museu de Emílio Goeldi

Map p.308-B1

　　1866年由博物学家费雷拉佩纳组织修建，是亚马孙地区最古老的研究设施。馆内的动植物园种植着亚马孙地区的植物，饲养着南美貘、美洲豹、鳄鱼等亚马孙特有的物种，还放养着猴子、鬣蜥等。设有咖啡厅和民间工艺品商店。

饲养着栖息于亚马孙的猛兽——美洲豹

曼加尔多斯加尔萨斯公园
Parque Ambiental Mangal das Garças

Map p.309-A2

　　卡斯特罗以南约1公里、总面积约4万平方米的自然坏境观察公园。利用瓜哈拉河畔的红树林修建而成。看点包括水边野鸟观察馆、蝴蝶及蜂鸟自然观察馆，以及中央水池放养着的白鹭和乌龟，还有最值得一看的美洲红鹮群。从公园中央高47米的塔上可以俯瞰贝伦市内的风景（收费）。此外还有亚马孙流域的船只博物馆和高档餐厅。

占地内有着许多鸟类

埃米利奥古尔迪博物馆
住 Av. Magalhães Barata 376
☎ (091)3182-3240
营 9:00～17:00
休 周一·周二
费 R$3

交通方式
　　从市中心的瓦加斯总统大道乘坐开往 Medici-Centro 的巴士，车程约10分钟。入口位于北侧。

放养的鬣蜥

曼加尔多斯加尔萨斯公园
住 Pass Carneiro da Rocha s/n, Bairro Cidade Velha
☎ (091)3242-5052
URL www.mangaldasgarcas.com.br
营 9:00～18:00
休 周一
费 门票免费（公园内各个景点门票 R$5，通票 R$15）

巴西　●巴西北部　贝伦

Tour Info　贝伦的旅游信息

贝伦市内观光
City Tour Belém
费 R$129
　　游览贝伦市内的旅游景点，包括市中心的拿撒勒教堂、多卡斯娱乐中心、韦罗比索市场等。游览时间约4小时。

贝伦市内文化观光
City Tour Cultural Belém
费 R$129
　　体验贝伦的文化、美术、历史的特殊观光线路。游览帕兹剧院、卡斯特罗要塞、宗教美术馆等景点。所需时间约4小时。

生态公园之旅
Parques Ecológicos
费 R$129
　　游览贝伦市内的埃米利奥古尔迪博物馆、曼加尔多斯加尔萨斯公园、罗德里格斯阿尔维斯自然公园，接触亚马孙的动植物。游览时间约4小时。

伊科拉西之旅
Passeio à Vila de Icoaraci
费 R$139
　　前往距离贝伦约20公里远的伊科拉西，参观马拉若陶瓷窑以及直销商店。所需时间约4小时。

日落游船
Orla ao Entardecer
费 R$50
　　1小时30分钟的游船之旅。巡游晚霞下的瓜哈拉湾以及贝伦的主要景点。船上有音乐和舞蹈表演。

在瓜哈拉湾游船上欣赏晚霞和舞蹈

※以上线路行程请到瓦伦佛得旅行社报名（→p.307）

313

罗德里格斯阿尔维斯自然公园

住 Av. Almirante Barroso 2305（正门）
☎ (091) 3277-1112
⌚ 8:00~17:00
休 周一
💰 R$2

交通方式
从韦罗比索广场的巴士站乘坐开往 Marambaia 方向的巴士，车程约 30 分钟。过了长途巴士总站之后，看到左侧茂密的树林后下车即可。可以用电视塔作为标记。

罗德里格斯阿尔维斯自然公园　Map p.308-B1外
Bosque Rodrigues Alves

这一带地区很早便被规划为保护区，现在作为自然公园成为了市民们平时的休息场所。园内呈现出郁郁葱葱的丛林风貌，令人难以相信这是在城市内部。推荐来到贝伦却不能参加丛林之旅的人，以及疲于市场喧闹的人来这里游玩。公园内有小型动物园和水族馆，周末有不少情侣和家庭来这里，非常热闹。

可以在贝伦市内体验丛林风光

贝伦　郊区小镇与景点

前往伊科拉西的交通方式
从市中心的瓦加斯总统大道等地乘坐开往 Icoaraci 的巴士，车程约 1 小时。

伊科拉西　Map p.40-B2
Icoaraci

贝伦以北约 20 公里。河岸的沙滩修建成了度假区，每到周末就有许多人从贝伦来到这里。作为观光地，这里有许多手工艺品商店以及当地的美食餐厅。这里还是著名的陶瓷器产地，有几座马拉若烧制工厂。虽然可以乘坐巴士前往，但如果还想参观工厂等地的话，建议参加从贝伦出发的一日游。

前往马拉若岛的交通方式
每天 6:30 和 14:30 左右各有一班船，从贝伦港前往马拉若岛的卡马拉港 Camará（周日仅 10:00 一班）。每天 6:00 和 13:00 也各有一班，从伊卡拉西出发（周一、周二、周四 16:00 增开一班）。

贝伦港
MAP p.308-A1
☎ (091) 3242-1870

马拉若岛卡尔穆牧场之旅
马拉若岛卡马拉河旁的卡尔穆牧场上，可以体验骑马、划船，还有牧场探险，可以参观野鸟的筑巢地、鳄鱼栖息的沼泽等。除了经典线路外，还有丛林步行以及遗迹巡游线路可供选择。

旅行社
乌尼贝尔旅行社
☎ 03-3544-6110
URL univer.net

前往阿哥多奥岛的交通方式
从贝伦的长途巴士站先乘坐 Marudá，然后换乘开往阿哥多奥岛的船只。全程需要 3 小时 30 分钟。

马拉若岛　Map p.40-B2
Ilha do Marajó

亚马孙河口附近，河宽最大可达到 360 公里。马拉若岛距离贝伦约 80 公里，漂浮在亚马孙河上，是世界最大的冲积岛，面积达 4.96 万平方公里。

马拉若岛上有湿地和草原，亚马孙河支流从中流过，周围有大片丛林，简直就是野生动物的乐园。生态的多样性甚至在潘塔纳尔湿地（南美州中央部的湿地草原）之上，丛林步行时有很大概率可以看到吼猴、松鼠猴、树懒、鹦鹉等野生动物和野鸟。广袤的牧草地上还有许多吃草的水牛，这也是该岛的风物诗。此外岛上分布着几个美丽的海滩。

阿哥多奥岛　Map p.40-B2
Ilha do Algodoal

阿哥多奥是一座面朝大西洋的小岛。这座岛上没有一辆汽车，交通全靠牛车和马车，是一座非常安静的渔村。洁白的海滩非常干净，还有神秘的湖泊等多处充满魅力的自然风光，岛民也十分朴实。岛上有多家酒店和餐厅，可以悠闲度日。

前往莫斯凯鲁岛的交通方式
长途巴士总站每小时有 1~3 班大巴前往莫斯凯鲁岛。车程约 2 小时 20 分钟。

莫斯凯鲁岛　Map p.40-B2
Ilha do Mosqueiro

贝伦以北约 72 公里的岛屿。贝伦的市民经常来这里度假放松，气氛恬静悠闲。岛上仅有几家住宿设施。

COLUMN 一定要体验一次的亚马孙游船之旅

连接亚马孙两大城市贝伦和玛瑙斯的交通手段除了飞机外，主要就是依靠亚马孙河的水上交通。

贝伦～圣塔伦～玛瑙斯的航路，相当于地面上的主干道，许多中小型船公司都有定期游船。如果旅行时间比较充裕，建议一定要来体验一次亚马孙的游船旅行。

码头旁的游船公司柜台和附近的售票处，以及市内的旅行社均出售船票。在旅行社购买的话，还会收到航路的最新日程表，以及推荐的游船等航路信息，十分方便。

甲板上的吊床和船舱的船票价格是不同的。吊床也叫雷德，需要乘客自己携带。市内有吊床的专卖店，价格从R$10~R$80不等，根据自己的预算进行购买。住船舱的话，空调船舱有2-4张床位，因此不需要吊床。虽然船舱是同别人住在一个房间，但基本都是男女分开的，所以女性也不用担心。但是船舱数量较少，至少也要提前一天进行预约。不管是住船舱还是吊床，晚上都比较冷，最好带着毛毯或者睡袋。

每艘游船都提供一日三餐，有规定好的用餐时间，在此期间内前往餐厅用餐即可。每艘船的餐食水平不同，但都不太值得期待。船上的小卖部提供水和快餐，但最好还是自己提前买好矿泉水，水果，饼干等带到船上。

出航时间大概在19:00~20:00，当天最好尽早赶往码头，最少也要提前3-4个小时登船。港口周边的治安不佳，日落后还在周边徘徊是比较危险的。而且吊床区的位置是先到先得，一定要早去才能确保一个好的位置。大部分的船只都是在出发前夜就停靠在港口了。

另外，如果是深夜到达目的地，可以在船上睡到第二天早上天亮。除了贝伦～圣塔伦～玛瑙斯这条航线外，还有前往巴卡雷纳 Barcarena、杰里 Jari、马卡帕等小城市的游船。

从贝伦出发的吊床区船票价格

古鲁帕 Gurupá	R$100~
阿尔梅林 Almeirim	R$120~
普赖尼亚 Prainha	R$130~
蒙蒂阿莱格里 Monte Alegre	R$140~
圣塔伦	R$150~
奥比杜斯 Óbidos	R$170~
茹鲁蒂 Juruti	R$190~
帕林廷斯 Parintins	R$250~
玛瑙斯	R$300~

从贝伦出发前往玛瑙斯的122小时游船之旅

古鲁帕 Gurupá	31小时
古鲁帕～阿尔梅林 Almeirim	8小时
阿尔梅林～普赖尼亚 Prainha	9小时
普赖尼亚～蒙蒂阿莱格里 Monte Alegre	5小时
蒙蒂阿莱格里～圣塔伦	9小时
圣塔伦～奥比杜斯 Óbidos	10小时
奥比杜斯～奥里西纳 Orixiná	4小时
奥里西纳～茹鲁蒂 Juruti	5小时
茹鲁蒂～帕林廷斯 Parintins	8小时
帕林廷斯～玛瑙斯	33小时

贝伦～圣塔伦～玛瑙斯游船

从贝伦前往玛瑙斯的游船，必须要在途中的圣塔伦港口停靠。从贝伦到圣塔伦需要约62小时，从圣塔伦到玛瑙斯需要约60小时（部分船需30小时~）。

出售船票的旅行社
Macamazon
MAP p.309-A1　Av. Castinho França 716
☎ (091)3222-5604
旅行社出售以Navio Ana Beatriz等为主的多家旅行社的船票，提供各个游船的最新信息。长途巴士总站内设有柜台。

巴西 / 巴西北部 / 贝伦

前行在亚马孙河上的船只

315

贝伦的酒店
Hotel

贝伦美爵酒店
Grand Mercure Belém Do Para　　　高档酒店
◆位于贝伦市中心的一家高档酒店。屋顶设有泳池，可以俯瞰市区风景，另外还有健身房。客房宽敞，所有房间提供迷你吧、电水壶。早餐另付 R$44。

Map p.309-B1
住 Av. Nazaré 375
☎（091）3202-2000
URL www.accorhotels.com
费 ⓈR$290~ⓌR$310~另收 15% 消费税
CC ADJMV
房间数 173 间

丽晶酒店
Hotel Regente　　　高档酒店
◆酒店位于拿撒勒大道 Av.Nazare 以北一条街区的戈韦纳多何塞马尔歇尔路上。酒店内有泳池和餐厅。客房有空调、冰箱、餐桌等。

Map p.309-B1
住 Av. Governador José Malcher 485
☎（091）3181-5000
URL www.hotelregente.com.br
费 ⓈR$190~ⓌR$277~
CC ADMV
房间数 216 间

贝拉里奥酒店
Beira Rio Hotel　　　经济型酒店
◆面朝瓜马河 Rio Guamá 的一家酒店。酒店内部有些陈旧，但是有河边餐厅和室外泳池。周边治安不太好，出行最好乘出租车。

Map p.308-B2
住 Av. Bernardo Sayão 4804
☎（091）4008-9003
FAX（091）3249-7808
URL www.beirariohotel.com.br
费 ⓈⓌR$89~
CC AMV
房间数 80 间

贝伦拿撒勒郁金香酒店
Tulip Inn Belém Nazaré　　　中档酒店
◆位于市区和拿撒勒地区的中央，从酒店步行即可到达这两个地区。国际连锁酒店，现代化客房功能齐全。酒店虽然占地面积不大，但是也有室外泳池和健身房。

Map p.309-B1
住 Av. Nazaré 569
☎（091）3321-7177
FAX（091）3321-7176
URL www.tulipinnbelemnazare.com
费 ⓈR$190~ⓌR$230~
CC ADMV
房间数 88 间

乌尼多斯酒店
Hotel Unidos　　　经济型
◆位于阿尔梅达路的酒店。客房虽然比较简朴，但装修齐整，白色的房间内摆放着木质家具，很有品位。客房内有空调、电视、冰箱。工作人员的接待也很精心周到。

Map p.309-B1
住 R. Ó de Almeida 545
☎（091）3224-0660
URL www.hotelunidos.com.br
费 ⓈR$110~ⓌR$130~
CC AMV
房间数 48 间

诺沃大道酒店
Hotel Novo Avenida　　　经济型
◆位于瓦加斯总统大道，地理位置不错，前台的接待很友善，给人感觉很好。客房以白色为主基调，干净整洁。客房有空调、迷你吧，价格为 ⓈR$108、ⓌR$128。

Map p.309-A·B1
住 Av. Presidente Vargas 404
☎（091）3242-9953
FAX（091）3223-8843
URL www.hotelnovoavenida.com.br
费 ⓈR$80~ⓌR$90~
CC ADMV
房间数 45 间

酒店客房设备：　带浴缸　带电视　带电话　可上网　含早餐

316

亚马孙旅馆
Hostel Amazônia

旅馆

Map p.309-B1

住 R. Ó de Almeida 548
☎ (091) 3222-8456
URL www.hotelamazoniabelem.com.br
費 宿舍 R$38~ Ⓢ R$60~ Ⓦ R$80~
CC 不可
床 35 张床位

◆位于阿尔梅达路的一家青年旅舍，殖民风格的建筑外观。宿舍仅有床铺，淋浴、卫生间均为公用。还有共用的厨房和电视区。

贝伦的餐厅
Restaurant

曼加尔多斯加尔萨斯
Manjar das Garças

Map p.309-A2

住 R. Dr. Assis s/n, Parque Ambiental Mangal das Garças
☎ (091) 3242-1056
URL www.manjardasgarcas.com.br
営 12:00~16:00、20:00~次日 2:00
休 周日的晚餐、周一
CC ＡＤＭＶ

◆曼加尔多斯加尔萨斯公园内的一家餐厅。周二~周日的午餐为自助餐形式。晚餐为单点，人均约 R$80~。有现场演出。

奥德道
O Dedão

Map p.308-B1

住 Tv. Mariz e Barros 2249
☎ (091) 3246-1357
営 周一 18:00~23:00
　　周二~周四 11:30~15:00、18:00~23:00
　　周五·周六 11:30~23:00
　　周日 11:30~17:00
休 无休
CC ＡＤＭＶ

◆专门经营亚马孙特产螃蟹的餐厅。一只（煮螃蟹，7厘米左右）R$10左右。此外还有称得上是亚马孙马赛鱼汤的炖鱼。

图库鲁维
Tucuruvi

Map p.309-B2

住 Tv. Benjamin Constant 1831
☎ (091) 3241-7272
営 12:00~16:00
休 无休
CC ＡＭ

◆自助餐形式的烤肉店，人均价格为 R$62.9~。烤肉由工作人员挨着各个桌子切给客人。除了各个菜系外，还有烤牛舌、牛峰肉、后臀尖牛肉的各个部位。

东
Higashi

Map p.309-B1

住 R. Ó de Almeida 509
☎ (091) 3230-5552
営 11:00~15:00
休 无休
CC ＡＤＭＶ

◆当地人喜爱的日式、中式餐厅。自助餐形式，日期不同，价格不同，人均约为 R$19.99~。提供种类丰富的寿司、使用海鲜制作的当地美食，菜品样式多种多样。

巴西

●巴西北部　贝伦

317

COLUMN 亚马孙的水上交通枢纽——圣塔伦

圣塔伦　Santarém　MAP p.40-B2

位于贝伦与玛瑙斯中间位置的圣塔伦拥有6万余人口,是亚马孙流域第三大城镇。这座位于咖啡色的亚马孙河与青色的支流塔帕若斯河交汇处的城镇曾经作为橡胶工业城市和掘金地而繁荣一时,现在乘坐往返贝伦与玛瑙斯的船只时肯定会途经此地。

圣塔伦的游览方式

从贝伦驶来的船只会停靠在城中心西面的凯斯港 Cais do Porto,从港口乘出租车前往城中心的费用在R$10左右,也可以搭乘港口外写有 Circular 字样的巴士前往。如果你看到了圣塔伦城里的教堂,你便来到了城中心。天气晴朗时,可以从这里眺望到远方亚马孙河与塔帕若斯河 Rio Tapajós 交汇但不融合所形成的两种特别颜色。值得一提的是,圣塔伦兼属于巴西的帕拉州,与兼属于亚马孙州的玛瑙斯一样,圣塔伦的时间要比巴西国内的标准时间晚上一个小时,所以抵达圣塔伦后首先别忘了调整你的手表表针。

圣塔伦周边的旅游看点当属位于城镇西面大约35公里处的阿尔特杜尚 Alter do Chão,这里也是亚马孙流域最美的休闲度假地之一。湛蓝色的塔帕若斯河搭配洁白的沙滩,再加上由当地灌木所形成的天然"遮阳伞",十分惬意,饿了的话可以直接前往周围的餐厅,店家所经营的烤鱼几乎都是当天现捕,极其新鲜。

前往圣塔伦的交通方式

飞机

巴西国内的2家航空公司每天运营2~4班从贝伦飞往圣塔伦机场 Aeroporto de Santarém 的航班。航程约1小时20分钟。玛瑙斯飞往圣塔伦的航班则是每天1~2班,航程约1小时15分钟。从圣保罗和里约热内卢前往圣塔伦的航班,通常也会途经贝伦或玛瑙斯。出机场后右转便可以找到前往圣塔伦市区的巴士,乘出租车的话费用在R$45~50。

游船

贝伦每周有3~4班前往圣塔伦的航线,航程约80小时。玛瑙斯每周也有3~4班前往圣塔伦的航线,航程30~60小时。如果你打算从圣塔伦乘船前往玛瑙斯,那在凯斯港上船即可。如果是前往帕林廷斯 Parintis、蒙蒂阿莱格里 Monte Alegre,则是从城区的梅尔卡多莫德罗 Mercado Modelo 市场前的乘船点乘船。船票可以从船上或是代理售票点购买,乘船当天购买也是没有问题的,当然最好还是提前一天购买会更加踏实。有时候从代理售票点购票还会有额外折扣,不妨试试。

一边欣赏塔帕若斯河的美景,一边品尝美味饮食

如何前往阿尔特杜尚

从圣塔伦的城中心可以打车前往,车程约45分钟、单程费用大约在R$60。

圣塔伦的酒店

H Barrudada Tropical Hotel
巴鲁达达热带酒店
MAP p.318 外
住 R. Mendonça Furtado 4120
☎ (093) 99146-4996
URL barrudadatropicalhotel.com.br
费 S R$189~ W R$230~ 需另付5%的税金
CC A D M V
房 183间

位于圣塔伦城外的三星度假酒店,客房均配有空调,可以享受空调冷风带来的夏日清凉。

圣塔伦 Santarém

（地图标注：塔帕若斯河 Rio Tapajós、船只停泊处、凯斯港方向、梅尔卡多莫德罗 公园 Praça Rodrigues dos Santos、大教堂、Museu Dica Frazão、公园 Parque Museu de Santarém、巴西银行、前往机场、阿尔特杜尚方向 巴士站、巴鲁达达热带酒店 Barrudada Tropical、圣塔伦机场、阿尔特杜尚（约35公里）方向）

巴西北部

博阿维斯塔 *Boa Vista*

布兰科河沿岸的巴西内陆城市

MAP ▶ p.40-A1
长途区号 ▶ 095
（拨打电话的方法→p.42）
US$1 ≈ R$3.15
≈ 6.87 元

● 巴西北部　贝伦／博阿维斯塔

　　罗赖马州首府博阿维斯塔是巴西境内最北面的城市，同时也是巴西国内赤道以北的唯一大城市。这里距离委内瑞拉国境城市帕卡赖马220公里，距离玛瑙斯则有785公里，地处十分内陆的区域，这种地理环境也使得博阿维斯塔与外界的交通十分不便，直到1995年玛瑙斯到博阿维斯塔区间的公路修缮完毕，状况才有所缓和。现在博阿维斯塔到委内瑞拉的泛美高速公路也已经开通，南北间的交通变得越来越方便。

　　博阿维斯塔直至19世纪30年代仍是尚未开拓的地区，从20世纪60年代开始，兴起的淘金浪潮吸引了来自巴西各地乃至欧洲的大量劳动者迁居至此。19世纪50年代这里的人口数还仅有5200人，到了20世纪90年代，已经增长到了19万人，增长的大部分人口都来源于当地的矿产行业。此后，随着政府的治理发展方针产生变化，注重自然保护并逐渐关闭矿山的开采工程，这里的产业核心开始向农业转变。现在生活在博阿维斯塔的居民主要便是从事种植大豆、米、水果等农业，或是在巴西与委内瑞拉和圭亚那的北部国境交界处从事政府相关的工作。罗赖马州人口目前大约有50万人，而其中60%，即多达30万的人口都是生活居住在博阿维斯塔。

　　前往博阿维斯塔的大部分游客通常都是前往巴西最高峰罗赖马山远足，或是打算从这里穿越国境线前往委内瑞拉，或从委内瑞拉前往玛瑙斯时途经此地。所以博阿维斯塔的功能性比其观光性更强得多，但是受其特殊的地理位置影响，这里确实有一种热带火热太阳下宛如海市蜃楼般的独特魅力。

🌀 前往博阿维斯塔的交通方式

飞机

　　乘坐飞机前往博阿维斯塔时通常都要途经玛瑙斯。从玛瑙斯前往博

INFORMATION

🛈 旅游咨询处
Informaçãn Turistica
MAP p.320
住 R. Floriano peixoto
☎ (095)3621-3975
URL www.boavista.rr.gov.br
开 16:00~22:00
休 周一
　在巴士总站内也设有服务窗口。

布兰科河沿岸的旅游咨询处

市场内除了热带地区特有的香蕉、西瓜等各色热带水果外，还售卖各式蔬菜与鱼产品

博阿维斯塔国际机场
MAP p.320 外
住 Praça Santos Dumont 100
☎ (095)3198-0119

319

主要旅行社

罗赖马冒险旅行社
Roraima Adventures
🗺 p.320
🏠 R. Coronel Pinto 97
☎ (095) 3624-9161
🌐 www.roraima-brasil.com.br
🕗 周一～周五　8:00~12:00
　　　　　　　12:30~18:00
　　周六　　　8:30~12:00
🚫 周日

经营罗赖马山远足旅行（6晚～）、钓鱼、山地车骑行等各类户外旅行项目。

罗赖马冒险旅行社的门市

邻近布兰科河的当地巴士站，前往机场以及长途巴士总站的出租车也在这里等待客人

布兰科河游览项目

你可以在经营乘船游览布兰科河的旅行社进行线路的参团报名。时长约3小时，4人为止的费用是R$550，5人以上时每增加1人加收R$140的费用。行程通常会率先带你乘船前往布兰科河的上游流域，随后前往河口地区，抵达全长1200米的马库西桥 Ponte dos Macuxi 后返回搭乘点。

走近马库西桥后便会被其雄伟的景象所震撼

受植物分泌出的单宁所影响，河水呈现茶色

阿维斯塔国际机场 Boa Vista Atlas Brasil Cantanhede Internati-onal Airport（BVB）大约需要1小时20分钟的时间，拉塔姆航空、阿苏尔航空的航班都从这座机场起落，每天1~2班。从机场乘出租车前往城中心大约需要10分钟的时间，费用R$30左右。

长途巴士

玛瑙斯每天有7班前往博阿维斯塔的巴士，车程约12小时。此外博阿维斯塔与相距其约125公里的圭亚那边境城镇宝芬 Bomfin、委内瑞拉边境城镇帕卡赖马 Pacaraima 之间也有相应的巴士班次连接。从委内瑞拉的圣埃伦娜德瓦伊伦（→ p.341）出发前往博阿维斯塔，可以先乘出租车或拼车前往边境线，办理完出入境手续后继续拼车或乘坐巴士前往博阿维斯塔即可。巴士车由 Asatur 公司运营，车程约3小时40分钟。如果你想更快些抵达，也可以拼车前往，4人一辆车的收费标准大约为R$140，车程约2小时。特别提醒你的是，从巴西与委内瑞拉的边境线蔓延到博阿维斯塔的广阔地区都是被当地的少数民族所占领的区域，乘车时千万不要中途下车。长途巴士的停靠车站位于城外，下车后乘出租车前往城中心费用在R$10~15。

博阿维斯塔　漫步

1890年，当时的博阿维斯塔市长设计建造了现在这座面向布兰科河的扇形城镇，州政广场位于城镇的正中央，周围被教堂、法院等建筑包围，从广场沿杰米巴西大道 Av. Jaime Brasil 步行大约10分钟便可以抵达布兰科河畔。

320

| 博阿维斯塔 | **主要景点** |

州政广场
Praça do Centro Cívico

Map p.320

广场位于扇形城镇内的正中心，州政厅便建在这座气派的广场之上，法院、教堂、文化局、图书馆、电话局等建筑都围绕广场而建。在广场中央，还建有一座博阿维斯塔代表性的矿山劳动者纪念碑。

布兰科河周边
Rio Branco

Map p.320

从州政广场沿城内主干道杰米巴西大道 Av.Jaime Brasil 步行不一会儿便可以到达茶色的布兰科河河畔。布兰科河的起源处要追溯到巴西境内的最高峰罗赖马山，随后河流中途在玛瑙斯与亚马孙河并流。现在布兰科河畔建有一处公园，原住民族白天会在这里的手工艺品中心售卖他们的手工艺品，到了晚上这片区域的咖啡馆和餐厅则会开门迎客，十分热闹。建于博阿维斯塔建城之初的 1858 年的卡尔莫教堂 Igreja Matris NS do Carmo 现在依旧坐落在河畔地区。由罗赖马州出身的艺术家路易斯·卡纳拉 Luiz Canará 打造的高约 4 米、长达 15 米的大型女性人脸艺术雕像，表现原住民及开拓历史的先锋队员纪念像 Monumento a los Pioneros 也可以在河边看到。

设计现代新颖的大教堂

手工艺品中心
Centro de Artesanato
MAP p.320
住 R. Floriano peixoto 423
営 周一~周五　9:00~18:00
　周六　　　9:00~13:00
（时期不同时间可能会有所变化）
休 周日

博阿维斯塔城内最初的卡尔莫教堂，颜色十分亮丽

纪念像在夜晚还会加上灯光效果

| 博阿维斯塔 | **郊区小镇与景点** |

罗赖马山
Monte Roraima

Map p.40-B1

说起罗赖马山，第一印象便是柯南·道尔的《失落的世界》中，赫然耸立于雨林中的平顶山。这座平顶山直至今日仍被周边的原住民当作神圣大山而深深信仰。目前南美洲的大部分平顶山都位于委内瑞拉的圭亚那高

罗赖马山的远足行程
費 R\$1860（最低 5 人成团，行程内容会因费用不同而有所变化，最好提前问询）

　罗赖马山地区，最好的旅游季节是 11 月~次年 2 月的早季时期。由于这个时段的参团者人数不少，即使你是一人报团，也很有可能成团，你可以前往 p.320 边栏介绍的旅行社进行行程的报名。

赫然耸立的罗赖马山

321

如何前往佩德拉品塔达

虽然佩德拉品塔达距离博阿维斯塔只有 15 公里，但是因为没有公共交通可以前往，想参观的话只能通过参报旅游团的方式观光。

圣若阿金堡
Forte São Joaquim
MAP p.320 外

1775 年，为了抵御荷兰与法国军队侵占葡萄牙在南美的殖民地，而在塔库图河左岸建造了这座城堡建筑。从博阿维斯塔坐船单程大约需要 3-4 小时的航程，眼睛放亮一点，便可以在茂密的草丛中发现这座城堡遗迹。通常想去参观，都是通过报团的方式。

原地区，而罗赖马山则是地处巴西、委内瑞拉、圭亚那的国境线位置，以其 2810 米的高度堪称巴西最高峰。罗赖马山山顶拥有长达 15 公里的平面空间，受大自然的侵蚀作用影响，形成了自成一派的独特地形。加上罗赖马山的地质年份完全可以追溯到 20 亿年前，这独一无二的环境也使得这里孕育出了一批独特的生物种群。从陆地仰望，罗赖马山宛如一座孤岛一般矗立在南美洲的土地之上。

博阿维斯塔作为罗赖马山远足行程中巴西境内的关口城镇，通常从这里出发，经历 6 晚 7 天的行程便可以登顶罗赖马山。行程中包含 3 晚在山中野营住宿的内容，不过不用担心，除了个人行李外包括食材在内的旅行用品都会由专业的登山搬工扛运，无须你出力。

佩德拉品塔达
Pedra Pintada

Map p.40-A1

高达 40 米，最宽处可达 60 米，宛如花生壳一般的巨大岩石。现在依然可以看到描绘在岩石上面，属于文物的前哥伦比亚时期文字图案，目前考古学家仍未解读出其中的含义，这种未解之谜可谓考古圈的"香饽饽"，引得众多考古学家纷纷而来。岩石附近还有一处洞窟，可以顺路一看。

博阿维斯塔的酒店
Hotel

艾帕纳广场酒店
Aipana Plaza Hotel
中档酒店
Map p.320

住 Praça do Centro Cívico 974
☎ (095) 3212-0800
费 ⓈR$272~ ⓌR$317~
CC MV
房间数 87 间

◆面向州政府广场而建，对于观光游览来说地理位置绝佳。旅行社、餐厅、酒吧、泳池等设施都可以足不出户便在酒店内找到，每间客房的挑高都很高，空间宽敞，纯白色的墙壁为身处南美洲的你带来一股清凉之感。空调、迷你冰箱、吹风机等设备一应俱全。

巴鲁达达酒店
Barrudada
中档酒店
Map p.320

住 R. Araújo Filho 228, Centro
☎ (095) 2121-1700
URL www.hotelbarrudada.tur.br
费 ⓈR$180~ ⓌR$210~
CC ADMV
房间数 60 间

◆层高 7 层，这种高层建筑在博阿维斯塔可谓屈指可数，楼层较高的房间视野很棒。客房虽然不大但是简洁舒适。淋浴设施、空调、冰箱都可以在房间中找到。你在客房还可以连接 Wi-Fi 信号，十分便利。

理想酒店
Ideal
经济型酒店
Map p.320

住 R. Araújo Filho 481, Centro
☎ (095) 3224-6342
E-mail hotel-ideal88@hotmail.com
费 ⓈR$90~ ⓌR$100~
CC ADJMV
房间数 30 间

◆位于城中心的老牌酒店，所有客房配有空调及浴室，冰箱也可以在客房找到，不过客房装饰比较朴素。淋浴只有凉水，另外员工不会讲英文，请多注意。

酒店客房设备： 带浴缸 带电视 带电话 可上网 含早餐

322

委内瑞拉
Venezuela

★圭亚那高原……………………333　★圣埃伦娜德瓦伊伦…………341
★卡奈马…………………………338

安赫尔瀑布（→p.340）

委内瑞拉全图

委内瑞拉

概况

Venezuela Introduction

委内瑞拉玻利瓦尔共和国坐落在南美大陆的北面，面向加勒比海。当你乘坐飞机即将抵达这个国家时，透过飞机的窗户，首先映入眼帘的便是美丽的湛蓝色加勒比海。从机场出发，翻越2000米海拔的高山后，便可以来到位于海拔960米的盆地地区中的委内瑞拉首都加拉加斯。看到这座现代化都市忽然出现在群山之中，会产生一种仿佛海市蜃楼般的梦幻之感。委内瑞拉作为世界上首屈一指的石油大国，出口国外的石油占据了出口品的七成以上。拜富饶的石油资源所赐，现代化的都市如雨后春笋般拔地而起，四通八达的高速公路、星罗棋布的高楼大厦、完善的城市地铁系统等在大城市中随处可见。

但希望你不要被眼前的现代都市光景所蒙蔽，丰富的石油资源虽然带动了经济的发展，但是随之产生的贫富差距却不容忽视，特别是在20世纪后半叶，当时的石油价格一蹶不振，致使委内瑞拉的国家财政也出现了问题，随着上调民众的公共征收费用，低收入人群中甚至开始陆续出现自杀行为。随后在1999年，在众多贫困阶层的压倒性支持和拥护下，乌戈·拉斐尔·查韦斯·弗里亚斯当选总统，便是他将国名改为"委内瑞拉玻利瓦尔共和国"，查韦斯在任期间主张反美主义和独裁制，积极促进缩小了国内的贫富差距。在连任总统后，其在2013年3月不幸因癌症去世。

从格兰萨瓦纳眺望远处的罗赖马山

在通货膨胀严重的委内瑞拉国内，首都加拉加斯市中心的贫民区，以及与哥伦比亚断交后的边境交界处治安最为恶劣。但也请你不要错过这里绝赞的自然风光，内陆地区的圭亚那高原、奥里诺科河河口附近形成的奥里诺科三角洲，以及加勒比海上的诸多岛屿，都是委内瑞拉国内不容忽视、在全世界观光资源中都备受瞩目的绝佳观光地。加上委内瑞拉的旅游业还没有大幅度开展，许多景区都原汁原味，未经人工改造，使得这里的旅游资源更加珍贵。此外在委内瑞拉的内陆深部还有未开化、仍旧保持原始起居的原住民在深林中生活，更加渲染了这个国家的独特魅力。

委内瑞拉北面一望无垠的加勒比海

委内瑞拉的基本信息

国旗

国旗中黄色代表丰富的资源，蓝色代表加勒比海，红色代表独立战争中战士们流淌的鲜血，也是勇气的象征。7颗星星代表1811年委内瑞拉联邦的七个大州。2006年随着法案的修订，将星星的数量从7颗增加为8颗。

正式国名

委内瑞拉玻利瓦尔共和国
República Bolivariana de Venezuela
（英文为 Bolivarian Republic of Venezuela，简称委内瑞拉）

国歌

《英勇人民的光荣》
《Gloria al Bravo Pueblo》

面积

91.205万平方公里

人口

约3111万人（2018年数据）

首都

加拉加斯 Caracas

元首

2018年5月20日，现任总统尼古拉斯·马杜罗·莫罗斯赢得总统选举。2019年1月，反对派领导人，议会主席瓜伊多自行宣布为"临时总统"，委内瑞拉政局陷入动荡。

政体

总统作为最高权力拥有者的总统制共和制

民族构成

国民中51.6%的人民为混血种人，白种人约有43.6%，黑种人约有2.9%，非洲裔仅占0.7%，白人中以西班牙裔占比最多，此外还有来自意大利以及葡萄牙来到这里的移民，在20世纪后半叶开始开采石油后来到这里的移民同样不容忽略。

宗教

国民大多数信奉天主教，教堂可以说是人们日常不可或缺的重要场所，宪法保护国民的信仰自由，因此委内瑞拉国内也有些许新教教徒。

语言

官方用语为西班牙语，也有很多地区仍沿用古老的原住民语言。
旅行实用西班牙语 → p.396

货币与汇率

委内瑞拉国内的货币名称为强势玻利瓦尔 Bolívares Fuerte，简称BsF。2018年2月美元与强势玻利瓦尔的汇率为US$1=BsF10（固定汇率），BsF的下一级货币单位为分 Centimo（￠），100￠=BsF1，不过市面上几乎不会出现分这种货币。纸币的面额分为BsF5、10、20、50、100、500、1000、2000、5000、1万、2万、10万。硬币面额为BsF1、10、50、100。

【货币兑换】

你可以在中国用人民币兑换强势玻利瓦尔货币，也可以抵达委内瑞拉后用美元在当地进行兑换。委内瑞拉国内的银行和名为Casa de Cambio的货币兑换所都可以为你提供货币兑换服务。虽然公认的固定汇率为US$1=BsF10，但是黑市中的汇率却高达US$1=BsF21万~23万，足足高出了2.1万~2.3万倍，不过对游客来说却是个好消息。即使是银行等正规场所，强势玻利瓦尔与美元的汇率也遵循当地的DICOM汇率系统，高达US$1=BsF3345（2017年12月数据），此外强势玻利瓦尔是无法兑换为美元的，也就是说货币兑换只可以单方向进行，请多加注意。

机场内货币兑换所的DICONM汇率系统

货币兑换事宜→ p.331
委内瑞拉的汇率→ p.358

电话的拨打方法

从中国往委内瑞拉拨打电话的方法

国际电话识别号码 00 + 委内瑞拉的国家代码 58 + 区号（去掉前面第一个0）×× + 对方的电话号码 ××××××

从委内瑞拉往中国拨打电话的方法

国际电话识别号码 00 + 中国的国家代码 86 + 区号（去掉前面第一个0）×× + 对方的电话号码 ××××××

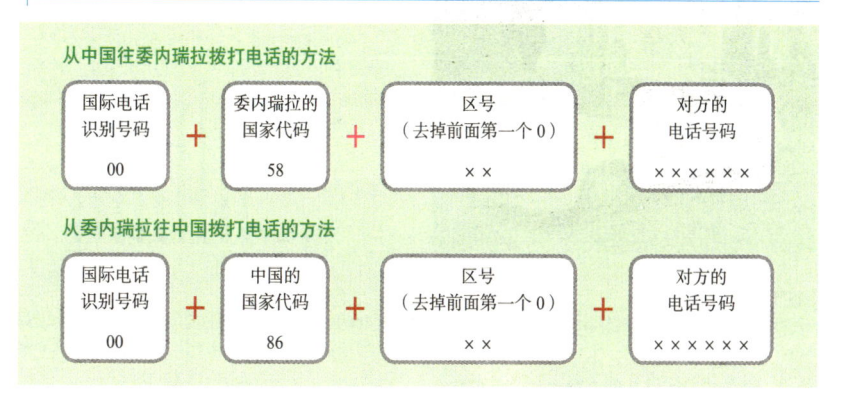

【委内瑞拉国内通话】

高档酒店的客房自然是可以进行委内瑞拉国内通话的，也可以在加拨国际电话识别号码和国家代码后直拨中国国内电话。使用电话卡可以通过名为 Acceso Internacional 的公共电话拨打委内瑞拉国内及国际电话。你可以在街上的小商铺购买这类电话卡。也可以前往当地电话局 CANTV，请工作人员帮你拨打电话。

主要节假日

每年举办时间会有所变动的节日用 ※ 标识，请多加注意

1月1日	元旦
1月6日	主显节
2月24日（'19）※	狂欢节
4月12日（'20）※	复活节（圣周五）
4月19日	独立宣言日
5月1日	劳动节（MAYDAY）
6月24日	卡拉沃沃战役日
7月5日	独立纪念日
7月24日	西蒙·玻利瓦尔诞辰日
10月12日	民族之日（美洲发现日）
12月8日	圣母受胎日
12月25日	圣诞节
12月31日	除夕

营业时间

以下介绍的是一般设施的工作时间。

【银行】
8:30~15:30，周六、周日不营业。

【商店】
10:00~18:00，周日大部分商家都会闭店歇业。

【餐厅】
午餐通常的营业时间为 11:00~14:00，晚餐的营业时间为 18:00~23:00 前后。

【美术馆·博物馆】
周二~周五的营业时间为 9:00~17:00，周六、周日的营业时间为 10:00~17:00，大多数美术馆、博物馆会在周一闭馆。

用电及视频制式

【电压及插座】
电压 110V，频率为 60Hz。插座为两眼扁平插座（A 类型），但电压可能不太稳定，推荐使用变压器。电话及手机的组件规格与中国不同。

【视频制式】
与中国的 PAL 制式不同，委内瑞拉是 NTSC 制式，在萨尔瓦多购买的 DVD 无法在国内播放。

小费

【出租车】
通常不用额外支付小费。

327

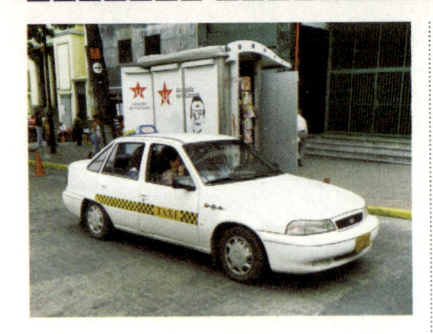

【餐厅】
　　餐厅的结算单上如果包含了 10% 的服务费则无须额外支付小费，不过如果去高级餐厅用餐，还是可以出于礼貌或看心情给一些额外的小费。

【酒店】
　　拜托行李工搬运行李或提出打扫房间要求时，通常需要支付小费。

饮用水

　　城市中的供水系统虽然完备，但是水龙头中出来的却并非饮用水，饮用瓶装矿泉水最为妥当。餐厅中洗菜及制冰的水都是非饮用水，请多加注意，避免水土不服。

当地矿泉水

气候

　　委内瑞拉虽然全国都位于热带地区，但是各地的气温却因海拔高度的不同而有很大的差别。海岸线等海拔较低地区以及奥里诺科河流域等地，年平均温度都在 28℃ 以上，可谓地地道道的热带气温。但是首都加拉加斯所在的海拔 1000 米的高地，年平均气温在 21℃，生活居住并没有想象中那么炎热。虽然白天的日光很强烈，但是早晚还都是比较凉爽的。

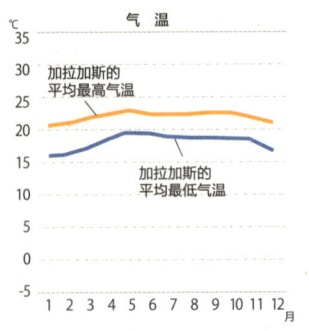

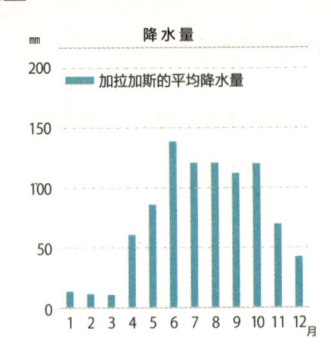

　　季节可以分为雨季和旱季，加拉加斯所在的中央高原，每年 4~10 月为雨季，11 月~次年 3 月则为旱季。圭亚那高原内的卡奈马国家公园在 1~4 月处于旱季，5~11 月则是显著的雨季，年降水量多达 3000 毫米，几乎每天都会持续数小时的暴雨天气。

地理环境与风土人情→ p.331

从中国飞往委内瑞拉

　　目前中国并未开通直飞加拉加斯的航班，通常都是乘坐美国航空公司的航班，在旧金山、洛杉矶、墨西哥城、巴拿马城等一到两座城市进行换乘后前往加拉加斯。此外也有途经法国或德国等欧洲国家后前往委内瑞拉的航班，航程一般需要 30~45 小时。

从周边国家前往委内瑞拉

【飞机】
　　南美各国的首都都有飞往加拉加斯的航班，部分南美航空公司也运营从加勒比海岛前往加拉加斯的航班。

【巴士】
　　委内瑞拉的公路一直通到巴西亚马孙腹地的博阿维斯塔乃至内陆更深处的玛瑙斯。你可以搭乘国际大巴往返沿途各地。

委内瑞拉国内交通

【飞机】
　　考虑到委内瑞拉国内的治安情况以及交通的便利程度，更推荐你搭乘飞机在委内瑞拉境内移动。委内瑞拉国内目前有 10 家左右的航空公司，主要城市间都可以搭乘飞机往来。即使是前往卡奈马国家公园内的小村落，也可以搭乘小型飞机，十分方便。如果你想要前往卡奈马地区的安赫尔瀑布、圣埃伦娜德瓦伊伦地区的格兰萨瓦纳，只能搭乘小型飞机才可以抵达。从中国无法提前预约这类小型飞机的机票，需要抵达当地后拜托当地的旅行社进行机票的预订预约。

加拉加斯与马拉开波（航程约1小时）、奥达斯港（航程约1小时）均设有定期航班。

【长途巴士】

委内瑞拉主要城市间均设有高速公路，公路网已经比较完善，当地居民主要以长途巴士作为出行的首选。但是巴士总站及周边地区治安通常较差，一定要多加注意。

此外长途巴士内的空调温度会设置得非常低，上车最好准备一件羽绒背心，注意别坐一趟车得一场感冒。

长途巴士 → p.331

时差与夏令时

比中国晚12个小时，中国20:00的时候，委内瑞拉是当天早上的8:00，委内瑞拉未设有夏令时。

邮政

【邮费】

委内瑞拉国内几乎没有邮政业务，丢件以及快件迟到的情况屡见不鲜，如果你真的需要邮寄物品，可以在邮局选择EMS（国际邮件快递服务）或是民营的FEDEX等快递公司为你提供服务。邮局在委内瑞拉写作"IPOSTEL"。

URL www.ipostel.gob.ve

出入境

【护照及签证】

中国公民持外交护照、公务护照或公务普通护照可免签入境委内瑞拉，持普通护照人员应提前向委内瑞拉驻华使领馆申请签证。

护照的有效期需要大于6个月以及停留天数的总和。

当你入境委内瑞拉时，需要递交飞机上分发给你的海关申报书和健康调查表，入关时需要向工作人员出示你的护照和有效签证。通过后领取行李，随后则是海关审查环节。出境时出示护照接受出境审查即可。

【黄皮书】

如果你此行只有委内瑞拉这一个目的地，无须出示注射黄热病疫苗证明（黄皮书）。但是假如你是从黄热病高发国家或是巴西前往委内瑞拉，则必须出示黄皮书。此外从委内瑞拉前往巴西时，同样在入境时需要提供黄皮书。

海关申报书的填写方法 → p.330

税费

委内瑞拉的大部分商品都会附加名为IVA的12%的增值附加税。此外对于游客并没有免税及退税制度。

安全及突发问题处理

持续的经济不振导致失业者增加，当地居民也看不到未来的经济前景，再加上警察数量不足，使得委内瑞拉的治安十分不容乐观。

近年来，委内瑞拉国内的犯罪事件屡见不鲜，除了杀人事件外，强盗事件、绑架事件频发，其中80%的案件中涉案人员都携带手枪等致命性武器。而这些犯罪事件中，有20%都发生在首都加拉加斯。

哥伦比亚与委内瑞拉的国境交界处，除了危险的哥伦比亚反政府武装组织外，还潜伏着穷凶极恶的犯罪者，可谓毒品贩卖以及绑架的多发地区，游客一定不要靠近边境线。

世界上几乎所有城市，晚上的大街上都是人数较少的。当你身在委内瑞拉时，日落后也请一定不要外出离开酒店，此外贫民区地区即使是白天也尽量不要靠近，车上行驶的普通出租车或是黑车也请避免搭乘，尽可能2人以上结伴出行。万一遭遇强盗等紧急情况，一定不要有抵抗的想法，钱财乃身外之物，务必沉着冷静应对，保命要紧。在外出行一定要多加小心。

紧急电话 171

旅行中的突发问题及安全对策 → p.382

年龄限制

法律规定需要年满18岁才可饮酒，对于吸烟倒是没有特别的年龄限制。

度量衡

和中国一样，长度单位为米，重量单位为克、千克，液体单位为升。

329

Travel Tips

▶ 委内瑞拉的基本知识 → Venezuela

海关申报书的填写方法

海关申报书正面

海关申报书背面

海关申报书正面填写范例

❶游客请在 TURISTA 处打钩 ❷姓名 ❸名字 ❹护照号码 ❺国籍 ❻出生日期,以日期、月份、年份的顺序填写 ❼在委内瑞拉的住址/酒店名称 ❽同行的家庭成员人数 ❾入境的飞机航班号 ❿如果你是从其他国家旅游后前往委内瑞拉,请在 SI 打钩;否则请在 NO 打钩 ⓫抵达日期(日/月/年) ⓬如果你携带携带 US$10000 以上的现金和旅行支票,请在 SI 打钩,并填写相应金额;如果未携带上述金额以上的现金或旅行支票,请在 NO 打钩 ⓭如果携带以下物品入境,请在 SI 打钩,否则在 NO 打钩(左侧为动植物及衍生品,右侧为武器、弹药、爆炸品)⓮行李总数 ⓯行李中新型产品及赠送他人的物品价值(用 US$ 填写)

海关申报书背面填写范例

❶现金总额 ❷旅行支票总额 ❸有价证券总额 ❹其他 ❺合计(US$) ❻其他内容 ❼衣服:右栏分别填写相应数量及价值(US$) ❽鞋类 ❾包括手表在内的珠宝首饰 ❿化妆品 ⓫医药品 ⓬健康用品 ⓭电脑等电子设备 ⓮手机及其配件 ⓯家用电器产品 ⓰园艺、宠物用品 ⓱玩具、游戏 ⓲乐器 ⓳运动用品 ⓴食品 ㉑美术品 ㉒香烟酒类 ㉓动物制品、植物及其衍生品 ㉔武器、弹药、爆炸品 ㉕其他 ㉖总计 ㉗这次抵达委内瑞拉前曾转机或停留的国家 ㉘填表所在地 ㉙日期 ㉚签名

货币兑换事宜

委内瑞拉国内的银行和名为 Casa de Cambio 的货币兑换所都可以为你提供货币兑换服务。虽然国际公认的固定汇率为 US$1=BsF10，但是黑市中的汇率却高达 US$1=BsF21 万～23 万，足足高出了 2.1 万～2.3 万倍。委内瑞拉本国为了平衡黑市的离谱汇率，设立了 DICOM 汇率系统，机场内的货币兑换所以及各地的银行都遵循 DICOM 汇率系统实施美元与强势玻利瓦尔的兑换，但是游客离开机场后几乎很难遇到国有银行或是正规货币兑换所，所以大部分游客目前都不得不在旅行时通过黑市的汇率兑换货币。

通过黑市进行货币兑换是违法行为，如果兑换后得到的是假钞也是自己的责任，警察不会帮你，请提前做好功课，多加注意。为了避免上当，尽量不与街上主动与你搭讪的人员交流，拜托酒店的前台或旅行社工作人员帮你换钱，相对更加靠谱，与这类不会之后找不到人的服务人员交易，可避免兑换到假钞。此外黑市汇率的变动也十分剧烈，今天一个价，明天又一个价，请在兑换前提前确认清楚。黑市的汇率价格可以参照以下网址。

🔗 dolartoday.com

产　业

委内瑞拉作为世界屈指可数的原油产出国之一，国内与石油相关的产业占据了总产业的七成以上。此外这里的矿物资源也十分丰富，铁、铝土矿、金、银、铜、钻石等都是委内瑞拉国土的产出物。目前委内瑞拉主要出口铝、铁矿石、石油制品等，进口汽车、机械及电器用品。

国土与地理环境

坐落在南美大陆北端，北邻加勒比海，东向大西洋的委内瑞拉，位于北纬 0°45′~12°12′，西经 59°45′~73°11′ 的位置。面积 91.2050 万平方公里，共分为西部的马拉开波低地地区、包含首都加拉加斯在内的安第斯山脉地区、中部的奥里诺科平原地区，以及东南部广阔的圭亚那高原四个特色鲜明的地理区域。

长途巴士

当你前往巴士总站乘坐长途巴士时，便进入了小偷小摸的职业地带，切记不要将目光离开自己的随身物品。乘车途中可能会碰到当地警察和军队检查车上是否有人携带毒品和违禁品，所以随身要备好护照，遇到抽查时可以马上出示，避免误会。

饮　食

委内瑞拉的家庭菜深受西班牙菜影响，街面上许多餐厅和酒馆都经营西班牙系菜肴。此外意大利菜在这里也很受欢迎，经常可以在街角看到烤制比萨的比萨店。

委内瑞拉本国特色菜品主要有名为阿莱桑科乔 Aresancocho 的炖菜，名为阿洛兹·康·波罗，加入葡萄干和西红柿的鸡肉饭等。此外这里同许多中美洲国家一样，很多菜肴都加入了玉米，名为卡恰帕 Cachapa 和卡萨贝 Kassabe 的菜品都与墨西哥卷饼十分相似，恩帕纳达 Empanada 则是异国特色十足、用玉米粉做饼皮的当地肉馅卷饼。市面上最常见的菜肴当属阿瑞巴玉米饼 Arepa，你可以蘸些类似黄油的那堪佳 Natija 食用，也可以切开将菜料填进去体验入乡随俗的当地三明治。

关于酒水，啤酒主要以珀拉尔 Polar 和索莱拉 Solera 两个品牌为主。蒸馏酒中，以陇 Ron 牌的朗姆酒最为主流，卡西克 Cacique、潘佩罗 Pampero、塞勒克托 Selecto 等品牌也都十分知名。

大使馆

● 中华人民共和国驻委内瑞拉玻利瓦尔共和国大使馆

🏠 Av. Orinoco Con Calle Monterrey, Urb. Las Mercedes, Baruta, Caracas, 1060
☎ 0058-212-9931171
📠 0058-212-9935685
🔗 ve.china-embassy.org/chn/
🕘 对外办公时间（不提供取件服务）：周一~周四 9:00 12:00（节假日安排）
取件时间：周一~周四 15:00~16:00（节假日安排）
休　周五、周六、周日、委内瑞拉节假日

● 委内瑞拉玻利瓦尔共和国驻华大使馆 Embassy of the Bolivarian Republic of Venezuela

🏠 办公处　北京市朝阳区三里屯路 14 号
武官处　北京市朝阳区新东路 1 号塔园外交公寓 1-2-12
☎ 办公处　65321595　65322694　65323654
武官处　85323797　85323828
🔗 china.embajada.gob.ve

委内瑞拉的历史

1498 年 8 月，在哥伦布第三次出海探索之时，他来到了委内瑞拉这片新大陆。1499 年，西班牙宣布占领这片土地，此后在漫长的殖民地时期，这里一直处于西班牙的支配与统治。

18世纪后半叶，委内瑞拉开始兴起抵抗西班牙统治的独立运动，1811年，胡安·安东尼奥·罗德里格斯首次成立了委内瑞拉共和国，但是只存在了1年左右的时间便被西班牙军队打败，昙花一现。1813年，西蒙·玻利瓦尔以复活委内瑞拉共和国为口号，作为总统开始独立治国，但是在1815年便再一次被西班牙军队击溃，流亡的玻利瓦尔在1819年联合现在的哥伦比亚、厄瓜多尔和委内瑞拉，宣布成立大哥伦比亚共和国，并最终在1821年的卡拉博战役中战胜了西班牙军队，彻底结束了西班牙对于委内瑞拉长达数百年的殖民统治。

委内瑞拉在脱离了西班牙的统治后，开始了与大哥伦比亚共和国中其他国家的利益及政权争斗，最终于1830年的1月13日，宣布脱离大哥伦比亚共和国。彻底独立后的委内瑞拉在很长一段时间内都处在军事统治以及一次又一次的军事政变的混乱状态。

这种军事独裁状态一直持续到1945年。随后凭借石油资源，委内瑞拉的经济得到了飞跃性的发展，劳动阶层的势力也有了很大的提升。1945年，趁着当时军队局势的混乱，民主行动党（AD党）人士联合一批青年军官发动政变，推翻了军事独裁的统治局面，首次开启了政党治国的民主时代。虽然在1948年，委内瑞拉国内再次发生军事政变，使得军政权得以复苏，但是在1958年，这里还是重启了政党政治的民主格局。民主化的国家统治进一步促进了委内瑞拉石油资源的开采与出口，带动了委内瑞拉的经济发展。但在20世纪80年代，由于当时原油价格持续低迷，整个国家的经济也变得十分动荡，1989年更是陷入了严重的通货膨胀局面。国民心中的不安得不到释放，最终在各地都开始出现暴动事件，而其中对政府不满进而在1992年发起政变但最终失败的乌戈·拉斐尔·查韦斯·弗里亚斯，便是在21世纪出任委内瑞拉总统职务的重要人物。

查韦斯深受委内瑞拉贫困阶层的支持与爱戴，最终在1998年的总统选举中当选总统，制定了新的宪法，提倡"21世纪社会主义"的口号，将石油、水泥、钢铁产业国有化，外交方面也从原来的亲美方针改变为拥有自主想法的独立外交政策。

2013年，查韦斯总统不幸因病去世，尼古拉斯·马杜罗·莫罗斯当选总统，他继续遵循查韦斯的政策方针，在2015年的总统选举中在野党获得胜利。2017年成立制宪议会。2018年5月20日，尼古拉斯·马杜罗·莫罗斯再次赢得总统选举。但在2019年1月，反对派领导人、议会主席瓜伊多突然自行宣布为"临时总统"，美国及多个拉美国家对瓜伊多的临时政权迅速表示承认、支持。而在俄罗斯支持下的总统马杜罗则立刻反击，宣布与美国断交。在美俄角力的背后，委内瑞拉国内混乱的局势也在不断升温。目前马杜罗政府同以瓜伊多为首的反对派仍在激烈对峙，形势十分胶着，已逼近武力冲突的边缘。

圭亚那高原（马西索·圭亚那）

从拉通岛上仰望飞流直下三千尺的安赫尔瀑布。每年8~9月是瀑布水量最多的时期

何为圭亚那高原

圭亚那高原 Macizo Guayanés 指的是从委内瑞拉东南部的圭亚那蔓延到巴西北部的广阔高原地区，面积达 5000 平方公里。你在圭亚那高原可以看到 100 座以上、名为"桌山"的平顶山 Table Mountain 及一望无垠的大草原。这种别具一格的独特风光，被写出过《福尔摩斯》的柯南·道尔，描述在其 1912 年出版的小说《失落的世界》当中，至此，这里开始被世人所逐渐熟知。

目前圭亚那高原可以大体分为三个地势区域，包括耸立着桌顶山的卡奈马国家公园、奥里诺科河流域的奥里诺科三角洲，以及坐落着广阔平原的格兰萨瓦纳。

⦿ 卡奈马国家公园
Parque Nacional Canaima

位于圭亚那高原中心地带广达 3 万平方公里的国家公园区域。1994 年登录在《世界自然遗产名录》之中，百余座平顶山矗立其中，可谓圭亚那高原的代表性景点。知名的安赫尔瀑布 Salto Angel（丘伦梅鲁瀑布）也位于这座国家公园之中。在众多平顶山之中，海拔 2560 米的奥扬特普伊山 Auyán Tepui 造就了这座世界上落差最大的瀑布，安赫尔瀑布从断崖直泻而下，落差高达 979 米。

▷ 关口城镇 ▶ 卡奈马 → p.338

⦿ 格兰萨瓦纳 Gran Sabana

圭亚那高原东部有一片名为格兰萨瓦纳的热带稀树大草原，在这片海拔 800~1200 米，绿意盎然的平缓丘陵地带，既可以眺望到西面卡奈马国家公园中耸立的平顶山，也可以遥望到东面海拔 2723 米的罗赖马山 Monte Roraima。广阔无垠的萨瓦纳地区现在依旧有古老的佩孟族原住民生活于此，更增添了这里的原始气息。贯穿格兰萨瓦纳南北方向的 10 号国道沿路，可以看到大大小小不同规模的瀑布以及可以眺望到罗赖马山的展望台，很有看点。值得一提的是，罗赖马山坡在作为知名的远足场所，不少露营地也设在这里。

▷ 关口城镇 ▶ 圣埃伦娜德瓦伊伦 → p.341

⦿ 奥里诺科三角洲 Orinoco Delta

在卡奈马国家公园的更北方，圭亚那高原北部的自然边境线，便是连绵不绝的奥里诺科河 Río Orinoco。干流横穿委内瑞拉后流入大西洋，全长 2100 公里，堪称南美首屈一指的大河之一。而河口处形成的奥里诺科三角洲，也是世界最大级别的三角洲地区。奥里诺科河的支流一部分还流入巴西并最终汇入亚马孙河。奥里诺科途经之处生机盎然，孕育了茂密的红树林和热带雨林，奥里诺科海豚也栖息于此。

333

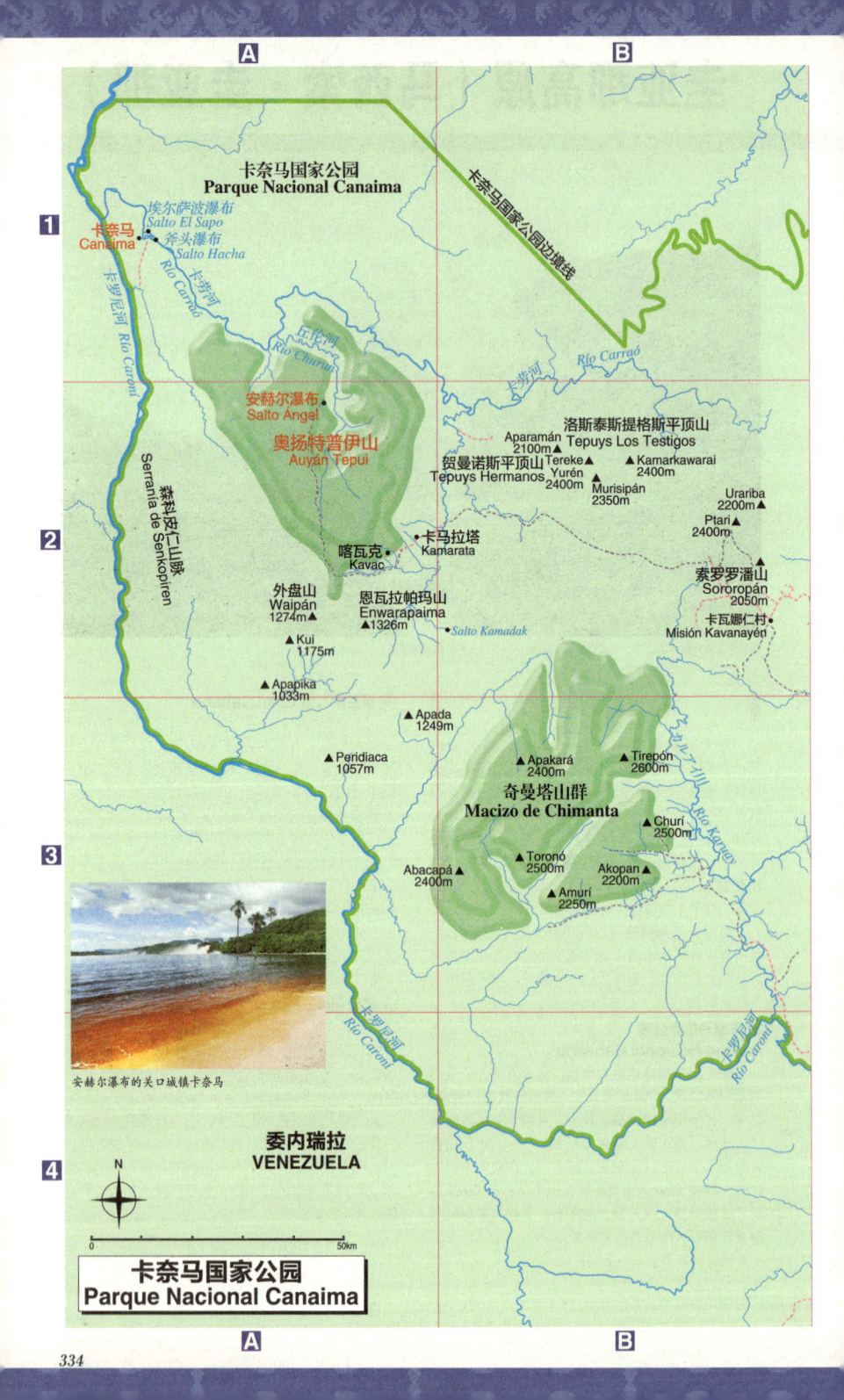

卡奈马国家公园
Parque Nacional Canaima

- 卡奈马 Canaima
- 埃尔萨波瀑布 Salto El Sapo
- 斧头瀑布 Salto Hacha
- 卡罗尼河 Río Caroní
- 卡劳河 Río Carrao
- 丘伦河 Río Churun
- 安赫尔瀑布 Salto Angel
- 奥扬特普伊山 Auyán Tepui
- 森科皮仁山脉 Serranía de Senkopiren
- 洛斯泰斯提格斯平顶山 Tepuys Los Testigos
  - Aparamán 2100m
  - Tereke 2400m
  - Yurén 2400m
  - Kamarkawarai 2400m
  - Murisipán 2350m
- 贺曼诺斯平顶山 Tepuys Hermanos
- Urariba 2200m
- Ptari 2400m
- 喀瓦克 Kavac
- 卡马拉塔 Kamarata
- 索罗罗潘山 Sororopán 2050m
- 卡瓦娜仁村 Misión Kavanayén
- 外盘山 Waipán 1274m
- 恩瓦拉帕玛山 Enwarapaima 1326m
- Salto Kamadak
- Kui 1175m
- Apapika 1033m
- Apada 1249m
- Peridiaca 1057m
- Apakará 2400m
- Tirepón 2600m
- 奇曼塔山群 Macizo de Chimanta
- Churí 2500m
- Abacapá 2400m
- Toronó 2500m
- Akopan 2200m
- Amurí 2250m
- Río Karuay

安赫尔瀑布的关口城镇卡奈马

委内瑞拉 VENEZUELA

0 — 50km

安赫尔瀑布从高山断崖倾泻而出

圭亚那
GUYANA

从高空俯瞰罗赖马山

奥达斯港方向

Km88 San Ishidro

莱玛山脉
Sierra de Lema

圭亚那高原
Macizo Guayanés

阿庞古奥瀑布
(Salto Aponguao)

莫伊兰瀑布
Salto Kamoirán

卡维瀑布
Salto Kawi

卡玛瀑布
Salto Kamá

Tramén ▲
2700m

Karaurín ▲
2600m

Yuruaní ▲
2400m

格兰萨瓦纳
Gran Sabana

阿拉潘瀑布
Salto Arapán
(Oda.Pachecá)

Río
Yuruaní

库克楠山
Kukenán
2650m

库克楠瀑布
Salto Kukenán

罗赖马山
Monte
Roraima
2723m

尤鲁阿尼瀑布
Salto Yuruaní (Arapená)

圣弗朗西斯科·德·尤鲁阿尼
San Francisco de Yuruaní
(Kumaranapay)

帕拉特普伊·德·罗赖马
Paraitepui de Roraima

Río Aponguao

阿庞古奥河

展望台

哈斯佩瀑布
Oda. de Jaspe
(Kako-parú)

▲ Chiricayén
1510m

圣埃伦娜德瓦伊伦
Santa Elena de Uairén

巴西
BRASIL

帕卡赖马
Pacaraima

Km74 El Pauji

博阿维斯塔（巴西）方向

335

圭亚那高原的地势

名为"桌山"的平顶山四散分布在圭亚那高原中的茂密雨林之中，许多平顶山的高度都足有千米以上，断崖嶙峋十分陡峭，宛如停泊在陆地上的一艘巨大游轮。至今这种地势的形成原因仍未有定论。

圭亚那高原的地质可以追寻到大约20亿年前的早寒武纪，可以说是由地球上最古老的岩石层所构成。这些岩石经历了漫长的岁月洗礼，风雨将岩石表面的泥土洗去，最终留下了坚如磐石的岩心。

在地球还被称为盘古大陆之时，整个地球的土地都是连在一起的，未曾被海洋隔离。大约2亿年前整个大陆开始了分裂活动，而圭亚那高原恰好位于大陆分离的中心轴地带，地理位置几乎没有发生移动，因此其他位置变化的大陆因为经纬度发生变化，经历了不止一次的气候变化影响，而圭亚那高原则自始至终地处于一种热带气候之中，没有经历过太大的气候变迁。所以说现在我们看到的圭亚那高原依旧是几亿年前盘古大陆时期的原始模样，可谓世界上都难得一见的稀罕土地。

距离地面海拔高度差足有1000米的峻山绝壁可谓这片大地上的孤岛。而在这些海拔很高，人迹罕至的平顶山上所栖息的植物，在这么漫长的岁月中也几乎没有受到其他物种的影响，以最原始的姿态独自进行着生物进化。

其中很多植物都属于凤梨科，相反世界上最为常见的菊科、豆科类植物在这里却不多见。这更加说明了相比后者经过岁月累积及复杂的自然环境影响逐渐进化成为新物种，前者却始终独立在圭亚那高原的平顶山山顶之上，这些凤梨科植物未曾与其他物种建立联系，始终独善其身，静看沧桑变迁。

这片养料很少的土地，再加上频繁的降雨，对于植物的成长可以说是十分不利，但是目前这里却已经确认了4000余种物种的存在。其中75%以上的物种都是只有圭亚那高原才能看到的独有品种，由于生存环境艰苦，许多植物都是捕食虫子进而获取营养的食虫性植物。包括芽膏菜，形如其名的挖耳草，最高可以长到1米多高、形似大喇叭的筒形植物喇叭花。别看这些植物外表娇美，实际上却是各自都有一套独家的捕虫技巧，你现在能看到的植物都是经历了严酷的自然条件筛选后留下来的精英物种。

艳丽绽放的芽膏菜（上）；使用植物中心部液体来溶解昆虫的喇叭花（下）

气候及最佳旅游季节

地处热带气候的圭亚那高原在每年的12月~次年4月属于旱季，5~11月则是雨季。年降水量超过4000毫米，6月初~9月底的这段时间，是雨水最为丰富的时节。到了11月，这里才可能会多看见几天晴朗的日子。由于这里是加勒比海海风与亚马孙地区风流的对冲区，所以天空中经常都是云雾缭绕，全年几乎很少会有阳光直晒、蓝天白云的大晴天。

观看安赫尔瀑布的最佳时期是8~9月最纯正的雨季期间。尤其是在暴雨过后，无论是瀑布的水流量还是直泻而下产生的澎湃落水声，都是最棒的视听享受。不过这个时期也可能因为多云多雾天气导致航班中断，云雾缭绕时瀑布的声音虽然震耳欲聋，但却不一定能够看到安赫尔瀑布的真面目，优劣势并存。每天10:00~13:00云雾较少，是最容易看到瀑布的时间段。乘船近距离观看安赫尔瀑布的游船游也是在瀑布水流量最大的雨季举行。

少雨的旱季，由于湿度较低，天气状况也大多比较稳定，十分适宜乘飞机前往这里观光游览，不过届时你观赏到的安赫尔瀑布水流量也会相对较小。4月左右瀑布还会出现断流的情况，所以观赏安赫尔瀑布一定要避免在旱季的末期前往。

罗赖马山远足活动的最佳时期是12月~次年2月。但是此时的罗赖马山山顶会十分寒冷，参加远足活动的人数也不在少数，为避免旅行中出现混乱情况，最好提前预约。

当地发团的旅游线路

抵达当地后可以参加当地的旅游团，通常安赫尔瀑布以及格兰萨瓦纳都是旅游团的经典目的地。委内瑞拉国内除了大型旅行社以外几乎都是不接受信用卡支付的，此外汇率也十分不实惠，所以通常都是用当地的强势玻利瓦尔现金支付。虽然也可能出现可以用美元或欧元支付的情况，但是最终都会被换算为当地货币进行计算，汇率的不实惠会令你觉得价格有些吃亏。所以尽可能寻找汇率较好的旅行社参团吧。

⦿ 安赫尔瀑布线路

如果你想参观安赫尔瀑布，首先便要前往关口城镇卡奈马（p.338）。由于无法通过陆路交通前往卡奈马，你可以在奥达斯港Puerto Ordaz（p.324-C2）或圣埃伦娜德瓦伊伦（p.341）等地报团。也可以搭乘途经加拉加斯的飞机前往奥达斯港，不过两座城市的治安都非常恶劣，所以还是最推荐途经巴西前往圣埃伦娜德瓦伊伦开始安赫尔瀑布的观光行程。搭乘小型飞机抵达卡奈马后，在卡奈马住上一晚，此前前往安赫尔瀑布下的拉ития岛露营地住宿一晚后返程，这种2晚3天的安赫尔瀑布观光行程最为经典（详情参照【安赫尔瀑布2晚3天观光行程】）。飞行游览则为可选自费项目。

各个机场都只能购买前往卡奈马的区间机票，随后可以在抵达卡奈马后通过当地的酒店参报安赫尔瀑布及周边的观光行程。但是这种参团方式并不廉价，更适合打算在卡奈马长期停留的游客。

如果你觉得在当地现找参团社的时间不是很充裕，可以在中国便提前着手联系相关观光项目的预约事项。

◎ 格兰萨瓦纳线路

从圣埃伦娜德瓦伊伦可以搭乘四驱的越野吉普进行格兰萨瓦纳的游览观光活动。沿途可以欣赏大大小小各个规格的瀑布以及佩孟族的各式村落，通常旅行时间按照游览线路的不同，从1天~2晚3天不等。你可以通过酒店及机场的旅行社柜台参报相关旅游团。

◎ 罗赖马山远足线路

通常都是在圣埃伦娜德瓦伊伦的旅行社参报远足旅行项目。远足项目通常都是集满4人以上才可以发团，不过有时人数不足也可能和其他旅行社联合发团，详情可以咨询当地旅行社。12月的旅游旺季时期，有时候即使是前一天进行远足项目的预约，也会出现满员的情况，所以建议尽早与旅行社签订合同。

安赫尔瀑布2晚3天观光行程

◎ 第一天

从圣埃伦娜德瓦伊伦参团后，几乎不用等待多久便可以搭乘随时待命的小型飞机飞往关口城镇卡奈马。

航程大约1小时20分钟，天气好的时候可以透过飞机窗户俯瞰到美丽的平顶山群。

抵达卡奈马后会有专车将你送往入住的酒店，即使是距离稍远的酒店也仅需要6~7分钟的时间便可抵达。午饭后乘船巡游倾泻于卡奈马湖的美丽瀑布、在阿纳托利岛 Isla Anatoly 散步，甚至还可以置身在埃尔萨波瀑布 Salto El Sapo 之中体验那种无与伦比的奇妙感受。

◎ 第二天

清早从酒店出发，乘船途经卡劳河 Río Caraó 与丘伦河 Río Churun 后抵达安赫尔瀑布的景区入口所在——拉通岛。拉通岛的地理位置优越，正好坐落在安赫尔瀑布的正对面，各家旅行社的露营地都围绕在拉通岛附近。从酒店出发，单程大约需要4个半小时的时间便可以乘船抵达拉通岛的周边地带。此后穿越雨林步行约1小时便会来到可以观赏到安赫尔瀑布景色的莱美观景台。如果你想更近距离地接触安赫尔瀑布，还可以稍微花费一刻钟的时间前往瀑布的下游，这里可谓仰望瀑布的绝佳场所，而且你还能在河里游泳，全身心地沉浸在大自然的磅礴魅力之中。参观结束后返回营地，伴着蜡烛的光晕品尝船上工作人员为你准备的当地晚餐，饱餐一顿后在吊床上美滋滋地睡上一觉。部分行程可能不会在拉通岛的营地住上一晚，会将时间压缩利用，观赏完安赫尔瀑布美景后再花费3~4小时的时间原路返回卡奈马的酒店，如果你更愿意睡在舒服的酒店大床而非吊床上，可以选择这类观光行程。

◎ 第三天

清晨，乘船返回卡奈马，由于返程是顺流行程，所以会快一些，为3~4小时。在卡奈马享用午餐后，乘坐小型飞机返回圣埃伦娜德瓦伊伦。

※ 如果你参加飞行游览安赫尔瀑布的自费项目，组织方会根据天气情况在返回卡奈马的当天或是行程第一天为你提供游览行程。

服装和携带物品

前往安赫尔瀑布观光的那天最好携带泳衣和雨具出行。清晨气温偏低，再加上经常会遇到下雨天，乘船时衣服沾上水还会更加寒冷。如果你携带照相机上船，带一个防水保护袋最为安全。当然，别忘了这里是热带地区，帽子和防晒霜也是不可或缺的。虽然也可以穿着拖鞋直接上船，但是水量较少时行程会从乘船改为步行前行，此外从拉通岛到安赫尔瀑布的这段路肯定是要徒步前往的，所以除了拖鞋还一定要准备一双适合长途远足的运动鞋。另外乘船时你会坐在船上的甲板或硬凳子上，由于乘船时间较长，带一个坐垫（把衣服叠放在座子上也可以）会更加舒服。

从拉通岛徒步前往可以观赏安赫尔瀑布美景的莱美观景台这段路上蚊虫很多，推荐穿着长裤长袖的服装。此外拉通岛上的小屋是不通电的，手机和相机的充电一定要提前进行，充电宝这种充电利器也请尽量携带。

前往参观埃尔萨波瀑布的那天最好穿着泳衣，这样淋湿了也不要紧。到时候可以感受瀑布直泻而下的水流直接打在身体上的畅快感受。请提前保存好随身的贵重物品避免淋湿或丢失，当然照相机的防水措施一定不要忘记做。

沿途欣赏广阔无垠的圭亚那高原以及赫然耸立的平顶山美景，一路前往卡奈马

Venezuela

加拉加斯
卡奈马

委内瑞拉

卡奈马 *Canaima*

MAP ▶ p.324-C2
长途区号 ▶ **0286**
（电话的拨打方法→ p.327）
US$1 ≈ BsF10
≈ 6.87 元人民币

当地旅行社
Hot Destinations Venezuela Tours
📍 Av. Ppl Los Salias，Pque Res. Ops. Torre 6Apt. 17-5，Piso17，Codigo Postal 1204
☎ (0212) 373-1049
URL www.hotdestinations.org
URL www.hotdestinationstours.com
🕘 8:00～12:00、14:00～18:00
休 周六、周日、节假日
当地旅行社的工作人员可以用英文交流。也可以提前用 E-mail 与他们联系。

乘坐飞机从空中领略安赫尔瀑布的美景，气势磅礴的瀑布激起了阵阵薄雾

坐落在卡劳河 Río Carrao 沿岸的卡奈马镇是一座人口仅有 2000 余人的小村子。但是这里作为前往圭亚那高原著名景点安赫尔瀑布的关口城镇，吸引了全世界的游客纷至沓来。这片区域在 1962 年被指定为卡奈马国家公园 Parque Nacional Canaima，1994 年登录在《世界自然遗产名录》之中。至今这片广阔的公园园区依旧被茂密的热带雨林所覆盖，整片区域都得到了很好的保护。

卡劳河的东岸是从古至今便在这里靠狩猎生活的佩孟族原住民的居住区。现在在河西岸经常可以看到带着游人观光的佩孟人的身影，可以看出，随着旅游业的不断发展，他们的生活也在逐渐改变。

佩孟人将平稳流淌的卡劳河称为"可口可乐"，当你亲眼看到茶色的河水，便会理解他们这种形象的称呼了。热带雨林中茂密的植物所分泌出的单宁被雨水冲刷最终流入卡劳河中，造就了这条河特别的颜色。

看似平缓的卡劳河在暴雨季则是另一幅面貌。受充沛的雨水影响，整条河流都会变得湍急而磅礴，水声震耳欲聋，最后宛如瀑布一般，像脱缰的野马一样汇入卡奈马湖。也许你只有来到委内瑞拉才会看到如此震撼人心的自然景象。

◎ 前往卡奈马的交通方式

飞机

圣埃伦娜德瓦伊伦起始的 1 日游行程
劳尔直升飞机公司 Raúl Helicópter's（p.341）运营圣埃伦娜德瓦伊伦起始的 1 日游行程，费用为 5 人 US$1390，如果 5 人参团，每人费用为 US$278，提前一周可以进行预约工作。

前往卡奈马只有乘坐飞机这一种交通方式。游客通常都是从可以直飞卡奈马的圣埃伦娜德瓦伊伦（→ p.341）参报当地的旅游团前往卡奈马。虽然你可以来到当地再参团，但是更建议你在中国便提前进行联系，这样会更加省事。前往卡奈马的飞机通常是集齐相应人数便会起飞，可以说是随时待命，没有固定的飞行时间。

338

卡奈马 漫步

卡奈马所有的酒店都分布在从机场可以步行前往的范围内、卡奈马湖的周边。如果你参加旅游团，会有专车（当地卡车）在机场接送。

佩孟族的部落虽然也离酒店不远，但是你不能像闲逛城市一样游览他们的部落，推荐你团到这里后主要欣赏卡奈马湖的美景。佩孟族的手工艺品（木质项链等）除了可以从机场购买，邻近机场的礼品店中也有售卖。这里虽然没有像样的餐厅，但是大多数酒店都会为房客提供一日三餐。

卡奈马 主要景点

卡奈马湖 Laguna de Canaima

Map p.339

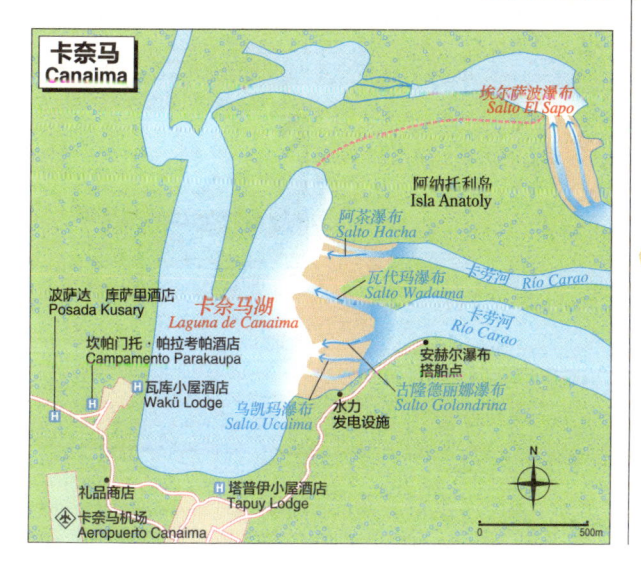

从机场出来步行 5 分钟便可以来到卡奈马湖的湖畔。茶色的湖水搭配岸边粉色的沙滩美轮美奂，左手边则是地标性的存在——3 棵椰子树。从右往左依次落入卡奈马湖的瀑布分别是乌凯玛瀑布 Salto Ucaima、古隆德丽娜瀑布 Salto Golondrina、瓦代玛瀑布 Salto Wadaima 以及途经树木茂密的岩地最终汇入至此的阿茶瀑布 Salto Hacha。瀑布群对面便是高耸的平顶山，湖畔粉色的沙滩十分细腻，让你有一种忽然从丛林来到度假海滩的感觉。夕阳西下时，当地居民借助湖水涮洗衣物，孩子们则在湖里欢快地游玩，而你正在这幅美妙的画面之中，请尽情地欣赏吧。

从卡奈马湖畔眺望远方

安赫尔瀑布的飞行游览项目

你可以自费通过搭乘飞机的方式，从高空俯瞰自平顶山上倾泻而下的安赫尔瀑布。因为来一趟卡奈马十分不容易，推荐你感受一下这种角度的观光新体验。你既可以通过旅游社参报这个项目，也可以到卡奈马机场进行报名。观光飞机的起航时间受天气和机型的影响，既可能是你一到卡奈马机场便起飞带你观光，也可能是在返程当天的清早出发，具体情况需要在当地实际确认。

起飞后，路沿绿意盎然的奥扬特普伊山 Auyán Tepui 前行，随后在安赫尔瀑布的上方盘旋观光。全程 30~45 分钟，雨季期间可能会有看不到瀑布的情况。

卡奈马湖畔地标性的三棵椰子树

可以进行穿越瀑布体验的埃尔萨波瀑布

小常识

旅行必需品

雨具（雨衣是最方便的）、泳衣、薄款防寒服帮是这次旅游的必带品。当然，由于你地处热带之中，帽子、墨镜、防晒霜以及驱蚊剂也不要忘带。乘船时为了不让随身物品被水淋湿，最好套一个防水袋在外面，尤其是相机等电子产品，防水措施更要做好。如果你的相机本身就有防水功能，那自然是最省事了。

339

巡游卡奈马湖和埃尔萨波瀑布

抵达卡奈马湖的当天下午便可以参加卡奈马的周游活动。搭乘扁舟欣赏飞流直下三千尺的瀑布美景，不知不觉便来到了湖畔对岸，上陆后在阿纳托利岛步行约30分钟，便可以来到埃尔萨波瀑布，返程时途经瀑布上游返回到最初的乘船地。

旅行团住宿

旅行线路大体分为当天往返以及在拉通岛的营地住上一晚两种类别。当天往返的话需在船上度过8小时左右的往返航程，不得不说是比较累人累心的。虽然拉通岛上的住宿条件只有吊床这一个选择，但其实躺下去要比想象的舒服得多。如果你特别想在酒店的大床上过夜，那还是选择当天往返的行程最为合适。

埃尔萨波瀑布
Salto El Sapo　　　　Map p.339

阿纳托利岛 Isla Anatory 飞流直下的大型瀑布，瀑布的水声震耳欲聋，水流的背面人工开凿出了一条观光路径，可以由此来到瀑布的背后，不过这么一趟下来很有可能会被淋成落汤鸡，游览前请穿好泳衣或是雨衣再开始观光行程。

安赫尔瀑布（丘伦梅鲁瀑布）
Salto Ángel　　　　Map p.334-A2

1937年10月9日，美国探险家詹姆斯·安赫尔发现了这座瀑布，这也是安赫尔瀑布得名的原因，西班牙语写作 Salto Ángel（安赫尔的瀑布）。詹姆斯·安赫尔在一次淘金之旅中驾驶飞机降落在了奥扬特普伊山的山顶，因而发现了这座不为人知的雄伟瀑布。由于山顶属于湿地区，飞机无法再次起飞，他们一行4人在佩孟族人的帮助下长途跋涉11天并最终获救。

安赫尔瀑布落差达979米，被誉为世界上落差最大的瀑布，而且瀑布下方并没有瀑潭。经过近千米的落差，瀑布落地时形成浓厚的雾气，不间断的瀑布落水也使得奥扬特普伊山下一直云雾缭绕。

可以从卡奈马乘船前往瀑布下方，近距离观光的旅游时段从每年的6月左右一直持续到11月左右。除此之外的时间则只能搭乘观光飞机从空中俯瞰欣赏安赫尔瀑布的美景。游艇一次大约可以承载8人，清晨5:00从卡奈马的卡劳河出发，随后在途中的小岛享用早餐，随后逆流而上，需要4小时~4小时30分钟的时间抵达拉通岛的露营地。从营地徒步1小时~1小时30分钟便会抵达安赫尔瀑布下方的观景台。

从观景台仰望安赫尔瀑布

COLUMN 卡奈马的酒店

酒店大多分布在卡奈马湖畔的周边，从设备完善的高档酒店到只有吊床等必备设施的简陋住宿地，选择很多。旅游团的团费中包含了住宿费，所以无须自行寻店。另外这里的酒店普遍提供一日三餐，只有当你喝啤酒时才需要额外付费。喜欢吃零食的话可以先在卡奈马当地的超市自行选购。

你在当地参团时也可以拜托旅行社帮你预定心仪的酒店。

Wakü Lodge
H 瓦库小屋酒店　　　　MAP p.339
☎ (0286) 962-0559　URL wakulodge.com

这家酒店当属卡奈马地区设施比较完善的一家了，小屋式客房分散在别致的花园中，不远处便是美丽的卡奈马湖，客房有空调并可以使用无线 Wi-Fi。共有19间客房。

Posada Kusary
H 波萨达·库萨里酒店　　　　MAP p.339
☎ (0286) 962-0443

老板还经营小动物园和礼品商店。共有13间客房。

Tapuy Lodge
H 塔普伊小屋酒店　　　　MAP p.339
☎ (0212) 977-1234
URL tapuy-lodge-canaima.com.ve

酒店花园外便是卡奈马著名的3棵椰子树，可谓地理位置绝佳。是卡奈马仅次于瓦库小屋酒店设施的高品质酒店。茅草屋顶的酒店外观十分讨喜，室内没有空调。共有16间客房。

Canpamento Parakaupa
H 坎帕门托·帕拉考帕酒店　　　　MAP p.339
☎ (0286) 741-1497　URL www.parakaupa.com

坐落在卡奈马湖畔西侧的森林外，一层的客房前是特色的吊床区，设有电风扇，酒店的庭院十分怡人。除了标间外还有套房可供选择。

340

委内瑞拉

圣埃伦娜德瓦伊伦
Santa Elena de Uairén

Venezuela

加拉加斯●
圣埃伦娜德瓦伊伦

MAP▶p.335-C4
长途区号▶ **0289**
（电话的拨打方法→p.327）
US$1 ≈ **BsF10**
≈ 6.87元人民币

从圣埃伦娜德瓦伊伦的西部眺望远处的格兰萨瓦纳

圣埃伦娜德瓦伊伦坐落在圭亚那高原的东部，是与巴西相比邻的国境城镇。在这座人口大约3万的商业城市经常可以看到从巴西至此的商人及买家，气氛十分热闹。你在城中也可以看到许多葡萄牙语的招牌，狂欢节期间恰恰舞和桑巴舞的旋律也是响彻城镇，是一座特色十分鲜明的委内瑞拉城市。城内最主要的产业之一便是钻石和金矿开采业。20世纪30年代这里曾有大规模的矿山开采活动，现在这种开矿的活动虽然没有以前那么声势浩大，但却仍是圣埃伦娜德瓦伊伦城市发展的关键元素。

城镇北侧便是被称为格兰萨瓦纳的开阔平原，广袤的自然景色以及散布其中的特色瀑布、佩孟族部落群都是很棒的看点。此外，圣埃伦娜德瓦伊伦也是前往罗赖马山观光的关口城镇。

前往圣埃伦娜德瓦伊伦的交通方式

飞机

前往圣埃伦娜德瓦伊伦（后文简称圣埃娜）以及格兰萨瓦纳地区内的城镇和村落通常只有搭乘飞机这一种方式。圣埃娜机场Airopuerto Santa Elena de Uairén（SNV）位于距离市区5公里的地方，可以搭乘出租车前往市区。

长途巴士

Asatur旅行社每天运营1班从巴西博阿维斯塔前往国境城镇帕卡赖马Pacaraima的大巴，全程约3小时40分钟，费用R$50。你也可以乘出租车前往，更为舒适，价格是R$140~。从帕卡赖马可以乘出租车或拼车前往圣埃伦娜（车程约30分钟），如果你是从长途巴士总站前往市区，推荐选择乘出租车的方式，更为安全。

INFORMATION

巴西领事馆
Vice Consulate
MAP p.342
☎ (0289) 995-1256
🕐 8:00~11:00
休 周六、周日、节假日
你可以在这里申请前往巴西的90天旅游签证，必须提供有效期超过6个月以上的护照原件、照片、信用卡、往返的航班预约订单、注射黄热病疫苗的证明、签证申请表、巴西的酒店预约单，并缴纳相应的签证手续费。
URL cgcaracas.itamaraty.gov.br/pt-br/visa_de_turista_o_transito.xml

旅行社
Raúl Helicópter's
☎ (0289) 995-1912
URL www.raulhelicopteros.com
位于 H 格兰萨瓦纳酒店（→p.344）中的直升飞机公司。经营前往罗赖马山和库克南山的航班航线US$1990（~3人）。前往卡奈马的当天往返航线价格为US$1390（~5人）。

Backpacker Tours
☎ (0289) 995-1430
URL www.backpacker-tours.com

货币兑换事宜
圣埃娜的货币兑换可以去找在街角出没、名为"托洛卡多尔"的外汇商人帮忙。2018年2月的汇率为US$1=BsF21万~23万。但是从这些外汇商人换钱属于黑市交易，有可能会在钱币中夹杂假钞，请多加注意。

委内瑞拉 ● 卡奈马／圣埃伦娜德瓦伊伦

341

圣埃伦娜城中于 1931 年建造的圣弗朗西斯科教堂

前往格兰萨瓦纳的旅游行程
你可以在圣埃伦娜的旅行社参报这类行程。从圣埃伦娜出发后欣赏沿途的瀑布美景以及佩孟族的村落圣弗朗西斯科·德·尤鲁阿尼 San Francisco de Yuruani 的一日游行程，租车的费用为一辆US$100~。这种四驱吉普车最多可以搭乘7~9人，乘客多一些出游会比较安心。

这种名为莫莉切的椰子树是当地佩孟族建造屋子的主要材料

佩孟族的住所

圣埃伦娜德瓦伊伦 漫 步

圣埃伦娜是一座坐落在海拔约 800 米的盆地中的城镇，周围可以看到连绵不断的丘陵。城中心并不是很大，玻利瓦尔大道 Calle Bolívar 和乌达内塔大道 Calle Urdaneta 是城内的主干路。花费 1 小时左右的时间便可以将城镇转一遍。不过城内确实没有什么值得一看的景点，不时可以看到几家超市，即将前往罗赖马山的游客会来这里采买旅行中需要的食物。

圣埃伦娜德瓦伊伦 主要景点

格兰萨瓦纳 Map p.335-C1~D4
Gran Sabana

从连接奥达斯港 Puerto Ordaz 与圣埃伦娜的 10 号国道上的 Km88 路口到圣埃伦娜的区间便是被称为格兰萨瓦纳的区域。这是一片公路全长约 350 公里，面积约 3000 平方公里的广阔热带稀树草原地带。这里在 100 年前曾经是茂密的雨林地带，在经历了一场大规模的火灾后才变成了如此光景。坐落着卡奈马国家公园的这片区域由海拔 800~1400 米的平缓丘陵构成，放眼望去满眼都是绿意盎然的大草原。这里海拔较高的地方是眺望远处高耸的平顶山的极佳位置，欣赏到的景色一定会令你

搭乘四驱吉普车巡游大草原

圣埃伦娜德瓦伊伦 Santa Elena de Uairén

难忘。从平顶山上流下的河流化作几座瀑布，因此瀑布巡游也是游览格兰萨瓦纳的乐趣之一。

现在允许在设有国家公园的格兰萨瓦纳居住生活的只有至今仍自给自足的当地原住民佩孟族。国道两旁不时可以看到佩孟族的部落群，餐厅和住宿设施也可以一并找到。

10号国道线以外的公路并未全面铺设，所以在格兰萨瓦纳游览时需要乘坐动力更强的四驱吉普车，不时路面会出现大坑，所以乘车时会摇晃得非常厉害，一定要提前做好心理准备。

落在尤木丽河的尤木丽瀑布

魄力十足的卡玛瀑布 Salton Kama

被称为平顶山之花的食虫植物喇叭花

阿庞古奥瀑布 Salto Aponguao 的落差足有155米，可以乘船前往游览

罗赖马山
Monte Roraima

Map p.335-D3

在柯南·道尔的小说《失落的世界》中作为背景原型的罗赖马山，海拔2723米，在佩孟族的语言中为"伟大"之意。从格兰萨瓦纳眺望远处的罗赖马山，犹如一台巨大的登陆战舰一般，罗赖马山的山体可谓极其雄伟。

罗赖马山山顶的天气与季节无关，变幻莫测，当你看着头上的大太阳以为今天会是个炎热夏日时，忽然就会下起瓢泼大雨。特有的高温高湿环境使得山体自然形成一道壁垒，山里的植物几乎很难受到外界的影响，独自进行着生物进化。尤其是山顶周边的植物，大多数都是只能在罗赖马山才可以看到的特有物种。

如果前往罗赖马山旅游，市面上的旅游产品通常都是3晚6天的远足行程。从大本营帕里特佩罗赖马 Parai-tepui de Roraima 开启旅程，第一天横渡两条河流后前往海拔1050米的营地；第二天攀登上海拔1870米的陡岸，参观周边的洞窟景观；第三天则是一口气更上一层山，抵达海拔2723米的山顶；第四天从山顶眺望周围的壮美景色并在特色地形区域参观游览；第五天下山前往海拔1500米的露营地；第六天返回圣埃伦娜。整个行程难度并不是很大，深受世界各地的登山客喜爱，行程举办的时期在每年的12月~次年2月期间。

由红陶石构成的哈斯佩瀑布 Qda.de Jaspe

前往罗赖马山
登顶的话最好参加旅游团，4人以上成团，5晚6天配有导游的旅游费用为每人US$330左右。

开始罗赖马山远足之旅吧

坐落在帕里特佩罗赖马 Paraitepui de Roraima 的小木屋

圣埃伦娜德瓦伊伦 / 委内瑞拉

343

圣埃伦娜德瓦伊伦的酒店
Hotel

格兰萨瓦纳酒店
Gran Sabana　　　　高档酒店

◆虽然距离市区稍微有些远，但却是拥有泳池的舒适酒店，经常有旅行团下榻。客房宽敞舒心，还设有配套餐厅，泳池及大堂周边可以连接Wi-Fi。

Map p.342 外
住 Carretera Nacional vía Brasil
☎ (0289) 995-1810
FAX (0289) 995-1813
费 ⑤Ⓦ BsF15000~
CC ADMV
房间数 58 间

波萨达·洛斯·皮诺斯酒店
Posada Los Pinos　　　　中档酒店

◆由Backpacker Tours运营的酒店。全部客房配有风扇、吹风机、温水淋浴设施和冰箱。在餐厅和泳池可以连接酒店的免费Wi-Fi。泳池配有水滑梯以及气泡池。

Map p.342 外
住 Urbanisacion Akurima Sector Los Pinos
☎ (0289) 995-1430
URL www.posada-los-pinos.com
费 ⑤US$18~ ⓌUS$25~ ⓌⓉUS$37~
CC MV
房间数 10 间

阿纳康达酒店
Hotel Anaconda　　　　高档酒店

◆与格兰萨瓦纳并称为圣埃伦娜的最高档酒店，虽然不是紧邻市中心，但是也在步行前往的范围内。配有一座很大的户外泳池。

Map p.342 外
住 Calle Ikabarú
☎ (0289) 995-1011
FAX (0289) 995-1835
费 ⑤ⓌBsF13000~ ⓉBsF15600~
CC ADMV
房间数 63 间

加里波第酒店
Galibaldi　　　　经济型酒店

◆邻近前往巴西帕卡赖马方向出租车搭乘点的经济型酒店。客房围绕着中间的停车场而建，各个客房都配有空调和冰箱，非常对得起酒店的价格。

Map p.342
住 Calle Ikubarú c/ vía hacia Brasil
☎ (0289) 995-1960
费 ⑤ⓌBsF6000~
CC MV
房间数 29 间

波萨达·奥伯格酒店
Posada L'auberge　　　　中档酒店

◆位于主干道上的小巧酒店，整座建筑是一座2层的砖瓦小楼，客房虽然不大，但是干净卫生，配有空调、电视和冰箱，设备比较完善。

Map p.342
住 Calle Urdaneta
☎ (0289) 995-1567
URL www.l-auberge.net
费 ⑤ⓌUS$25~ ⓉUS$33~
CC 不可
房间数 8 间

波萨达·米歇尔酒店
Posada Michelle　　　　经济型酒店

◆位于主干道上，非常受背包客欢迎的酒店，比邻旅行社，方便客人参报各类旅游行程或是预订车票或机票。客房只是一个可以睡觉的空间。配有公共厨房。

Map p.342
住 Calle Urdaneta
☎ (0289) 416-1257
费 ⑤ⓌBsF3000~
CC 不可
房间数 21 间

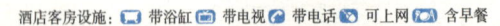

酒店客房设施：🛁带浴缸　📺带电视　📞带电话　🌐可上网　🍳含早餐

COLUMN 委内瑞拉的首都——加拉加斯

委内瑞拉

● 圣埃伦娜德瓦伊伦

阿尔塔米拉地区的弗兰西亚广场

加拉加斯 Caracas 作为南美洲屈指可数的大城市，是一座海拔接近 960 米的近代城市。虽然早在 1567 年这座城市便已存在，但是现在只有在历史城区中才可以看到保留下来的殖民建筑及街道。视野所及几乎都是现代化的高楼大厦坐落在宽敞的道路两旁。得益于丰富的石油资源，这里可谓南美地区发展最快的城市之一，但是目前还是外表光鲜，实则贫富差距很大，甚至生活物资都比较紧缺。这也是你在首都依旧可以看到贫民区的原因。

2018 年 1 月，加拉加斯被评为"非紧急情况建议不要前往"的城市，即使是前往委内瑞拉旅游的游客也大多把这座首都当作旅行的中转地，只是在加拉加斯住上 1 晚，之后便动身前往圭亚那高原。

历史城区的中心——玻利瓦尔广场

途经加拉加斯前往圭亚那高原

加拉加斯的机场名为西蒙·玻利瓦尔国际机场 Aeropuerto Internacional de Maiquetía Simón Bolívar （CCS），从中国前往加拉加斯的方式见→ p.328。加拉加斯并没有直飞圭亚那高原的关口城镇卡奈马的航班，需要经停奥达斯港 Puerto Ordaz 才可以抵达。奥达斯港也没有飞往卡奈马的固定航班，只能乘坐小型飞机前往，你可以通过当地旅行社预订这种小型飞机的机票。

坐落在山坡上的贫民区

URL www.hotdestinations.org
URL www.hotdestinationstours.com

你可以在这里参加包括圭亚那高原在内的委内瑞拉各式旅游行程，也可以提前与他们邮件沟通。

加拉加斯 Caracas　MAP p.324-B1

主要旅行社
Hot Destinations Venezuela Tours
☎（0212）373-1049

加拉加斯的游览方式

加拉加斯作为一座被群山包围，地处盆地之中的城市，旅游看点主要是国会议事堂以及建有大教堂的旧城区。白天城里的行人虽然不少，但是一过20:00马路上就人烟稀少了，届时治安情况也会非常恶劣。即使是白天也请尽量避免前往人迹罕至的街道，而且旅游时一定不要单人行动，必须结伴出行。条件允许的话最好聘请一个熟悉当地环境的称职导游一起游览，可以大大减少遭遇风险的概率。

市内主要的看点当数被称为委内瑞拉历史舞台的玻利瓦尔广场以及"南美解放之父"西蒙·玻利瓦尔Simon Bolivar的故居及博物馆。

出行时虽然可以搭乘地铁及巴士等市内交通，但还是请尽量乘出租车出行，而且不要随便上大街上跑生意的出租车，最好搭乘酒店提供的酒店出租车。虽然这类出租车的费用比街上行驶的普通出租车要贵上一些，但是相比安全程度，这点钱还是应该花的。

加拉加斯的 INFORMATION

旅游局 MINTUR
URL www.mintur.gov.ve

中华人民共和国驻委内瑞拉玻利瓦尔共和国大使馆
住 Av. Orinoco Con Calle Monterrey, Urb. Las Mercedes, Baruta, Caracas, 1060
☎ 0058-212-9931171 FAX 0058-212-9935685
URL http://ve.china-embassy.org/chn/
开 对外办公时间（不提供取件服务）：周一～周四 09:00～12:00 取件时间：周一～周四 15:00～16:00
休 周五·周六·周日，委内瑞拉节假日

加拉加斯的酒店

西蒙·玻利瓦尔国际机场距离历史城区不近，即使是畅通无阻的情况下开车也要40分钟左右。堵车的时候车程则会超过2小时。所以为避免赶不上航班，最好前一晚便住宿在机场旁边的酒店，方便第二天不会误机。近年来机场旁边加勒比海沿岸的度假酒店正在逐渐增多，成为许多海外旅行团的下榻场所，虽然这些酒店都不是步行便可以到达机场的距离，但是乘出租车往返机场是一点问题都没有的，比起往返城区来说要近上很多。再次提醒，请不要随便搭乘大街上跑生意的出租车，首选机场官方运营的正规出租车最为保险。

面向广场的纯白色外观的大教堂

世界级的连锁酒店也建在这里

COLUMN 委内瑞拉的民族英雄——西蒙·玻利瓦尔

为委内瑞拉赢得彻底独立的民族英雄西蒙·玻利瓦尔，1783年出生于加拉加斯。他从小刻苦学习，深受欧洲启蒙思想家著作的影响，16岁便远渡西班牙，随后还造访过法国、意大利等国家。在游学期间，让南美摆脱西班牙的殖民统治、彻底独立的思想在他的脑海中深深扎根。

1807年，当玻利瓦尔返回故乡加拉加斯后，便全身心地投入到独立运动的事业当中，并取得了很好的效果。1811年在委内瑞拉首次宣布独立之时，西蒙·玻利瓦尔曾作为独立军的将校与西班牙殖民军交战。

1819年，玻利瓦尔率军在波亚卡战役中击败西班牙殖民军，解放了哥伦比亚，随后投身于由委内瑞拉、厄瓜多尔及哥伦比亚联合组成的大哥伦比亚共和国的独立事业中，并就任首届总统。

1821年，他率领军队在卡拉博战役中战胜了西班牙军队，解放了加拉加斯，彻底结束了西班牙对于委内瑞拉长达数百年的殖民统治。随后在1824年的阿亚库乔战役中再次力挫西班牙军队解放了秘鲁，1825年玻利瓦尔对于解放玻利维亚也贡献了很大的力量，因此玻利维亚最初的国名玻利瓦尔共和国便是以他的名字命名，该国的宪法也由西蒙·玻利瓦尔亲自起草。

这位亲身解放南美各国的民族英雄在其一生的末期，经历了自己亲手组建的大哥伦比亚共和国的内部分裂斗争以及部下的背叛与暗杀，最后辞职前往哥伦比亚的圣玛尔塔，不久之后，在1830年，便因结核病面与世长辞。

在去世之地哥伦比亚打造的西蒙·玻利瓦尔像，用以永久缅怀这位解放南美的民族英雄

圭亚那、苏里南、法属圭亚那

Guyana、Suriname、F.Guyané

★ 圭亚那·····················349
★ 苏里南·····················351
★ 法属圭亚那···············353

苏里南的帕拉马里博独立广场
©Anton_Ivanov / shutterstock.com

圭亚那、苏里南、法属圭亚那全图

圭亚那

概况

Guyana Introduction

圭亚那在原住民的语言中指的是"多水之地"。而国如其名,从南部繁茂的密林地带,到大西洋沿岸的低地地区,数不尽的水路于圭亚那境内四通八达、纵横交错,形成了许多条天然的河运资源。

圭亚那的总面积比英国略小,而国内被开垦的土地也仅有0.5%,可谓极好地保存了原始的大自然风貌,众多地区都是人迹罕至甚至是从未被踏及,是探险家的梦幻国度。近年来,政府以及NGO机构开始着重保护热带雨林地区栖息生活的各类生物,并开始发展环境教育与生态旅游项目。

圭亚那因其曾为英国领地的历史而成为南美大陆唯一一个用英语作为官方语言的国家。

首都乔治敦可以看到英式风格浓厚的特色建筑

国家概况

国 名
圭亚那共和国
Republic of Guyana

首 都
乔治敦 Georgetown

面 积
21.5万平方公里

人 口
约73.8万(2017年)

政 体
总统制共和制

元 首
大卫·格兰杰 David A Granger(2015年上任,任期5年)

民族构成
印度裔44%,非洲裔黑人30%,其余还有华人、欧洲人、印第安人等。

语 言
官方语言为英语,此外还有克里奥尔语、印度语、乌尔都语等。

宗 教
英国人信仰的基督教、天主教、印度教以及伊斯兰教。

货币与汇率
国内流通的货币为圭亚那元(G$),US$1=G$201.843=6.87元(2018年2月),你可以在乔治敦市内的银行进行货币兑换。

电压及插座
电压为110/220V、50/60Hz;插座分为A类、BF类以及C类等多个种类。

气 候
圭亚那的西南部被森林覆盖,与巴西、委内瑞拉国境交界处的最高山罗赖马山形成了圭亚那高原。北部海岸的平原地区气温在20~32℃,平均气温为27℃。圭亚那全年可谓高温多湿,乔治敦的全年降水量为2350毫米,西部高原的全年降水量更是多达3250毫米。

从中国飞往圭亚那
目前中国并未开通直飞圭亚那的航班,需要途经北美的纽约、迈阿密、多伦多等地转机前往。许多航班都是从英国直辖的岛屿出发,全程除去换乘时间在 19~23 小时。

陆路方式入境

委内瑞拉和苏里南两国的国境纷争一直都没有缓和，因此国境线地区的治安极差，一定尽量不要途经这两国的边境线进入圭亚那。从苏里南的新尼克里 Nieuw Nickerie 可以坐船前往圭亚那的丝佩兰 Springlands，随后搭乘迷你巴士前往首都乔治敦。

从巴西的博阿维斯塔可以乘坐巴士前往边境城市宝芬 Bomfin。随后过桥便可以抵达圭亚那境内的莱瑟姆 Lethem。圭亚那国内的航空公司圭亚那航空 Trans Guyana Airways 每天都有 3 班从莱瑟姆飞往乔治敦的航班，相反陆路交通却不是很方便，首先没有固定频次的公共交通，只可以碰运气搭乘往返于乔治敦的大卡车；其次即使成功上车，车程也至少需要 20 小时的时间，有时路况不好开上三天三夜都是很常见的事。所以如果选择陆路方式，一定要准备好充足的食物、饮用水和睡袋。

圭亚那航空公司
Trans Guyana Airways
URL transguyana.net

时 差

比中国晚 12 个小时。

签 证

签证自签发之日起生效，根据所签的签证类别，有效期由一个月到五年不等，依据访问目的和逗留时长，可签发旅游签证、商务签证、礼遇签证、工作签证和学生签证。以下为圭亚那旅游签证所需资料：
· 填写完整的申请表格两份并附彩色两寸近照 2 张
· 资金证明
· 圭亚那邀请方的邀请信或资助信
· 旅行社提供公函，说明旅行计划或行程安排（只适用于团队旅游）
· 申请人护照首页复印件 2 份
· 申请费：人民币 175 元
※ 详情请咨询圭亚那驻华使领馆

中华人民共和国驻圭亚那大使馆

使馆位于乔治敦市东南开发区，正面紧临曼德拉大街，与圭亚那国家植物园隔路相望。
🏠 Lot 02、Mandela Avenue、Botanic Gardens、Georgetown、Guyana
☎ 领事部 00592-2254297
　办公室 00592-2271651
FAX 使馆本馆 00592-2259228
　经商处 00592-2264308

历 史

1500 年前后，西班牙航海家宾逊在圭亚那的海岸登陆，并在当地进行了一番调查。16 世纪后半叶，荷兰人在乔治敦附近的沼泽地修建了一座荷兰风格的小城斯塔伯格，这也是今天我们看到的乔治敦的前身。随后荷兰人在西印度公司的帮助下开始在圭亚那国内开垦种植甘蔗的农地。

18 世纪末，英国人占领了斯塔伯格。1814 年开始，英国、荷兰、法国对圭亚那高原地区展开争夺，圭亚那最终归属于英国。1834 年，由于奴隶制被废除，当地劳动力出现不足，进而不少非洲人从英国其他地方的殖民地被迁往圭亚那，随后中国人与印度人在当地的关系也开始变得不太友好。

1966 年 5 月，圭亚那从英联邦中独立出来，1970 年 2 月，开始实施共和制政体来治理国家。

圭亚那国内有很多美丽的教堂

电 话

你可以使用酒店客房的座机、自带的手机拨打国际长途电话。

乔治敦的市区区号分别为 218、219、223、225~227、231、263，新阿姆斯特丹的市区区号为 333、334。

从中国往圭亚那拨打电话的方法

| 国际电话识别号码 00 | + | 圭亚那的国家代码 592 | + | 区号（去掉前面第一个 0）×× | + | 对方的电话号码 ×××××× |

从圭亚那往中国拨打电话的方法

| 国际电话识别号码 + | + | 中国的国家代码 86 | + | 区号（去掉前面第一个 0）×× | + | 对方的电话号码 ×××××× |

350

苏里南

概况

Suriname Introduction

苏里南曾是荷兰的殖民地，在 1975 年 11 月完成独立，国龄还很年轻。

苏里南国内的居民构成可谓多种多样，其中占比最多的当数克里奥尔黑人以及印度人，爪哇人（印度尼西亚人）的数量紧随其后，华人的数量也不在少数。此外也可以在这里看到欧洲裔以及少数当地原住民的身影，虽然大家的肤色、文化截然不同，但都在很好地继承各自民族文化的基础上和睦生活，你在这里看不到明显的种族争端。

虽然目前苏里南国内的观光系统还不完善，但是它独特的多文化融合氛围已然成为令不少旅人魂牵梦绕的亮点所在。

树荫下乘凉的当地居民

人口中以印度人和黑人占据主导地位

国家概况

国　名
苏里南共和国
Republiek Suriname

首　都
帕拉马里博
Paramaribo

面　积
16.38 万平方公里

人　口
约 57.1 万（2017 年）

政　体
总统制共和制

元　首
德西·鲍特瑟
Deriré Delano Bouterse

2010 年 8 月就任总统，2015 年 7 月再次当选并于 8 月宣誓就职。

民族构成
印度裔占比 37%，克里奥尔人（黑人与白人的混血）31%，印尼裔 15%，丛林黑人 10%，其他还有当地的原住民以及华人、白人等。

语　言
官方语言为荷兰语，此外英语、苏里南语、加勒比系印度语、爪哇语也在国内被使用。

宗　教
基督教（新教、天主教等）、印度教、伊斯兰教等。

货　币
单位为苏里南元（Srd），US$1=Srd7.409=6.87 元（2018 年 2 月）。

电压及插座
电压为 127V、60Hz；插座分为 C 类和 SE 类等。

气　候
苏里南地处亚热带气候区，除去个别月份，平均气温在 26~28℃，全年的温度几乎没有什么太大变化。海岸地区受季风影响，并不会有太明显的闷热感。年降水量为 2340 毫米（帕拉马里博为 1930 毫米），每年 4~7 月以及 11 月~次年 2 月为苏里南的雨季。

从中国飞往苏里南
目前中国并未开通直飞苏里南的航班，需要途经北美的纽约、迈阿密等地并在加勒比的海岛转机后才可以前往。全程除去乘坐时间在 23~29 小时。

由于苏里南以前曾是荷兰的殖民地，所以 KLM

351

荷兰航空（KL）每周都有 4 班途经荷兰阿姆斯特丹最终前往苏里南的航班。航程除去换乘时间大约为 20 小时 40 分钟。巴西的贝伦每周有 3 班由戈尔航空运营的飞往苏里南的航班，航程约 1 小时 45 分钟。

戈尔航空　Gol Airlines
URL http://www.voegol.com.br

陆路方式入境

由于苏里南与邻国关于国土问题一直都处于纷争的状态下，边境线地区治安很差，尽量避免选择通过陆路边境线入境的方式。你可以从法属圭亚那的圣洛朗·杜马罗尼 Saint-Laurent du Maroni 乘船横渡马罗尼河 Maroni，随后途经苏里南的阿尔比纳 Albina 后入境。从阿尔比纳搭乘迷你巴士需要 2~3 小时的时间便可以抵达苏里南的首都帕拉马里博。从圭亚那的丝佩兰可以乘船横渡科兰太因河 Courantyne 后，从桑斯多莱茵 Southdrain 入境苏里南。桑斯多莱茵距离首都帕拉马里博并不是很远，可以乘出租车前往。

苏里南国内并没有大型巴士公司，国内的交通工具主要是个人经营的迷你巴士和出租车。迷你巴士一次可以搭乘 15~25 人，几乎是一眨眼的工夫便会集齐客人出发。出租车的费用是迷你巴士的 1.5~2 倍。

时差

比中国晚 11 个小时。

签证

自 2016 年 3 月 1 日起，赴苏里南旅游的中国公民无须提前办签证，可以直接在包括苏里南首都国际机场和苏里南与圭亚那、法属圭亚那陆路边境口岸在内的所有口岸办理旅游卡入境。该旅游卡费用 40 美元（或 35 欧元），一次入境有效，停留期 30 天，入境后可向苏移民局申请延期至最长 90 天。以旅游之外其他目的访苏的中国公民，仍需提前申办相关签证。

中华人民共和国驻苏里南共和国大使馆

住 Anton Dragtenweg 131, Paramariobo, Suriname

☎ 领事证件咨询 00597-454521（服务时段：周一~周五 8:30~11:30）领事保护与协助 00597-8605165
FAX 00597-452540

历史

1650 年，巴巴多斯岛总督、英国人威尔比在苏里南建造了最初的殖民地。1667 年，第二次英荷战争结束后，这里成了荷兰的殖民地，海岸地区的低地开始实施荷兰风格的开拓工作，并开始种植甘蔗等农作物。1863 年由于黑人奴隶制度的废弃，劳动力不足，开始从印度和爪哇引进移民，随后葡萄牙人和华人也接踵而来，人种与文化的多样性也开始丰富起来。

20 世纪后半叶，美国的资本势力进入苏里南，铝土矿的开采成为了苏里南国家的支柱产业。1975 年苏里南脱离荷兰的掌控彻底独立，不久后军队发动政变取得了政权，老东家荷兰不认可当局，一度停止了经济援助，使得苏里南的经济开始恶化。

1986 年下半年开始，由军队总司令官鲍特瑟的前护卫官罗尼·布鲁斯威尔所领导的黑人反政府游击队活跃频繁，在国内总计造成了近 500 人的牺牲。随后在法国的调解下，事态趋于平和，但是南部丛林地区仍有游击队的残余将那里作为据点，不能说是彻底解决。

1988 年随着民主政权的复活，苏里南的政局再次被荷兰所认可，开始了新一轮的资金援助。

电话

你可以使用帕拉马里博市内电话局 Telesur 以及酒店客房的座机拨打国际长途电话，从酒店打电话时通常会有限时 10 分钟的要求。

苏里南地处亚热带气候区，植物生长茂密

从中国往苏里南拨打电话的方法

| 国际电话识别号码 00 | ＋ | 苏里南的国家代码 597 | ＋ | 区号（去掉前面第一个 0）×× | ＋ | 对方的电话号码 ×××××× |

从苏里南往中国拨打电话的方法

| 国际电话识别号码 ＋ | ＋ | 中国的国家代码 86 | ＋ | 区号（去掉前面第一个 0） | ＋ | 对方的电话号码 ×××××× |

352

法属圭亚那

概况

F. Guyane Introduction

法属圭亚那是法国海外的合法领土，由法国中央政府直接管辖，总面积在南美地区是最小的。

17~18世纪，前往圭亚那地区的殖民者一方面因水土不服饱受疟疾的困扰，另一方面却依旧努力地在这片远离欧洲的土地上建造"赤道正下方的法国国度"。

法国革命后，圭亚那作为犯人的流放之地而被世人所熟知，被送往圭亚那的囚犯大多都是终身刑期，作为法国殖民地所需的劳动力而被送往圭亚那服刑，当初共计8万人的囚犯，最终只有不足2万人平安返回了法国。

法属圭亚那的看点主要以卡宴观光、囚犯流放之地的中心罗瓦亚尔岛、圣洛朗·杜马罗尼等地的遗迹巡游为主。

首都卡宴的市区景色

曾经囚犯流放的岛屿现在摇身一变成为了著名的观光景点

概况

名 称
法属圭亚那（法国的海外省）
Guyane Française

首 府
卡宴 Cayenne

面 积
8.63平方公里

人 口
约26万人（2016年），大约有4000人。

语 言
官方语言为法语，此外广泛使用的还有克里奥尔语、印度语，中文在这里也会听到。

宗 教
基督教、印度教、伊斯兰教等。

货 币
法属圭亚那的货币与法国一样，使用欧元。US$1≒€0.8、€1≒7.8068元，你除了可以通过首都卡宴的法国各家商业银行进行货币兑换，也可以从货币兑换商人那里进行兑换，周六营业。如果你是以陆路方式进入法属圭亚那，最好提前准备好欧元，以备不时之需。

电压及插座
电压为220V、50Hz；插座分为BF类和C类等。

政 体
法属圭亚那作为法国的海外省，由法国指派的领事所领导，议会由代表议会组成，向巴黎的上议院和下议院输送1~2名代表议员。

民族构成
由黑人和白人的混血种人克里奥尔人占总数的40%，此外还有苏里南人、海地人、巴西人、黎巴嫩人和华人等。逃亡至此的奴隶子孙被称为马龙

气 候
从海岸到内陆地区，是一片平稳中略有起伏的平原地带。进入内陆地区则意味着来到了雨林地

带。法属圭亚那83%的国土都被森林所覆盖，可谓真正的绿色王国。这里属于高温多雨的热带气候，国内流淌着包括苏里南河在内的多条河流。平均气温虽然有27℃，但是在与巴西接壤的边境地区，早晚的温差还是很明显的，注意不要着凉。

每年4~7月以及11月~次年1月是法属圭亚那的雨季，5月的降水量最为显著。其余时段则是旱季。

从中国飞往法属圭亚那

目前中国并未设直飞圭亚那的航班，需要途经北美的纽约、迈阿密等地并在加勒比的海岛转机后才可以前往。全程除去换乘时间25~31小时。

由于法属圭亚那是法国的海外省，所以法国航空（AFF）每周都有10班左右途经巴黎最终前往法属圭亚那的航班。航程除去换乘时间大约为21小时30分钟。此外加勒比海上的法属岛屿马提尼克每天也有1~2班飞往法属圭亚那的法国航空航班，航程约2小时10分钟。巴西的贝伦也有苏里南航空（PY）运营前往法属圭亚那的航班。

苏里南航空 Surinam Airways
URL www.flyslm.com

陆路方式入境

从巴西的奥亚波基 Oiapoque 横过奥亚波基桥后，从苏里南的阿尔比纳跨河进入法属圭亚那的境内。

时　差

比中国晚11个小时。

电　话

用市内电话拨打国际电话的操作方法是，拨国际区号00+国号+去0后的市区区号+对方号码。法属圭亚那境内的电话卡已经普及，可以在书店或超市购买。

签　证

中国公民持有法国使领馆签发的法国6个月（含）到5年多次（含）入境申根签证可免签入境法属圭亚那。

申请法国签证可登录法国签证官方网站（URL france-visas.gouv.fr/zh/web/france-visas）在线申请。需要注意的是，前往法国海外省或海外领地的申请者，另需填写"短期申根签证申请补充问题表"。详情内容去咨询法国驻华使领馆。

历　史

1604年，受法国亨利四世的命令，拉瓦尔迪埃尔在圭亚那修建港口，并开展亚马孙的实地调查。自此开始，法国的殖民者便接踵而来。1638年，卡宴城被建造起来，1664年起开始了实打实的定居生活。

1667年根据《布雷达条约》，圭亚那地区开被荷兰和英国人所殖民统治，虽然后续也仍有殖民者前来，但是受疟疾等疾病的影响，许多远道而来的异乡人最终都客死他乡。

18世纪末，法国在结束大革命后开始着手修建圭亚那的监狱设施，从19世纪到20世纪中叶，向这里输送了许多以政治犯为主的囚犯，因此人们也称这里为"诅咒之地"或是"绿色地狱"。

19世纪初，虽然这里曾一度被葡萄牙占领，但不久后便被归还于法国，1858~1900年兴起的淘金浪潮，使得这里在短时间涌入了2万以上的淘金者，人口剧增。1946年，法属圭亚那成为法国的海外省，并持续至今。

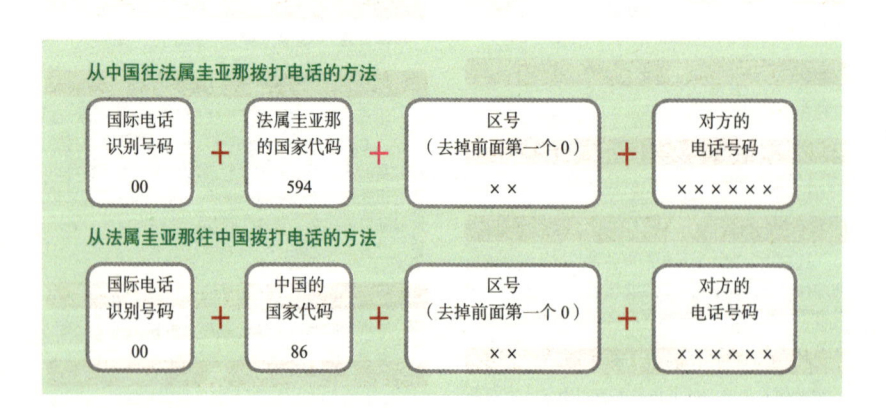

从中国往法属圭亚那拨打电话的方法

| 国际电话识别号码 00 | + | 法属圭亚那的国家代码 594 | + | 区号（去掉前面第一个0）×× | + | 对方的电话号码 ×××××× |

从法属圭亚那往中国拨打电话的方法

| 国际电话识别号码 00 | + | 中国的国家代码 86 | + | 区号（去掉前面第一个0）×× | + | 对方的电话号码 ×××××× |

ND# 旅行的准备和技巧

Travel Tips

旅行的准备

- ★ **旅行信息收集**············356
  中国的信息收集 / 当地的信息收集 / 网络信息收集
- ★ **旅行的预算与资金**············357
  物价水平 / 携带资金小谈 / 信用卡
- ★ **出发前的相关手续**············359
  取得护照 / 签证 / 黄皮书 / EVUS（签证更新电子系统）/ ISIC 卡（国际学生卡）/ 国际青年旅舍会员卡 / 海外旅行保险
- ★ **南美旅行的基础知识**············363
  南美的游览方式 / 旅行用语
- ★ **经典旅行线路**············365
- ★ **交通方式**············368
  航空 / 购买机票 / 搭乘飞机的相关建议 / 公路 / 国境穿越的主要交通 / 代表性的国境穿越线路
- ★ **旅行的装备**············373
  旅行的携带物品 / 旅行服装 / 关于行李 / 入境 & 海关的小贴士

旅行的技巧

- ★ **出入境手续**············374
  机场相关建议 / 中国出境 / 南美入境 / 南美出境及中国入境 / 入境时的免税范围及物品携带指南 / 前往北京首都机场的主要交通
- ★ **关于酒店**············378
  南美酒店事宜 / 浅谈住宿设施
- ★ **关于打电话**············379
  南美电话事宜 / 拨打电话指南
- ★ **网络**············381
  网络环境介绍
- ★ **旅行中的突发问题及安全对策**············382
  南美治安 / 偷盗与处理对策 / 遭遇问题时如何解决
- ★ **生病及受伤**············385
  生病了怎么办 / 紧急情况对策
- ★ **旅行实用葡萄牙语**············387
- ★ **旅行实用西班牙语**············396

旅行信息收集

南美各国驻华大使馆

巴西驻华大使馆
- 北京市建国门外光华路27号
- ☎ (010) 6532 2881
- URL pequim.itamaraty.gov.br/zh/

巴西签证申请中心
- 北京市朝阳区工人体育场北路13号院1号楼803室,邮编:100027
- ☎ (010) 84004579
- URL www.vfsglobal.cn/brazil/china

委内瑞拉玻利瓦尔共和国驻华大使馆
Embassy of the Bolivarian Republic of Venezuela
- 北京市朝阳区三里屯路14号
- 办公处 (010) 65321295 / 65322694 / 65323654
- 武官处 (010) 85323797 / 85323828
- 武官处 北京市朝阳区新东路1号塔园外交公寓1-2-12
- URL china.embajada.gob.ve

圭亚那驻华大使馆
- 北京市建国门外秀水东街1号
- ☎ (010) 65321337
- URL www.guyanaembassybeijing.cn

苏里南驻华大使馆
- 北京市朝阳区秀水街1号
- ☎ (010) 65322939
- URL www.surinameembassy.cn

法属圭亚那(法国驻华大使馆)
- 北京市朝阳区天泽路60号
- ☎ (010) 85312000
- URL cn.ambafrance.org/

阿根廷驻华大使馆
- 北京市朝阳区新东路1号塔园外交公寓3-1-011、012
- ☎ (010) 85323921
- URL echin.cancilleria.gov.ar/zh-hant/content/visas

乌拉圭东岸共和国驻华使馆
- 北京市朝阳区东方东路22号院亮马桥外交公寓A区03-01号
- ☎ (010) 65324445 / 65324413 / 65320817
- FAX (010) 65327375
- ✉ uruchina@mrree.gub.uy

厄瓜多尔共和国驻华大使馆
- 北京市朝阳区三里屯外交人员办公楼2单元62号
- ☎ (010) 85319499
- ☎ (010) 85319415

中国的信息收集

南美各国的旅游信息在中国不是很容易收集得到,你可以在出发前通过各国的大使馆及政府旅游局、专营南美旅游的旅行社等机构尽可能多地收集目的地资料。另外,南美的部分国家政治局势波动较大,由当地反政府武装游击队发动的恐怖袭击、政府的戒严令、军队的政变等可谓层出不穷,本书中主要介绍的巴西、委内瑞拉、圭亚那、苏里南及法属圭亚那也不时会发布警告游客前往的危险地区,其中有一些地方甚至会被发布"非紧急情况避免前往该地"的公告,出发前一定要再次确认目的地的安全状况,安全信息详见p.382。

当地的信息收集

里约热内卢和圣保罗等大城市自不必多说,大多数景区也都会设有配套的旅游咨询处。抵达目的地城镇后推荐你首先便去当地的旅游咨询处转一转,入手一些旅游宣传册以及最新的观光信息。部分咨询处除了提供丰富的宣传册外,还会有城镇的地图或是地铁线路图,可谓十分方便有用。不过还是要提防一些写有"Turist info"招牌的店面,这些可不是旅游咨询处而是民营的旅行社,如果你误入这里,很容易遭到旅行社工作人员的线路促销或给你设下消费陷阱,一定要多加留意。

抵达目的地城镇后可以先去当地的旅游咨询处转一转(库里蒂巴的旅游咨询处)

网络信息收集

近年来,对于游客来说非常强大的信息后盾便是网络搜索了。南美地区当然也不例外,除了作为各国网络名片的国家旅游局外,细到各个城镇的博物馆甚至都可以从网上大体了解。但是很多网站都没有中文版,大多数都是英语、葡萄牙语或是西班牙语的网站,所以更详细的信息还是当地了解得更透彻。南美各国酒店内的网络环境也在逐渐完善,很多地方的平价旅馆都已经开放了免费Wi-Fi,不过房间内可能连接不上,高档酒店中上网可能还有收费的情况。但不得不说,提供Wi-Fi的酒店、餐厅以及咖啡馆正在逐渐增多。

旅行的预算与资金

物价水平

■巴西的物价

巴西的物价水平在整个南美地区都算得上首屈一指,而且并没有下降的势头,仍在慢慢攀升。不过即便如此,普通市民的生活费用却并不是那么吓人,但是旅游观光的花费就要另当别论了。大城市中酒店的住宿费、餐厅的餐饮费几乎都不会有便宜的价格,很难从这些方面节约开支。尤其是潘塔纳尔湿地以及亚马孙等自由行几乎无法独自前往、只能报团游览的地区,参团费更是高得吓人。巴西国内地方城市或是小镇中平价酒店和小餐馆的价格还是可以接受的,你可以从这些地方下手,省下一些旅游资金。

地道的味噌拉面大约80元人民币

■委内瑞拉的物价

委内瑞拉的通货膨胀率在650%以上,当地的货币价值持续下落,即使是从黑市用最不划算的汇率兑换该国货币,委内瑞拉也无疑是南美地区物价水平最低的国家。如果是用划算的汇率兑换强势玻利瓦尔,无论是餐费还是住宿费,都会比在中国花相同的钱享受到更加优越的消费体验。

委内瑞拉作为石油大国,只用花1毛钱左右便可以买到1升容量的汽油,因此无论是在该国乘坐飞机还是长途巴士或是出租车,交通费用都相当低廉。

E-mail eecuchina@cancilleria.gob.ec
哥伦比亚共和国驻华大使馆
住 北京市朝阳区光华路34号
☎ (010) 65323377 65321971 (使馆) 65320740 (领事处) 85321835 (武官处)
FAX (010) 65321969 (使馆) 65327249 (领事处)
URL china.embajada.gov.co
秘鲁共和国驻华大使馆
住 北京市朝阳区三里屯外交人员办公楼1-91
☎ (010) 65323719 65323477 65322913 65322976 (领事处)
FAX (010) 65322178
E-mail info@embaperuchina.com.cn
多民族玻利维亚共和国
住 北京市朝阳区亮马河南路14号,塔园外交办公人楼2-3-7
☎ (010) 65323074
智利共和国驻华大使馆
住 北京市朝阳区三里屯东四街1号
☎ (010) 65321591/59792370 (总机)
FAX (010) 65323170 (使馆) 65323345 (武官处) 65322910 (商务处)
E-mail embachile@echilecn.com
※ 前往大使馆前一定要先打电话进行预约

旅行的预算

如果不计较花销只是想单纯地享受旅游

项目	场所及方式	巴西平均预算
早餐	高档酒店享用自助早餐	包含在酒店住宿费中
午餐	在服务很棒的餐厅用餐	R$150
下午茶	品尝甜点及茶饮	R$40
晚餐	在高级餐厅品尝红酒及肉菜	R$300
住宿费	五星酒店	R$1000
合计		R$1490

力图节约的节俭派

项目	场所及方式	巴西平均预算
早餐	在街边咖啡馆吃口面包和咖啡	R$10
交通费	利用地铁及公交车出行观光	R$20
午餐	在快餐厅用餐	R$20
下午茶	在便利店买一杯咖啡	R$3
晚餐	在街边餐馆与当地人一同用餐(可能会拼桌)	R$30
住宿费	一星酒店 or 青年旅舍	R$60
合计		R$143

※ 巴西货币汇率(US$1≒R$3.15≒6.87元)。

价格表

场所	项目	巴西平均预算
酒店	五~四星酒店	R$800
	三~二星酒店	R$200
	一星酒店	R$80
	青年旅舍	R$50
购物	矿泉水	R$2
	可乐	R$3
	红酒	R$20
	啤酒	R$3
	面包	R$1
	香烟	R$10
饮食	高级餐厅享用巴西大餐	R$300
	中等餐厅品尝主菜和沙拉	R$60
	快餐厅(汉堡套餐)	R$15
	在餐厅点一瓶红酒	R$70
	咖啡馆点一杯咖啡 & 三明治	R$12
交通	出租车起步价	R$4.5
	搭乘1次城市巴士	R$3.8
	搭乘1次地铁	R$3.8

委内瑞拉的汇率

虽然国际公认的固定汇率为 US$1=BsF10，但是黑市中的汇率却高达 US$1=BsF21 万 ~23 万，足足高出了 2.1 万 ~2.3 万倍。委内瑞拉本国为了平衡黑市的离谱汇率，设立了 DICOM 汇率系统（p.331），如果用国际公认的固定汇率来兑换强势玻利瓦尔，会感觉委内瑞拉的物价很高，但是在当地用实际的汇率兑换后就会忽然觉得自己真是个有钱人了。

■法属圭亚那的物价

法属圭亚那的大部分物资都是从法国空运而来，所以物价很高，尤其是观光景区的物价更是比法国本国还要高出 40% 以上。首府卡宴的酒店单人间，1 晚的价格是€ 100 左右，双人间则在€ 150 左右。

■圭亚那的物价

首都乔治敦一晚平价酒店的住宿费为 US$35 左右。餐饮方面虽然也可以找到一些街边餐馆，但如果你想在稍微不错的餐厅用餐，一顿餐食的费用大约在 US$20。

■苏里南的物价

收录在《世界遗产名录》中的首都帕拉马里博的物价比较高，即使是民宿，一晚的单人间价格也在€ 15~，正常酒店的价格则是在€ 50~。

携带资金小谈

南美国家是不认可直接用人民币支付的，部分大城市可以支持人民币与当地货币的兑换，小城镇则不要抱太大希望。从中国的银行有时候不太容易换到南美国家的货币，所以可以先换些美元随身携带，到了当地再用美元兑换当地的通用货币。部分南美国家可以直接用美元进行支付。值得一提的是，巴西的圣保罗等大城市可能无法兑换美元的旅行支票，即使可以兑换也会收取不少的手续费，所以最好还是用现金或是信用卡支付。

使用 IC 芯片式信用卡

当你在店铺使用附带 IC 芯片的信用卡结账时，店方可能会让你输入密码（PIN Code）取代签名结算的方式。如果你记不清楚信用卡的密码，一定要在出发前询问信用卡签发的银行机构。此外结账时有时还会让顾客出示护照，也请多加注意。

信用卡失窃

万一不幸在旅行中丢失信用卡，请第一时间联系信用卡签发的银行机构进行冻结，阻止不法消费（→ p.384）。

大多数城市都设有 ATM，如果你持有国际信用卡，可以直接在当地的 ATM 提取当地现金货币。不过每次都会收取手续费，如果提现频繁，手续费的金额也会提高。

机场里可以找到多家银行的 ATM

信用卡

信用卡的普及率逐年攀升，不过根据国家和城市的不同，接受信用卡支付的程度也不尽相同。巴西各城市中中档级别以上的酒店和餐厅、礼品商店大多数都认可信用卡消费。相比巴西，委内瑞拉的信用卡使用率还是要低一些。特别是在委内瑞拉使用信用卡消费时，汇率会应用国际公认的固定汇率 US$1=BsF10，相当不划算，直接用当地的汇率换取强势玻利尔会实惠得多。在南美地区租车或是入住酒店时，工作人员也大多会要求你出示信用卡以代替身份证明或储蓄卡，所以请最好携带一张信用卡前往南美旅行。信用卡中接受程度较高的是 VISA 及 MasterCard。

358

出发前的相关手续

取得护照

护照是证明你是中国公民的国际"身份证",出入南美洲各国时都会要求你出示,在旅行途中也会经常出示。尤其是当你被当地警察或是军队要求出示时一定要配合工作(部分国家认可护照复印件)。此外,进行货币兑换以及刷信用卡结账时也可能需要你出示自己的护照。

海外旅行的开始便是申办普通护照。2019年4月1日起,中华人民共和国普通护照等出入境证件实行"全国通办",即内地居民可在全国任一出入境管理窗口申请办理,申办手续与户籍地一致。国家移民管理局政务服务平台同步上线,可进行预约申请、证件进度查询等。

据2007年1月1日实施《中华人民共和国护照法》规定,护照的有效期分别为"16岁以下为5年,16岁以上为10年"。你可以在护照有效期内进行出入境活动,但最好不要在截止日期前3个月内再进行任何出入境活动。

中国公民申领因私普通护照须向出入境管理部门申请,提交必要的书面材料,公民成功递交普通护照申请后,可通过2种方式取证:一是公安机关出入境管理部门可以通过邮政速递直接将出入境证件递送到你所指定的地点;二是可以直接到递交出入境证件申请的公安机关出入境受理窗口领取。

公民申请普通护照或者申请普通护照变更加注、换发、补发的,公安机关出入境管理机构应当自收到申请材料之日起10个工作日内签发。对于符合加急办理普通护照条件的,公安机关出入境管理机构应当自收到申请材料之日起5个工作日内签发。

在偏远地区或者交通不便地区或者因特殊情况,不能按期签发普通护照的,经省级地方人民政府公安机关出入境管理机构负责人批准,签发时间可以延长至30日。北京的通常办照时限为8个工作日(自现场递交申请后第二个工作日开始计算),上门取证办理时限为7个工作日(自EMS上门揽取证件后第二个工作日开始计算),特殊情况除外。

护照相关链接
公安部出入境网上办事平台
URL 219.136.255.192

10年有效期的中国护照

■ 收费标准

首次申请、失效重新申请以及换发、补发普通护照均为每本160元;普通护照加注每项20元。

护照尾页的签名栏用中文或是英文签字均可,最好是和信用卡相同的签名。需要注意的是,即使是1岁的孩子,出行也需要护照。护照如果在旅游目的地丢失,补办护照的相关手续参见→p.383。

签证

南美地区由12个独立的国家以及1个法国海外省所组成,各国对于中国公民入境的签证要求不尽一致。巴西签证的具体材料详见下文,其

护照的剩余有效期

如果你已经取得护照，出发前请核查下护照的有效期，每个国家对于入境该国时护照的剩余有效期都有不同的要求，最好在有效期结束前的1年便开始换发新护照。各国对于护照剩余有效期的相关要求详见各国的国家概况专栏。

巴西驻华大使馆

📍 北京市建国门外光华路27号
☎ (010) 6532 2881
🔗 pequim.itamaraty.gov.br/zh

他国家的签证事宜请在各国大使馆官网查询（p.356）

你可以根据各国使馆的要求，选择提前在中国境内办理签证或是前往当地办理落地签。如果此次旅行涉及多个南美国家，更是要提前着手陆续办理相应国家的旅游签证。

■ 南美各国的签证事宜

巴西：无论何种目的都需要办理签证。

委内瑞拉：中国公民持外交护照、公务护照或公务普通护照可免签入境委内瑞拉。持普通护照人员应提前向委内瑞拉驻华外交或领事机构申请签证。

阿根廷：可以直接申请最长10年有效的多次签证，持美签、申根签证还可以办理电子签证。

乌拉圭：凡持有有效期内的欧盟或申根签证、美国、加拿大和英国签证的中国公民，自2017年6月01日起实行免签政策。即中国公民所持有护照有效期6个月以上，至少去过上述国家一次，且签证有效期在一年以上，入境口岸为卡拉斯科国际机场；或另有上述三国签证有效期18个月以上即可随时入境。

哥伦比亚：持外交、公务护照的中国公民可免签入境哥伦比亚并停留30天。持公务普通护照、普通护照的中国公民入境前须办妥签证。

智利：除了提前向大使馆申办旅游签证外，还可以持有效美签、加签（过境签证除外）"有条件"免签智利，停留时间最长不超过90天。

巴拉圭：中国与巴拉圭无外交关系，赴巴中国公民可在巴拉圭驻第三国使领馆办理入境签证。

秘鲁：中国公民持外交、公务护照赴秘鲁可免办签证。持公务普通护照和普通护照人员须办理签证。

玻利维亚：中国公民可以在玻利维亚驻外领事馆申请旅游签证，也可以在玻利维亚国际机场和（或）玻利维亚边境检查站申请旅游签证。

※ 签证信息可能发生变化，以各国使领馆最终要求为准。

对于巴西签证，持有普通护照的中国公民必须在巴西签证申请中心提交申请，办理停留期不超过90天的访问签证（旅游签证属于访问签证）。如果停留期超过90天，则会变为临时签证。公务普通护照持有人的签证申请需通过中华人民共和国外交部提交。

如果你打算在南美其他国家的巴西领事馆申办巴西签证，则需要到当地进行实际问询，各个国家的要求不尽相同。

■ 在线填写签证申请表

签证申请表需要在巴西签证申请中心的官网上在线填写。你可以进入签证申请界面进行详细了解（🔗 formulario-mre.serpro.gov.br/sci/pages/web/pacomPasesWebInicial.jsf）。

填写好完整的签证申请表并且打印带有条码的签证申请回执页后，请在递交签证材料时一同递交。

申请巴西签证所需材料

1. 申请人护照原件,(自预计到达巴西之日起)有效期不得少于6个月,且至少有两张空白页并且签字。
2. 如有旧护照也需要提供。
3. 每人填写在线签证申请表,网址为 formulario-mre.serpro.gov.br。打印并且签署签证申请表回执页(回执页带有条形码,在你填完签证申请表后即可生成)。
4. 一张彩色近照,尺寸为4厘米×5厘米,正面照、白色背景。
5. 申请人在职证明/雇佣合同证明(葡萄牙文或英文加盖公章)。
   - 如果是学生,则需要提交学校出具的在读证明和(或)出勤证明(葡萄牙文或英文加盖公章)。
   - 申请人为退休人员,须提供退休证明和(或)养老金证明。
6. 打印出的巴西酒店预订单。如果探访居住在巴西的亲戚或朋友,需提交巴西公民或者在巴西有居留许可的外国人出具的经过公证的邀请函原件,邀请函内容需注明对申请人在巴西停留期间住宿和相关费用进行担保。
7. 申请人在巴西停留期间经济实力证明:
   - 最近3个月银行流水和(或)信用卡对账单,近十天内打印;
   - 如果申请人为未成年人,其父母或其资助人须提供支付申请人在巴西逗留期间所需费用的证明及关系证明。
8. 打印出来的往返机票行程单或旅行社签发本体领馆领事部的信函,说明游客姓名、确认的行程、航班号和抵离日期。
9. 适用于未成年人(18岁以下)的特殊材料要求:
   - 出生证明原件或经公证的复印件。不能提供原件时,需要提供经外交部或外事办公室认证过的复印件。
   适用于单独旅行或跟随父母一方旅行的未成年人的特殊材料要求:
   - 未成年人旅行时,需父母双方或者法定监护人在公证处签署授权书(授权书可在 www.vfsglobal.cn/brazil/china 下载),如由法定监护人签署则需出具未成年人法定监护人的合法证明并需要公证。
   - 请注意,如果父母双方或法定监护人双方与未成年人一起旅行,未成年人旅行授权书将无须提供。法定监护人的合法证明需要提供并公证。
10. 适用于申请人计划参加体育竞赛、艺术表演、会议或者研讨会:赞助方或组织方提供的经过公证的邀请函原件,邀请函内容需包含从事活动的主要内容、地点及活动时间。邀请函需申明在活动期间参与者不会收到任何报酬并且该活动不售票。
    注:也可接受一份通过电子邮件发送给相关人士的邀请函扫描件。此种情况下,还需提交签署邀请函人士的巴西有效身份证件或者护照的复印件。两份文件上的签名必须一致。
11. 适用于申请人士永久居留但外国公民持有的巴西有效证件已失效并且:
    a) 申请人年龄超过60周岁,或者
    b) 申请人有特殊需求
    需提供已失效的外国公民持有的巴西有效证件的复印件。(第5~7项要求可以免除)
12. 适用于申请人持有永久或临时签证,请求延期或将临时签证转为永久签证,需出示由巴西联邦警察局出具的协议复印件,该复印件需经巴西司法部或者巴西国家移民局公证。("Conselho Nacional de Imigração")(第5~7项要求可免除)
13. 适用于申请人为被巴西公民收养的未成年人,需提供收养证明或正在办理收养手续的证明复印件,该复印件需公证。此外:如果该未成年人独自出行或者其中一方陪同前往巴西需提供父母双方或者法定监护人的经公证的授权书。(第5~7项要求可免除)

签证费用为920元以及140元的服务费。

巴西北京签证申请中心
住 北京市朝阳区工人体育场北路13号院1号楼803室
☎ (010) 84004579
URL www.vfsglobal.cn/brazil/china

巴西上海签证申请中心
住 上海市黄埔区四川中路213号久事商务大厦4层
☎ (021) 65965820
URL www.vfsglobal.cn/brazil/china

巴西广州签证申请中心
住 广州市天河区珠江新城华穗路406号之二保利克洛维大厦中景A座1513-1515
☎ (020) 38367876
URL www.vfsglobal.cn/brazil/china

签证受理时间
北京
热线电话:(010) 84004579
咨询邮箱地址:infopck.brcn@vfshelpline.com
热线电话咨询时间:周一~周五 8:00~15:00(法定节假日除外)
递交申请时间:周一~周五 8:00~15:00(法定节假日除外)

上海
热线电话:(021) 65965820
咨询邮箱地址:infosha.brcn@vfshelpline.com
热线电话咨询时间:周一~周五 8:00~15:00(法定节假日除外)
递交申请时间:周一~周五 8:00~15:00(法定节假日除外)

广州
热线电话:(020) 38367876
咨询邮箱地址:infocan.brcn@vfshelpline.com
热线电话咨询时间:周一~周五 8:00~15:00(法定节假日除外)
递交申请时间:周一~周五 8:00~15:00(法定节假日除外)

巴西旅游签证官网
URL www.vfsglobal.cn/brazil/china/Tourism.html

签证申请在线填表网站
URL formulario-mre.serpro.gov.br

黄热病预防接种证书
前往各地的国际旅行卫生保健中心接种
北京国际旅行卫生保健中心
URL www.bithc.org.cn

存在黄热病感染风险的国家名录（黄热病多发国）

阿根廷
厄瓜多尔
圭亚那
特立尼达和多巴哥
巴拿马
巴拉圭
法属圭亚那
巴西
玻利维亚
苏里南
秘鲁
哥伦比亚
委内瑞拉
※2018年6月数据

EVUS 申请

登记网站：www.evus.gov
EVUS 宣传手册：The EVUS Enrollment Brochure（PDF 498 KB）
常见问题请访问：www.cbp.gov/evus

国际学生卡官方网站

ISIC CHINA
URL www.isicchina.com
Email info@isicchina.com

国际学生卡办理的必要材料

护照照片
身份证明（政府颁发的身份证或护照）
就读时间不少于2个月的证明文件

黄皮书

"黄皮书"指的是《黄热病预防接种证书》，从中国前往巴西时无须提交，但是如果你要入境法属圭亚那地区，则会要求你出示接种证书。此外如果你是从黄热病风险国家（南美地区包括巴西、阿根廷、委内瑞拉、秘鲁等国）入境其他国家，有时候也会要求你出示接种证书。对于《黄热病预防接种证书》的出示要求通常都会不定期产生变化，请在出发前事先询问旅行社及大使馆，避免出现需要提交接种证书却没有办理的情况。

黄热病的预防疫苗可以在中国各大城市的国际旅行卫生保健中心进行接种，接种后经过10天会开始起效，所以一定要在入境前10天进行疫苗的接种工作。这种黄热病预防疫苗是接种一次10年内有效，详细情况请咨询当地国际旅行卫生保健中心。

EVUS（签证更新电子系统）

自2016年11月29日起，所有持中华人民共和国护照，同时持有最长有效期（十年）B1/B2、B1和B2签证的个人，若没有进行有效的EVUS登记将无法进入美国。对于搭乘多段航班前往美国的旅行者，EVUS登记信息将在他们进行第一个航班登记时进行验证。所有持中华人民共和国护照同时持有十年签证的个人在美国各城市转机前往南美国家时同样必须进行有效的EVUS登记。

ISIC 卡（国际学生卡）

适用于全日制学生。ISIC（International Student Identity Card）国际学生卡是联合国教科文组织唯一认可的全日制学生身份证明，在全球133个国家享有超过15万种的优惠折扣，包括景点、餐饮、购物、住宿和交通等。

申请条件：你必须是12岁及以上的全日制学生或者上课时间一年达到12周，每周达到15个小时的在读学生。有效期12个月，如你是今年9月申请，则到明年9月到期。

对于黄热病预防接种证书的各国要求		
国名	黄热病预防接种证书要求	推荐接种黄热病预防疫苗
巴西	从安哥拉以及刚果民主共和国前往巴西的游客需要出示	对于前往部分地区游览的游客推荐
阿根廷	无要求	对于前往部分地区游览的游客推荐
乌拉圭	无要求	无特别推荐
厄瓜多尔	无要求	对于前往部分地区游览的游客推荐
圭亚那	从黄热病风险国前往圭亚那的游客需要出示	推荐
哥伦比亚	从黄热病风险国前往哥伦比亚的游客需要出示	对于前往部分地区游览的游客推荐
苏里南	需要出示	推荐
智利	无要求	无特别推荐
巴拉圭	从黄热病风险国前往巴拉圭的游客需要出示	建议前往首都亚松森以外地区观光的游客注射疫苗
法属圭亚那	需要出示	推荐
委内瑞拉	从黄热病风险国或巴西前往委内瑞拉的游客需出示	对于前往部分地区游览的游客推荐
秘鲁	无要求	对于前往部分地区游览的游客推荐
玻利维亚	从黄热病风险国前往玻利维亚的游客需要出示	对于前往部分地区游览的游客推荐

电子卡费用为 100 元，若需要实体卡，补交 20 元差价即可。

国际青年旅舍会员卡

YHA 青年旅舍会员卡是国际青年旅舍联盟会员身份证明，全球通用，也是旅行者入住青年旅舍的凭证，拥有会员卡，可以享受国内外国际青年旅舍住宿价格的优惠，同时部分海外青年旅舍只允许会员入住。

成为 YHA 青年旅舍会员的好处：
1）入住青年旅舍享受房价上的优惠；
2）在世界各地享有食、住、行、游、购、娱等逾 3000 项优惠，如：在全球多个国际机场和车船站，凭会员卡兑换外币可免收手续费；观光、租车、购物、参团、购买车船票等均可能有折扣，折扣率高达 50%。单是在澳大利亚，优惠项目便接近 800 种；
3）以优惠价格参与多项由青年旅舍举办的各类文化、旅游等方面的交流活动；
4）优先参与青年旅舍组织的国际交流活动。

海外旅行保险

目前市面上的各类旅行保险几乎都可以任意选购，无论你是自由行还是商务出行，都有适合你的特色保险。参团时旅行社的团费中一般不包含保险，需要你额外进行购买。购买保险可以让你在旅行中发生事故或得病时处理问题更加游刃有余，而且保险的价格其实都不是很贵，相比出问题后的巨额费用，提前投保省心又安心。

海外旅行保险可大致分为：(1) 伤害保险（死亡、创伤后遗症险）；可自行增加的：(2) 伤害保险（治疗费用）；(3) 疾病保险（治疗费用、死亡）；(4) 赔偿责任保险（物品意外损坏，误伤他人时支付赔偿等）；(5) 救援保险（境外受伤返回国内的资金费用）；(6) 行李保险（旅行中行李丢失、破损、被盗时的补偿）等。

市面上的海外旅游保险通常都会将上述险种一并全含。部分信用卡公司宣称会为你自动上丢失保险，但是保险的生效范围十分有限，尽量还是购买正规保险最为靠谱。

中国国际青年旅舍总部

🏠 广州市天河区体育西路 103 号维多利广场 A 塔 3606 室（地铁 1/3 号线，体育西路站 E 出口）
☎ （020）87513731 转 103 分机（普通话、粤语、英语）
📠 020-38108668
🔗 www.yhachina.com/web-info-contact

会员卡费用及有效期

YHA 会员卡申办费用为人民币 50 元；
有效期为一年，全球通用。

购买海外旅游保险

除了可以通过预订机票的旅行社购买海外旅游保险，也可以登录保险公司的官网购买。部分保险公司在机场也设有办公柜台，即使是起飞当天也可以实现购买的可能。

旅行的准备和技巧 / 出发前的相关手续／南美旅行的基础知识

南美旅行的基础知识

南美的游览方式

■ 浅谈南美城镇

在广阔的南美大陆上存在着数不尽的大城小镇，每个地方都有其独特的历史及地理条件。现在我们看到的众多城镇的前身，几乎都是殖民时期由西班牙人和葡萄牙人建造而成的，所以你可能会感觉到即使是身处在两个国家，他们的城市风格在某种程度上也是很相似的。下文将为你大体介绍南美地区城镇的基本构成。

萨尔瓦多的佩洛里奥广场

■ 以城中心和广场为观光中心

每座城镇的城中心都被称为森特罗 Centro（葡萄牙语、西班牙语通用），而城中心坐落着的便是广场（巴西称为普拉萨 Praça，西班牙语则

欧鲁普雷图的蒂拉登特斯广场

363

问路时经常用到的单词
葡萄牙语
右：Direita 吉雷塔
左：Esquerda 艾斯凯尔达
直走：Dierito 吉雷托
拐角：Esquina 埃斯基纳
街区：Quadras 夸德拉斯
西班牙语
右：Derecha 德雷洽
左：Izquierda 伊斯奎尔达
直走：Derecho 德莱乔/Recto 莱克托
拐角：Esquina 埃斯基纳
街区：Cuadoras 夸多拉斯

旧殖民风格的城区通常都是棋盘般横平竖直的构造，非常规整，所以街区"夸德拉斯"这个词会经常用到。问路的话，当地人经常会用数字搭配夸德拉斯，意为距离这里还有数字所述的街区数。

是普拉扎 Plaza）。

国家不同，城镇不同，其对于中心广场的称呼也不尽相同。巴西称之为瑟之广场 Praça da Sé，而西语圈则称作普拉扎·德·阿尔玛斯 Plaza de Armas、普拉扎·马约尔 Plaza Mayor、普拉扎·因德潘登西亚 Plaza Independencia、普拉扎·普林希帕尔 Plaza Principal 等，当然，也有具有特殊含义而拥有独特名字的广场，总之广场的名字可谓五花八门。

广场周边便是大教堂（葡萄牙语、西班牙语通称为卡特德拉尔 Catedral），市政厅（葡萄牙语为帕拉西欧·穆尼希帕乌 Palácio Municipal，西班牙语为帕拉西欧·穆尼西帕尔 Palacio Municipal 或穆尼希帕里达 Municipalidad），政府（葡萄牙语为帕拉西欧·德·戈比艾尔诺 Palácio de Governo，西班牙语为帕拉西欧·德·戈比艾尔诺 Palacio de Gobierno 或卡萨·德戈比艾尔诺 Casa de Gobierno）。比较大的城市在城中心附近还可以看到旅游咨询处（葡萄牙语称为森特罗·吉·因弗尔玛所奈斯·图里斯提卡斯 Centro de Informações Turísticas，西班牙语称为欧菲希娜·德·图里斯莫 Oficina de Turismo）。

巴士总站以及火车站通常位于城中心（森特罗 Centro），部分大型巴士总站或坐落在稍微远离城中心的位置上。如果巴士总站位于城中心，那你可以在车站附近找到不少廉价旅馆。如果你没有制定特别的观光线路或是没有什么旅游想法，可以先去城中心的中央广场转一转。当然先去旅游咨询处收集一下旅游资料也是很不错的想法。

萨尔瓦多的耶稣广场

■ **道路名称与地址的表达方法**

一般道路都有自己的名字，大多数都是采用国名、地名或是人名来命名。大道称为阿贝尼达 Avenida（省略写作 Av.= 即大道），此外还有 Rua（省略写作 R.。西班牙语则为卡杰 Calle）。用历史伟人名字命名，像是 Av. Presidente Vargas 或 Rua São Cristóvão，或是 Rua 15 de Novembro 等以纪念日命名的道路都不在少数。

秘鲁对于街道有吉仑 Jirón（简写为 Jr.），哥伦比亚对于街道有卡雷拉 Carrera 等特别的称呼，不过 Av. 几乎在每个南美国家都被使用和认可。

地址的表达方式一般是"～路××号"（如：Av. América, 123 或 R. Simón Bolívar, 200 等），有时候街道还会用这条街上的建筑命名，所以如果你能知道地址，对于寻找特定建筑物也会起到帮助。有时候在"～路××号"后面还会接上"e Av.××"，意思是地点位于"～路"与 Av.×× 的交叉口。西班牙语中会用 y 代替 e 表达。

旅行用语

南美大陆的面积不容小觑，虽然国家众多，但大多数国家都是讲西班牙的。巴西的官方语言虽是葡萄牙语，但是西班牙语和葡萄牙语可谓兄弟语系——了解其中一种语言，另外一种语言也会融会贯通。在南美地区既不讲葡萄牙语也不讲西班牙语的例外国家分别是：圭亚那讲英

364

语、苏里南讲荷兰语、法属圭亚那讲法语。

此外克丘亚语（秘鲁、玻利维亚、厄瓜多尔），艾马拉语（秘鲁、玻利维亚），瓜拉尼语（巴拉圭），佩孟语（委内瑞拉）等原住民语言也在南美洲普遍存在，尤其是原住民人口较多的国家，特别是玻利维亚与秘鲁，日常用语西班牙语中便会经常掺杂着克丘亚语和艾马拉语的单词，孕育出了南美地区特色的别样西班牙语。巴西人所讲的葡萄牙语与正宗葡萄牙人的部分发音和语调都不尽相同，因此便有了巴式葡语的别称。

即使几个国家都说同一种语言，但是语调和语速也有细微的差别。旅行的前期可能会有点不太适应，但是当你适应南美风情后反而会觉得这点十分有趣，为你的南美之行增色不少。

■ **会几个单词也很有用**

前往南美旅游前，请你先做好南美人不太会说英语的心理准备，几乎只有大型酒店和部分餐厅中才有会讲英语的工作人员，大城市中景区附近的旅游咨询处、旅行社也可能会有讲英文的当地人，可以把这些地方当作询问信息的好去处。

但是假如你打算入住平价旅馆、在街边餐馆用餐，独自漫游在南美城镇之中，那确实需要掌握一些西班牙语和葡萄牙语的基本对话。其实在旅行过程中，蹦几个单词对于交流都很有用，比如涉及酒店的就是住宿用词，餐厅用餐便是饮食用词。虽然只是单纯的几个单词，但其作用远超你的想象。

用电子词典和单词本与当地南美人交流

如果携带沉重的大字典或是复杂的对话集，无疑会为南美之旅增添许多行李上的负担，不过你可以带一本随身口袋小词典或是电子辞典前往，如果不明白对方在说什么，面带微笑地将小词典递给对方，麻烦他指出最想说的单词，你就能简单地进行交流了。近年来，智能手机上还出现了翻译软件，对着手机说话就能直接翻译出对方的语言，虽然语句可能不太通顺，但是完全可以实现交流。需要注意的是，拿出手机可能会让小偷盯上你，所以还是要挑选地点和场所使用手机翻译。

经典旅行线路

1 巡游 2 大城市及伊瓜苏瀑布
最低 9 天行程

由沙滩山景美不胜收的里约热内卢、现代城市圣保罗，以及雄伟的伊瓜苏瀑布构成这条经典观光线路。

第1天	北京 ➡ 里约热内卢（在第2天的上午抵达）
第2天	里约热内卢观光
第3天	里约热内卢 ➡ 圣保罗
第4天	圣保罗 ➡ 伊瓜苏瀑布
第5天	伊瓜苏瀑布
第6天	伊瓜苏瀑布 ➡ 圣保罗
第7天	圣保罗 ➡ 北京（抵达北京大约是第9天的下午）

365

2 巴西自然纵览 亚马孙及伊瓜苏瀑布

最低 10 天行程

参观完伊瓜苏瀑布后，在玛瑙斯的丛林小屋过夜，还可以探访雨林地区，亲密接触大自然。

第1天	北京➡圣保罗（在第2天的上午抵达）
第2天	圣保罗➡伊瓜苏瀑布
第3天	伊瓜苏瀑布
第4天	伊瓜苏瀑布➡圣保罗➡玛瑙斯
第5天	玛瑙斯
第6天	玛瑙斯（雨林行程）
第7天	玛瑙斯➡圣保罗
第8天	圣保罗➡北京（抵达北京大约是第10天的下午）

3 伊瓜苏瀑布与潘塔纳尔湿地

最低 11 天行程

巴西的自然之旅，在参观完伊瓜苏瀑布后，从库亚巴前往潘塔纳尔湿地住宿，整个行程会在大自然中沉浸3晚4天。

第1天	北京➡圣保罗（在次日上午抵达）
第2天	圣保罗➡伊瓜苏瀑布
第3天	伊瓜苏瀑布
第4天	伊瓜苏瀑布➡圣保罗
第5天	圣保罗➡库亚巴（乘车前往）潘塔纳尔湿地
第6天	潘塔纳尔湿地
第7天	潘塔纳尔湿地
第8天	潘塔纳尔湿地（乘车前往）库亚巴➡圣保罗
第9天	圣保罗➡北京（抵达北京大约是第11天的下午）

➡在飞机上

4 巡游巴西的世界文化遗产

最低 11 天行程

从享有世界文化遗产美誉的巴西首都巴西利亚出发，陆续前往巴西国内的美丽古都。如果从圣路易斯前往拉克伊斯·马拉赫塞斯国家公园游玩，则还需要增加一晚的住宿时间。

第1天	北京➡圣保罗（在第2天的上午抵达）
第2天	圣保罗➡巴西利亚
第3天	巴西利亚
第4天	巴西利亚➡萨尔瓦多
第5天	萨尔瓦多➡累西腓（乘车前往）奥林达
第6天	奥林达（乘车前往）累西腓➡圣路易斯
第7天	圣路易斯➡圣保罗
第8天	圣保罗➡贝洛奥里藏特（乘车前往）欧鲁普雷图
第9天	欧鲁普雷图（乘车前往）贝洛奥里藏特➡圣保罗➡北京（抵达北京大约是第11天的下午）

5 巴西东部的独特魅力与亚马孙大自然

最低 12 天行程

从首都巴西利亚起始，巡游充满传统与文化气息的东部地区，随后前往亚马孙河港市贝伦，最后正面观光业马孙河风光。

第1天	北京➡圣保罗（在第2天的上午抵达）
第2天	圣保罗➡巴西利亚
第3天	巴西利亚➡萨尔瓦多
第4天	萨尔瓦多➡累西腓（乘车前往）奥林达
第5天	奥林达（乘车前往）累西腓➡福塔雷萨
第6天	福塔雷萨➡圣路易斯
第7天	圣路易斯➡贝伦
第8天	贝伦➡玛瑙斯
第9天	玛瑙斯
第10天	玛瑙斯➡圣保罗➡北京（抵达北京大约是第12天的下午）

➡在飞机上

367

交通方式

航空

经营中国巴西航线的航空公司
前往圣保罗仅需要进行一次转机即可。

美国航空
American Airlines（AA）
☎ 400-818-7333
URL www.americanairlines.cn
北京→洛杉矶或达拉斯等城市→圣保罗

联合航空
United Airlines（UA）
☎ 400 883 4288
URL www.united.com
北京→纽约或华盛顿或芝加哥等城市→圣保罗

达美航空
Delta Air Lines（DL）
☎ 400-120-2364
URL zh.delta.com
北京→亚特兰大或底特律等城市→圣保罗

墨西哥航空
Aeromexico（AM）
☎ 021-6466-8099
URL www.aeromexico.cc/
北京→墨西哥城→圣保罗

加拿大航空
Air Canada（AC）
北京→多伦多→圣保罗
☎ 400-154-0188
URL www.aircanada.com

■从中国前往南美洲

目前中国没有直飞南美洲国家的航班，无论乘坐哪个航空公司的航班，中途都要在美国的城市（部分航空公司可能会将加拿大、墨西哥、欧洲以及中东国家作为转机地）进行转机。通常前往南美洲都会选择在北美地区中途转机的航班。美国航空、联合航空等美国的航空公司（或是与中国国内航空公司的联运航班）都会在北美的城市进行中途转机，随后由该公司的航班或是同盟集团的航空公司运营接下来前往南美洲的航线。

■途经美国后入境南美洲

如果你是在美国换乘后前往南美洲各国，那就必须在美国办理入境手续［自 2016 年 11 月 29 日起，所有持中华人民共和国护照，同时持有最长有效期（10 年）B1/B2、B1 和 B2 签证的个人若没有进行有效的 EVUS 登记将无法进入美国 p.362］。入境时会将你双手的十指指纹进行扫描，并拍摄面部照片。顺利通过审查后还需要向海关递交海关申报书，随后便可以成功入境。随后你可以在机场航站楼中自行活动，时间差不多的时候前往转机航班的搭乘口即可。通常你的行李会直挂到最终的目的地，不过也有中途需要在转机地点提取行李的情况，请在中国国内办理登机手续时便向你所搭乘的航空公司咨询清楚。

■经由其他国前往南美洲

各个航空公司都会运营从欧洲飞往南美洲国家首都的航班，你可以先从中国乘坐设有直飞航线的航班前往伦敦、巴黎、法兰克福、罗马等地，随后转机前往南美洲。有时候还可以找到在澳大利亚经停前往南美洲的航班。

虽然会多花些时间，你也可以选择卡塔尔航空 Qatar Airways（QR）在多哈经停，阿联酋航空 Emirates（EK）在迪拜经停，阿提哈德航空 Etihad Airways（EY）在阿布扎比经停等在中东国家转机后再前往南美洲的航班。

■大多数航班都是次日上午抵达

前往南美的航班通常都是前一天下午或晚上从中国国内起飞，并在第二天的上午抵达南美城市。航程根据航空公司以及转机地点、转机时间的不同，需要 26 小时以上。但如果你是前往委内瑞拉、玻利维亚、厄瓜多尔、巴拉圭等国的城市，可能在去程或是回程，或是去回程都要在美国的城市住上一晚，才会使航班合理。

购买机票

■在中国购买机票

近年来像是携程、去哪儿等网罗各家航空公司机票资源的单订机票网站十分便利，你可以在网上轻松购票。对于南美洲各个国家、各个城市间的内陆段航线,可以向旅行社询问订票。

■机票种类

游客可以购买的机票主要分为普通机票和特别机票。

以有效期的长短又可分为一年、半年、3个月、一个月、14天有效票等不同种类,除此之外,因航空公司有不同的促销策略,因而会有不同天数的限制,也就是说,航空公司会根据市场情况而产生不同的机票种类,以适应不同的旅客需求和消费能力。

普通机票 NORMAL FARE,主要分头等票 First Class、商务票 BUSINESS CLASS 及经济票 Economy Class or Coach 三种,有效期为一年,可换乘其他航空公司的航班,票价较高,但灵活方便,没有太多时间上的限制,适合途中可能改变线路、时间的旅客,购买此种机票,旅客须持有相关有效证件(身份证或军官证、护照、出国证明及目的地的签证等)。

特别机票又可分为旅游机票、团体机票、包机机票、学生机票、优惠机票等,价格较为优惠,但限制较多。大部分游客适用的主要是旅游机票和优惠机票。

旅游机票 EXCURSION FARE,其票价一般比普通一年期机票更为低廉,但限制相对来说较多,只能购买往返票,不能购买单程票,可分为中途停站及不停站两种,中途容许停站的票价较贵,持票人在目的地停留一段时间后,要在机票规定的有效期内回程,否则机票就会失效,因此,购买此种机票时应该详细了解有效期,以免机票因过期失效,回程要另行买票,导致损失。

优惠机票,是指航空公司淡季不定期推出促销活动的促销票,限制标准因航空公司而异,差别较大。如果你早早便计划旅行,那机票其实是开销最大的地方,早些关注说不定会节省不少开支。

■关于南美内陆段的机票信息

南美各国之间除了由美国航空和联合航空运营的航线外,还可以找到智利拉塔姆航空以及哥伦比亚阿维安卡航空所运营的本地航线。机票虽然可以在各家航空公司的官网直接购买,但是委托中国国内经营南美线路的旅行社为你提供机票预订及购买服务会更加简单,而且还可以从旅行社那里直接把中国往返南美的机票也一同购买。不过南美各国间的内陆航线并不是随便哪家旅行社就可以预订售卖,如果你计划巡游南美洲的多个国家,请一定从大型旅行社处购买机票,避免上当。

搭乘飞机的相关建议

■机票超售

航空公司为了避免旅客订票后并未购买或购票后在不通知航空公司的情况下放弃旅行,而造成航班座位虚耗,会在部分容易出现座位虚耗的航班上进行适当的超售 Overbooking。这种做法对旅客和航空公司都有益,也是国际航空界的通行做法。如果现实之中你所搭乘的航班真的遇到了搭乘人数大于座位数的情况,首先可能会被商议换乘的便是购买廉价机票的客人,虽然会给予一定补偿,相比耽误的行程,这点补偿可谓杯水车薪。最可以避免这种情况的办法便是率先登机,毕竟在美联航事件后,请已经登机的客人下飞机,估计很少有航空公司能做得出来。

中国国内经营南美洲线路的旅行社
中国国际旅行社总社
☎ 400 600 8888
URL www.cits.cn
携程旅游网
☎ 95010
URL www.ctrip.com

● 旅行的准备和技巧 ● 交通方式

入境时必须出示返程机票

当你在南美国家入境时，基本上都会被要求出示此次旅行的返程票，如果你打算在南美洲待上一段时间，因而无法提前购买返程机票，请事先准备好简单的日程表，以便在被问到具体行程时有所应对。

关于电子机票

时下各航空公司都导入了电子机票系统，乘客在预约过后，可以通过电子邮箱收到的电子票单进行登记，减少了机票丢失的顾虑。电子票单丢失或删除也可以再发送，非常安心。有时入境时会需要提供返程机票，这时候提前打印一张电子机票单便会有备无患。

主要南美航空公司
拉塔姆航空
LATAM（LA）
URL www.latam.com
戈尔航空
Gol（G3）
URL www.voegol.com.br
阿苏尔航空
Azul（AD）
URL www.voeazul.com.br
阿维安卡航空
Avianca（AV）
URL www.avianca.com

■**关于南美洲的经停航班**

由于南美洲地域广阔，航线的起点与终点之间会有许多经停的城市，就像坐巴士或是火车一样，中途会有好几站的感觉，最终才会抵达目的地。所以在你乘机前一定要确认自己的航班是直飞还是经停航班。如果是经停航班，要确认途中共有几座城市需要下飞机，仔细计算旅行时间。部分飞机的广播只会播放葡萄牙语和西班牙语，如果你听错了误下飞机，只能在这座城市多待一天，等待第二天途经这里的飞机再前往目的地。

伊瓜苏国际机场

■**关于停飞航班**

受天气原因影响，会出现不少停飞的航线，此外如果该次航班的客人数很少，也会有取消航班的可能，所以你在旅行途中一定要把万一飞机停飞的备用方案制订出来，对于时间的安排也应该更加细致。南美洲的陆路交通也很发达，虽然会比坐飞机多花些时间在路上，但确实可以作为备选方案。

在巴西国内也有运营廉价航线的航空公司，比如巴西阿苏尔航空公司

公路

■穿越南美各国的国境线串联旅行

葡萄牙语中将国境线称为弗龙提拉 Fronteira，西班牙语中称为弗龙特拉 Frontera，如果你说国境线的英文 Border，当地人是完全听不懂的。边境管理事务所（出入境管理局）在葡萄牙语中称为依米古拉萨恩 Imigração，西班牙语中称为依米古拉西恩 Imigración 或是米古拉西恩 Migración。并不是任何国家的边境线都可以任意通行，部分国家根据其国情及治安情况，会有封闭边境线的情况发生。所以出发前如果你要前往非热门过境站以外的边境地区，请提前进行深入的了解，避免发生抵达边境线却无法过境或是更麻烦的事情。

国境穿越的主要交通

■国际巴士、国际火车

南美洲设有连接各国主要城市的直达巴士和火车。如果你乘坐国际巴士，在抵达边境管理事务所时需要临时下车办理出入境手续，随后继续搭乘巴士前往下一个目的地。乘坐火车时，会有相关的办事人员上车为你办理出入境手续。

■在国境线进行换乘

如果从你的起点国家到目的地国家并未设有直达交通，你需要从邻近国境线的城镇搭乘巴士或名为科莱提沃 Coletivo（西班牙语称为科莱克提沃 Colectivo）的出租车前往国境线，并在边境管理事务所办理出入境手续。如果下一个国家还未在国境线地区设有连接两国的直达交通，那仍需使用这种形式在国境线进行换乘。

■直通型科莱提沃

部分国家在国境线地区设有连接两国的直通型科莱提沃出租车，而且当你搭乘这种出租车出入境时，出租司机会帮你办理出入境手续，十分方便。

LATAM 航空公司的周游券

2012 年，LANS.A. 航空公司和 TAMS.A. 公司合并后成立了拉塔姆航空公司，并开始售卖南美洲地区部分航线的廉价飞机周游券（South America pass）。适用于从北美·欧洲等地前往南美（包含巴西）地区的乘客。

读者来信

伊瓜苏港～福斯多伊瓜苏区间的移动问题

从阿根廷的伊瓜苏港虽然可以搭乘巴士前往巴西的福斯多伊瓜苏，但是巴士在抵达巴西的出入境管理局后会让所有乘客下车，随后乘客需要再关后另外换乘其他巴士前往福斯多伊瓜苏。如果随后换乘的巴士与之前乘坐的巴士是同一家公司那就无须额外付费，我的情况是在等了 15 分钟后上了一趟别的公司经营的巴士车，结果又要额外支付一次车费，还请前往当地旅行的游客们多加注意。

穿越国境时的注意事项

①如果入境该国需要出示签证，则一定要在中国提前办理好相应国家的签证。国境线地区是无法办理签证业务的。若想前往伊瓜苏瀑布观光，可以在伊瓜苏港或东方市的巴西领事馆办理签证。

②当你从一个国家来到另一个国家时，所用的货币也会发生变化。国境线是没有银行的，虽然会有外汇商人，不用担心换不到将要使用的货币，但是他们的汇率还是很不划算的，最好提前在之前国家的银行进行货币兑换。

③并不是所有的国境线地区都设有相应的入境审查机构和海关办公室（国境管理事务所），有的出入境机构会设在距离边境线最近的城镇内，请你提前确认相关信息。

④南美地区的国境管理事务所最容易引起争议的便是入境手续费的收取问题，即使是入境同一个国家，不同边境、不同工作人员所征收的入境手续费金额也不尽相同，而你身在国外，不得不缴纳他们所说的费用才可顺利入境。

⑤当被问到携带多少现金入境时，其实海关只是在确认你是否携带足够在该国停留时期开销的费用，这时候千万不要说你携带了大量现金，如果被他们知道您会被他们用征收入境手续费等"合法"的名义予以剥削，所以一定不要说带了很多钱，按照生活开销正常回答即可。

⑥一定要在护照上加盖出入境章。如果没有相应的出入境章，将会有被下一个国家拒绝入境的可能。

⑦如果你抵达国境线时已晚于办公时间，则不得不在邻近国境线的城镇住上一晚，这些小镇通常不会有舒适的住宿场所，所以一定要尽早抵达出入境管理局。

⑧毒品自不必提，古柯树叶也是绝对不允许携带入境的。

代表性的国境穿越线路

〈巴拉圭～巴西〉
①东方市～福斯多伊瓜苏
　　东方市出发前往福斯多伊瓜苏的长途巴士平均20~30分钟一班，巴士途经城中心的圣布拉斯大道以及架设在巴拉那河上的友谊之桥Puente de la Amistad后抵达巴西的出入境管理局，虽然你也可以步行通过友谊之桥，但是出于安全考虑，还是请你搭乘巴士通过大桥。→p.149

〈阿根廷～巴西〉
②伊瓜苏港～福斯多伊瓜苏
　　从位于城中心的巴士总站搭乘Rio Uruguay公司的巴士，大巴在每天6:30~18:30区间，每小时运营一班。→p.148

③布宜诺斯艾利斯～阿雷格里港
　　这片区域的交通网十分丰富，除了可以前往阿雷格里港，还可以乘坐其他大巴前往圣保罗或弗洛里亚诺波利斯。
※连接阿根廷和巴西的线路不止一条，国际巴士除了可以从阿根廷的布宜诺斯艾利斯前往上述的巴西城镇阿雷格里港外，还可以前往圣保罗、弗洛里亚诺波利斯、库里蒂巴等地。邻近伊瓜苏瀑布的两国城镇——伊瓜苏港与福斯多伊瓜苏区间也有巴士车连接两地，但是出入境需要签证，不要忘记提前在中国办理。

〈乌拉圭～巴西〉
④蒙得维的亚～阿雷格里港
　　通常都是乘坐行驶在大西洋沿岸，将巴西的阿雷格里港与乌拉圭首都蒙德维的亚相连的国际巴士。车程在12小时30分钟~13小时，出入境手续分别在楚依（乌拉圭城镇）与圣维多利亚·德·帕尔玛尔（巴西城镇）办理。

〈委内瑞拉～巴西〉
⑤圣埃伦娜德瓦伊伦～博阿维斯塔
　　乘坐巴士或是出租车可以穿越坐落在委内瑞拉与巴西国境地区的帕卡拉马山脉，巴西方面的出入境管理局便设在帕卡拉马城内。

〈圭亚那～巴西〉
⑥乔治敦～莱瑟姆～宝芬～博阿维斯塔
　　乔治敦到莱瑟姆的路程通常都是选择乘坐飞机进行移动。虽然可以选择陆路交通，但是只能乘坐往返两地的卡车前行，发车时间不定，车程也会长达1~3天，十分艰苦。抵达莱瑟姆后横渡塔克ông河前往宝芬，随后从宝芬搭乘固定班次的巴士前往博阿维斯塔，全程大约需要2个小时的时间。

〈苏里南～圭亚那〉
⑦新尼克里～丝佩兰
　　新尼克里和丝佩兰两座城镇与科兰太因河隔河相望，坐船便可以横渡边境，需要1~2小时的时间。

〈玻利维亚～巴西〉
⑧圣科鲁兹～基哈罗～斯莱亚斯港～科伦巴
　　圣科鲁兹～基哈罗区间由火车连接（每周6班，特级列车车程约13小时，有时会有晚点现象）。从基哈罗到科伦巴区间需要换乘其他交通工具前往，通过这种方式入境巴西，无须在边境线进行出入境手续的办理，而是在科伦巴长途巴士总站内的警察局办理出入境手续，盖章后开始巴西之旅。

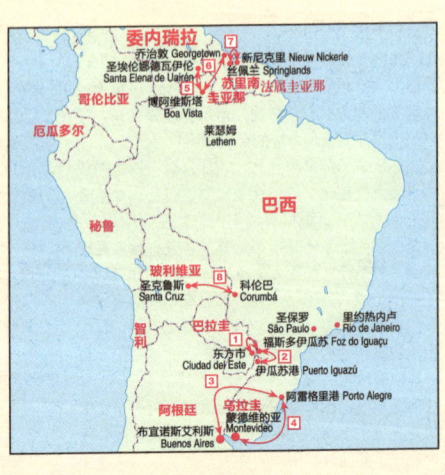

※国境线地区的状况经常变化，请务必在当地进行最新信息的确认工作。

旅行的装备

旅行的携带物品

前往南美洲旅行的游客由于需要在广阔的南美大陆上频繁进行远距离的移动，所以携带的行李最好一切从简。一些日常物品可以在南美境内购买，大城市中很容易找到商场和超市，小镇中也有名为梅尔卡多的市场方便你采买物品。而那些从中国带过去会更安心的物品（相机、电池、内存卡、移动电源）以及只有中国才能买到的相关物品（辞典、旅游指南），提前装入行李箱即可。

旅行服装

南美地区的气候类型多种多样，除了大范围的温带地区，还有热带、沙漠、雨林、山地甚至是寒带存在。特别是山地地区，昼夜温差很大（接近20℃的温差），一天的时间内你可以体验不同的气候类型。

因此旅行所需的服装也应该准备齐全（详情参照各国的注意事项专栏），除了简单根据温度加衣减衣外，防寒服装也必不可少。特别是抵御强风的防风衣和登山服，保护头部和颈部温度的披肩和围脖更是重中之重。

毛衣以及皮制品可以从当地购买，南美地区羊驼材质的毛衣和围巾堪属上乘，遇到心仪的款式请不要错过。玻利维亚、秘鲁、厄瓜多尔的羊驼制品都很有名，在巴西也可以买到。

关于行李

■飞机的托运行李（Check-in Baggage）

旅行目的地和旅行方式的不同会影响你对行李箱的选择。如果是参团旅行，有车帮你一路托运行李，那携带行李箱出行是完全没问题的。但假如你是自由行出游，自行乘坐长途巴士穿梭南美地区，则最好背行李包代替推拉行李箱。行李包内物品码放时，最好把重物放在下面，背起来会更舒服。

乘坐飞机时通常可以托运2个行李，行李箱的重量根据航空公司和地区的不同，大体都是在20~32公斤的重量范围内。如果你的行李超重，航空公司可能不接受你的行李托运要求或是要求你补交差价，具体情况请向航空公司进行确认。

■乘机随身行李（Cabin Baggage）

每位乘客可以随身带入机舱的行李只有一个（放置随身物品的小包除外）。行李的三边之和要小于115厘米，重量需低于12公斤（各家航空公司的标准不尽相同，请提前进行确认）。可以携带上飞机的物品内容参照本页边栏的注意事项。

入境 & 海关的小贴士

对于严格抵制毒品的国家，海关会非常仔细地检查行李。如果发现乘客携带卡洛因等违禁毒品，将会直接送往监狱。如果你想携带感冒药、胃药等药品入境，请不要事先打开，维持药品未开封状态整瓶或整箱放

旅行的准备和技巧 ● 交通方式／旅行的装备

库里蒂巴的市场，主要售卖食材和日用品。

亚马孙河流域的玛瑙斯城，全年都非常炎热。

托运行李的相关服务

在南美地区旅行时，飞机的托运行李经常会出现损坏的情况，导致行李中的物品也散落出来。为了避免这种情况发生，南美洲的大多数机场会为乘客提供行李箱包裹服务，用层层塑料薄膜包裹的行李箱会更加结实（收费）。如果你担心你的行李破损，可以办理这种服务。不过如果你需要在美国转机，美国出于反恐原因，会将你行李箱上的塑料薄膜划开检查。

托运行李的重量和数量

根据航空公司、转机地点、座位等级的不同，对于行李的重量和数量要求也不尽一致。比如你搭乘美国航空的经济舱，从美国到巴西的航段可以允许你免费携带2个23公斤以内的行李（第3个开始收费），具体的行李携带标准可以提前向所乘坐的航空公司询问。

不能携带进入机舱的物品

锋利开刃物品、刀具、切割工具、火柴、注油型暖宝宝等。喷雾器的罐子容量要求在500毫升以下，需要盖好盖子防止气液意外喷出。防水喷雾不允许携带。

373

不能放在托运行李中的物品

如果携带相机等含有锂电池的物品，其锂电池的容量超过 160 瓦时，则需要带进机舱而不能放入托运行李。160 瓦时容量以下的锂电池产品可以放入托运行李，但是每人限带 2 件。此外比如卷发器、烫发器等锂电池无法独自分离的物品、度数超过 70°的烈酒、黏合剂、漂白剂、液化石油气瓶也需要携带上机，不允许托运。打火机既不能带上飞机也不能放入托运行李，请多加注意。

中国民航总局

关于乘机时随身携带的危险物品规定详见官网。
URL www.caac.gov.cn/index.html

关于液体物品的携带规定

关于随身携带液体物品的规定如下：
①携带的液态物品容积不得超过 100 毫升（ml）。
②盛放液态物品的容器，应置于最大容积不超过 1 升（L）的、可重新封口的透明塑料袋中。
③每名旅客每次仅允许携带一个透明塑料袋，超出部分应交运。盛装液态物品的透明塑料袋应单独接受安全检查。

入行李箱。如果携带粉末状药品，请做好用西班牙语或者葡萄牙语解释的准备。有时遭遇特别检查时，还会将你带到特定房间，全方面地检查你的行李。

此外，如果你携带超出正常范围的电器产品和相机入境，将会被收税。税费通常是以当地物价的标准计算，但巴西等国会用当地物价 3 倍的标准进行计算。除了相机以外，手机、笔记本电脑、音乐播放器等私人物品，数量符合合理的情况下并不会有太大问题，不用过分担心。如果你携带了一个未开封的新品电器，则会被当作礼品而额外收税，请多加注意。

携带物品明细

物品	检查	物品	检查	物品	检查
贵重物品 护照		日用品 刷牙用具		其他 旅游指南	
机票或是电子机票		洗面奶		对话指南、词典	
现金（人民币、美元）		刮胡刀		转换插头	
美国签证及 EVUS 更新登记		化妆品		相机及内存卡	
信用卡		肥皂、沐浴乳		充电器及变压器	
海外旅行保险		毛巾		电子计算器	
酒店预订单或预约证明		手纸		护照复印件	
证件照片		洗衣剂		国际驾照（公证件）	
国际学生卡		旅行衣架		笔记本、笔具	
衣服 内衣		防晒霜		闹钟	
T 恤衫		室内拖鞋		吹风机	
短裤		药品 常备药		指甲刀、掏耳勺	
长袖衬衫		止痛药		针线包	
防寒服装		肠胃药		多功能刀具（瑞士军刀）	
袜子		感冒药		电池	
帽子		创可贴		墨镜	
睡衣		生理用品		折叠伞	
贵重商品收纳包		驱蚊水		塑料袋	

※ 在美国转机时，除了美国签证外，还需要 EVUS 的更新登记证明，请提前在中国办理妥当。

出入境手续

安检系统

对于携带上机的行李会进行 X 线检查，乘客身体也会进行人工检查。刀具以及剪刀等锋利物品不允许携带上机，请提前存放到托运行李之中。

机场相关建议

目前中国各大城市的机场航站楼通常不止一座，举例来说，北京的首都机场就有 T1、T2、T3 共计三座航站楼，前往机场乘机前，请提前确认你所搭乘航班的出发航站楼，如果走错航站楼，将会花费你很多宝贵的时间。

前往南美的航班通常都是在国际航站楼 T3 航站楼出发，不过也有需要先在国内换乘才前往南美的航班，这时候就会从 T1 或者 T2 航站楼出发，请仔细确认，避免错过航班。

中国出境

① 前往机场

通常要提前 2~3 小时便抵达机场，自由行旅客请直接前往相应的航空公司柜台办理登记手续，参团游客在旅行社指定的地点集合即可。

② 办理登机手续

在机场办理登记手续也被称为 Check-in，通常都是在航空公司柜台或自助登机服务机办理。如果你将乘坐两家航空公司共有的代号共享航班，前往任意一家航空公司的柜台登机即可。如果是电子机票，完全可以通过机场的自助登机服务机进行办理。通过触摸屏的提示进行操作，手续完成后机器便会为你打印机票。行李的托运服务需要在航空公司的柜台进行办理，请一定要保管好行李牌，如果发生行李丢失的情况，行李牌将是你最有利的交涉证明。由于会有转机环节，请在值机柜台托运行李时确认行李将会托运到你航程的目的地而不会半路卸货。

③ 安检

办理完行李的登机手续后前往安检，机场工作人员会对你全身及随身携带的行李进行安检。将随身携带的笔记本电脑、手机、腰带、钱包等金属物品放在塑料托盘中接受 X 线检查。需要注意的是，通过安检前要将水和打火机等物品提前处理掉，这些是不允许随身携带的。

④ 海关申报

如果携带高额国外制造的物品出国，需要填写报关单，以防当你回国时对本属于你的物品进行错误收税。这类提前报关的物品由于需要向海关出示，请不要放在托运行李之中。如携带超过等值 10000 美元的外币现钞出境，需凭外汇局发的《携带外汇出境许可证》放行。

⑤ 出境审查

通常都是向工作人员出示护照和机票，一般不会对你有什么问题的询问，在你的护照上盖上出境章后便会将护照和机票退还给你，请提前将护照套从护照上卸下来方便工作人员的检查。

⑥ 前往登机口登机

前往自己航班所对应的登机口，通常会从起飞前 30 分钟开始登机，此前如果有多余的时间可以逛逛免税店，但是不要错过登机时间。在登机口出示机票和护照即可完成登机。有时候登机口和登机时间会发生变动，请及时在登机口进行确认。

南美入境

① 填写出入境卡

进入南美洲前，需要先在其他国家（美国等）进行航班的换乘及出

托运物品会后台安检

近年来托运物品的安检程序是在值机柜台托运行李后，在后台进行检查，如果发现有违禁物品，将会在机场广播与客人取得联系。

关于《携带证》及《携带外汇出境许可证》

按照《中华人民共和国人民币管理条例》及《中华人民共和国国家货币出入境管理办法》的有关规定：

一、中国公民出入境每人每次携带 20000 元以内人民币，或者不超过等值 5000 美元（含 5000 美元）的外币现钞可直接放行；

二、出境人员携带外币现钞金额在等值 5000 美元以上至 10000 美元（含 10000 美元）的，应向外汇指定银行申领《携带证》，海关凭加盖外汇指定银行印章的《携带证》验证放行；

三、如携带超过等值 10000 美元的外币现钞出境，需凭外汇局发的《携带外汇出境许可证》放行。

旅行的准备和技巧 • 旅行的装备／出入境手续

出入境卡及海关申报书

在美国换乘前，通常会提前在前往美国的飞机上向乘客发放需要填写的海关申报书，对于前往南美换乘的客人，申报书中序号4"美国停留·居住地"一栏可以填写"Transit到目的地（如你换乘后前往巴西，则应当填写Brazil）"，如果不得不在美国住宿一晚，则在该栏如实填写酒店名称即可。另外在序号8"前往美国前曾到访的国家"，如果本次旅程是直接从中国飞往美国，在美国单纯进行转机，则无须特别填写。序号10以后的信息请在仔细阅读后认真回答。

入境手续办理工作（→p.368）。换乘上前往南美国家的航班后，你将会在飞机上领到南美国家的出入境卡以及海关申报书，请利用飞机上的空余时间在飞机着陆前填写完善。各国的详细情况请参照各国的国家概况专栏。如果你是通过陆路交通入境南美，则需要在边境线上的出入境局填写出入境卡。

②入境审查

乘坐飞机入境，下飞机后遵循方向指示便可以来到入境审查的柜台。如果你是通过陆路交通入境南美，则需要在边境线上的出入境局接受入境审查。向工作人员出示护照和出入境卡即可，如果你的目的地国家需要签证，请提前在中国进行办理。

相比需要录入指纹并拍照的美国入境审查环节，南美的审查只是简单询问游客的出行目的及停留天数，比较轻松。如果你是乘坐飞机入境，大多数国家的入境审查柜台还会要求你出示此后的出境机票，审查通过后会在你的护照上加盖入境章并退还给你。

③海关申报

通过入境审查后，核对你所搭乘航班所对应的行李提取区，在行李传送带前等待即可。部分机场会要求你出示行李牌才可拿取相对应的行李，不要把行李牌弄丢。如果最终没有在传送带上找到你的行李或是行李发生破损，请当场联系机场的工作人员为你解决问题。随后便可以前往海关申报柜台。需要入境乘客提交海关申报书的国家会提前在你所乘坐的航班内为乘客发放需要填写的海关申报书，在飞机上填好后提交到这个柜台即可。如果工作人员希望你开箱检查，请务必配合。有的国家会在海关柜台按下一个特殊按钮，根据信号灯的颜色决定是否对行李进行检查。通过海关后便可以来到机场抵达大厅，开启你南美之旅的第一步。

南美出境及中国入境

在相应航空公司的值机柜台出示护照和电子机票后便可以拿到机票。如果你有托运行李也要在这时交予值机柜台的工作人员帮你办理托运业务。对于严厉打击毒品的南美国家（委内瑞拉、哥伦比亚、玻利维亚等）还会向你询问何时在何地将行李打包过等问题。搭乘飞机当天一定要多留出些时间，原则上要在起飞2小时前抵达机场。在值机柜台办理完手续后便可以前往出境审查柜台办理出境手续，入境时保存的半张出入境卡在这时候和护照一起出示给出境柜台的工作人员，顺利盖章后即可前往登机口。

如果你的航班需要在美国转机才可以返回中国，那你将在美国再接受一次入境审查。过程几乎和去程在美国转机时一样，不用额外担心。值得一提的是EVUS一次登记一般保持两年有效，若持有人的签证或护照两者中有任何一者过期，EVUS登记的信息便失效。持有十年有效期B1/B2、B1或B2签证的中国公民在前往美国旅行（如果两年期登记已过期）或获取新护照时，需要更新信息。所以通常来说，即使你在本次南美之行中会不止一次地进出美国，EVUS的登记也只需要在出国前办理一次即可。

抵达中国后前往检疫区，患有发热、呕吐、黄疸、腹泻、急性皮疹、淋巴腺肿、艾滋病、性病、精神病、开放性肺结核的入境旅客请主动向检验检疫官员申报；来自黄热病流行区的旅客，请主动向检验检疫官员出示有效的黄热病预防接种证书。如果你感觉身体很不舒服也请与检疫处的工作人员联系。检疫环节通过后接受入境审查,随后便可以前往提取行李区对应航班号寻找你的行李,最后通过海关来到抵达大厅。

入境时的免税范围及物品携带指南

回国时前往海关接受检查。如果你携带有向海关申报的物品,须填写《中华人民共和国海关进出境旅客行李物品申报单》(以下简称《申报单》),选择"申报通道"(又称"红色通道")通关;如果没有,无须填写《申报单》,选择"无申报通道"(又称"绿色通道")通关(按照规定享有免验和海关免于监管的人员以及随同成人旅行的16周岁以下旅客除外)。

■ 免税范围

海关总署发布的2010年第54号公告明确规定:进境居民旅客携带在境外获取的自用物品,总值在5000元以内(含5000元)的;非居民旅客携带拟留在中国境内的个人物品,总值在2000元以内(含2000元)的,海关予以免税放行,单一品种限自用合理数量,海关仅对超出部分征税,对不可分割的单件物品,应当全额征税。但烟草制品、酒精制品以及国家规定应当征税的20种商品等另按有关规定办理。

■ 20种商品不能享受免税

电视机、摄像机、录像机、放像机、音响设备、空调器、电冰箱(柜)、洗衣机、照相机、复印机、程控电话交换机、微型计算机及外设、电话机、无线寻呼系统、传真机、电子计算器、打印机及文字处理机、家具、灯具和餐料。

■ 免税烟酒限量表

烟草制品酒精饮料	(1)香港、澳门地区居民及因私往来香港、澳门地区的内地居民,免税香烟200克,或雪茄50支,或烟丝250克;免税12°以上酒精饮料限1瓶(0.75升以下); (2)其他旅客,免税香烟400支,或雪茄100支,或烟丝500克,免税12°以上酒精饮料限2瓶(1.5升以下)。

前往北京首都机场的主要交通

■ 机场巴士

市区旅客可方便乘坐市内机场巴士往返首都机场与方庄、北京南站、北京站、公主坟、中关村、上地奥运村、北京西站、回龙观、通州、土府井金宝街、石景山、燕郊、昌平等地,周边城市旅客可乘坐省际机场巴士往返机场与天津、秦皇岛、廊坊、保定、唐山、沧州和赤峰等地。

市内机场巴士票价

根据站点设置实行阶梯票价,共分为20元、25元、30元三档,每条线路各站点具体票价请以机场巴士售票亭公布为准。

地铁机场线

地铁机场线共设4站,东直门、三元桥、3号航站楼、2号航站楼。
2号航站楼: 6:35~23:10
3号航站楼: 6:20~22:50
东直门: 6:00~22:30
发车间隔: 发车间隔全天均为10分钟一班
票价: 单程25元/人

旅行的准备和技巧 ● 出入境手续

关于酒店

需要提前预订吗？

南美洲主要大城市的中高档酒店都不止一家，而且近年来平价酒店的数量也在不断增加。不过假如你担心酒店满房或是飞机深夜才能抵达（有时候飞机晚点也会造成深夜抵达的可能），则建议你至少预订1晚的酒店房间。如果你想要入住当地的人气高档酒店，那预订房间更要提早进行。

你可以在中国通过酒店的官网或是邮件沟通进行中级以上酒店的预约，如果你是抵达当地后再通过当地的旅行社预约，虽然会花些手续费，但是价格可能反而比在中国预订便宜，此外携程、Booking 缤客等网站也可以为你提前预订酒店的客房。

旅游旺季更要提早预订

巴西里约的狂欢节以及秘鲁库斯科的太阳节等盛大节日期间的酒店客房请尽早预约，如果临期预约，不仅是客房数十分紧缺，价格也会是平日的两倍。

此外，从圣诞节到元旦期间、2月末到4月初的圣周 Semana Santa 期间、7月中旬~8月南美长假期间等时段，如果你打算在这些时间前往南美旅游，也请提前进行酒店的预订。

南美酒店事宜

在南美地区的大城市和景区周边，从五星级酒店到青年旅舍，各类住宿设施可谓一应俱全。如果你前往地方小镇，城里最好的酒店可能也只有二星级别。南美洲的廉价旅馆与高档酒店所提供的住宿环境和服务是有很大差别的，如果你想通过每晚在酒店的休息减少你旅行的疲惫，推荐住宿三星级以上的酒店。酒店客房的价格几乎和中国持平，但是巴西的圣保罗、里约热内卢，阿根廷的布宜诺斯艾利斯，智利的圣地亚哥，秘鲁的利马和库斯科等地的住宿价格还是比较高的，近年来开在大城市与景区的超高档酒店也在与日递增，每晚的价格高达 US$1000 以上。

浅谈住宿设施

■高档酒店 ★★★★★～★★★★★

包括欧美系高级品牌酒店、南美地区的国营酒店、各国的知名连锁酒店等。1晚的住宿费 US$150~，全部客房都配有空调、电视、淋浴设施和卫生间。部分酒店还会在酒店内部开设配套餐厅、酒吧和礼品商店。

■中档酒店 ★★★

南美洲每个国家都有的中档酒店，一般高度为 3~5 层，一层为前台。1晚的住宿费 US$25~100，客房内配有空调、淋浴设施和卫生间。

■经济型酒店 ★★～★，无★酒店

有些酒店虽然招牌上写有"Hotel"的字样，但是内部却十分简洁，通常只有床铺和简单的写字台。这种平价旅店的卫生间和淋浴设施一般都是房客共用的模式，1晚的住宿费 US$10~25。

■平价旅馆

规模更小的住宿设施，有的会是家族经营的形式。在南美洲称为欧斯塔尔 Hostal、欧斯佩达黑 Hospedaje、阿罗哈密安特 Alojamient、莱西登西阿尔 Residencial、潘西恩 Pención，巴西当地称为帕乌扎达 Pousada、法真达 Fazenda 等。1晚的住宿费 US$10~25。通常都是房客共用卫生间和淋浴设施。

■宿舍房型旅馆

面向打算节约住宿成本的游客。每间客房都会有多张床铺，如果你打算住宿这类旅馆，可以先考察一下同房间房客的氛围以及客房环境再做决定，住宿时一定要保管好随身行李。1晚的住宿费 US$10~。

■青年旅舍

由国际青年旅舍协会经营的住宿设施，通常称为阿尔伯格·弗布尼尔 Albergue Juvenil，有时也被称为卡萨·德·艾斯图迪安特斯 Casa de Estudiantes（学生之家）。如果你持有国际青年旅舍会员卡会享受折扣。青年旅舍中的宿舍房型，1晚的住宿费大约在 US$7。

关于打电话

南美电话事宜 / 拨打电话指南

随着时代不断进步,手机已经非常普及,公共电话的数量也在逐渐减少。不过南美洲内既有可以用电话卡便能拨打国际长途电话,通信方便的地区;也有只能投币才可以使用公用电话亭,拨打国际长途电话需要前往当地电话局的闭塞地区。从南美地区给中国国内拨打电话时,不要忘了两个地区会有 11~13 小时的时差。

■ 海外使用手机打电话

如果你打算在海外地区使用手机,假如你的电话可以自行切换 SIM 卡,SIM 卡的大小型号也与南美洲的匹配,则可以在当地购买该国 SIM 卡,这样当你拨打该国电话时,费用将大幅度缩减。当然你也可以在当地租赁手机以减少麻烦。国内手机海外具体的使用方法可以详询你手机所对应的中国移动、中国联通、中国电信等运营商。

中国的手机运营商
中国移动
☎ 10086
URL www.10086.cn
中国联通
☎ 10010
URL mall.10010.com
中国电信
☎ 10000
URL www.189.cn

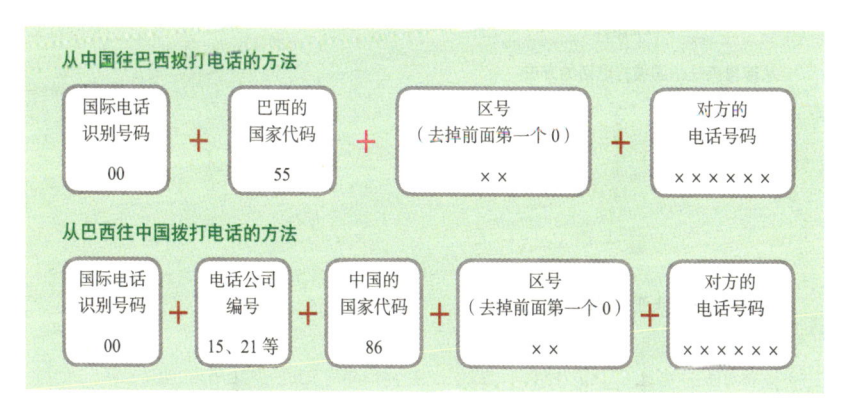

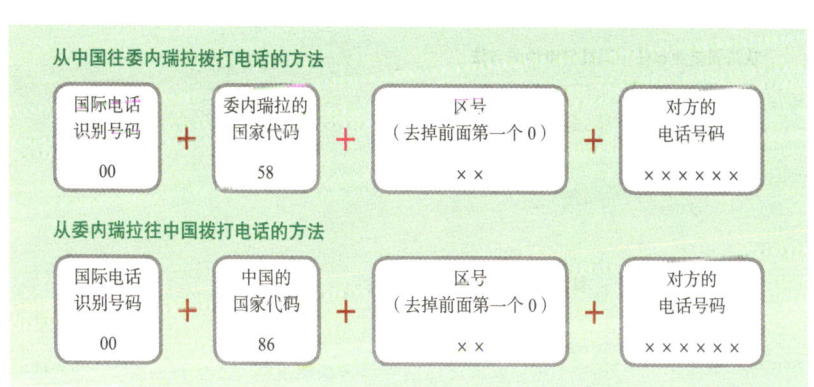

从中国往巴西拨打电话的方法

| 国际电话识别号码 00 | + | 巴西的国家代码 55 | + | 区号（去掉前面第一个0）×× | + | 对方的电话号码 ×××××× |

从巴西往中国拨打电话的方法

| 国际电话识别号码 00 | + | 电话公司编号 15、21 等 | + | 中国的国家代码 86 | + | 区号（去掉前面第一个0）×× | + | 对方的电话号码 ×××××× |

从中国往委内瑞拉拨打电话的方法

| 国际电话识别号码 00 | + | 委内瑞拉的国家代码 58 | + | 区号（去掉前面第一个0）×× | + | 对方的电话号码 ×××××× |

从委内瑞拉往中国拨打电话的方法

| 国际电话识别号码 00 | + | 中国的国家代码 86 | + | 区号（去掉前面第一个0）×× | + | 对方的电话号码 ×××××× |

从中国往圭亚那拨打电话的方法

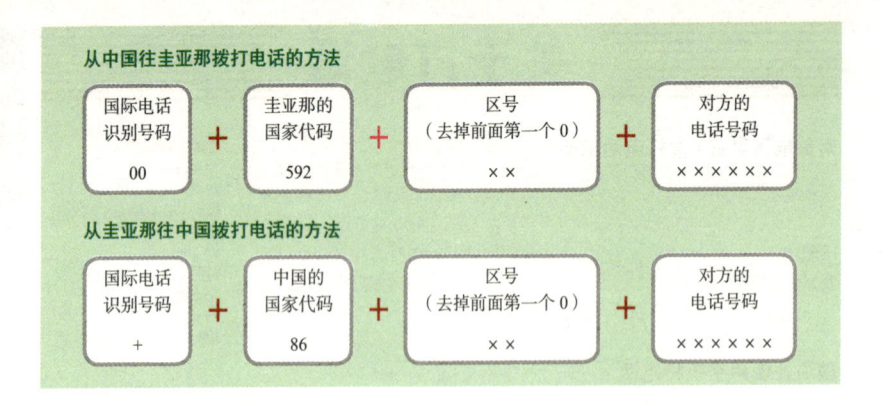

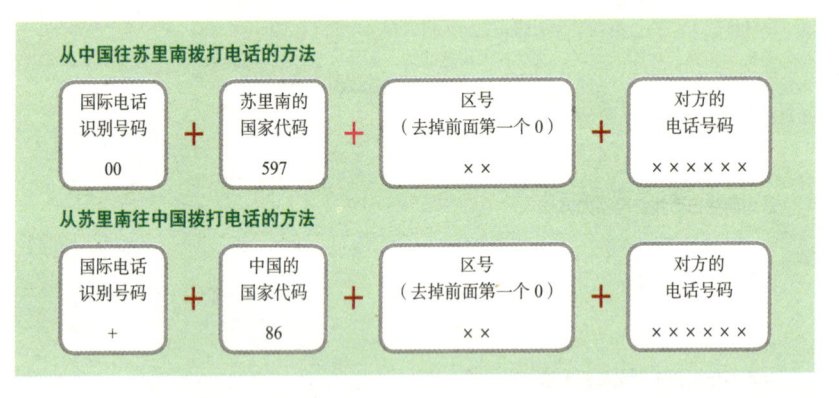

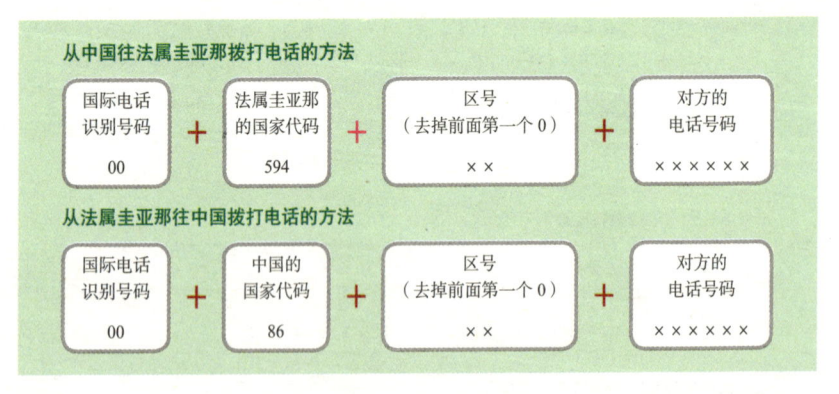

| 国际电话识别号码 00 | + | 圭亚那的国家代码 592 | + | 区号（去掉前面第一个0）×× | + | 对方的电话号码 ×××××× |

从圭亚那往中国拨打电话的方法

| 国际电话识别号码 + | + | 中国的国家代码 86 | + | 区号（去掉前面第一个0）×× | + | 对方的电话号码 ×××××× |

从中国往苏里南拨打电话的方法

| 国际电话识别号码 00 | + | 苏里南的国家代码 597 | + | 区号（去掉前面第一个0）×× | + | 对方的电话号码 ×××××× |

从苏里南往中国拨打电话的方法

| 国际电话识别号码 + | + | 中国的国家代码 86 | + | 区号（去掉前面第一个0）×× | + | 对方的电话号码 ×××××× |

从中国往法属圭亚那拨打电话的方法

| 国际电话识别号码 00 | + | 法属圭亚那的国家代码 594 | + | 区号（去掉前面第一个0）×× | + | 对方的电话号码 ×××××× |

从法属圭亚那往中国拨打电话的方法

| 国际电话识别号码 00 | + | 中国的国家代码 86 | + | 区号（去掉前面第一个0）×× | + | 对方的电话号码 ×××××× |

其余南美各国的国家代码

阿根廷 54、智利 56、秘鲁 51、玻利维亚 591、厄瓜多尔 593、哥伦比亚 57、巴拉圭 595、乌拉圭 598。

拨打电话详情请参照各国概况信息（巴西→p.42、委内瑞拉→p.327、圭亚那→p.350、苏里南→p.352、法属圭亚那→p.354）。

网络

网络环境介绍

巴西境内大部分的酒店以及部分餐厅和咖啡馆,甚至是有的公共场合都可以连接无线网络。只要你携带可以连接 Wi-Fi 的笔记本电脑或者智能手机,很多地方都可以实现上网。城市中有时可以看到类似网吧的场所,但是操作系统肯定不是中文,所以最好自行携带上网设备。即使是地方城市的网络环境也还是很不错的。

当你在酒店试图连接 Wi-Fi 网络时,系统会要求你输入用户名和密码,这些细节可以在办理客房入住手续时询问前台的工作人员。部分高档酒店的网络服务会收取一定的费用。

如果你想在没有 Wi-Fi 的环境下也实现上网的可能,且你的电话可以自行切换 SIM 卡,SIM 卡的大小型号也与南美洲的匹配,则可以在当地的运营商营业厅购买该国 SIM 卡直接上网(巴西的移动运营商中库腊罗 Claro 和欧侬 Oi 品牌最为有名),不过营业厅里经常排起长队,请做好多花些时间的准备。手机充电可以在超市或是药店实现,没电了可以去这些地方试试运气。

智能手机上网注意事项

将自己手机的蜂窝网络关闭,手机便只可能连接 Wi-Fi 无线网络,以免造成手机自动上网产生昂贵上网费的情况出现(不过如果你用手机通话或是发送短信则与上网无关,照样会收取价格不菲的海外通信费)。如果你不打算在旅行中接听电话或是接受 SMS 短信,则可以将手机一直打开飞行模式,这样手机便会变成只可以用 Wi-Fi 网络通信的智能"仪器",不会产生任何海外通信费。如果你觉得只使用酒店和餐厅 Wi-Fi 限制了你的上网活动范围,可以在出发前租一个随身 Wi-Fi,提供更方便的上网环境。

旅行的准备和技巧 ● 关于打电话 / 网络

INFORMATION

在巴西 / 委内瑞拉用智能手机上网

首先你可以利用酒店内的网络服务(收费或免费)以及 Wi-Fi 热点进行上网活动。巴西和委内瑞拉境内的主要酒店和城区几乎都覆盖着 Wi-Fi 信号,你可以在挑选酒店时提前询问是否有 Wi-Fi。不过使用酒店的 Wi-Fi 信号上网有时候会比较慢,甚至有无法连接网络的情况,此外你的上网地点也十分受限(只能在酒店区域内),如果你想更自由地上网,可以参照下列方法尝试一下。

☆购买中国运营商的国际漫游流量包进行上网

无须使用随身移动 Wi-Fi 设备便可以直接通过手机连接当地网络,可以作为紧急时刻的救命套餐,但是价格很贵,以中国移动为例,其收费标准如下:

巴西 3 元包 3M(每天费用 30 元封顶,北京时间当天流量畅享);
委内瑞拉 6 元包 3M(每天费用 60 元封顶,北京时间当天流量畅享);
圭亚那 3 元包 3M(每天费用 30 元封顶,北京时间当天流量畅享);
法属圭亚那 3 元包 3M(每天费用 30 元封顶,北京时间当天流量畅享);
苏里南 3 元包 3M(每天费用 30 元封顶,北京时间当天流量畅享)。

☆利用海外随身移动 Wi-Fi 设备上网

随身移动 Wi-Fi 设备是一种可以直接为你的笔记本电脑、平板电脑和智能手机提供 Wi-Fi 信号源的设备,提前与商家预订并缴费,在机场便可以领取相应的设备。使用随身移动 Wi-Fi 设备上网只需支付机器的租赁费用,一台机器同时可以提供多台机器的上网服务(旅游同伴可以共享 1 台机器),只要机器电量充足且使用地点有通信信号,便可以随时随地上网,十分方便。

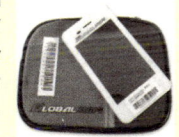

可在机场租赁移动 Wi-Fi

旅行中的突发问题及安全对策

最好了解一下的政情·治安用语

南美地区何时、何地、会发生什么事件，都是完全不可控的，有时城内会突然张贴《戒严令》或是《夜间外出禁令》等公告，但是如果你看不懂这些公告的含义，仍贸然出行，后果将不堪设想。所以为了防止这种"文盲"的情况发生，请最低限度地了解掌握下述中们的政治·治安用语。( )内为西班牙语。

①勾比·吉·艾斯塔多 Golpe de Estado
（勾尔佩·吉·艾斯塔多 Golpe de Estado）
意为军事政变。

②托其·吉·海科列尔 Toque de Recolher
（托其·德·西提欧 Toque de Queda）
意为夜间外出禁令。也可以简称 Toque，临近禁令时段，市民们会为了抓紧回家而造成交通拥堵，这时候乘出租车会比较困难。

③艾斯塔多·吉·西提欧 Estado de Sitio
（艾斯塔多·德·西提欧 Estado de Sitio）
意为戒严令，也被称为雷·马尔西阿尔 Ley Marcial（Lei Marcial）。在戒严令期间，该国宪法将不再对人权进行保障，对于遭受杀伤、绑架、抢劫的被害者也不会给予赔偿。部分国家还会在戒严令实行期间限制境外人员入境。
※有时候可能是整个国家都实施《戒严令》或是《夜间外出禁令》，有时也可能只在一个城市实施，戒严程度也会根据实际状况有多个等级。千万不要忘记在戒严时期随身携带身份证明（护照）。

④古莱贝 Greve
（巴罗 Paro）
意为罢工活动。如果旅行目的地的巴士公司或是航空公司出现罢工行为，那你的全部行程都会被彻底打乱。

⑤布丽伽 Briga
（布佳 Bulla）
意为打架斗殴。
※请远离发出④⑤公告的场所，如果你被卷入其中将会十分被动。万一你的身份证明（护照）意外丢失，也请

南美治安

提起南美洲，可能第一印象会是"那里可危险！"但其实不同国家、不同城市、不同地区的状况都是有很大差别的，不能以偏概全。像是里约热内卢、圣保罗、库斯科、马丘比丘、纳斯卡、乌尤尼盐湖等吸引着全世界游客纷纷到访的知名观光地区，治安就相对不错。不过由于人气兴旺，也招致许多小偷和强盗都在这些景区谋生，游玩时请避开危险的时间段，绝对不要去人迹罕至的街道或是在夜间出行。

外交部领事司不时也会发布南美洲各国相关的安全情况通知，可见南美的局势变化比较频繁，所以最好在出行前频繁关注中国领事服务网的安全提醒及通知公告。关于南美国家的治安情况详见各国的国家概况专栏。

偷盗与处理对策

制订新的旅行出游计划时，首先就要衡量目的地国家的治安情况。提起南美，就会不由自主地与小偷、窃贼等字样联系起来，不由得便担心起自己会不会遭遇偷窃或是更加恶劣的事件。可谓知己知彼，百战不殆，虽然我们不求能战胜窃贼和抢匪，但是了解他们的行动模式还是会令你更加踏实一些。以下便是我们从多位南美旅行达人那里搜集的经验之谈，希望对你有所帮助。

■偷窃行为通常都是团伙作案

团伙中一人负责偷窃或抢劫，剩下的人则伪装成路人阻碍被害者追赶偷窃者，有时也会集体行动将目标围在人墙内，震慑被害者的同时实施抢劫。

■锁定目标后通常就不会半途而废

盗窃团伙通常都会长时间地观察目标，一旦发现机会便果断下手。特别是单独步行的游客，或是看起来像是游客的个体，都会被他们选作盗窃目标。何为偷窃机会呢？比如你将相机的挂带从脖子上取下来时，对于盗窃团伙来说就是"请来偷我吧"的准确信号了。

■小偷几乎都是高手

因为被偷者也不是傻子，如何顺利地完成偷窃，盗贼们花费用来磨炼偷盗技艺的时间也是必不可少的，说成是夜以继日地磨炼都不过分。所以一旦你被这些等待出招的高手盯上，几乎没有幸免的可能。只能事先将损失降到最低，避免万一遭遇到抢劫时一下丢个精光。将钱财分散放置在身上和包里，遇到抢劫不要抵抗，假装从兜里掏出自己全部的财产，平安渡劫。由于窃贼们都是首选落单的游客，所以请尽量避免独自游玩。

■目击犯罪者（普通市民）一般都会袖手旁观

虽然你被偷窃时周围可能有不少行人，但他们都不会施以援手，只

会想"真是个可怜的家伙"。

■提防假警察

近年来伪装成警察犯罪的案例与日递增。他们会向游客出示警察证（假的），要求游客出示护照和随身现金，一旦你将这些财物递到他们手中，犯罪分子便会卷款而逃。有时也会以警察身份搭车，但却将游客的行李直接抢走。如果不是遭遇警察盘问，一定不要随意出示你的护照和现金。即使遇到警察要求出示证件，也不用出示原件，提前将护照首页以及学生证（如果你是学生）复印几份，在被盘问时出示复印件即可。当然，尽可能避免与警察唱反调，尽量配合他们的工作。

■人身安全时刻放在第一位

身体是革命的本钱，钱财乃身外之物，交钱保命是遭遇危险的最好解决办法。不要指望警察的帮忙，他们并不一定可以为你提供帮助。你可以单纯把警察局理解为给你开具《被盗证明书》的地方。

■特别容易被犯罪者盯上的场所

南美地区犯罪频发，但最容易遭遇恶劣事件的地方还要数游客刚刚抵达的目的地机场、火车站、巴士总站等公共交通场所。此外鱼龙混杂的人市场、游人比较分散的遗迹景区也要多加注意，留心观察周围的情况。

遭遇问题时如何解决

如果遭遇强盗，最好不要抵抗，即使对方是一个孩子，也可能随身携带刀具或手枪，十分危险，而且可能是团伙作案，老实交出财物，谋求平安才是重点。即使对方要夺取你的宝贝相机也请拱手相让，如果你提前购买了海外旅行保险，保险公司是会对你给予赔偿的，人身安全永远是第一要素。保险无法对你的现金丢失予以赔偿，所以随身现金不要带太多，携带时也请分散藏在身上的各个位置。如果你的现金和信用卡同时被偷，接下来的旅行将困难重重，甚至不得不委托国内的亲友为海外的你转账，十分麻烦，所以一定不要将现金和信用卡放在同一个地方，随时牢记"分散投资"。

■护照丢失

护照丢失或被盗后请首先前往护照丢失地的当地警察局报案并开具护照丢失记录表，随后前往中国在该国的使领馆进行护照补发工作或旅行证的申请办理即可。补发护照时首先要有护照遗失或被盗情况说明，以及当地警局报案记录（含持照人姓名、护照号码）。其次需要护照复印件（如有）；如实完整填写的《中华人民共和国护照/旅行证申请表》；照片（张数与尺寸根据中国在各国的使领馆要求不尽相同）。补发护照肯定是需要缴纳费用的，办证时长大约在一周或更长。

如果你着急回国，等不到护照签发，可以办理旅行证。同样需要护照遗失或被盗情况说明；护照复印件或其他证明申请人中国国籍和身份的材料（如户口簿、身份证或出生证等）原件及复印件；如实完整填写的《中华人民共和国护照/旅行证申请表》；照片（张数与尺寸根据中国在各国的大使馆要求不尽相同）。旅行证的签发时间会比护照更快一些，方便时间着急的旅客。此外如果你需要回程在美国转机，则还需要取得

联系当地的中国驻外使馆办理新的护照或证明。护照等身份证明十分重要，如果没有携带，可能会被处以未携带身份证明的罪名，请严肃对待。

海外安全信息询问地
外交部领事司
🏠 北京市朝阳区朝阳门南大街2号
☎ (010)65963500（工作时间）
领事保护与服务24小时热线：+86-10-12308、+86-10-59913991
🌐 cs.mfa.gov.cn 中国领事服务网

以防万一最好提前准备的信息

护照信息（护照号、签发日期、签发地）、信用卡号码及有效期、紧急联络电话、旅行社的地接社联络方式、海外旅行保险的当地办事处及紧急联络方式。

关于护照的携带义务

巴西国内，所有巴西国民都有义务随身携带政府颁发的身份证明。作为到该国游玩的游客，也有义务随身携带能证明自己身份的证件，即护照。在巴西国内旅行，不时便会遇到需要出示护照的情况，比如乘坐长途巴士时工作人员便会检查你的护照。此外，为了避免护照丢失时无法证明你的身份，请提前准备好护照的复印件以备不时之需。

关于手续费
补发护照
中华人民共和国驻巴西联邦共和国大使馆的补发费用 R$80。

丢失证明所需材料
警察局开具的官方被盗丢失证明（Boletim de Ocorrência）需要1张照片（高4.5厘米×宽3.5厘米，6个月以内照片，下巴到头顶的大小控制在3.2厘米×3.6厘米，免冠无背

美国签证，请尽快前往该国的美国领事馆办理签证。

■信用卡

信用卡丢失后请第一时间联系你办理信用卡的相应银行，冻结该卡功能。如果你在警察局开具了被盗情况说明，则即使信用卡在境外被盗刷，也会获得赔偿。为了及时向信用卡发卡银行说明情况，请提前记好你的信用卡号及银行的联络方式。

当然你也可以在境外直接申请信用卡的补发手续，但是手续办理的时间以及补发的日期会根据银行的不同而有区别，如果你提前留好

为了人身安全需要格外留心的事

为了预防被害，除了要防备前方以及两侧的可疑人员，身后也同样不容忽视。如果发现有人一直持续尾随在你身后，就要在心中响起危险信号了。这时候请不要慌张，先融入一个人流比较大的地方或是进一家餐厅看看这个人是不是还对你紧跟不放。即使之后他（她）的身影消失，也请一定不要掉以轻心，时刻保持警惕。如果你返回酒店的时间较晚，也请一定不要为了省钱而不打车，可以把出租车费当成你上的安全保险，为旅程的安全再上一道锁。下文将为你介绍旅行中需要最低限度在心里留一根弦的事情。

深夜不要前往人迹罕至的地点
即使目的地是一个安全的场所，夜晚前往或停留也是极不安全的。不得已夜晚出行时，请一定搭乘出租车！

不要前往人烟稀少的场所
即使是繁华的商业街，也会出现偷窃抢劫的事件，但不至于出人命。喧闹的大街况且如此，人烟稀少的地方那更是危险了。如果你行走在空无一人的街道上，几乎就是等同于向小偷、强盗宣告"请来抢我吧"的信息。

此外，部分大城市中也有治安极差的地区或贫民区，一定要避免前往这些区域，详情请参照各城市的安全信息介绍。

不要穿金戴银
请不要在身上穿戴显眼的金银首饰，即使不是很值钱的物件，如果它们是金色或是银色，也是十分危险的，千万不要为了外表光鲜而因小失大。服装请一切从简，手表也请尽量不要戴在手腕。如果你戴了手表或是携带了照相机、摄像机，也请你在闹市或是拥挤的巴士上把它们收入随身包，紧密看管。

行李的携带方式
第一原则便是不要让行李离开你的身体。背

包或是肩包请背在胸前而不是背后，如果背在身后，被歹人用刀划破都不会知道。在餐厅用餐时也请多加注意，如果你把背包放在旁边的椅子上或是挂在椅背上，稍不留神就会从你身边不翼而飞，一定要留意。用相机拍摄完也请立马收入背包，可以的话最好用细绳将贵重物品与背包捆绑在一起，增加盗窃的难度。

关于贵重物品
将贵重物品都放在胸前的"重要包"里反而会让小偷更加盯上来，当然这种小背包是不可或缺的，但请不要将这种重要包随意地挂在脖子上，而是以斜挎的方式放在胸前。此外随身的现金可以"分散投资"，不要集中放在同一个口袋或是背包中。可以将一部分钱放在小钱包中，另一部分藏在鞋里，再将一些钱放在裤子或衣服的内兜里，总之在最明显的背包中只放很少的钱，不要露富。商场的旅游用品商店中会售卖一些可以绑在肩膀或是脚踝上的贵重物品收纳袋，你在出行前也可以考虑购买。将财物分散放置会使你万一遇到抢劫或偷窃事件，也不会钱财尽失。

使用保险箱
如果你入住的酒店客房设有保险箱，则可以将贵重物品存放在保险箱中再外出观光。

虽然保险箱是十分安全的，但也请你不要一股脑地将全部财物都存放进去，随身还是要放些保命钱。另外如果存放的话，千万别忘记在离店的时候取出来。平价旅馆一般都是不会有保险箱的，你也可以把部分贵重物品存放在前台，如果这么做的话，请与这家旅馆的工作人员（最好是经理）共同罗列一张存放物品的清单，一式两份，清单中的内容一定要尽可能地详细，比如几张100美元纸币、几张50美元纸币、几张T/C100美元纸币，最后共计金额是××美元等，将其中一份清单和存放在前台的财物一起放进信封里，随即用胶带紧紧封好，并在信封上签上自己的名字作为记号。取件时出示自己留存的清单，用以核对。

信用卡号、信用卡的有效期、护照等身份证明，会让补发手续办理得更加顺畅。

■ 机票（电子机票）

如果你丢失了实体机票，请第一时间向当地该机票发售航空公司所设的办事处提交丢失证明（部分航空公司会需要你出具警察局开具的丢失说明）。在丢失说明中，机票号码、出票日期、出票地等内容都是必填信息，提供复印件交予航空公司即可。

如果你丢失的是之前打印好的电子票凭证，只要找一部电脑，重新打印出来就可以了，不会耽误你搭乘飞机。直接去航空公司的办事处或柜台也可以再得到一份电子票凭证。

景），身份确认证明（驾照或是护照复印件等，有时候还会需要你盖人名章或按手印）。

丢失信用卡时请马上联系为你办理信用卡的相应银行
中国银行 +86-10-66085566
建设银行 +86-95533
工商银行 +86-95588
招商银行 +86-755-84391000
民生银行 +86-400-66-95568
浦发银行 +86-21-38784988
交通银行 +86-400-800-9888
农业银行 +86-95599

生病及受伤

生病了怎么办

■ 腹泻

葡萄牙语　迪阿黑阿 Diarréia / 西班牙语　迪阿艾拉 Diarrea

如果腹泻的话，首先要把肠胃放空，什么都不能吃，必须中断美妙的旅程而中途休息。腹泻还会引发脱水状况，所以注意及时补充水分。如果实在想吃点东西，可以少量进食清汤、酸奶、面包或是煮熟的青菜。

如果没办法中断旅行踏实休息，则请尽快服药。你可以在当地的药房法尔玛西亚 Farmácia 购买名为罗莫缇尔 Lomotil、佩斯林 Pesulin、佩斯林·欧 Pesulin-O 等的药品，都十分有效。

如果服药后身体状况也不见好转，请尽早前往医院治疗。腹泻情况好转后也可能因为长时间的脱水状况引发剧烈的腹痛，这时候多喝些少量放盐的果汁或红茶就会有所好转。

■ 肝炎

葡萄牙语　艾帕奇奇 Hepatite / 西班牙语　艾帕提提斯 Hepatitis

生水、食物、餐具等都可能接触感染传染性病毒。预防肝炎的最好方法便是讲究卫生，保持身体处于健康状态。如果你感觉到身体疲惫，便尽快休息，不要接触生水或沙拉。

肝炎有 15~50 天的潜伏期，随后才会出现发热、食欲不振、恶心、疲惫、黄疸等症状。如果你发现你的眼白出现黄色或橙色，请尽快去医院进行治疗。这时候旅行就请暂时搁置，尽早回国才是关键。

■ 高原病　索罗切 Soloche

正常人前往海拔 2000~4000 米的地方，都会或多或少出现高原反应。为了不让症状加剧，在高原地区多加休息才是重点。为了降低血液循环的速度，请注意不要暴饮暴食，淋浴或是泡澡的水温也尽量调得凉一些。此外也请多喝水，让身体多排尿，身体才会更舒服。高原病的典型症状主要是头痛、头晕、恶心等。

治疗高原病的最好方法便是前往海拔较低的地方。如果身体难受难以下山，可以在房间静养，平躺时呼吸会缓慢一些，减轻身体的负担。或者静下心来坐在椅子上读一本书也是好的。调节呼吸，反复深呼吸都有

千万不要饮用生水！

在炎热的地区旅行，身体会出很多汗，所以必须多加补充盐分和水分。但是请你一定不要饮用南美洲的生水。不卫生的生水会使你的身体变得极危急，甚至可能遭遇大罪。要知道，生水便是腹泻、肝炎的原因之一。所以无论你多渴，也请不要打开水龙头就大喝特喝，一定要饮用瓶装矿泉水。此外，购买的瓶装矿泉水或啤酒，一定要自己打开或是请人当着你的面打开，避免他人下毒或下药。最好是将水煮开后泡茶或是冲泡咖啡，既暖胃又美味。

除了生水，牛蒡沙拉以及生鱼片、冷饮中的冰块也请尽量避免接触，水果不要购买已经切好的，想补充维生素的话一定要买回水果自己削皮切块。

各国首都的医院
各国主要城市的医院
巴西（圣保罗）
利贝尔达德医疗中心
Centro Médico Liberdade
🏠 Rua Fagundes, 121, Liberdade
☎ (11) 3274-6500-6555
委内瑞拉（加拉加斯）
库里尼卡·阿比拉
Clinica El Avila
🏠 Av. San Juan Bosco, con 6ta.Transversal, Edificio Clínica El Ávila, P.B., Urb. Altamira
☎ 0212-276-1111
🌐 www.clinicaelavila.com
苏里南（帕拉马里博）
阿卡德米什·米肯豪斯
Academisch Ziekenhuis

385

☎ 113（紧急电话）
44-2222（日常电话）
URL http://www.azp.sr
法属圭亚那（卡宴）
安多莱·霍兹曼中央医院
Centre Hospitalier Andrée
ROSEMON
🏠 Rue des Flamboyants
☎ 0594-395050
URL http://www.ch-cayenne.net

会帮助很大。

紧急情况对策

如果得病，请确认清楚一个人的力量是不够的！如果身在酒店，请向酒店的工作人员求助帮忙，如果你临近中国驻该国的大使馆或领事馆，也请大胆打电话联系，通常大使馆都会为你介绍优秀的医生。一定不要自己一个人硬抗！

旅行
实用葡萄牙语

打招呼

Bom dia. （波恩 吉亚）
早上好。

Boa tarde. （波阿 塔鲁吉）
中午好。

Boa noite. （波阿 诺伊期）
晚上好 / 晚安。

Oi. （欧伊）
哎呀。

Obrigado(Obrigada). （欧布里嘎多 / 欧布里嘎达）
谢谢。

De nada. （吉 那达）
不客气。

Como está ? （科莫 艾斯塔）
你最近怎么样？

Mais ou menos, Obrigado. （马依斯 欧 梅诺斯 欧布里嘎多）
还可以，谢谢。

Tenha um bom dia ! （特尼亚 温 波恩 吉亚）
那么，祝你度过美好的一天！

Boa Viagem. （波阿 维阿杰恩）
祝你旅行愉快！

Boa sorte ! （波阿 索鲁吉）
祝你好运！

Tudo bem com você ? （托斗 贝恩 科恩 窝塞）
你还好吗？

Eu estou bem. Obrigado. （艾乌 艾斯图 贝恩 欧布里嘎多）
很好，谢谢。

Muito prazer. （姆依托 普拉泽鲁）
初次见面。

Tchau ! （洽乌（洽欧））
再见。

Até amanhã. （阿特 阿玛捏恩）
明天见。

Até logo. （阿特 罗勾）
一会儿见。

Perdão. （佩鲁东）
对不起。（道歉时）

Dá licença ! （达 里塞萨）
不好意思！（在别人面前走过，或中途离开座位时）

Saúde ! （萨屋吉）
"干杯！"（祝福健康）

葡萄牙语的发音

巴西的葡萄牙语基本上是由元音和辅音组合成的。除去一些例外，直接读罗马字母发音即可。需要注意的是，印第安纳语言以及地方方言的语法和发音也会与标准葡萄牙语有所不同。并且他们在说口语时，主语常常被省略。

虽然根据地区的不同，会有细微差异，但大致的规则有以下几点。

① 单词的第一个 H 音不发音。

② 只有辅音的 L 音，和"屋"的发音很接近。
例：Hotel= 欧太屋

③ 单词的第一个 R 音读作 H 音（主要是巴西东南部如此发音，其他地区会变成卷舌音）。
例：Rio de Janeiro= 黑欧 吉 加内罗

④ RR 在词语中间时，发音变为 H 音。
例：Churrasco= 休哈斯科

⑤ 夹在元音中的 S 音变为 Z 音。
例：Gostoso= 枸斯托佐

⑥ 重音位于单词倒数第二个音节上。除此之外有重音的情况下，会标记重音符号。

⑦ 基本上 KA "咖"系列的发音写作 Qu。
例：Quinta Feira= 昆塔 菲依拉

⑧ GA "嘎"系列的发音写作 Gu。
例：Guia= 给亚

⑨ 单词结尾的 Z 变为 S 音。
例：Feliz= 非利斯

⑩ X 音变为 SY 音。
例：Caixa= 凯夏

⑪ 单词最后的 E 音，变为 " "的发音（在南部 E 音 = "艾"的发音）。
例：Liberdade= 立贝尔达德

⑫ ç 系列中 ça 读作（撒）、ço 读作（搜）、çu 读作（斯）
例：coração= 科拉桑

⑬ 带有"~"的单词基本上发音为 ã（阿恩）、~ẽ（艾恩）、õ（欧恩）。
例：Avião= 阿维奥恩

西瓜堆成山一样，玛瑙斯市场

387

主观用语

西恩
Sim.
是。

纳温
Não.
不是。

波尔　法沃尔
Por favor !
请。(拜托了)

科莫
Como ?
什么事？(反问时)

温　波屋科
Um pouco.
只有一点。

艾屋　搜屋　是奈斯
Eu sou Chinês.
我是中国人。(男性)

艾屋　搜屋　是奈萨
Eu sou Chinêsa.
我是中国人。(女性)

艾屋　纳温　安藤多　波鲁图盖斯　贝恩
Eu não entendo português bem.
我不太会说葡萄牙语。

玛依斯　迪伊嘎鲁　波尔　法沃尔
Mais devagar, por favor.
请再讲慢一点。

玛依斯　屋马　维斯　波尔　法沃尔
Mais uma vez, por favor.
请再说一遍。

奇　欧拉斯　桑
Que horas são ?
几点了？

艾屋　勾斯托　迪斯奇
Eu gosto deste.
我喜欢这个。

欧　奇　艾　依斯托
O que é isto ?
这是什么？

欧布里嘎多　佩拉　杰恩期莱扎
Obrigado pela gentileza.
感谢你的好意。

欧布里嘎多　佩拉　阿藤桑
Obrigado pela atenção.
承蒙你多多关照。

入境审查时

库阿里　艾　阿　菲纳利达吉　达　比阿尖
Qual é a finalidade da viagem ?
旅行的目的是什么？

图里兹莫　奈戈西欧
Turismo(Negócio).
观光（商务）目的。

库安托斯　吉阿斯　波塞　巴依　菲卡尔　诺　布拉吉屋
Quantos dias você vai ficar no Brasil ?
在巴西停留几天？

杜阿斯　塞玛纳斯
Duas semanas.
2周时间。

腾　阿屋古玛　奇　德依扎奇　德库拉尔
Tem alguma coisa que declarar ?
有什么要申报的东西吗？

塞屋　帕撒波路期　波尔　法沃尔
Seu passaporte, por favor.
请给我护照。

西恩　艾斯塔　阿奇
Sim, está aqui.
好，就在这里。

欧布里嘎多　　　欧布里嘎达
Obrigado.（男性）／**Obrigada.**（女性）
谢谢。

市内观光时

达　里塞恩萨
Dá licença.
不好意思。

恩吉　菲卡　欧（啊）
Onde fica o(a) ～ ?
～在哪里？

科莫　艾屋　波搜　艾恩科恩托拉尔　欧（阿）
Como eu posso encontrar o(a) ～ ?
～怎么去？

巴依　黑投托莱斯　库阿多拉斯　德波依斯　维里　艾斯克尔达
Vai reto 3 quadras. Depois vire esquerda.
走三个街区，之后向左拐。

科莫　夏马　艾斯奇　巴依霍
Como chama este bairro ?
这里叫什么区？

欧恩吉　波搜　佩嘎尔　欧　欧尼布斯　帕拉
Onde posso pegar o ônibus para ～ ?
～坐巴士去的话，去哪里坐？

艾斯塔　龙吉
Está longe ?
远吗？

艾斯塔　佩尔托
Está perto ?
近吗？

达　帕拉　伊尔阿佩
Dá para ir a pé ?
走着能去吗？

库安托斯　米奴投斯　莱巴恩
Quantos minutos levam ?
大概需要多长时间？

艾斯奇　欧尼布斯　法斯　帕拉达　诺
Este ônibus faz parada no ～ ?
这个巴士在～停吗？

恩吉　波搜　科恩普拉尔　欧　比列奇
Onde posso comprar o bilhete ?
在哪里买票呢？

欧　姆泽屋　阿布里　阿特　奇　欧拉斯
O museu abri até que horas ?
博物馆几点关门呢？

阿特～波尔法沃尔
Até ～ , por favor.
麻烦你开车到～。(乘出租车)

米　阿比萨　库安多　谢嘎尔
Me avisa quando chegar ～ .
抵达后麻烦告诉我。

库安托　库斯塔　阿特　欧　阿艾罗波尔托
Quanto custa até o aeroporto ?
到机场大概多少钱？

普赖阿　科帕卡巴纳　波尔　法沃尔
Praia de Copacabana, por favor.
请到科帕卡瓦纳海岸。

波尔　法沃尔　帕里　阿奇
Por favor, pare aqui.
请在这里停车。

在咨询处时

Onde fica o guichê de informações?
请问咨询处在哪里?

Onde posso ganhar o panfleto de informação?
请问哪里有旅游宣传册?

Posso pegar esta mapa?
可以给我一份城镇地图吗?

Como posso ir até lá?
怎么去那里好呢?

Com licença, onde é a Praça da Sé?
不好意思,请问塞广场在哪里?

Por favor, marque neste mapa.
请在这张地图上做个标记。

Como se chama esta rua?
这条路叫什么名字?

Quanto é uma entrada?
入场费每个人多少钱?

Um bilhete, Por favor.
请给我 1 张车票。

Posso fazer a reserva do hotel aqui?
这里可以预约酒店吗?

Por favor, me apresente um hotel barato e limpo.
请给我介绍一家便宜干净的酒店。

Onde tem o ponto de ônibus que faz o passeio pela cidade?
去景点的巴士站在哪里?

sanitário / banheiro
卫生间

M / MASCULINO / HOMEM / SENHOR / CAVALHEIRO / ELE
男士卫生间

F / FEMININO / MULHER / SENHORA / DAMA / ELA
女士卫生间

在酒店时

Check-in, por favor.
请帮忙办理入住。

Meu nome é ~ .
我的名字是~。

Este é o comprovante da reserva.
这是酒店确认书。

Sim, está reservado.
好的,了解。

Tem algum quarto disponível?
(没有预约直接去酒店的情况)还有空的房间吗?

Quantas noites ficará hospedado?
住几晚呢?

Três noites.
住 3 晚。

Você conhece algum bom hotel duas estrelas?
有虽然二星但是比较可靠的酒店吗?

■ 便捷的表达 / 常见的词语

危险!	Cuidado!
我~疼。	Eu estou com dor de ~
医院	hospital
药	remédio
处方	receita
药店	farmácia
禁止入内。	Proibido entrada.
禁止吸烟。	Proibido fumar.
禁止拍照。	Proibido fotografar.
危险	Perigo

■ 机场

机场	aeroporto
机票	passagem
机票费	tarifa de passagem
入境管理	imigração
手提行李	bagagem de mão
航班(飞机)	número do voo
出发时间	horário da partida
到达时间	horário da chegada
国际线	linha internacional
国内线	linha doméstica
费用	tarifa
去程	ida
回程	volta
转机	baldeação
海关检查	inspeção alfandegária
护照	passaporte
行李	bagagem
飞机	avião
再确认(预约的)	reconfirmação
免费	grátis

■ 飞机内

座位号	número do assento
靠窗座位	assento do lado da janela
禁止吸烟	proibido fumar
紧急出口	saída de emergência
救生衣	colete salva vidas
枕头	travesseiro
毛毯	cobertor
空闲 / 使用中	desocupado / ocupado
请回到座位	volte ao assento

■ 市内观光

路	rua
大街	avenida
左	esquerda
右	direita
角落	esquina
广场	praça

旅行的准备和技巧 ● 旅行实用葡萄牙语

389

藤　温　夸尔托　吉　　家屋缇罗　　卡扎乌
Tem um quarto de solteiro(casal) ?
有单人间（双人间）吗？

波索　贝尔　欧　夸尔托
Posso ver o quarto ?
能让我看一下房间吗？

康　　巴涅　森　巴涅
com banho(sem banho)
设有浴缸（未设）

康　　休贝罗
com chuveiro
设有淋浴设施

米　阿科尔吉　　波尔　法沃尔
Me acorde ~ por favor.
~点请叫醒我。

波尔　法沃尔　米　艾斯库来巴　欧　　安德莱索　德斯吉　欧太屋
Por favor me escreva o endereço deste hotel.
请写一下酒店的地址。

藤　温　夸尔托　吉　索乌缇罗
Tem um quarto de solteiro ?
有空着的单人间吗？

库安托　艾　吉阿里亚
Quanto é a diária ?
一晚房费多少钱？

阿塞依塔　杰奇　　图里兹莫　卡尔塔温　吉　库莱吉托
Aceita cheque turismo(cartão de crédito) ?
可以使用旅行支票（信用卡）吗？

藤　温　夸尔托　玛依斯　巴拉托
Tem um quarto mais barato ?
有更便宜的房间吗？

菲谢依　阿　波尔塔　塞恩　特拉泽尔　阿　米尼　夏维
Fechei a porta sem trazer a minha chave.
门锁上了发现钥匙留在房间里。

艾斯奇　夸尔托　纳温　藤　阿古阿　肯奇　　克罗
Este quarto não tem água quente. Quero
托卡尔　吉　夸尔托
trocar de quarto.
房间没有热水。想换一个房间。

欧　夸尔托　阿欧　拉多　艾　巴尔列投
O quarto ao lado é barulhento.
隔壁的房间很吵。

纳温　藤　投阿列
Não tem toalha.
没有放毛巾。

阿　德斯卡尔嘎　萨尼塔里亚　纳温　艾斯塔　冯肯南多
A descarga sanitária não está funcionando.
卫生间不出水了。

库阿尔　艾　欧　欧拉里欧　斗　咖啡　达　玛捏恩
Qual é o horário do café da manhã ?
早餐的时间是几点？

斯科　吉　拉吉　夹　斗依斯　欧沃斯　弗里托斯　普莱兹托
Suco de laranja, dois ovos fritos, presunto
伊　巴塔塔　弗里塔　波尔　法沃尔
e batata frita, por favor.
请给我橙汁，2个煎蛋，以及火腿和炸薯条。

凯罗　奇　米　阿科尔吉　阿斯　赛奇　依　梅依亚
Quero que me acorde às sete e meia
阿玛捏恩　吉　玛捏恩　波尔　法沃尔
amanhã de manhã por favor.
请明天早上7点半叫我起床。

塞拉　奇　波吉　瓜尔达尔　阿　米捏　巴嘎杰恩
Será que pode guardar a minha bagagem ?
可以寄存行李吗？

阿　奇　欧拉斯　贝恩西　阿　吉阿里亚　奈斯吉　欧太屋
A que horas vence a diária neste hotel ?
这家酒店几点退房？

莱比　阿　玛拉　阿特　欧　罗比　阿玛涅恩　吉　玛涅恩
Leve a mala até o lobby amanhã de manhã.
明天早上，我希望能把行李运到大堂。

西恩　夸屋　欧　欧拉里欧　达　帕尔奇达
Sim, qual o horário da partida ?
好的，几点出发？

克罗　菲卡尔　玛伊斯　屋玛　诺依吉
Quero ficar mais uma noite.
想再住1晚。

购物时

藤
Tem ~
有~吗？

艾斯奇　波尔　法沃尔
Este, por favor.
请给我来一个这个。

姆因托　卡罗
Muito caro.
太贵了。

得斯康托　波尔　法沃尔
Desconto, por favor.
请再便宜一些。

藤　迈欧莱斯　　梅诺莱斯
Tem maiores(menores) ?
请问有稍微再大（小）一些的吗？

帕拉　奇　塞尔比　伊斯托
Para que serve isto ?
这个是干什么用的？

波尔　法沃尔　凯罗　贝尔　艾斯奇
Por favor quero ver este.
麻烦你给我看一下这个。

波索　　埃斯佩里门塔尔
Posso experimentar ?
可以试穿一下吗？

藤　温　玛伊斯　巴拉托
Tem um mais barato ?
有没有比这个再便宜一点的？

泼德里查　阿久斯塔尔　阿　　美吉达
Poderia ajustar a medida ?
能否帮忙改下尺寸？

艾斯塔　恐　迪菲托　克罗　托尔卡尔　波尔　法勃尔
Está com defeito, quero trocar por favor.
这个坏掉了，请帮忙换一个新的。

纳温　藤　得斯康托
Não tem desconto ?
可以交给我吗？

库安托　库斯塔
Quanto custa ?
能否再便宜一些？

艾斯奇　纳温　米　阿古拉达
Este não me agrada.
这个不太喜欢。

经常可以看到售卖足球队服的商摊

乘坐火车・长途巴士时

克　欧拉　巴伊　萨伊尔　欧　欧尼布斯　bala
Que hora vai sair o ônibus para ~ ?
前往~的巴士几点发车？

克　欧拉　巴伊　谢嘎尔　恩
Que hora vai chegar em ~ ?
几点抵达~？

库安托斯　欧拉斯　阿特
Quantas horas até ~ ?
前往~，大约需要多长时间？

藤　珀尔托罗纳　纳　杰奈拉　科黑多尔
Tem poltrona na janela(corredor) ?
是否有靠窗（靠过道）的座位？

潘塔纳尔的音乐人

波尔 法沃尔 米 吉 乌玛 帕沙杰恩 帕拉 桑 帕乌罗
Por vavor, me de uma passagem para São Paulo.
请卖给我一张到圣保罗的车票。

吉 库阿乌 普拉塔弗尔马 塞 欧 托兰 欧尼布斯 帕拉 桑 帕乌罗
De qual plataforma sai o trem(ônibus) para São Paulo ?
开往圣保罗的火车（巴士）从哪个站台出发？

凯罗 康普拉尔 乌玛 帕沙杰恩 帕拉 欧 黑欧 吉 加内依罗
Quero comprar uma passagem para o Rio de Janeiro.
请卖给我一张到里约热内卢的车票。

艾斯奇 托兰 尼布斯 巴伊 帕拉 欧 黑欧 吉 加内依罗
Este trem(ônibus) vai para o Rio de Janeiro ?
这趟火车（巴士）去里约热内卢吗？

在餐厅时

滕 阿乌棍 黑斯托拉恩奇 奇 塞维 帕拉托斯 巴拉托斯 依 勾斯托邹斯
Tem algum restauraute que serve pratos baratos e gostosos ?
这周围有既好吃又便宜的餐厅吗？

阿罗 艾 欧 黑斯托拉恩奇 布拉吉尔
Alô, é o restaurante Brasil ?
喂，你好，是巴西餐厅吗？

凯罗 乌玛 黑泽尔瓦 帕拉 斗阿斯 佩搜阿斯 阿斯 塞奇 欧拉斯 达 诺奇奇 吉 欧吉
Quero uma reserva para duas pessoas, as sete horas da noite de hoje.
请帮忙预约今晚7点的2个餐位。

德斯库尔皮，艾斯塔 罗塔斗
Desculpe, está lotado.
不好意思，已经没有空座了。

西恩 波德莫斯 黑泽尔瓦尔
Sim, podemos reservar.
好的，你可以取。

波尔 法沃尔 米 托拉嘎 欧 卡尔达皮欧
Por favor, me traga o cardápio.
请卖给我一下菜单。

库阿乌 艾 欧 普拉托 杜 吉亚
Qual é o prato du dia ?
今天的特色套餐是什么？

库阿乌 欧 普拉托 可依斯 凭吉斗 达 卡杂
Qual o prato mais vendido da casa ?
哪道菜卖得最好？

滕 普拉托 吉皮科 德斯塔 黑吉阿温
Tem prato típico desta região ?
有没有当地的特色菜？

波尔 法沃尔 米 托拉嘎 阿凯勒 梅兹莫 普拉托
Por favor, me traga aquele mesmo prato.
请卖给我一份和那道一样的菜。

纳温 佩吉 艾斯奇 普拉比
Não pedi este prato.
我没有点这道菜。

阿 康塔 波尔 法沃尔
A conta, por favor.
麻烦请结账。

艾斯托乌 姆因托 萨奇斯菲依托
Estou muito satisfeito.
已经吃饱了。

公园	Parque
邮局	correio
邮包	pacote
挂号邮件	carta registrada
邮票	selo
地址	endereço
日期	data
警察	policia
旅游社	agência de turismo
教堂	igreja
桥	ponte
大楼	prédio
动物园	Jardim zoológico

■ 酒店

临时行李寄存处	depósito de bagagem
前台	recepção
热水	água quente
凉水	água fria
带浴缸的房间	apartamento
大床房	quarto de casal
单人房	quarto de solteiro
双人房	quarto com duas camas
浴室	banheiro
台阶	escada
冰箱	geladeira
淋浴设施	chuveiro
退房时间	horário de saída
清洁的	limpo
脏的	sujo
床	cama
钥匙	chave
预约	reservar
空调	ar condicionado
紧急出口	saída de emergência

■ 餐厅

菜单	cardápio
用餐	comida
杯子	copo
便宜	barato
贵	caro
降价	desconto
税费	imposto
找零钱	troco
收银台	caixa

■ 银行/货币兑换所

银行	banco
现金	dinheiro
货币兑换	câmbio
法定汇率	câmbio oficial

旅行的准备和技巧 ● 旅行实用葡萄牙语

实用的葡萄牙语

391

在银行·货币兑换所时

欧恩　艾欧　巴乌卡温　吉　托罗卡
Onde é o balcão de troca ?
请问货币兑换所在哪里？

托罗奇　艾恩　姆斗眸　波尔　法沃尔
Troque em miúdos , por favor.
（纸币递过去）可以帮我换成零钱吗？

波吉　法泽尔 欧 坎比欧 德斯奇 谢奇 吉 比阿杰姆
Pode fazer o câmbio deste cheque de viagem ?
请问可以帮忙兑换这个旅行支票吗？

库安托　库斯塔　卡恩比奥 吉 欧吉
Quanto custa câmbio de hoje ?
今天的汇率是多少？

凯罗 托罗尔 斗拉莱斯 阿梅利卡诺斯 艾恩 黑阿乌
Quero trocar dólares americanos em Real.
我想把美元换成巴西雷亚尔。

波尔 法沃尔 托罗奇 艾斯塔 诺塔 帕拉 民
Por favor, troque esta nota para min.
请帮我兑换这个纸币。

库阿乌 欧 卡比比欧 斗 斗拉 欧吉
Qual o câmbio do dólar hoje ?
今天美元的行情是多少？

阿特　奇　欧拉斯 艾欧 欧拉利欧 邦卡利欧
Até que horas é o horário bancário ?
银行的营业时间到几点？

打电话时

艾乌 凯罗 利嘎尔 巴拉 欧 奇诺
Eu quero ligar para o Japão.
我想往中国打电话。

库阿乌 艾欧　努梅罗
Qual é o número ?
电话号码是多少？

阿　利涅　艾斯塔　欧库巴达
A Linha está ocupada.
在通话中。

尼恩盖恩　阿滕吉
Ninguem atende.
没人接电话。

阿罗
Aló.
喂。

艾斯奇 特莱弗尼 艾斯塔 康 德菲依托
Este telefone está com defeito.
这个电话有问题。

应急处理

索科侯
Socorro !
请帮忙！

佩嘎　拉斗罗恩
Pega ladrão !
抓到一个小偷！

利嘎 帕拉 阿 波利西亚
Liga para a polícia !
给警察打电话！

库依达斗
Cuidado !
危险！

哈皮斗
Rápido !
快点！

帕利
Pare !
别这样！

在亚马孙地区，高档观赏鱼
金龙鱼也是食材之一

旅行支票	谢奇　吉　托利兹莫 cheque de turismo	
信用卡	卡尔塔温　吉　库莱吉托 cartão de crédito	

■ 在车站/巴士总站时

车票	比列奇 bilhete
售票处	比列特利亚 bilheteria
车站	艾斯塔松 estação
出口	萨伊达 saída
入口	艾恩托拉达 entrada
巴士总站	特尔米纳尔　侯长比利欧 terminal rodoviário
停车	帕拉尔 parar
快车	艾斯普莱索 expresso
出发	帕尔奇达 partida
抵达	谢嘎达 chegada
东	莱斯奇 leste
西	欧艾斯奇 oeste
南	斯乌 sul
北	诺尔奇 norte
信号	塞马佛罗 semáforo
港口	波尔托 porto
海	玛尔 mar
湖	拉勾 lago
山	蒙塔涅 montanha
河	黑欧 rio

■ 电话

电话局	康帕尼阿　特莱弗尼卡 companhia telefônica
电话	特莱弗尼 telefone
电话接线员	特莱弗尼斯塔 telefonista
国际长途电话	夏玛达 因特尔纳希欧纳乌 chamada internacional
电话号码	努梅罗 吉 特莱弗尼 número de telefone
对方付费的电话	利嘎松 阿 科布拉尔 ligação á cobrar

■ 其他日常用语

今天	欧吉 hoje
明天	阿马涅恩 amanhã
昨天	欧恩腾 ontem
上午	吉　玛尼恩 de manhã
下午	阿　塔尔吉 à tarde
晚上	阿　诺依奇 à noite
马上	罗勾 logo
现在	阿勾拉 agora
稍后	德波伊斯 depois
这里	阿奇 aqui
那里	阿凯利 aquele
白天，正午	塔尔吉 tarde
月	梅斯 mês
周	塞马纳 semana
年	阿诺 ano
春天	普利玛维拉 Primavera
夏天	维拉恩 verão
秋天	欧乌托诺 outono

财物丢失、盗窃时

佩尔吉 欧 米捏 巴嘎杰恩欧 梅乌 帕萨波尔奇
Perdi a minha bagagem(o meu passaporte).
行李（护照）丢失了。

纳温 阿housing 阿 米捏
Não acho a minha bagagen.
我的行李找不到了。

波尔 法沃尔 伊杂米尼 罗乌
Por favor examine logo.
请帮忙尽快调查。

波尔 法沃尔 阿努利 梅乌 卡尔塔温
Por favor anule meu cartão.
请将卡冻结。

梅乌 黑罗吉欧 吉捏依罗 弗依 侯乌巴斗
Meu relógio(dinheiro)foi roubado.
手表（钱）被偷了。

欧恩吉 艾阿 黑帕尔奇萨欧恩 达斯 科依杂斯 佩尔吉达斯
Onde é a repartição das coisas perdidas？
请问失物招领处在哪里？

欧恩吉 波搜 安康托尔尔 阿尔根 奇 法拉 安 奇诺恩？
Onde posso encontrar alguem que fala em Japonês？
请问哪里有会说中文的人？

生病时

夫乌 艾斯托乌 康 黑斯弗利阿斗
Fu estou com resfriado.
我感冒了。

艾斯托乌 米 塞恩琴斗 玛乌
Estou me sentindo mal.
我感觉很不舒服。

雷维 米 阿欧 欧斯皮塔乌 波尔 法沃尔
Leve-me ao hospital, por favor.
请带我去医院。

艾斯托 康 法布利
Estou com febre.
我发烧了。

艾 阿奇 奇 艾斯托 斗安托 温 波乌科 巴斯坦奇
É aqui que está doendo um pouco(bastante).
这里有点（很）疼。

沃米缇 瓦利阿斯 维泽斯
Vomitei várias vezes.
吐了好几次。

艾斯托乌 康 吉阿黑依阿
Estou com diarréia.
拉肚子了。

旅行的准备和技巧

旅行实用葡萄牙语

实用的葡萄牙语

冬天	因维尔诺 inverno	
1（2）小时	乌马 斗阿斯 欧拉 uma (duas) hora	
周	菲依拉 feira	
周日	斗明戈 domingo	
周一	塞棍达 菲依拉 segunda-feira	
周二	特尔萨 菲依拉 terça-feira	
周三	夸尔塔 菲依拉 quarta-feira	
周四	琴塔 菲依拉 quinta-feira	
周五	塞斯塔 菲依拉 sexta-feira	
周六	萨巴斗 sábado	
1月	加内依罗 janeiro	
2月	菲维莱依罗 fevereiro	
3月	玛尔索 março	
4月	阿布利乌 abril	
5月	玛依欧 maio	
6月	朱乌 junho	
7月	尤料 julho	
8月	阿古斯托 agosto	
9月	塞淡布罗 setembro	
10月	欧乌托布罗 outubro	
11月	诺维恩布罗 novembro	
12月	德泽恩布罗 dezembro	

● 身体部位

眼睛	欧料 olho
耳朵	欧莱列 orelha
肚子	巴黑嘎 barriga
膝盖	焦文料 Joelho
脚	佩尔纳 perna
嗓子	嘎尔干塔 garganta
胸部	佩依托 peito
后背	科斯塔斯 costas
头	卡贝萨 cabeça
骨头	欧索 osso

COLUMN 巴西的郊外茶品

在巴西内陆地区的郊外，如果要说放牛的佩恩（pego）人必须携带的东西，那就是用干草做成的喝茶器皿——古万帕，以及可以装水的塑料容器。将马黛茶茶粉放入古万帕之中，空闲时想喝杯茶的话，便将塑料容器中的水倒入古万帕，茶冲好后用名为波恩巴的金属吸管饮用即可。这种茶也称为特莱莱，在巴西以外的国家，如阿根廷和巴拉圭也会饮用（当地称为马黛茶）。由于茶杯中的茶叶凑得很紧，因此可以用水冲泡好几次。如果有人给你了一杯泡好的特莱莱，用吸管一饮而尽是当地的习俗。与我国绿茶的味道有所不同，马黛茶青草的芬香会更加浓郁。阿根廷有喜欢甜口味的人，还会在茶中放入砂糖。特莱莱加热后的饮品叫作西马洪，当地人会用一种像葫芦一样的植物器皿饮用这种热饮。瓜拉纳（巴西香可可）等清爽甘甜的饮料在巴西十分流行，据说饮用瓜拉纳对健康也很有好处。

当地居民都会自带特制容器饮用特莱莱

393

菜肴 & 食材表

Aperitivo 餐前酒

Chope 肖皮	生啤
Pinga, Cachaça 品嘎，卡夏萨	巴西鸡尾酒，卡莎萨
Coquetel 科凯特乌	鸡尾酒
Daiquiri 带奇丽	得其利鸡尾酒
Champanha 香帕捏	香槟
Vinho Tinto 比捏 钦托	红葡萄酒
Vinho Branco 比捏 布兰科	白葡萄酒
Vinho Rosé 比捏 霍泽	玫瑰葡萄酒
Cerveja 瑟尔贝加	啤酒
Uísque 维斯琪	威士忌
Uísque com água 维斯琪 空 阿古瓦	兑水威士忌
Conhaque 科捏奇	白兰地

Bebida 饮品

Suco de Laranja 斯科 吉 拉篮加	橙汁
Água Mineral 阿古阿 米奈劳	矿泉水
Café 咖啡	咖啡
Leite 莱奇	牛奶
Chá com Limão 夏 康 利蒙	柠檬茶
Chá com Leite 夏 康 莱奇	奶茶
Chocolate 肖科拉奇	巧克力奶
Chimarrão 西马洪	马黛茶

Sopa 汤

Consomé 康索梅	清汤
Creme 库莱米	浓汤
Sopa de Galinha 搜帕 吉 嘎里加	鸡汤
Sopa de Legumes 搜帕 吉 莱古梅斯	菜汤
Sopa de Carne 搜帕 吉 卡尔尼	肉汤
Sopa de Peixe 搜帕 吉 佩西	鱼汤

Ovo 蛋

Ovo Frito 欧波 福利托	煎蛋
Ovo Cozido 欧波 科吉多	煮蛋
Omelete 欧美莱奇	蛋包饭

Frutos do Mar e Peixes 鱼类

Pargo 帕尔戈	鲷鱼	Polvo 泼乌波	章鱼
Atum 阿图恩	金枪鱼	Lula 鲁拉	鱿鱼
Salmão 萨乌蒙	鲑鱼	Siri 西丽	螃蟹
Sardinha 萨尔基捏	沙丁鱼	Lagosta 拉戈斯塔	龙虾
Truta 图尔塔	鳟鱼	Camarão 卡玛劳恩	虾
Bacalhau 巴卡列乌	鳕鱼	Ostra 欧斯托拉	牡蛎
Linguado 林瓜多	比目鱼	Tambaqui 坦巴奇	巨脂鲤（河鱼）
Peixe Serra 佩塞 瑟哈	鲣鱼	Tucunaré 兹库那莱	三间鱼（河鱼）

Carnes 肉类

Carne (de vaca) 卡尔尼 吉 巴卡	牛肉
Vitela 比特拉	小牛肉
Carne de Porco 卡尔尼 吉 波尔克	猪肉
Frango 弗兰格	鸡肉
Carne de Carneiro 卡尔尼 吉 卡尔奈罗	羊肉
Pato 帕托	鸭子
Fígado 菲嘎多	肝
Carne de Coelho 卡尔尼 吉 柯爱略	兔肉
Churrasco 修哈斯科	烤肉（烧烤菜肴）
Linguiça 林古伊萨	肉肠
Picanha 皮卡捏	腿肉（羊羔肉）
Costela 科斯特拉	排骨肉（肋排）
Cupim 库品	牛背肉
Contra filé 康特拉 菲莱	牛柳
Coração 克拉桑	鸡心
Salsicha 扫西夏	香肠
Presunto 普莱真托	火腿
Grelhado 古莱列多	烧烤方式
Cozido em Fogo Lento 柯吉多 恩 菲戈 兰托	水煮方式
Frito 弗里托	油炸方式
Cozido 柯吉多	汽蒸方式
Defumado 德弗马多	烟熏方式

Verduras 蔬菜

Cebola 瑟波拉	洋葱
Cenoura 瑟诺乌拉	胡萝卜
Tomate 托马奇	番茄

394

旅行的准备和技巧 ● 菜肴食材表

阿尔法西 Alface	生菜		索布莱梅托 Sobremesa	甜点
佩皮诺 Pepino	黄瓜		波罗 Bolo	蛋糕
黑波略 Repolho	白菜		投尔塔 Torta	派
皮门童 Pimentão	青椒		普金 Pudim	布丁
埃斯皮纳福莱 Espinafre	菠菜		索尔贝奇 Sorvete	冰激凌
阿波波拉 Abóbora	南瓜		索蓓奇 吉 帕里托 Sorvete de Palito	果子露
巴塔塔 Batata	土豆		比斯克依托 Biscoito	饼干
巴塔塔 多瑟 Batata Doce	芋头			
皮门塔 Pimenta	红辣椒		孔吉门托 Condimento	调味料
那波 Nabo	白萝卜		阿斯卡尔 Açúcar	砂糖
米略 Milho	玉米		扫 Sal	盐
阿斯帕尔戈 Aspargo	芦笋		皮门塔 Pimenta	胡椒
搜加 Soja	大豆		欧莱欧 Óleo	油
菲依米托 Feijão	豆角		比娜古丽 Vinagre	醋
贝林杰拉 Berinjela	茄子		莫略 因古莱斯 Molho Inglês	酱料
寇比 弗洛尔 Couve-Flor	菜花		莫斯塔尔达 Mostarda	芥末酱
帕乌米托 Palmito	豆芽		迈欧耐吉 Maionese	蛋黄酱
阿略 Alho	大蒜		卡丘皮 Catchup	番茄酱
尖吉卜力 Gengibre	姜			
桑西捏 Salsinha	荷兰芹			其他

	弗鲁塔 Fruta	水果		阿古阿 Água	水
拉篮杰 Laranja	橙子	美龙 Melão	哈密瓜	阿古阿 肯奇 Água Quente	热水
利蒙 Limão	柠檬	墨戈 Morango	草莓	阿霍斯 科吉多 Arroz Cozido	米饭
托龙加 Toronja	西柚	乌巴 Uva	葡萄	庞 Pão	面包
马桑 Maçã	苹果	配色戈 Pêssego	桃	艾丝帕格奇 Espaguete	意面
芭娜娜 Banana	香蕉	曼加 Manga	杧果	帕温 托哈奇 Pão Torrado	吐司
阿巴卡西 Abacaxi	菠萝	佩拉 Pera	梨	杰莱拉 Geléia	果酱
马曼 帕派阿 Mamão Papaia	木瓜	菲戈 Figo	无花果	咖啡 达 马捏恩 Café da Manhã	早餐
梅兰西亚 Melancia	西瓜	戈依阿巴 Goiaba	番石榴	阿乌莫索 Almoço	午餐
瑟黑佳 Cereja	樱桃			箭捺 Janta	晚餐

■ 数字			翁吉 onze	40	库阿兰塔 quarenta
1	温 um	11			
2	多依斯 dois	12	多吉 doze	50	辛克恩塔 cinquenta
3	托莱斯 três	13	托莱吉 treze	60	瑟森塔 sessenta
4	夸托罗 quatro	14	卡托尔吉 catorze	70	瑟腾塔 setenta
5	辛克 cinco	15	钦吉 quinze	80	欧依腾塔 oitenta
6	赛斯 seis	16	德泽赛依斯 dezeseis	90	诺本塔 noventa
7	谢特 sete	17	德泽赛奇 dezesete	100	森 cem
8	欧依托 oito	18	德泽依托 dezoito	1,000	米乌 mil
9	诺比 nove	19	德泽诺比 dezenove	10,000	德斯 米乌 dez mil
10	德斯 dez	20	温吉 vinte	100,000	森 米乌 cem mil
		30	特林塔 trinta	1,000,000	温 米里奥 un milhão

395

旅行
实用西班牙语

西班牙语的读音很简单!

西班牙语基本上都是由元音和辅音所组成，也就是说直接用罗马字母的发音进行发音基本上便没有问题，对于熟悉英文的游客来说上手很简单。但是也有几个例外，只要记住下文的特殊发音，接下来大胆实践就可以了!

1. [h] 不发音，例: hotel 欧泰尔（酒店）、habitación 阿比塔西恩（客房）
2. [ñ] 读作 nia, [ll] 读作 jia 或 lia。
3. 发音为 ha 哈系列的（着重用喉咙发声）ja、ji、ju、je、jo、gi、ge
4. 发音为 ka "咖" 系列的 ca、qui、cu、que、co 发音为 ga "嘎" 系列的 ga、gui、gu、gue、go
5. [z] [s] 为相同发音。
6. 单词首字母为 [r] 以及在 n、l、s 后面接 [r]，以及 [rr]，都发卷舌 r 音。
7. 重音通常在元音或是以 n、s 结尾单词的倒数第二个音节上，其他单词的重音则是位于最后的音节。需要注意的是，如果看到 ['] 的符号，则该处读重音。

打招呼

布艾诺斯　迪亚斯
Buenos días.
早上好。

布艾那斯　塔尔德斯
Buenas tardes.
上午好/你好。

布艾那斯　诺切斯
Buenas noches.
晚上好/晚安。

欧拉
¡Hola!
啊。

古拉西亚斯
Gracias.
谢谢。

德　纳达
De nada.
不客气。

科莫　艾斯塔
¿Cómo está?
身体还好吗？

埃斯托伊　比恩
Estoy bien.
身体不错。

姆乔　古斯托
Mucho gusto.
初次见面。

菲丽西达德斯
¡Felicidades!
恭喜。

阿迪奥斯
Adiós.
再见。

阿斯塔　马尼亚纳
Hasta mañana.
明天见。

阿斯塔　鲁艾格
Hasta luego.
嗯，待会见。

佩尔东
Perdón.
对不起。（道歉时）

康　佩尔米索
Con permiso.
打扰一下。（从别人面前穿行、中途离场时）

萨卢
¡Salud!
"干杯!"（祝酒时）

主观用语

西　诺
Sí. / No.
是 / 不是。

波尔　法沃尔
Por favor.
请（请求时）

科莫
¿Cómo?
有什么事？（被问询时）

艾斯塔　比恩
Está bien.
OK。

吴恩　波克
Un poco.
稍微一点。

索伊　奇诺
Soy Chino.
我是中国人。（男性）

索伊　奇诺萨
Soy China.
我是中国人。（女性）

诺　安替安多　比恩　艾丝帕尼尔
No entiendo bien Español.
不太会讲西班牙语。

马斯　德斯帕西欧　波尔　法沃尔
Más despacio, por favor.
请你再讲慢一点。

欧托拉　贝兹　波尔　法沃尔
Otra vez, por favor.
请再重复一遍。

克　欧拉　艾斯
¿Qué hora es?
几点了？

松　拉斯　谢特　伊　梅地亚
Son las siete y media.
7 点半了。

梅　古斯塔　埃斯托
Me gusta esto.
我喜欢这个。

姆伊　比恩
Muy bien.
已经足够了。

克　艾斯　埃斯托
¿Qué es esto?
这是什么？

库大多
¡Cuidado!
危险！

No se preocupe.
不用担心。
Lo siento.
深表遗憾 / 对不起。

入境审查时

¿Cuántos días va a estar en Venezuela?
打算在委内瑞拉停留多久?

Dos semanas.
2周。

¿Tiene algo que declarar?
是否有携带需要申报海关的物品?

No, todos son mis cosas personales.
没有，都是我的随身日常用品。

Su pasaporte, por favor.
请出示护照。

Sí, aquí está.
嗯，这里就有。

Está bien. Pase.
好了，可以入境了。

Gracias.
谢谢。

市内观光

Perdón.
抱歉。

¿Dónde está ~ ?
~ 在哪里?

¿Para ir a ~ ?
怎么前往 ~?

Va 3 cuadras derecho y da la vuelta a la izquierda.
直行3个街区随后左转即可。

¿Dónde estoy?
我现在在哪里?

¿Dónde puedo tomar el autobús para ~ ?
哪里可以搭乘前往 ~ 的巴士?

¿Está lejos?
远吗?

¿Está cerca?
近吗?

¿Puedo ir caminando?
可以步行前往吗?

¿Cuánto se tarda en llegar a ~ ?
前往 ~ 大约需要多长时间?

¿A qué hora cierra el museo?
博物馆几点闭馆?

A ~ , por favor.
请麻烦你送我到 ~ 。(乘坐出租车时)

■ 实用信息/经常看到的单词

免费	Gratis
禁止拍照	No fotografiar
禁烟	Prohibido fumar
禁止进入	Prohibido entrar
危险	Peligro

■ 机场

飞机	avión
机场	aeropuerto
入境管理	migración
游客信用卡	tarjeta de turista
手提行李	equipaje de mano
飞机（航班）	vuelo
去程	ida
返程	vuelta
海关	aduana
护照	pasaporte
行李	equipaje
（预约）再确认	reconfirmación

■ 市内观光

观光	turismo
散步	paseo
大道	avenida
路	calle
街区	cuadra
向左	a la izquierda
向右	a la derecha
直走	derecho／recto
邮局	correo
警察	policía
旅行社	agencia de viaje
拐角	esquina
广场	plaza
教堂	iglesia
药房	farmacia

■ 酒店

费用	tarifa
暂时保管行李	consigna
前台	recepción
热水	agua caliente
退房时间	hora de salida
肥皂	jabón
干净的	limpio
脏的	sucio
床铺	cama
钥匙	llave
预约	reservar
毛巾	toalla

旅行的准备和技巧 ● 旅行实用西班牙语

实用西班牙语

397

阿比瑟梅　　库安多　　杰盖默思　阿
Avíseme cuando lleguemos a ~ .
到达～后麻烦请告诉我。

拉巴托里奥　　塞尔比西欧斯　　巴尼鸥
lavatorio ／ servicios ／ baño
卫生间

瑟尼鸥莱斯　　卡巴杰洛斯　　恩布雷斯
señores ／ caballeros ／ hombres
男性用

瑟尼鸥拉斯　　达马斯　　目黑美斯
señoras ／ damas ／ mujeres
女性用

● 在酒店时 ●

阿依　阿彼贡　欧泰尔　　艾窠欧诺科　依　林皮欧
¿ Hay algún hotel económico y limpio?
请问是否有比较干净的经济型酒店吗？

堤艾奈　乌纳　阿比塔酉恩　新朴莱　　多布莱
¿ Tiene una habitación simple (doble) ?
有单人间（双人间）吗？

普爱多　波尔　埃尔　阿比塔西恩
¿ Puedo ver la habitación?
能给我看一下你这里的客房吗？

诺　堤艾奈　欧托拉　阿比塔西恩　玛斯　巴拉塔
¿ No tiene otra habitación más barata ?
还有价格更低廉的客房吗？

康（新）　　巴尼鸥　普利巴多
con (sin) baño privado
（并未）设有浴池

康　　杜茶
con ducha
提供淋浴设施

艾斯塔　因库尔依多　埃萨究诺
¿ Está incluido el desayuno ?
提供早餐吗？

普艾德　　德斯佩尔塔尔梅　　阿　拉斯
¿ Puede despertarme a las ~ ?
可以～点叫我起床吗？

埃尔　阿依莱　阿康迪西欧那多　诺　冯西欧那　比恩
El aire acondicionado no funciona bien.
空调的状态不是很好。

诺　萨莱　阿瓜　卡里恩特
No sale agua caliente.
没有热水。

图阿加　　波尔　法沃尔
Toalla, por favor.
请给我一个毛巾。

德美　　迪莱库西恩　德　艾斯特　欧泰尔
Deme la dirección de este hotel.
请告诉我酒店的地址。

● 在购物场所时 ●

堤艾奈
¿ Tiene ~ ?
请问有～吗？

普爱多　波尔　艾斯托
¿ Puedo ver esto ?
可否给我看看这个？

库安托　奎斯塔
¿ Cuánto cuesta ?
多少钱？

艾斯托　波尔　法沃尔
Esto, por favor.
请给我来一个。

艾斯　姆依　卡罗
¡ Es muy caro !
太高了。

玛斯　巴拉托　　波尔　法沃尔
Más barato, por favor.
请再便宜一些。

玛斯　古兰德
Más grande.
请给我再大一个型号。

玛斯　佩奎诺
Más pequeño.
请给我再小一个型号。

帕拉　克　希尔佩　埃斯托
¿ Para qué sirve esto?
这是干什么用的？

● 在餐厅时 ●

拉　卡尔塔　波尔　法沃尔
La carta, por favor.
请给我看下菜单。

温　咖啡　波尔　法沃尔
Un café, por favor.
请给我来一杯咖啡。

拉　库恩塔　波尔　法沃尔
La cuenta, por favor.
麻烦结账。

● 在银行·货币兑换所时 ●

瑟　堪比阿　艾斯特　切克
¿ Se cambia este cheque ?
这张支票可以兑现吗？

阿　科莫　艾斯塔　埃尔　坎比欧　德　欧依
¿ A cómo está el cambio de hoy ?
今天的汇率是多少？

● 乘坐火车·长途巴士时 ●

东德　艾斯塔　拉　特尔米纳尔　德　阿午托卜瑟斯
¿ Dónde está la terminal de autobuses?
巴士站位于哪里？

阿　克　欧拉　萨莱　阿
¿ A qué hora sale a ~ ?
前往～何时发车？

阿　克　欧拉　嘎嘿　阿
¿ A qué hora llega a ~ ?
前往～何时抵达？

库安托　提恩波　瑟　塔尔达　阿斯塔
¿ Cuánto tiempo se tarda hasta ~ ?
前往～大约需要多久的时间？

艾斯塔　努梅拉多
¿ Está numerado ?
可以指定座位吗？

阿　乌诺（多斯）　　波尔　法沃尔
A ~ , uno (dos) , por favor.
请给我 1 张（2 张）前往～的车票。

● 打电话时 ●

阿　东德　奇艾莱　阿布拉尔
¿ A dónde quiere hablar ?
请问要给哪里打电话？

阿　奇诺波尔科布拉尔波尔法沃尔
A Tokio, China, por cobrar, por favor.
麻烦帮我给中国打电话。

阿　克　努梅罗
¿ A qué número ?
号码是？

温　莫门托　波尔　法沃尔
Un momento, por favor.
请稍等片刻。

艾斯塔　欧酷帕达
Esta ocupada.
正在打电话。

诺　康特斯坦
No contestan.
没人接电话。

Aló.
喂。
¿ De parte de quién?
你是哪位？

● 物品丢失、被盗时 ●

Me perdió mi equipaj (pasaporte).
行李（护照）丢失了。
Me robaron mi reloj (dinero).
手表（财物）被盗了。
¿ Dónde está el departamento de cosas perdidas ?
失物招领处在哪里？
¿ Hay persona que hable inglés ?
有没有会讲英文的人？

● 生病时 ●

Me siento enfermo.
身体不太舒服。（男性）
  " enferma.
  "   （女性）
Tengo fiebre.
我发烧了。
Me duele la cabeza (el estomago).
头（胃）疼。
Estoy resfriado.
得了感冒。（男性）
  " resfriada.
  "   （女性）
Llame al doctor, por favor.
请联系医生。
Quisiera hacer la reserva para una consulta.
我想预约挂号。
No tengo reserva, pero es urgente.
虽然没有挂号，但情况紧急。
¿ Qué le pasa?
你哪里不舒服？
Me duele mucho esta parte.
这里特别疼。
Siento nauseas.
感觉恶心。

空调	aire-acondicionado
暖气	calefacción
信用卡	tarjeta de crédito

■ 银行/货币兑换所

银行	banco
现金	efectivo
钱	dinero ／ plata
纸币	billete
货币	moneda
货币兑换	cambio
打折	descuento ／ rebaja
旅行支票	cheque de viajeros

■ 餐厅

餐厅	restaurante
叉子	tenedor
餐巾	servilleta
杯子	vaso
勺子	cuchara
餐刀	cuchillo
盘子／菜肴	plato
美味的	rico ／ bueno ／ sabroso
税费	impuesto
服务	servicio
找零	vuelta
收银台	caja

■ 车站/巴士总站

车站	eastación
直达	directo
1等	primera clase
2等	segunda clase
豪华型	lujo
出发（口），出口	salida
入口	entrada
时刻表	horario
巴士总站	terminal de autobuses
停车	parar
特快	expreso
站台	andén
抵达（口）	llegada
等候室	sala de espera
车票	boleto ／ pasaje

■ 电话

电话	teléfono
公共电话	teléfono público
电话接线员	telefonista
国际长途电话	llamada internacional
对方付费的电话	por cobrar

旅行的准备和技巧 ● 旅行实用西班牙语

实用西班牙语

399

紧急用语

¡Socorro! 救命！
¡Ladron! 小偷！
¡Fuego! 着火了！

天气/季节

sol 太阳
despejado 晴天
nublado 多云
lluvia 下雨
nieve 下雪
¡Hace mucho calor(frío)! 太热（冷）了！
primavera 春天
verano 夏天
otoño 秋天
invierno 冬天

身 体

cabeza 头
ojo 眼睛
nariz 鼻子
boca 嘴
oreja 耳朵
dientes 牙齿
lengua 舌头
cuello 脖颈
brazo 腕子
pie 脚
cintura 腰
mano 手
dedo 手指
rodilla 膝盖

其他日常用语

hoy 今天
mañana 明天
ayer 后天
por la mañana 上午
por la tarde 下午
por la noche 夜晚
pronto 马上
ahora 现在
después 待会儿
aquí 这里
allí 那里
día 白天、正午
mes 月
semana 周
año 年
agua 水
café 咖啡
pan 面包
arroz 米

数 字

1	uno	13	trece	90	noventa
2	dos	14	catorce	100	cien
3	tres	15	quince	200	doscientos
4	cuatro	16	dieciséis	300	trescientos
5	cinco	17	diecisiete	400	cuatrocientos
6	seis	18	dieciocho	500	quinientos
7	siete	19	diecinueve	600	seiscientos
8	ocho	20	veinte	700	setecientos
9	nueve	21	veintiuno	800	ochocientos
10	diez	30	treinta	900	novecientos
11	once	40	cuarenta	1.000	mil
12	doce	50	cincuenta	10.000	diez mil
		60	sesenta	100.000	cien mil
		70	setenta	1.000.000	un millón
		80	ochenta		

项目策划：王欣艳　虞丽华
统　　筹：北京走遍全球文化传播有限公司　http://www.zbqq.com
责任编辑：王佳慧
责任印制：冯冬青

图书在版编目（CIP）数据

巴西　委内瑞拉/日本《走遍全球》编辑室编著；赵智悦，徐华，王启文译. —北京：中国旅游出版社，2019.9

（走遍全球）

ISBN 978-7-5032-6312-5

Ⅰ.①巴… Ⅱ.①日… ②赵… ③徐… ④王… Ⅲ.①旅游指南—巴西②旅游指南—委内瑞拉　Ⅳ.①K977.79②K977.49

中国版本图书馆CIP数据核字（2019）第173838号

北京市版权局著作权合同登记号　图字：01-2019-1062
审图号：GS（2019）3113号　本书插图系原文原图

本书中文简体字版由北京走遍全球文化传播有限公司独家授权，全书文、图局部或全部，未经同意不得转载或翻印。

GLOBE-TROTTER TRAVEL GUIDEBOOK
Brasil Venezuela 2018～2019 EDITION by Diamond-Big Co., Ltd.
Copyright © 2018～2019 by Diamond-Big Co., Ltd.
Original Japanese edition published by with Diamond-Big Co., Ltd.
Chinese translation rights arranged with Diamond-Big Co., Ltd.
Through BEIJING TROTTER CULTURE AND MEDIA CO., LTD.

书　　名：	巴西　委内瑞拉
作　　者：	日本《走遍全球》编辑室编著；赵智悦，徐华，王启文译
出版发行：	中国旅游出版社
	（北京市建国门内大街甲9号　邮编：100005）
	http://www.cttp.net.cn　E-mail：cttp@mct.gov.cn
	营销中心电话：010-85166536
排　　版：	北京中文天地文化艺术有限公司
经　　销：	全国各地新华书店
印　　刷：	北京金吉士印刷有限责任公司
版　　次：	2019年9月第1版　2019年9月第1次印刷
开　　本：	889毫米×1194毫米　1/32
印　　张：	13
印　　数：	5000册
字　　数：	585千
定　　价：	115.00元
ISBN	978-7-5032-6312-5

版权所有　翻印必究
如发现质量问题，请直接与营销中心联系调换